主编 胡绳武
副主编 牛贯杰 戴鞍钢

清末立宪运动史料丛刊 23

浙江谘议局

沈晓敏 编

国家出版基金项目
NATIONAL PUBLICATION FOUNDATION

国家清史编纂委员会·文献丛刊

山西人民出版社

本书获中国人民大学『中央高校建设世界一流大学（学科）和特色发展引导专项资金』支持

『十二五』国家重点图书出版规划项目

国家清史编纂委员会出版委员会

《清末立宪运动史料丛刊》出版工作委员会

总序

戴逸

二〇〇二年八月，国家批准建议纂修清史之报告，十一月成立由十四部委组成之领导小组，十二月十二日成立清史编纂委员会，清史编纂工程于焉肇始。清史之编纂酝酿已久，清亡以后，北洋政府曾聘专家编写《清史稿》，历时十四年成书。识者议其评判不公，记载多误，难成信史，久欲重撰新史，以世事多乱不果。中华人民共和国成立后，中央领导亦多次推动修清史之事，皆因故中辍。新世纪之始，国家安定，经济发展，建设成绩辉煌，而清史研究亦有重大进步，学界又倡修史之议，国家采纳众见，决定启动此新世纪标志性文化工程。清代为我国最后之封建王朝，统治中国二百六十八年之久，距今未远。清代众多之历史和社会问题与今日息息相关。欲知今日中国国情，必当追溯清代之历史，故而编纂一部详细、可信、公允之清代历史实属切要之举。编史要务，首在采集史料，广搜确证，以为依据。必藉此史料，乃能窥见历史陈迹。故史料为历史研究之基础，研究者必须积累大量史料，勤于梳理，善于分析，去粗取精，去伪存真，由此及彼，由表及里，进行科学之抽象，上升为理性之认识，才能洞察过去，认识历史规律。史料之于历史研究，犹如水之于鱼，空气之于鸟，水涸则鱼逝，气盈则鸟飞。历史科学之辉煌殿堂必须岿然耸立于丰富、确凿、可靠之史料基础上，不能构建于虚无缥缈之中。吾侪于编史之始，即整理、出版“文献丛刊”、“档案丛刊”，二者广收各种史料，均为清史编纂工程之重要组成部分，一以供修撰清史之用，提高著作质量；二为抢救、保护、开发清代之文化资源，继承和弘扬历史文化遗产。清代之史料，具有自身之特点，可以概括为多、乱、散、新四字。一曰多。我国素称诗书礼义之邦，存世典籍汗牛充栋，尤以清代为盛。盖清代统治较久，文化发达，学士才人，比肩相望，传世之经籍史乘、诸子百家、文字声韵、目录金石、书画艺术、诗文小说，远轶前朝，积贮文献之多，如恒河沙数，不可胜计。昔梁元帝聚书十四万卷于江陵，西魏军攻掠，悉燔于火，人谓丧失天下典籍之半数，是五世纪时中国书籍总数尚不甚多。宋代印刷术推广，载籍日众，至清代而浩如烟海，难窥其涯涘矣！《清史稿·艺文志》著录清代书籍九千六百三十三种，人议其疏漏太多。武作成作《清史稿艺文志补编》，增补书一万零四百三十八种，超过原志著录之数。彭国栋亦有《重修清史艺文志》，著录书一万八千零五十九种。近年王绍曾更求详备，致力十余年，遍览群籍，手抄目验，成《清史稿艺文志拾遗》，增补书至五万四千八百八十种，超过原志五倍半，此尚非清代存留书之全豹。王绍曾先生言：“余等未见书目尚多，即已见之目，因工作粗疏，未尽钩稽而失之眉睫者，所在多有。”清代书籍总数若干，至今尚未能确知。清代不仅书籍浩繁，尚有大量政府档案留存于世。中国历朝历代档案已丧失殆尽（除近代考古发掘所得甲骨、简牍外），而清朝中枢机关（内阁、军机处）档案，秘藏内廷，尚称完整。加上地方存留之档案，多达二千万件。档案为历史事件发生过程中形成之文件，出之于当事人亲身经历和直接记录，具有较高之真实性、可靠性。大量档案之留存极大地改善了研究条件，俾历史学家得以运用第一手资料追踪往事，了解历史真相。二曰乱。清代以前之典籍，经历代学者整理、研究，对其数量、类别、版本、流传、收藏、真伪及价值已有大致了解。清代编纂《四库全书》，大规模清理、甄别存世之古籍。因政治原因，查禁、篡改、销毁所谓“悖逆”、“违碍”书籍，造成文化之浩劫。但此时经师大儒，联袂入馆，勤力校理，尽瘁编务。政府亦投入巨资以修明文治，故所获成果甚丰。对收录之三千多种书籍和未收之六千多种存目书撰写详明精切之提要，撮其内容要旨，述其体例篇章，论其学术是非，叙其版本源流，编成二百卷《四库全书总目》，洵为读书之典要、后学之津梁。乾隆以后，至于清末，文字之狱渐戢，印刷之术益精，故而人竞著述，家娴诗文，各握灵蛇之珠，众怀昆冈之璧，千舸齐发，万木争荣，学风大盛，典籍之积累远迈从前。惟晚清以来，外强侵凌，干戈四起，国家多难，人民离散，未能投入力量对大量新出之典籍再作整理，而政府档案，深藏中秘，更无由一见。故不仅不知存世清代文献档案之总数，即书籍分类如何变通、版本庋藏应否标明，加以部居舛误，界划难清，亥豕鲁鱼，订正未遑。大量稿本、抄本、孤本、珍本，土埋尘封，行将澌灭；殿刻本、局刊本、精校本与坊间劣本混淆杂陈。我国自有典籍以来，其繁杂混乱未有甚于清代典籍者矣！三曰散。清代文献、档案，非常分散，分别庋藏于中央与地方各个图书馆、档案馆、博物馆、教学研究机构与私人手中。即以清代中央一级之档案言，除北京中国第一历史档案馆所藏一千万件以外，尚有一大部分档案在战争时期流离播迁，现存于台北故宫博物院。此外，尚有藏于沈阳辽宁省档案馆之圣训、玉牒、满文老档、黑图档等，藏于大连市档案馆之内务府档案，藏于江苏泰州市博物馆之题本、奏折、录副奏折。至于清代各地方政府之档案文书，损毁极大，但尚有劫后残余，璞玉浑金，含章蕴秀，数量颇丰，价值亦高。如河北获鹿县档案、吉林省边务档案、黑龙江将军衙门档案、河南巡抚藩司衙门档案、湖南安化县永历帝与吴三桂档案、四川巴县与南部县档案、浙江安徽江西等省之鱼鳞册、徽州契约文书、内蒙古各盟旗蒙文档案、广东粤海关档案、云南省彝文傣文档案、西藏噶厦政府藏文档案等等分别藏于全国各省市自治区，甚至清代两广总督衙门档案（亦称《叶名琛档案》），被英法联军抢掠西运，今藏于英国伦敦。清代流传下之稿本、抄本，数量丰富，因其从未刻印，弥足珍贵，如曾国藩、李鸿章、翁同龢、盛宣怀、张謇、赵凤昌之家藏资料。至于清代之诗文集、尺牍、家谱、日记、笔记、方志、碑刻等品类繁多，数量浩瀚，北京、上海、南京、广州、天津、武汉及各大学图书馆中，均有不少贮存。丰城之剑气腾霄，合浦之珠光射日，寻访必有所获。最近，余有江南之行，在苏州、常熟两地图书馆、博物馆中，得见所存稿本、抄本之目录，即有数百种之多。某些书籍，在中国大陆已甚稀少，在海外各国反能见到，如太平天国之文书。当年在太平军区域内，为通行之书籍，太平天国失败后，悉遭清政府查禁焚毁，现在中国，已难见到，而在海外，由于各国外交官、传教士、商人竞相搜求，携赴海外，故今日在外国图书馆中保存之太平天国文书较多。二十世纪内，向达、萧一山、王重民、王庆成诸先生曾在世界各地寻觅太平天国文献，收获甚丰。四曰新。清代为传统社会向近代社会之过渡阶段，处于中西文化冲突与交融之中，产生一大批内容新颖、形式多样之文化典籍。清朝初年，西方耶稣会传教士来华，携来自然科学、艺术和西方宗教知识。乾隆时编《四库全书》，曾收录欧几里得《几何原本》，利玛窦《乾坤体义》，熊三拔《泰西水法》、《简平仪说》等书。迄至晚清，中国力图自强，学习西方，翻译各类西方著作，如上海墨海书馆、江南制造局译书馆所译声光化电之书，后严复所译《天演论》、《原富》、《法意》等名著，林纾所译《茶花女遗事》、《黑奴吁天录》等文艺小说。中学西学，摩荡激励，旧学新学，斗妍争胜，知识剧增，推陈出新，晚清典籍多别开生面、石破天惊之论，数千年来所未见，饱学宿儒所不知。突破中国传统之知识框架，书籍之内容、形式，超经史子集之范围，越子曰诗云之牢笼，发生前所未有之革命性变化，出现众多新类目、新体例、新内容。清朝实现国家之大统一，组成中国之多民族大家庭，出现以满文、蒙古文、藏文、维吾尔文、傣文、彝文书写之文书，构成为清代文献之组成部分，使得清代文献、档案更加丰富，更加充实，更加绚丽多彩。清代之文献、档案为我国珍贵之历史文化遗产，其数量之庞大、品类之多样、涵盖之宽广、内容之丰富在全世界之文献、档案宝库中实属罕见。正因其具有多、乱、散、新之特点，故必须投入巨大之人力、财力进行搜集、整理、出版。吾侪因编纂清史之需，贾其余力，整理出版其中一小部分；且欲安装网络，设数据库，运用现代科技手段，进行贮存、检索，以利研究工作。惟清代典籍浩瀚，吾侪汲深绠短，蚁衔蚊负，力薄难任，望洋兴叹，未能做更大规模之工作。观历代文献档案，频遭浩劫，水火兵虫，纷至沓来，古代典籍，百不存五，可为浩叹！切望后来之政府学人重视保护文献档案之工程，投入力量，持续努力，再接再厉，使卷帙长存，瑰宝永驻，中华民族数千年之文献档案得以流传永远，沾溉将来，是所愿也！

二〇〇四年

序言

胡绳武

清末立宪运动是一场全国性的政治运动。这场运动历时9年（1903—1911），波及除内外蒙古、青海、西藏之外的全国22个行省（内地18个省、东北三省和新疆），对辛亥革命前后的中国政治、经济、社会和思想文化均产生过重要的影响。这场运动的人和事，自宣统年间以来不断地有国内外学者们进行研究和评议。由于研究者的立场与观点不同，对这场运动的人和事的评议自然是见仁见智的。但研究者们一致感到研究立宪运动的困难之一在于史料相对缺乏。中华人民共和国成立后，国家重视对近百年历史的研究，在中国史学会的主持下，曾出版过一套《中国近代史资料丛刊》。这套资料的出版对中国近代史的教学与研究曾产生了很好的推动作用，但这套资料丛刊却没有把立宪运动包括在内。

有关立宪运动的文献资料，除1979年中华书局出版过一部《清末筹备立宪档案史料》外，尚无一套比较完整的立宪运动文献资料丛刊，这给中国近代史的教学与研究带来一定的影响。为此，中华书局编辑部于1986年曾拟定编辑一套《立宪运动》的文献资料，作为《中国近代史资料丛刊》的续编出版，并邀请我作为这套文献资料丛刊的主编。我当时因为正在撰写《辛亥革命史稿》，无力承担此项工作而加以婉拒。当时中华书局近代史编辑室的主任陈铮向我表示这项工作可在《辛亥革命史稿》完成以后再着手进行，并希望我能将此项工作接受下来。当时我的研究生程为坤讲师也希望我将这项工作接受下来，并表示愿意全力帮助我完成文献资料的搜集与整理工作。这样，我就终于将此项工作接受下来，并开始注意有关立宪运动文献资料的搜集工作。1990 年以后，《辛亥革命史稿》的撰写工作虽然已经完成，程为坤却已出国留学，我又年近七十，无力单独承担，此项工作遂告中断。其后，我曾争取与中国人民大学图书馆古籍整理研究所合作，希望继续完成这套资料的搜集与整理工作，后因故再次中断。已经搜集却又未经整理的有关立宪运动的文献资料只好堆积存放。

2002 年国家清史纂修工程启动后，清史编纂委员会主任戴逸教授动员我组织力量，将《立宪运动》这套文献资料的整理工作作为国家清史纂修工程文献整理项目之一继续下去，争取完成。我考虑到早在 1986 年即已接受中华书局近代史编辑室委托，承担《立宪运动》的主编工作，中途虽因客观原因中断，但我内心总觉得对学术界和出版社欠了一笔账，不免感到内疚，现在有机会将这套《立宪运动》作为清史文献项目之一列入计划，这是给我完成上世纪中断了的《立宪运动》这套文献资料的一个极好机会，遂于 2004 年向国家清史编纂委员会正式提出申请，并于 2005 年获得通过，正式立项。

这套《清末立宪运动史料丛刊》总的要求是，能够较为全面地反映这场运动的发展全貌，对该运动发生的历史背景、酝酿与兴起、发展和声势、它与民主革命运动及清廷预备仿行立宪的关系、立宪团体、立宪派人士的思想与活动，以及该运动对于中国近代社会历史所造成的影响诸方面，均得到合乎实际的说明。

以往《中国近代史资料丛刊》的编辑方法大致有三种：一是按资料的类型进行整理编辑，如《太平天国》；二是按事件发展进行编辑，如《辛亥革命》；三是二者结合，如《第二次鸦片战争》。本套文献资料大体依照第三种形式，从以下八个方面对相关资料进行搜集、整理与编辑：一、立宪运动的酝酿与发动；二、立宪派与革命派的论战；三、清廷的预备仿行立宪；四、立宪团体；五、国会请愿运动；六、资政院；七、各省谘议局；八、有关立宪运动的外文资料。谘议局文献的选编范围涉及12个行省，即顺直谘议局、奉天谘议局、吉林谘议局、山西谘议局、山东谘议局、江苏谘议局、浙江谘议局、福建谘议局、广东谘议局、江西谘议局、湖南谘议局、四川谘议局。参加本项目的成员及分工如下：中国社会科学院近代史研究所李细珠研究员（立宪运动的酝酿与发动、福建谘议局），清华大学马克思主义学院王宪明教授（立宪派与革命派的论战、有关立宪运动的外文资料），首都师范大学历史系迟云飞教授（清廷的预备仿行立宪），北京大学历史系尚小明教授（立宪团体、国会请愿运动、山西谘议局、山东谘议局），中国人民大学历史学院牛贯杰副教授（资政院、湖南谘议局、广东谘议局），北京师范大学历史学院邱涛副教授（顺直谘议局），中国社会科学院法学研究所孙家红副研究员（奉天谘议局、吉林谘议局），上海图书馆上海科学技术情报研究所高洪兴研究员（江苏谘议局），广东警官学院法律系沈晓敏教授（浙江谘议局），中山大学历史系廖伟章教授（广东谘议局），南昌大学历史系黄志繁教授（江西谘议局），四川大学城市研究所何一民教授（四川谘议局）。

值得说明的是，这套文献资料丛刊立项伊始，清史编纂委员会考虑到我年事已高，故建议增加一位项目主持人，我们经过商议，聘请复旦大学历史系戴鞍钢教授为主持人。项目进行期间，他审阅了700余万字的文稿，并提出具体的修改意见，帮助我承担了不少审阅初稿的任务。牛贯杰副教授承担了大量烦琐沉重的学术辅助工作。清史编纂委员会文献组的王汝丰教授、出版组孟超编审对本项目给予了特别的关心与指导。没有他们的帮助，很难相信这套文献资料丛刊能够如期完成，在此表示诚挚的谢意。同时，山西人民出版社的领导也给予了特别的关注，编辑们付出了辛勤的努力，在此一并致谢。

当然，囿于种种因素，我们不可能将22个行省的谘议局文献全部搜求于内，只选择性地摘取了12个行省的相关文献，这些省份涵盖了沿江沿海、中原腹地、京畿重地与清王朝的龙兴之地——吉林与奉天两省。此外，我们对各省谘议局文献的选编原则以谘议局本身文献为主，因此，规模方面无法做到整齐划一，而且数量各有不同。这些不足和局限，衷心期待学术界进行批评和补正。

2014 年 10 月

凡例

一、本文献为类编资料，资料来源均在正文结尾处标明。

二、本文献按照立宪运动发生、发展的脉络分为三十卷，各卷内容为：第一卷，立宪运动的酝酿与发动；第二卷，立宪派与革命派的论战；第三至六卷，清廷的预备仿行立宪；第七至八卷，立宪团体；第九至十卷，国会请愿运动；第十一至十二卷，资政院；第十三卷，顺直谘议局；第十四至十五卷，奉天谘议局；第十六至十七卷，吉林谘议局；第十八卷，山西谘议局；第十九至二十卷，山东谘议局；第二十一至二十二卷，江苏谘议局；第二十三卷，浙江谘议局；第二十四至二十五卷，福建谘议局；第二十六卷，广东谘议局；第二十七卷，江西谘议局；第二十八卷，湖南谘议局；第二十九卷，四川谘议局；第三十卷，有关立宪运动的外文资料。

三、文献史料如有原名，一律沿用；如没有原名，则由整理者自行拟定，文中注明。

四、资料原文所用繁体字，在不会造成歧义的情况下改为通行简化字。某些具体人名、地名不在此限。异体字、通假字尽量保持文献原貌。

五、本书在纂辑过程中，对清末惯用的一些字词，悉仍其旧，如“豫备立宪”、“豫算”、“筹画”、“画一”、“澈底”、“坐次”、“帐目”、“缕晰陈之”、“详晰”、“人材”、“发见”、“札覆”、“叠次”、“身分”、“省分”、“择尤”等。文中还有许多反复出现的字词属于此种情形，不在此一一列举。

六、文献资料均由编者标点、分段与校勘。错别字用（ ）标出，并于〔 〕中标明正确字，脱字以【 】标明，衍字以〈 〉标明，无法辨识文字和原公文中故意省略之字，均以□标示。

七、原稿繁体竖排，今改为简体横排。原稿中“左”、“如左”、“左列”、“右”、“如右”、“右列”等文字均保留原貌，一律不作改动。

八、为便于读者更好地利用资料，整理者对有必要加注的地方一律加注，以脚注标明。

整理说明

浙江谘议局筹办于1908年11月，正式成立于1909年9月，同年10月和次年10月先后召开了第一届和第二届常年会，1911年1月又召开了第二届常年会第一次临时会，同年10月召开第三届常年会时，因武昌起义爆发而未通过任何议决案。从筹办到实际运作的过程中，浙江谘议局在全国各省中表现较为出色，深为当时的中外观察家和后人所称道，属于谘议局中的佼佼者。幸运的是，浙江谘议局留下了大量的档案材料和来往文牍，为后人了解和研究浙江谘议局提供了较为可靠的基础。

本资料集收录的范围，以谘议局筹办处、谘议局和浙江巡抚编订的档案为主，报刊报道为辅，具体包括《浙江谘议局筹办处报告》、《浙江谘议局议事录》、《浙江谘议局文牍》、《浙江谘议局议员质问书》、《浙江巡抚审订谘议局议案录》、《浙江谘议局议决案》，报刊包括《杭州白话报》、《绍兴公报》、《政治官报》等（以上资料主要分藏于浙江图书馆、上海图书馆、中国人民大学图书馆、国家图书馆、中国社科院近代史所资料室）。收录的原则，以追求具体、生动为目的，尽可能地反映浙江谘议局从筹办到实际运作的动态过程。编录的体例，以时间为经，以资料类别为纬，对原始文献只加注标点，除非原文献明显有误，不作任何改动和主观性的评论，每篇篇末注明资料出处，如果原文献没有时间，则略加考证后加注时间或予以说明。

本资料集尽可能地整理收集了与浙江谘议局有关的资料，期望将浙江谘议局从筹办到运作过程的各种面相予以展示，祈以丰富和加深对谘议局的认识。

沈晓敏

2016年10月

目录

一、宣传与筹办

二、议员、议员互选与议事

三、来往文牍

四、议员质问书

五、议决案与建议案、陈请书

六、奏咨、呈请查办、呈请核办、建议案

（一）奏　咨

（二）呈请查办

七、浙江谘议局文献存目

一、宣传与筹办

谘议局讲解三则

光绪三十四年九月初八日、十四日、十五日①

公民之浅解

光绪三十四年九月初八日

牗

方今中国，是预备立宪的时代。国会年限是已经宣布，《谘议局章程》是已经次第颁行了，明年九月初一开选举会的日子是快到了。凡是我们一般中国的百姓，同立于龙旗下面的人，第一应该要晓得公民的资格，不愧为公民。但是讲说

① 标题为编者所加，所署日期为报纸发表时间，《杭州白话报》为当时立宪派宣传立宪的报刊。

公民，理是很深的，义是很繁的，规则条例是很严密的。况且有《公民必读》等书，大家可以浏览浏览，也不必记者讲说。不过中国社会，究竟是下等不开通的人居其多数，所以拿“公民”两字浅浅的讲说一番。

“公民”与“人民”不同，“人民”二字的界说，是说这个人在位置上排起来是个百姓，究竟是那国的百姓，已没有一定的。“公民”是这个地方公共承认了。一个人等到一个地方公共承认，不是已经有一定的事业，一定的资产，一定的居住吗？地方是国家的地方，地方公认，就是国家公认。所以拿“人民”的界说，同“公民”比较起来，“人民”是广义，“公民”是狭义。

“公民”又与“国民”不同，“国民”二字的界说，“民”字上加个“国”字，可见是有一定的国家了。但是一个国家里面，国民何限？有办理地方公益事业的，有不办地方公益事业的；有关系地方公共资产的，有不关系地方公共资产的；就是居住，有久住在这处地方，为这处地方所公共承认的，也有虽不住在本国以外，但是忽东忽西，居住无定，为这处地方所不能公共承认的。所以拿“国民”两字的界说，同“公民”比较起来，“国民”是广义，“公民”更是狭义。

狭义狭义，“公民”不是难做极了，少极了？这却不然。官府有定额，议员有定额，公民恰没有定额。只要有公民的资格，就是尊荣无比、神圣不可侵犯的一个公民了。就算现在不配做公民，预备起来，自治起来，将来不怕不排他在公民里。况且公民所应享受的权利，说也说不得许多。明明是广义，何尝是狭义呢？人人是人民，人人可以做公民；人人是国民，人人可以做公民。快活啊快活，恭喜大家，多是永享公民的幸福了！

但是有一层，向来一班做书吏的，以及做差役、地保、背旗牌执事的人，多叫做吃公门中饭，做公门中人。书吏当中，读书识字，明白事理的多，还不愧是“公”；那差役、地保，以及背旗牌执事的，试问哪个是“公”？明明是私，偏说是公。这“公民”的“公”字，恰不是同向来吃公门中饭，做公门中人一般。从权利上说，原是处处得著公共的利益；从义务上说，就是处处受著公共的监督了。所以“公”字的反面，就是“私”字，要做公民，第一要化了向来的私见同私心。

《杭州白话报》，光绪三十四年九月初八日

先说谘议局的大意以告我一般国民

光绪三十四年九月十四日

牖

报馆有开通民智的职任，本报是白话体裁，更加有开通普通一般愚民的责任。现在我们中间，第一要紧事，就是预备立宪；立宪第一件事，就是要开国会；要开国会，必定要从筹办谘议局入手。杭州是浙江省会，所以谘议局快要开办了。但是"谘议局"三字，上等人固然明白，那下等愚民，恐怕还没有晓得是什么用场？是什么意思？所以用白话讲说讲说，请社会里面的一般国民看看。

原来谘议局这个名目，看看（象）〔像〕个新鲜得很，其实不是什么外国法子，还是我们中国古老法子呢！我们中国顶正经的书是"四书五经"，诸位虽不是读书人，也多晓得"四书五经"的名目，如今我且引出几句话来，当个注解。

讲到"谘"字，"谘"是访问的意思，同"咨"字是差不多的。我国古时尧舜的时候，皇帝同臣子在朝廷上议论政治，常常用这个"咨"字，这是明明白白载在《书经》上。再者《左传》里面，又有一句话，叫做"访问于善者为谘"，下文还有"谘亲"、"谘礼"、"谘事"、"谘难"几种名目，可见古人访问事体，更不拘一格了。《诗经》里也有"爰咨爰诹"等句，也无非是各处访问的意思。可见如今谘议局的"谘"字，是中国古时老法子，不是新鲜法子了。

讲到"议"字，不要说《孟子》里面所说的"左右皆曰贤"，"卿大夫皆曰贤"，还要"国人皆曰贤"；"左右皆曰可杀"，"卿大夫皆曰可杀"，还要"国人皆曰可杀"，才或者用，或者杀，明明是有上、下议院的规模。就是《论语》一部书，所载孔子的说话，凡是关于政治一切的，大半是同弟子们，大家私下议论议论。所以《左传》上有一件事，说郑国有一个乡校，大家多在那里议论政事的好坏，子产也不去毁坏他。就是《论语》上说，"天下有道，则庶人不议"。朱夫子也明明白白的注解清楚，就因为没事好议，并不是不许他议。可见谘议局里的“议”字，更不是新鲜法子了。

但是一层，恭绎去年创办谘议局的上谕，有几句话，很要注意。就是说公正明达官绅创办其事，断不可使品行悖谬、营私武断之人滥厕其间。凡是在中国龙旗以下的人，做官绅的，赶紧要公正明达才好；做士民的，赶紧不要品行悖谬、营私武断才好。断不可因朝廷谘访我们，许我们议论，我们就可以妄说妄做。要晓得越是谘议，越有法律，人人有谘议权，人人就多有监督我的权了。所以可喜的是有谘议局，可畏的也是谘议局。诸位从此守着法律，那就没有一点可畏，只有事事可喜了。

谘议局的章程内中很有些应该演成白话，敬告我一般少读书、少见识的同胞的，记者还要陆续写出来，尽一点以笔代口的职任。如今先浅浅解说“谘议”两字于一般国民听者。

《杭州白话报》，光绪三十四年九月十四日

演绎《谘议局章程》之关于选举权者通告我一般国民

光绪三十四年九月十五日

牖

现在《各省谘议局章程》，已经由宪政编查馆（是预备立宪的总机关，馆设在京里）会奏颁行了。我们中国人民，不十分通晓文义、不十分明白事理的居其多数。但是既是中国国民，统统有享受立宪的权利，统统有预备立宪的义务，记者如今就那章程中有关于开通一般愚民智识的，拣择出来，用白话演绎演绎，也是本报宗旨上所应该有的。阅报诸君，不要笑话其说话太浅太噜苏才好。

谘议局顶要紧的事，就是选举议员。有选举议员章程，有被选举议员章程，有停止选举权及被选举权章程，记者须逐条演绎一通，以普告我一般国民。如今先说关于选举权的。

看到章程第三条，所说有选举权的资格，“第一要在本省地方办理学务，及其他公益事务，满三年以上，著有成绩者”，就可晓得以后的乡绅，不必一定要做过大官，只要有国家思想的，就阔阔乎的大家敬重他了。因为地方是国家的地方，在本地方办理学务，固然是代国家开通智识，□□□、□□□在本地方办理种种公益的事，虽是便益□□□、□□□，□□□、□□□来社会上说：“张家长，李家短，人家闲事我不管”；又说“各人自扫门前雪，莫管他家瓦上霜”。这种话在今朝，真觉得不通极了。要晓得人家在这个地方，我的子子孙孙也在这个地方，便益了国家，便益了地方，还不是仍旧便益了我自己么？所以奉劝诸位，以后总要热心实力的办理地方公事。三年是很快的，到那时候有选举权，不是仿佛是一位公正的乡绅么？选举权的关于绅界，大家多可以做到的。这是一。

第二、第三条，是“要在本国或外国中学堂及与中学同等或中学以上之学堂毕业，得有文凭者”；“有举贡生员以上之出身者”。看到这两条，可晓得如今中国人，第一件事就是要赶紧读书识字了。一个人到底多读书，多识字，格外容易明白事理些。所以现在虽是停罢科举，这班举贡生员以上的人，朝廷还是另眼看待他。这是什么缘故？就是因为读书识字的缘故。至于学堂出身，虽说是要中学堂以上，但是不进初等小学，断没有高等小学的程度；没有高等小学的程度，那里配进中学呢？就是初等小学，所最注重的无非是读书识字。日子过过快得很，家有子弟到了初等小学的年龄，不把他读书，不把他识字，就永远没有中学毕业的日子了。永远没有这日子，不是家中子弟们将来在地方上就没有选举权了吗？所以奉劝诸位，赶紧送子弟们到学堂里去读书识字，实在是一件要紧事。选举权的关于学界，大家多应该做到的。这是二。

《杭州白话报》，光绪三十四年九月十五日

浙江谘议局筹办处章程

光绪三十四年九月

第一章 总 纲

第一条 本处系遵旨设立，为筹办浙江谘议局之总机关，故名曰浙江谘议局筹办处。

第二条 本处直隶于浙江巡抚之下，承抚院命令筹办关于设立谘议局一切事宜。

第三条 本处人员，由抚院遵旨慎选公正明达官绅充之。

第四条 本处为分任事务，以专责成，特设五科十所，各派专员办之。

第五条 本处筹办事宜，自开办日起，至谘议局成立之日止，皆依次第先后分期举办。

第六条 本处为选举议员事属创办，恐难通晓，特附设研究所，选用本省曾习法政绅士作司选员，来所研究选举方法，先期派往各府、厅、州、县帮同办理，以求慎始而昭划一。

第七条 本处应行筹办事务，除选举议员外，凡关于建筑谘议局事，亦并筹划监督之。

第八条 本处所需一切筹办经费，皆由抚院筹定，专款办理。

第九条 本处为筹办谘议局而设，至议员选定、谘议局开办后，即行裁撤。

第十条 本处为办理公文案件，由抚院刊发木质关防一颗，文曰“浙江谘议局筹办处关防”，随时启用，以昭信守。

第二章 组 织

第十一条 本处组织如左：

一、督办一员

一、总办一员

一、会办一员

一、总参议二员

一、参议十三员

一、法制科，科长一员

编制所，科员一员；审查所，科员一员

一、司选科，科长一员

调查所，科员二员；检察所，科员二员

一、督工科

筹备所，科员一员；监造所，科员一员

一、文书科

文牍所，科员一员；收发所，科员一员

一、庶务科

会计所，科员二员；印刷所，科员二员

第三章　职务权限

第十二条　督办监督本处一切筹办事务，随时会议重要事项。

第十三条　总办商同督办管理本处一切筹办事务，随时会议重要事项。

第十四条　会办以本省绅士充之，商同督办、总办管理本处一切筹办事务，随时会议重要事项。

第十五条　总参议驻处，随同督办、总【办】、会办筹划本处一切事务，审订本处颁发章程、规则、条例各种程式，并随时会议重要事项。

第十六条　参议由每府推选本府公正明达绅士各一人，仍驻本府，为名誉【职】，参议本府关于选举一切事务，并随时应本处咨询。

第十七条　法制科科长商明总【办】、会办、参议，掌管本科事务，率同所管编制、审查二所科员，分任各事。

第十八条　编制所科员商同本科科长，编拟本处应行颁发之一切章程、规则、条例各种程式，随时起草。

第十九条　审查所科员审订各府、厅、州、县所拟关于选举一切施行细则有无违反定章及是否可行，随时改正，以资遵办，并协同编制所科员商议起草事。

第二十条　司选科科长商明总【办】、会办、总参议，掌管本科事务，率同所管调查、检察二所科员，分任各事。

第二十一条　调查所科员商同本科科长，研究关于选举应行调查事项、方法及汇集调查之事。

第二十二条　检察所科员商同本科科长，调派司选员分往各府、厅、州、县帮办选举事务，考查各府、厅、州、县所派管理、监察人员及关于选举事务是否合法，并撰拟调派方法、事项及应行管理、监察之一切方法。

第二十三条　督工科筹备所科员，筹划建设谘议局地址及房屋构造图式并谘议局应用一切器具事。

第二十四条　督工科监造所科员，监督修造谘议局工程及应用材料是否坚固与程式是否悉合。

第二十五条　文书科文牍所科员，掌管撰拟本处一切公文函件事。

第二十六条　文书科收发所科员，掌管收发本处一切公文函件，分别登录保存并核对事。

第二十七条　庶务科会计所科员，掌管本处出入经费簿册、购置一切应用器具并分任一切杂务事。

第二十八条　庶务科印刷所科员，掌管绘图、本处应用一切图式表册并指挥、稽查印刷事务。

第二十九条　关于本章规定各科所之职务权限，开办之初，遇事务互有繁简，得互相协同办理。

第四章　筹办次序及期限

第三十条　本处筹办谘议局次序及期限如左：

本条规定期限，因谘议局初次创办，期限已迫，故与《谘议局章程》所定初选、复选期限间有不符。

第一，通饬府、厅、州、县。本处为创办谘议局之总机关，自开办之日为始，当将应行指挥全省预备选举之事，逐项议定，十一月起通饬各府、厅、州、县照章预备一切、随时汇报，并饬令普行告示，以便通晓。

第二，建造谘议局。此当由本处开办后即会议建造谘议局预算经费，择地估工，限期报竣。

第三，调制选举人名册。此由本处将选举人名册定式并调制方法先期议定，限十一月初颁示各府、厅、州、县，饬令即行著手选定调查员分别办理，统限明年二月十五日以前一律办齐，并行宣示公众。

第四，分划投票区域。此由本处议定划区方法，通饬州、县限定明年正月一律著手，正月杪即行办齐，汇报本处，以凭查核。

第五，分派各司选员。此由本处将研究所司选员分别派往厅、州、县各一员，帮同各该厅、州、县官会集管理、监察各员，教以应行方法，以资熟悉而免临时错误，并由该司选员帮同办理选举事务，但司选员当各隔一府分派，不得派往本府，以防流弊。

第六，选定管理、监察人员。此由本处议定选派管理员、监察员资格方法，通饬府、厅、州、县限定明年闰二月办齐，三月初一律报到本处，以备查核。

第七，实行初选举。此由本处通饬各州县统限明年四月十五日实行初选举，一切照章办理，汇报本处，以备查核。

第八，预备复选举。此由本处通饬各府、厅限定明年四月杪为始，即将应行预备各事分别办理，至五月十五一律办齐，并每府厅酌派司选员各一员，帮同教导办理如初选办法。

第九，实行复选举。此由本处通饬各府、厅限明年六月初一日为复选举期，照章办理，统限六月十五日汇报本处，以备调集。

第十，开办谘议局。此由本处接到各处当选议员报告、审查无误后，即通饬各属招集议员，限七月初一日一律到省，九月初一日开办谘议局。

第三十一条　关于前条事项，均由本处按期筹办，呈报抚院备查，如遇重要事项，应呈候抚院批定施行。

第五章　研究所

第三十二条　本所组织如左：

一、管理员二员，由本处总参（谘）〔议〕二员轮流兼充。

二、宣讲员六员，由本处各科公推兼充，但总参议亦可分任。

三、司选研究员七十八员，由本处选定本省法政学堂毕业之绅士派充。

第三十三条　本所应行研究课程事项如左：

一、选举章程

二、其他选举应用事件

第三十四条　本所于研究期满，司选员派出后即行停止。

第三十五条　关于本所一切详细办法，应由本处另订专章，以资遵办。

第六章　会　议

第三十六条　本处为筹办谘议局一切事宜，集思广益，以求完善，特定会议规定如左：

一、定期会议

二、临时会议

第三十七条　定期会议于每月初二日行之，临时会议遇有应议事项，由会长随时指定日期行之。

第三十八条　会议组织如左：

一、会长，以督办任之，如督办不能到会时，则以总办任之。

二、副会长，以总办任之，如总办充会长，则以会办任之。

三、会员，以本处会办、总参议以下人员充之。

四、纠正员，临时由会长指定科员中二人充之。

五、书记，临时由会长指定科员中二人充之。

第三十九条　会议事项如左：

一、关于本处内部事项

二、关于本【省】各府、厅、州、县事项

第四十条　关于会议一切详细办法，应由本处另定专章，以资遵办。

第七章　经　费

第四十一条　本处经费如左：

（甲）额支项下

一、督办一员，实缺兼差，不支薪水。

一、总办一员，月薪三百，年共三千六百元。

一、会办一员，月薪二百五十元，年共三千元。

一、总参议二员，每员月薪二百元，年共四千八百元。

一、法制科科长一员，月薪一百二十元，年共一千四百四十元。

一、编制所科员一员，月薪八十元，年共九百六十元。

一、审查所科员一员，月薪八十元，年共九百六十元。

一、司选科科长一员，月薪一百二十元，年共一千四百四十元。

一、调查所科员二员，月薪八十元，年共一千九百二十元。

一、检察所科员二员，月薪八十元，年共一千九百二十元。

一、筹备所科员一员，月薪七十元，年共八百四十元。

一、监造所科员一员，月薪七十元，年共八百四十元。

一、文牍所科员一员，月薪七十元，年共八百四十元。

一、收发所科员一员，月薪六十元，年共七百二十元。

一、印刷所科员二员，正月薪五十元，副月薪三十元，年共九百六十元。

一、会计所科员二员，正月薪六十元，副月薪三十元，年共一千零八十元。

一、书记六员，每员月薪十八元，年共一千二百九十六元。

一、公役十名，每名月给工食六元，年共七百二十元。

一、厨役四名，每名月给工食六元，年共二百八十八元。

一、印刷厂工头二员，每名月给工食十六元，年共三百八十四元。

一、印工八名，每名月给工食八元，年共七百六十八元。

一、司选员七十八员。

每员在半个月研究期内薪水十五元，七十八员共一千一百七十元，其派往各处每员每日加津贴一元，自二月初旬起，至四月末日止，四个月每员每月薪水、津贴六十元，共一万八千七百二十元，五月初旬起至六月止，每府派司选员一名，计十一名，两个月薪六百六十元，加津贴六百六十元，共一千三百二十元，两项总计二万一千二百一十元，其派出往来路费，酌量远近发给，临时在活支项下支领。

以上共计十二个月，当年经费洋四万九千九百八十六元，伙食在内，不另开支。

（乙）活支项下

一、租赁局所及修缮费并电费、邮费，约计二千元。

二、购置应用器具、图书费，约计一千元。

三、灯油、茶水、笔墨、纸张费，约计一千五百元。

四、夏季凉棚、冬季煤炭费，约计一千元。

五、购置印刷机器、油墨、药料、印刷一切表册、告示、通饬纸张费，约计三千元。

六、司选员旅费，约计三千元。

七、接待议员费，约计三千元。

以上约共计一万四千五百元，随时由本处据实报销。至建筑谘议局费，俟筹办处开办后，临时由督工科估工另行请款。

第八章 附 则

第四十三条 本章程自本处开办日起为施行之期，遇有应行增删更改之处，随时由本处会议呈请抚院核定颁行。

《浙江谘议局筹办处报告》甲编，第13—20页

抚宪增浙省谘议局筹办处演说词

光绪三十四年十月初一日①

今日为本部院莅浙江谘议局筹办处之第一次，敢贡一言以志盛举。日朝廷以谘议局为议院之基础，而吾人以筹办处为谘议局之基础，明年九月谘议局之能否

① 此日期为编者所加，因为浙江谘议局筹办处成立于光绪三十四年十月初一日。

成立，全视此一年内筹办之妥速与否，其关系顾不重大！本部院曩闻有持人民程度不及之说者，此非所以厚待吾民。然使日复一日，国家将予以莫大之权利，而吾民自弃其应尽之义务，彼时虽欲雪程度不及之耻而不可得，在吾民诚无以自解矣，而地方长官亦与有耻焉。夫办事必有所师，独此谘议局之设立，将师诸今耶？东西各国，规制虽详，而以风俗、习惯、历史不同之故，宜于彼者，未必适于此。将师诸古耶？洪范之谋及庶人，周官之询于外朝，未尝不可资为根据，然书缺有间，其详不可得闻，亦未便强为模仿。夫以关系重大之事，值此迫不及待之时，又无相当之成例可以取法，而欲求上副朝旨，下慰民望，此其责任果全在此筹办处乎？抑不只在筹办处而在地方官乎？而更不只在地方官而并在绅民乎？此不难详审熟虑而知之。国家颁布宪法，明明以九年为期，或者觉其迫促，或者犹病其濡迟，本部院则以为九年之期限，实因预备不及，不得已而分年措置。有逐年之预备，然后有逐年之进步，而谘议局即为预备之第一件，筹办处又为第一年之第一件，果能官民一心，克期成立，则凡次年以下所当预备者，皆得事事提前告竣，朝廷将顾而喜之，谓吾民程度固如是，安知不缩短其年限，易九年而为六年或三年？即令不然，而吾官民若既能举九年中预备各事一一举办，不难以所获之效果，报告政府。政府调查得实，自必与以相当之权利，然则九年者未始非假定之期间也。若徒逞虚矫之气，而忘实在之研究，空言无补，坐废时机，岂不可惜？故本部院愿官民对于今日之谘议局筹办处，未可以轻心掉之。浙江十一府七十余县，其文明之发达，不让他省，而山僻之乡，交通不便，人多朴野。国家悬权利予人民，亦不能强个人而使之享有，要在人民能自得之耳。欲使人民知权利之可贵，其机由官吏倡之，士绅和之。智愚殊途，智且强者，侵占及于权限范围之外。愚且弱者，于自己固有权利之一分，或不能充分保守。一夫向隅，群情为之不快。是关于权利之分配，官吏有监督之责任，士绅有补充之责任，此所当注意者二也。时不过一年，事之待理者，头绪万端，文书上下，何以无迟滞？士绅力所不及，官为督促之。幅陨辽阔，何以求综核？官吏耳目所弗周，绅为补助之。是联络官绅之声气，消除官民之阻障，所当注意者三也。谘议局之筹备在未开办以前，其大要全在选举，因选举而发生诉讼，无论其为积极的，其为消极的，皆赖官吏按照规定资格，调取一切证据，为之制定是非。根据法理，亲切体验，务求适当，于人民权利得失关系非浅，此点纯然属于官吏之责任，所当注意者四也。选举诉讼既不能免，则惟慎之。于调查着手之始，按照一定之资格，编制一定之方法，因之而滋扰，固不可求免，于滋扰而致疏漏亦不可，务期明而慎，公而确，不至于选举无效，而致烦改选或致选不及，而不能预于明年议会之列，然而足以尽调查之责，所当注意者五也。尤要者，谘议局成立之先后，省与省未能强同，而资政院为全国共同组织，其选举即在明年谘议局成立之后。一省之谘议局不成立，即全国之资政院因此愆期，而一省之内有一县之后时，其影响直接及于谘议局之组织，亦即间接及于资政院之组织。夫至以区区一县之故，而妨碍及于资政院之成立，此所当注意者六也。乃者大夫君子咸集于兹，须知今日之会，即种种责任负担开始之日，亦即他日宪政完成之开始之日也。时乎时不再来，努力前途，勉邀幸福，岂惟本部院拭目以俟，即凡百君子亦与有责焉。

《浙江教育官报》第五期，戊申年（1908 年）十月

浙江谘议局筹办处职员衔名单

光绪三十四年十月初一日①

计开：

一、督办一员

浙江布政使颜钟骥，字筱夏，广东惠州府连平州人。

一、总办一员

奏调浙江委用江苏补用道董元亮，字季友，福建福州府闽县人。

一、会办一员

法律馆咨议官、翰林院编修陈敬第，字叔通，浙江杭州府仁和县人。

一、总参议二员

① 此日期为编者所加，因为浙江谘议局筹办处成立于光绪三十四年十月初一日。

员外郎衔、法部主事沈钧儒，字衡山，浙江嘉兴府秀水县人。

拣选知县梁建章，字式堂，直隶顺天府大城县人。

一、参议十三员

杭防参议

府学附生熊文，字信三，苏完瓜尔佳氏，杭州驻防正黄旗人。

乍防参议

记名协领、前锋营翼领、正蓝旗满洲三佐领贵林，字翰香，毕噜氏，杭州驻防正白旗人。

杭州府参议

分部主事叶景莱，字仲裕，浙江杭州府仁和县人。

嘉兴府参议

主事衔、附贡生陶保霖，字惺存，浙江嘉兴府秀水县人。

湖州府参议

分部郎中、举人沈毓麟，字谱琴，浙江湖州府乌程县人。

宁波府参议

举人冯丙然，字子蕃，浙江宁波府鄞县人。

绍兴府参议

举人王佐，字济清，浙江绍兴府上虞县人。

台州府参议

举人周继潆，字萍洄，浙江台州府临海县人。

金华府参议

就职教谕、恩贡黄志璠，字芾卿，浙江金华府浦江县人。

衢州府参议

前杭州府训导、举人程大廉，字让泉，浙江衢州府西安县人。

严州府参议

前桐乡县教谕、拔贡叶诰书，字采章，浙江严州府寿昌县人。

温州府参议

翰林院编修余朝绅，字筱泉，浙江温州府乐清县人。

处州府参议

七品衔、岁贡生谭献，字文卿，浙江处州府丽水县人。

一、法制科科长一员

留学日本法政大学、附生阮性存，字荀伯，浙江绍兴府余姚县人。

一、编制所科员一员

兼袭云骑尉、世袭廪生、本省法政学堂最优等毕业陈篁，字元嵩，浙江绍兴府萧山县人。

一、审查所科员一员

留学日本明治大学、附生许燊，字达甫，浙江温州府瑞安县人。

一、司选科科长一员

留学日本法政大学、员外郎衔、兼袭云骑尉邵羲，字仲威，浙江杭州府仁和县人。

一、检察所科员二员

附生、本省法政学堂最优等毕业方壮猷，字聘三，浙江宁波府定海厅人。

附生、日本法政大学毕业员高桐，字桐甫，浙江杭州府钱塘县人。

一、调查所科员二员

考取职员、本省法政学堂最优等毕业张善裕，字笃生，浙江湖州府乌程县人。

附生、本省法政学堂最优等毕业楼金鑑，字蕴山，浙江绍兴府萧山县人。

一、文牍所科员一员

同知衔、拣选盐大使陈祖谦，字夷平，号宜臣，福建福州府长乐县人。

一、收发所科员一员

优贡、补用县丞萧濬，字子厚，号哲如，福建福州府侯官县人。

一、印刷所科员二员

补用同知锡嘏，字介眉，满洲镶蓝旗人。

县丞职衔梁秉书，字劼卿，直隶顺天府大城县人。

一、会计所科员二员

分省试用县丞林迪民，字淡菓，福建福州府闽县人。

县丞职衔黄煆宽，字履生，福建福州府闽县人。

一、书记员六员

拣选盐大使张文华，字锦堂，云南楚雄府琅盐井人。

试用从九品王国幹，字厚甫，号桢侯，福建福州府闽县人。

考职班试用典史梁蕙，字仲衡，福建福州府闽县人。

考职班试用典史高宗恺，字逸渔，福建福州府长乐县人。

提举职衔汤兆谦，字吉阶，浙江杭州府仁和县人。

县丞职衔王奎成，字子鸿，浙江杭州府钱塘县人。

《浙江谘议局筹办处报告》，第1—9页

本处申报启用关防日期乞抚宪查考文

光绪三十四年十月初二日

为申报事。案奉宪台刊发木质关防一颗，文曰“浙江谘议局筹办处关防”，饬即启用报查等因，奉此遵于十月初一日启用，合将启用日期具文申报，仰祈宪台鉴核查考，为此备由具申，伏乞照验施行。须至申者。

《浙江谘议局筹办处报告》乙编卷上，文牍一，禀申详类，第1页

本处禀抚宪拟为各府厅州县代办事件开折呈核并请明定赏罚通饬遵照文

光绪三十四年十月初二日

敬禀者。窃查《谘议局议员选举章程》第四条第一项内开：初选区厅以该

同知通判、州县以该知州、知县为初选监督，复选区府以该知府、直隶厅州以该同知、通判、知州为复选监督；又同章程第五条、第六条胪列初选监督、复选监督职掌，事务綦繁，责任甚重，而其余各条规定初选监督、复选监督应办事件，尤不胜枚举。各府、厅、州、县司法行政事务萃于一身，本有日不暇给之势，今再加责以筹办选举，自必更形丛脞，且功令森严，期限急迫，而选举事宜头绪纷繁，事属创办，各府、厅、州、县既无成例可援，尤难免旁皇失据一处，因此延误，势必牵动全局，关系实非浅鲜。现拟查照《谘议局议员选举章程》所载，初选监督、复选监督应行拟订之章程、规则及调查方法，均由本处详细核订，通饬各府、厅、州、县遵照办理，即选举人名册、投票纸、投票柜等件，亦由本处分别制就，颁发应用，既可收统一之效，又可免延误之虞，已为各府、厅、州、县省事不少。若再奉行不力或有心玩误，一经本处查明，即行详请宪台立予撤参或撤任停委，以示惩儆；其能实力奉行、办理迅速者，亦由本处择尤详请奖励。除将本处拟为各府、厅、州、县代办事件开折附呈外，所有本处代办初选、复选监督应行事项及定府、厅、州、县功过各缘由，理合具禀。是否有当，伏祈鉴核批示祇遵，并请抄单先行通饬各府、厅、州、县一体遵照，实为公便。肃禀，恭请，崇安！伏乞，垂鉴。计呈：清折一扣。

附录：抚批

禀及另单均悉。府、厅、州、县有监督选举之责任，初选、复选时间綦迫，稍有迟误，即谘议局之成立从而愆期。今由该处代拟各项章程、细则示以方针，即不得诿为未达，并将选举票柜、执照、呈明书等制就颁发，既昭划一，亦免稽延，可谓虑周藻密，体恤备至。各郡守牧令虽有地方庶政，何难稍分日力，迅速奉行。若于此等要公因循泄沓，以一隅阻碍全局，其能当此重咎耶？应如所拟，此后各属有勤奋从公办理妥速者，择尤详请奖励；玩误各员，一经该处指名禀揭，即予分别撤参，并候抄单严饬各属一体懔遵。至该处择要添置各件，如遇需款较巨，应随时详候本部院核夺批准施行，并即查照。缴单附。

《浙江谘议局筹办处报告》乙编卷上，文牍一，禀申详类，第1—2页

本处禀抚宪乞通饬各厅州县及电局邮局遇有本处往来文件立时投递文

光绪三十四年十月初二日

敬禀者。窃照本处遵饬开办，所有应行筹办事宜，现已查照定章，从速筹备，一俟各项章程规则拟订齐全，即当刷印通发各府、厅、州、县查照办理，惟闻浙省各厅、州、县驿递公文，往往任意延搁，距省较远之区，动非二三十日不能递到。本处筹办各事，为期已迫，以后驿递文件，一有延搁，必至贻误事机，关系匪浅，应请宪台严饬各厅、州、县，遇有本处往来文件，应即随时飞递，如有延误，即由本处详请撤参或撤任、停委，并将管理驿递丁书及马夫、铺兵提府严惩。至最要事件，拟用电饬。轻便文书，酌用邮寄，并乞宪台分札电局、邮局，遇有关于本处电报、邮件，亦即随时递送，勿稍延搁。如有迟误，即由本处详请宪台札饬该局将报生暨司事人等分别罚薪、撤换，庶各知所警戒，而于本处筹办事宜大有裨益。是否有当，合肃禀陈，仰祈鉴核批示祗遵，并请通饬各厅、州、县及电局、邮局一体遵照，实为公便。肃禀，公请，崇安！伏乞垂鉴。

附录：抚批

该处筹办各件有一定之期限，若驿递迟延，使各属藉辞诿过，必至贻误事机。此后该处发行章程、规则等件，准用排单限期投递，如有延误，即挨站查明严究。其各属呈送要公，轻便者可由邮局挂号，繁重者即令专足驰陈，候通饬查照并行知有驿州县暨该管驿丞一体懔遵，妥速承递。余并悉。缴。

《浙江谘议局筹办处报告》乙编卷上，文牍一，禀申详类，第2—3页

本处禀抚宪请咨会将军、都统查照旧日驻防学额核定议员额数文

光绪三十四年十月初三日

敬禀者。窃本处业已遵照章程奉饬开办，所有关于调查选举各项事宜，业经次第筹办，查《谘议局章程》第二条第二项京旗及各省驻防，均以所在地方为本籍，但旗制未改以前，京旗得于顺直议员定额外，暂设专额十名，各省驻防得于该省议员定额外，每省暂设专额一至三名，其名数由各督抚会同将军、都统定之。又查《谘议局议员选举章程》第七章“专额议员选举办法”第一百八条各省驻防专额议员之数，视该省驻防旧日取进学额，全数在十名以内者，设议员一名，二十名以内，设二名，二十名以外，设三名，由各该省督抚会同将军、都统定之等因，浙江为有驻防省分，自有专额议员，应请宪台咨会将军、都统查照旧日学额，会同核定议员额数饬知本处。至调查选举方法及检察员、管理员办事规则、选举人名册、当选人执照、投票纸、投票柜等件，一俟本处筹备完全，随时移送查明专额议员选举办法办理。萧禀，恭请，崇安！伏乞垂鉴。

附录：抚批

据禀已悉。咨明杭州将军、副都统查照办理，俟复到再行饬知。此缴。

《浙江谘议局筹办处报告》乙编卷上，文牍一，禀申详类，第3—4页

本处颁发敬告绅商学界文及白话告示札饬各府转饬张贴文

光绪三十四年十月十六日

为札饬事。照得本处前奉抚宪札发章程，于本月初一日开办，业经饬知在案，兹将印行《敬告绅商学界文》并《白话告示》（　　　　）张发交该府，迅即专差分给所属各厅、州、县张贴，以资劝谕，其余章程、规则、册票等件，仍由本处陆续颁发，遵照办理，合行札饬。札到该府，立即遵照办理，勿违！切切！此札。

附文告

本处敬告驻防及各府厅州县绅商学界文

本年六月二十四日宪政编查馆王大臣奏进《谘议局章程并谘议局议员选举章程》，钦奉上谕：各省限文到之日起于一年内一律办齐。天语敦切，薄海同钦。寻绎原定章程，凡在此一年中应行筹办之方法及其顺序，有纯然属于官吏之责任而人民仅居于辅助之地位者，有纯然属于人民之责任而官吏仅居于监督之地位者。惟吾国官吏多兼理行政、司法事务，本有日不暇给之势，今更以筹办选举事宜专责官吏，既无成例可援，自必更形棘手，一处延误，即至牵动全局。届时虽坐官吏以违旨之罪，而人民选举之权利已实受其损，莫可补偿矣。本处筹办伊始，急起直追，已将初选监督、复选监督应行拟订之章程、规则分别代为拟订，禀请抚宪核定后印刷通颁各府、厅、州、县查照办理，其余选举人名册、选举票、投票柜等件，凡为本处可以代办者，无不代为制办，非敢为是越俎也。只以事属创办，与其放任而贻误堪虞，不若由本处代为分任，较为妥速。所有各项章程、规则、名簿格式，约计十月内办齐，十一月陆续颁发。在各府、厅、州、县自应实力奉行，不致玩忽，而本处于各项章程、规则、簿式等未办齐之前，尤有不得不希望于我驻防及十一府七十八厅、州、县绅商学界者有二：

一、组织调查机关。照《选举章程》，选举调查员本应由初选监督选派，然初选监督所委派者，无非绅商学界之人，各地方绅商学界固有机关如善堂、商会、教学会、劝学所等类，大都具备，今宜赶紧商承初选监督，或以固有机关为根据，或一机关与他机关相联合，组织既定，一俟本处各项章程、规则颁到，即可着手调查，否则临事仓皇，转多延误。

二、宣讲。中国人民无参政权者二千余年矣，一旦享有此权，亟宜行使，不可放弃，固有识者所深知也。然或因地处偏僻，容有未知选举之可贵而不肯据实以告调查员者。各府所属应出议员额数，全以各府所属有选举权者之多寡为标准，今日少若干有选举权之人，即将来少一议员，实与地方公共权利大有影响。不独此也，明年选举届期，或投票时避不到场，或当选而再三辞让，是议员无足额之期，即谘议局无开会之望，其害何可胜言？本处现已另拟告有选举权者浅近告示，印刷分贴，并印刷《谘议局章程》及《谘议局议员选举章程》，分别移送札发，广为分送。仍望绅商学界各就本地推举热心及善于演说之士，派往四乡，分头宣讲，告以选举之权利不可放弃。而对于有财产者更须明白解释，切不可使其误会派捐，致生疑阻。

以上二者，固今日最亟之务，望绅商学界急起办理，不可稍缓须臾。二事既备，仍有应加注意者，则议案之预备是已。查《谘议局章程》第二十五条，各议员有草具议案之权，若不预为准备，一旦被举到会，不独自己无从提议，即官吏及他议员所提议者，亦无从置喙，四十日之会期，岂非虚掷？应就人民所应提议者预为讨论，以待发表。此为全浙人民共有之责，而绅商学界尤宜为之道率，此本处于筹办选举之初所以不能不预贡一言者也。此外，尚有为本处筹虑未及者，幸绅商学界协力同心，及时预备。本处实有厚赖焉。

本处劝谕商民白话告示

上谕叫各省设立谘议局，百姓选举议员，到谘议局里面，会议全省的大事，代百姓谋利益，这真是我们中国几千年来未有的特典。现在的本省抚台，在省城设立谘议局筹办处，督同各府、厅、州、县办理选举的事情，已于十月初一日开办了。本处所办的事情，头一件就是督同各府、厅、州、县，调查各处有选举权的人，造成选举人名册。凡在册里的人，明年才可以到投票所里去投票。名字不填在册里，就没有投票选举的权利，可见调查有选举权的人，是一件顶重大的事了。现在本处督催各府、厅、州、县，分派调查员，再过几天，就可以到各乡各村来实行调查了。调查的是甚么事情呢？第一是要本省籍贯，第二是要男子，第三是年岁要满二十五岁以上。有了以上资格，凡下列各项，但有一项，便有选举权：一是曾在地方办理学务或是别样公益事务，满了三年，著有成绩的；二是曾在本国或外国中学堂，又同中学堂一样的学堂，学堂名字虽不叫做中学堂，在这种学堂里毕业，得有文凭的，还有在中学堂以上的学堂，更不必说了；三是有举、贡、生员以上的出身；四是或从前做过实缺七品以上的文官，或从前做过实缺五品以上的武官，并没有被参革的；五是在本省地方有五千元以上的营业资本或不动产（如房屋田产等）。这一项最要说得明白，原是为保护有财产的人起见，叫有财产的人。举出议员，到省城谘议局里面议事，自然代你们有财产的人计算利益，从前苛派勒捐的事，就可不至再有了。你们如不信，以为调查财产，是要派捐的，就把财产隐匿起来，以多报少，那就大错了。本处诚恐有造这种谣言的人，哄骗你们，所以格外详细解说，你们总可明白了。至于外省的人，凡是二十五岁以上的男子，在浙省寄居，已经满十年，又在寄居地方有一万元以上的营业资本，或是不动产，也就合本省的人，一样有选举的权。只有那种品行悖谬、营私武断的，或有处过监禁以上刑罚的，或营业不正的，或倒欠人家帐目，被人控告，尚没有清结的，或吸食鸦片烟的，或有心疾的，或身家不清白的，或不识文义的，皆没得有选举权及被选举权。还有那本省官吏、幕友、军人、警察、僧道及此外宗教师，现在各学堂肄业的学徒，皆暂且停止他的选举权及被选举权。更有那小学堂的教员，暂且停止他被选举权，恐怕他被选做了议员，就要把学务荒废了，并没有别的意思。总之你们一遇调查员到门，务必详细告诉调查员，莫把自己的选举权，平空抛弃，这就不辜负朝廷的一番好意了。

光绪三十四年十月初九日

告示

谘议局筹办处发贴

《浙江谘议局筹办处报告》乙编卷下，文牍三，批饬类，第1—4页

选举资格说明书

光绪三十四年十月[1]

《谘议局章程》原文

第三条，凡属本省籍贯（说明一）[2] 之男子（说明二），年满二十五岁以上（说明三），具有左列资格之一者（说明四），有选举谘议局议员之权（说明五）：

（一）曾在本省地方（说明六）办理学务（说明七）及其他公益事务（说明八）满三年以上（说明九）著有成绩者（说明十）；

（二）曾在本国（说明十一）或外国中学堂（说明十二）及与中学同等（说明十三）或中学以上之学堂毕业得有文凭者（说明十四）；

（三）有举贡生员以上之出身者（说明十五）；

（四）曾任实缺（说明十六）文七品、武五品以上（说明十七）未被参革者（说明十八）；

（五）在本省地方（说明十九）有五千元以上（说明二十）之营业资本（说明二十一）或不动产者（说明二十二）。

说明一：本省籍贯。

本省籍贯云者，据宪政编查馆电，乃本省所辖各厅州县籍贯之省文。

附说：谘议局应办事件，皆全省公共事件。谘议局章程中亦屡见“本省”二字，是立法者之意，明明以省为本位，则说明“本省籍贯”四字，当曰无论何府厅州县人，凡隶属于浙江省籍贯者，方为正当解释。乃阅宪政编查馆复江宁电内称，寄居人资格非本府本县人，与非本省人均系一律。夫明明本省人，乃与

---

① 此时间为编者所加。

② 原文系将“说明一”三字用小字排版以区别于正文，今编者以括号来代替。

外省人同受制限，似未平允，曾禀请抚宪电询宪政编查馆可否变通办理，旋奉复电，凡称籍贯者，向以厅、州、县为主。《谘议局章程》第三条所谓“本省籍贯”者，乃本省所辖各厅、州、县籍贯之省文，于是本省人而由此府厅、州、县寄居他府厅州县者，即不得于寄居地方行使权利。就理论上言之，居他府厅、州、县之有选举资格者，可回本籍以行使权利，而从事实上言之，则不便孰甚，但业经抚宪电争，未蒙照准，自应遵照办理。嗣宪政编查馆复酌予变通，通电各省，原电称：凡本省人具有局章第三条资格之一而寄居异府异县者，若在寄居地方确系定居，且置有产业者，但使本人呈请本籍选举监督，声明愿在寄居地方投票，即可归入寄居地方行其选举权及被选举权，其寄居年限及产业多少，均可不论各等语。是虽仍以籍贯主义为原则，而并许以住所主义为例外，则凡寄居异府异县者，不致因难于回籍抛弃权利，而寄居地方多若干合格之人，即可多得议员分配之额数，诚为两便之道。至非本省人，则局章第四条定有明文，自不能援以为例也。

说明二：男子。

依此规定，则妇女不得有选举权，不待言矣。

说明三：年满二十五岁以上。

既曰满，则必有一定之起算点可知，查各国多以日起算，惟法兰西以时起算，更为细密。我国户籍法未定，登记制度未行，势不能仿办。故“满”之一字，就立法言之，自应有此规定；而就事实言之，亦竟无从查考。现拟凡属举贡生员以上出身、文武职官、学堂毕业生，均以册年为据。其不在上列之内者，但以本人报告为据，如被人告发不实者，一经查出，即照《谘议局议员选举章程》第九十五条处罚。

说明四：左列资格之一。

例如本省籍贯之男子，年满二十五岁以上，有举贡生员以上之出身者，即得有选举议员之权，不必以一人而兼有五项资格也。

说明五：有选举谘议局议员之权。

按本章程第二条规定，选任议员用复选举法。复选者，先由选举人选出若干初选当选人，更令初选当选人投票选出议员是也。或者因此疑选举人不尽有选举议员之权，其实非是。盖议员虽由初选当选人选举，而初选当选人固皆初选举人所选出者。虽有直接、间接之分，而其有选举议员之权利则一也。

或者疑复选举人（即初选当选人）有直接选举议员之权，则其人一方为被选举人，他方又为选举人，初选时当合选举资格乎？抑必合被选举资格乎？曰：当合选举资格，不必合被选举资格。盖复选举人虽受初选举人之选举，仍立于选举人之地位，并非被选为谘议局议员也。观本章程第八条：现充小学堂教员者，停止其被选举权。案语有被选为议员云云，足见必被选为议员，乃得谓之被选举，若仅为初选当选人，固不必具被选举资格也。

说明六：曾在本省地方。

本省人而在他省办理学务及其他公益事务满三年以上，且著有成绩，亦不为合格。惟玩条文"曾"字意义，则苟在本省地方办理学务及其他公益事务，虽现已不办而从前曾经办过三年著有成绩者，亦得溯及既往也。

说明七：办理学务。

无论官立、公立、私立各学堂教员、管理员（以奏定学堂章程所列者为限）及学务公所科长、科员、劝学所职员、教育会会员，又创办学堂之绅董与私立学堂之出资者（以可以奏奖者为限），皆包含在内。

说明八：其他公益事务。

凡地方上积谷仓、各种善堂等类及各种以开通风气为目的之事务，皆为公益事务；至办理公益事务之人，系指曾办或现办而又为地方公推或地方官承认者；至出资之人，苟例得奏奖，虽未躬自办理，亦以办理公益事务论；其军兴时赏有勇号及黄马褂者，系曾在军营立功。据宪政编查馆复湖广总督咨文，亦得与办理公益事务著有成绩者一律有选举权，仅赏有翎枝者，不在此例。

附说：各处乡董、图董、圩长等，名目不一，可否比照办理公益事务取得选举权，曾禀蒙抚宪电询宪政编查馆，奉复称：都董、图董等不能即以办理公益论。

说明九：满三年以上。

此须分别言之，其在办理学务，虽经中断，可以前后并计，若在办理公益事务，必须从接手办理日起算，继续满三年以上，或办理甲种毕，接办乙种，亦继续满三年以上者，方为合格，至办理学务若干年，又办理其他公益事务若干年，不能并计。

附说：按学务亦公益事务之一，玩原文“其他”二字，亦明明非对立之词，则学务公益两项，似可不复分别，均得前后并计，或相互并计，嗣阅宪政编查馆复山西电称，学务公益不能并计，且办理公益必须继续三年，当即更正办理。

说明十：著有成绩。

成绩界说如何，条文未有规定。推立法者之意，凡办理学务、其他公益事务既满三年，并未被人斥逐呈经地方官判决败诉者，皆可谓其有成绩。

附说：宪政编查馆复山西电称，学务以合于寻常劳绩褒奖之例，公益即以继续三年并无贻误为标准。虽用意大致相同，然既有明文可据，合即增入。

说明十一：本国中学堂。

包官立、公立、私立各项中学堂而言，惟公立、私立必经地方官核定报明提学司衙门批准有案者。

说明十二：外国中学堂。

其学科程度是否中学，视其所给文凭为据。其外国人在中国设立之学堂，亦必经地方官核定，报明提学司衙门批准有案者。

说明十三：中学同等之学堂。

凡学科程度在钦定章程高等小学堂之上，即可谓与中学同等之学堂。初级师范完全科毕业得有文凭者，可视为中学同等程度。简易科如系照学部定章二年以上毕业者，亦同。惟师范传习所部章毕业期限至多不过一年，毕业后亦无奖励，不在此例。至法政讲习科暨留日法政师范速成科，如系一年半毕业者，亦视为中学同等，一律有选举权（据宪政编查馆复本省抚宪及复闽督、晋抚电）。

说明十四：毕业得有文凭者。

其有仅得修业文凭者，及虽毕业而系在中学以下之学堂者，皆不预焉。

说明十五：有举贡生员以上之出身者。

举贡生员以上之出身，以文为限，未考之荫生以生员论（宪政编查馆复电），孝子顺孙曾经旌表者，得比照孝廉方正以举贡论（宪政编查馆复山东电），惟佾生及纳粟准贡、准监暨虽有举贡生员以上之出身而已被褫革者，皆不预焉。

学部定章，各学堂毕业生俱奖予出身，如已在学堂毕业，照章应得举贡生员等以上出身者，自应照实填写。

附说一：局章既不明言文举贡生员，且武试旧例于弓刀石之外，仍须试以策论，则据法律上言之，不得谓武举武生全无学识，似当包含于举贡生员之内。嗣阅宪政编查馆复江宁电称，生员以上出身，应以文为限。当经禀请抚宪电询宪政编查馆可否变通办理，旋奉复电，生员以上出身，应以文为限者。立法之意在以学识为标准，武举等如无他项资格，自不能在其列等因，自应遵照办理。

附说二：学堂毕业，照章应得奖给举贡生员以上出身者，应有选举权，则在高等小学堂毕业得有生员以上出身者，亦包含在内，颇有疑其与说明十三、十四相矛盾者，然定章各学堂毕业生既各奖予出身，当此调查选举资格之时，不能因其非由科举遂并其出身而不认之，且僻地人士，本有学堂出身不及科举可贵之意见，若再告以科举出身之生员有选举权，学堂出身之生员无选举权，显分轩轾，恐阻人向学之心。原章本系参酌中外制度而定，既无限制学堂出身生员不得有选举权之明文，本处谨依章程原文解释，更何敢妄加限制，为办学者生一阻力耶？因有异议，故更附说于此。

附说三：先哲后裔之奉祀生，例准给予衣顶，其已经报部奉到执照者，似可比照宪政编查馆复电暨复山东电，未考之荫生以生员论，孝子顺孙曾经旌表者，比照孝廉方正以举贡论之例，以生员论，当经禀蒙抚宪电致宪政编查馆，奉复电：奉祀生虽给予衣顶，并未准予应试，碍难以生员论。

说明十六：曾任实缺。

曾任实缺者，对于候补候选而言也。凡曾经署缺代理者，皆包含在内。盖曾任实缺者，于政治界上有实在之经验，故许其有选举权。至其为自己之实缺与非自己之实缺而曾任之者（署理或代理），固可不必区别也。

说明十七：文七品、武五品以上。

依此则虽任实缺，苟文不及七品，武不及五品者，皆不与焉。然若能合他项资格，即与地方上别有关系，自可以依他项资格而取得选举权。又阅宪政编查馆复湖广总督咨文称，世职未经入营入学者，援用武五品以上办理。

说明十八：未被参革。

依此则虽任实缺职官在文七品、武五品以上，而已经参革者，仍不能得选举权。盖已经参革人员，向例并及出身，是一经参革，即与齐民无异，不得复谓之职官也。然出身虽已一并革除，而有他项资格者，仍得以他项资格取得选举权。又奉宪政编查馆复电，文武官被参革后业经开复原衔者，应与开复原官一律准有选举权。

说明十九：在本省地方。

营业资本或不动产必在本省地方，又须值五千元以上，如其在本省地方所值不及五千元，虽别有巨额之营业资本或不动产在他省，仍不能于本省有选举权，其有及格之营业资本或不动产分置在本省之各府厅州县者，自可并算，惟须呈出确实证据，否则无从调查，即不能代为并算也。

说明二十：五千元以上。

营业资本及不动产二者，不妨并计。例如有营业资本若干元，别有不动产值若干，并计之为五千元以上，即为合格。

说明二十一：营业资本。

如店铺行栈之货物、器具及各项股票，均可归入营业资本。至存店生息之款项，非营业性质，不得以营业资本论。各项玩饰品，价值虽巨而不以之营业者，及窖金未流通于世上者，不得计算在内。

说明二十二：不动产。

不动产如田（水田、旱田）、地（矿山、森林、池塘等均在内）、房屋等皆是。

附说一：按上列五项之资格，其前四项皆及于本人本身而止，第五项资格，则本人之承继人当然取得资格，且得移转于他人，因此发生种种之疑问：

（甲）一家有五千元以上之资产而父子兄叔侄同居，又皆在二十五岁以上，选举应属何人乎？此则应属之家长，如家长愿以属之子弟者，亦可。

（乙）本人有他项资格而又有五千元以上之资产，因以资产属于其子弟，令其子弟亦得选举权，可乎？除本人以他项资格取得选举权，其五千元以上之资产，自得由本人指定未分析之子弟中无他项资格年满二十五岁者一人取得选举权，如在一万元以上，并得分指二人，但限于未分析之子弟（以出有分析字据为凭，《调查须知》参照）。

（丙）其人并无他项资格而有一万元或一万五千元以上之资产，本人及子弟各以财产资格取得选举权可乎？除本人以其资产取得选举权外，其余资产得由本人指定未分析之子弟中一人或二人（以出有分析字据为凭）各以财产资格取得选举权，但须年满二十五岁以上。

（丁）如其父有五千元以上之资产而适犯第六条各项之一或在第七条停止之列，不得有选举权。亦可使其子行使选举权乎？此则未为不可，盖父之资格因别项事情而丧失或停止，其子如已满二十五岁，即可以其子为有选举权者，如无子而愿与其同居未分析之弟及侄满二十五岁者，亦可。

（戊）兄弟二人有一万元以上或兄弟三人有一万五千元以上之财产，均自称已经分析作为各有财产资格取得选举权，可乎？此亦未为不可（以出有分析字据为凭），盖已经分析，则各自构成一户，自应准其各有选举权。

按阅宪政编查馆复吉林养电称，资产若未分析，则子弟虽多，只准一人行使选举权。是宪政编查馆之用意，亦以为既经分析，自准其各有选举权。惟未分析者，但准一人有选举权。查我国无登记制度，财产分析大抵以字据为凭，本处《调查须知》第二十八、二十九、三十三项内原有“愿出字据”之语，所谓“愿出字据”，即为分析确据，核与宪政编查馆复吉林电，仍属相符。

附说二：综观第三条全文，可区别为根本条件及独立条件之二种：

（一）凡属本省籍贯之男子，年满二十五岁以上云云，此根本条件也。无论合何项资格之人，皆以此种条件为基础。例如有举贡生员以上之出身而年未满二十五岁者，或非本省籍贯，仍不得有选举权，余类推。

（二）一项至五项为独立条件，苟有一项合格，即得有选举权，例如本省籍贯之男子，年满二十五岁以上，有举贡生员以上之出身者，即得有选举权，其他四项不必兼有也。

《谘议局章程》原文

第四条，凡非本省籍贯之男子，年满二十五岁以上，寄居本省满十年以上（说明一），在寄居地方有一万元以上之营业资本或不动产者（说明二），亦得有选举谘议局议员之权。

说明一：寄居本省满十年以上。

依此规定，则寄居本省苟不满十年以上，则虽在寄居地方有一万元以上之资产，亦不能有选举权。

说明二：在寄居地方有一万元以上之营业资本或不动产者。

依此规定，则虽寄居本省满十年以上，而于寄居地方无一万元以上之营业资本或不动产者，亦不能有选举权。营业资本、不动产二者，不妨并算，前已说明。

寄居人如满二十年以上，例准入籍应试者，得照本籍人一律办理，其未满二十年者，仍不得援以为例（宪政编查馆复安徽电）

附说：寄居人苟无资产，虽有第三条一项至四项之资格，仍不能取得选举权，盖本条规定之主旨，不在寄居人之资望、学识、名位，而专在于财产也。

《谘议局章程》原文

第五条，凡属本省籍贯或寄居本省满十年以上（说明一）之男子，年满三十岁以上者（说明二），得被选举为谘议局议员。

说明一：本省籍贯或寄居本省满十年以上。

依此则但使其人为本省籍贯或寄居本省满十年以上而年满三十岁，无第六、第七、第八等条情事者，皆得有被选举权。至本省籍贯，即本省所辖府、厅、州、县籍贯之省文，参照第三条附说。

说明二：年满三十岁以上者。

依此则有选举权者不能皆有被选举权，盖选举权仅须年满二十五岁以上者即得有之，而有被选举权，则非年满三十岁以上者不得有之也。

附说：此条为规定本省人与非本省人之被选举资格，但使年满三十岁以上，无第六、第七、第八等条各项情事之一者，虽不合第三条所列资格，亦得有被选举权（即被选为议员，与初选当选者仅为选举议员之人不同），以事实上论之，被选举人不必尽要合第三条所列各项资格，则被选举人可以出乎选举人名册之外，未免滋生弊端，但初选举人既有一定之资格，而直接选举议员之人（即复选举人）又为一般有资格之初选举人所选出，其智识学问自较寻常不同，则其所选出之议员，可断言其为非寻常之人。又，可为议员者，虽除年龄外无何等要件，而亦必须不犯第六条各项情事之一者，故条文上但谓年满三十岁以上，宪政编查馆原加案语亦谓除年龄之外，更无何等要件也。

《谘议局章程》原文

第六条，凡有左列情事之一者，不得有选举权及被选举（说明一）：

（一）品行悖谬（说明二）、营私武断（说明三）；

（二）曾处监禁以上之刑者（说明四）；

（三）营业不正者（说明五）；

（四）失财产上之信用被人控实（说明六）尚未清结者（说明七）；

（五）吸食鸦片者（说明八）；

（六）有心疾者（说明九）；

（七）身家不清白者（说明十）；

（八）不识文义者（说明十一）。

说明一：凡有左列情事之一者不得有选举权及被选举权。

依此则选举权固有限制，即被选举权照第五条除年龄外虽别无何等之要件，然亦必须不犯左列各项情事者，方能有之。

说明二：品行悖谬。

品行悖谬，界说若何，难以确定。据宪政编查馆原加案语，谓指宗旨歧邪、干犯名教者而言。宗旨歧邪，如崇奉现行律所禁止各教者是；干犯名教，如显背伦纪者是，但以判决有案者为限。

说明三：营私武断。

据宪政编查馆原加案语，指讼棍、土豪劣迹昭著者而言，自以被控审实判决有案者为限，未便以少数人之指目为定论也。

说明四：曾处监禁以上之刑者。

监禁以上之刑，遵抚宪批示，系赅军流徒等罪名而言，其有定罪后监禁，并未科徒以上之刑，限满释放者，固自在内。照法文解释，固当如是，然有已经昭雪奏明有案或奉部复准免除其刑者，自应作为有选举权及被选举权。

附说：《大清律》无监禁刑名，所谓以上之刑云云，实难定其界说，而法文原案语又无明文可据，兹禀奉抚院批饬，监禁以上之刑，系赅军流徒等罪名而言，盖定律男子犯徒罪，即应收禁也等因，自应遵照办理。

说明五：营业不正者。

如现在开设妓馆、烟馆、赌场及造烟具、赌具等类，要以现行律所禁止或各衙门巡警局有告示禁止者为限。

说明六：失财产上之信用被人控实。

指倒帐被控，业经审明属实者。

说明七：尚未清结者。

既曰尚未清结，则已经清偿完结者，不在此限。

说明八：吸食鸦片者。

指现在吸食鸦片者而言，其从前吸食已经戒断者，自不在内。

吸食鸦片，固专指本身吸食鸦片者而言，其种烟及赁田与人种烟等户，查照宪政编查馆复山东电，如逾本省烟禁年限者，亦应一律并削夺其选举权及被选举权。

说明九：有心疾者。

指现有疯病、痴呆等，精神已异常人者。

说明十：身家不清白者。

专指为娼优隶卒等贱业之人而言，其偶演文明戏曲并非以此为业者，自不得列入优人之内，劳动者为正当之工人，更不在案语“等”字范围之中（宪政编查馆复山东电参照）。

说明十一：不识文义者。

自指不能自书选举票者而言，又蒙、旗人等仅识满文不识汉字者，仍以不识文义论（宪政编查馆复黑龙江电参照）。

《谘议局章程》原文

第七条，左列人等停止（说明一）其选举权及被选举权：

（一）本省官吏（说明二）或幕友（说明三）；

（二）常备军人及征调期间之续备、后备军人（说明四）；

（三）巡警官吏（说明五）；

（四）僧道及其他宗教师（说明六）；

（五）各学堂肄业生（说明七）。

说明一：停止。

停止云者，谓其人本有选举权及被选举权，特因其所处之地位不适于选举议员及被选为议员而暂时停止之，故一旦脱离其所处之地位，即依然有其选举权、被选举权也。

说明二：本省官吏。

不论其实缺、候补，皆在本条限制之内，教官及学务公所科长、科员等职，例准用本省士绅充当者，均得有选举权及被选举权（宪政编查馆复本省电）。

本省官吏暨本条第二款常备军人及续备、后备军人停止其选举权及被选举权，而驻防人员大抵不外官吏或军人，若亦加此限制，恐有选举权者必致减少，业经禀由将军、抚宪电请宪政编查馆，驻防人员拟自佐领以上，凡系印官，向于该旗佐领实当行政之任者，应照第七条本省官吏一项一律停止其选举权及被选举权，其自防御以下，凡非印官，而于该旗佐领非直接负行政之任者，应与教官一律，不在此限。其驻防人员虽多军人，并非征兵，拟与非征调之续备、后备军人一律，不在此限。嗣由宪政编查馆电复京旗，各驻防既特设专额议员，第七条第二款之限制，自应不在其列，惟印官实当行政之任者，始限制其选举权及被选举权，应即遵照办理。

附说一：或谓照《选举章程》第四条，教官为初选监督时，则此教官有选举权及被选举权乎？曰仍有选举权及被选举权，惟其选举权因有职务羁绊之故，不能回至本籍行使，当然在放弃之列。至被选举权，则教职向系隔府选缺，故虽在他府代理初选监督，与其本籍绝对不生关系，决不能因其在他府暂时代理州县一部分之职务，遂夺其本籍之被选举权也。因此又生问题，教职为管理员，将亦得与于选举人及被选举人之数乎？按管理员不拘官绅，均可派充，而所谓绅者，实含有本地绅士之意义，观原章程下句“监察员以本地绅士为限”之文，可以了然。盖谓惟本地绅士充当本地投票、开票管理员，乃停止其选举权及被选举权，教职非本府县人，自应有选举权及被选举权。

附说二：又按依《选举章程》第十二条之规定，管理员不得与于选举人及被选举人之数，自无容疑。然推立法之意，无非以管理员处嫌疑之地，故特设此条用以防弊耳。其实管理员有初选、复选之别，复选时之管理员，未必即系初选时之管理员，而此项多数之初选管理员，与复选之投票、开票绝对不生关系，如亦一律不得与于被选举人之数，未为平允，故章程上虽不分别初选、复选，而依推理解释之结果，第十二条所谓办理选举人员云者，自系专指现实办理之人而言，其在初选投票、开票管理员，自不得与于选举人及被选为初选当选人之数，其在复选投票、开票管理员，虽已被选为初选当选人，亦不得与于选举人及被选为议员之数，至初选时虽为管理员而复选时并不为管理员者，则初选时管理员之资格，早经消灭，自应得与于被选举人之数，犹之复选时之管理员其先并不被派为初选时之管理员者之当然得被选为初选当选人也。至初选时为管理员及复选时又复被派为管理员，则其人于初选、复选皆为现实办理之人，自不在此例。

附说三[①]：幕友。

指现在本省各衙门为幕友者而言。若或已解馆及或在外省为幕者，不在此例。盖已解馆者及在外省为幕友者，于本省行政上绝无关系也。

原章仅言官吏、幕友，不及胥吏，则胥吏自不在此限制之列。嗣以胥吏纵非官吏，究与行政上有密切关系，即如《谘议局章程》第七条案语所谓勾通之弊，亦恐不免。禀经抚宪电询宪政编查馆，旋奉电复，查官吏、幕友停止其选举权及被选举权，所以防旷职及勾通等弊，原章第七条案语业经声明，胥吏系在官之人，其本身现充者，自应一律停止其选举及被选举权，则现充书吏之人，纵非官吏、幕友，而亦当比照官吏、幕友办理，限于其本身，停止其选举权及被选举权。

说明四：常备军人及征调期间之续备、后备军人。

征兵制度尚未通行，所谓征调期间之续备、后备军人者，无从确定，惟各省绿营均与常备军无异，则凡现充征兵及在绿营食粮者，均停止其选举权及被选举权，其退伍者不在此限。

驻防军人，见上说明二“本省官吏”。

说明五：巡警官吏。

其警务公所所设科长、科员等，例准用本省绅士充当者，不在此限，惟巡官、警长，仍停止其选举权及被选举权（宪政编查馆复本省电）。

说明六：宗教师。

例如回教之老师父，天主、耶酥教之神父、司铎皆是，至教民则不在此例。盖世界各国文明法律皆与人民以信教之自由，无论何种权利，教民均与普通人民无异也。

说明七：各学堂肄业生。

---

① 对照前后文，此处应将“附说三”改为“说明三”。

指现在各学堂（不论何种）肄业而未卒业者。

《谘议局章程》原文

第八条，现充小学堂（说明一）教员，停止其被选举权（说明二）。

说明一：小学堂。

统高等、初等而言。

说明二：停止其被选举权。

停止其被选举权者，谓其不得被选为议员，非谓不得为初选当选人也。观宪政编查馆原加案语，小学堂教员职司国民教育，若以被选为议员之故，致旷厥职，殊与学务有碍云云，固已明白言之。盖初选当选人至复选区投票，不过三五日即可竣事，小学教员请假三五日，亦属常事，不能即谓其旷职也。

《浙江谘议局筹办处报告》甲编，第31—45页

浙江谘议局筹办处附设司选员研究所专章

光绪三十四年十月①

第一章　总　纲

第一条，本所遵照抚院颁定《浙江谘议局筹办处章程》第五章办理，为研究关于选举事宜、养成司选人员派赴各厅州县帮同办理选举事务而设。

第二条，本章程凡本所管理员、宣讲员及司选研究员皆应一律遵守。

---

① 正文与目录标题不一致，此为目录标题，正文标题为“司选员研究所专章”。原文无时间，此为编者所加。

第三条，本所管理员、宣讲员，皆以筹办处人员公推兼充，不支薪水。

第四条，司选研究员皆应按日听讲，不准无故缺席。

第五条，本所休假之日，俟开办后临时酌定。

第六条，管理员、宣讲员有事故请假者，依《筹办处办事细则》规定，研究员除休假日外有事故请假者，须在管理员处陈明事由。

第七条，本所研究时间，每日上午九时起十一时止为自习，下午一时起至四时止为听讲，但自习时研究员仍皆就讲堂（坐）〔座〕位。

第八条，司选研究员于研究期满分派出发时，各给司选员证书。

第九条，本所附设于谘议局筹办处，于司选员出发后即行裁撤。

第二章　组　织

第十条，本所组织如左：

一、管理员二员，由本处总参议二员轮流兼充。

二、宣讲员六员，由本处各科公推兼充，但总参议亦可分任。

三、司选研究员七十八员，由抚宪选派省城法政学堂毕业生充之（复选司选员即于七十八员中，俟其初选事竣，由本处选派）。

第三章　职务权限

第十一条，管理员管理本所一切事务，随时商同宣讲员以定关系研究各事，并兼充宣讲员。

第十二条，宣讲员担任本所讲演，在讲堂内有稽查研究员之权。

第十三条，研究员受管理员及宣讲员之管理、教导，专研究《选举章程》及其他选举应用一切事务。

第十四条，宣讲员及研究员均得提出关于选举事务之疑问，互相讨论。

第四章　研究事项及练习方法

第十五条，本所应行研究事项如左：

一、《选举章程》

二、其他选举应用事件

第十六条，本所应行练习方法如左：

甲、宣讲员演说，在每日自习时间行之，由宣讲员登座演说，以为模范。

乙、学员演说，在每日自习时间内行之，由管理员、宣讲员指定某事及某学员登座演说，不得推辞，以资练习。

丙、听讲，每日午后一时至四时止。

丁、试行选举，在研究已停止后，限五日内以本所及本处全体人员行之，自投票起至开票及报告止，皆以次演习，以求熟悉。

第五章　经　费

第十七条，本所司选研究员于研究期内，每员（新）〔薪〕水十五元，由筹办处会计所发给。

第十八条，各司选研究员伙食费，由会计所于发给薪水时照数扣除。

第十九条，司选研究员于出发期内月给薪水三十元，每日另给津贴一元，其往来路费，临时酌量远近，均由筹办处会计所发给。

第六章　附　则

第二十条，本专章以本所开办日为施行之期，其有应行增删更改者，由筹办处议定禀准施行。

《浙江谘议局筹办处报告》甲编，第29—30页

各府厅州县筹办顺序

光绪三十四年十月[①]

（一）各府设立复选举事务所并分送各项章程、方式于所属各厅、州、县

① 原文无时间，此为编者所加。

本年十一月初十日奉到本处各项章程、方式，即日设立复选举事务所，并将本处代拟《复选举事务所章程》放大，誊写一张，悬挂壁间，一面专差分送所属各厅、州、县，距府较远者，大约五日总可送到。

（二）各厅、州、县设立初选举事务所

十一月十五日各厅、州、县奉到府颁各项章程、方式，即日专差分请城乡绅士，一面于本署设立初选举事务所，将本处代拟《初选举事务所章程》放大，誊写一张，悬挂壁间。

（三）各厅、州、县集绅会议划定调查区、投票区并选派调查员

十一月二十五日城乡绅士总可到齐，二十六、七两日会议划定调查区域，选派调查员，给与调查证书。

（附说）调查区域即为投票区域之根据，将来或即以一调查区域为一投票区域，或并合数调查区域为一投票区域，故划定调查区域不可不慎。

同日即将投票区域会议划定，或照原定调查区域，或酌量归并，总以不得过十区域为限。

（附说）本处章程第三十条第四号，原定明年正月分划投票区域，但各厅、州、县分划投票区域，必须与本地绅士商酌，趁此各乡绅士齐集之时，应先将区域议定。至于绘图申报，可以陆续办理也。

（四）调查员研究关于实行调查应用各项章程

十一月二十八、九日，各调查员将本处所发《选举资格说明书》、《调查须知》、《调查员办事细则》及各种册式、簿式细加研究，如有尚须添补者，即可议定商承初选监督添补，并由初选监督报明本处查考。

（五）调查员出发

十二月初一日，各调查员出发。

（六）实行调查暨调查完竣日期

十二月初一日以后，各调查员即分别携带调查选举人名原册、记事簿，按照《调查须知》、《调查员办事细则》、《选举资格说明书》著手调查，至明年正月杪为止，须一律将调查选举人名原册并记事簿缴呈初选监督查收。

（七）作成选举告示

各调查员出发调查之时，各厅、州、县即照《选举章程》第二十八条撰成

选举告示，或分饬书吏缮写，或刊板刷印，总以各乡各村一律普及为限。

（八）绘图申报投票区并筹定投票所及地址

各调查员出发调查之时，各厅、州、县即将划定之投票区详细绘图并筹定投票所及开票所地址（开票所设于初选监督所在地方），于正月内申报复选监督，复选监督赶速核定，一面报明本处备查。

（九）造具选举人名正册

二月初一日起，各厅、州、县于各调查员所缴之调查选举人名原册，应查照本处所定《初选监督造册细则》，造具选举人名正册。

选举人名正册应造四份，一面将本厅、州、县各调查区域内有选举权者姓名、年岁、籍贯、资格，另用大字按区分写，榜示多纸。

（十）初选监督保荐初选投票、开票管理员、监察员于复选监督

初选投票、开票管理员、监察员，本定于二月十五日后由初选监督选任申报，复选监督派定，嗣以本处司选员提前出发，二月初十前后约可一律到境，所有初选投票、开票管理、监察各员，应由初选监督提前选任，申报复选监督，以便复选监督即时派定，庶可于闰二月初一日后调集、练习投票、开票各应行方法。

（十一）开始宣示并申送选举人名正册

二月十五日，将选举人名正册一份，由初选监督分配，择各投票所所在地方公正董事责令保管，每日午前九时起至午后五时止，仍陈列投票所以供众览，并将写成之榜示粘贴该厅、州、县署大堂，并专差分送于各调查区域内粘贴，以当宣示（有须呈请更正者，即于宣示后呈请），并将选举告示发贴各乡村。

（附说）选举人名正册造成后，本应分配于各投票所，但其时投票管理员尚未派定，无人保管，故更正如上。

同日将选举人名正册二份，专差送呈复选监督，由复选监督留一份存案，其一份专差送由本处转呈抚院查核。

（十二）复选监督派定初选投票、开票管理、监察各员并申报省城谘议局筹办处

申送选举人名正册于复选监督时，复选监督即可趁便查照本处代拟之《投票、开票管理员、监察员资格、职务及办事细则》，核定投票、开票管理员及监察员，一面将衔名申报本处，以备查考。

（附说）初选投票、开票管理员、监察员，既由初选监督提前保荐，则复选监督亦应提前核定。

（十三）初选监督会同司选员指导管理员、监察员练习应行方法

复选监督既将初选监督所保荐之管理员、监察员核定，则至迟于二月杪可以将核定衔名送到各属，其时本处派赴各厅、州、县之司选员早已到境，初选监督即于闰二月初一日以后调集派定之管理、监察各员，会同司选员练习应行方法，以使各管理员、监察员明了娴（热）〔熟〕为度。

（十四）呈请更正期间及初选监督判定期间

自二月十五日起至闰二月初四日止，如有选举权者本人以为错误遗漏，准其取具凭证，呈请初选监督更正，如至闰二月初五日始行呈请更正，或非由本人具名、出于他人干预及旁人攻讦者，应批饬不准。

初选监督自收呈之日起十五日内判定，不得逾限，譬如在闰二月初四日有呈请更正者，则初选监督之判定不得迟至闰二月十八日之后。其选举呈诉，不必拘定三八呈期。

（附说）判定日期，原章本限二十日，今因期限急迫，是以缩少为十五日，切勿迟逾。

（十五）上诉期间及复选监督判定期间

初选监督判定无庸更正时，有不服者得于十日内呈诉于复选监督（由县至府至多不过十日路程），此上诉日期应从初选监督下判定之日起算，设如闰二月十八日有选举权者本人不服，即于闰二月二十九日以前呈诉于复选监督。迟至三月初一日始呈诉者，复选监督即应批饬不准。

复选监督自收呈之日起，亦当于十五日内判定，设如前例闰二月二十八日呈诉，复选监督即应于三月十四日以前判定，不得逾限。

复选监督判定后，应即将判决堂谕专差饬发初选监督知照，约五日总可送到。

（十六）确定选举人名册并将应行更正之处申报复选监督及省城谘议局筹办处

三月十八日，初选监督奉到复选监督札发堂谕，即查对初次判决堂谕，如有应行更正者，一律补入选举人名正册，即为确定选举人名册，并知会各投票所所

在地方保管名册之董事，将应更正者一律补入，一面申报复选监督及本处，以便补入。

（附说）如宣示后至闰二月初四日止，限内无呈请更正者，或初次判决后无不服者，则各于限满日即应将选举人名正册作为确定并申报复选监（选）〔督〕及本处，以便转报抚院。

（十七）电告选举人名数于省城谘议局筹办处

同日，各厅、州、县将选举人名正册内人数及更正人数或并无更正，径行电禀本处转呈抚院分配复选当选人额数，并代各府分配初选当选人额数，电达各府，各府应将饬知所属厅、州、县札文预为缮就，只将当选人数空白，奉省电后，一经填写，即可专差飞送所属厅、州、县。

（十八）宣示初选当选人额数

各厅、州、县奉到复选监（选）〔督〕转到抚院核定分配初选当选人额数，即日榜示各投票区，俾众咸知，各厅、州、县亦应照上列办法预将榜示文件备就，一奉省电、府札，即可填写，专差分送各投票区。

（十九）造具投票簿

各厅、州、县应查照本处颁发之投票簿式并注意事项，照式造成投票簿，限四月初十日以前办齐。

（二十）颁发投票纸、投票簿、投票柜于各投票所

四月十一日各管理员、监察员携带投票纸、投票柜、投票簿，分赴各投票所，查照本处所定《投票所设置式样》及《投票所办事细则》，预为布置一切。

（廿一）分送通告于全区选举人

四月十一日各管理员、监察员分赴各投票所时，应即分送通告于各本区内之有选举权者，此项通告须先期由初选监督查照本处所定格式并按全区选举人名数印成预备。

（廿二）实行初选举并征集投票管理员、监察员投票报告录

十五日行初选举，各投票所均限一日内竣事，次日管理员及监察员应查照本处所定《投票情形报告录格式》造具报告，连同投票柜移交开票所，并申报初选监督。距初选监督较远者，约两日总可送到。

初选监督俟各投票所报告录送齐后，须即查明各投票区实到投票人总数，以

本区应出之当选人额数除之，以其得数之半为当选票额，一面迅饬誊写榜示多张，分贴各投票所，并电禀筹办处，以凭察核。

（附说）当选票额本应于三月十八日经厅、州、县将选举人数及更正人数或并无更正电禀后，由本处代各府分配，与复选、初选当选人额数一同电达各府，再由各府饬知所属各厅、州、县。嗣据安徽以投票实数恐不能与选举人总数相符，设放弃选举权者过多，票数自然减少，若以少数实投之票而仍据选举人总数以定当选人票额，恐票额愈未易满，不免再选之烦，可否略予变通，以本区当选人额数除本区实在投票总数，以得数之半为当选票额等情电询宪政编查馆，当奉电准，各省自应一律遵办。

（廿三）执行开票并征集开票管理员、监察员开票报告录

十八日初选监督会同省派司选员，酌定开票时刻，先行榜示，并亲自到场，督同开票，随开随即宣示，务于一日之内开毕，其得票满初选当选票额而当选人额数已满者，作为初选候补当选人，其名次照《选举章程》五十八条办理。

开票管理员及监察员应查照本处所定《管理员、监察员资格、职务及办事细则》，将各区送到之投票柜按照本处所定检数表详细查对，再照本处所定《开票情形报告录及应载事项》报告初选监督，初选监督当开票时，自当以全副精神留心督察，以一日之内开毕为限，万不可延至次日，致生弊端。如当选人足额时，其当选知会并给与当选执照等事，均照后办理；如当选人不足额，即由初选监督就得票较多者按照应补出当选人额数加倍开列姓名，即行榜示，于十九日早专差通知各投票所管理员、监察员，即时专差用传单通知各选举人。

（附说）初选不足额，再行选举非常困难，初选监督务须于奉到省颁当选票额及将来因不足额而再行投票之日期（四月二十一日）叙明，作一特别告示，分缮多张，粘贴各投票所，俾各选举人一律预先知悉，届期再到投票所投票，是为至要。

（廿四）行再选举并征集投票管理员、监察员投票报告录

四月二十一日行再选举，仍限一日竣事，次日仍由投票管理员及监察员再造具投票情形报告录，连同投票柜移交开票所，并申报初选监督。最远之区，仍限两日内送到。

初选监督俟再选举各投票所报告录送齐后，须即查明各投票区每次实到人

数，以原定之初选当选人额数除之，以其得数之半为当选票额，誊写榜示各项，如前办理。

本处初拟再选举时，仍以初次当选票额为准，良以如此办法最平均，亦最划一。旋阅报载宪政编查馆复江宁电，当选票额既以投票人实数计算，如须重行选举，自无庸照初次投票人之数，可照每次投票人实在总数办理等语，自应一体遵办。惟馆电只明示计算之实位，至以何为法位，则未有明文，如以每次补选人数为法位，则当选人数更难足额，必至三选、四选，不独办理困难，并恐选举人畏其烦数，更将裹足不前。查宪政编查馆复江宁电文，既未明定以何为法位，则无论再选、三选，自不妨以初次原定之初选当选人额数为法，而以每次实在投票总数为实，照此除算，既于定章、馆电两不违背，而事实上之结果可免选不足额之虞。是经禀请抚宪核示，奉批如禀办理，仰即转饬各属遵照，缴，等因，合并说明。

（廿五）执行再开票并征集开票管理员、监察员开票报告录

四月二十四日，初选监督仍会同省派司选员，酌定开票时刻，先行榜示，亲自到场督同开票，随开随即宣示，亦限一日之内开毕。其开票管理员、监察员报告，如前办理。

（廿六）造具初选当选人名录（即复选人名册）及知会当选人

四月二十五日，初选监督应将本处所发初选当选人名录造成，并将当选人名榜示，一面专差知会各当选人，其得票满初选当选票额而当选人额数已满者，作为初选候补当选人，其名次照《选举章程》第五十八条办理。

此项知会书务于二十六日送到，取具收条，粘卷备查。

（廿七）给与初选当选人执照，宣示初选当选人衔名，并申报省城谘议局筹办处及复选监督

当选人接到知会书后，应于十日以内呈明情愿应选书，初选监督接到呈明书后，即日给与初选当选人执照为凭，一面将当选人姓名、职衔榜示大堂，并申报复选监督及本处查考。

（附说）如至五月初七日早尚未接到当选人呈明书，即作为不愿应选，查明初选候补当选人名次在前者，另发知会书，如前办理。

（附说）初选当选人既为众所推举，自必乡望素孚者，各厅、州、县于开票后发知会书时，务必谆切劝其不可放弃应享之权，及早呈明应选书，则各厅、

州、县即可给与当选执照并分别榜示申报，至此而各厅、州、县乃得卸肩。本处并于此观各厅、州、县办事之尽力与否，以定功过。

（廿八）选举人呈控期间及该管衙门审判期间

《议员选举章程》第八十七条“凡选举人倘确认办理选举人员有不遵定章之行为，或于选举人名册有舞弊作伪之证据者”，又第八十八条“倘确认当选人内有被选举资格不符及当选票数不实者”，又【第】八十九条“落选人员倘确信有得票额数可以当选而不能与选及候补当选人名次错误遗漏情节者”，均得向该管衙门呈控（第九十一条“初选应向府、直隶厅、州衙门呈控，复选应向按察使衙门呈控”），又第九十条“凡呈控应自选举之日起三十日以内为限”等语，如逾限呈控，应即批饬不准。

该管衙门对于限内呈控者，应即于十日内为之判断，仍详报本处查考，不得稽延，但该管衙门一面判断，一面仍将所有应办各事照常办理。

（廿九）选举人上诉期间

前项审判，如呈控人不服，仍可上控（初选得向按察使衙门上控，复选得向大理院上控），照章以判定之日起三个月以内为限，而原章初选举日期与复选距离日期只有两月，则三个月之期未免抵梧，兹奉宪政编查馆转抚宪复电云：选举诉讼，本可一面诉讼，一面复选，若当选后被控确实者，可作为当选无效。据此则呈诉人一面上控，而复选监督仍行复选举，不能以一二人之上控致误复选举之定期也。

（三十）复选监督造具复选人名册、复选投票簿，又酌定复选投票所、开票所地址并作成选举告示

五月十五日以前，各府应据各初选监督所申报之当选人姓名、职衔，汇造复选人名册并复选投票簿及将复选投票所及开票所地址酌定，查照本处所定《投票所布置式样及办事细则》办理，照《选举章程》第六十九条作成选举告示，刊印多张，于十五日专差分发各属县，粘贴城乡各处，俾众周知，一面申报本处查考。

（附说）选举告示内应声明令初选当选人务于五月二十九日以前至复选事务所报到，切勿迟延。

（三十一）复选监督派定复选投票、开票管理、监察各员，并会同司选员练

习应行方法

本处所派司选员，约于五月初十日亦可到各府，应由各府查照本处所定《投票、开票管理员、监察员资格、职务及办事细则》，预先派定复选投票、开票管理员及监察员，将衔名申报本处查考，一俟司选员到后，即约集派定之投票、开票管理、监察员，练习应行方法，以明了娴熟为度。

（三十二）实行复选举

六月初一日行复选举，以一日毕事，《投票情形报告录》办法如初选举。

（附说）选举日期原定于四月十五日初选，六月十五日复选，良以事属创办，调查各事头绪纷繁，不能草率；更正及诉讼期间，为人民权利所系，又不敢妄为缩短，是以选举日期碍难提早。惟照此原定日期计算，则各府议员须七月杪方能齐集省垣，距九月初一日谘议局开局之期只有一月，不及从容预备议案，其初选举以前应行筹备之事较多，且有更正及上控期间之拘束，仍难稍为移动。惟初选举后、复选举前，事务较少，选举诉讼之期限，照章只有一月，且奉宪政编查馆复电，有本可一面诉讼，一面复选之文，是以禀请抚院将复选之期提前于六月初一日，业蒙批准通行在案。盖自四月十五行初选举之日起，扣至五月十五日为选举诉讼呈控之期，该管衙门限十日内为之判断，较之前定日期仅缩短五日，而各府议员可于六月杪齐集省垣，较之前定日期多至一倍，在该管衙门但能迅速从事，并无不利，而议员可从容讨论，使提出之议案更形美满，则得益于全省者不少也。

（三十三）执行开票

六月初二日开票，应按照本处所定《检数表》并《开票情形报告录》记载事项办理，以一日为限，其得票满复选票额而当选人额数已满者，作为复选候补当选人，其名次照《选举章程》第五十九条办理。

查宪政编查馆复江苏【巡】抚电，准其于议员定额外预选候补当选人，以议员定额之半为额。浙省事同一律，应即遵照办理，各府须于其原定议员额数再加半数同时选举，以为议员缺额挨次递补之地步。盖以原有选举议员之人同时选举候补当选人，既可免补选之繁而议员缺额亦不至无从选补。

（三十四）行再选举

复选开票后，如当选人不足额或候补当选人尚未足额，亦应再行复选举，故于初一日行复选举之时，应由复选监督将当选票额并开票后如不足额须于初三日再行选举之意作成告示，此种告示务须缮写多张，粘贴投票所内各处，使各选举人在府城停留三日，以便届时再行选举。

（三十五）知会当选人

当选人足额，即日榜示，并发知会书于各当选人，均须专差送交，索取收条，粘卷备查。

（三十六）给与当选人执照，宣示当选人衔名并申报省城谘议局筹办处

如当选人于知会之日起十日内呈明情愿应选，即日发给当选执照，并将当选人姓名、职衔榜示，一面于即日专差申报抚院及本处，由抚院发电召集各议员。

（三十七）各府照会各议员

各府奉到抚院电饬，即赶紧缮具知会当选人照会，专差分送各议员，并加函劝其务于六月三十日以前到省至抚院并本处报到，旅费补送。

（三十八）复选举人呈控及该管衙门判定期间

复选举后，如选举人或落选人于三十日之内有所呈控该管衙门，应即收呈之日起十五日以内为之判断，一面移知本处备查。

（三十九）凡属有驻防地方之办法

如属有驻防地方，于初、复选举投票及开票时，应先期通知驻防，以便驻防查照《谘议局选举章程》第百十一、十二条同日举行投、开票。参看本处所颁《初、复选举事务所章程》及《初、复选监督职务一览表》。

浙江谘议局筹办处订

《浙江谘议局筹办处报告》甲编，第46—56页

调查须知

光绪三十四年十月[①]

一、调查员宜查照本处颁定《调查员办事细则》，切勿干预调查以外之事；调查时亦宜慎重，勿以情面滥填，或以意见屏斥，致遭指控。

二、调查员担任调查事项后，赶速调查，务于本处章程所规定期限内一律完竣，切勿愆期。

三、被调查人各项资格之标准，须依据本处所定《选举人资格说明书》，切勿轻自主张，以归划一。

四、调查员所领《调查员证书》及《选举资格说明书》、《调查选举人名原册》、《记事簿》、《调查须知》、《调查员办事细则》等件，应随身携带。

五、调查员须亲往各户详细调查，除下列第七后段所列外，切勿托人转述及用函件传达。

六、调查时遇有合于《谘议局章程》第三条、第四条应有选举权之资格而无《谘议局章程》第六条、第七条事项之一者，一律填入原册。

七、调查姓名、资格，无论为本省人、外省人，总须问其本人为要；如本人出外，则问其家属；若其家属不能详对，再向邻右详询之。

八、调查时须填本人姓名，若本人无名，向以号为名，则填写其号。

九、本人有新改名者，恐未周知，限于改名在三年以内者；除填写今名外，仍兼注旧名，惟不得填写字及别号。

十、本人年龄如在二十五岁以上，必将其实在年龄填入，不得仅注二十五岁以上。

十一、填写年龄系宣统元年之年龄，如于光绪三十四年调查时，尚未满二十

① 原文无时间，此为编者所加。

五岁，至宣统元年已可满二十五岁以上者，即一律以二十五岁填入原册。

十二、调查年龄，如本人得有《谘议局章程》第三条之第二、第三、第四等项之资格者，年龄以毕业文凭或学册、官册上之年龄为准，其他则以本人答述为凭，然须嘱其确实陈说，以免攻讦。

十三、外省籍贯满二十五岁以上之男子，必具两种要件方可入册：（一）必寄居本省满十岁以上者；（二）必在寄居地方有一万元以上之营业资本或不动产者。若两种要件不备或缺一件，虽有其他资格，概勿入册。

十四、除前条外，外省人如在寄居地方满二十年以上、例准入籍应试者（须于寄居地方有田庐、坟墓及家产），得照本籍人一律办理（遵照宪政编查馆复安徽电），填入原册，其未满二十年者，仍不得援以为例。

十五、凡本省人具有《谘议局章程》第三条各项资格之一而在异府异县确系定居且置有产业者，其寄居年限、产业多少，均可不论，苟欲在寄居地方行使选举权及被选举权，调查员除嘱本人先在本籍初选监督处呈明，俟批准后再将批词呈明于寄居地方之初选监督外，一面先将该寄居人入册，仍于记事簿中记明原委。

十六、前条办法，如本人以为困难，经调查确实后，亦可由本人出具切结二纸交由调查员，一呈初选监督，以为入册之符验；一呈由初选监督随同另造名册，移送各该寄居人本籍地方官，以凭撤销其本籍应有之选举权及被选举权。

十七、填写住所，必冠以府、县名并详细地址。

十八、限于曾在本省地方办理学务已满三年，合于寻常劳绩褒奖之例或办理公益事务继续三年并无遗误者，即以著有成绩论，便可入册，但须填明何处何种何名学务及公益事务并其所掌之职务。其公益事务如系两种并计，并注明办理起讫年月。

十九、办理学务与公益事务，两项不能并计。

二十、调查员应先查明儒学学册及其他官册，凡属举、贡、生员以上出身者，钞录一份，以便调查时对照（调查员可商请初选监督，先期调取本县学册及官册，又饬书钞录府学学册，存置事务所备查）。

二十一、调查对于曾任实缺文七品、武五品以上之资格，须填明某衙门某名称（京官）或某省某府某县（外省），实缺官职历任过多者，但以最后或最高者为凭。

二十二、调查中学以上之毕业者，须验文凭。

二十三、调查时遇有前条之资格者，须于原册内注明在某国或某省某府某县某学堂于何时毕业。

二十四、不动产价值，自应以税捐为标准，惟或未纳捐税者，不得不变通办理，仍由地方绅士或公共团体商承初选监督，按本地情形分别估计。

二十五、营业资本如系合资者，应以议单、合同所载为凭，独自营业其资本难于调查者，由商会、各帮公所及业董保证之。

二十六、限在本省地方有营业资本及不动产两项并足五千元以上者，则可入册，但须详细注明某项财产价值若干，除五千元外，无须将所有家产尽行入册。

二十七、有五千元以上之资产，而父子、兄弟、叔侄同居未分析者，则以家长之名入册；如家长自愿出具字据指定子弟中何人之名入册者，亦可，但限于同居未分析之数人内已满二十五岁以上者指定之。

二十八、有一万元或一万五千元以上之资产，而本人愿出分析字据载明自有五千元，而于未分析之子弟中指定一人或二人令其各有五千元，则均可入册，但必年满二十五岁以上。

二十九、本人有五千元以上之资产，而适为不得有选举权及停止选举权者，得由本人出具字据，指定同居未分析之子弟一人入册，但亦必满二十五岁以上。

三十、兄弟二人共有一万元，自称分析作为各有五千元，均可入册，但以出具分析字据为凭，人数每加一人，与财产每加五千元同。

三十一、本人有五千元以上之财产而又有他种资格者，除本人单以他种资格入册外，其五千元以上之财产，得由本人出具字据为凭，指定未分析之子弟中无他种选举权资格、年满二十五岁者一人入册，如有一万元，亦得分指二人，但须限于未分析之子弟。

三十二、有选举权资格而本人因职业他出、不在乡里者，一律入册。

三十三、凡本人合于选举权之资格而有《谘议局章程》第六条中列举事项之一者，调查员不得填入册内，另将其不得有选举及被选举权之缘由记载记事簿中，详列区内地址及门牌号数，汇送事务所。

三十四、本人虽有选举权而适为《谘议局章程》第七条所列事项停止选举权及被选举权者，毋庸入册，而记其事由于记事簿中。

三十五、凡有选举权、被选举权之资格而适为《谘议局章程》第八条所定之小学堂教员时，调查员应将其本人之名照常填入原簿后，另于记事簿中记明某号某人现在某学堂担任何项教科，汇送事务所转呈复选监督，备复选开票时当选无效之查核。

三十六、调查遇有疑义，悉载入记事簿，其有急须问明者，得函询事务所办理。

三十七、调查员到该区时，宜先偕同图董或绅学商界明白劝导，免致误会为抽捐等事。

三十八、调查员须将每日调查入册人名誊录一纸，书明自某处地段查起至某处地段止，揭于通衢，如本人自度有选举权之资格、并不犯《谘议局章程》第六条所列事项、未入册者，得向调查员陈报补查入册。

《浙江谘议局筹办处报告》甲编，第67—70页

初、复选检票方法

光绪三十四年十月①

第一，检票为开票管理员之专责，开票监察员会同检查之。

第二，检查时应先将选举票与投票簿对照，清算投票之总数及投票人之总数，倘投票总数与投票人总数不符合时，应即将投票总数与投票人总数详加比较，公同核对，分别册记。

第三，核对已毕，应即检查投票纸之真伪、合法与否，公同决定，分别册记。

① 原文无时间，此为编者所加。

第四，伪票及不合法之票，均为无效，应即作废，其例如左：

一、写不依式者（例如投票单记法每票只准书被选举人一名，如于一票中写二人或二人以上之被选举者，即于格式不合）。

二、于被选举人姓名外夹写他事者，但记载被选举人官衔、职业或住址等项者，不在此限。

三、字迹模糊不可认者。

四、不用投票所所发票纸者。

五、选出之人不合被选举资格者，分为三种列举于下：

甲种：凡有左列情事之一者，不得有选举权及被选举权：

一、品行悖谬、营私武断者；

二、曾处监禁以上之刑者；

三、营业不正者；

四、失财产上之信用被人控实尚未清结者；

五、吸食鸦片者；

六、有心疾者；

七、身家不清白者；

八、不识文义者。

以上八项，均查照《选举资格说明书》及叠次通饬、通告办理。

乙种：左列人等停止其选举权及被选举权：

一、本省官吏或幕友；

二、常备军人及征调期间之续备、后备军人；

三、巡警官吏；

四、僧道及其他宗教师；

五、各学堂肄业生。

以上五项，均照《选举资格说明书》及叠次通饬、通告办理。

丙种：左列一项停止其被选举权：

一、现充小学堂之教员。

六、空白投票纸。

第五，除前所列各项选举票为无效者外，开票管理员会同监察员朗读每票记载之姓名，分别记其票数于检数簿。

第六，初选举区以本选举区（即厅、州、县）当选人额数除实在投票总数，以得数之半为当选票额，复选举办理亦同。

第七，凡因不满当选票额须再行选举时，无庸照初次投票人之数，应照每次投票人实数核算。

第八，检数表完竣后，开票监察员应查明当选票额，会同监督以定当选人，并朗读当选人之得票数。

第九，检票既毕，应将检查情形详细记载于开票报告录。

《浙江谘议局筹办处报告》甲编，第 90—91 页

初选司选员证书式

光绪三十四年十月[①]

阳面

初选举司选员证书

浙江谘议局筹办处司道为给与证书事。查本处章程第三十条第六款，又三十二、三十三、三十四各条，本处应选派司选员，厅、州、县各一名，帮同教导、办理选举事务，并先在本处所设司选员研究所研究。兹该员　　　　研究期满，堪以派充司选员，合行给与证书为凭，其职务权限应查照本处章程并本处所定司选员职务及应守规则办理。须至证书者。

宣统元年　　　月　　　日

① 原文无时间，此为编者所加。

阴面

摘录司选员应守规则

二[①]、司选员到境，须以证书呈示于选举监督并电告本处。

三、司选员薪水、津贴，概由本处发给，到境后应驻在选举事务所，除膳食由事务所预备外，不得收受一切供应馈遗。

四、司选员可携带仆从一名，除膳食由事务所预备，余均自给，并严禁仆从，不得借端需索舞弊。

五、司选员对于选举监督及管理员、监察员，须恭敬谦和。

六、司选员不得干预选举以外事项，并须尊重名誉，违者准由选举监督禀知本处办理。

《浙江谘议局筹办处报告》甲编，插页，无页码

复选司选员证书式

光绪三十四年十月[②]

阳面

复选举司选员证书

浙江谘议局筹办处司道给与证书事。查本处章程第三十条第八款，每府酌派司选员各二员帮同教导办理如初选办法，查有司选员　　　　前由本处派委襄办　　　　厅、州、县初选举事务，现已一律告竣。该员到差以后，尚属勤慎，堪

① 因系摘录，原文即从“二”开始，以后证书式样亦悉依原文。

② 原文无时间，此为编者所加。

以接充　　　　府司选员，合行给与证书为凭。该员自奉到证书后，须即日赴该府到差，将其到差日期申报本处备查，其职务权限应仍按照本处章程及本处所定司选员职务及应守规则办理。须至证书者。

宣统元年　　　月　　　日

阴面

摘录司选员应守规则

二、司选员到境，须即以证书呈示于选举监督并电告本处。

三、司选员薪水、津贴，概由本处发给，到境后应驻在选举事务所，除膳食由事务所预备外，不得收受一切供应馈遗。

四、司选员可携带仆从一名，除膳食由事务所预备外，余均自给，并严禁仆从，不得借端需索舞弊。

五、司选员对于选举监督及管理员、监察员，须恭敬谦和。

六、司选员不得干预选举以外事项，并须尊重名誉，违者准由选举监督禀知本处办理。

《浙江谘议局筹办处报告》甲编，插页，无页码

调查员证书式

光绪三十四年十月[①]

阳面

① 原文无时间，此为编者所加。

调查员证书

初选举监督　　　　　为给与证书事。按照谘议局筹办处《初选监督职务一览表》，选定调查员须给与证书为凭，兹选定　　　　　贵绅为　　　　　区调查员，合行给与证书，应查照筹办处颁发《调查员办事细则》及《调查须知》办理。凡实行调查时，应以证书出示为凭。须至证书者。

右给与

绅

光绪三十四年　　　月　　　日

阴面

摘录调查员办事细则

第三条，调查员对于被调查人以谦恭和平为主。

第四条，调查时，除应询各项（即调查选举人名原册内所列举者）外，不得别问他事。

第二十一条，调查员于调查时如有不正行为之实据，经被调查人指控，应由初选监督秉公办理。

第二十三条，被调查人如侮辱谩骂调查员时，调查员应即退出，会同该区图董报告事务所酌量办理。

第二十五条，调查员于调查时所有一切费用，仍在所给公费内支给，不得向被调查人需索。

《浙江谘议局筹办处报告》甲编，插页，无页码

调查员记事簿式

光绪三十四年十月①

某日	被调查人本人或举家远出者	调查员与被调查人有特约者	调查时有疑义者	有选举、被选举资格而应停止及剥夺者	更正补入者之姓名及事由	旅费及每日办公费计若干	每日调查几户及调查以何时始何时毕	调查员认为应记之事项

《浙江谘议局筹办处报告》甲编，插页，无页码

① 原文无时间，此为编者所加。

选举人名原册式[①]

光绪三十四年十月[②]

姓名：

第号		年岁	省府厅州县人	住址	寄居	年
办过	学务					
	公益事务					
出身	举贡生员					
	学堂毕业					
官职	文					
	武					
资产	营业资本					
	不动产					

《浙江谘议局筹办处报告》甲编，插页，无页码

① 原文为连续排列，一人一表，今截取一表。

② 原文无时间，此为编者所加。

选举人名正册式[①]

光绪三十四年十月[②]

第　号	姓　名	籍贯：　　省　　府　　厅 州 县人，住所　　寄居　　年 年龄：　　岁 资格：

《浙江谘议局筹办处报告》甲编，插页，无页码

复选举人名册式[③]

光绪三十四年十月[④]

第　号	姓　名	籍贯：　　省　　府　　厅 州 县人，住所　　寄居　　年 年龄：　　岁　　　　当选票数：　　票 资格：

《浙江谘议局筹办处报告》甲编，插页，无页码

① 原文为连续排列，一人一表，今截取一表。
② 原文无时间，此为编者所加。
③ 原文为连续排列，一人一表，今截取一表。
④ 原文无时间，此为编者所加。

投票簿式

光绪三十四年十月①

（一）初选监督应按照各投票区、投票所所属投票人分别造具投票簿式，于选举期五日以前分交各投票所。

（二）投票簿应查照选举人名正册数目，各依本区编定号数并详注投票人姓名、年龄、籍贯、住址。投票人报到时，务须询明姓名并年龄、住址等项，确系符合（有不符合者，问明事由，旁注），即令签押，给与投票纸。

（三）投票簿上投票人之姓名，应按百家姓依次编列。

（四）投票人以投票簿内已签押者为限。

（五）投票簿应详注某府某厅州县某区投票簿并年月日，初选监督暨投票管理员、监察员均须署名盖印。

（六）俟投票完竣，应将投票簿申送初选监督。

号 数	姓 名	年 龄	籍 贯	住 址	签 字

《浙江谘议局筹办处报告》甲编，插页，无页码

① 原文无时间，此为编者所加。

投票所通告式

光绪三十四年十月①

(　　　)县(　　　)区投票所通告式

本所遵照

《谘议局筹办处章程》第三十条第七项于四月十五日实行初选举，举凡有选举权者皆应享有投票之权利，业经出示晓谕在案，届期务须亲赴(　　　)区投票所(设在某地方)投票，至迟以午后六时为止。事关全局，幸勿放弃及迟误为要外，附投票人应守规则及投票方法一纸，为此先行通告。即请

(　　　)君　　　台鉴

宣统元年四月十一日

本区投票所谨启

《浙江谘议局筹办处报告》甲编，插页，无页码

初、复选投票所报告录式

光绪三十四年十月②

某府某厅州县某地初、复选投票管理人某人、监察员某人等谨将投票应行报告事项开呈鉴核：

① 原文无时间，此为编者所加。

② 原文无时间，此为编者所加。

计开：

第一，本区投票所地址及开办时日。此条下系将投票所设于何地及何日设立叙明。

第二，投票管理员、监察员。此条下系将该区投票所管理员、监察员衔名、年龄、住所叙明开列如左：

一、管理员：姓名：(　　) 年岁：(　　) 出身：(　　) 住址：(　　)

一、同上

一、监察员：姓名：(　　) 年岁：(　　) 出身：(　　) 住址：(　　)

一、同上

以上若管理员或监察员有先期请假或临时有故不能执行职务，另由监督改派他人或不及改派因而缺员者，亦应将其请假及有故改派缺员之事由于此条下叙明，并照式将改派之人职务、姓名开列于此条左项。

第三，投票事项：

一、左列之选举人以某事由（须详细叙明），管理员、监察员令退出投票所，不令投票。

姓名：(　　) 年岁：(　　) 籍贯：(　　) 住址：(　　)

同上

共若干人

一、左列之选举人放弃选举权：

姓名：(　　) 年岁：(　　) 籍贯：(　　) 住址：(　　)

同上

共若干人

一、因其事由决定投票不收受者如左：

姓名：(　　) 年岁：(　　) 籍贯：(　　) 住址：(　　)

同上

共若干人

一、投票人之总数若干人

一、污损票若干张

一、余剩未用票若干张

第四，投票完竣之时间：（　　　）。此条系将投票当日何时毕分别叙明。

第五，投票所员役。此条系将投票所一切员役照左数开明，但管理员、监察员前已开列，不在此限。

一、职役：姓名：（　　　）年岁：（　　　）籍贯：（　　　）

同上。

六，临时发生之事项。此条系在前五条所列事项之外，有临时发生之事件，亦须叙明报告。

以上报告事项开列已毕，应由投票管理员逐条朗读无误后，会同监察员共署名盖印于其后，并标明年月日。其式如左：

宣统元年　　月　　日

投票管理员：

姓名：　　　　盖印

同

投票监察员：

姓名：　　　　盖印

同

《浙江谘议局筹办处报告》甲编，第92—93页

初、复选开票所报告录式

光绪三十四年十月①

某府某厅州县某地初、复选投票管理人某人、监察员某人等谨将开票所应行报告事项开呈鉴核：

---

① 原文无时间，此为编者据选举筹办时间所加。

计开：

第一，初、复选开票所地址及开办时日。此条下系将开票所设于何地及何日设立叙明。

第二，管理员、监察员。此条系将开票管理员、监察员衔名、年龄、住所叙明开列如左：

一、管理员：姓名：（　　）年岁：（　　）出身：（　　）住址：（　　）

一、同上

一、监察员：姓名：（　　）年岁：（　　）出身：（　　）住址：（　　）

一、同上

以上若管理员或监察员中有先期请假或临时有故不能执行职务，另由监督改派他人者，亦应将其请假或有故致行改派之事由于此条下叙明，并照式将改派之人职务、姓名、年岁、出身、住址开列于此条左次。

第三，开票柜送到先后之月日时间及开票柜之时间。此条在初选举时，系将各投票区投票柜送到之月日时间及开投票柜之时间叙明。至复选举时，但叙明收到投票柜并开票柜之时间。

第四，开投票柜检查票数事项。此条系将开投票柜后检查票数情形叙明如左式：

一、投票数：共几何。

二、实到投票人数：共几何。

以上如投票总数与投票人总数相符时，则注明“相符”字样于此条之下；如不相符，应将投票总数与人数详加比较，开列不符或缺少于此条左次。

第五，计算当选票额。检查票数后，将该府、厅、州县所应选出之初、复选当选人数除初、复选选举区实到投票人总数，以得数之半为当选票额（遇有零数时，于折半后用四舍五入法），于此条叙明之。

第六，检查投票纸。此条系将投票纸共数逐加细查，如有错误及各种情形，当分别有效、无效开列于此条下。其式如左：

一、有效之投票纸：共几何。

一、无效之投票纸：同。

无效投票更分别如左：

一、写不依式者：共几何。

二、于被选举人姓名外夹写他事者：共几何。

三、字迹样（模）糊不可认者：同。

四、不用投票所所发票纸者：同。

五、选出之人不合被举资格者：同。

六、空白投票纸：同。

第七，当选人票数。此条系将检数表上之姓名检点计算毕，某人及其所得票数开列于此条下。其式如左：

何姓名：得几何票

同上。

同上。

第八条，封送投票纸。此条系将有效投票与无效投票之票纸分别计算后，入之封筒，各共几何，并由何人封送，应皆叙明之。

第九，开票终了之时间。此条系将开票当日何时终了之时间叙明。

第十，开票所员役。此条系将投票所一切人员照左式开明，但管理员、监察员前已开列，不在此限。

一、何职：姓名：（　　　　）年岁：（　　　　）籍贯：（　　　　）

同上

第十一，临时发生之事项。此条系在前十条所列事项之外，有临时发生之事件，亦须叙明报告。

第十二，应加倍开列得票次多数之人数。此条于当选人数不足额时适用之。

姓名：（　　　　）得票几何

同

共若干人

第十三，候补当选人人数。此条于有候补当选人时适用之。

姓名：（　　　　）得票几何

同

共若干人

以上报告事项开列已毕，应由投票管理员逐条朗读无误后，会同监察员共署名盖印于其后，并标明宣统年月日。其列书之式如次：

宣统元年　　月　　日

开票管理员：

姓名：　　　　　　盖印

同

开票监察员：

姓名：　　　　　　盖印

同

《浙江谘议局筹办处报告》甲编，第94—96页

初选举当选人知会书及呈明书式

光绪三十四年十月[①]

谘议局初选举当选知会

初选监督（　　　）为知会事。按照《谘议局议员选举章程》第六十条，当选人确定后，应分别知会当选人。兹查（　　　）贵绅在（　　　）府（　　　）厅州县选举区被选得票与初选举当选票额相符，合行知会，以符定章。自接到知会之日起，于（　　　）日内应呈明情愿应选。其逾期不复者，作为不愿应选。须至照会者。

右知会

绅

① 原文无时间，此为编者据选举筹办时间所加。

宣统元年　　　月　　　日

初选当选人呈明书

谘议局初选举当选人（　　　）府（　　　）厅州县（　　　）呈明情愿应选事。自奉到贵监督知会知为初选当选人，请给与执照，届复选之期，亲赴复选区投票所投票。具此愿书是实。

右呈明

初选监督

宣统元年　　　月　　　日

《浙江谘议局筹办处报告》甲编，书末插页，无页码

复选举当选人知会书及呈明书式

光绪三十四年十月①

谘议局复选举当选知会书

复选监督（　　　）知会事。按照《谘议局议员选举章程》第七十七条，复选当选人确定后，应分别知会当选人。兹查（　　　）贵绅被选得票与复选举当选票额相符，合行知会，以符定章。自接到知会之日起，于（　　　）日内应呈明情愿应选。其逾期不复者，作为不愿应选。须至照会者。

右知会

　　绅

宣统元年　　　月　　　日

① 原文无时间，此为编者据选举筹办时间所加。

复选当选人呈明书

谘议局复选举当选人（　　　）府（　　　）厅州县（　　　）为呈明情愿应选事。自奉到贵监督知会知为复选当选人，请给与议员执照为凭。具此愿书是实。

右呈明

复选监督

宣统元年　　　月　　　日

《浙江谘议局筹办处报告》甲编，书末插页，无页码

本处移请臬司选举诉讼遵章办理文

光绪三十四年十一月初一日

为移送事。查《谘议局议员选举章程》第九十一条第一项：凡选举诉讼事件，初选应向府、直隶厅、州衙门呈控，复选应向按察使衙门呈控；又第九十三条：凡不服该管衙门之判定者，初选得向按察使衙门上控，复选得向大理院上控，但自判定之日起三个月以内为限等语。本省谘议局议员选举日期，已奉抚宪于本处章程内定明，初选举于明年四月十五日举行，复选举于明年六月十五日举行，将来如有选举诉讼，应请贵司查照《谘议局议员选举章程》办理。所有本处印制之《谘议局章程附议员选举章程》、《本处章程》、《选举人资格说明书》、《调查须知》、《调查选举人名原册式》、《调查员记事簿式》、《调查员办事细则》、《各府厅州县筹办顺序》，理合检送贵司查收存档，以备审判选举诉讼时之参考。除选举时应用章程、规则俟订定后随时移送外，合行移送。为此合移贵司，希即查照办理，并将收到日期移复备查望切。须至移者。

《浙江谘议局筹办处报告》乙编卷上，文牍二，咨移类，第 1 页

本处禀抚宪遵饬核议关于专额议员选举办法乞示遵文

光绪三十四年十一月初六日

敬禀者。窃奉宪札准将军、都统咨发关于专额议员选举办法饬令本处核议禀复。等因。奉此。遵将咨复各节复加讨论，谨就本处管见所及为宪台陈之：如咨复专额议员额数一节，既经杭、乍左右司、八旗协令（领）公同酌议，查照乱前学额，定为三名，禀奉将军、都统批饬照办，似应即为定额，由宪台会同将军、都统咨明宪政编查馆暨民政部立案；又驻防公推初选监督、复选监督一节，既经推定，自应由本处将各种章程、册簿、规则分别移送该监督参酌办理；又专额议员选举资格一节，关系重要，本处未敢妄赞一辞，咨复文内亦有会同宪台请部示核定之语，似应请会同将军、都统咨请宪政编馆示遵或咨询京旗如何办法，以昭划一，统乞宪裁；又《选举调查员办事细则》既称无庸特别拟订，应由本处径自移送备用；又驻防划为一投票区一节，投票处本为便利而设，驻防另设投票所一处，虽与《选举章程》第一百十一条未合，然据原咨驻防既另派有初选监督，即由该初选监督设投票所一处，亦未为不可；至开票所，查照《选举章程》第四十九条，应设于初选监督所在地方，据原咨驻防既另派有初选监督，亦不妨于驻防另设开票所一处，所有投票、开票管理员、监察员，仍由该初选监督呈请将军、都统暨宪台派充，概与仁、钱两县无涉，惟选举票、投票柜及各种章程、规则仍由本处移送参照办理，但复选时仍查照原咨由本处饬知杭州府于投票所另设投票柜，一面将投票日期先行咨会驻防，以便同日举行，开票时亦如前办理；又杭、乍两防投票、开票应否并办一节，杭、乍两防既同在省城，投票、开票自应并办；又世职人员应否以生员论一节，查荫生得以生员论，既奉宪政编查馆复准，世职人员似应一律办理，惟应否再行电询宪政编查馆之处，仍乞宪裁。是否有当，合将遵饬核议缘由缕晰禀陈，仰祈鉴核示遵。肃禀，恭请，钧安！伏乞垂鉴。

附录：抚批

所禀已悉。仰候咨明杭州将军、杭州副都统、乍浦副都统查照咨会暨宪政编查馆、民政部立案；至专额议员选举资格一节，并候随案咨请宪政编查馆核复饬遵；再荫生既得以生员论，世职人员自可一律办理，不必再行电询也。缴。

《浙江谘议局筹办处报告》乙编卷上，文牍一，禀申详类，第9—10页

本处札饬前次颁发之选举资格说明书内亟须更改之处应遵照此次札饬办理文

光绪三十四年十一月十一日

为札饬事。照得本处前次颁发之《选举〈人〉资格说明书》内说明《谘议局章程》第三条“本省籍贯”，谓无论何府何厅何州县人，凡隶于浙江省籍贯者皆是；又附说内谓凡属浙江之人，无论其原籍隶属何厅州县，苟合选举资格，即可在寄居地方行使选举权；又说明《谘议局章程》第三条第三项“举贡生员以上出身者”，谓章程上不明言文举贡生员，应推定武举武生亦包含在内，均经禀蒙抚宪批准颁行在案。嗣阅宪政编查馆复宁属谘议局筹办处电称，非本府本县人与非本省人均系一律，又称生员以上出身，应以文为限等因。本处以照此办理，似未平允，禀请抚宪电询可否变通办理？旋奉复电：查凡称籍贯，向以厅、州、县为主，《谘议局章程》第三条所谓“本省籍贯”者，乃本省所辖各厅、州、县籍贯之省文，局章所定，但举大纲，与《选举章程》始详定办法；第二条载初选举以厅、州、县为选举区，则选举人、被选举人自应以籍隶各该厅、州、县者为限，两章本成一贯，毫无抵触，至同一省内有甲选举区之人寄居乙区者，当选举时，本应列入原籍，以清界限而便调查，如本人自愿就近附入寄居区内办理者，自不得不与籍隶本处之人稍示区别，则比照局章第四条办理，尚无不合；其

生员以上之出身以文为限者，立法之意在以学识为标准，原章程案语业经说明，武举等如无他项资格，自不能在其列等因，自应亟行更正。又宪政编查馆复山东谘议局筹办处电文称，孝子顺孙曾经旌表者，得比照孝廉方正以举贡论；吸食鸦片一项，固指本身吸食者而言，惟种烟及赁田与人种烟等户，现值厉行禁烟，如逾本省烟禁年限者，自应一并削夺其选举权；身家不清白一项，以旧例不准考试出仕者为断；至案语之“等”字，专指娼、优、隶、卒四等人而言，其偶演文明戏曲，并非以此为业者，自不得列入优人之内，劳动者为正当之工人，更不在案语“等”字范围之中等因，亦应一律查照办理。除札饬各府、厅、州、县外，合行札饬，札到该府、厅、州、县，即便遵照转致各调查员查照办理。毋违！切切！此札。

《浙江谘议局筹办处报告》乙编卷下，文牍三，批饬类，第6—7页

本处通饬各府厅州县按照筹办顺序赶速切实办理毋得藉词迁延文

光绪三十四年十一月十五日

为通饬事。照得谘议局议员选举调查事宜关系重要，业经抚宪及本处迭次明白札饬，并由本处为各府、厅、州、县代制各种册簿、章程札发应用，原冀各府、厅、州、县实力奉行，乃克无误选举期限。兹闻奉到本处札发各件，即时邀集绅士会议举办者固不乏人，而置若罔闻或藉口国制延搁不办者正复不少，且本处一月以前所颁《敬告绅商学界文》及《白话告示》，尚有存在书吏处并未发贴者，闻之实堪诧异。查谘议局为预备立宪第一年应办之事，先皇帝遗诏固谆谆以逐年筹备应切实办理为望，又恭读本月初十日上谕，凡在臣民均应敬谨遵照办理，则对于谘议局议员选举调查事宜，尤当迅速举办，何得反以国制为词，行其迁延之惯技。除由本处派员密查，如有奉行不力者，据实禀请抚宪撤参外，合再

飞饬，札到仰该府、厅、州、县即查照本处颁发各种章程；按照筹办顺序切实办理，所有该府、厅、州、县办理调查及选举需用经费，尤应查照本处前次颁发《初、复选举事务所章程》，商同地方绅士于地方公款内提用，不准倡议派捐，致滋众惑。切切！勿违！此札。

《浙江谘议局筹办处报告》乙编卷下，文牍三，批饬类，第8页

本处申报抚宪嗣后关于通饬之件概用通告冀可直达文

光绪三十四年十一月廿三日

为申报事。窃本处前拟《选举资格说明书》曾禀蒙宪台批准印发在案，嗣阅宪政编查馆复各省及本月二十日复本省电，均为本处《选举资格说明书》所未详及。又镇海、新昌电询各节，业经本处查照《谘议局章程》答复，自应一并通饬各该厅、州、县转致各调查员知照，藉释群疑。惟用札排递，在各驿站或苦频烦，现遇有邮政局之州县，均一律改由邮政局寄送，但各府、厅、州、县衙门公文，向系经由书吏之手，无论如何诰诫，仍难保无延搁等弊。本处现拟应行通饬之件，概用通告，编列次数，作为书信封寄，冀可直达本官。其通告及封面仍盖用本处关防，以昭慎重，一面通饬各该府、厅、州、县，除寻常申、详照旧办理外，所有紧要事件用电，次要者亦得盖印函禀、邮寄，以省送稿、送籤等之时日。除将通告呈候鉴核外，理合具文申报，伏乞宪台察核。须至呈者。

附录：抚批

据申已悉。仰将嗣后通告随时具报备查，通告存抄由批发。

《浙江谘议局筹办处报告》乙编卷上，文牍一，禀申详类，第14页

本处禀抚宪据嘉善县禀复尤施贤控案请转禀销案文

光绪三十四年十一月二十四日

敬禀者。窃案奉宪台批据嘉善县廪附生尤施贤等禀控孙家瑚等私自开会运动调查议员仰处饬县迅速查复等因，业经遵批札饬该县查复在案。兹据该县徐令禀复，以自宪政编查馆奏定《谘议局章程》，各府、厅、州、县将同时开办选举调查事宜，知县以尚未奉宪局筹办章程，因限期急迫，先与各绅略商设所划区各务，十月二十日确由孙家瑚等发起邀集提议划区调查，知县亦与赞成，其开会宗旨并无运动调查议员之事，何意即有尤施（因）〔贤〕等借端控发。此等伎俩，善地绅士之专长，诚如宪饬每办一事，攻讦盛行，置公事于不顾也。知县忝任方隅，化导无方，良深愧汗，惟有勉为其难，所有颁发章程已于本月十二日奉到，业将选举事务所成立，排日遵章办理矣。惟此后攻讦之端不一而足，拟恳宪恩维持大局，严予批饬，实为德便。奉饬缘由，理合先行禀复，仰祈转禀销案各等情到处。据此，查孙家瑚等集绅提议划区调查，既经该令赞成，自非私自开会，亦无运动之可言，尤施贤等借端混控，殊属非是。除批饬该县严行澈究外，理合将该县禀复缘由具合禀乞宪台察核批准销案，实为公便。肃此，敬请，钧安！伏乞垂鉴。

附录：抚批

如禀销案。缴。

《浙江谘议局筹办处报告》乙编卷上，文牍一，禀申详类，第14—15页

本处批于潜县禀寄居二十年以上是否与本籍一律及世职有选举权否由

光绪三十四年十二月初一日

禀悉。查客民寄居在二十年以上、置有田产庐墓者，例既准其入籍，自与本籍一律。至世职一项，本处前已发有通告，查与宪政编查馆复湖北电文内开：世职未经入营入学者，应援用第三条第四款武五品以上办理等因，自应准其有选举权。该县似尚未详加审览，嗣后凡本处通饬、通告之件，务宜悉心参阅，以期接洽，仰即转致各调查员遵照办理。勿违！缴。

《浙江谘议局筹办处报告》乙编卷下，文牍三，批饬类，第27—28页

本处批孝丰县禀选举人资格可否变通由

光绪三十四年十二月初六日

据禀，该邑商务分会呈请将客籍商人有完本邑钱粮二十年者即照本省籍贯一律办理，核与旧例符合，应即照准，惟该邑客民众多，自应一律办理，不必仅以商界为限。至商店资本，如果合格，无论其店东为本省人或非本省人，均应以店东之名入册。至选举时，亦应由其店东亲身至投票所投票，不能由经理人代理，盖投票不许代理。《谘议局议员选举章程》第四十二条定有明文，未便违背也。仰即转谕该商会并通知各调查员一律知照。毋违！缴。

《浙江谘议局筹办处报告》乙编卷下，文牍三，批饬类，第29页

本处禀抚宪请缩短研究所期限并提前派遣司选员候示办理文

光绪三十四年十二月初七日

敬禀者。窃查宪颁本处章程第三十条第六项、第三十二条、第三十四条及四十一条甲项本处派往各厅州县司选员，均应先在研究所研究两个月，再行出发，限明年三月十五日到境，帮同各该厅、州、县会集管理、监察各员教以应行方法，至四月初十日为止，以资熟悉而免临时错误，并由该司选员帮同办理选举事务，仰见宪虑周详，自应遵章办理。惟现在各厅、州、县对于选举以前一切调查事宜，办理是否合法，究竟能否如期，距省既远，本处未便据空文申报，遂信其不至贻误。况至今尚未报者正复不少，交通阻滞，风气未开，每一念及，辄深忧灼，再四思维，惟有将司选员提前两个月于明年二月初旬出发。未出发以前，自正月十五日为始到本处研究所专研究本处印发各府、厅、州、县应用各种章程，以资练习。至属于学理之一方面，查各司选员前禀蒙批准在案，系就本省法政学堂毕业绅士中选派，自己研究有素，拟从省略，似此缩短研究之期，非研究期内亦即毋庸住宿。在各司选员亦尚无不便利之处，而本处又可免制备床桌等一切杂具。至讲堂应用桌椅，尚拟设法商借、暂用，务期撙节，此提前办理于各厅、州、县可期有益者一也。又查原章程司选员八十名[①]，在研究所两个月内每名每月月薪三十元，两个月洋四千八百元，自三月始派赴各处，至六月止，共四个月，每名每月除月薪三十元外，各加津贴三十元，计洋一万九千二百元，两共洋二万四千元，现在提前派遣而研究期又为短缩，自正月十五日始至三十日止，研究半个月，每月每名月薪十五元，计洋一千二百元，自二月始派赴各处，至四月止，计四个月，每名每月除月薪三十元外，各加津贴三十元，计洋一万九千二百元。其五月始至六月止，派赴各府之司选员十一名，每名每月薪水、津贴洋六十

---

① 应为七十八名，疑误。

元，计一千三百二十元。以上合计共洋二万一千七百二十元，是较原章所预算尚可省二千二百八十元。此提前办理于经费反从节省者二也。所有提前派遣司选员各缘由是否有当，理合禀乞钧示祗遵，实为公便。肃禀，恭请，勋安！伏祈垂鉴。

附录：抚批

据禀已悉。缩短研究所期限并提前派遣司选员，系为急切进行起见，所议甚是，仰即遵照办理。缴。

《浙江谘议局筹办处报告》乙编卷上，文牍一，禀申详类，第15—16页

复镇海选举调查事务所函

光绪三十四年十二月初七日

来函询问各节，当因书吏一项，业经本处续禀抚宪电询宪政编查馆，应俟复电办理，昨甫奉到复电，兹汇答如左：

（一）屠户应充刽子役，例无明文，镇邑如有此习惯，亦应分别办理，即充过刽子役之屠户，以隶卒论，剥夺其选举权及被选举权；其未充刽子役之屠户，自不能概加制限。

（二）书吏问题（已详《选举资格说明书》，兹从略）。

（三）义庄范围只及一族者，究与地方公益不同，自不在《谘议局章程》公益范围之内。

（四）族产、祀产问题（已详第三次通告，兹从略）。

右答各节，希即通知各调查员查照办理。

《浙江谘议局筹办处报告》乙编卷下，文牍四，函电类，第3页

本处批嵊县详报设谘议局事务所由

光绪三十四年十二月初九日

查本处原发《初选举事务所章程》名称既已规定明晰，该县当已详加省览，兹阅来文，并不定名为初选举事务所，而曰谘议局事务所，殊与定章不合，且现在期限迫届，据详调查员及会计、书记尚俟选齐开折另报，则一切尚未着手可知，殊属泄玩已极，仰即照章更正，克期办理具报，勿再任延，致干未便，仍候抚宪批示。缴。

《浙江谘议局筹办处报告》乙编卷下，文牍三，批饬类，第30页

本处通饬各属详加选择公正绅士办理调查选举文

光绪三十四年十二月十二日

为通饬事。照得谘议局筹办伊始，所有调查选举各事宜，总期官绅合力，早日观成，上宣朝廷之德意，下谋阖省之治安。业经本处节次札饬迅速办理在案，惟绅之中，其有公正明达又具热忱于公务肯出而赞助者，固是地方之福，抑亦有司之幸，仍在地方官虚衷采纳，相资为理，而劣绅劣衿所在皆有，不肖长官，自来因缘为利，以至习熟公庭，毫无顾忌，招摇恐吓乡里，痛心无论。何种要政，皆为所把持，而夙称公正明达者，不得已亦惟杜门谢绝外事，甚至相戒足迹不践公庭，从此地方官仅有此劣绅劣衿之姓氏往来于心目，并不另加延访。此种情事，本处颇有所闻，现在正值办理调查选举之时，各地方官自应会同城乡绅士，

妥为商办，而鉴别之权，操之在己，断不准品行有亏、嗜好未除之人与闻斯事。各该厅、州、县务各详加选择，毋以情面所关，骤难屏却；毋以距离或远，稍涉欺蒙。本处之不惮谆谆告诫，仍为地方计利害，贤有司谅亦有同心焉。合行札饬。札到该县，其各懔遵勿违。切切！此札。

《浙江谘议局筹办处报告》乙编卷下，文牍三，批饬类，第12—13页

本处移知两防奉抚札驻防惟印官停其选举权并不限制军人文

光绪三十四年十二月十四日

为移知事。案奉抚宪增札开：案据本处禀称：查局章第七条本省官吏暨常备军及续、后备军停止其选举权及被选举权，而驻防人员大抵不外官吏或军人，若亦加此限制，恐有选举权者必至减少等情，饬据杭、乍左右司、八旗协领公议，均称驻防人员若加此限制，非特有选举权者必至减少，且恐议员专额亦成虚设，旗人将全无预闻政治之权，当非朝廷设议员专额初意。惟驻防官吏是否在本省官吏之列，章程并无明文，拟自佐领以上、凡系印官而于该旗佐领实当行政之任者，应照第七条章程“本省官吏”一项一律停止其选举权及被选举权。其自防御以下、凡非印官而于该旗佐领非直接负行政之任者，应与教官一律，不在此限。再驻防人员虽多，军人却非征兵，章程于停止选举权及被选举权条内，仅载常备军及征调时间之续备、后【备】军人，而于驻防旗人，既未明定限制，当不在停止之列，拟请凡驻防旗人，应与非征调之续备、后备军人一律，不在此限，禀请示遵前来，当经电请宪政编查馆示复，兹准复电：漾电悉，京旗及各驻防既特设专额议员，第七条第二款之限制自应不在其列，惟印官实当行政之任者，始限制其选举权及被选举权，亦属妥适，希即饬遵等因到本部院。准此，合行札饬，札到该处，即便遵照等因。奉此，合就移知，为此移会贵防监督，请烦

查照施行。须至移者。

《浙江谘议局筹办处报告》乙编，文牍二，咨移类，第4—5页

本处批归安县禀询办学务与善堂司事能否一律由

光绪三十四年十二月二十一日

查《谘议局章程》第三条案语，财产限制之外，别设资望、学识、名位等格，所谓资望，即指办理学务及其他公益事务而言，则非地方公推或地方官承认之善堂司事，自不能与董事相提并论。若谓善堂司事与学堂教员情形相同，本处以为不然，学堂教员、管理员列入奏定章程之内，其学识尤非善堂司事可比。至谓学堂教员、职员薪水厚而善堂司事薪水薄，未便令其向隅，则七品以下文官之俸给何尝不视七品以上为薄，何以一靳一予之耶？救火会系公益事务，其首事之人，既系地方公推，自应以办理公益事务论；商界业董仅办理其一业之事，不得谓为公益事务。以上各节，仰即传知各调查员查照办理。缴。

《浙江谘议局筹办处报告》乙编卷下，文牍三，批饬类，第34页

本处批新城县禀开办事务所并划区及提经费由

光绪三十四年十二月十四日

禀悉。惟投票区原为投票人便利而设，若划区过少，投票人或以距离过远，不往投票，曾经通饬酌量增设在案，来禀仅分四区，仍恐于投票人尚有不便利之

处，仍应增设，迅速绘图具报。至称所筹经费，仰候抚宪批示。缴。

《浙江谘议局筹办处报告》乙编卷下，文牍三，批饬类，第32页

复上虞县询有财产之人犯局章等函

光绪三十四年十二月二十六日

径复者。顷接来函，所询各节，答复如左：

（一）有财产资格之人犯局章第六条第六项不能出具字据者，应由调查员向其例应管束之亲属或族长询明情形并其子弟之名及年龄，如可合格，即为入册，仍于记事簿内详晰记明。

（二）有财产资格之人犯局章第六条第八项，即如来函所拟，照寻常写契据办法，请他人代写，本人画押。

（三）字据所以证明分晰，自应由调查员缴呈初选监督存案。

（四）停止选举权之父兄，既远出不能得字据，其子弟年龄及家产虽均合格，碍难以其子弟之名入册。

（五）宪政编查馆复安徽省电与吉林省电相同，与本处《资格说明书》并不违背，已于第四次通告内详晰说明。

（六）办理学务人员，并无停止其被选举权之明文，即教员亦止在小学堂者停止其被选举权，中学以上之教员并不停止，切勿误会。

（七）平粜并非常年办理，办过三次，自不能作三年论。

（八）水龙会经理人，如果系公众推举，自可与救火会一律作为办理公益事务。

右答各节，望即通知各调查员一律办理。

《浙江谘议局筹办处报告》乙编卷下，文牍四，函电类，第5—6页

复衢州府复选监督询复选被选人不限在选举人名册等语函

光绪三十四年十二月廿六日

径启者。顷接贵事务所书记詹熙来函，以接江山县毛绅云鹏函询复选被选人不限在选举人名册，则是初选调查为无效，不知此被选人何自而来，代为请示等语。查复选被选人，除籍贯、年龄两条外，别无何等制限，宪政编查馆案语内已经说明，本处《资格说明书》内复详加解释，毛绅等何尚未了然。至初选调查，原为调查选举人之资格，无所谓有效、无效，望即函复毛绅并告詹君知之。以后来函，须加盖印信，以昭慎重。

《浙江谘议局筹办处报告》乙编卷下，文牍四，函电类，第6页

本处批石门县禀询小学教员是否包括私塾教员在内由

宣统元年正月初九日

查《谘议局章程》第八条，所谓小学堂教员，并不包含私塾塾师在内，文义显然，毫无疑问。盖小学与私塾塾师不独名义有别，其实质亦不相同，小学堂无论官立、私立，其教科必合奏定章程，延聘教员本属不易，若被选为议员，一时难觅替人，必致旷职，实于地方学务大有阻碍。局章停止其被选举权，正所以重视之。私塾不过一私人之家塾，其功课不若学堂之完密，塾师即被选为议员，不难觅人庖代，即不致有旷塾务，且私塾塾师不能作为办理学务、援局章第三条第一项而得选举权，乃更援第八条而停止其被选举权，尤未免过于偏枯也。仰即

函复各绅知照，并通知各调查员一律办理。缴。

《浙江谘议局筹办处报告》乙编卷下，文牍三，批饬类，第36—37页

本处札饬各属调查时遇有吸食鸦片者认真剔除不得瞻徇文

宣统元年正月十九日

为通饬事。照得现在厉行烟禁，各属调查遇有犯《谘议局章程》第六条第五项吸食鸦片者，被调查人往往自称愿戒，调查员意在予以自新，登入选举人名原册，惟“愿戒”语涉含糊，究竟已戒、未戒，何从凭信？将来即不免诉讼之繁。查本处前发《各府厅州县筹办顺序》内二月十五以前应将正册造具完竣，亟应乘此未造正册之前，查明凡属本人曾称愿戒、业经登入原册者，除本人自行具戒净甘结两纸，分别存送初选举事务所暨本处，其已设禁烟局地方，仍应令其赴禁烟局查验，由局出具切结两纸，一纸存初选举事务所，一纸由初选监督加具印结，汇送本处。如禁烟局尚未设立，即责成初选举事务所查验，仍由初选监督出具印结，径送本处，以凭稽核而防冒滥。倘经本处发觉或被人控讦实有隐蔽情事，其本人及办理选举人员，均应按照《议员选举章程》第九十五条罚则办理，合行札饬。札到该府、厅、州、县，务各认真剔除，不得稍涉瞻徇。切切！勿违！此札。

《浙江谘议局筹办处报告》乙编卷下，文牍三，批饬类，第14页

本处禀抚宪请将贡院余屋拆卸变卖充谘议局购地等用文

宣统元年二月初一日

敬禀者。窃查省城贡院至公堂以南房屋号舍，业于前宪台张任内拆卸变卖，为修造师范学堂之用，其至公堂以北房屋巍然尚存，但因多年渗漏，欹斜日甚一日，再历数年，必将倾覆，则瓦片木料全归废弃，殊属可惜。现在谘议局地址，虽蒙宪台商请织造部堂允准将总织局官地拨用，而其中尚有民地民屋仍须收买，方敷建筑。又奉札录织造部堂原函，内有“现住该地织户居民，酌为资遣”之语，浙省谘议局建筑经费估定后，虽应由藩司指拨专款，惟此项资遣及购地之费，若于建筑费支给，又恐建筑或有不敷，拟请仿照师范学堂成案，将贡院至公堂以后房屋拆卸变卖，即为添购基地及资遣总织局现住织户居民之费。贡院本为全省共有，谘议局亦全省公共之事，一转移间，化无用为有用，于筹款上尤属便利。是否有当，理合禀陈，仰乞鉴核批示祗遵。如蒙俯允，即请札饬杭州府或另委专员前往勘估之处，并乞钧裁。肃禀，恭请，勋安！伏乞垂鉴。

附录：抚批

据禀拟将贡院至公堂以北余屋拆卸变卖，作为谘议局添购基地及资遣总织局现住织户居民之费，事属可行，候札饬杭州府查照勘估，妥为办理。此缴。

《浙江谘议局筹办处报告》乙编卷上，文牍一，禀申详类，第22页

本处详抚宪据仁钱二县禀复添划官地补购民地建局请核示文

宣统元年二月初三日

为详请核示事。案奉宪台札开：顷准织造衙门来函内开：以所商织造署总织局官地一处，拟代建筑谘议局之用各节，查该地约十亩有奇，燹后数十年来，绌于经费，迄未规复，谘议局乃预备立宪年限内急切筹办要图，即为全省人树自治之基础，事关大局，亟应赞成，所有该地现住之机户、居民，应如何资遣之处，祈饬属酌办等因，札处妥议办理等因。奉此，当经本处札饬仁、钱两县将此项官地东、西、南、北以何为界，该地内现住机户若干，有无占用官地承粮造屋情事，即由该县等会同清丈绘图、禀复核议去后，兹据仁、钱两县禀称，总织局官地坐落钱邑境内，知县等遵即带同里书前往勘丈，是项官地共计十二亩七分七厘三毫，东以许、汪、邱等姓地为界，西有局地自筑之墙为界，南以豆腐公所及王、赵、陈、石、朱等姓屋地并官路为界，北以常平仓地及敦叙堂许姓空地为界，局地内现住居民共有房屋五十三间，均向织署租用，概不承粮，其东面许、汪二姓及南面朱姓毗连处所，均有向织署借用之地，自应一律饬令让还，备作建造谘议局之用，此外并无占用官地。惟禀承宪处，是地尚不敷用，知县等拟将北面毗连之常平仓基计官地三亩七分五厘，又东北角敦叙堂许姓屋后余地拨出七分五厘，又南面豆腐公所并王、赵、陈、石、朱等姓屋地共计一亩零一厘六毫四丝六忽一并划归局用，常平仓基租造民屋十八间，亦令拆让，所划之地，除仓基系属官地毋庸置议外，其余民地即查照浙路公司特别市屋地价，每亩六十元核给，并取立卖契据呈局备查。拆屋迁补之费，亦照公司定价，瓦楼屋每椽上则十元，中则八元，下则六元，瓦平屋每椽上则六元，中则四元，下则二元，草屋每间大则八元，小则六元，分别给发具领。其在官地内之民屋，一律照给迁补之费，以示格外体恤，绘图请核转详示遵等情前来。本处查总织局地基，尚不敷建筑谘议局之用，其附属总织局近旁者，如原禀所称常平仓基即系废弃未用之官地，自应一并划入，所有租造民屋，均拟令其折让。惟尚有应购之民地房屋，该县等禀照浙路公司市屋地价及迁补费数目分别办理，似亦平允可行，拟仍饬该县迅将官地、民地分别，妥议折让价目，由本处另行呈请宪示外，理合将该二县所禀添划官地并定价补购民地缘由据情转详。是否有当，伏乞宪台察核示遵。须至详者。

附录：抚批

据详已悉。仁、钱两县议复添购官地及定价补购民地各节，尚属妥协，仰即转饬查照，迅将官地民地分别，妥议折让价目，呈由该处详请核夺。缴。图存。

《浙江谘议局筹办处报告》乙编卷上，文牍一，禀申详类，第22—24页

本处列表申报抚宪司选员派赴各属川资数目并出发日期文

宣统元年二月初五日

为列表申报事。案奉宪台札发法政毕业学员名单，饬令由处按名派往各属办理选举事务，仍照禀定缩短研究期限，各令先行研究半个月，以资练习等因。奉此，现已遵令到所研究，其正取中有届期未到及自行辞退者，业已于备取挨次传补，分别派往。所有各司选员分赴各厅、州、县、姓名、籍贯及酌给川资数目、出发日期，理合列表申报，伏乞宪台察核。须至申者。

计申送表格一纸

厅州县名	派定司选员姓名	籍贯	出发日期	出发川资
仁和县	徐文弼	嘉兴海盐	二月初四日	无
钱塘县	冯同璟	嘉兴桐乡	同上	无
海宁州	周文郁	绍兴萧山	同上	四元
富阳县	张锡康	金华东阳	同上	四元
余杭县	汪绶卿	衢州常山	同上	二元

续表

厅州县名	派定司选员姓名	籍贯	出发日期	出发川资
临安县	陈寅亮	绍兴萧山	同上	六元
于潜县	斯欲仁	绍兴诸暨	同上	六元
新城县	王敬瑜	绍兴嵊县	同上	六元
昌化县	吴江	绍兴诸暨	同上	六元
嘉兴县	朱毓珍	绍兴山阴	同上	四元
秀水县	卢观涛	绍兴嵊县	同上	四元
嘉善县	钱江	杭州钱塘	同上	四元
海盐县	沈敏树	杭州仁和	同上	四元
石门县	徐绍溥	绍兴上虞	同上	四元
平湖县	张颂	绍兴萧山	同上	四元
桐乡县	高旭祥	杭州钱塘	同上	四元
乌程县	何炎	杭州钱塘	二月初四日	二元
归安县	苏宗轼	杭州海宁	同上	二元
长兴县	唐以桢	杭州钱塘	同上	六元
德清县	沈启熙	嘉兴桐乡	同上	四元
武康县	钱时亮	绍兴诸暨	同上	六元
安吉县	岑斯和	宁波慈溪	同上	八元
孝丰县	赵协曾	金华兰溪	同上	八元
定海厅	张翥	绍兴余姚	二月初一日	十元
鄞县	杜棣华	台州临海	二月初二日	八元
慈溪县	余时登	衢州西安	同上	十元
奉化县	周祖宋	绍兴诸暨	同上	八元
镇海县	陈赞舜	绍兴诸暨	同上	八元
象山县	程祖伊	金华金华	同上	十元
山阴县	倪人瑞	湖州归安	二月初三日	四元
会稽县	温撰孙	湖州乌程	同上	四元
萧山县	郭景汾	宁波鄞县	同上	二元
诸暨县	杨昰	台州黄岩	同上	二元
余姚县	李春楼	金华东阳	同上	六元

续表

厅州县名	派定司选员姓名	籍贯	出发日期	出发川资
上虞县	王行健	台州太平	同上	六元
嵊县	何炳吉	金华金华	同上	八元
新昌县	孙芑南	金华东阳	同上	十元
临海县	刘一鑑	衢州江山	二月初二日	十二元
黄岩县	傅师说	温州瑞安	同上	十元
天台县	潘兆庆	绍兴山阴	同上	十四元
仙居县	郦耀南	绍兴诸暨	同上	十八元
宁海县	范贤礽	宁波鄞县	同上	十二元
太平县	潘德骏	温州永嘉	二月初一日	十四元
金华县	童葆恒	台州黄岩	二月初二日	四元
兰溪县	劳恭震	衢州龙游	二月初二日	六元
东阳县	马徵	绍兴会稽	同上	十四元
义乌县	方镇南	严州桐庐	同上	十二元
永康县	卢观球	绍兴嵊县	同上	十元
武义县	刘翰	杭州钱塘	同上	十元
浦江县	章占笏	杭州仁和	同上	十二元
汤溪县	毛鹤琴	衢州江山	二月初三日	八元
西安县	傅琳	金华义乌	同上	六元
龙游县	应福谦	金华永康	二月初三日	六元
江山县	吴赞韶	金华东阳	二月初二日	十元
常山县	徐炜	金华东阳	同上	十二元
开化县	陈毓棠	金华永康	同上	十六元
建德县	王树棠	金华武义	同上	四元
淳安县	陈备三	金华东阳	同上	八元
桐庐县	徐干	杭州钱塘	同上	四元
遂安县	吴品芳	金华浦江	同上	八元
寿昌县	韩泽	绍兴萧山	同上	八元
分水县	林端	杭州钱塘	同上	八元
玉环厅	楼绳武	绍兴诸暨	二月初一日	十四元

续表

厅州县名	派定司选员姓名	籍贯	出发日期	出发川资
永嘉县	童建侯	台州宁海	同上	十四元
瑞安县	尹廷辅	台州临海	同上	十六元
乐清县	黄玉藻	绍兴萧山	同上	十六元
平阳县	詹泰钟	台州太平	同上	十八元
泰顺县	吴林橡	台州黄岩	同上	二十二元
丽水县	陈同	温州瑞安	同上	十六元
青田县	张绳武	温州乐清	同上	十六元
缙云县	邵秉中	温州瑞安	二月初四日	十二元
松阳县	余林暄	温州瑞安	二月初一日	二十元
遂昌县	林壬	台州仙居	同上	二十元
龙泉县	管震	温州瑞安	同上	二十八元
庆元县	葛镛	台州太平	同上	三十二元
云和县	倪瑞芝	金华永康	同上	二十八元
宣平县	楼凤升	金华义乌	同上	二十元
景宁县	杨文浚	金华汤溪	同上	二十八元

《浙江谘议局筹办处报告》乙编卷上，文牍一，禀申详类，第24—27页

本处批宁波函询初选投票区可否派警员幕友为管理员由

宣统元年二月二十日

函禀已悉。所称奉化王令以管理员不敷分派，拟将警员、幕友派充等情，查管理员与监察员名称虽异，职掌原同，惟管理员不得行使选举及被选举权，本地绅士不愿充当；又以投票区内须得一二长官主任，以资坐镇，故派官充之；正、副巡官及教练官均为行政上之官员，非巡士于投票、开票等日仅为守护人者可

比，自可派充管理员；至幕友虽非官员，然在官署内襄助吏治，品资格望当自优崇，以之任管理员之职，亦无不可；至每投票区应派管理、监察员之人数，规定于《投票管理员、监察员资格职务》及《办事细则》第二条，管理员一人以上、三人以下，监察员五人以上、九人以下。仰即查照转饬奉化县遵照办理。缴。

《浙江谘议局筹办处报告》乙编卷下，文牍三，批饬类，第39—40页

各厅州县初选司选员姓名职衔单

宣统元年二月[①]

仁和县司选员，附生，本省法政学堂最优等毕业，徐文弼，嘉兴海盐人。

钱塘县司选员，廪生，本省法政学堂优等毕业，冯同璟，嘉兴桐乡人。

海宁州司选员，附生，本省法政学堂中等毕业，周文郁，绍兴萧山人。

富阳县司选员，附生，本省法政学堂最优等毕业，张锡康，金华东阳人。

余杭县司选员，廪生，本省法政学堂最优等毕业，汪绶卿，衢州常山人。

临安县司选员，廪贡生，江苏试用巡检，本省法政学堂最优等毕业，陈寅亮，绍兴萧山人。

于潜县司选员，附生，本省法政学堂中等毕业，斯欲仁，绍兴诸暨人。

新城县司选员，廪生，本省法政学堂优等毕业，王敬瑜，绍兴嵊县人。

昌化县司选员，附生，本省法政学堂中等毕业，吴江，绍兴诸暨人。

嘉兴县司选员，附生，本省法政学堂最优等毕业，朱毓珍，绍兴山阴人。

秀水县司选员，附生，候选县丞，本省法政学堂中等毕业，卢观涛，绍兴嵊县人。

嘉善县司选员，附生，本省法政学堂优等毕业，钱江，杭州钱塘人。

---

① 时间为编者所加。

海盐县司选员，附生，本省法政学堂优等毕业，沈敏树，杭州仁和人。

石门县司选员，附生，本省法政学堂优等毕业，徐绍溥，绍兴上虞人。

平湖县司选员，附生，本省法政学堂优等毕业，张颂，绍兴萧山人。

桐乡县司选员，附生，本省法政学堂优等毕业，高旭祥，杭州钱塘人。

乌程县司选员，附生，本省法政学堂优等毕业，何炎，杭州钱塘人。

归安县司选员，附生，本省法政学堂最优等毕业，苏宗轼，杭州海宁人。

长兴县司选员，附生，本省法政学堂优等毕业，唐以桢，杭州钱塘人。

德清县司选员，附生，本省法政学堂优等毕业，沈启熙，嘉兴桐乡人。

武康县司选员，附贡生，分部主事，本省法政学堂优等毕业，钱时亮，绍兴诸暨人。

安吉县司选员，廪生，兼袭云骑尉，本省法政学堂优等毕业，岑斯和，宁波慈溪人。

孝丰县司选员，附生，本省法政学堂最优等毕业，赵协曾，金华兰溪人。

定海厅司选员，廪贡生，本省法政学堂最优等毕业，张翥，绍兴余姚人。

鄞县司选员，附生，本省法政学堂优等毕业，杜棣华，台州临海人。

慈溪县司选员，岁贡生，就职县丞，本省法政学堂优等毕业，余时登，衢州西安人。

奉化县司选员，附生，本省法政学堂优等毕业，周祖宋，绍兴诸暨人。

象山县司选员，廪生，本省法政学堂中等毕业，程祖伊，金华金华人。

山阴县司选员，附生，本省法政学堂最优等毕业，倪人瑞，湖州归安人。

会稽县司选员，附生，本省法政学堂中等毕业，温撰孙，湖州归安人。

萧山县司选员，附贡生，本省法政学堂优等毕业，郭景汾，宁波鄞县人。

诸暨县司选员，廪生，本省法政学堂最优等毕业，杨昰，台州黄岩人。

余姚县司选员，附生，本省法政学堂最优等毕业，李春楼，金华东阳人。

上虞县司选员，附生，本省法政学堂优等毕业，王行健，台州太平人。

嵊县司选员，廪生，孝取典史，本省法政学堂优等毕业，何炳吉，金华金华人。

新昌县司选员，附生，本省法政学堂优等毕业，孙芑南，金华东阳人。

临海县司选员，廪生，本省法政学堂优等毕业，刘一鑑，衢州江山人。

黄岩县司选员，廪生，本省法政学堂最优等毕业，傅师说，温州瑞安人。

天台县司选员，附生，本省法政学堂最优等毕业，潘兆庆，绍兴山阴人。

仙居县司选员，附生，本省法政学堂中等毕业，郦耀南，绍兴诸暨人。

宁海县司选员，增生，本省法政学堂优等毕业，范贤礽，宁波鄞县人。

太平县司选员，附生，五品职衔，本省法政学堂优等毕业，潘德骏，温州永嘉人。

金华县司选员，附生，本省法政学堂最优等毕业，童葆恒，台州黄岩人。

兰溪县司选员，廪生，本省法政学堂优等毕业，劳恭震，衢州龙游人。

东阳县司选员，附生，本省法政学堂最优等毕业，马徵，绍兴会稽人。

义乌县司选员，廪生，本省法政学堂中等毕业，方镇南，严州桐庐人。

永康县司选员，附生，候选县丞，本省法政学堂中等毕业，卢观球，绍兴嵊县人。

武义县司选员，附生，本省法政学堂优等毕业，刘翰，杭州钱塘人。

浦江县司选员，岁贡生，本省法政学堂中等毕业，章占笏，杭州仁和人。

汤溪县司选员，附生，本省法政学堂优等毕业，毛鹤琴，衢州江山人。

西安县司选员，附生，本省法政学堂最优等毕业，傅琳，金华义乌人。

龙游县司选员，廪生，本省法政学堂优等毕业，应福谦，金华永康人。

江山县司选员，廪生，本省法政学堂中等毕业，吴赞韶，金华东阳人。

常山县司选员，廪贡生，本省法政学堂优等毕业，徐炜，金华东阳人。

开化县司选员，附生，本省法政学堂中等毕业，陈毓棠，金华永康人。

建德县司选员，廪生，本省法政学堂优等毕业，王树棠，金华武义人。

淳安县司选员，附生，本省法政学堂优等毕业，陈备三，金华东阳人。

桐庐县司选员，附生，本省法政学堂优等毕业，徐干，杭州钱塘人。

遂安县司选员，廪生，本省法政学堂中等毕业，吴品芳，金华浦江人。

寿昌县司选员，附生，本省法政学堂中等毕业，韩泽，绍兴萧山人。

分水县司选员，附生，本省法政学堂中等毕业，林端，杭州钱塘人。

玉环厅司选员，附生，本省法政学堂最优等毕业，楼绳武，绍兴诸暨人。

永嘉县司选员，廪生，五品衔，本省法政学堂最优等毕业，童建侯，台州宁海人。

瑞安县司选员，廪生，本省法政学堂最优等毕业，尹廷辅，台州临海人。

乐清县司选员，岁贡生，本省法政学堂优等毕业，黄玉藻，绍兴萧山人。

平阳县司选员，附生，本省法政学堂优等毕业，詹泰钟，台州太平人。

泰顺县司选员，附生，五品职衔，本省法政学堂中等毕业，吴林橼，台州黄岩人。

丽水县司选员，附生，本省法政学堂优等毕业，陈同，温州瑞安人。

青田县司选员，附生，本省法政学堂优等毕业，张绳武，温州乐清人。

缙云县司选员，附生，本省法政学堂中等毕业，邵秉中，温州瑞安人。

松阳县司选员，附生，本省法政学堂优等毕业，余林暄，温州瑞安人。

遂昌县司选员，附生，本省法政学堂优等毕业，林壬，台州仙居人。

龙泉县司选员，附生，本省法政学堂中等毕业，管震，温州瑞安人。

庆元县司选员，附生，本省法政学堂优等毕业，葛镛，台州太平人。

云和县司选员，附生，本省法政学堂最优等毕业，倪瑞芝，金华永康人。

宣平县司选员，附生，兼袭云骑尉，本省法政学堂优等毕业，楼凤生，金华义乌人。

景宁县司选员，附生，本省法政学堂优等毕业，杨文濬，金华汤溪人。

《浙江谘议局筹办处报告》补遗，第1—4页

本处禀提早复选日期乞鉴核示遵文

宣统元年闰二月初一日

敬禀者。窃查本省选举日期，前奉宪台规定核定四月十五初选、六月十五复选，原因事属创办，调查各事头绪纷繁，不能草率更正。至诉讼期间，为人民权利所系，又不敢妄为缩短，是以选举日期碍难提早。惟照此计算，则各府议员须七月杪方能齐集省垣，距九月初一日谘议局开局之期只有一月，不及从容预备议

案，于谘议局前途大有关系。现经再三公同商确，初选举以前应行筹备之事较多，且有更正及上控期间之拘束，仍难稍为移动，惟初选举后复选举前事务较少，选举诉讼之期限照章只有一月，前奉宪政编查馆复电，又有本可一面诉讼，一面复选之文，是复选期间稍为提前尚无障碍。拟请自四月十五行初选举之日起，扣至五月十五日为选举诉讼呈控之期，该管衙门限十日为之判断，较前定筹办顺序缩短五日，各府即于六月初一日举行复选，如有再选情形，即于六月初三日举行，再加当选人呈明情愿应选期限十日，各府务于六月十五日以前将当选议员姓名电告本处，以便转呈宪台发电召集。约六月杪各议员即可齐集省垣，庶可从容讨论，而提出之议案更形美满。是否有当，理合禀乞鉴核批示祇遵，如蒙俯准，则筹办顺序中之日期尚须稍加更正，容再呈乞核定。肃禀，恭请，钧安！伏乞垂鉴。

附录：抚批

据禀已悉。现距谘议局成立之日，时间甚迫，所请将复选举事宜提前赶办，即于六月初一日举行复选举等情，事可准行，应将筹办顺序中之日期照拟更正，仰即遵照，并由该处通告各属知照。缴。

《浙江谘议局筹办处报告》乙编卷上，文牍一，禀申详类，第33—34页

本处禀抚宪核明石门县高令所禀投票期提前未便准行文

宣统元年闰二月初五日

敬禀者。本月初三日奉宪台札开：据石门县高令夹单禀称，邑中新政悉已次第推行，惟初选投票期在四月，其时正值蚕市大眠，俗忌禁相往来，恐有不便，杭、嘉、湖三属能否移前先办，统计所包者广，非由省局拟题发问，由易及难，徐引入胜，恐异日详略繁简，必有不得其宜者。以统计之未习，比例算法不能读其书也等情到本部院。据此，除批示并行调查局外，合行札处即便查照核议详复

饬遵等因。奉此，窃本处前订《各府厅州县筹办顺序》以四月十五日为各厅、州、县初选举日期，业蒙宪台批准通饬各厅、州、县遵行在案。兹据石门县高令因初选举投票期适在四月，其时正值蚕市大眠，俗忌禁相往来，杭、嘉、湖三属能否移前先办，查本处所订筹办顺序，自二月十五日呈送选举人名正册以后，凡属更正期间、诉讼期间、判定期间、上诉期间，关系人民权利得失，至为重大，故不得不明定日期，以照慎重，无从再行提前。至该县所禀正值蚕市大眠，俗忌禁相往来，养蚕大半在各家户以内，而选举仅往投票所投票，与往来人之客户有别，似尚无关禁忌，所请未便准行。所有遵饬核议杭、嘉、湖三属初选举投票提前办理缘由，理合禀复宪台察核批示祗遵。肃禀，虔请，钧安！伏维垂鉴。

附录：抚批

如禀办理，仰即转饬石门县遵照。缴。

《浙江谘议局筹办处报告》乙编卷上，文牍一，禀申详类，第34—35页

致七十八厅州县司选员预商投票监察员兼任本区演说函

宣统元年闰二月初八日

径启者。正册告成，宣示期间亦经终了，实行选举日近一日，地方士民尊重权利者固多，僻远之乡不知选举为何事者亦或不免，自非将选举利益、投票方法演说开导，不独放弃者众，并恐到所投票时紊乱舛错，无效之票必多，则当选愈难，不免于再行选举，办事者之困难姑不具论，投票人能否再来，尤无把握。言念及此，殊切杞忧，今欲筹一预防之法，舍演说更无他策，拟请投票监察员兼任本区演说之事务，使各区内之投票人皆明白选举之利益与关于投票时之规则，庶可免临时之困难，希商同初选监督于讨论时预商各区监察员，请其于投票前数日各在本区内演说关于投票选举之种种方法。至选举票纸，准写被选举人之名，不

准写号，尤宜明白告语。其演说日期，所以必迟至投票前数日者，诚恐过早则闻者易忘，效力转薄弱耳。统希转商办理。此启。

《浙江谘议局筹办处报告》乙编卷下，文牍四，函电类，第 11 页

本处禀请抚宪将本处开办至今及各属办理情形奏咨文

宣统元年闰二月十二日

敬禀者。窃本处自上年十月初一日奉宪饬开办分科任事，迄今五阅月，其间遵照宪颁章程办理或稍有变通之处，节经禀报在案，惟宪政编查馆原奏《考核专科章程》第三条内载九年筹备事宜，责成内外臣工每届六个月将筹办成绩胪列奏闻，并咨宪政编查馆查核，应自光绪三十四年八月起止十二月底为第一届，以后每年六月底暨十二月底各为一届，限每年二月内及八月内各具奏咨报一次等语。现当二月奏报之期，应将本处开办以来详细情形汇呈宪鉴，以凭奏咨，兹谨区别本处内部现在办理情形暨驻防及各府、厅、州、县现在之成绩为两大纲，缕晰陈之：

本处为创办谘议局之总机关，凡关于全省预备选举事宜，悉由本处指挥之、统一之而总其成，惟念各府、厅、州、县政务浩繁，骤责以繁重缜密之选举事宜，无所率循，临时或多失措，希图塞责办理，不免具文，是以既遵宪定章程分设驻府参议，复禀蒙宪台批准代订各项章程，自上年十月初一日开办，于一月内悉将关于调查应用之各种章程规则订定、印行，以便各属实行调查。复虑事属创始，各属虽有章程可据，然或奉行不得其人，即办理难期适法，复由本处派员分赴各属视察调查情形，纠正错误，督促疲玩，此上年十二月间事也。宪颁本处章程于本年三月间派出司选员帮同各厅、州、县办理选举事宜，嗣经本处计算日期，酌量情势，禀准提前出发，业于正月十五日在本处开设司选员研究所。此项司选员系由本省法政学堂讲习科毕业生中选派，法理既有程度，研究较易，为功

半月毕事，即经陆续派赴各厅、州、县。现在各属选举人名正册均已如期呈报到处，以选举系人民权利，宜尊重亦宜谨严，各属人（民）〔名〕册内有填写不甚明晰者，悉经逐一审查，分别饬令复查更正，务期慎重将事，仰副宪台实事求是之意。建造谘议局奉宪定章于本年二月间动工，六月（抄）〔杪〕告竣，现已择定本城总织局地址预备建造，惟谘议局规模不宜过狭，而建筑费又不得不兼顾，是以图样绘就而易稿者再，务使形式、实际两得其宜，而所费又无糜滥之虞。至本处开支各款，业经逐月缮册申送在案，惟念浙省财政支绌，筹措为难，不得不力求撙节。本处开办之初，照宪定章程设有印刷所以便印刷一切章程图册，嗣以印刷事宜大半告竣，既无设置之要，即经禀准裁撤，以节糜费。夫事以参观而善，闰二月初一日为苏省初选之期，由本处派员前往参观投票、开票情形，庶几利害曲折较为详尽，而将来实行选举亦较有把握矣。此关于本处现在办理之详细情形也。

本处既为创办谘议局之总机关，以专责成而昭统一，府设复选事务所，厅、州、县设初选事务所。而选举调查则尤基础，于划分区域、集绅会议，预备在先；说帖绘图，申报于后。调查区初无定数，或就固有都图，或另行划定，皆情势便利为准。投票区定有明文，或因人口之数，或因地势之便，皆以定章十区为限，此皆由本处视察员目睹情形，或亲往分划而得者。调查既毕，造册开始，选举告示分贴于城乡各处，开票地址各设于本署大堂，名册一样四份，申省与府各一，而县留其二，榜示遍于各区，发见错误遗漏，而限于本人。管理、监察各员，由初选监督保荐而复选监督派定之。投票、开票各事，由各厅、州、县为主，而会同司选员研究之，此皆由司选员到境后报告本处而得者。

至于驻防，事同一律。调查员禀由宪台会同军宪酌派，人名正册亦依限呈报到处，但照章无初选监督、复选监督等名目，亦不另设初选、复选投票、开票之场所，惟奉宪政编查馆电饬特设会办初选举管理员及会办复选举管理员，而初选投票所则准略为通融，另行设置。夫办事莫先于定基础，基础一定，则凡事得迎刃而解。此次选举事宜，总其成者为本处，而基础则在于各属之善为办理，现在虽未届选举日期，而预备一切，粗有端绪，本处仍当随时督饬，务期不背定章，不误钦限。此关于驻防及各府、厅、州、县现在办理之详细情形也。

以上所陈，系仅就本处开办以来至现在之办理情形及各府、厅、州、县之已办及现在办理情形而言，至以后办理各项事宜，仍当随时禀报，合并声明肃禀。

仰祈宪台察核奏咨，实为公便。恭请，钧安！伏乞垂鉴。

附录：抚批

禀悉。已酌核奏咨另檄行知矣。仰即知照。缴。

《浙江谘议局筹办处报告》乙编卷上，文牍一，禀申详类，第35—37页

本处批山阴县申送选举人名更正册并呈清折请察核由

宣统元年闰二月二十二日

据呈两册及清折均悉。补册计四十九人，已照准加入，惟查清折内重出应行删去项下，除照开列各名删除外，其折开二千二百六号之徐德润是否即为前送册内二千二百三号之钱德润？原送册内一千二百九号之陈祖棻，是否即为一千六百八十三号之陈祖芬？一千六百九十七号之徐德濂，是否即为九百七十八号之徐德廉？又毕业未及四学期应行删除项下，折开一千五百八十五号之谢镇瑞，是否即为原送册内一千五百八十四号之谢镇端？以上徐、钱、芬、棻、濂、廉、瑞、端等字，彼此歧出，究以何者为是？查阅未竟目，已为之迷矣。又补填科分折内一百七号之朱鼎臣，开明咸丰间本人尚未出生，附生何来？殊深诧异。至更正册一份，仅于各名上注原册某某号数，并未注明原名及现在更正姓名或资格字样，且该县前此申送本处正册与留县底册号次多不相符，若照来册更正，恐因号数之差，甲错改乙，愈滋丛乱，非于各个姓名上注明原名及现在更正何项，本处无从代为更正。以上各节，仰仍克日详查禀复，其余汤霖等九名之出身、科分，应一并迅速查复，以便添注。如至正册确实之时委实无从查明，只得遵章剔除，以防捏名妄报之弊。更正册仍发还，抄由批发。

《浙江谘议局筹办处报告》乙编卷下，文牍三，批饬类，第51页

致十一府七十八厅州县申明确定人名正册之期函

宣统元年闰二月二十二日

敬启者。本处曾于本月初三日函达各复选监督转致台端（致台端并转饬各属），如于闰二月初四日止，并无呈请更正之人，或于闰二月二十八日止，并无不服判定之人，则人名册即可确实等语。兹据武康等处函询，以奉府札转本处函，有“闰二月十八日止，并无不服判定之人”之语，或系前函将“闰二月二十八日”误缮作“闰二月十八日”亦未可知，特再声明：如闰二月初四日以前呈请更正，均经初选监督照准加入正册，自不至有因不服而上诉之事，则人名正册即可作为确定，固不待言；若初选监督判定时有批斥不准加入者，则必经过上诉期间即至闰二月二十八日无不服判定之人，作为确定。至不服判定之人，有无赴复选监督衙门上诉，初选监督或无从知悉，应由复选监督届期将有无上诉之人专差札知初选监督，以便初选监督照章办理。除函致各府、县外，用再通知，即希查照办理为盼。

《浙江谘议局筹办处报告》乙编卷下，文牍四，函电类，第11—12页

本处札饬各属初选举将所列投票开票各项慎重办理文

宣统元年三月二十六日

为札饬事。照得本处颁行之《筹办顺序》内载，四月十五日实行初选举，十八日实行开票。现在各厅、州、县应出初选当选人额数，业由本处按照各该

厅、州、县申报选举人确数，呈由抚院分配，分别电饬各属遵办。惟是兹事体大，又系创办，各厅、州、县政务殷繁，未免（过）〔顾〕此失彼，是以本处历次颁发各项章程、规则暨通告、函电，不厌求详。兹当选举期近，由筹备而底实行，各该厅、州、县平日办事是否认真，临时设施是否得当，为功为过，胥于此举观之。本处为慎（里）〔重〕选举起见，不惮再三告语，以冀相与有成，有历次颁发各件中业经详细订定应行特别注意者，有临时发生事项应行预备对付者，或鉴于他省之已事，或出于理想上之研究，粘列左方，以便查照。为此札饬，札到该县，即应振刷精神，慎重将事，用收美满之效果。其从前颁发各件，仍应遵照办理。毋违！此札。

粘单计开：

（甲）关于投票事项

一、各投票区所设之投票所一切布置，务须查照本处所定图式，先期陈设完备，毋得苟简。

一、分送投票人之《通告》及《投票人应守规则》、《投票方法》，务须预先印制，于投票前数日分交各区管理、监察各员，分送各本区内之投票人（此项《通告》不准作为来所投票之凭证）。

一、投票柜、投票纸、投票簿及全县选举人名榜，务须先期交由各区管理，监察各员分置各本区投票所内，并责令该员谨慎保管，其全县选举人名榜，应饬令预先写就，照本处第七次通告办理。

一、每投票所之投票簿，其簿内所载每区投票人名，务请各本区管理、监察各员先时翻阅，相互认识，其名氏为该员平素所不甚熟悉者，亦可预先访问，以免临时迷惑。

一、投票所除照章应设员役外，不得任意添设招待、稽查等名目。

一、投票选举事属创行，难保争先快睹及故意喧闹等情事，务须切托管理，监察各员妥为（镇）〔震〕慑。

一、投票人照章以列名本区投票所之投票簿者为限，务须确守定章，毋稍通融。

一、各投票区所设之监察员，务须先期通知，不得于投票人填写票纸时有所干涉，以防流弊（例如监察员对于投票人之职务，只在查察是否本人及投票人于投票所内有无与他之职员涉及私言或与他人接谈等情事暨已经投票之人有无逗留窥视之处，至投票人之填写票纸，无论合式与否，不能干涉，亦必为之指示）。

（乙）关于开票事项

一、开票所一切布置，应预先陈设完备，毋得苟简。

一、开票须先时邀请各区投票管理、监察各员来所参观，以便当选缺额时，可即刻携带关于再选之告示、通告等件，各回本区知照投票人。

一、当选票额照馆电既以实在投票总数计算，则各投票区之投票簿送到开票所后，初选监督即可按照投票簿上签字总数，预先如法除算，以免临时仓卒致误（馆电既称以实在投票总数计算，则当计算时，但须问票纸之总数，至其票之有效无效，自可不问）。

一、计算票额有另数时，折半以后，用四舍五入法，例如该县应选出当选人十名，实在投票总数为三百五十四人，以十除三百五十四，则每三十五人又十分之四选出一人，以三十五人又十分之四折半（另数与另数相加），为十七票又十分之七，用五入法即以十八票为得数之半。倘折半之后，为十七票又十分之四，则用四舍法以十七票为得数之半，所谓当选票额也。他可类推。

一、检数表改用检数簿，务须请各本区管理、监察各员先时翻阅，庶临时检查较易，可以按名计数。

一、开票当时，须将先时算定之当选票额揭示开票所，随即逐柜开发，按票唱名，每柜开毕时，将该柜投票总数与该本区投票簿签字总数对照，分别记录，以为造具开票报告录材料。

一、当选人足额时，所有当选知会书须速发，若不足额时，其已当选之若干人，亦应即时知会，不必待至再选足额后同时知会。

（丙）关于再选事项

一、再行投票时，投票簿须预先制备，其或至于三选、四选时，预备之簿业经用尽，赶制又虑不及，只得将第一次用过之投票簿再用，惟须先备蓝或红之染料，为投票人签字之用，以便识别。

一、关于再选时，所有之《告示》、《通告》等件，皆须预先多备，庶临时不至以制备不及，致滋贻误。

一、重行选举，无论几次，必须照第一次办理，仍各在原投票所投票，毋得因惮烦而设为种种苟且之办法。

《浙江谘议局筹办处报告》乙编卷下，文牍三，批饬类，第23—25页

本处详抚宪核明石门县禀投票尚有疑难二端请示文

宣统元年三月二十七日

为详复事。案奉宪台批开，据石门县禀，会同司选员延请管理员、监察员在所研究，其中尚有疑问二端请示由。奉批：据禀已悉，仰谘议局筹办处核明详复饬遵，缴。等因。奉此，查此案先据该县禀请到处，业经本处【批复】：查监察员所以选派各本区绅士者，为其本区之人易于认识，得以实行监察之职务。今该县既以甲区之有选举权者派为乙区监察员，仍未便再行改派，惟据请即在乙区投票，于定章不合，且恐滋弊，不如准其于开票日未开票之前在开票所补投，由初选监督发给票纸，其票仍投置于本区之票柜，但此专限于甲区有选举权而为乙区监察员者，他人不得援以为例，似于变通之中仍寓限制之意。至该县第二问，事实上容或有之，然监察员派有五人以上九人以下之多，以本区人识别本区之投票人，似亦难于冒混，若如县禀所称，于发给通告时注明持此为凭，势必认纸不认人，而投票人皆可顶替代投，且万一此纸遗失，有选举权之本人必不能投票，而拾得此纸之他人反可以投票，是此纸之效力反重于法定之选举人名册及投票簿，欲绝弊而弊愈滋，如此办法，该县所禀，碍难照准。以上两端，均经本处明晰批县照章办理在案，兹奉前因，合将核明业已饬遵缘由，详请宪台察核批示祗遵。须至详者。

附录：抚批

据详已悉。缴。

《浙江谘议局筹办处报告》乙编卷上，文牍一，禀申详类，第40—41页

本处详报抚宪委定十一府复选司选员衔名文

宣统元年四月初三日

为详报事。案奉宪台颁定本处章程第三十条第八项内开：预备复选举，由本处通饬各府限定四月（抄）〔杪〕为始，即将应行预备各事分别办理，至五月（抄）〔杪〕一律办齐，并每府酌派司选员帮同教导办理，如初选举办法等因。现在初选将次完竣，而复选举改于六月初一日实行，业已禀蒙宪准通饬在案，所有复选举事宜尤应提前预备。兹经本处就派往各厅、州、县充初选司选员者择尤酌委，每府各派司选员一员，饬札各该员俟初选事竣，即行赴府，遵照颁定职务规则帮同复选监督办理，其薪水每月三十元，每日加津贴一元，仍照初选之例，除分别札委并行府知照外，理合将所委各府复选司选员姓名、籍贯开具清折，详请宪台察核。伏乞照详施行。须至详者。计详送清折一扣。

计开：

杭州府委原派余杭县司选员常山县廪生汪绶卿

嘉兴府委原派海盐县司选员仁和县附生沈敏树

湖州府委原派归安县司选员海宁州附生苏宗轼

宁波府委原派定海厅司选员余姚县贡生张翥

绍兴府委原派诸暨县司选员黄岩县廪生杨昰

台州府委原派慈溪县司选员西安县岁贡生余时登

金华府委原派兰溪县司选员龙游县廪生劳恭震

衢州府委原派嵊县司选员金华县廪生何炳吉
严州府委原派遂安县司选员浦江县廪生吴品芳
温州府委原派瑞安县司选员临海县廪生尹廷辅
处州府委原派青田县司选员乐清县附生张绳武

附录：抚批

如详办理。缴。折存。

《浙江谘议局筹办处报告》乙编卷上，文牍一，禀申详类，第41—42页

各府复选司选员姓名职衔单

宣统元年四月[①]

杭州府司选员，廪生，本省法政学堂最优等毕业，汪绶卿，衢州常山人。

嘉兴府司选员，附生，本省法政学堂优等毕业，沈毓树，杭州仁和人。

湖州府司选员，廪贡生，本省法政学堂最优等毕业，苏宗轼，杭州海宁人。

宁波府司选员，廪贡生，本省法政学堂最优等毕业，张翥，绍兴萧山人。

绍兴府司选员，廪生，本省法政学堂最优等毕业，杨昰，台州黄岩人。

台州府司选员，岁贡生，就职县丞，本省法政学堂优等毕业，余时登，衢州西安人。

金华府司选员，廪生，本省法政学堂优等毕业，劳恭震，衢州龙游人。

衢州府司选员，廪生，考取典史，本省法政学堂优等毕业，何炳吉，金华金华人。

严州府司选员，廪生，本省法政学堂中等毕业，吴品芳，金华浦江人。

① 时间为编者所加。

温州府司选员，廪生，本省法政学堂最优等毕业，尹廷辅，台州临海人。

处州府司选员，附生，本省法政学堂优等毕业，张绳武，温州乐清人。

《浙江谘议局筹办处报告》补遗，第 4 页

浙省驻防十一府议员及初选当选人分配表

宣统元年四月[①]

驻防选举人：153　　专额议员：3　　应选出初选当选人：30	
十一府选举人总数	90 270
十一府议员额数	114
应选出议员一名之选举人数	792

府别	杭州府	嘉兴府	湖州府	宁波府	绍兴府	台州府	金华府	衢州府	严州府	温州府	处州府
府属选举人数	13 341	6553	9212	8468	13 897	12 662	9508	4031	3166	4933	4499
应选出议员额数	16	8	11	10	17	15	12	5	3	6	5
零数	669	217	500	548	433	782	4	71	790	181	539
余额归区	1	无	1	1	无	1	无	无	1	无	1

① 原文并无具体日期，此为笔者据筹办顺序酌定。

续表

府别	杭州府	嘉兴府	湖州府	宁波府	绍兴府	台州府	金华府	衢州府	严州府	温州府	处州府
实在议员数	17	8	12	11	17	16	12	5	4	6	6
府属初选当选人数	170	80	120	110	170	160	120	50	40	60	60
应选出初选当选人一名之选举人数	78	82	77	77	82	79	79	81	79	82	75

府别	县别	选举人数	应选出初选当选人数	零数	余额归区	实在初选当选人额数
杭州府	仁和县	1543	19	61	1	20
	钱塘县	1772	21	56	1	23
	富阳县	1074	13	60	1	14
	余杭县	1355	17	29	无	17
	临安县	1058	13	44	无	13
	于潜县	941	12	5	无	12
	新城县	1443	18	39	无	18
	昌化县	1891	24	19	无	24
	海宁州	2264	29	2	无	29
嘉兴府	嘉兴县	1229	13	63	1	14
	秀水县	926	11	24	无	11
	嘉善县	1006	12	22	无	12
	海盐县	772	9	34	1	10
	平湖县	1238	15	8	无	15
	石门县	803	9	65	1	10
	桐乡县	679	8	23	无	8
湖州府	归安县	2521	31	57	1	33
	乌程县	2804	36	32	1	37
	长兴县	1978	25	53	1	26

续表

府别	县别	选举人数	应选出初选当选人数	零数	余额归区	实在初选当选人额数
湖州府	德清县	674	8	58	1	9
	武康县	330	4	22	无	4
	安吉县	492	6	30	无	6
	孝丰县	413	5	28	无	5
宁波府	定海厅	1062	13	61	1	14
	鄞县	3322	43	11	无	43
	慈溪县	1360	17	51	无	17
	奉化县	925	12	1	无	12
	镇海县	1209	15	54	1	16
	象山县	590	7	51	1	8
绍兴府	山阴县	2507	30	47	1	31
	会稽县	1858	22	54	1	23
	萧山县	1855	22	11	无	22
	诸暨县	2328	28	33	无	28
	余姚县	1930	23	44	1	24
	上虞县	1184	14	36	无	14
	新昌县	857	10	37	1	11
	嵊县	1418	17	24	无	17
台州府	临海县	2349	29	58	1	30
	黄岩县	5050	63	73	1	64
	太平县	2247	28	35	无	28
	宁海县	947	11	78	1	12
	天台县	1042	13	15	无	13
	仙居县	1027	13	无	无	13
金华府	金华县	1957	24	61	1	25
	兰溪县	1194	15	9	无	15
	东阳县	1078	13	51	无	13
	义乌县	1290	16	26	无	16
	永康县	1175	14	69	1	15

续表

府别	县别	选举人数	应选出初选当选人数	零数	余额归区	实在初选当选人额数
金华府	武义县	931	11	62	1	12
	浦江县	1498	18	76	1	19
	汤溪县	385	4	69	1	5
衢州府	西安县	1098	13	45	1	14
	龙游县	917	11	26	无	11
	江山县	790	9	61	1	10
	常山县	707	8	59	1	9
	开化县	519	6	33	无	6
严州府	建德县	571	7	18	无	7
	淳安县	479	6	5	无	6
	遂安县	604	7	51	1	8
	寿昌县	547	6	73	1	7
	桐庐县	520	6	46	无	6
	分水县	445	5	50	1	6
温州府	玉环厅	202	2	38	无	2
	永嘉县	1345	16	33	无	16
	瑞安县	1127	13	61	1	14
	平阳县	973	11	71	1	12
	乐清县	916	11	14	无	11
	泰顺县	370	4	42	1	5
处州府	丽水县	599	7	74	1	8
	青田县	592	7	67	1	8
	缙云县	754	10	4	无	10
	松阳县	345	4	45	1	5
	遂昌县	459	6	9	无	6
	龙泉县	536	7	11	无	7
	庆元县	287	3	62	1	4
	云和县	266	3	41	1	4
	景宁县	251	3	26	无	3
	宣平县	410	5	35	无	5

说明：原表为自左至右竖向排列，现编者将原表“县别”以下改为横排，并重列“府别”及各府名称，以便于排版。另将原表“壹贰叁”等一律改为1、2、3等数字。余同。

《浙江谘议局筹办处报告》乙编卷上，书末插页，无页码

本处详复抚宪据金华参议黄绅查复胡锦盘控蔡汝霖朦混学期入册一案乞销案文

宣统元年五月十五日

为据情详复事。案奉宪台批开：据东阳县生员胡锦盘等禀蔡汝霖朦混学期填入选举册由，奉批：据称东阳事务所举人蔡汝霖具禀，金华府议定三学期毕业生俱称四学期，概将三学期人名填入与选正册，如果所禀非虚，该府办理选举殊欠核实，仰谘议局筹办处迅速知会金华驻府参议黄绅据实查明核办具复查考，禀抄发等因。奉此，当经本处遵批照会黄绅查复在案，兹据黄参议禀称：查东阳举人蔡汝霖自选举开办至今，从未具禀到府，复选监督亦从未有三学期俱称四学期之议，惟事经上控，理宜切实查复，志璠以投票期迫，除会同复选监督先行电禀外，即于次日束装驰赴东邑，于十四日面晤初选监督廖令暨司选员马徵同商办法。廖令赶即缮写示谕，星夜函致各区管理、监察各员，凡遇四府公学、郡城师范学堂毕业生，确切查验文凭，果系三学期冒称四学期，一律扣其投票。旋据各区管理、监察各员均称遵照办理，志璠并请廖令扣除若干名及所扣何人，详细开具清单，以凭查核。兹据所开第三区三百六十三号赵嗣周、四百另五号葛肇周、四百零六号葛锡龄、一千四百十八号张启斌四名，皆四府公学三学期毕业，第六区七百四十七号杨道南、七百七十六号马逢举二名，皆四府公学三学期毕业生，七百八十三号王植三、七百八十四号王时济、七百八十六号陈人龙、七百九十八号黄甲高、八百另八号马式临、八百二十七号包震西、八百三十号包文耀七名，

皆郡城师范三学期毕业生，第七区之八百六十二号吴昌球、八百六十三号吴激昂、一千八十六号金德修三名，皆四府公学三学期毕业生，统计三区共十六名，均经各该区管理、监察员会同调查员复验文凭，一律扣其投票。志璠复查无异，理合据实禀复，仰祈转详，实为公便等情到处。据此，理合据情详复，伏乞宪台察核批示销案。须至详者。

附录：抚批

据详已悉。东阳县选举人名正册，既经驻府参议黄志璠查验各生文凭，将三学期冒称四学期毕业生一律扣除，应准销案，仰即转饬知照。缴。

《浙江谘议局筹办处报告》乙编卷上，文牍一，禀申详类，第67—68页

本处禀请抚宪分咨出使各国大臣查明浙省侨居各埠绅商酌量公推参议员文

宣统元年五月廿一日

为详请事。本月十九日奉宪台札开：宣统元年五月十六日准陆军部火票递到钦命宪政编【查】馆王大臣咨开：接准咨称：据广东石城县商务分会总理柳龙章禀称：海外华侨统计不下数百万名，本属中国赤子，现在实行宪政，可否稍示怀柔，予以与闻政事之权，拟请准予华侨一律照章选举议员，恳咨核议等情前来，相应抄录原禀咨行贵馆查核办理，并希见复等因。查华侨选举，前准粤督电询办法，当经本馆于三月初三日江电复准，凡营业外洋愿回籍得有选举权者，应准变通入册投票在案。兹复据该商会总理禀陈就华侨所在地方调查人数、限定名额、公选议员一节，查营业外洋，离国较远，一经被选，势不能回籍应选，窒碍殊多，盖必有选举区之隶属而后选举能行，亦必有谘议员之到席而后决议有效，所称遇有条议就近禀明使馆核办之处，究与定章所指议员名义不符。至选举议员

以本省之人为限，所称南洋各埠附近粤东、日本各埠附近闽浙，应令就近分隶各该省谘议局，尤与定章多所未合，碍难照准。惟华侨人数甚多，关心桑梓，若于本省利病兴革事件一概不令与闻，自不足以昭平允。本馆详加酌核，应准令各埠华侨按照人数多寡，酌量公推公正绅商若干名，作为各该本籍省分谘议局参议员。遇有应行条议事件，即由参议员胪陈所见，呈由本国驻使咨送该省督抚交谘议局提议，似此办理，华侨既得与闻本省之政务，而于《谘议局章程》亦无抵触。除侨民愿回籍得有选举权者，应仍照本馆前复粤督电办理，并咨复农工商部暨出使各国大臣转饬遵照外，相应咨行贵抚查照可也等因到本部院。准此，合行札处，即便移行知照，此札，等因。奉此，查浙省侨寓外洋各埠绅商，为数颇多，其中亦自有公正明达、关心桑梓之人，此次宪政编查馆准令按照人数多寡酌量公推若干名作为谘议局参议员，自系为扩充人民与闻政务之权起见。惟浙省现在侨寓外洋绅商各埠有无多寡，无从查核移会，应请宪台分咨出使各国大臣查明浙省侨居各该埠绅商，除侨民业经自愿回浙省本籍得有选举权者外，按照各该埠人数多寡，酌量公推公正绅商若干名作为浙省谘议局参议员，遇有应行条议事件，即由参议员胪陈所见，呈由本国驻使咨送宪台交谘议局提议，以资核实而照慎重。除分别移行外，为此备由呈乞照验施行。须至详者。

附录：抚批

仰候分咨出使各国大臣，查明浙省侨居各该埠绅商人数，酌量公推谘议局参议员，遇有应行条议事件，即由参议员胪陈所见，呈由本国驻使咨札饬局提议。缴。

《浙江谘议局筹办处报告》乙编卷上，文牍一，禀申详类，第69—70页

致处州府电（附来电）

宣统元年五月[①]

处州府鉴：

据丽水县电禀：第四区监察员林锦春口称胡增华代叔投票，同事均不承认，照章应由尊处传集管理员、监察员质讯，如果属实，即将第二次作为无效，速办第三选。林锦春、胡增华仍分别酌罚。阳。

附：来电

谘议局筹办处鉴：

丽水选举，初次二名，再选足额，并得候补三名。榜发后，有人向府控诉四、五、七、八区第二次选举不公。奉饬查办，当传管理员、监察员面诘，均坚称并无违章情事，惟第四区监察员林锦春口称有胡增华代伯叔投票一事，但林锦春当经知情，既未来县禀告，迨有人控告，始行出首，而同事三人又不承认，似未可据为定凭，案关宪政，复选期迫，未便再事迁延，除查办外，可否将第二次选举作为无效，另办三选，以免藉口，伏候宪示施行。知县曾沐叩。语。

《浙江谘议局筹办处报告》乙编卷下，文牍四，函电类，第15—16页

① 原文无时间，编者据文中内容酌定。

复处州府电（附来电）

宣统元年五月[①]

处州府鉴：

真电悉。据电称查无实据，自无庸三选。元。

附：来电

谘议局、臬宪钧鉴：

阳电敬悉。郑景翘等控丽水邑再选不公一案，除五、七、八区查无违章情事外，惟四区监察员林锦春指胡增华代投四票，均举沈国璞一人，并据胡增华之父胡绅禀诉，实系各人自投，林锦春挟宿嫌捏控各等情。查林锦春身充监察，果有代投情弊，即应就章阻止或先报告，乃直待开票后经人控告，始听原告人云亦云，其为无据已可概见。且此次再选，该县就票数较多者倍列十二名晓示，至今犹贴在区，该原告等又称四区内仅填写沈国璞三人，尤属混指。兹经传讯原告，半多未到质讯，管理员并监察同事均称并无违章情事，再三质讯，矢口不移。况胡增华等四人当日所举之人，各不相同，并无一人举及沈国璞，核与原控各节亦不相符。事关宪政，案凭确据，似未便以二三人之空言，遽作无效，转致牵动全体，控讼不休。复加研讯，郑景翘、王林等并无确据，而又不甘心具结，应否以查无实据，免事三选，抑或作何办理之处，伏乞电示遵行。知府觐宸叩。真。

《浙江谘议局筹办处报告》乙编卷下，文牍四，函电类，第16页

---

① 原文无时间，编者据文中内容酌定。

复绍兴府电（附来电）

宣统元年五月[①]

绍兴府鉴：

沁电悉。新昌选举违章，不得已三选，本处先后函电尊处，即致王参议电亦由司选员转，想均接洽，三选计已妥，希专差催询，再行定夺。俭。

附：来电

筹办处鉴：

知府十八赴诸暨勘灾，委山阴江令代拆代印，因复选近，告以遇事与司选员参议会商，由该县代行。王参议电请改选，不独知府未经接洽，即江令杨绅概未与闻，查复选期限有定日，王参议尚在新昌，地歧偏远，又无电报，三选妥洽，自当以三选为凭，万一因三选不足额，逾限究应如何办法。日前据刘令禀称，该令知会当选人去后，梁葆臣逾期不复，照章作为不愿应选论，存俞去梁，不闻后言，实与十六日宪致司选员函指抽去一人之办法颇合。事关重大，一县窒碍，则全局俱变，知府与司选员均焦灼万状，实不敢当此重咎，如何办理，伏求电示，俾转饬刘令遵照。抚宪前仰恳代陈。距投票仅两日，时间急迫，谨九顿以请。知府文昭叩。沁。印。

《浙江谘议局筹办处报告》乙编卷下，文牍四，函电类，第17—18页

① 原文无时间，编者据文中内容酌定。

浙江谘议局筹办处历次通告

光绪三十四年十月—宣统元年六月①

第一次通告

（一）关于本省籍贯问题，已载入《选举资格说明书》，兹从略。

（二）据镇海县电禀，入洋籍人应否入册？屠户应作身家清白否？胥吏之吏是否在本省官吏一项乞示等情。本处查选举权及被选举权，自以本国人为限，入外国籍者，即非本国人，但入外国籍与否，应以曾在各国领事处注册为断，其有自愿注销外国籍者，仍与本国人一律；身家不清白，《谘议局章程》案语以娼、优、隶、卒为限，屠户自不在其列（胥吏一项，已载入《选举资格说明书》，兹从略），业经答复该县在案，各厅、州、县如有以上疑问，应即一律照办。

第二次通告

（一）宪政编查馆奏定《谘议局议员选举章程》第十二条，凡办理选举人员，除监察员外，不得与于选举人及被选举人之数。此专为声明投、开票管理员（第五条“管理员不拘官绅，均可派充，倘绅有以管理员不得与于选举人及被选举人之数不愿充者，得派官充之”）不得与于选举人与被选举人之数而言，其余调查员、筹办处派遣之司选员及筹办处初、复选举事务所各职员，自不在此限，不得误会。

（二）关于宪政编查馆咨复湖广总督文各节，已分别载入《选举资格说明

① 原书目录标题为“附本处通告”，正文标题为“附通告”，此标题为编者所加，时间系编者据内容而定。

书》，兹从略。

（三）查本处批新昌县禀，俊秀、监生、捐贡者，自不得与正途五贡及附贡生同论；祭产、茔产系一族所共有者，不得分属管理之人，一家之公产亦同。

（四）准宪政编查馆复本省咨电，初级师范完全、简易两科毕业、得有文凭者，自应有选举权；至师范传习所，部章毕业期限至多不过一年，毕业后亦无奖励该所毕业生，如无他项资格，仅恃此一年毕业之文凭，遽行比照完全简易科毕业人员办理，尚欠平允，碍难照准等因，均应查照办理。

第三次通告

（一）选举人名遇有犯皇帝御名者，无论填入草册或造具正册时，均须敬谨，一律改避。如知照本人需时过多，则将音同字异之怡、贻等字先为改定，仍通知本人，俾知改名之故。

（二）胥吏问题，已详《选举资格说明书》，兹从略。

（三）本处复宁波府参议冯绅函，各部额外郎中、员外主事、小京官，本与外省候补官不同，可作为实缺，一律有选举权，会产、祀产均系团体所共有，《谘议局章程》并无承认团体有选举权之文，则会产、祀产自未便许其推举代表作为选举人。

（四）十一月二十二日据富阳县函禀年龄一层与考者以多报少、捐纳者以小报多，概不足据，应以宗谱上刊定生年为凭等情。本处查我国户籍法未定，调查人之年龄，本属困难，如以学册、捐照为不足据，而专凭宗谱上刊定生年为准，设并无宗谱，或虽有宗谱而未刊明生年者，将何所依据乎？总之，学册以多报少，乃由自误，虽不予以选举权，不得谓之苛刻。至于捐职年岁，本应照实年填写，当时办捐委员亦必查验实在，谅不至有以少报多之弊，倘使偶有其事，而于调查时又不自行申明，自应照诈术获登选举人名册办理。又本月初二日据富阳第二次函禀内称，一人本合《谘议局章程》第三条第二、三、四项之资格，复兼有第一或第五项之资格，照宗谱刊定实年，确已及格，若照册年，则未及二十五岁，可否就第一或第五项资格而予以选举权等情。本处查年满二十五岁以上，为选举权之根本条件，若未及格，虽兼有五项资格，仍不得有选举权，而其所以证明此年龄之及格与否者，总须准照学册、官册及毕业文凭上之年龄，盖以此等册据有法律上之性质故也。来函所称虽以第一、第五两项资格入册，但既于学册、官册及文凭上填明年龄，自不得以宗谱上事实关系之理由反排弃其有法律性质之册据。至单具第一或第五项之资格者，本无官册、学册等之根据，自以本人据实报告为凭。其第一次函禀又称，职官一层，现在丁忧人员应否停止其选举权及被选举权，营业不正现开鸦片土店及彩票店者应否在内等情。本处查丁忧人员，于选举并无妨碍，凡曾任实缺而现在丁忧者，自不在停止之列；彩票系属奏办；土店一项，国家现征土税，且查政务厅奏定《禁烟章程》第五条，有限十年内一律停歇之明文，则除在限外开设者，应与贩买彩票之店，均不得以营业不正论。

（五）本处复嘉善县函，《谘议局选举章程》所谓办理学务云云，曾详于本处所颁发之《资格说明书》中，以奏定《学堂章程》所列者为限，但目前各处学堂中职务人员名称各异，苟其性质与奏定《学堂章程》之列者相合，不必拘于名称上之差异，自应作为办理学务，与教员一律看待；至于善堂，除董事外，凡非为地方公推或地方官承认者，碍难与董事相提并论。

（六）客民问题，已详《选举资格说明书》，兹从略。

第四次通告

（一）据嘉、秀两县电询，问积欠钱粮应否照倒帐未清。一律办理等情。查倒帐未清，乃私法关系，积欠钱粮，乃公法关系，性质各别，应查照局章第六条第一款案语所谓土豪办理。

（二）据归安县禀称，世职从云骑尉起，抑从恩骑尉起？又文武品级考所载，仅现有之官阶，其近年已裁各缺，悉未编入，然曾历任各该缺者，现尚不乏其人，请按照品级，将已裁各缺及暂置旋废者统行编示等情。经本处答复如左：

（1）世职所以援用五品以上办理者，因世职可以外用武职故也。查《会典》云骑尉外用，守备为五品以上之官，恩骑尉并不能外用武职，自应从云骑尉起算。

（2）曾任已裁及暂置旋废各缺者，如其官并未裁撤，仅裁其缺，可照前发品级考办理，例如湖北粮道之缺，虽裁而道员之官并未全裁，即可准照前发品级考内各省道员办理；又例如巡警部、商部虽暂置旋废，而自尚、侍以次各官，亦可准照品级考所开各部尚、侍以次各官办理也；惟京官中近年来有其官全裁者，曾经历任各官之人，或至今未补他官，自应查照曾作之官列册。兹将已裁各官开列于后，以便查考（再，前次品级考内仅有提法使，而按察使漏未列入，现在各省按察使尚未尽改，应于各省提法使之下添“按察使”三字）。

计开已裁各官品级：

从一品：都察院左都御史

正三品：都察院左副都御史、通政使司通政使、大理寺卿、詹事府詹事、太常侍卿、奉天府府尹

从三品：光禄寺卿、太仆寺卿

正四品：通政司副使、大理寺少卿、詹事府少詹事、太常寺少卿、会同四译馆少卿、太仆寺少卿、鸿胪寺卿、奉天府府丞

从四品：国子监祭酒

正五品：左、右春坊庶子、通政司参议、光禄寺少卿、六科掌印给事中

从五品：司经局洗马、鸿胪寺少卿

正六品：左、右春坊中允、国子监司业、太理寺寺丞、太常寺寺丞、兵马使指挥、神乐观提点

从六品：左、右春坊赞善、光禄寺署正

正七品：大理寺评事、太常寺博士、典簿、国子监监丞、通政司经历、太仆寺主簿、兵马司副指挥、七品朝鲜通事、通政司知事

从七品：詹事府主簿、光禄寺典簿、署丞、国子监博士、助教、太常寺奉祀、奉天府经历、各卫经历

（三）资产分析问题，已详《选举资格说明书》，兹从略。

致各府厅州县发特别紧要通告函（关于异府异县寄居人资格之变通）

光绪三十四年十二月二十一日

敬启者。查宪政编查馆迭次复各省电，凡异府异县之寄居人，与非本省人之寄居本省者一律办理，本处曾一再电询，意在准予变通，以昭平允而期便利，迄今未蒙照准。顷奉抚宪传示宪政编查馆本月十九日电，较前电已略示变通之处，本处深虑此时各属正在调查，仅录原电分札转饬仍恐未周，特由本处付印并示办

法，作为特别紧要通告发寄府、厅、州、县各五十张。此系专供调查员之用，希即台收分给各调查员查照办理，一面迅行出示晓谕，俾异府异县之寄居人皆得享选举之权利，仍将办理情形切实示复为荷。专请，升安。

特别紧要通告（关于异府异县寄居人资格之变通）

十二月十九日奉抚宪传示宪政编查馆电开：查《谘议局选举章程》第二条，初选举以厅、州、县为选举区，复选举以府、直隶厅、州为复选区，是选举及被选举人自应各以籍隶各该区者为限，每届选举之期，选举人自应各归本籍投票，此系采用籍贯主义不得不然之办法，故寄居异府异县者，若不愿回籍，只能照局章第四条寄居人资格一律办理。此事据各省电询，业经本馆详细声复在案，惟各省来电，屡以如此办理，于选举人多所不便为言，本馆斟酌情形，自应量予变通，以期便利。今拟凡本省人具有局章第三条资格之一而寄居异府异县者，若于寄居地方确系定居且置有产业，准其在寄居地方投票，其寄居年限及产业多少，均可不论，惟须由本人呈请本籍选举监督声明愿在寄居地方投票，其本籍选举权及被选举权即行撤销。经批准后，应将批词作为凭证，呈明寄居地方选举监督，归入寄居地方行其选举权及被选举权，其未经呈明批准者，应仍照本馆迭次电复，照寄居人资格一律办理，庶于变通之中仍寓限制之意。至外省寄居人，应照本馆明定章程，不得援以为例，即希通饬遵照等因。奉此，查本省人寄居异府异县者，必令其回原籍地方投票，事实上大不便利，本处节此禀请抚宪电致宪政编查馆力争，未蒙照准，故不得不遵照办理，是经通饬遵办在案，兹宪政编查馆俯鉴为难情形，酌予变通，则寄居异府异县者不致因难于回籍放弃权利，而寄居地方多若干合格之人，即可多得议员分配之额，诚为两利之道。或者谓电文虽云变通，但必由本人先在本籍初选监督处具呈，继至寄籍地方选举监督处具呈，批示之延搁，丁胥之需索，已令人闻而生畏，且寄居异府异县者不能回籍投票，又岂能回籍具呈？是虽有变通之名，仍无便利之实。本处以为选举事关重要，如有赴各厅、州、县具呈者，应由各厅、州、县从速核明，当日批示，不得稍为延搁，并不得任令丁胥需索分文，倘有前项情弊，一经本处访闻，或被控发定，即禀请抚宪从严惩究。又选举投票，不许他人代理，寄居异府异县者，或无暇亲身回籍，至于呈请撤销选举权，则本人如果不能亲身回籍，尽可托人代为具呈。以上两端，应由各厅、州、县明白出示晓谕城乡各处，俾众周知，一面将此通告分给各调查员，查明异府异县寄居人合格而愿在寄居地方投票者，先行入册，嘱其赶紧在本籍具呈，并由调查员于记事簿中记明原委。如本人延不具呈本籍，则确实人名册时，仍可删除。其已经调查完竣者，应即复往调查，并示谕寄居人合格者，准其自行呈明入册，有自愿回籍投票者听。如此分别办理，庶于选举进行非常便利，各厅、州、县务即遵照办理。

第五次通告

顷奉抚宪批准本处转详杭州府，拟令寄居人出具切结，由寄居地方选举监督移送寄居人本籍，免使本人自行向本籍选举监督呈请由并饬通告文（全文已载入禀详类，兹从略）。

第六次通告

除算票额问题，已详载《筹办顺序》内，兹从略。

第七次通告

（一）管理员选举权问题，已详《选举资格说明书》，兹从略。

（二）教官在本籍之选举权问题，已详《选举资格说明书》，兹从略。

（三）各属函称，选举票若只准写名不准写字或号，则无效之选举票必多，而当选不易，即再选举之次数亦愈繁。此自系实在情形，惟准写字或号而不加限制，则字、号大抵又不一而足，必至不可究诘，流弊甚多。兹于严格之中仍示以变通之法，若选举票上填写字或号，经开票管理员及监察员不能确认者，仍作为无效，以防流弊。

（四）前所颁发之投票所布置式，于写票处界分为三，此乃标明写票席相离之虚线，非隔分写票处为三室也，恐滋误会，特行声明。

（五）初选时，如全选举区正册上有姓名相同确非一人者，须将同姓名之数人开列选举人名榜尾，并于各人名下注其官衔或住址，书明投票人欲举此等人者，于票纸上除填写被选举者姓名外，须兼注其官衔或住址，以分别同姓名之被选举者所得之票数。

（六）开票时，须照确定正册人数另造名簿，不必注明年龄、籍贯及资格，用百家姓编次此簿，视名数之多寡，酌分数本，例如自赵姓起至张姓止，为第一本，再自孔姓起至唐姓止为第二本，临时每人掌管一本，如唱名者报一被选举为张某，则掌管第一本之人即于张姓名下记一得票数，如此，则凡记数与查检被选举人姓名之有无，并在一处，可省手续，且无一人所得票数散记两处之病。

（七）每投票区应预先写成全县选举人名榜二纸，于投票之日，一纸悬挂投票所大门外，一纸悬挂投票所内写票处，以便选举人临时观览，庶填写字或号者或可稍减。

（八）选举期限日迫，地方士民尊重权利者固多，僻远之乡不知选举为何事者亦或不免，自非将选举利益、投票方法演说、开导，不独放弃者众，并恐到所投票时混乱舛错，无效之票必多，则当选愈难，即不免再行选举，其时投票人能否再来，尤无把握。种种困难情形，不能不先事预防，拟由投票监察员于投票前数日，各在各本区内演说关于投票选举之种种方法及利益。至选举票，总应填写被选举人之名，尤宜明白告语。

右列八项，希即查照办理。

第八次通告

再选当选票额问题，已载入《筹办顺序》，兹从略。

查《谘议局章程》第十六条三项，议员因事出缺时，以复选候补当选人名次表之列前者递补之。良以议员关系甚大，未便任其缺额，而复选候补当选人原为预备推补议员而设，惟是候补当选人之难得，无异于原额。盖同初选不足额而行再选（二）〔三〕选者，大都仅仅足额而止，而议员因辞职或其他原因以致缺额，实为事实上所不能无，其时并无候补当选人可以递补，则议员终有缺额之虞，虽照局章第八十一条可以举行补选，而手续究属繁重。本处正在筹商办法，旋阅宪政编查馆复苏抚电，准其于议员定额外预选候补当选人，以议员定额之半为额，浙省事同一律，应即查照办理。该府原定议员（　　　）名，届时选出人数不能足额，至重选时应即将应行预选之候补当选人额数一并加倍开列投票，或选出人数仅仅足额而无候补当选人，或虽有候补当选人而未满议员定额之半数，应即专为候补当选人重行选举，至足额而止（列如某府应选出议员十名，当选者只有八名，尚缺其二，本应补选二名，即为足额，今为加入候补当选人，照议员定额半数五名，应即将得票次多数者加倍一并开列十四名，再行投票；若其时议员十名当选者，仅能如数，或虽有候补当选人而不足议员定额之半，则此时之重行选举，系专在选出或补足候补当选人，但须将应行预选或补选之候补当选人数加倍开列，得票次多数者若干名，再行投票）。盖以原有选举议员之人，同时选举候补当选人，既可免补选之烦，而议员缺额时，亦不至无从推补。兹准宪政编查馆复苏抚电文两则暨苏抚原电两则附录后方，届时希即查照办理（电文详专本）。

复选投票须知

初选被选举资格，以合于《谘议局章程》第一条而不为第六、七、八等条所限制者，即为合格。兹将局章第五、第六、第七、第八条原文摘录备查外，其复选应注意之处，列举如左：

第一，不以初选当选人为限。凡初选未当选而有复选之被选资格，并不被局章限制者，皆可举之。

第二，不以初选区为限。凡同府之各厅、州、县有复选之被选资格并不被局章限制者，皆可举之。

第三，不以初选举人名册为限。

凡同一复选区内具有复选之被选资格并不被局章限制者，则虽初选时未入名册，亦可举之。

摘录《谘议局章程》第五、六、七、八等条：

第五条，凡属本省籍贯或寄居本省满十年以上之男子，年满三十岁以上者，得被选举为谘议局议员。

第六条，凡有左列情事之一者，不得有选举权及被选举权：

一、品行悖谬营私武断者；

二、曾处监禁以上之刑者；

三、营业不正者；

四、失财产上之信用被人控实尚未清结者；

五、吸食鸦片者；

六、有心疾者；

七、身家不清白者；

八、不识文义者。

第七条，左列人等停止其选举权及被选举权：

一、本省官吏或幕友；

二、常备军人及征调期间之续备、后备军人；

三、巡警官吏；

四、僧道及其他宗教师；

五、各学堂肄业生。

第八条，现充小学堂教员停止其被选举权。

特别通告

六月初一日举行复选举，业由本处札饬各府遵照办理，并札发《复选投票须知》各在案，惟是谘议局关系重要，复选即议员所自出，自应慎之又慎，以成旷举而树先声。查《谘议局章程》第四十六条前段，各省督抚有监督谘议局选举及会议之权，宪政编查馆原案语谓：各处选出议员，督抚查明有舞弊及不合格情事，自可即行撤销，是舞弊及不合格之人，虽或徼倖当选，终不能逃行政长官之鉴别。本处为顾全大局起见，用特申明定章，警告各属初选当选人，与其所举议员被督抚撤销于后，徒为全局之污点，何如慎之于先为愈。为此仰各该府将此通告于初选当选人到府之日，遍为给发，俾得查照前发《复选投票须知》，而于局章第六条所列情事，尤宜特别注意。本处实有厚望焉。

《浙江谘议局筹办处报告》乙编卷下，文牍四，批饬类，附通告，第18—28页

本处禀抚宪借师范学堂为会场租镇海试馆为办事处请示遵文

宣统元年七月初三日

敬禀者。浙省谘议局前经禀蒙宪台批准在省城总织局旧址并派由樊守棻估工建造在案，惟合同至四月十七日始行订立，原限十个月一律竣工，嗣以九月初一日即为开会之期，再四令赶筑，旋据李合顺称，赶筑不及，而会期计已甚迫，似不能不另觅相当地方作为谘议局会议之所。查省城全浙两级师范学堂规模宏大，其中礼堂一座，尚足容全数议员及旁听各席，且礼堂与讲堂地位不相联属，于教务似无妨碍。本处拟即商请该堂监督暂借该堂礼堂为本年谘议局会议之地。惟照章谘议局应设办事处经理局中文牍、会计及一切庶务，师范学堂除礼堂为议场外，更无相当房屋可为办事之地，本处觅有宁波镇海试馆，房屋宽畅，且与师范学堂距离不远，拟暂租为谘议局办事处，将来议长、副议长、常驻议员即于该试馆内办事，一俟谘议局竣工后，所有会议及办公等事一律移入局中办理。是否有当，理合禀陈鉴核批示遵行，恭请，钧安！

附录：抚批

据禀谘议【局】工程未能克期竣工，拟暂借师范学堂礼堂为议场，租镇海试馆为办事处，事属可行，仰即遵照办理，并由处照会师范学堂监督知照。缴。

《浙江谘议局筹办处报告》乙编卷上，文牍一，禀申详类，第72页

本处禀抚宪拟呈谘议局假议长假副议长选举规则乞鉴核文

宣统元年七月初三日

敬禀者。窃本处前因谘议局事属创始，凡一切应议事件及应定各种规则，必须提前预备，禀奉宪台电咨宪政编查馆核准，提前召集议员选举假定议长、副议长先期准备等因，并奉宪台择定宣统元年七月初十日为召集之期，分电各府知照各议员在案，各议员到省后，自以选举假定议长、副议长为第一事，惟此时既无选举规则可以遵守，又并无指挥监督之人，殊不足以示郑重。现由本处拟就《谘议局假议长假副议长选举规则》呈候鉴定并请宪台酌派选举监理官一员、选举管理员二员，以便办理选举时一切事务。是否有当，理合开折禀呈，仰祈批示祇遵。肃禀，恭请，钧安！

计呈《谘议局假议长假副议长选举规则》清折一扣（录左）

计开：

第一条，本规则专为选举谘议局假议长、假副议长之用。

第二条，选举监理官一员，由抚院于司道大员中选派。

选举管理员二员，由抚院选派，帮同监理官办理选举时一切事宜。

假议长、假副议长选出后，选举监理官及选举管理员之责任即终了。

第三条，假议长一人、假副议长二人，均由议员中互选。

第四条，假议长、假副议长之选举，于议员应召集到省后，由抚院定期行之。

第五条，选举必有议员三分之二以上出席，投票方为有效。

第六条，假议长、假副议长均用无名单记法分次互选，均以得票过半数者为当选。

第七条，凡不满当选票额致无人当选时，就初次得票较多之人加倍开列，由各议员再行投票，以得逾半数者为当选人，初次得票较多之人票数同者，以抽签定之。

第八条，本规则未尽事宜，准用《谘议局议员选举章程》之规定。

附录：抚批

察阅所拟《选举规则》，均尚妥善，应准照办，以资遵守，至所请札派选举监理官并管理员一节，仰候遴选妥员，分别派委，另檄行知。缴。规则存。

《浙江谘议局筹办处报告》乙编卷上，文牍一，禀申详类，第73—74页

本处禀抚宪谘议局假定正副议长均已举定应否将该局关防先行移交启用请示文

宣统元年七月廿四日

敬禀者。本年五月二十六日奉宪台批本处禀请刊给谘议局关防由，奉批：禀已悉，仰候札饬藩司刊刻谘议局木质关防移送该处，暂行保存，一俟开局，即由该处移交启用，仍将启用日期报查，缴。等因。奉此，窃惟谘议局开局日期，照章应在九月初一日，惟查宪政编查馆复电内开，谘议局提前召集选举假定议长，先期准备，事属可行，应按照局章三十三条以督抚之命令召集临时会，即照第十条第三项投票选举假定议长一人、副议长二人，暂行提前按章准备，俟九月会期再行正式互选等语。是谘议局开会之期，虽仍在九月，而馆电既许召集临时会选举假定议长一人、副议长二人，提前准备，即凡关于准备必要范围以内各事宜，亦有不得不应用《谘议局章程》之规定。现在各属议员应宪台召集到省者已逾全额三分之二，假定议长一人、副议长二人业于本月二十一日、二十二日先后分次举定，所有应行准备事宜即须按章办理，若非将关防移交启用，似不足以昭慎重而资信守。愚昧之见，是否有当，理合禀陈，仰祈宪台批示祗遵，恭请，钧安！伏乞垂鉴。

附录：抚批

据禀已悉。谘议局假定正、副议长既经举定，所有应行准备事宜即须按章办理，仰将刊就关防先行移交，俾便启用。此缴。

《浙江谘议局筹办处报告》乙编卷上，文牍一，禀申详类，第74—75页

本处详请抚宪核定复选监督初选监督功过文

宣统元年八月二十日

为详请事。案于光绪三十四年十月十六日奉宪台札：以选举监督应尽责任，若不能联合士绅，刻期竣事，一经筹办处指明禀揭，定即撤参；其有办理迅速者，亦由筹办处择尤详请奖励等因，奉经通饬各府、厅、州、县遵照在案。兹选举已竣，自应遵照宪饬，择其办理异常勤奋及延误疏忽确有明证者，开具衔名、事实清折详送。至应如何劝惩之处，本处未敢擅拟，伏候核定撤遵。其有奉文之初，办理怠玩，一经本处督催及司选员到境帮同办理，即能如期报竣者，尚与始终延误者有间，应请免其置议。是否有当，理合备文详请，仰祈宪台鉴核，为此备由呈乞照详施行。须至详者。

今详送清折一扣

附录：清折

谨将各府、厅、州、县办理选举勤奋及延误疏忽各员，开具衔名、事实，呈乞鉴核。

计开：

办理勤奋者：

一、杭州府知府卓孝复，于一州八县初选举事宜，指示周详，督催甚力，办

理复选亦能尽心规划，不愧监督之责职。

一、金华府知府嵩连，每日亲至复选事务所，率同所中职员办理选举文牍，确定定章，督促所属异常严厉，故各属进行颇称迅速。

一、前署严州府知府杨志濂，办理选举勤慎恳挚，所有关于选举文牍，概自撰拟，本处札府转饬各县之件，无不随到随发，毫不延搁，惜中途受代，未竟全功。

一、温州府知府吴学庄，该守接任已在去年年底，其时温州各属选举事宜尚无眉目，该守到任之初，即将关于选举之各种章程研究精熟，一面分派委员赴各属督催，乃能如期竣事，否则该府各属选举事宜迟误，不堪设想。

一、石门县知县高庄凯，于应造之选举人名册及选举区域图等件，无不首先造送，足证热心选举。

一、前署余姚县知县汪文炳，于调查事宜独能提前办理，对于各调查员尤能指示周详，剔除消极资格亦颇认真。

一、代理镇海县胡钟黔，办理迅速，造册亦能合法。

一、金华县知县黄羡钦，每日必到事务所与绅士商榷选举事宜，故办理亦颇迅速。

办理选举延误疏忽者：

一、前署温州府知府启续，于选举章程全不注意，以致各属意存观望，若非吴守学庄继任，极力督促，则该府各属必致误事。

一、前署德清县知县王遹善，于本处颁发章程，竟至遗失，幸由该县绅士催促，向武康县借抄，始行举办。其事务所实系于十一月二十七日成立，原报为十一月十五日，尽属饰词，玩忽已可概见。

一、前任青田县李彦铭，奉文多日，直未举办，以致该县调查独后各县。

一、署瑞安县知县金筠，宣示逾期，致遭物议。

一、署新昌县知县刘承均，开列次多数有违定章，已于另案奉宪台饬记大过三次。

附录：抚批

详、折均悉。杭州府卓守、金华府嵩守、署温州府吴守、署石门县高令、前署余姚县汪令、代理镇海县胡令、金华县黄令，办理选举勤奋可嘉，应各记大功二次；至前署严州府杨守，既据该处详称办理选举勤慎恳挚，毫不延搁，虽中途受代未竟全功，不便没其劳勋，亦应记大功一次，以示奖励；前署温州府启守、前署德清县王令、前任青田县李令、署瑞安县余令、署松阳县蒋令，办理选举延误疏忽，应各记大过二次，以示薄惩；署新昌县刘令，已于另案记大过三次，应从宽免再置议。仰即知照，并候行藩司注册饬知。缴。

《浙江谘议局筹办处报告》补遗，文牍一，禀详类，第10—12页

本处禀抚宪本处遵章裁撤并拟以后工程领款一切办法请示文

宣统元年八月二十日

敬禀者。案奉宪台颁定《谘议局筹办处章程》第九条，载有“本处为筹办谘议局而设，至议员选定谘议局开办后，即行裁撤”等语。查各属复选早经报竣，并由本处禀蒙宪台电询宪政编查馆提前召集各议员，于七月初十日以前齐集省会，选举假议长、假副议长各在案，是应行筹办诸事宜至此业经完竣，本处应即裁撤，以符定章，除将各种卷宗另行汇呈宪览存查外，所有奉发谘议局筹办处木质关防一颗理合缴销。惟谘议局建筑尚未竣工，而此项工程估计曾蒙宪台专札委由江苏候补知府樊棻经理，并另委有监造科科员胡宪章监造一切，至每次发款时间，由本处据胡宪章报告禀请饬司移解过处转发，共经两次，现在本处既经裁撤，以后届发款之期，拟请改由胡科员报告樊守禀请宪台饬发，一面由本处将关于工程各案卷移送藩司衙门备查，胡科员月薪百元，计自本年九月起至明年三月止，合洋七百元，本处拟先行提解藩司，按月于十五日由胡科员具领。是否有当，恭候宪裁，如蒙示准，并请分饬藩司暨樊守查照遵办，此外并无未了事件。再，自治事宜，本月以前由本处兼理，本处现经裁撤，应请宪台遴选员绅接办，合并附陈。恭请，钧安！

计呈谘议局筹办处木质关防一颗

附录：抚批

据禀已悉。缴到谘议局筹办处木质关防应即查销，所有谘议局建筑费、监造员薪水，嗣后请领办法，应如拟分别札饬藩司暨樊守照办；至接办自治筹办处各员，仰候另札饬遵。缴。

《浙江谘议局筹办处报告》补遗，文牍一，禀详类，第18—19页

本处禀抚宪二月以后筹办情形仍请察核奏咨文

宣统元年八月[①]

敬禀者。窃本处自上年十月初一日起至本年二月止，其间筹办情形，前经开折禀报并请奏咨在案，现在初选、复选先后竣事，所有本年二月以后办理情形，理合详晰汇报，以资查考。兹谨为宪台缕晰陈之：

一、实行初选。本年四月十五日为驻防及各厅、州、县行初选举之期，先是由各属陆续造送选举人名正册，经本处逐一审查，剔除补正，分别批饬，不无增删更改之处，至三月十八日为选举人名册确定之期，仍同各属如期禀报确数。惟此项名册，应照造一份，咨送民政部存案，是以本处一面造具全省选举人名册呈候宪台咨部，一面即分别各厅、州、县选举人之多寡，如法除算，随将各厅、州、县应选出初选当选人及各府应选出议员额数禀请宪台电饬各属遵办，同时并由宪台电咨民政部暨宪政编查馆查考。旋据驻防及各厅、州、县呈报初选情形，有一选足额者，有经再选足额者，亦有再选仍未足额、举行三选者。综核各属情形，如金华、昌化等县，系一选足额；如孝丰、松阳等县，系三选足额；其余各

① 时间为编者据文中内容而定。

厅、州、县，均系再选足额。至当选票额，初拟亦由本处代为算定，嗣因馆电以实到投票人数计算，随即札饬各属自行临时遵章办理。各属司选员帮同初选监督办理初选事宜，咸以事属创行，诸未谙练，前赴各该投票处，依据定章演说；而本处亦预虑风气未尽开通，恐或有无故抛弃权利者，预先拟定通告式样，届时由初选监督印发，知照各选举人，以是各属实到投票人数，竟有按照名册全数俱到者，或虽不及全数，有到至十成之八九者，再选、三选，亦如之。此关于驻防及各厅、州、县实行初选举之详细情形也。

一、实行复选。复选日期原定于本年六月十五日，嗣以照此原定日期计算，则各府议员须七月杪方能齐集省垣，距九月初一日谘议局开会之期只有一月，不及从容预备议案，是经禀蒙宪台批准，将复选之期提前于六月初一日，惟复选一经提早，所有一切事宜均须赶办。先是初选举竣事，各属司选员先后销差，当查宪定本处章程，每府应酌派复选司选员帮同办理，即由本处于初选司选员中择尤酌派，每府一员，并函饬各该员顺道前往。其关于复选之一切章程、规则暨投票柜、投票纸及知会书、议员执照等件，均经本处先期驿递各该府保存应用，司选员到境后，会同复选管理、监察各员练习应行方法，一如初选前例。惟查宪政编查馆复江宁电，复选于议员如额选定后，再选出原额半数之候补人，以为后来挨次递升之地而免补选之烦，浙省事同一律，是经禀蒙宪台批准照办，是以各府办理复选，多经再选而始能足额。复选竣事，司选员一律销差，亦如初选之例。此关于驻防及各府实行复选举之详细情形也。

一、选举诉讼。关于选举诉讼，照章有一定之起诉衙门，有一定之起诉期间。初选向府、直隶厅、州衙门呈控，复选向按察司衙门呈控，此一定之起诉衙门也。其有在本处起诉者，在初选则札府，在复选则移司呈控，应自选举之日起三十日以内为限，此一定之起诉期间也。如期者分别照前办理，逾期者照章却下，计初选诉讼共四十七起，复选诉讼共二十三起，其有不关于选举之诉讼者二起，均经分别照章办理，而一面诉讼，一面选举，恪遵馆电，尚无因诉讼而致滋贻误者。此关于办理选举诉讼之详细情形也。

一、招待议员。议员选出，所有一切事宜，即须汇集省城，照章预备，本年为创办之初，前无所承，势不得不由本处招待，况各属议员应宪台提前召集，各于七月初十以前陆续到省，距正式开会有五十日之久，零星散处，既多未便，且旅费尚未议定，招待更属必要，是经本处暂租下城太平桥岳家湾民房为本年九月以前招待各属议员之所，并由本处酌派科员二人前往该所妥为招待。至该所既系暂时设置，所内一切用具，自未便概行购买，致多糜费，本处再三筹议，或从他处商借，或即在本处设法移用，不足则酌量添制，但以求适用而省经费为主。此关于招待议员之详细情形也。

一、暂定谘议局议场及办事处。浙省谘议局，前经禀蒙宪台批准，在省城总织局旧址并派由樊守棻估工建造在案，惟合同至本年四月十七日始行订立，原限十个月一律竣工，嗣以九月初一日即为开会之期，再四商令赶筑，旋据李合顺坚称赶筑不及。查现在工程，议场、办公室、寄宿舍大方脚虽已将次砌平齐全，后批材料亦已进厂，而会期计已迫近，不能不另觅相当地方以为谘议局会议之所。查有全浙两级师范学堂规模宏大，其中礼堂一座尚足以容全数议员及旁听各席，是经禀蒙宪台批准并遵批照会该堂监督，借该堂礼堂为本年谘议局会议之地，七月二十一日遵照馆电提前选举谘议局假定议长、副议长即于该校礼堂举行。至谘议局照章应设办事处，经理局中文牍及一切庶务，师范学堂除礼堂堪为议场外，更无相当房屋可为办事之地，本处觅有宁波镇海试馆，房屋宽畅，且与师范学堂距离较近，即经本处禀准，暂租该试馆为谘议局办事处，一俟谘议局竣工后，所有会议及办公等事即可一律移入局中办理，前项暂行租借处所概行裁撤。此关于谘议局未竣工以前一切布置之详细情形也。

一、置备谘议局应用器具。谘议局会议及办事处所虽由借凭，至陈设用器必须自行购置，与招行所之暂时设置仅须移借应用者不同，此项陈设用器，观瞻所系，未便过从简陋，而浙省财力支绌，又不能不兼为顾及。查本处自上年十月起至本年八月底止，不无节省款项，是经禀蒙宪台批准，即于此项余款作为谘议局置备用器、陈设一切之用。现在购置各项用具，系择其最要者先为购办，随时即在师范礼堂及镇海试馆办事处分别布置，以期备用。此关于置备谘议局应用器具之详细情形也。

以上数项，皆系本年二月以后本处筹办情形。至本处开支各款，业经逐月缮册申送在案，亮蒙宪鉴。窃念谘议局关系重要，事当创办，尤宜振刷精神，毋致贻误，现在九月期届，所有筹办事宜幸蒙宪台督率，随时示以机宜，如期告竣，除另行禀请裁撤外，所有二月以后筹办情形理合汇报，仰祈宪台察核奏咨，实为公便。肃禀，恭请，钧安！

附录：抚批

禀悉。仰候察核奏咨，另檄行知。缴。

《浙江谘议局筹办处报告》补遗，文牍一，禀详类，第12—15页

二、议员、议员互选与议事

浙江谘议局参议员名单

宣统元年七月①

为转饬事。宣统元年七月二十一日奉抚宪札开：宣统元年七月十二日准农工商部咨开，宣统元年六月二十八日接据长崎华商商务总会会董禀称，职董等于宣统元年五月初十日接奉钧札内开，准宪政编查馆咨复各埠华侨选举议员一案，现经详加酌核，应准令按照人数多寡，酌量公推公正绅商若干名，作为各该本籍省份谘议局参议员，遇有应行条议事件，即由参议员胪陈所见，呈由本国驻使咨送该省督抚交谘议局提议，似此办理，华侨既得与闻本省之政务，而于《谘议局章程》亦无抵触，除侨民愿回籍得有选举权者，应仍照本馆前复粤督电准其变通入册投票外，咨行查照等因前来，合行札饬，札到该商会，即便遵照选举等因。奉此，职董等爰即禀商本埠领事馆，谨照谘议局定章先行粤闽江浙四省侨民，应有选举权人数多寡详细调查，拟定名额，预发票号，于六月初二日投筒开

① 原标题为“本处分饬宁波绍兴府奉院札准农工商部咨华侨举定谘议局参议员文”，时间为编者所加。

票，即由领事官监督点明，计广东省二名，福建省三名，江苏省一名，浙江省二名，合将衔名履历另缮清册，恭呈（钓）〔钧〕鉴。至举定参议员各员，应否咨行宪政编查馆暨各省督抚宪援照内地议员给发执照，抑或由大部札委之处，伏候施行等因前来，相应该商会所呈举定浙省参议员名册，抄录咨行贵抚，查照备案，给发执照可也等因到本部院，准此，合行札饬，札到该处，即便分饬遵照办理，此札，等因，合行抄单转饬，仰即知照。此札。

计粘单一纸

浙江省谘议局参议员二名

花翎道员职衔沈炽昌，现年五十九岁，系浙江宁波府鄞县人。幼习儒业，于同治九年弃儒经商上海，光绪二年八月到长崎，七年正月创三余号，资本银三万两，所办肥料、棉花、杂（纷）〔粮〕[①]、纸、炭贸易及经理俄国鲸鱼会社事，每年约计三十万元生意。嗣因俄日开战，该会社闭歇。十一年，举充商长。十二年七月，俄国兵舰来崎滋事，居中力为调解，幸（卒）得平和。十八年七月，长崎建造文庙，蒙前使大臣李札委谕充办理督饬工程事。二十六年回籍，适逢岁歉，独力创办家乡平粜。二十七年五月，经众公举任三江帮董事之职。三年期满，蒙前出使大臣杨奏保奖给四品封典，奉朱批“著照所请，该部知道，钦此”钦遵在案。二十九年，与前领事卞共筹设立商会。三十年，资助建设时中小学堂。三十一年正月，遵照大部奏定《商会章程》公举（总理，票占多数，三十二年十一月十六日蒙札委谕充。三十三、三十四年，均公举）为第二期、第三期续任总理。兹于本年五月初十日接奉大部札谕，于六月初二日经众公举得四十八票，为该省谘议局参议员。

州同衔监生毛纪，现年六十岁，系浙江绍兴府余姚县人。自幼习儒（受书），至年二十二【岁】，弃（侨）〔儒〕为商，经营煤铁，于光绪十三年东渡长崎，以资本银三万两开设成记号，贸易石灰及肥料等类，每年约计三十万元（外）生意，兼理上海涌记煤号、长崎支庄等（事），每年办货七十万元之谱。十四年，余姚及邻（阴）邑水灾，集捐筹赈。十五年，三江众商公举经理三江

① 据《浙江官报》宣统元年第七期，“杂纷”作“杂粮”，以下〔　　〕内文字，均据《浙江官报》校正，不再一一指出。另外，（卒）、（外）、（事）、（阴），为《浙江官报》所载，今存异。

公所事务，十有余年，百举待理，众望允孚。二十六年，独力毁家出资，铺筑本乡公路十余里。该职商（生平）〔平生〕义举赈务，不分畛域，踊跃过人，旅崎以来，排难解纷，而藉沾荫庇者，指不胜屈。兹于本年五月初十日接奉大部札谕，于六月初二日经众公举得二十二票，为该省谘议局参议员。

《浙江谘议局筹办处报告》补遗，文牍三，批饬类，第1—2页

浙江谘议局复选当选人及候补当选人姓名职衔[①]

宣统元年八月二十日

为详报事。查《谘议局议员选举章程》第七十八条内开，议员执照给与后，复选监督应将议员姓名、职衔申报督抚，由督抚分别咨报资政院、民政部立案等语。浙省复选早经竣事，应将议员姓名、职衔造册呈送，禀请宪台分别咨报，惟查各府申送议员名册，有但记入议员姓名、票数者，亦有但及正额议员而未将候补当选人列入者，并有将不应选之当选人径行删去、但列入已补正额之名者。至额外复选候补当选人，各府均未列入，是以碍难据以呈报，当由本处复札各属饬令详细补报，现在尚未报齐。兹距本处裁撤之期为日无多，因即检阅各属前次申送之选举人名册，分别填明姓名、职衔，其间有无从查得者，暂付阙如，一面仍札饬各府查明正额议员及不应选之当选人并复选候补当选人、额外候补当选人姓名、职衔，造册径报宪台备案，并分别咨报资政院、民政部立案，以符定章。为此备由呈乞察核施行。须至详者。

计详送议员姓名、职衔清折三扣、候补议员姓名职衔清折三扣。

① 原标题为“本处详抚宪报明复选当选人及候补当选人姓名职衔文”。

附录：抚批

仰候分咨资政院、民政部查照立案。缴。折存送。

谨将浙江谘议局议员姓名、职衔开呈钧鉴。

计开：

墨尔根图，休致协领	熊文，附生	裕祥，附生
潘秉文，廪生	骆恒，廪生	张宣藻，监生
梁有立，举人	洪锡承，举人	范耀雯，举人
姚祖范，廪生	章毓才，举人	王渡，增生
朱宝瑨	潘振麟，岁贡	汪秉豪，岁贡
陈敬第，翰林	盛如彭，举人	胡仁寿，已辞，岁贡
邵羲，廪贡	吴锡璋，附生	张棣，运同衔布政司经历
沈钧儒，法部都司事主事	杨文焘，廪生	陶保霖，附生
周斌，廪生	朱其镇，拔贡	劳絅章，附生
张元济，不应选，前邮传部右参议	萧鑑，附生	蔡焕文，举人
潘澄鑑[①]	徐翰章，附生	韩国藩，廪生
张善裕，增生	杨山立，廪贡	蔡蒙，举人
莫如滋，岁贡	俞宗濂，举人	顾荣第，附贡
章毓麟，廪生	王序宾，举人	余镜清，廪贡
沈椿年，职贡	丁中立，赏还原衔同知衔前云南恩安县知县	
王世钊，廪贡	陈时夏，附生	王予衮，拣选知县
顾清廉，廪贡	柳在洲，举人	张传保，举人
陈训正，举人	汤寿潜，不应选，云南按察使	罗赓良，附生
陈翼亮，举人	黄赞羲，附生	谢元寿，廪贡

① 原文空白，无衔名。以下不具衔者亦同。

王家襄，日本警视厅优等毕业生	钱允康，五品封员	王世裕，附生
杜子楙，附生	王泽灏，岁贡	赵镜年，廪生
沈烈光，已故	卢观涛，附生	金保稺，附生
高金培，廪生	王佐，举人	楼守光，附生
张乃明，拔贡	郑际平，附生	何奏簧，附生
周钟俊，副贡	金尚铣，同知职衔	黄崇威，候选通判
管穰，湖北候补知县	蔡裔麟，岁贡	阮维嵩，监生
陈树钧，廪生	金秉理，廪生	周祥麟，岁贡
谢钟瑞，附贡	耿翚，增生	五应奎，廪生
陈士干	祝绍箕，副贡	汪时亨，已故，岁贡
宋吉成，贡生	蔡汝霖，举人	王廷扬，进士
张若骝，附贡	傅典修，廪贡	黄志璠，恩贡
张时星，廪贡	应贻诰，附贡	余敏时，京师大学堂师范科举人
黄世基，举人	詹熙，副贡	张芬，江苏候补知县
聂日培，廪生	郑永禧	涂山，廪生
叶诰书，拔贡	罗灿麟，岁贡	王秉融，拔贡
徐秉谦，恩贡	徐象严，廪生	王理孚，优廪生
贾燊，岁贡	黄式苏，举人	陈黻宸，进士
项湘藻，监生	沈国琛，恩贡	刘耀东，日本法政毕业生
吕朝阳，廪生	黄炎，岁贡	徐国均，已辞，廪生
连正钊，举人		

谨将浙江谘议局候补议员姓名、职衔开呈钧鉴。

计开：

锡章，防御	德溥，廪生	张纲，补入正额，廪贡
陆元鼎，前任江苏巡抚	孙树礼，举人	吴恩元，举人
方镇，廪生	祝震，举人	章炳森，举人

徐光溥	张汝霖，附生	褚辅成，补入正额，附生
吴赓庭，内阁中书	江文谷，举人	朱绍濂，举人
沈善保，附贡	陆积昌，举人	林钟秀，廪生
沈毓麟，举人	蒋玉麟，附生	俞鑑澄，增生
郎尔康，附贡	金玉音，增生	蔡庆澜，廪生
吴锡垚，附生	莫章达，附生	张美翊，副贡
唐凤翔，附生	盛炳纬，翰林	冯丙然，举人
陈鼎年，附生	韩泽，补入正额，附生	郭豫，补入正额，岁贡
张其光，附贡	阮性存，附生	沈镜蓉，举人
蒋俶，举人	卞启运，廪生	周光煦，前福建建安知县
陈篚，廪生	梁国元，额外候补当选人，举人	
汪僖奮，额外候补当选人	杨晨，翰林	吴气充，附生
王士森，禀生	章寿龄，顺天法政学堂毕业生	秦桐，廪生
邱宗善	陶祝华，附生	金韶，正任广西宁明州知州
吴英，补入正额，廪贡	周炳文，增生	蒋俶，廪生
孙其昌，廪贡	曹绍匡，附生	方之纲，廪贡
叶向荣，岁贡	劳锡蕃，贡生	毕锦元，贡生
汪光典，附生	吕渭英，举人	陈锡琛，岁贡
许桀，因年龄不合饬查未据禀复，附生	陈巨成，廪贡	
郑希樵，补入正额，拔贡	谭献，岁贡	陈国钧，法部主事

《浙江谘议局筹办处报告》补遗，文牍一，禀详类，第2—10页

谘议局假定会纪事三则

宣统元年八月[1]

谘议局假定会开会纪事

宣统元年八月十九日

《谘议局互选细则》、《旁听规则》、《议事细则》、《办事处办事细则》，先期由假定议长指出起草员拟定，用针笔版印刷送众议员，逐条研究，定于十九日下午一时至五时在办事处开会，再行逐条讨论。是日下午一句钟，陆续到者计六十九人，振铃入座，首讨论《互选细则》，第一条“查验议员执照”，经再四讨论，议定通过。第二条原文“议员集会已满三分之二，书记长查点人数，宣告议员之前，当行选举议长一人，副议长二人”。众议员纷纷诘问，谓既曰《谘议局互选细则》，凡常驻议员、审议长、审查员及各股长，均应条分缕析，今阅草案，仅于常驻议员偶及名称，而此外毫不顾问，且颠倒错乱，不伦不类，无从索解，此项应大费讨论。于是聚讼多时，最后之议决，将《互选细则》搁过一边，发还起草员，详细核定，再行讨论。遂休息二十分钟，再讨论《旁听规则》，第一条“不禁旁听”，无须再抄《谘议局章程》，应删，通过。至第四条“外国交际官请旁听”，遂生出女子旁听问题，或主应禁，或主不应禁，又大起辩论，阅时许久，最后之解决，用白票、青票二种，每人各二纸，主不应禁者投白票，主应禁者投青票，议长不投票，检票青票得四十五，白票得二十二，主应禁者占多数。而解决之语，则仍曰不明言禁止，但互戒各议员不得绍介而已。讨论第五条

① 标题及时间由编者据内容而定。

时已薄暮，遂散会，定二十日再行开会。

《绍兴公报》，宣统元年八月廿二日

谘议局假定会开会续记

宣统元年八月二十一日

谘议局自假定成立后，已于十九日开第一次会议，已经前报。兹悉二十日开第二次会议，到者仅二十余人，以到会人数不及过半，不能开会，仅于休憩室中开谈话会，议长出某君所改之《互选细则》，请各议员先行讨论，为明日提出时再为修正准备。至二十一日开会，到者六十余人，逐条讨论，无甚争议。至十一时半休憩，下午复振铃入席，继续讨论，所有《旁听细则》一种，已逐条通过毕。即将《议事细则》讨论，就中关于“开会”与“开议”之别，条文似欠明晰，酌改数条。又审查员每股人数之多寡，初以未得标准，无从酌定，嗣经众决，将抽签分部，如照各国通例，分作几部时，可以九为单位，即如第一股审查资格审查员、第三股法律审查员则各定九人，若第二股之财政审查、第四股之庶政兴革审查等，或定十八人，或定二十七人，似无不可，遂亦通过。至五时，共通过数十条，由议长宣告二十二日仍自九时起续会而散。

《绍兴公报》，宣统元年八月廿四日

谘议局假定会开会三志

宣统元年八月二十二日

二十二日九时集会，到者六十三人，振铃开议。议长报告，副议长陈介石先生于昨晚到杭，即住办事处，今日应由鄙人介绍与诸君相见，遂邀请陈介石君登演台，众议员起立致敬，陈君对于众议员词颇谦逊，下台后仍就众议员席。议长复宣告继续《议事细则》第二十七条以下之讨论，至十一时半通过三十余条，内中无甚改正处。遂休憩。午后二时，复入席，讨论对于审查事件，如须为实地审查时，应否派出议员前赴该处审查。某君谓照日本《议院法》之规定，议院为审查事不得派出议员。众谓不派议员前往调查，恐于事实不明，于是辩论许久，嗣以议员派遣出外，于事实上多有不便，遂决议不派云。至五时散会，议长仍报告明日续会。

《绍兴公报》，宣统元年八月廿五日

浙江谘议局成立大会及选举

宣统元年九月初一日起①

浙江谘议局成立于宣统元年八月，公举假定正议长沈钧儒、假定副议长陈黻宸、陈敬第。九月初一日行开会礼，官厅到会者：巡抚部院增、藩司颜、臬司

① 原文标题为“浙江谘议局选举部”。

李、运司王、巡警道杨、劝业道董、粮道王、杭嘉湖道启、杭府卓、仁和县苏、钱塘县盛、委员梁建章、谷钟秀、邱鸿文、郑礼融、沈惟贤、林长民、陈启谦、陈福霖、熊运昌、祝震、李蔚然、殷松年、彭彝、祁荫甲、万一奇、刘可均、姚景沅、孙耀增、贺学海、黄镛、李孝先、朱其选、黄大华、胡为和、陈坤、王树德、吴鎏、黄为、熊符璋、吴万里澄、宋镇涛、王燮阳、沙煦、王祖耀、庄光骏、贵林、元贞、熊才。

巡抚部院增，并致开会辞，辞曰：

今日谘议局开会，本部院敬遵《谘议局章程》第三十一条第二项，亲自莅局行开会式，得与我浙江全省公选代表舆论之议员诸君正式相见。开会之中，本部院又得随时闻诸君之崇论宏议，俾周知通省利病，以筹地方之治安，为宪政之预备，此乃本于孝钦显皇后之懿旨，德宗景皇帝之谕，与今上皇帝践祚以来叠次之诏旨。立宪政体，取决公论之意。故得举此旷古未有之盛典，本部院与议员诸君，得躬逢其盛，实为荣幸！凡为臣子所当共矢不谖者也。议员诸君，咸负乡党盛望，又多硕学通时之士，必能上体庙廷之忧，下宣民间之隐，外鉴时局，内持清操，佐官吏以进行之，规导社会于公忠之途，以巩国本，以济患难。此本部院之所确信而不疑者。故自此次选举后，本部院恒额手称庆，为我浙江选民之能得人喜也。惟是事属创举，凡百积习，或狃于便安，未能遽革，且法律命令多出新布，遵行亦多未娴。本部院有不敢不再三申告，与我议员诸君互相警悟者，冀泯畛域猜嫌之端，而收和衷共济之效而已。愿我议员诸君听之：

一曰权限之区划不可以不明也。我国历史与东西各国不同，国体亦因之而异，向来主权在乎君上，行政之权统于政府，各疆吏皆受成于中央，而部臣得以操纵之。然而版图辽远，策应不灵，各疆吏有时不能不从权断制。此种制度，按之东西各国，均无其例，独德意志之奥尔斯、鹿林两省之行政长官，略有此等权限。然其地为战后新收之版图，故不能不设此例外。现在我国家既采取中央集权主义，则各省谘议局之权限，固一省之地方议会也。特从来分省而治，区域较广，规模较大，地方议会又不能不于国会与自治体之间开一新制，此谘议局之所以立，为各国制度之所无。而宪政编查馆原奏中，所以有谘议局为地方自治与中央集权之枢纽一语也。此次考察宪政大臣于式枚奏驳《谘议局章程》，颇以谘议局之权限过大为言。宪政编查馆议奏，将其章程分别笺释，意旨划然，而于第二十一条所举各项，尤详加剖析，其义益明，当为议员诸君之所审知矣。夫谘议局在国法上之位置既明，则议决权于会议中之范围自定，有矩矱之可循，而后无侵越之争议。此权限之所以不可不明也。

一曰时势之艰难不可以不察也。第一为财政之困难。我国岁入之款，向无国税、地方税之分，而各省岁出之款，又有解部外销之别。比年以来，指拨摊派，竭蹶不遑；搜括中饱，而弊混犹未尽除；厘定公费，而挹注尚恐不足。目下正在清理财政，预算决算，按照年限，须至明年方可成立。而新政待举，无事不关度支，预算未成，新政又难措办，剜肉医疮之治，久已成习；量出为入之用，又乏税源。其间之计量缓急，保持均衡，实有不胜困苦者。此今日之艰难一也。第二为行政机关之不整。夫行政权之作用，其最终之点，在乎民间。虽有良法美意，苟不能下逮乎民，则行政机关将失其用。各国郡县之制，恒以知事为最亲民之阶级，与我国制度亦大略相同。然其下辅以地方自治、町村之制，接近庶民；其上接于国务大臣，命令之达，直承政府。故其机甚敏，其效甚捷，行政之事，无扞格不行者。我国现在《城镇乡自治章程》尚未施行，向来各州县之庄图，复未有职权之规定，一切行政权，及于州县官而止，不能下逮于庶民。官制改革年限未届，州县以上层级甚多，每行一政，徒有转折之烦，而少迅速之效。虽曰分省而治，规模宏大，设官不得不多，然如今日之制，亦太繁矣。且以凡百政务，责之州县一人之身，养才未成，复少通变识之吏。缺分高下之旧习未蠲，公费厘定之新章未立，提款之缺，几无余地，亲民之官，至不聊生。欲望其奉行繁剧之政务，以为地方造福，诚不易期。此等改革之事，其权当操之于中央政府，而其事又非一朝一夕所能致。此今日之艰难又一也。第三为民智之闭塞。子夏曰："信而后劳其民，未信则以为厉己也。"目下民间风气既未大开，而一切禁令命令之行，动招怨仇。安于习俗者，反以纵弛为便民；蔽于旧闻者，辄以革新为苛政。将来教育之强迫，巡警之执法，又不知其如何疑忌，如何抗阻矣！求民之喻，且不可得，何论乎信？况学校之设，实业之兴，无事不当增其担荷。未睹其利，先受其损，更不知行政之官吏与地方之议会，又将何以共白于斯民？此其艰难又一也。综此数难，共当危局，时事之亟，又有一落千丈之势。知诸君不能无责望于本部院，而本部院亦不能不属望于诸君。畏难苟安，不振刷其图治之意，本部院之所不敢出也；因势利导，以慎持于虑始之期，尤诸君之所当兢兢焉。故曰时势之艰难不可以不察也。

虽然，本部院尚有为诸君告者：天下之事，难于经始，其机已动，则进行甚速，常一发而不可止，国步之增进亦然。欧美各国之立宪政治，至今大率百年，而其富强之效，则前五六十年固已见矣。然则自立宪以后，不过二三十年耳。日本府县议会之成，在于明治十一年，不十余稔，宪法颁布，当时已为望国，乃驯至今日之治，其效亦不可谓不速。我国今日既有舆论政治之基，而又挟之以五千年文献不绝之国民，天时地利，所凭复厚，有善导之者，其成功当逾欧美而驾日本矣。初次选举，有选民之资格者，其数虽少，以浙江全省计之，不过九万余人。然自此之后，教育之程度渐进，资产之额数日增，选民之增加，亦当未可量。有选举权之人日益多，则代表之信用亦日益厚；代表之信用日益厚，则谘议局之所主持，将益成为完全之舆论政治，无可疑也。愿诸君以先觉自居，木铎自任，秉古先哲之遗训，立大国民之远图，上副圣人求治之心，下造一方无疆之福，本部院有厚望焉。本部院为政之指，已具于所提各议案中，惟冀谘议局议员诸君，匡我不逮，予以议决，俾得见诸施行，浙江幸甚！大局幸甚！

议员出席者一百十二人，请假者三人，未到者二人。依互选细则第三条规定选举之顺序，选举正议长，由众议员投票举出陈黻宸，得七十六票，为过半数，当选为正议长。第二次选举副议长时，褚辅成提议，副议长得票过半数，应以议员出席之数为标准，不以议员全数为标准。即由众议员赞成表决，举出陈时夏，得五十九票，为过半数，当选为副议长。第三次选举副议长，举出沈钧儒，得六十七票，为过半数，当选为副议长。乃由假定正议长沈钧儒介绍陈黻宸、副议长陈时夏就议长席。与议员行礼毕，副议长陈时夏、沈钧儒就议员席。

初二日，议员出席者一百八人，选举常驻议员。照章应选举常驻议员二十四名，计选出得票过半数当选者聂日培、叶诰书、王序宾、刘耀东、王理孚、管穰、潘秉文、王家襄、蔡汝霖、余镜清、洪锡承、蔡裔麟、陈翼亮、张善裕、杨山立、卢观涛、楼守光、萧鑑十八人，缺数六名，加倍开列，得次多数者王应奎、应贻诰、陶保霖、张传保、王廷扬、狄羣、熊文、汪秉豪、梁有立、陈敬第、沈椿年、劳絅章十二人。

初三日，议员出席者一百九人，续选常驻议员。以缺额六名加倍开列，再行选举。书记长报告以五十五票为当选，选举出陶保霖、王庆奎、王廷扬、张传保、熊文、应贻诰六人当选，并前选十八人，共二十四名足额。

常驻议员表

姓　　名	票　　数	姓　　名	票　　数
聂日培	八十八	叶诰书	八十八
王序宾	八十	刘耀东	七十六
王理孚	七十五	管　穰	七十四
潘秉文	七十四	王家襄	七十三
蔡汝霖	七十一	余镜清	七十
洪锡承	七十	蔡裔麟	六十九
陈翼亮	六十九	张善裕	五十八
杨山立	五十八	卢观涛	五十八
楼守光	五十五	萧　鑑	五十五
陶保霖	七十六	王应奎	七十一
王廷扬	六十七	张传保	六十二
熊　文	六十	应贻诰	五十五

继续选候补常驻议员，额定十二名。时议员出席者一百四人，书记长报告应以五十三为当选。选出郑永禧、陈敬第、谢钟瑞、劳絅章、狄翚、韩泽、沈椿年、郑希樵、范耀雯、高金培、徐秉谦、梁有立、褚辅成、顾荣第、杨文焘、张纲、金保稺、汪秉豪、徐象岩、章毓材、傅典修、邵羲、何奏簧二十四名人为当数，皆尚未过半数，不当选。

初五日议员出席者一百二人，续选候补常驻议员，将昨日加倍开列被选多数者，再行选出得票过半数者顾荣第、郑永禧、褚辅成、狄翚、陈敬第、高金培、韩泽、谢钟瑞、沈椿年、傅典修、范耀雯、郑希樵。

候补常驻议员表

姓　　名	票　　数	姓　　名	票　　数
顾荣第	六十五	郑永禧	六十四
褚辅成	六十四	狄翚	六十二
陈敬第	六十	高金培	六十
韩　泽	五十九	谢钟瑞	五十九
沈椿年	五十九	傅典修	五十五
范耀雯	五十三	郑希樵	五十二

选举审议长时，议员出席者九十九人。选出陈敬第、王廷扬、王家襄、张善裕、叶诰书、郑际平、劳絅章、刘耀东、谢钟瑞、章毓材、陶保霖十一人。陈敬第得四十五票、王廷扬得四十票为最多数，均不当选。再行选举时，议员出席者九十五人。选出陈敬第得五十二票，王廷扬得四十二票。陈敬第得票过半数，当选为审议长。

初六日，议员出席者一百八人，选举各股审查员：（甲）照章定额选举第一股资格审查员九名，选出范耀雯、王佐、陶保霖、褚辅成、劳絅章、王廷扬、涂山、徐秉谦、邵羲九人。（乙）照章定额选举第二股财政审查员二十七名。选出梁有立、熊文、王理孚、詹熙、黄炎、蔡汝霖、洪锡承、张传保、王家襄、王序宾、叶诰书、朱其镇、余镜清、应贻诰、陈训正、楼守光、聂日培、陈翼亮、王渡、刘耀东、沈椿年、杨山立、张善裕、张棣、潘秉文、金尚铣、杜子楙二十七人。

初七日，议员出席者九十六人，续选举各股审查员：（丙）照章定额选举第三股法律审查员九名。选出张善裕、王家襄、邵羲、王序宾、刘耀东、陶保霖、金保穉、褚辅成、王廷扬九人。（丁）照章定额选举第四股庶政兴革审查员十八名。选出陈训正、梁有立、张芬、王佐、郑永禧、余镜清、范耀雯、张传保、蔡汝霖、王泽灏、王渡、王予衮、王应奎、应贻诰、裕泽、陈翼亮、周斌、罗灿麟十八人。（戊）照章定额选举第五股建议审查员十八名。选出王世裕、张芬、郑际平、蔡裔麟、周斌、黄炎、赵镜年、郑永禧、骆恒、吕朝阳、丁中立、裕祥、卢观涛、张宣藻、熊文、黄赞羲、黄志璠、傅典修十八人。

各股审查员表

第一股资格审查员九人

姓　名	票　数	姓　名	票　数	姓　名	票　数
范耀雯	三八	王佐	三二	陶保霖	二七
褚辅成	二五	劳絅章	二四	王廷扬	二三
徐秉谦	二二	涂山	二二	邵羲	二三

第二股财政审查员二十七人

姓　名	票　数	姓　名	票　数	姓　名	票　数
梁有立	五五	熊文	五十	王理孚	四七
詹熙	四六	黄炎	二四	蔡汝霖	四五
洪锡承	四二	张传保	四一	王家襄	四十
王序宾	三九	叶诰书	三八	朱其镇	三五
余镜清	三五	应贻诰	三五	陈训正	三四
楼守光	三二	聂日培	三一	陈翼亮	三一
王渡	三一	刘耀东	三十	沈椿年	三十
杨山立	三十	张善裕	二九	张棣	二八
潘秉文	二七	金尚铣	二七	杜子楙	二七

第三股法律审查员九人

姓　名	票　数	姓　名	票　数	姓　名	票　数
张善裕	五十	王家襄	四八	邵羲	四五
王序宾	四十	刘耀东	三五	陶保霖	三五
金保穉	三十	褚辅成	二九	王廷扬	二三

第四股庶政兴革审查员十八人

姓　名	票　数	姓　名	票　数	姓　名	票　数
陈训正	三三	梁有立	三一	张芬	二九
王佐	二九	郑永禧	二八	余镜清	二六
范耀雯	二六	张传保	二六	蔡汝霖	二五
王泽灏	二六	王渡	二四	王予衮	二三
王应奎	二二	应诰书	二二	裕祥	二二
陈翼亮	二二	周斌	二二	罗灿麟	二二

第五股建议审查员十八人

姓　名	票　数	姓　名	票　数	姓　名	票　数
王世裕	二五	张芬	二四	郑际平	二四
蔡裔麟	二四	周斌	二三	黄炎	二三
赵镜年	二二	郑永禧	二二	骆恒	二二
吕朝阳	二二	丁中立	二二	裕祥	二一
卢观exam	二一	张宣藻	二十	熊文	二十
黄赞羲	二十	黄志璠	二十	傅典修	二十

照本局互选细则第十六条规定，分议员为九部，列表于左：

第一部　十三员

丁中立	谢元寿	陈敬第	金秉理	狄　翚
高金培	罗赓良	蔡焕文	张宣藻	汪秉豪
郑际平	朱其镇	周　斌		

第二部　十三员

裕　祥	张善裕	张　棣	王应奎	郑永禧
陈翼亮	傅典修	张若骝	张　纲	章毓材
莫如滋	罗灿麟	韩国藩		

第三部　十三员

詹　熙	陈训正	蔡汝霖	杨山立	顾清廉
涂　山	劳絅章	沈国琛	钱允康	姚祖范
吴　英	阮维嵩	徐翰章		

第四部　十三员

蔡裔麟	吕朝阳	赵镜年	潘振麟	周祥麟
聂日培	梁有立	顾荣第	王泽灏	黄崇威
宋吉成	贾　燊	徐秉谦		

第五部　十三员

王　佐	盛如彭	俞宗濂	何奏簧	洪锡承
余镜清	陶保霖	应贻诰	章毓麟	王世裕
金保穉	韩　泽	王家襄		

第五部　十三员

谢钟瑞	叶诰书	王予衮	祝绍政	沈椿年
余敏时	杨文焘	卢观涛	项湘藻	陈树钧
王廷扬	郭　豫	邵　羲		

第六部　十二员

黄式苏	墨尔根图	黄　炎	王　渡	张时星
楼守光	吴锡璋	潘澄鑑	褚辅成	王理孚
陈士干	柳在洲			

第七部　十二员

熊　文　黄志璠　蔡　蒙　金尚铣　刘耀东

骆　恒　王秉融　管　穰　张乃明　黄世基

王世钊　杜子棶

第八部　十二员

黄赞羲　王序宾　张　芬　萧　鑑　张传保

连正钊　朱宝瑨　周钟俊　郑希樵　徐象岩

范耀雯　潘秉文

查《互选细则》第十八条，各部以年长部员为管理者。再行投票，自部员中互选部长一人，以得最多数票者为当选。得票同数在二人以上，以年长者当选；年同以抽签定之。

各部管理员表：

第一部年长者　狄　翚　第二部年长者　莫如滋

第三部年长者　阮维嵩　第四部年长者　潘振麟

第五部年长者　王　佐　第六部年长者　叶诰书

第七部年长者　墨尔根图　第八部年长者　黄志璠

第九部年长者　张　芬

初八日，于各部内选举各部长。

各部部长表

姓　名	票　数	姓　名	票　数	姓　名	票　数
第一	蔡焕文	六	第六	王廷扬	五
第二	张棣	四	第七	王理孚	六
第三	蔡汝霖	四	第八	熊文	五
第四	聂日培	六	第九	王序宾	六
第五	余镜清	五			

各股审查员于本股内，分次互选主查员及理事表如左：

股数	主查员	票数	理事	票数
第一	劳絅章	四	涂山	六
第二	王理孚	九	潘秉文	十

续表

股数	主查员	票数	理事	票数
第三	金保穉	六	王家襄	八
第四	王泽灏	九	王应奎	十二
第五	蔡裔麟	五	卢观涛	七

十月十一日上午，举行互选资政院议员十四名。抚院莅局监督，计议员出席者一百十人，加入呈验委托凭证代理投票者二人，书记长报告应以五十七票当选。由众议员投票选出得票过半数当选者陈敬第、余镜清、郑际平、王廷扬四人。缺额十名，照章加倍开列，得票次多数者王佐、蔡汝霖、陶保霖、沈钧儒、褚辅成、、王家襄、邵羲、陈翼亮、潘澄鑑、柳在洲、刘耀东、何奏簧、黄式苏、郑永禧、洪锡承、陈黻宸、管穰、陈时夏、郑希樵、聂日培二十人。决定下午再续行选举。

是日下午，议员出席者九十六人，续选资政院议员。以缺额十名加倍开列，再行投票。书记长报告应以四十九票当选。选出得票过半数者邵羲、王佐、陶保霖、沈钧儒、褚辅成、郑永禧、刘耀东、蔡汝霖八人。缺额二名，再行加倍开列，得票次多数者王家襄、陈翼亮、柳在洲、潘澄鑑四人。休息二十分钟，举行第三次投票。计临时制度者八人，出席人数为八十八人。书记长报告应以四十五票当选。举出得票过半数当选者陈翼亮、王家襄二人。合第一次选举四人，与第二次八人，共十四名足额。

资政院议员表

（左列姓名票数以每次选出时之先后为序）

姓　名	票　数	姓　名	票　数	姓　名	票　数
陈敬第	八十九	王佐	五十八	刘耀东	五十二
余镜清	七十五	陶保霖	五十六	蔡汝霖	四十九
郑际平	七十	沈钧儒	五十五	陈翼亮	五十三
王廷扬	六十五	褚辅成	五十五	王家襄	四十五
邵羲	五十九	郑永禧	五十二		

《浙江谘议局第一届常年会议事录》第一册，选举部，第1—12页

谘议局纪事九则

宣统元年九月[①]

浙江谘议局纪事（一）

初一日为谘议局开会之期。上午八点钟，抚宪以下各官暨各衙署所审查三十余人，均经莅会。议员出席者一百十二人，外宾旁听者，计英、日两国驻杭领事暨教会牧师二人，各团体暨新闻记者，约四百余人。

九点钟开会，先由假议长沈钧儒君报告：今日抚宪莅会，拟先行开会礼节，并报告议员出席人数。议员褚辅成君起言："本局内部规则，旁听者不得入会场。现抚宪派来各衙署局所审查员，可否入议场，请向抚宪问明。"议长答称："今日是成立大会，此问题后再研究。"当由抚宪登台诵读祝词，读毕，三呼万岁，各议员起立拍掌。议长起言："答词应俟正式议长举定后，再行呈答。"嗣由抚宪报告谘议局未成立以前所筹办之事，计分四种：（一）设筹办处，办理选举；（二）提前召集议员；（三）举定假议长；（四）提出法案、议案共十一种。报告毕，暂行散会。

下午一时，继续开会。由假议长报告投票方法，当挨座轮投，不得错乱。是日陈设票匦二具，一投票，一投名片，诸员投票时，随投名片一纸。当由书记分票，投毕，沈君开匦，一书记检票，一书记检名片。时沈椿年君起言："检票员可否由议员推举一人监查？"沈君答："章程上既无规定，今日既由鄙人执行，已负监察责任。"开毕，陈黻宸君得七十六票，照章当选。议员褚君辅成起言："此次当选仅云过半数，究竟以全额议员为标准，出席议员人数为标准？"余镜敏君起言："《谘议局章程》第十条，选举议长，以得票过半数者为当选。其细

① 标题和时间为编者所加。

则由谘议局自定，本局既无规定，据鄙意当以出度议员数计算。”褚君谓：“据鄙意，当以全额计算。”沈君答：“章程既不规定，可取决于议员。如诸位赞成以出席议员数计算者，请起立。”全体起立。议决分票时，议员邵羲君因病疟，临时请假。投票毕，仍由书记检票报告：“陈时夏君得五十九票，过半数当选。”第三次再选，书记报告：“有潘振麟君不入座，经假议长声明，潘君并不请假，应否查议？”某议员说：“大约休息时，潘君误听散会，应缓议。”投毕，沈钧儒君六十七票，当选。内一票“钧”字误写“君”字，作无效选票。正副议长已定，当由假议长分别介绍登台，众议员皆拍手。正议长陈黻宸君起言：“猥蒙谬举，惶愧无既。鄙人到省，时刻无多，一切事务，沈君既办理于前，此番仍请沈君主席，以资熟手。”沈君答：“正议长已举定，假议长名称已消灭，由正议长执行一切。”当退入议员席。议员劳君絅章起询：“明日开会定于何时？”正议长答云：“拟于下午一点钟。”褚君辅成起言：“以提议事件甚多，期限仅四十天，恐多局促，不妨于每日上午九点钟起开议。”正议长取决于众，议员多数赞成下午一点钟开议，沈君钧儒等少数十余人赞成上午九点钟。褚君辅成尚辩论多时，张君善裕以下午一点钟开议，既已表决于多数，似未便以表决之事，再有更改。同时陈君敬第、王君家襄、梁君有立，皆以未便更改表决之事，遂决议下午一点钟开议。时已近五点钟，再选常驻议员，时已不及，遂摇铃散会。

《绍兴公报》，宣统元年九月初四日

浙江谘议局纪事（二）

初二下午一时，谘议局第二日开会。议长、议员莅会者共一百八人，旁听席约到百人。由议长陈介石君振铃入座，报告“昨日为时已晚，故常驻议员改为今日续选。”言毕，副议长沈钧儒起言：“假定议长，业经消灭，日前一切办事规则，现在议长既经举定，似应再宣布，以决全体从速。”议长曰：“是项问题，前已由议员通过，似可不必再行表决。”议员楼守光云：“前由议员通过，虽系假定期间，然议员本非假定，今日仍是一般议员，何必再通？”众皆赞成。沈云：“互选规则，日前假定期内，讨论互选方法：议长投票时，倘系二十四人以外，尚有当选者，或一人，或一人以上，当以末一人或一人以上，作为无效；或同一票，重写一人名字，只作一票。”议论毕，由书记员分送选举票，以次照填（每票二十四人，以五十五票当选），分班投匭、投名片。投毕，由议长监视开匭。当选者共十八人：聂日培、叶诰书、王序宾、刘耀东、王家襄、王理孚、管穰、潘炳文、余镜清、蔡汝霖、陈翼亮、蔡裔麟、洪锡承、卢观涛、杨山立、张善裕、楼守光、萧鑑，以上十八人当选，尚缺常驻议员六人，应将次多数加倍开列，因为时过迟，定初三日再选，遂摇铃散会。并将次多数姓名附录如下：应贻诰、王应奎、陶保霖、张传保、王廷扬、狄翚、熊文、汪秉豪。

《绍兴公报》，宣统元年九月初五日

浙江谘议局纪事（三）

初十日下午一时，议长振铃入座。行政官自抚宪以次各委员，亦以次临席，全体议员起立致敬。经陈议长报告：“今日开正式会之第一日，前抚宪之祝词，礼宜先行恭答。”当即宣布答词。读毕，请抚宪临席演说。大意望各议员不相冲突，须和衷共济云云。全体起立致敬，抚宪退居原席。议长演说略云：从前中国人民无参与政事之权，今朝廷既与人民以参政权，吾人民当尽心竭力以尽义务。现在人民处于极苦之地位，凡兴作一事，无不取之于民。诸君当先筹人民生计，以次输以道德，方为得策。现筹人民生计，是吾等议员之责任，诸君不可不致意也。说毕，略息片刻，遂提议第一次议案《筹办全省简易识字学塾》。议长言此是否一法律案，请诸君公决。余议员镜清起言：“对于此案，有几项疑义，可否宣布？”议长答：“疑义固可言，维须先将此件应议不应议，先行决定。”议员王家襄言：“议长云应否付审查会，照七十九条，应请委员说明旨趣后，方可照八十条付之审查会。”邵羲言：“照谘议局【章程】第廿一条，第一次议决应兴事件，宜书记先行宣读。”读毕，议长请抚宪登台。宪委梁达章代布意见，凡议员对于抚宪所述之规定，有疑义者，请委员说明。副议长沈钧儒谓：“照《议事细则》第七十九条，应先付审查会，方可提议。”张传保言：“此系说明，非讨论。”抚宪起言：“所提出之议案，起草时系二三委员并作，今只梁委员一人在，恐不能详尽说明，可否饬各委员同时在场？”褚辅成言：“代理有代理权限，若用数人之代理，不合办法。”增中丞起言：“实因事件繁多，不得已用此办法，不过便于答复。”言已，两委员登台，问谁先谁后，请照次序答复。褚议员言：“此次规定，是否各县一律按照学额？”梁答：“此系一律。”褚言：“桐乡、海盐二县学额，均属三十，何以一定四所，一定六所？请说明理由。且规定所数，应以人口为标准。”梁答：“现在户口尚未调查，如欲以此为根据，殊非易易。比照学额推定，亦是权宜之计。”陈训正言：“荐租一项，系一姓之公产，若以一姓之公产，拨作一县之用，恐非所宜。”梁答：“诸公请问太多，一时实难对答。”陈时夏言：“第三项之规定是否出于调查，抑或推定？”王理孚言：“地方迎神赛会等事，只能严禁，不能提款。”熊文问：“驻防是否在规定之内？”金委员答：“能多设则更好。”余镜清言：“请议长宣告应付审查会，限以时日。”遂照章付庶政审查会。言毕已三点钟，即休息。三时十五分，复入席。议长宣告第二项《医生营业规则法案》，书记朗诵法律案，委员朗诵理由书。王议员渡起立，逐条指驳。委员答：“此必以规则为不应有，若以此规则为应有者，何有此论？”余镜清言：“对于此规则有二疑问：一考验为最要之事，而考验规则未布，考验人资格又未定，究属何故？”邵羲言：“考验规则为重要之事项，今既未附列，无从议起。”陈时夏言：“既不附入，是非完全法案矣！”委员答：“因时间匆促，致未完全，非忘其重要，亦非有意略去。”邵云：“既不完全，即不成为法律案，可以即时废弃。”再由书记朗读第三项《完漕规则法律》，委员仍读理由书。褚辅成言：“规则对于完漕人民一面，规定甚为细密；而对于收漕官吏一面，毫不叙及，是何理由？”邵羲言：“收漕一面，弊病甚多，绝未提及，是否官吏于收漕之弊，业已革除尽净，确认为毫无遗憾？”王家襄言：“收漕一项，《大清律》规定收漕弊病之罚则甚为严密，如果能实行，何必再有此规则？如因其不能实行，而必设此规则，是否《大清律》从此废止？如因此废止，则是以单行规则变更确定之法律，尤为不合。”委员答：“此系手续法，补助法律之未备。”王家襄驳：“既云手续，何以比实体法为略？”褚辅成言：“既为手续法，何以对于官吏收漕弊，全无详细之规定？”委员答：“未可专责官吏。”褚云：“议员宜为人民请命，抑宜为官吏曲谅？”议长问：“此案应付审查与否？”王家襄谓：“无待审查，以规则不能变更法律也。今此规则，既与《大清律》抵触，可直废弃之。”余镜清言：“凡抚台提出之议案，必付审查。”遂以此定议。再议抚院批复谘议局事件（第四件），沈钧儒登台演说反对理由，及对于前一段应全行删去，不能赞成之意。邵羲言："抚批第五十四条甚赞成，至百三十五、百七十七两条，亦不满意。"陈时夏亦赞成沈君之反对者。时已五点，遂散会云。

《绍兴公报》，宣统元年九月十三日

浙江谘议局纪事（四）

谘议局十三日开审查会，关于庶政、法律两项事，凡前经举定庶政、法律两股之审查员均到会。十四日午后一时开会，议长工因臂恙请假，由陈副议长代为议长。宣告毕，由书记员将《讼费规则法律案》朗诵，继由委员宣读理由。议员质疑数语，即付审查。次书记员朗诵《疏浚杭嘉河道议案》，委员仍宣读理由。经邵君羲、余君镜清质疑良久，张君善裕起言："此议案既称名'疏浚河道'，何以独言杭嘉而不及湖?"委员言："此不过举火车所通名称而言，犹言京汉铁路所经之处，名为京汉，已自包括在内。"张君善裕复言："杭嘉湖形势，非如京汉，是宜正名为'疏浚杭嘉湖河道议案'。"当议定付审查。休息二十分钟入座，仍由书记员朗诵《全省巡警经费议案》。委员宣读理由毕，褚君辅成、余君镜清、邵君羲、沈君钧儒、王君家襄等，皆次第质疑。大旨谓：各项经费，均未予知，即如绿营经费改充巡警，究有若干？此外之筹定者若干？均无从悉。仅仅以巡警经费交谘议局，增加人民义务，又无收捐方法，不能成议案。又谓：凡有行政官厅驻扎处者，为国家巡警；其属于地主自治办理者，为地方巡警。现在预算决算案未提出之前，不能计及。邵君羲又言："凡由巡抚交局之议案，须付审查，至开第二次续会与否，容再议。"再次由书记员、委员循次宣诵《禁止住室停柩法律案》。褚君辅成起言："此法律案，系为重卫生防尸气起见，然住室宜防，即非住室亦难免传染，且尸气以日浅者为重，日久则渐轻，今何以处罚反在三个月外?"委员答："既虑骤难实行，必谓能于九、十一日间有效力，恐亦未必。"邵君羲起言："警察果能完全，此事自在警察范围之内。且所注重者，在停柩不葬，仅名禁止住室停柩，义亦太狭。"当付审查，并议定星期二起开审查会，请委员将各种案卷早日送局。遂摇铃散会，已五点余钟矣。

《绍兴公报》，宣统元年九月十七日

浙江谘议局纪事（五）

十六日，谘议局第四次正式开会。下午一点钟，振铃入座，是日实到议员百六人。议长报告本日议案顺序：（甲）《兴复浙西水利草案》；（乙）审查《筹办全省厅州县简易识字学塾议案报告书》；（丙）《浙省清查灾歉规则法律案》；（丁）《法律股审查会第一次报告书完漕规则法律案》。将次开议。张君传保起立，发一动议，谓："上海某某报登载专电云，开审议会时，议长擅行禁止旁听，此事全属子虚，应筹对付。"于是遂提议，用谘议局名义致函更正。众议员纷纷起立，王君廷扬、邵君羲、沈君钧儒、王君家襄等，谓："禁止旁听，内部规定，报载电文，系属错误，但得办事处致函更正足矣，不必用谘议局名义。"又有各议员纷纷讨论，因乙议案时间将到，应急提议甲议案。书记读毕，顾君荣第到演台说明旨趣。王君渡云："浙西水利发源天目，至南湖一停顿；现南湖淤塞，兴复水利，最居重要。"楼君守光赞成。梁君有立云："此案应与前日'农田水利'、'疏浚河道'两案，同开一审查会，讨论一番，再付审查。"众起立赞成。遂提乙议案，议长请主查员王君泽灏报告审查结果。杜君子懋、张君传保、王君世裕，均登台讨论。表决付第二续会。以去休息时间尚早，重提报载电文问题，有谓须重行起立表决。楼君守光登演台，谓："禁止旁听，局章载明。报载电文云议长擅行禁止，今日应先研究当时情形，如确系议长擅专，谘议局为立宪始基，非但报馆主持清议，我辈议员亦不承认；如当日确是正副议长同意，或议员十人以上提议，则报载擅禁，系属传讹，应全体一致公函更正，不使议长独当其冲。"王君家襄云："新闻记者，想因细则未甚详明，以致错误。此事但须办事处致函告明，不必全体。"沈君钧儒、王君廷扬赞成。表决由办事处致函声明。陈君时夏起立，发一动议，言："今日《浙江日报》载巡警加抽房捐事，查警费问题，已交谘议局成为议案，何以一面仍事加提？且苏大令对于多数人民跪香，甚至拘拿，以致践坏学徒，此事谘议局应否提议？"众起立赞成。各议员相互诘难，议久未决，因休息时已届，摇铃暂憩。休息二十分钟，复入座，书记朗诵《浙省清查灾歉规则草案》毕，褚君辅成到演说台说明旨趣。王君家襄、韩君泽、梁君有立次第质疑，褚君辅成一一答之。楼君守光言："质疑毕，应付审查。"王君家襄亦请付审查，陈君时夏言："应否付审查，须经众赞成。"议长向众议员询问，众起立，遂决议付审查，定星期三报告。嗣由书记提出丁案，议长请主查员金君葆稚登演台报告审查结果。大旨谓：法律案须两方面规定，《完漕规则》仅注重人民一面，而不提及官吏浮收，狡书舞弊；且其内载各条，多与《大清律例》、《会典》相抵迕。审查结果，决议废弃，众议员表决废弃。议长云："四种事件，业经议毕。去散会时尚早，可否提议陈君敬第所云审查会不禁旁听问题？"众赞成，讨论多时，表决删去《议事细则》第廿六条，遂散会。

《绍兴公报》，宣统元年九月十九日

浙江谘议局纪事（六）

昨十九日下午一时至三时，谘议局开审议会，系审议内部之事。三时至五时，开第五次正式会，提出事件及顺序，照录如下：当审议会开毕休息后，议长振铃入座，报告本日提议事件。即有王君世裕起，发一动议，言："议长原有维持秩序之责，惟前日谴责邵君羲，谓不应笑，试问议场秩序，有无规定不应笑者？此事关系不止邵君一人，应否提议？"杜君子懋亦继起言之。议长谓："前日会场见邵君忽然发笑，当以秩序攸关。笑与偶语，皆所不宜。嗣邵君自辩，并未偶语。某即自认错误，何以忽又提及？"邵君羲言："当时因想一事，故觉好笑，然并未偶语，何以当场谴责？且细则内第百五十条规定，议场内不得任意起立、移坐、偶语，是必移坐偶语，才犯规则，此四字不能分言之也。"议长言："信如邵君言，则任意起立、移坐、偶语，皆将并一句看乎？移坐是移坐，偶语是偶语，显分两截。"王君世裕又言："规则内并无禁止人笑，将来议长修改规则后，才可禁止。"议长言："规则内不得喧啼、呵欠，邵君之笑，视喧啼何如？"邵又言："并未喧啼，笑则未曾规定。议员违背规则，应受议长谴责；议长违背，当付谘议局公决。"褚君辅成起立言："甲、乙、丙三案尚未提议，此事宜俟完竣后再提，免误时间。"蔡君汝霖起读细则第百五十三条，谓："议事时无论何人，不得作赞否声，或喧啼、呵欠，与随意涕唾。'喧啼'二字，亦即包括笑在内，安得谓不规定？"王君世裕言："谘议局细则，系依据日本众议院规则而定，查日本规则所定者，系'喧噪'非'喧啼'。此'啼'字应作'噪'字之误。喧笑亦必大声发笑，始在禁止之列。"王君家襄言："时间最可宝贵，应先提议甲、乙、丙事件为是。"金君葆稚言："此系王君所发动议，应编入议事日程。”聂君日培云：“议长已报告事件，不应忽发动议。”楼君守光言：“当日议长因邵君发笑，疑为偶语，所以有维持秩序之说。邵君当场声明并非偶语，议长亦不穷诘，今日何须再行讨论？”邵君又言：“议长岂可以漫然谴责议员者？”议长言：“维持秩序，不得谓之谴责。”沈君钧儒起言：“规则内既无规定及笑，邵君又未偶语，议长亦言误以为偶语，应取销。当朗诵甲案。”众起立赞成。议长复报告，当由书记朗诵《完纳漕粮通省照市作价草案》，议长请提议詹君熙登台说明旨趣，并声明将“漕粮”二字改正为“钱粮”。余君镜清起言：“照市作价，恐为胥吏舞弊之窟穴，应规定照市之办法。”陈君翼亮言：“此层须原谅，将来此事须由地方商会妥定。”徐君象岩亦起，讨论毕，褚君辅成请付审查。表决付庶政审查，定廿五日报告。议长报告乙事件，书记诵《改良征收钱粮方法草案》，由提议劳君絅章登台说明旨趣，且谓：“此事有四人发议，公推絅章演说，以一人之言，表明四人之意。”又谓：“与詹君案并非另有意见，不过求真是真非耳！詹君草案，絅章赞成；絅章草案，詹亦赞成。”云云。周君斌起言：“可否将二案并付审查？”当由褚君辅成、骆君恒、沈君钧儒、王君世裕、楼君守光、陈君翼亮、邵君羲、余君镜清，次第讨论。褚君辅成言：“丙议案时间已到，请并付审查。”周君斌言：“应两股并查。”当经表决，定廿七日报告。议长报告丙事件，书记诵《提议南漕改折草案》，发议杨君山立登台演说，理由办法甚详。当由反对者墨尔根图登台驳之，朱君其镇、王君家襄、周君斌又驳反对者。沈君钧儒言：“南漕改折数十年来，名人讨论已久，无从反对。惟对于第二条办法，二成半耗米，既不能除，亦只应留办地方自治。”褚君辅成言：“此事非全部讨论不可，应付审查会。”众赞成之。楼君守光，言发一动议：“谘议局目下限于房屋，新闻记者席设楼上，声浪听不清晰，致多误会，此亦非报馆之过，可否仿苏省章程，送登速记录，在报馆事求翔实，略迟一天，想亦无妨。又局刊速记录，似应用席号，不必标某人某人，缘议员之言，皆为谘议局而发，非私人之言也。”邵君羲言：“此有两疑义：（一）既送速记录，是否仍设新闻记者席？（二）速记录可否分配报馆？”金君葆稚亦以为然。沈君钧儒言：“楼君所言速记录应用席号，钧儒甚是之。”讨论终局，遂散会。

《绍兴公报》，宣统元年九月廿二日

浙江谘议局纪事（七）

廿一日下午一时，先开审查会，议员到九十五人，委员到十三人。陈议长宣布提议顺序：（甲）审查《农田水利会报告书》，由主查员王泽灏登台说明理由。王世裕登台反对，谓："金、衢、严、处及湖属溇港，不能并入农田水利会内。"梁有立言："前次既将农田与水利分开，不妨将此范围缩小。"邵羲言："此事虽经审查报告，但看此法律案，仿佛日本之水利公司。凡人民均有负担之责任义务，与修浚河道案，绝然不同，应否付第二续会，请公决。"议长宣言："主张开二续会者起立。"赞成者居多数。次提议：（乙）《整顿书吏草案》。书记朗读毕，提议者周斌登台演述理由及种种弊害，亟应整顿。云云。梁有立言："书吏病民，二千年来，为世诟骂。现在百政维新，书吏在当然淘汰之列，何必再代设法？应请无庸议。"楼守光言："现值裁撤书吏之际，若议整顿，当在二百年以前，今已太迟，无庸讨论。"王家襄言："周君所提议案，一若为扩充书吏起见，窃恐旧弊未革，而新弊踵至。向只六房，今欲分为民政、财政、军政、司法、实业、教育、交通、外交八科，非扩充而何？现在审判厅将次成立，司法执行，似无需书吏；军政尤为专门之学，当非书吏之资格所能分任。"全体拍掌。邵羲言："周君草案，名称不甚妥当，应先将名目变更，然后再付审查。"王家襄言："此案应请周君自行修改，再付公决。"周斌尚强执己见，剌剌不休，经众驳斥，乃允改"裁撤"二字。邵羲云："现周君自认改变名称，则内容愈歧，无可审查。不如请周君自行撤回且待修整后，再付谘议局提议。"议长宣告此案请周君自行撤回，当即摇铃休息。三时廿分复席，蔡汝霖起言："本日上午各部长在办事处开会，因议员请假缺席，部长应负责任与否并未规定，此后应否添此一条，或由各部长自行规定？俾免受人责备。"陈敬第言："此事在各部长并无责任。议员请假缺席，只向议长声明可也。"当即提议：（丙）《维持国币草案》。朱其镇登台演述理由毕，大众决定付庶政审查会以，以七日为限。次提议（丁）《公议灾歉分数法案》。书记朗读毕，陈敬第登台说明所以公议之故，为"州县积弊至深，往往法律与事实不符。宜由地方推举正大光明绅公议，以免不肖官吏与劣绅奸书串同吞没之患"云云。梁有立言："请议长将褚君提出之'浙省清查灾歉规则'，并会审查。"众赞成，亦限七天报告。提议（戊）《改良风俗及续改良风俗》，发议者王渡登台报告毕，劳絅章言："婚嫁从廉，本为圣训，何必定欲规定？公共地方及善堂等处，是何根据？假如此家奢华，向在大厅行礼；彼家俭朴，则不应在大厅行礼，有是礼乎！且既云婚嫁，何不兼及丧理？似未完善。"褚辅成言："中国主婚，概由家长；外国主婚，则在教堂。若云自治局董事，兼为人民主婚，未免太劳。"王序宾言："自治董事，既无主婚之权，即无此义务；且控诉官厅云云，外国亦无此罚则。既已结婚，复由官限期，是何理由？"陈敬第言："人家婚嫁，何以要自治干预？董事主婚，恐不胜其忙，请说明。"众大笑，几乎哄堂。梁有立言："此乃王君泥于外国习惯，为熟读西史之根据。"王家襄言："改良风俗各条文，《大清律例》早已详细规定，何必再有此议案？且婚嫁等事，纯属自治性质，不可强制。"王序宾言："此案有属于巡警权限者，有属于自治权限者，如第一条，非但改良风俗，实为败坏风俗。"当由议长宣告："应付续会与否？"众默然。又问："主张不付第二续者起立。"全体起立赞成。此提议特种事件之审查员现规定为十八人，由议长指定，众赞成（惟照章已被选两股者不能兼任）。议长言："此十八人，碍难即时指定，可否由鄙人开单通知？"众亦赞成。又言："抚宪批词，应开审议会，如以廿三日开正式会，带开审议会为然者，请起言。"众亦赞成，遂散会。

《绍兴公报》，宣统元年九月廿四日

浙江谘议局纪事（八）

廿三日下午一时，谘议局开第五次审议会，议员实到七十六人。提议抚院批复事件，书记朗读抚批。审议长言："对于抚批，请诸君讨论。"褚辅成言："对于抚批之反对，有二问题：（一）第五十四条，内部审查，有侵犯司法之权，且诉讼事件，因章程规定，必经谘议局承认，官厅方能逮捕。若审查与否，与司法权无涉。（二）第百七十条云云，确将条文舛错。"审议长又问："尚有何种意见？"复经张善裕、张传保、楼守光、邵羲各议论辩驳。审议长言："准用。前亦解其中非，凡法律上文字，非常确定，不能相混。"张君言："非局承认，不能逮捕，无从审查之事。惟不服判决者，可以上诉大理院"云云。彼此讨论，大半以裁去五十四条为是，约一点钟，沈钧儒言时间已过，请暂另议，或闭会后尚有余时，再行提议，众赞成。续开第七次正式会，议长复席，宣告本日议事顺序：（甲）《法律股审查会第二次报告》。金葆稚登台报告审查矿务警察条文毕，大众决定付第二续会，众赞成。王家襄言：本日修正案，计丙、丁、戊三种；而议长声明，昨日杜君又交来《简易识字学塾修正案》，计共四种，应请先修正而后付二读会。彼此争辩，至数十分钟之久，即振铃休息。届时入席，因时间已过，决定先提议：（乙）《禁革地方差徭法案》。书记朗读毕，发议者邵羲登台演述理由。陈时夏言："禁止差徭，极表同情，其中略有疑问，如第一至第三条，及第六条，请邵君说明。"邵答："第一、二、三条，系专指行政厅而言，局、所向无差徭名目。第六条官吏违犯法律，如有人调查所及，或报告常驻议员，照谘议局章程第廿八条行之。"沈钧儒问："第二、三条，不甚明晰。差役以外，尚有家丁等类，似可无庸规定。其第七条是否特别办法?"邵君答："第二、三条，系包括而言；而第三条系从消极主义着想；第七条官报，奉有宪札，因从前文牍驿递延时，今欲求其迅速，故有此规定。"詹熙言："全文一概赞成，惟应加入匠工一语。"楼守光言："第五条'堆金'一语，并非专为差徭而设，尚有别种团体在内，应分别清楚。"陈时夏言："第六条官吏违犯法律之处置，请说明。"邵答："官吏违法，上级官本有处置，或因处置不当，故以谘议局为监督耳。"沈钧儒言："官吏违犯，本可无庸规定，如事事如此，谘议局亦不胜其繁。"梁有立言："第四条如上级官与下级官，有安衙经费之摊派，致有官价之名目，应请将差字放宽。"陈敬第言："条文应列举者，发议者所见不多。应请全体诸君，各查本籍所有各种差徭，详细报告审查会，俾资考镜。第四条何业何行，亦应规定。"楼守光言："此案已经全体赞成，须先付审查会，再付二读会。"众赞成。经众决定（廿四日）延会一期，即散会。

《绍兴公报》，宣统元年九月廿六日

浙江谘议局纪事（九）

廿四日，谘议局开第七次正式会。当由议长报告第七次正式会、第五次审议会延会之议案，及事件顺序毕。余君敏时起言："修正案尚有遗漏，因历陈简易学塾，须先培植教师之办法。"沈钧儒言："此时不应讨论，当俟逐案朗诵之后言之。”潘君澄鑑问：“前电编查馆有无回电？”议长答：“未曾接到。”潘君言：“此事不能默认，应电争。”议长言：“当与各省商之。”书记先将“简易识字学塾”原议案内办法第一朗诵（设立所数之规定），书记长复将修正案办法不同者，逐案诵之。于是梁君有立、张君传保、周君斌、余君敏时、王君理孚、杜君子懋、余君镜清、楼君守光、王君世裕等，次第讨论。王君序宾言：“讨论所数，约分两说：一主户口为标准；一主初选举区为标准。请议长行表决。”两次表决，主户口及初选举区者，皆未过半数。梁君主立发动议：“谓户口未定以前，暂照初选举区。”重行表决，遂决议。书记朗诵原议案办法第二（预算经费之规定），书记长复将各修正书不同者报告。罗君赓良、王君渡、王君理孚、杜君子（懋）〔楙〕，复讨论许久，已届三时，遂休息。三时廿分，议长摇铃复席。张君传保发动议，引细则第七十四条，变更议事日程，众赞成。于是梁君有立、张君传保、沈君钧儒、王君世裕、杜君子（懋）〔楙〕、邵君羲、陈君翼亮，讨论良久，或主减少，或主加多。余君镜清发动议，请表决。决议仍以六十名为定额。续论开办及常年经费，表决开办费，每所照原案至多不得过百元；常年费，每所每年照原案减少四十元，至多不得过一百六十元。书记朗诵原议案办法第三（提用款项之规定），书记长复将各修正书不同者报告。梁君有立、杜君子（懋）〔楙〕，次第发言。楼君守光言：“梁君修正书裁定佐治员及学务议长，议绅应先捐资二层，固善；惟不如援财政议绅例，改为名誉职。”赞成动议者十余人。沈君钧儒言：“提用款项，究应规定与否？”议长问：“以不规定者为然者，请起立。”起立者仅十二人。遂讨论规定办法良久。议长咨众议员：“如以梁君有立、王君理孚修正案规定提款各条为然者，请起立。”起立者占多数。复表决楼君守光“请改学务议长、议绅为名誉职”，起立又得多数，遂议决。议长复报告第八次正式会议事日程，摇铃散会。

《绍兴公报》，宣统元年九月廿九日

筹办浙江全省厅州县简易识字学塾议案

宣统元年九月初十日至十月二十日①

理由：

一、此项学塾关于全省教育普及，当在《谘议局章程》第二十一条第一项“议决本省应兴事件”之列。

二、本年既无预算案，凡关于地方负担经费事项，碍难提出议案于谘议局，唯查此项学塾为筹备宪政清单内本年必须创设之事，不得不提前筹议。

三、此项学塾经费应由地方筹集，唯现在地方税章程尚未颁布，无确定之款可筹，则本议案第三项所规定者，系为第一年创办权宜之计，俟地方税章程颁布以后，即行划分遵照办理。

四、本议案系据提学司禀陈情形拟定，其第三项规定款目，是否可以提用或不足时有无地方他项款目可筹？此本议案提议之宗旨也。

办法：

第一，设立所数之规定。

立宪筹备单内，宣统六年人民识字义者须得百分之一，是各厅州县简易识字学塾本年应先设立几所，必须明为规定，以后方可逐年推广。惟浙省户口未经调查，此时尚无可据为标准，拟暂就科举时代各厅州县学额之等差，以定第一年学塾所数之多寡。如仁、钱两县学额皆在三十名外，其为备改简易识字学塾而设之社学。据劝学所规划，年内共可成立十二所，分之则每县六所。此外各厅州县即准此递推，凡学额在三十名以外者，均各设六所；二十名以外者，均各设四所；十名以外者，均各设二所，合全省计应设六所者凡一州二十县，应设四所者凡一厅二十一县，应设二所者凡一厅二十三县，统计第一年共应设立简易识字学塾三

① 该案为巡抚提出，时间系笔者据内容而定。

百六所。附表于后：

宣统元年浙省各厅州县创设简易识字学塾所数表

地方	设塾所数	地方	设塾所数	地方	设塾所数
仁和	六	钱塘	六	海宁	六
嘉兴	六	秀水	六	嘉善	六
海盐	六	乌程	六	归安	六
德清	六	鄞县	六	慈溪	六
镇海	六	山阴	六	会稽	六
萧山	六	诸暨	六	余姚	六
上虞	六	临海	六	西安	六
二一	一二六				
富阳	四	余姚	四	临安	四
石门	四	平湖	四	桐乡	四
长兴	四	定海	四	奉化	四
嵊县	四	新昌	四	黄岩	四
天台	四	太平	四	金华	四
兰溪	四	东阳	四	义乌	四
永康	四	浦江	四	龙游	四
江山	四	常山	四	建德	四
淳安	四	遂安	四	永嘉	四
瑞安	四	乐清	四	平阳	四
丽水	四	缙云	四	龙泉	四
三三	一三二				
于潜	二	新城	二	昌化	二
武康	二	安吉	二	孝丰	二
象山	二	仙居	二	宁海	二
武义	二	汤溪	二	开化	二
桐庐	二	寿昌	二	分水	二
玉环	二	泰顺	二	青田	二
松阳	二	遂昌	二	庆元	二
云和	二				
二四	四八①				

① 原文如此。但表中统计，设二所者应为22个厅州县、44所学塾。

右表所开设塾所数，因恐各厅州县财力不继，均从最少数酌定，筹款较易之处，或绅民热心，骤能设立多所者，不在此限。

第二，预算经费之规定。

（甲）开办经费。每所额设学生六十名，除宿舍暂借寺庙及地方公产不出屋租外，其略加修葺及置办桌、凳、黑板等项，每所开办费至多约百元。

（乙）常年经费。每所任教员一员，其月薪伙食每年至多以百元为率，此外学生课本及一切杂用至多亦以百元为率，每年常年经费约共二百元。

以上经费就全省七十八县统计，两项经费共需九万一千八百元。

第三，提用款项之规定。

（甲）宾兴公款。各属宾兴公款，因科举既停，仅存优拔职等试，曾于光绪三十三年据黄岩县详请将宾兴一半充师范学堂经费，一半作应考川资，俟考试全停，全数拨充学费等因，经前抚院张批准照办在案。现在优职考试仅有壬子一科，为兴学计，似宜移缓求急，将所在一半再行酌提数成或全提以充简易识字学塾经费。查黄岩宾兴公款，每三年约有入款五千余元，平均每年约一千七百元，一半即有八百五十元，如该邑应设简易识字学塾四所，以每所开办、常年两项经费共三百元计，四所共需一千二百元，有此一款，所得已逾三分之二，余即不难设法。黄邑如此，其各厅州县凡有宾兴公款者，如一律援照办理，经费亦不患无着矣。

（乙）儒田贤租。儒田贤租名目，为各属著姓合族祠产，其性质略同宾兴，但有公私之别。提学司前因金处等郡举贡生员与学堂毕业生争分儒田贤租，叠经批饬，将此项田租兴办族学，并通饬在案。现在各属未经办学及已办学而提用余存之款，当仍不乏，一律劝充简易识字学塾经费。

（丙）寺庙迎神赛会、演戏及一切迷信耗费。迎神赛会等事，最为中国陋习，查学部奏定《初等小学堂章程》内“立学总义章”第五节载，各省府厅州县如有赛会、演戏等一切无益之费积有公款者，皆可酌提充用。现滇省已由提学司叶查照部章通饬实行，浙省迷信之风较滇省尤甚，耗费亦必更多，迩来民智渐开，应可仿照办理。

第四，备考。

立宪筹备单内，本年应颁布简易识字学塾课本，创办厅州县简易识字学塾。

查此项学塾，系为教育普及而设。现在简易识字学塾课本虽尚未奉颁行，然非将区域经费预为规划，必致临时无从措手。提学司前以仁、钱劝学所创办社学四所，省会各绅亦相继捐资设立，其课程简单，组织便易，堪为简易识字学塾基础，业于本年闰二月将该社学现行简章规约、课程印刷，通饬各厅州县会同教育会、劝学所体察地方情形，设法仿办简易识字课本，一经奉部颁发，即可将此项社学一律改为简易识字学塾。提学司前饬筹办社学，即为筹办简易识字学塾起见，惟各属经费支绌，筹措维艰，各厅州县对于教育行政又多不知注重，致数月以来，禀报设立者阒焉无闻。但此项学塾年内必须创设，无可再缓，逐年如何推广，应俟来年谘议局提出预算案，地方自治会成立，并将人户总数清查后再行酌定外，兹将第一年筹办方法胪列如右。

第一次会议日时：九月初十日下午二时至三时。

一读会：众议员先后出席，与委员讨论本案，大体认为必要事件，惟主张规定学塾所数，应以人口为准，提用公款甲、乙、丙各项，均谓非的实公款，且不能一律办理，自应商酌，当议决付庶政股审查。

第二次会议日时：九月十六日下午二时至三时。

庶政审查会提出报告书如左：

此项学塾为全省教育普及起见，本会全体认为必要，惟对于办法一、二、三各项，略有意见，胪列如左：

（办法一）所数以学额为准，似未正当，拟请暂照各厅州县初选举区为标准。照筹备清单，本年应创设厅州县简易识字学塾，现已九月，俟议决后再行通饬，公文往返，尚需时日，欲责令各厅州县筹款设立多所，恐于事实上未能办到，拟请照提学司前颁社学章程，责成各属会同劝学所、教育会及地方绅士，于年内先在城区赶设一所，以为模范，明年再按照各选举区推广（查清单内厅州县与乡镇对举，似其范围专指城厢而言，但此项学塾乡镇较城厢为尤急，照选举区推广，使乡镇提前设立，似无不合）。

（办法二）每所额设学生六十名，以一教习课六十人，非研究单级教授者，恐有应接不暇之势，拟请酌减。

（办法三）提用款项：（甲）宾兴公款，此款未必各属皆有，已充学务及他项公益之用，不能认为确定；（乙）儒田贤租，此项田租既属私有，当由各属劝学所遵照提学使前次通饬，劝令兴办族学，如款项无多，可令其照简易识字学塾办法，自行兴办，不宜规定于提用款项之内；（丙）各处迷信耗费，多系一时凑集，惟积有公款者可由地方官酌量提用。

总之，地方税未经划定以前，谓甲款必用甲事，乙款必用乙事，非特地方官毫无把握，即地方绅士亦无从指定，故权宜办法，惟责成地方官会同劝学所、教育会及地方绅士，参酌地方情形，通盘筹划。旧有款项与学务性质相近者，或由官提拨，或由绅劝导，省中总其大纲而已，不能一一规定之也。

本日议决付第二读会。

第三次会议日时：九月二十三日下午二时二十分至三时。

是日，众议员讨论本案二读会并议员提出各修正案，何者提前开议，应定顺序，嗣问题未决，时间已过，遂照章延会。

第四次会议日时：九月二十四日下午一时至三时。

二读会：议员梁有立、王理孚、陈训正、杜子楙四君各提出修正案一件，今略举其不同之点如下：梁君主张：[所数][①] 以人口满三万地方设立一所；[提学公款] 参酌原案各项而加入停罢学务佐治员及学务议长、议绅捐资开办。王君主张：[预算经费] 此项学塾，规模不厌其陋，教材无取乎高，开办及常年费每所规定不过百金；[提用款项] 规定为裁缺学田、佐治员公费及报垦营地三种。陈君主张：[理由] 极论乡镇不识字人民常多于城厢，宜城乡同时举办，且须设在夜间；[办法] [一] 地段附设于初等小学及改良私塾内或其邻近地方；[二] 教师就小学或改良私塾教师充之，不给修金，岁送舆马费二十元；[三] 学额每所至多三十名；[经费] 暂由各厅州县会同劝学所筹措。杜君主张：[理由] 乡镇应同时举办，删原案“厅州县”三字；[办法] [一] 城镇及人口满一万以上之乡，设立一所；[二] 设办一年毕业、二年毕业之二种；[三] 编制用二部法，每塾额设六十名；[四] 加授珠算；[经费] 常年归城镇乡筹措，创办时得由厅州县补助。

本日之结果，则 [标题] 取杜案删“厅州县”三字，[所数] 取审查会报告，暂以初选投票区为标准，[学额] 取杜案每塾额定六十名，[预算经费] 取

① [　] 用法，原文如此。后面不一一说明。

议员王家襄动议，开办及常年费至多一百六十元为率，［办法］取杜案，编制用二部法，种类设二年与三年毕业二种[1]，［提用款项］［甲］取王、梁二君案，停罢学务佐治员，［乙］［丙］［丁］均照原案，兼取梁案，酌提宾兴与会社寺观一切迷信耗费及儒田贤租，［戊］取王案裁缺学田，［己］取王案报垦荒地，［庚］取梁案及议员楼守光动议，改学务议长、议绅为名誉职。

第五次会议日时：十月初六日下午四时二十分至三十分。

三读会：议员杜子楙援细则第九十四条发动议，大致谓改学务议长、议绅为名誉职一项，认为与现行章程相抵触，拟加修正。嗣赞成乏人，无效。全案无疑义通过，即将本议决案呈送抚院。十八日奉抚院札交复议。

第六次会议日时：十月十九日下午一时四十分至二时十分。

抚院交令复议说明书

（一）查筹备宪政清单内规定，宣统元年应创办厅州县简易识字学塾，第二年推广之，第三年创办乡镇简易识字学塾，第四年推广之，是此项学塾其在本年惟厅州县必须设立，而不必预计乡镇者也。推宪政编查馆立法之意，凡筹办巡警及简易识字学塾，必须规定先后次序，由城关而镇埠、而四乡者，诚以风气有通塞之殊，筹款有难易之分，循序而进，则易课成功耳。本部院所提议之原案，于本年专注重在厅州县者，即此意也。又凡宪政清单内所列各项，于创办以后，每限六个月奏报其成绩一次，此亦不能不预为筹及者。今查修正删去“厅州县”三字，改为全省之筹划，已与宪政清单规定不合。又拟厅州县与乡镇同时并举，亦失宪政编查馆所定循序而进之本旨。且据修正案第一项，规定各厅州县城镇及人口满一万以上之乡必设简易识字学塾一所云云，夫以厅州县城关人口最多之地而乃仅设塾一所，教育之力能及几人？将来六个月奏报之际，必无成绩可言，而乡镇或因筹款为难，未能同时举办，岂非两失？此不能不虑及者也。本部院原提之案，虽于本年注重在厅州县，而于乡镇，苟能提前办理，原不限定，似较之此修正案既有根据，又无滞碍，应请参照原案再行复议。

（二）设立简易识字学塾所数之规定，本部院所提原案以各厅州县学额为标

① 原文如此，从上下文看，似应为“一年与二年毕业二种”。

准者，乃以户口尚未清查，不得已仿照《谘议局章程》以各省中式之额为选举议员之标准，仅限于本年各厅州县城厢之学塾而止，其标准十分确当与否，似无大关系，至明年以后，户口已经查清，则筹办乡镇学塾之时，即可以人口为标准，作永远遵行之计，此时似不必预为限定区域，以免将来有所变更，徒滋纷扰。若如此修正案所规定，以各厅州县初选投票区为设所之标准，既非可以永远遵行，难免以上所论之弊，且初选投票区实不可以为设所之标准。查各厅州县初选投票区当划分之时，大县有少至四五区，小县有多至八九区者。今查修正案表中所列，如秀水、平湖、石门、新昌、乐清等县，皆风气开通、户口稠密之地，乃全县只定五所、六所甚或至四所，而如新城、于潜、昌化、安吉、孝丰、淳安、寿昌、分水、龙泉、宣平、景宁等县，素称僻苦者，反定至九所、十所，此与事实大相悬殊者，不可不复议也。

（三）简易识字学塾所注重者，在教授年长不识字义之人民，其性质与简易初等小学专收学龄儿童者显有区别，现仅规定设办一年毕业、二年毕业两种，则年长而愿就学三年者，反限制其向学之期，又与部章不合。

（四）佐治员名目，本在政务处所拟外省官制之内，将来新官制颁布后，各厅州县皆须一体设立，且不独学务为然。浙省各府学务佐治员之设，系援照安徽、湖北等省成案，并据王、姚二议绅公函所请，先行试办。凡清厘文牍、委查案件、催核表册，均该员等之专责，设遽行停罢，各属关于学务上控之案，纷至沓来，势必另发省委，糜费固仍不能省。又各学堂一览统计等表，创办二载以来，甫稍有条理，若无佐治随时督催，就近指示，终不免时有舛错，与学务之进行有碍。

（五）学务公所议长、议绅，学部奏定《续拟提学使办事权限章程》内载有“应给予薪资”字样，且议长额设一人，议绅额设四人，与清理财政局议绅无员额规定者不同，不得援以为例。至热心公益之绅士，甘尽义务，即如陆议长全年薪水捐办仁钱社学，盛议绅经办镇海中学堂，且先后捐款四万有余，则出自各绅之自愿，学务公所仍须遵照部定章程办理也。

当场议决再付连合会审查。

第七次会议日时：十月二十日上午九时四十分至十时十分。

主查员梁有立报告答复抚院交复案。其文曰：

（一）城乡同时设立简易识字学塾之理由：

（甲）筹款难易之关系

乡镇筹款之难，甚于城关地方，财力有限，若尽先提作城关设塾之用，异日乡镇必因筹办之难，启城乡争执学款之渐，于筹备宪政成绩亦有妨碍。且乡镇年长失学人数，必倍蓰于城关，乡镇早一日设立，即宪政早一日进行。修正案于筹款方法不厌求详，正为城乡同时设立起见。

（乙）奏报成绩之关系

详译（绎）筹备宪政清单所云，所以强制各省以必行，若以第三年创办之乡镇简易识字学塾提前于第一、第二年与城关同时举办，以成绩论，只见其优良，断无以第一、第二年设于城关者为成绩，设于乡镇者即非该厅州县之成绩。

（二）所数之规定

部定《劝学所章程》，以分划学区为办学入手方法，修正案分区设塾之理由，据此为城乡同时设立起见，故暂以初选举投票区为标准，以救原案以学额为标准之失。复议案所云所数之多寡于各厅州县支配似有不匀，不妨径以大治规定十所、中治八所、小治六所，城乡同时举办，似为较进。

（三）毕业问题

查部章简易识字学塾，所以教年长失学之愚民与寒畯家力不能入初等小学堂之子弟而言，今复议案指称注重在教授年长不识字义之人民，未免与部章不合，修正案所拟规定设办一年毕业、二年毕业之二种，系就初办时设备而言，并非限制不能设办三年毕业一种也。此意已于修正案理由下说明。

（四）学部佐治员之裁撤

查总核官制大臣奏改外省官制折开，知府佐治员系由所属佐贰、杂职改置，若旧有杂职并未裁撤，而遽添设此项佐治员，未名与外省官制抵触。如以清厘文牍、委查案件、催核表册为该员之专责，何以详定学务佐治员暂行规则，凡一切文牍仍由府幕办理，佐治员仅任催办之责，似可毋庸设立专员。至学堂一览表，系由各州县劝学所造核，佐治员不过坐拥虚名，何必岁糜千数百元经费以养此冗员（为）〔焉〕?

（五）议长议绅

议长、议绅本有薪资，修正案所指因陆议长以全年薪水捐办仁钱社学，现当学务萌芽，公款奇绌，窃恐热心公益之绅士，断不止陆绅一人。修正案所云，原为筹款预备起见，并非强制。

当场议决无疑义，遂通过呈送抚院。今录本议决案如左：

筹办浙江全省简易识字学塾议案

理由：（一）此项学塾关于全省人民识字起见，当在《谘议局章程》第二十一条第一项“议决本省应兴事件”之列；（二）此项学塾为筹备宪政清单内本年必须创设之事，应就本省情形，规定学塾设置及编制方法，颁行全省，俾便遵行；（三）查筹备宪政清单内，厅州县简易识字学塾第二年创办，第三年推广，乡镇简易识字学塾第四年创办，第五年推广，“厅州县”与“乡镇”对举，似第二年创办专指城厢而言，但此项学塾，乡镇较城厢为尤急，自应同时举办，方符教育普及之本旨；（四）此项学塾经费，应由地方筹集，惟现在《地方税章程》尚未颁布，无确定之款可筹，则本议案第四项所规定者，系为初办时权宜之计，俟《地方税章程》颁布以后，即行划分，遵照办理。

第一项，所数之规定

按：设立所数，应比照人口总数规定，但现在人口数目既未调查，暂行规定大治十所、中治八所、小治六所，列表如左：

地方	设塾所数	地方	设塾所数	地方	设塾所数
仁和	十	海宁	八	余姚（杭）①	六
钱塘	十	富阳	八	临安	六
嘉兴	十	桐乡	八	新城	六
秀水	十	武康	八	于潜	六
嘉善	十	安吉	八	昌化	六
海盐	十	奉化	八	孝丰	六
平湖	十	会稽	八	象山	六
石门	十	上虞	八	新昌	六
乌程	十	嵊县	八	太平	六
归安	十	仙居	八	宁海	六

① 表中原文为余姚，如此则重复出现余姚，今根据议决案，改为余杭。

续表

地方	设塾所数	地方	设塾所数	地方	设塾所数
长兴	十	金华	八	天台	六
德清	十	东阳	八	浦江	六
鄞县	十	义乌	八	汤溪	六
慈溪	十	永康	八	开化	六
镇海	十	武义	八	建德	六
定海	十	西安	八	淳安	六
山阴	十	龙游	八	寿昌	六
萧山	十	常山	八	桐庐	六
诸暨	十	遂安	八	分水	六
余姚	十	瑞安	八	泰顺	六
临海	十	玉环	八	丽水	六
黄岩	十	龙泉	八	缙云	六
兰溪	十			青田	六
江山	十			松阳	六
永嘉	十			遂昌	六
乐清	十			云和	六
平阳	十			庆元	六
				景宁	六
				宣平	六
二七	二七零	二二	一七六	二九	一七四

右表所开第一年设塾所数，因恐各厅州县财力不继，均从最少数酌定，其有筹款较易之处或绅民热心，骤能设立多数者，不在此限，至以后逐年如何推广，应俟户口清查后再行规定。

第二项，预算

（甲）开办经费，每所额设六十名，除宿舍暂借寺庙及地方公产不出屋租外，其略加修葺及置办桌凳、黑板等项，每所开办费至多约百元。

（乙）常年经费，每所主任教员一员，其月薪、伙食及学生课本暨一切杂用，至多以一百六十元为率。

第三项，办法之概略

（甲）学塾种类，规定设办一年毕业、二年毕业之二种。

理由：此项学塾，部章分一年毕业、二年毕业、三年毕业三种，惟《改订初等小学章程》简易科减为三年毕业，倘学生自度可以就学三年者，尽可入简易科，故三年一种可以缓办。

（乙）学塾编制用二部法，每塾额设学生六十人。

理由：照上条规定设办一年、二年两种，至开办第二年，已有一年级及二年甲、乙级三班，非谙单级教授者不易从事，应将两种学生分二部教授，校舍不必求大，学生又有半日可以在家服务，于贫民最为相宜，每部三十人，二部共六十人。

第四项，公款之提用

（甲）停罢学务佐治员，以厅州县摊解之川资、薪金移充是项学塾之经费。

（乙）各属宾兴公款，应责成劝学所调查，如未经动拨有案者，悉数提充；又考试经费，部定以三成留充地方办学者，亦如之。

（丙）会社、寺观募有常捐、积有资产充作迎神赛会、演戏及一切迷信之耗费者，得令按成提充。

（丁）儒田贤租未办族学及已办而尚有赢余者，得令酌助。

（戊）裁缺学田未经提充学费者，得移充是项学塾之经费。

（己）各属校场营地，经藩司通饬各属听民报垦，所出租息提充省城师范学堂经用。嗣因各属均未实行，此款遂成废弃，拟请藩司查照原案，通饬各属劝学所查明区内确有营地若干，径禀省宪委员丈勘，招垦征租，以充是项学塾经费。

（说明）议复案规定款项内，本有庚款一条，嗣于十一月十三日奉抚札知，以庚款既非强制，即无庸列入本案，以免疑义，故庚款即不列入。

《浙江谘议局第一届常年会议事录》第一册，议事部，巡抚交议案，第1—13页

浙江全省森林规则法律案

宣统元年九月十二日—十月十五日①

理由：一、浙省襟山带海，土壤丰腴，气候温寒适宜，故于森林之营造，殆无地不宜，拟先由官提倡创办官有森林以为模范，而人民之能创立公司及独立能营造森林者，亦设法奖励之，但无一定之规则，恐保护之道未周。天灾人害之偶至，不能防于未然；且管束之令未行，而采伐播种诸事宜，未必行皆有序。图始未善，谋终斯难。此本法律案之所由拟定也。

二、查森林事业，造端既大，头绪自繁，在日本有帝室林、公有林、私有林、部分林诸名目，或则认为保安林而禁其采伐，或则认为共用林而资为材料，皆以法律规定。吾国此项章程尚未奉部颁定，自应参酌浙省情形，拟定通行规则，可认为本省之单行规则。

三、查《谘议局章程》第二十一条第六项，有“议决本省单行规则之增删修改事件”之规定，本法律案既为本省单行规则，应在谘议局议事范围之内。

第一章　总　纲

第一条，本规则凡本省已办及将来开办各森林事业均适用之。

第二条，凡本省已办及将来开办各森林事业创立公司者，除应守本规则外，仍应查照商律办理。

第二章　营林之监督

第三条，凡开办森林事业，当作成呈明书呈由地方官厅核明转详主务官厅核准立案，其呈明书应记载事项如左：

① 时间为编者据文中内容所加。

一、森林区域之坐落。

二、面积及地价。

三、造林者姓名住址。

四、地形、地质及地盘面之形状。

五、树木之种类及本数。

六、森林开办之年、月、日。

七、关系区域。

第四条，凡已经开办各森林事业，有碍其经济之保续与有荒废之虞者，主务官厅得指定营造森林之方法。

第五条，原野、山岳及其他土地适于农林之营造者，主务官厅得命土地所有者限期造林。其有造林不勤或无力者，得由主务官厅酌量购为官有或公有设法办理。

第六条，凡开办森林事业者，除呈明书外，须每年填报森林调查簿及施业说明书呈送主务官厅备查，其簿书格式由劝业道订定颁行，但森林区域狭隘及其事业尚未发达者，可择要填报。

第七条，森林调查簿应载事项如左：

一、关于地况之调查。

二、关于林况之调查。

第八条，施业说明书应载事项如左：

一、将来施业预计之记载。

二、参考事项之记载。

第九条，关于地况之调查，其事项如左：

一、气候。每月每年之平均温度及平均雨量。

二、位置。

甲、地理学上之位置，纬度及距离海面之高低。

乙、对于特别事情之位置，因其地周围之状态对于外力蒙何等之影响。

三、倾斜。地势之倾斜分六种：未满五度者曰平地，六度乃至十度者曰缓斜地，十一度乃至二十度者曰倾斜地，二十一度乃至三十度者曰强斜地，三十一度乃至四十五度者曰险峻地，四十五度以上者曰悬崖地。

四、土质。土地之性质，其浅深须分浅、中、深三种，其结合须分坚、软、松三种，其湿度须分干、润、湿三种。

五、方位。载明东西南北方位，（办）〔辨〕别造林地之寒温湿燥。

第十条，关于林况之调查，其事项如左：

一、种类及本数。分果实（如枣、栗、桃、李等）、质料（如杞、柳、楮、荆等）、栋梁（如槐、榆、枫、杨等）、薪炭（杂木之龙钟蜷曲不中绳墨者）及特别需用栽培品（如桑、茶、樟、漆等树）五类，而各记其本数。

二、作业种类。分乔木作业、矮林作业、中林作业、竹林作业四类。

三、疏密度。森林疏密度应用十分率表示之。

四、林龄。须就主林本表示其平均之龄，但树龄显有差异者，当分别调查表示。

五、龄级。凡乔木以二十年为一龄级，矮林及中林以五年为一龄级，竹林不须分龄级。

六、材积。求森林之材积，当用标准地推算法，就标准地中之树木测定其直径（以上四尺为断）而推算之，但标准之地面积约以一亩为断（二百四十方步）。

七、平均生长量。表示平均生长量须以林龄除现在一定面积地中之材积至小数二位而止。

第十一条，将来施业预计之记载，其事项如下：

一、关于斫伐者

二、关于修补保护者

三、关于播种者

四、其他施业之所必要者

第十二条，参考事项之记载，其事项如下：

一、关于森林行政者

二、关于森林保护者

三、关于森森经济者

四、关于森林施业者

五、关于既往之收支者

六、关于施业制限者

七、其他参考上所必要者

第十三条，凡已成立及开办未成之森林，如遇买卖等事情，须呈由地方官转详主务官厅备案。

第十四条，除落叶、果实、菌蕈、枯枝等外，凡开伐森林者，应将种类及本数呈请地方官转详主务官厅核准。

第十五条，伐木而背前条之规定者，主务官厅得停止其采伐，且命造林于其所伐之地。

第十六条，森林采伐时，主务官厅有认为下列各项之一者，得禁止其采伐：

一、地方维持上认为必要及一经采伐无再成之望者

二、高地森林生长迟缓者

三、急斜砂岩等地采伐后造林事业困难者

第三章　保安林

第十七条，凡左列各林于土地保安上有特别之关系，未办者得适用第五条之规定，其已办者得编入保安林：

一、土砂防止林

二、飞砂防止林

三、潮害防止林

四、塘基保护林

以上四种适用于浙省沿海沙地及海塘处

五、颓雪防止林

六、坠石防止林

以上二种适宜于山岳

七、水害防止林

八、水源涵养林

九、防风林

十、卫生林

十一、风致林

第十八条，保安林编入之原因消灭或公益上特别之事由发生，得解除之。

第十九条，保安林之编入、解除，除官厅认为必要时酌量办理外，凡有直接利害之区域，皆得呈请地方官转详主务官厅核办。

第二十条，保安林编入、解除时，皆由地方官出示公布并特别通知于森林所有者。

第二十一条，关于保安林编入、解除之处分，有直接利害者不服时，得自前条出示或通知之日起九十日以内出诉于该管之上级官厅。

第二十二条，保安林中，不得地方官之许可，不得为采掘树根及牧放牛马等事。

第二十三条，主务官厅于保安林之所有者，得指定其营林及保护之方法，若认为必要时，并得禁止或制限其伐木。

第二十四条，关于前条之禁止或制限所生直接之损害，森林所有者得要求官府之补偿，其补偿估算之方法，临时以命定之。

第二十五条，从来之禁伐林、风致林等，自本规则施行后，皆为保安林，其从来之制限，仍有其效力。

第四章　森林警察

第二十六条，伐木造材者之器具及账簿等，主务官厅或警察官吏行检查时，不得拒之。

第二十七条，未得主务官厅或警察官吏之许可，不得入火于森林内。

第二十八条，入火于森林接续之原野时，对于森林须有防火之设备。

第二十九条，发见造林处所其近旁有火灾或虫灾及察知有犯于森林之罪或将谋犯者，当立向地方官或警察官申告，俾加以相当之保护。

第三十条，森林所有者当预谋防御霜雪风雨之害，主务官厅及森林警察有督率指示之责。

第五章　罚　则

第三十一条，凡窃取森林之主副产物者，皆谓之森林窃盗，处以二元以上、赃额二倍以下之罚金，又十一日以上、二年以下之重禁锢；于其主副产物加以人工者，亦同，但罚金不得少于赃额以下。

第三十二条，森林盗窃犯左列以下各罪者，处以二元以上、赃额二倍以下之罚金及二月以上、二年以下之重禁锢，但罚金不得少于赃额以下：

一、毁坏根株或隐蔽之以图罪状之湮没者

二、以赃物为原料制成木炭、樟脑及其他物品者

三、以赃物为燃料使用于矿物之采取、精制或石灰、炼瓦及其他物品之制造者

四、为容易犯罪使用船舶者

五、盗伐保安林者

六、行使林产物采取权利之际而犯罪者

七、与三人以上共谋或雇使五人以上而犯罪者

八、依契约书森林保护之义务而犯罪者

九、隐匿差押之赃物或消费者

第三十三条，知为森林窃盗之赃物而受之或于寄藏、故买或为牙保者，处以二元以上、赃额二倍以下之罚金及一月以上、三年以下之重禁锢，但罚金不得少于赃额以下。

第三十四条，伤害他人森林之树木者，处以二元以上、五十元以下之罚金。

第三十五条，放火于他人之森林者，处以轻惩役；烧毁主产物者，处以重惩役；若系自己之森林者，处以二月以上、三年以下之重禁锢。

第三十六条，滥于他人之森林内放牧牛马者，处以二元以上、五十元以下之罚金。

第三十七条，移转为森林而设之标识或毁坏者，处以二元以上、三十元以下之罚金，若系表示经界之物件，按律惩办。

第三十八条，变更立木木材及附于根株之记号或消除者，处以二元以上、二十元以下之罚金。

第三十九条，不得第十四条之核准而开伐森林者，处以二元以上、二百元以下之罚金；若系保安林，除罚金外，仍处以十一日以上、六月以下之重禁锢；开伐他人之森林者，亦同。

第四十条，违背保安林之禁止或制限之命令而开伐森林者，处以所伐木材代

价相当之罚金。

第四十一条，违背第二十二条者，处以三元以上、三十元以下之罚金。

第四十二条，违背第二十六条者，处以二元以上、二十元以下之罚金。

第四十三条，违背第二十七条、第二十条之规定者，处以二元以上、五十元以下之罚金。

第四十四条，因烧毁他人之森林者，处以二百元以下之罚金。

第六章　附　则

第四十五条，本规则施行后，凡于荒山、荒地中营造森林有应免缴荒价者，有应酌收放荒经费者，有应宽予升科年限者，均由主务官厅视道路远近、地土之肥瘠、森林之难易，酌量分等厘定，援照奏定农林章程办理。

第四十六条，凡开办森林成效卓著者，由主务官厅视所办成绩，援照奏定农林章程从优奖励。

第四十七条，本规则在议决之后，部颁通行章程以前认为有效。

第一次会议日时：九月十二日下午四时二十分至五时。

本日提议他案未毕，时逾五时，本案照章延会。

第二次会议日时：十月初八日下午一时五十分至二时三十分。

一读会：委员说明本案提出理由，众议员先后出席讨论，大体谓营造森林，关系实业前途，固属必要，惟各属气候土宜并非一定，不先调查，难得梗概，且森林警察既未开办，而所定条件又半仿日本，人民非所习闻，恐滋窒碍，议决照细则第八十五条规定付法律股审查。

第三次会议日时：十月十五日下午三时四十分至五十分。

法律审查会提出报告书如左：

审查之结果，决议此案不能成立，其理由如左：

（一）营造林业应从调查入手，据委员说明，并未实地调查，似本法律系凭空推定，恐于地方情形诸多窒碍。

（二）据部定《推广农林简明章程》第二十条，应由各省大吏因地制宜，另订详细章程。今此推广章程尚未实行，则此项规则应可从缓。

（三）查条文趣旨，多取法日本，其罚则一章，全用日本刑法，恐不适用。

本日议决照审查会原议，返还官厅。

《浙江谘议局第一届常年会议事录》第一册，议事部，甲，巡抚提出案，第98—105页

浙省移民实边办法

宣统二年十月十四日[①]

一、奏定移民局为办理移民事务之总机关，局内人员，选派官绅之熟悉垦务者充任。

理由：移民事务殷繁，不可不特设机关专理其事，局内人员为事实上便利起见，宜官绅参半用之。

二、移民局的款，以六十万金为额，分五年筹措，其方法如左：

（甲）本省担认三十万金，每年应筹六万金，拟将陆军截旷银两奏咨拨用，不敷之数，由银行息借，自第六年起至第十年分期偿还（此项截旷银两，业经奏咨，应候部议）。

（乙）咨商东三省担任三十万金，作为补助，亦每年筹六万金，自第六年起至第十年分期偿还（此项尚待咨商，不能指定）。

理由：预计移民垫款收入时期确有把握，除截旷外，故不妨息借补助一层。查本年湖北饥民移往黑龙江，房井、牛粮均由黑龙江预备，自可援案办理。

三、所移之民，先尽退伍兵，凡本省常备军退伍者，均可移之；如不足时，再招募农户补之，惟均须携有家室以免流亡之弊。

理由：常备军退伍后年复一年，人数众多，不思安插，恐滋事端，为各省通

① 此案为巡抚咨询事件，时间为笔者据文中内容所加。

患，如移至边陲，不惟一切困难可以解决，且隐然增无数之兵力以固国防，一举数善，莫此为甚。

四、所移之民，凡川资及庐舍、牛粮之费，均由官垫给，以一千户为额，分五年筹办，自宣统二年起至宣统七年，每年移二百户，俟办有成效，再酌量推广。

理由：每户垫给之数，平均约需五百金，照第四条筹款办理法，每年计十二万金，除二百户需十万金外，尚有二万金可以作为预备费及兼营各种商业。

五、勘领东三省中土壤沃厚及交通便利地方为移民地，如调查情形，人地不宜，亦可改移内、外蒙古及西北各边区（如改移时，东三省补助办法即可取消）。

理由：查东三省边防，自安东县起，沿鸭绿江、长白山、图们江至珲春止，约六七百里，为奉、吉两省所属，与朝为邻；自珲春起，沿乌苏里江、黑龙江至呼伦贝尔止，约六千里，为黑、吉两省所属，又与俄毗连。现在日、韩合邦，朝人越垦者愈增，俄人每岁迁民数十万于远东乌苏里、黑龙两江对岸，俄之村落已棋布星罗，惟一至我境，则弥望榛芜，并无民迹，此沿边之情形也。至于腹地，沿东清铁路及新定锦瑷线与嫩江、松花江流域未辟之区，尤十居八九，总之无论边地、腹地，皆称沃壮，农产、畜牧及森林各业，一经着手，无不坐获厚利，且大豆及大小麦为每年出口大宗，尤其特产。故移民之地，以东三省为最也。

六、移民村落，宜每六里设一屯三十六户，凡系亲族，均令其聚于相近地方，既收指臂相助之效，亦可免离乡背井之思。

理由：东三省放荒章程，每六里方圆为一井，每井计荒三十六方，每方计荒四十五晌，即四百五十亩。现在移民每户拟给荒一方，故以三十六户为一屯，距离里数亦较整齐。

七、所垫之款，移民到屯后，自第三年起至第五年，分期将本利还清；如遇灾歉，准其顺延一年。惟所收利息，以原借之数为限，不准多加分文，以示体恤。

理由：东三省地质肥沃，所垦之荒，本年即可有利，每户给荒一方，二年可以垦齐，自第三年起分期还垫，实绰绰有余。

八、移民所垦之地，即永为世业，并奏明免缴荒价及经费，缓至十年，再行升科。

理由：查黑龙江边垦章程，每晌仅缴经费银四钱，本可免价，其升科年限虽定为三年，亦多有展缓者，如奏明一律免缴及缓行升科，尚属易事。

九、商之邮传部及东三省督抚，凡招商局轮船、京奉铁路及松黑官轮搭载移民，照原价减十分之七八，所带眷口一律免费。

理由：查黑龙江所奏边垦招待章程，本有半价及免价之规定，京奉铁路每年贫民赴东，亦有减价办法，本条所定，较之原数再减几分，当可办到。

十、移民局兼办粗浅商业及买卖粮石等事，以资贸迁。

以上各条，皆系移民办法之大纲，至详细章程，应于移民局未立以前派员赴东三省实地调查，因地制宜，再行规定。查日本经营北海道，屡更其法，始底于成。兹事体大，全在实际，故不能以理想所及预定章程也。

第一次会议日时：十月十四日九时至十一时。

照章付审议会讨论，佥谓移民实边，确为美举，无不赞成，惟所拟办法十条，尚未尽妥，而第三条先尽退伍兵尤多窒碍，且现在不知东省情形，如何规划，如遽拟定办法，亦属非是，应请抚院咨行东三省总督，将东省情形及规划询明，再行讨论办法，议决报告于正式会。正式会以审议会之议决呈复抚院。

《浙江谘议局第二届常年会议事录》，议事部，乙，巡抚咨询事件，第1—3页

褚辅成浙江办理灾歉规则法案

宣统二年十月初十日至二十日①

理由：查本法案曾于第一次常会议定为可行事件，嗣因本局与抚台意见各

① 时间为编者据文中内容而定。

执，不能解决，由抚台咨送宪政编查馆核议。本年四月初一日，奉抚台札行宪政编查馆核复详单。详绎单开事理，对于本法案并非认为滞碍难行事件，不过欲使略加修正而已。兹特据为理由说明书于下：

说明一：宪政编查馆单开谓，查本案原议，系慎重灾情、预防州县之讳灾起见，而贵抚交令复议之说明书，以国课所关，又防绅民之以轻灾报重，两面持论，均具至理云云。是宪政编查馆核复对于本案原议理由，亦认为正当，既有正当理由，则本案自不能作废。

说明二：宪政编查馆单开又谓，因灾蠲缓，恩出自上，我朝仁政之一端，将来颁布宪法，如仍沿此制，亦应属诸君上大权，而非臣民所得与闻云云。查本案"会议"一章，是议定成灾分数，非议定蠲免分数，似与君上大权一无侵犯，今复增订第二十四条文，则斯义更显。

说明三：宪政编查馆单开更谓，现在办法，遇有灾歉之时，自以官吏与人民会查较能核实，应请官民如何实行会查，于下次开会交议特定详细办法云云。现在会期将满，而抚台未将此案交议，应遵局章第二十五条由谘议局自具草案提出之。

第三条[①]，"照会乡董"改为"照会城镇乡董事会、乡董"。

第四条，"乡董"上加"董事会及"四字。

第七条，"乡董"上加"董事会及"四字。

第十条，"城乡绅董"改为"城镇乡议事会议员"。

第十一条，全删；第十二条至二十四条，递升一号。

原十二条"前条被举之绅董"改为"城镇乡议事会议员"。

原十四条二项"与议董事"改为"议员"。

原十八条"绅董"二字删去。

新增第二十条，奉到恩准蠲缓之科则，如比议定书所载之灾歉分数有增减时，则照或增或减之总数，按原定灾歉分数分摊之。

前项之分摊毕，须将应增应减之比较分数，再缮告示，遍贴城镇乡。

---

① 原文如此。因系第二次提出，条文并非从第一条开始，以下条文亦不连贯，缺省者与上届议决案相同。

第二十八条，“除追赃充公外”下改为“按检踏灾伤、田粮受财枉有征免律治罪”。

第三十条，“生异动时”下改为“按检踏灾伤、田粮枉有征免律治罪”。

第三十三条，原文删去，改为“厅州县议事会成立后，本议案内第二章之会议应交由厅州县议事会议决之”。

第三十四条，“宣统二年”改为“宣统三年”。

第一次会议日时：十月初十日一时三十分至二时。

一读会：提出者登坛说明旨趣，议长咨询众议员对于本案有无讨论，佥以去年曾经几番手续，理由甚妥，只须将原案与改正案同付第二读会，表决即付第二读会。

二读会：议决改正案“说明二”全删去，原案第八条“各乡董”三字删去，“赴乡”下加“会同董事会及乡董”八字，第九条“各乡董”三字删去，第十二条第三项“要”字改为“请”字，第十九条“成”字改为“分”字，改正案新增第二十条删去，原案第二十三条“与会绅董”改为“城议事会”。遂付第三读会。

三读会：佥无疑义，表决呈请抚院公布施行，嗣于本月十六日奉抚院札交复议，兹录交令复议说明书如左：

查本案于上届谘议局常年会议决后，经本部院逐条说明，交令复议。嗣因复议各条仍多未妥，碍难公布施行，将全案咨送宪政编查馆核议，旋准馆复，以现在办法遇有灾歉时，自以官吏与人民会查较能核实，应将官民如何实行会查，于下次开会交议，特定详细办法，必使灾歉可稽实数，而蠲缓之泽复不流于冒滥，斯得其道矣等语。是此次谘议局提出是项法案，应即遵照馆复特定详细办法。今本部院详核是案，与原文无甚修正，经于本月十三日特开会议厅审查科临时会审查，公决大体认为可行，惟逐条办法尚待详议：如第一条规定之该管地保，将来自治会成立后，各庄图、地保是否必须设置？第二条“上宪”二字与他条称“上级官厅”者未能一律；第三条秋后收割之一月前如遇临时发生之灾歉，能否以一月前为断？第六条发表后十日内提起诉讼，应否以收割前为限？第十条会议以城镇乡议事会议员组成之，查城镇乡各议事会议员，人数甚多，若同时召集，恐诸多烦扰，似可以厅州县议事会行之，并以厅州县官为监督，较为妥善；议事会自有会所，第十二条规定之厅州县大堂，似应修改；第十七条会议有异议时，得提出讨论，如厅州县官对于会议之议决案认为不正确时，亦应申请上级官厅核办；第十八条核复分数之方法，所谓以余数比原数定之，殊未详晰，盖成灾十分者蠲免七分，成灾五分者蠲免一分，雍正六年及乾隆三年奏有定例，今不将例文明白声叙，恐民间误以田地成灾分数即为钱粮蠲免分数，既虞冒滥，亦启纷争；第二十一条五、六两项，平均灾歉分数并每亩实征钱粮若干，查灾歉分数，即一人一家，亦有田亩高下之殊、被灾轻重之别，应各自核计分数，不能平均，亦不能以每亩核计，且征粮科则应先列某某都图、村庄，原额田地若干亩分，内除原荒及逃亡、绝户、缺额田地若干亩分，本年应蠲免成灾田地若干亩分，实在应征成熟田地若干亩分，方为详实；第二十二条议定书，应由厅州县认为正确时，分别存储及详送上级官厅核办；第二十三条之缮贴告示，以未经院司核准之件，遽行宣布，事实上恐生窒碍；第二十四条藩司于接到厅州县议定书三日内详院，并同日送刊官报，查呈报灾歉，时在秋后漕前，各州县必同时详报，藩司应即转详，但以三日为限并同日登报，于手续上似嫌迫促；第二十五条或增或减，因二十三条之先贴告示而生，若前项议定书经院司核准后，即缮告示分贴城镇乡，似可省烦复纷更之患；第二十六、七条按户给与免单而不将原田若干、蠲免若干、实征若干之易知由单详细规定，恐粮户但知邀免之数而不知应征之数，于输将不能便利，至串票盖明蠲免分数一节，查蠲缓分数，系合邑之总额，若以一户计，应按照被灾轻重以定应蠲分数之多寡，不能普通一律，致枉有征免，前项戳记，应否查照易知由单办法，以免弊混；第三十一条道府复勘之例，不能一省独异，应如上年复议案将本条取销；第三十二条为厅州县议事会成立后之规定，其未成立以前本规则第二章之会议，应否暂由城镇乡议事会各推议员二人组织之，但如自治区域不满五个者，议员总额应否则以十人为断，并由各议员于议员中公推议长；第三十三条实行之期，似应俟城镇乡自治会一律成立之后，盖原案第三条既有董事会、乡董之规定，则宣统三年正月初一日自治会尚未能一律成立，即不能实行也。本部院对于此案，为慎重灾情，预防州县之讳灾计，又为慎重正供，预防人民轻灾重报计，所有官民会查方法，自应遵照馆复详细订定，现在《府厅州县地方自治章程》业经颁布，其核订议事及监督权限极为分明，故本规则第二章之会议，与其以厅州县为议长参入意思机关，不如以厅州县为监督，俾免执行妨碍，且议事会若与厅州县官有争执时，必须有救济方法，即不得不令以厅州县申请上级官厅核办。凡此各条，皆经审查公决，尚待详议，应照章交令复议。

复议第一次会议日时：十月十七日一时三十分至一时五十分。

本日众议员与委员讨论交令复议各点，议决付法律股审查。

复议第二次会议日时：十月二十日九时五十分至十时。

法律股审查会提出报告书如左：

第一条，“地保”二字仍照原案。

理由：地保乃在官人役，将来自治会成立后，应否裁撤，责在官厅，未裁以前，不可不照现时名称规定。

第二条，“上宪”二字改为“上级官厅”。

第三条，第一项照原文加但书：“但临时发生之灾歉，得随时清查之”。

第六条，仍照原案。

理由：收割乃事实上问题，无须规定，若已经收割而犹提起诉讼，证据湮灭，当然无效。

第十条，会议以厅州县议事会行之，但厅州县议事会未成立以前，得由城镇乡议事会议长、副议长充任。

第十二条，会议于厅州县议事会行之。

第十三条，“议长”改为“监督”。

第十七条，仍照原文，加第二项：“各厅州县官对于会议之议决案有争执时，照府厅州县地方自治章程第五十六条第三项处理之。”

第十八条，一、二款“应蠲缓”三字均删去。

理由：按复议之点，恐民间误以田地成灾分数即为钱粮蠲免分数，故将三字删去，以清眉目，至以余数比原数定之之说例，如某县共有田地五十万亩，内田四十万亩，地十万亩，田一亩征米一斗，地一亩征米九升，设本年查有成灾田二十万亩，则除蠲免外，实在应征成熟田地共三十万亩，若以田地总额比例，则成灾分数为百分之四十，然以粮额计之，该县田地额征粮米四万九千石，即原数除其成灾田亩应蠲免之粮额二万石，实在应征粮米二万九千石，即余数从百分法计算，则成灾分数为百分之四十一弱，即四分之一厘弱，比照田地计算，相差几及百分之一，其蠲免粮米之差率，当在四百三十石以上，恐藩司核定蠲免分数，不分别田、地，故本条规定以粮额折减较为正当。

第二十一条，五、六两款均删去“平均灾歉分数并每亩”九字。

加二项，前项五、六两款，须查照征粮科则，分别列明某都图、村庄及阖邑原额田地若干亩分，内除原荒及逃亡绝户缺额田地若干亩分，本年应蠲免成灾田地若干亩分，实在应征成熟田地若干亩分，但办理阖邑统灾时，应将灾歉分数平均计算。

第二十二条，仍照原案。

理由：本条既以议定书为前提，则厅州县与议事会已属同意可知，更何待厅州县认为正确与否？至于分别存储及呈送上级官厅，不过形式上之手续，议定书之效力，固不待上级官厅核办后发生也。

第二十三条，仍照原案。

理由：依前条之说明，可知会议决定后，议定书当发生效力，盖正确与否之问题，为未议定前事，若认为不正确，即不应议定，既议定矣，自宜即时宣布，于事实上并无窒碍。

第二十四条，“三”改“七”。

第二十五条，全删。

第二十六条，凡应得蠲免田亩之钱粮，照例应出示晓谕并刊刻原田若干、蠲免若干、实征若干之易知由单，按户分给。

第二十七条，凡应得蠲缓田亩之钱粮串票及票根，应照易知由单一律刊明。

第三十一条，全删。

第三十二条，全删。

第三十三条，本法案自宣统三年三月实行。

本日委员请示议长，陈述意见，以第十八条“应蠲缓”三字实为最大关键，因恐民间误会田地成灾分数为钱粮蠲免分数，似不宜删去，议员亦多数赞成，遂仍原文。但于第一、第二项下各加：照例定被灾十分者免七分带征三分，九分者免六分带征四分，八分者免四分带征六分，均分三年带征，被灾七分者免二分带征八分，五六分者免一分带征九分，均分二年带征，五发以下为歉。议决呈复抚院。

兹录本议决案如左：

浙江办理灾歉规则法案

理由：查本法案曾于第一次常会议定为可行事件，嗣因本局与抚台意见各执，不能解决，由抚台咨送宪政编查馆核议，本年四月初一日，奉抚台札行宪政编查馆核复详单。详绎单开事理，对于本法案并非认为滞碍难行事件，不过欲使略加修正而已。兹特据为理由说明书于下：

说明一：宪政编查馆单开谓，查本案原议，系慎重灾情，预防州县之讳灾起见，而贵抚交令复议之说明书，以国课所关，又防绅民之以轻灾报重，两面持论，均具至理云云。是宪政编查馆核复对于本案原议理由，亦认为正当，既有正当理由，则本案自不能作废。

说明二：宪政编查馆单开更谓，现在办法，遇有灾歉之时，自以官吏与人民会查较能核实，应请官民如何实行会查，于下次开会交议特定详细办法云云。现在会期将满，而抚台未将此案交议，应遵局章第二十五条由谘议局自具草案提出之。

浙江办理灾歉规则

第一章　清　查

第一条，凡遇水、旱、风、虫、雹伤等灾歉，被害各该管之地保等须将被灾大体情形报告地方官厅。

第二条，地方官厅受报告后，当即时赴乡镇勘明，详报上级官厅。

第三条，全邑被灾情形，如此乡与彼乡轻重不同，或一乡之内灾熟互见者，须于秋后收割之一月前照会城镇乡董事会，乡董督率地保等分别清查。但临时发生之灾歉，得随时清查之。

前项之清查方法，前者须按区勘查，后者须按亩勘查。

第四条，勘查明确后，董事会及乡董于五日内造册具报，并同时列表分贴各地。

第五条，表册中须载明左列各项：

（一）都庄图名。

（二）坐落土名。

（三）现种氏名。

（四）管业户名。

（五）田亩之面积。

（六）灾歉情形

如非按亩勘查时，可省略三、四两项。

第六条，各业佃如确认为查报不实或有舞弊情事，得于发表后之十日内提起诉讼。

第七条，地方官厅受前条之诉讼后，须于三日内派员会同邻区之董事会及乡董前往复查。

第八条，册报齐集后，无论诉讼之有无，厅州县官须亲自赴乡会同董事会及乡董复勘抽查。

第九条，厅州县官复勘确实后，须将造报原册及复勘记事录付之议会。

第二章　会　议

第十条，会议以厅州县议事会行之，但厅州县议事会未成立以前，得由城镇乡议事会议长、副议长充任。

第十一条，凡遇灾歉之年，须召集城镇乡议事会议员于九月下旬会议。

会期十日前，厅州县官应发召集通知书。

如九月初十日未发召集之通知，得由城镇乡议事会议员自集城中，请求厅州县官开会。

如厅州县官再延不开会，即呈请上级官厅核办。

第十二条，会议于厅州县议事会行之。

第十三条，会议时，以厅州县官为监督。

书记由议员中推举二人充之。

第十四条，会议以记名投票决之，从过半数，可否同数，取决于议长。

第十五条，违背前三条之规定时，其议决为无效。

第十六条，会议时，如因审查之必要，得请求厅州县官调取全邑庄册。

第十七条，会议时，如对于表册或州县复勘记事录上有异议时，得提出讨论。各厅州县官对于会议之议决案有争执时，照《府厅州县地方自治章程》第五十条第三项处理之。

第十八条，核算分数之方法如左：

（一）如为全邑统灾或统歉之年，须于全邑钱粮总额中减去灾歉田亩应蠲缓之粮额，以余数比原数定之（照例定被灾十分者，免七分带征三分，九分者免六分带征四分，八分者免一分带征九分，均分二年带征，五分以下为歉）。

（二）如为某都图、村庄等统灾统歉之年，须就该都图庄内钱粮总额中减去灾歉田亩应蠲缓之粮额，以余数比原数定之（照例定被灾十分者，免七分带征三分，九分者免六分带征四分，八分者免四分带征六分，均分三年带征，被灾七分者，免二分带征八分，五六分者免一分带征九分，均分二年带征，五分以下为歉）。

第十九条，计算前条灾歉之分数，须除去被灾歉区地荡等不蠲缓之粮额单，以田亩之粮额核定之。

第二十条，会议决定，应由书记作成议定书五纸，议长及与议者均应签名盖印。

第二十一条，议定书应载事项如左：

（一）会议之年月日

（二）议长与议者之姓名

（三）某区图村庄灾歉某分数、田若干亩

（四）阖邑灾歉某分数、田若干亩

（五）某都图、村庄实征钱粮若干

（六）阖邑实征钱粮若干

前五、六两款须查照征粮科则，分别立明某都图、村庄及阖邑原额田地若干亩分，内除原荒及逃亡绝户缺额田地若干亩分，本年应蠲免成灾田地若干亩分，实在应征成熟田地若干亩分，但办理阖邑统灾时，应将灾歉分数平均计算。

第二十二条，议定书一纸存厅州县，一纸交由城议事会存储，（三）〔一〕纸由厅州县同时分别详送本管知府、巡道及藩司。

第三章　公布及罚则

第二十三条，会议决定之次日，应由厅州县照议定书缮成告示，分贴各区图、村庄，以遍及为限。

第二十四条，藩司接到厅州县详送之议定书，应于三日内转详抚院，并同日送登官报。

第二十五条，凡应得蠲免田亩之钱粮，照例应出示晓谕，刊刻免单，按户付执。

第二十六条，凡应得蠲缓田亩之钱粮串票及票根，应照易知单由单一律刊明。

第二十七条，查灾人等查报不实，如有得贿舞弊之实据，除追赃充公外，按检踏灾伤、田亩受财枉有征免律治罪。

第二十八条，乡董及地保等如以自有田产浮报灾歉成数时，处十元以上、二百元以下之罚金。

第二十九条，都庄图书造册，如将灾歉分数生异动时，按检踏灾伤、田亩受财枉有征免律治罪。

第四章　附　则

第三十条，巡道或知府委员复勘之例，应由抚院奏明删除。

第三十一条，本法应自宣统三年三月实行。

《浙江谘议局第二届常年会议事录》，议事部，丙，议员提出案，第1—11页

吴赓廷请拨钱粮平余充地方自治经费案

宣统二年十月初十日至十三日[①]

第一次会议日时：十月初十日二时三十分至三时。

---

① 时间为笔者据文中内容而定。

一读会：提出者登坛说明旨趣，略谓吾浙钱粮平余，大县多至巨万，小县亦有数千，因平余之多寡而分缺之肥瘠，遂生官吏运动之弊，非独于吏治有关，而民生亦不无影响。今行政公费已定，则此项平余不能任其收受，充作地方自治经费，实为正当办法云云。当经众议员互相讨论表决，付财政股审查。

第二次会议日时：十月十三日三时十分至三时四十分。

本日财政审查会提出报告书，大旨以钱粮平余之性质，非确当的附加费，实系银价折变之盈余，为一种不正当之收入。前经饬提充公，然从根本上解决，吾民实不能承认此不正当之负担，况平余一项，不止关系浙省，或改作建议案，陈请规定划一银价，全国删除平余名目，方为正当。众议员对于审查报告，佥以平余实为弊政，应在革除，须另提出革除平余草案，如改作建议案，所不赞成。遂表决本案不付第二读会。

《浙江谘议局第二届常年会议事录》，议事部，丙，议员提出案，第 11 页

刘耀东改定本省暂行契尾捐法案

宣统二年十月初十日至十月二十日①

理由：契税之收入为广义国税中之一种，官府对于纳契税者，填给契尾，原为证明征收之据，不宜再有附加之捐。本省前定契尾加捐凑抵新约赔款，固一时之权宜，非正当之收入也。况于契约之性质不加区别，价额之多寡不问若干，概定一契一尾，每尾一张，一律收捐银一两，因是而生不公平之结果与匿契不税之流弊：

（甲）结果不公平。甲税一买契，价额计银千元，契尾一张，捐银一两；乙税一买契，价额计银百元，契尾一张，亦捐银一两；丙税一典契，价额仅计银十

① 时间为笔者据文中内容而定。

元，契尾一张，亦捐银一两。以乙与甲较，价额之多寡为十与一之比例，而契尾捐之负担则同，是则契价多者负担极轻，而受其益者，惟富户；契价少者，负担反重，而蒙其害者，在中人。至丙与甲较，价额之多寡固大悬殊，契约之性质亦迥然别，而其负担契尾捐则又同。结果之不公平，孰甚于此？

（乙）匿税之流弊。以结果之不公平，转生匿税之原因，致课税之收入阴以减少，其弊也官承之。然因匿税之故，而财产上生种种之争端，更有逃税之罚，以随其后，其弊也民受之。官府对于人民有课税外之加捐，显示以不公平之结果，不啻阴启其财产之争，隐陷以逃税之阱，立法之流弊，又孰甚于此？

据此理由，发见契尾捐之弊害，认为本省应革事件，提出草案，拟定办法。

办法：

第一条，契尾捐之差率，分别所税之契之性质，以应纳税银为标准，就其等级而累加之。

说明：契尾捐之定率，难求正当之标准，原来契税之率，以价额为比例，若再以比例为增加，则比例增加之速，必使巨额之典买者有负担极重之趋势，故以应纳税银为标准，分别其等级而累退之。虽置千金之产，契尾之捐尚不逾原定一两之数，而民间典买不动产，大抵契价之数目少者居多，免其重捐之苦，督以逃税之罚，庶于不动产移转原因事实上减去种种之障碍，即官府对于此项之收入，平均计之，亦不至骤见短少。

第二条，契尾捐之等级列记如左：

［一］应纳税银在五两以下者，加契尾捐二十分之一。

［二］五两至十两者，加捐三十分之一。

［三］十两至十五两者，加捐四十分之一。

［四］十五两至二十两者，加捐五十分之一。

［五］二十两至三十两者，加捐六十分之一。

［六］三十两至五十两者，加捐七十分之一。

［七］五十两至七十两者，加捐八十分之一。

［八］七十两至一百两者，加捐九十分之一。

［九］一百两以上者，加捐百分之一。

说明：第一级之推算，例如买契一纸，计价银五十五两五钱五分零，照度支部契尾新章第一条载，买价一两，收税九分，应纳税银五两弱，其二十分之一为二钱五分，是为契尾捐之加数；典契一纸，计价银八十三两三钱三分零，照度支部契税新章第二条载，典价一两收税六分，应纳税银五两弱，加二十分之一为契尾捐。又第九级之推算，例如买契一纸，计价银一千一百一十一两零，照章应纳税银一百两弱，其百分之一为一两，是为契尾捐之加数；黄契一纸，计价银一千六百六十六两六钱零，应纳税银一百两弱，加百分之一为契尾捐，余类推。

第三条，本案自公布施行之日起至本省停止契尾捐之日止，有其效力。

说明：查本省契尾捐，每张收银一两，系咨部成案凑抵新约赔款，应请抚部院奏咨改定缘由，批准公布施行。并查宣统元年五月十六日度支部奏整顿各省田房税契试办新章第九条载，契尾、户管、执照，各省所收经费多寡不同，即官契一项收费，亦不一律，应暂仍旧，将来臣部官板契纸发行，应酌中定价，颁给各省，所有各省契尾、户管、执照、官纸等项所收经费，即一律停止征收等文。本案系改定本省暂行契尾捐法案，契尾捐法案一经停止，本案当然同时废止。

第四条，本案凡称银一两者，以银圆一五折合之。

说明：度支部契税新章定为价银一两收税几分，抚部院奏加收税契新章酌议银洋折价数目折称，查浙江司局各库收纳通用银币，每元作制钱千文，每一元五角作库平银一两，契税一项，银钱折价，一律照此核算。本案以税银为加捐之标准，故以两计。至于本省各厅州县征收契税，凡价银一元或钱一千文者，概作银一两起征，应于官厅交议整顿田房税契办法案内规定银钱一五折合之条，以革积弊，则本案凡以两计者，遂无相歧。

第五条，本案施行细则，由藩司拟详抚部院定之，但不得逾公布施行后一月之内。

第一次会议日时：十月初十日三时二十分至四时十分。

一读会：提出者登坛说明旨趣。议长咨询众议员对于本案有无讨论，佥谓理由既已充足，可毋庸付审查，径付第二读会，议决付第二读会。

第二次会议日时：十月十三日一时十分至二时。

二读会：众议员以本案要点，专在第二条所分之等级，虽以累退法为原则，然税契少而纳捐多，税契多而纳捐少，是欲公平而更生不公平之结果，此案必须修改。时有主张以分法为标准者，众以漫无限制，不如定一最少数与最多数，不以银两计而以银圆计，如以最少数一角为起点，最多数二元为止点，照此分级。议决付财政股审查修正。

第三次会议日时：十月十六日一时五十分至二时四十分。

财政审查会提出报告如左：

审查之结果：

［一］应纳税银在五两以下者，契尾捐洋五角。

［二］税银在十两以下者，契尾捐洋一元。

［三］税银在五十两以下者，契尾捐洋一元五角。

［四］税银逾五十两以者，契尾概捐洋二元。

本日众议员以十三日正式会，议决税银一两者，契尾捐洋以一角为起点，税银至千两及千两以上者，契尾捐洋二元为止点，而审查会修正之结果与前议决者不符，应重付审查会修正。

第四次会议日时：十月二十日九时至九时十分。

财政审查会续提出报告如左：

审查之结果：

经大会之讨论，自一角至二元层递类推，兹为分析如左：

契税银数	契尾捐数
一两至十两以内	洋一角
逾十两至二十两以内	洋二角
逾二十两至三十两以内	洋三角
逾三十两至四十两以内	洋四角
逾四十两至五十两以内	洋五角
逾五十两至六十两以内	洋六角
逾六十两至七十两以内	洋七角
逾七十两至八十两以内	洋八角
逾八十两至九十两以内	洋九角
逾九十两至一百两以内	洋一元
逾一百两至一百五十两以内	洋一元一角
逾一百五十两至二百两以内	洋一元二角

逾二百两至三百两以内	洋一元三角
逾三百两至四百两以内	洋一元四角
逾四百两至五百两以内	洋一元五角
逾五百两至六百两以内	洋一元六角
逾六百两至七百两以内	洋一元七角
逾七百两至八百两以内	洋一元八角
逾八百两至九百两以内	洋一元九角
逾九百两至一千两以上	洋二元

本日五十七席对于报告书谓，划分二十级，未免过于烦琐，且契税银数以一两起至百两止，范围亦未免过于狭小，于事实上不无窒碍。众议员讨论之结果，改定纳税银在一两以下者，加契尾捐洋一角；在五两以下者，捐洋二角；在十两以下者，捐洋一元；在四十两以下者，捐洋一元二角；在六十两以下者，捐洋一元四角；在八十两以下者，捐洋一元六角；在百两以下者，捐洋一元八角；逾百两者，一律捐洋二元。遂全案通过无疑义。议决呈请抚院公布施行。兹录本议决案如左：

改定本省暂行契尾捐法案

理由：契税之收入为广义国税中之一种，官府对于纳契税者，填给契尾，原为证明征收之据，不宜再有附加之捐，本省前定契尾加捐凑抵新约赔款，固一时之权宜，非正当之收入也。况于契约之性质不加区别，价额之多寡不问若干，概定一契一尾，每尾一张，一律收捐银一两，因是而生不公平之结果与匿契不税之流弊：（甲）结果不公平。甲税一买契，价额计银千元，契尾一张，捐银一两；乙税一买契，价额计银百元，契尾一张，亦捐银一两；丙税一典契，价额仅计银十元，契尾一张，亦捐银一两。以乙与甲较，价额之多寡为十与一之比例，而契尾捐之负担则同，是则契价多者负担极轻，而受其益者，惟富户；契价少者，负担反重，而蒙其害者，在中人。至丙与甲较，价额之多寡固大悬殊，契约之性质亦迥然别，而其负担契尾捐则又同。结果之不公平，孰甚于此？（乙）匿税之流弊。以结果之不公平，转生匿税之原因，致课税之收入阴以减少，其弊也官承之；然因匿税之故，而财产上生种种之争端，更有逃税之罚，以随其后，其弊也民受之。官府对于人民有课税外之加捐，显示以不公平之结果，不啻阴启其财产之争，隐陷以逃税之阱，立法之流弊，又孰甚于此？

据此理由，发见契尾捐之弊害，认为本省应革事件，提出草案，拟定办法。

办法：

第一条，契尾捐之差率，分别所税之契之性质，以应纳税银为标准，就其等级而累加之。

说明：契尾捐之定率，难求正当之标准，原来契税之率，以价额为比例，若再以比例为增加，则比例增加之速，必使巨额之典买者有负担极重之趋势，故以应纳税银为标准，分别其等级而累退之。虽置千金之产，契尾之捐尚不逾原定一两之数，而民间典买不动产，大抵契价之数目少者居多，免其重捐之苦，督以逃税之罚，庶于不动产移转原因事实上减去种种之障碍，即官府对于此项之收入，平均计之，亦不至骤见短少。

第二条，契尾捐之等级列记如左：

［一］纳税银在一两以下者，加契尾捐洋一角。

［二］在五两以下者，捐洋二角。

［三］在十两以下者，捐洋四角。

［四］在十五两以下者，捐洋六角。

［五］在二十两以下者，捐洋八角。

［六］在三十两以下者，捐洋一元。

［七］在四十两以下者，捐洋一元二角。

［八］在六十两以下者，捐洋一元四角。

［九］在八十两以下者，捐洋一元六角。

［十］在百两以下者，捐洋一元八角。

［十一］逾百两以上者，一律捐洋二元。

第三条，本案自公布施行之日起至本省停止契尾捐之日止，有其效力。

说明：查本省契尾捐，每张收银一两，系咨部成案凑抵新约赔款，应请抚部院奏咨改定缘由，批准公布施行。并查宣统元年五月十六日度支部奏整顿各省田房税契试办新章第九条载，契尾、户管、执照，各省所收经费多寡不同，即官契一项收费，亦不一律，应暂仍旧，将来臣部官板契纸发行，应酌中定价，颁给各省，所有各省契尾、户管、执照、官纸等项所收经费，即一律停止征收等文。本案系改定本省暂行契尾捐法案，契尾捐法案一经停止，本案当然同时废弃。

第四条，本案凡称银一两者，以银圆一五折合之。

说明：度支部契税新章定为价银一两收税几分，抚部院奏加收税契新章酌议银洋折价数目折称，查浙江司局各库收纳通用银币，每元作制钱千文，每一元五角作库平银一两，契税一项，银钱折价，一律照此核算。本案以税银为加捐之标准，故以两计。至于本省各厅州县征收契税，凡价银一元或钱一千文者，概作银一两起征，应于官厅交议整顿田房税契办法案内规定银钱一五折合之条，以革积弊，则本案凡以两计者，遂无相歧。

第五条，本案施行细则，由藩司拟详抚部院定之，但不得逾公布施行后一月之内。

《浙江谘议局第二届常年会议事录》，议事部，丙，议员提出案，第11—18页

阮性存清理各厅州县亏挪钱粮议案

宣统二年十月十一日至十月十六日[①]

第一次会议日时：十月十一日一时十分至一时四十分。

一读会：提出者登坛说明了旨趣，略谓预算、决算，全在收支之确实，浙省办理宣统三年预算案，已入不敷出，然其中尚有各厅州县亏挪钱粮之款，恐不下数十万，是预算册所列宣统三年收入总数内，尚须除去抵完宣统二年亏空之款，则预算之收入已不确实。此弊不除，亦复何用？故亟须清查亏挪钱粮以清积弊。

① 时间为笔者据文中内容而定。

众议员互相讨论，以本案所定办法，于官亏之法照例追完，然胥吏亦有朦混私亏者，岂能任其漏网？亏短之数，必设补救之法；对于民欠一层，亦不能不妥筹办法。议决付法律、庶政两股审查。

第二次会议日时：十月十六日三时五十分至四时。

本日法律、庶政两股连合会提出报告书，大致于议题办法均加修正，认为可行事件。众议员以审查会虽认为可行事件，然官吏亏挪钱粮，照现行律即系违法，何必有此议案之干涉？即民欠为地方官切己之事，亦何待谘议局筹及？议决不付第二读会。

《浙江谘议局第二届常年会议事录》，议事部，丙，议员提出案，第18—19页

沈钧儒师范生任用方法议案

宣统二年十月十一日至十月十八日①

理由：

（一）将欲谋广教育，必先求有教员，此一定之理也。查吾浙全省教员总数，据光绪三十四年学务统计，中学教员二百七十六名，小学教员四千三百六十五名，蒙养、半日、女子各学堂教员一百九十名，合计四千八百三十一名。昨今两年，其数必又增加，此后教育日益推广，所需教员之数必有三四倍于此者，而全省师范学堂仅省城有两级师范学堂一所，现有学生优级二百四十二人，初级一百二十九人，前年上学期体操专修课毕业生六十一人，本年上学期优级选科毕业生七十四人，初级简易科毕业生一百五十五人，体操专修英算兼修科三十七人，合计亦只已毕业生四百二十七人，未毕业生三百七十一人。初级师范学堂，据三

① 时间为笔者据文中内容而定。

十四年统计，全省共十八所，先后毕业生九百九十七人。师范传习所，据三十四年统计，全省共二所，学生一百五十三人。合之前年毕业归国之日本早稻田师范生百人，虽未能确指其数，要为求过于供。然从又一方面观之，则各处办学苦乏教员，而每校毕业又多闲散，是供求不相应也。欲予疏通，必有一定之法以强制之。此从全省教员缺乏上言，不可不速定任用师范生方法之理由也。

（二）省城两级师范学堂，常年经费六万一千余元，各属提解膳杂费二万四千元，合共八万五千余元。各处初级师范学堂，每所经费假定三四千元，以十八所计之，亦需七八万余元。日本师范留学生，除当时招考费二千余元不计外，每一人整装费百元，第一、二年每年学费三百七十二元，又书籍、旅行、医学费六十元，第三、四年每年学费四百元，又学校实验用品费约四十元，归资百元，使署办公费每人每年四十元，约计成就一师范生，需费实二千一百零四元。以百人计之，为数约二十一万余元。糜费多数金钱，如仍不能使人人各尽所用，岂不可惜？此从本省教育经费上言，不可不速定任用师范生方法之理由也。

（三）学部奏定《检定两等小学教员章程》第二十六条末段："自本章程颁发三年以后，无检定文凭者，不得延聘中学教员。"检定章程按学部筹备清单，亦即于二年颁发，三年实行。使不早为预备，骤届严行检定之际，各学堂教员必致有极难解决之现象，非敷衍即扰乱。此从检定教员年限上言，不可不速定任用师范生方法之理由也。

（四）师范生毕业后，皆有一定义务年限，如义务年限内有因病废不能从事教育者，考查属实，准其豁免义务，应得奖励改为虚衔。又如义务年限内不尽义务，未经允准，私自迁延至二年以上者，即将所得奖励撤销。部章制限綦严，而考查指派之责，提学司实应负之。如听其自由，不独毕业生无从藉手以尽义务，而何所谓豁免？何所谓私自迁延？部章亦等于虚设。长此放任，则究其结果，师范学堂者，不过一学生求得奖励之地而已，与教育前途有何关系耶？此从义务年限上言，不可不速定任用师范生方法之理由也。

方法：

（甲）教员之任用

［一］凡师范生毕业，均由提学司按照试验成绩表详细开列，通知全省各中小学堂及蒙养、半日等学堂。

［二］由提学司限于宣统三年上学期为止，将全省各中小学堂及蒙养、半日等学堂所有现聘教员姓名、籍贯、出身及担任年月详细列成统计表。

［三］提学司须负左之责任定期实行之：

一自列表后，各中小学堂教员，除为有得受无试验检定资格（《检定两等小学教员章程》第五条）及由部章特许（《任用教员章程》第三项、第四项、第五项），又由提学司特验，暂时准允执照（《检定两等小学堂教员章程》第十四条第二项）者外，不得再聘用非师范学堂毕业生。

说明：此处与《学部检定两等小学教员章程》所云“自本章程颁发三年以后，无检定文凭者，不得延聘”等语，似未符合，然部章用意，其注重在实行检定之结果，不得延聘，意义包含甚广。盖凡无检定文凭者，三年之后，各小学堂不特不准再行延聘，即本在学堂之员，亦一律不准仍行延聘也。此处用意，则但注重在师范毕业生之任用，无溯及一般之效力，与部章固无抵触之嫌也。

二凡各地新设之学堂及各学堂旧有教员更动或有新增之学科，无论由于各学堂自己意思或视学员稽察之结果，均须于师范毕业生内选聘之。

［四］师范生于义务年限内，提学司须按照部章加以稽核，其事件如左：

一察核其所用教科书及所编之讲义；

二随时考察其教授之成绩；

三有无规避不尽义务及未经允准私自迁延之事；

四有无病废不能从事教育之事。

（乙）教员以外之任用

［一］视学员。此方法实行后，视学员责任尤重，非有完全教育知识及于教育极有经验者，不能胜任，拟自后于部章规定三项资格内注重师范毕业生，由提学司遴选派充。

［二］各学堂职员。学堂职员即属于庶务一部，亦与寻常庶务不同，固非深明管理法者不可。若小学堂堂长，本须兼充教员者，更不待论。拟自后师范生之任用，不必专限以教员一途。盖充当各学堂职员，亦为从事教育职事，与部章初不相背也。

第一次会议日时：十月十一日二时至二时三十分。

一读会：提出者登坛说明旨趣。众议员互相讨论，以一则与学堂经费有关，恐事实上难以进行；一则学堂必延师范生充教员，恐亦难以强制。议决付庶政股审查。

第二次会议日时：十月十八日九时十分至九时三十分。

庶政股审查会提出报告审[1]如左：

审查师范生任用方法议案

大体讨论，与部定《检定小学堂教员章程》有所抵触（《检定章程》第七条第一项官立初级师范简易科毕业生年限在二年以下者，第二项官立初等师范简易科年限在二年以上者毕业在下等者，第三项毕业于民立初级师范简易科者，第四项毕业于师范传习所者），以上四者，均名为师范毕业生，其资格应受试验检定。本案浑称师范生，不分资格，概不待检定，一体任用，显与部章抵触，此不强制任用者一。

本案方法甲第三条第一项，所谓“除得受无检定资格者外，不得任用非师范毕业生”，依“不得”二字，文字推之，必发生有学堂无教员之结果。盖如理由一所云，合计全省教员总数与全省师范毕业生比较，师范生约少数倍，且得受试验检定资格者，全省合计必居少数。即令师范生均已任用，各学堂教员不敷尚多。如规定不得聘用非师范毕业生，则必致多数学堂缺乏教员，无从聘请之弊。此不得强制任用者二。

总之，师范毕业生欲予疏通，固属正当，但不得有强制之规定，生种种之窒碍，故于方法中第三条一项“不得聘用非师范毕业生”改为“须聘用合格之师范毕业生”。

本日五十六席提出修正案如左：

杜子楙修正师范生任用方法议案

（甲）“教员之任用”六字删去。

第一条、第二条仍旧。

第三条一项“《任用教员章程》第三项、第四项、第五项”改为“《任用教员章程》第三项”。

---

① 原文如此。

又“特验暂时准充执照”“验”字改“给”字。

又“检定两等小学堂教员章程”“两等”二字删去，本项凡两见，此外有引用此章程者，均改正。

又“不得再聘用非师范学堂毕业生”改为“须尽先聘用师范生”。

第三条二项“均须于师范毕业生内选聘之”改为“须于师范毕业生内尽先聘用”。

加入第四条：“劝学所应就提学司表列本属师范毕业生查明左列事项，随时介绍于缺员之学堂：[一]已未就聘；[二]品性如何；[三]长于教授或长于管理。”

加入第五条：“师范毕业生于义务年限内遇有资格相当之学堂延聘时，不得谢却，其任务及薪水均照就地情形办理。”

原文[四]条改为第六条。

(乙)目及[一][二]两条删去。

众议员均无讨论，表决即付第二读会。

二读会：[甲]教员任用删去；[一]第一条，“详细开列下”加“札由各属劝学所”七字，“全省”两字删去，“中小学堂及蒙养、半日”等十字删去；[二]改为第二条，“限于宣统三年上学期为止”十一字全删，“全省”二字删去，“中小”二字删去，“及蒙养、半日等学堂”八字删去，“现聘”二字删去，“详细列成统计表”七字改为“每学期刊登教育官报”；[三]改为第三条，“除为有得受无试验检定资格”云云均删去，改为“须尽先聘用师范毕业生”；第三条第二项以下均照修正案。议决呈请抚院公布施行。兹录本议决案如左：

师范生任用方法议案

理由：(一)将欲谋广教育，必先求有教员，此一定之理也。查吾浙全省教员总数，据光绪三十四年学务统计，中学教员二百七十六名，小学教员四千三百六十五名，蒙养、半日、女子各学堂教员一百九十名，合计四千八百三十一名。昨今两年，其数必又增加，此后教育日益推广，所需教员之数必有三四倍于此者。而全省师范学堂仅省城有两级师范学堂一所，现有学生优级二百四十二人，初级一百二十九人，前年上学期体操专修课毕业生六十一人，本年上学期优级选科毕业生七十四人，初级简易科毕业生二百五十五人，体操专修英算兼修科三十七人，合计亦只已毕业生四百二十七人，未毕业生三百七十一人。初级师范学堂，据三十四年统计，全省共十八所，先后毕业生九百九十七人。师范传习所，据三十四年统计，全省共二所，学生一百五十三人。合之前年毕业归国之日本早稻田师范生百人，虽未能确指其数，要为求过于供。然从又一方面观之，则各处办学苦乏教员，而每校毕业又多闲散，是供求不相应也。欲予疏通，必有一定之法以强制之。此从全省教员缺乏上言，不可不速定任用师范生方法之理由也。（二）省城两级师范学堂，常年经费六万一千余元，各属提解膳杂费二万四千元，合共八万五千余元。各处初级师范学堂，每所经费假定三四千元，以十八所计之，亦需七八万余元。日本师范留学生，除当时招考费二千余元不计外，每一人整装费百元，第一、二年每年学费三百七十二元，又书籍、旅行、医学费六十元，第三、四年每年学费四百元，又学校实验用品费约四十元，归资百元，使署办公费每人每年四十元，约计成就一师范生，需费实二千一百零四元。以百人计之，为数约二十一万余元。糜费多数金钱，如仍不能使人人各尽所用，岂不可惜？此从本省教育经费上言，不可不速定任用师范生方法之理由也。（三）学部奏定《检定两等小学教员章程》第二十六条末段："自本章程颁发三年以后，无检定文凭者，不得延聘中学教员。"《检定章程》按学部筹备清单，亦即于二年颁发，三年实行。使不早为预备，骤届严行检定之际，各学堂教员必致有极难解决之现象，非敷衍即扰乱。此从检定教员年限上言，不可不速定任用师范生方法之理由也。（四）师范生毕业后，皆有一定义务年限，如义务年限内有因病废不能从事教育者，考查属实，准其豁免义务，应得奖励改为虚衔。又如义务年限内不尽义务，未经允准，私自迁延至二年以上者，即将所得奖励撤销。部章制限綦严，而考查指派之责，提学司实应负之。如听其自由，不独毕业生无从藉手以尽义务，而何所谓豁免？何所谓私自迁延？部章亦等于虚设。长此放任，则究其结果，师范学堂者，不过一学生求得奖励之地而已，与教育前途有何关系耶？此从义务年限上言，不可不速定任用师范生方法之理由也。

方法：

第一条，凡师范生毕业，均由提学司按照试验成绩表详细开列，札由各属劝学所通知各学堂。

第二条，由提学司将各学堂教员姓名、籍贯、出身及担任年月，每学期刊登教育官报。

第三条，提学司须负左之责任，定期实行之：

［一］自列表后，各中小学堂教员须尽先聘用师范毕业生。

说明：此处与学部《检定两等小学教员章程》所云“自本章程颁发三年以后，无检定文凭者，不得延聘”等语，似未符合，然部章用意，其注重在实行检定之结果，不得延聘，意义包含甚广。盖凡无检定文凭者，三年之后，各小学堂不特不准再行延聘，即本在学堂之员，亦一律不准仍行延聘也。此处用意，则但注重在师范毕业生之任用，无溯及一般之效力，与部章固无抵触之嫌也。

［二］凡各地新设之学堂及各学堂旧有教员更动或有新增之学科，无论由于各学堂自己意思或视学员稽察之结果，均须于师范毕业生内尽先聘用。

第四条，劝学所应就提学使表列本属师范毕业生查明左列事项，随时介绍于缺员之学堂：

［一］已、未就聘；

［二］品性如何；

［三］长于教授或长于管理。

第五条，师范毕业生于义务年限内，遇有资格相当之学堂延聘时，不得谢却，其任务及薪水均照就地情形办理。

第六条，师范生于义务年限内，提学司须按照部章加以稽核，其事实如左：

［一］察核其所用教科书及所编之讲义；

［二］随时考察其教授之成绩；

［三］有无规避不尽义务及未经允准私自迁延之事；

［四］有无病废不能从事教育之事。

《浙江谘议局第二届常年会议事录》，议事部，丙，议员提出案，第19—26页

王泽灏初等小学堂附设简易识字学塾夜课议案

宣统二年十月十三日①

第一次会议日时：十月十三日下午四时三十分至五时。

一读会：提出者登坛说明旨趣。经众议员大体讨论，佥谓于事实上非常窒碍，并恐与学部奏定《初等小学章程》有不甚符合之处，应否付第二读会，须请议长表决。遂行表决，起立少数。时有谓未听明晰者，此中似多疑义，遂复用记名投票法表决之。卒以大多数否决，不付第二读会。

《浙江谘议局第二届常年会议事录》，议事部，丙，议员提出案，第36—37页

潘澄鑑裁撤厘捐局卡改为各业认捐以节浮费议案

宣统二年十月十四日至十月二十日②

吾浙年来商业不振，胥由于土货滞销。而土货滞销，实根于厘捐局卡为之障碍，其故妇孺咸知，无待赘述。去年本局曾提出革弊之案，虽已批准公布，然不

① 时间为笔者据文中内容而定。

② 时间为笔者据文中内容而定。

从根本上解决，则若辈仍得巧施其欺诈手段以病商害民，殊非除恶务尽之意。今若一律裁撤改为认捐，则商民感激，自愿输将，百物流通，不致壅滞，是为便民。其应裁撤之理由一。

浙民义务之负担，不为不重，而公家犹以入不敷出为忧，其故由于弊政不除，以致上下交困。读清理财政局所交宣统三年预算册，国家行政经费岁出经常门内第五款项下，知吾浙年糜二十二万九千余两之金钱以养此厘捐局卡之国蠹，殊属无谓。当兹计臣仰屋之秋，尤应节此冗费以弥岁入之不足，是为利国。其应裁撤之理由二。

查吾浙嘉兴一府，业已改为认捐，商民称便，成效昭然。其余各府，同隶一行政区域之内，若办法歧异，何以收政令统一之效？况现在邻省若江苏，亦议革除厥弊。报载资政院又有提议革除之说，则此种弊政，必在天演淘汰之中，吾浙早革一日，则于国计民生早抒一日之困。其应裁撤之理由三。

本案依据《谘议局章程》第二十一条第一项“议决本省应兴应革事件”第六项“本省单行规则事件”，应在谘议局议事权限之内，特提出以俟公决。

办法一：由巡抚饬司将各属近五年以来纳厘金若干之总数通饬各府，照会商会，由商会召集各业，调查其近五年以来每业年纳厘金之分数，与总数参互比较，折中酌定数目，分业摊认。

说明：其必以五年数目折中计算者，因每年捐输有衰旺之不同，若照旺数承认，设遇衰年，其受亏在民；若照衰数承认，遇旺年其受亏在国。故必折中酌定，庶两剂其平，于商业行政胥无妨碍。

办法二：认捐方法应参照嘉府办理，推行全省，试办一年，以抵厘金之岁入。如有未经妥善之处，由谘议局征集各府商会意见书，加以实地调查，俟下次开常年大会时公决增删修改，规定划一章程。

办法三：本案俟巡抚批准公布后，即于宣统三年元日为实行之期，将全省所有厘捐局卡一律裁撤。

第一次会议日时：十月十四日下午一时二十分至二时。

一读会：提出者登坛说明旨趣。经众议员互相讨论，均认为意思圆满，理由充足，惟寻绎事理，尚有疑义，证诸状况，亦多困难，不可不详加研究，表决付特种股审查。

第二次会议日时：十月十八日上午九时三十分至九时五十分。

特种审查会提出报告书如左：

审查裁撤厘捐局卡改为各业认捐以节浮费议案

审查之结果：

理由一，原文。

理由二，原文。

理由三，原文。

办法一：

由巡抚饬司局将各府近五年以来年纳厘金若干之总数，会由商会召集各业调查其近五年以来每业年纳厘金之平均数，酌定数目，每业总认，每户摊认。

说明：原文。

办法二：新增

向有厘捐总分局卡，一律裁撤，由各业公推值年之业董将所认捐项解交该厅州县径解藩司。

办法三：原文办法二。

本日众议员对于审查会报告书无甚疑义，表决即付第二读会。

二读会：议决“办法一”条文内删去“司局”之“局”字，“各府”改为“各属”，“近五年来”句下加“出产销场各府”六字，“总数”改为“总分数”，“办法四”条文内“宣统三年元旦”句改为“宣统三年六月末日以前”。余无疑义通过，呈请抚院公布施行。于十九日奉抚院札交复议，兹录交令复议说明书如左：

裁撤厘金局卡改为各业认捐以节浮费议案交令复议之说明书

查此案提出之理由，为便民利国，用意甚美，惟办法将各属年纳厘金总分数照会各商会召集各业调查近五年平均分数，酌定数目，每业总认，每户摊认，于事实上必生两种之结果。各属局卡所课厘金之货，未必即为各该属之出产，亦未必即以各该属为销场，其往来各货之通过税，每为厘捐大宗，如威坪厘捐局之于徽歙各货，严东厘局之于闽赣各货皆是。若即以各该属收入厘金之数分摊于各该属之各业，必致病商一也。厘金一项，为浙省岁入巨款，即以之抵拨要需，若任各属专认出产销场各货之捐数，而往来各货听其漏越，则浙省岁入必至骤减而误要需二也。且既名认捐，势难强制，若至来年六月末日，各项业捐尚未齐认，则局卡断不能一律裁撤。经本部院交由会议厅审查科议决，公认此案为不可行，应照章说明原委交令复议。

第三次会议日时：十月二十日下午一时五十分至二时。

本日，众议员对于说明书与代理委员反复辩论后，佥以必须详细调查，方可决议，今闭会时期已届，万不及再付审查，遂当场表决，委任常驻议员调查确实，俟明年临时会时再行修正提出。

《浙江谘议局第二届常年会议事录》，议事部，丙，议员提出案，第37—39页

姚祖范裁撤各属禁烟分所并入巡警局办理议案

宣统二年十月十四日[①]

第一次会议日时：十月十四日下午二时至二时三十分。

一读会：提出者登坛说明旨趣。经众议员互相讨论，咸谓此案办理手续诸多困难，于事实上尤觉偏枯，应无庸付审查，遂表决不付第二读会。

《浙江谘议局第二届常年会议事录》，议事部，丙，议员提出案，第39—40页

① 时间为笔者据文中内容而定。

王渡速裁各库存凡收支款项概归国家银行经理条议案

宣统二年十月十一日至十月十六日[①]

第一次会议日时：十月十一日下午四时四十分至五时。

一读会：提议者登坛说明旨趣后，经众议员大体讨论，表决付财政股审查。

第二次会议日时：十月十六日下午一时五十分至二时二十分。

本日财政股审查会提出报告书，略谓本案有理由而无办法，认为不能成立，应由原提议者另具草案，分别理由、办法，再行提出。众议员赞成，遂表决将本案返还原提议者。

《浙江谘议局第二届常年会议事录》，议事部，丙，议员条议案，第1页

盛炳纬破产律未颁布以前商号倒闭暂行补救方法条议案

宣统二年十月十四日至十月十八日[②]

谨呈。谘议局钧鉴：窃维我国户口繁庶，未尝无财，自庚子北方拳乱，铸成铁错，使我二十一行省安分良民岁出五千万偿款输与外洋，各布政司又特铸不准

① 时间为笔者据文中内容而定。

② 时间为笔者据文中内容而定。

完粮、不准纳税之铜元，巧取民财，数近千万，于是百姓母财为之一空，而市面恐慌之现象以成。呜呼！谁生厉阶？忍以此为商人罪耶？上海为金融转毂之地，首受影响，九月初旬遂有源丰润大商号停闭一事。依我国习惯办法，凡商号官私存款，遇有失事，先清官款，再理民欠，源丰润事同一律。各布政使司、各关道追索官款不留余地，自不待言。顾愚以为，此在闭关时代，专制政体，利源无外溢之嫌，良懦无走险之虑，犹可言耳。今则预备立宪之诏书彰彰在人耳目，况新政繁兴，无一不借资民力，若沿袭不变，一惟官权之是恃，于官款务必取盈，而民欠可置之不议，非独向隅者饮恨吞声，情岂能甘？且使百姓心目中知君民之地位悬绝，官私之界域划然，一旦国用告匮，孰肯出其私财为不关痛痒之官家尽兹义务？据最近调查，自沪市恐慌，洋商如汇丰、麦加利、德华、道胜、荷兰、正金各银行，骤添存款四千万元。有某省人汇银圆二十万至麦加利，该行拒而不纳，辗转关说，岁息愿以活存计算，始允兑收。夫此四千万元者，内地各商号素所恃为周转，洋行多一金之充积，即内地少一金之流通，顾商民竟忍而出此者，诚见中国商号及户部、交通、通商各银行，皆官款所集，官权所在，倘有参差，民受摧抑，不逮外国银行之平等相视耳。夫当此民穷财尽之秋，因司牧者惟知有官，不知有民，至使为渊驱鱼、为丛驱雀而曾不少悔，民心益涣，民气益激，国计必日益窘，国步亦日益危，此真可痛哭流涕者矣。夫不有民，何有国？见小利则大事不成，圣人之所切戒。故愚以为，今日理财之法，非发明君民一体之宗旨，实行上下相维之政策，殆不足以固人心而培国脉，昔年颁布《破产律》第四十条，似不能因部臣争执，阁而不行，应请贵局列入议案咨呈资政院，从速核议，凡商号亏欠官私各款，应责令号主将财产和盘托出，不得私匿，俟汇集成数，无分官民，按成分派，官不独厚，民不偏枯。虽与公家稍似亏损，然使百姓晓然于宪政之利益，君民一体。即此一事，得沾二百数十年旷荡未有之恩施庶几，急公好义之心不击而自动，吾四百兆血气之伦，方将同心戮力，以匡王室，何必府库之财乃其财耶？萃已涣之人心，储不匮之财源，巩无疆之国祚，胥在于是。即外国银行漏卮，亦不期塞而自塞矣。吾浙西有蚕桑之利，东擅海长之饶，为商务最重之地，若民气久郁，公理未伸，投资必多疑惧，货贿安望流通？且东南民俗，与洋人狎习日久，顾而之他，势本甚便，异日铢寸之遗，皆非我有，当非国家之福。刍见所及，是否有当，伏候详择施行。

第一次会议日时：十月十四日下午三时四十分至四时。

一读会：八十五席代原提议者登坛说明旨趣旨。经众议员首从形式上讨论，谓不甚合格。因盛君提出此案时尚未补入议员，以人民资格陈请，故有“谘议局钧鉴”等字，现在既为本局议员，自应改为条议事件，与普通议案一律办理，应先付审查修正，再行付议，遂付财政股审查。

第二次会议日时：十月十六日下午一时五十分至二时十分。

本日财政股审查会提出报告书，谓审查结果，决议维持，另立议题为商号亏闭确遵破产律办理条议案，将原案“谨呈。谘议局钧鉴”等七字删去。众议员对于审查会报告无甚疑义，遂表决付第二读会。

第三次会议日时：十月十八日上午十时至十时二十分。

二读会：议决议题改为“破产律未颁布以前商号倒闭暂行补救方法条议案”，余无疑义。议决呈送资政院并报告巡抚。兹录议案：

破产律未颁布以前商号倒闭暂行补救方法条议案

窃维我国户口繁庶，未尝无财，自庚子北方拳乱，铸成铁错，使我二十一行省安分良民岁出五千万偿款输与外洋，各布政司又特铸不准完粮、不准纳税之铜元，巧取民财，数近千万。于是百姓母财为之一空，而市面恐慌之现象以成。呜呼！谁生厉阶？忍以此为商人罪耶？上海为金融转毂之地，首受影响，九月初旬遂有源丰润大商号停闭一事。依我国习惯办法，凡商号官私存款，遇有失事，先清官款，再理民欠。源丰润事同一律。各布政使司、各关道追索官款，不留余地，自不待言。窃以为此在闭关时代，专制政体，利源无外溢之嫌，良懦无走险之虑，犹可言耳。今则预备立宪之诏书彰彰在人耳目，况新政繁兴，无一不借资民力，若沿袭不变，一惟官权之是恃，于官款务必取盈，而民欠可置之不议，非独向隅者饮恨吞声，情岂能甘？且使百姓心目中知君民之地位悬绝，官私之界域划然，一旦国用告匮，孰肯出其私财为不关痛痒之官家尽兹义务？据最近调查，自沪市恐慌，洋商如汇丰、麦加利、德华、道胜、荷兰、正金各银行，骤添存款四千万元。有某省人汇银圆二十万元至麦加利，该行拒而不纳，辗转关说，岁息愿以活存计算，始允兑收。夫此四千万元者，内地各商号素所恃为周转。洋行多一金之充积，即内地少一金之流通。顾商民竟忍而出此者，诚见中国商号及户部、交通、通商各银行，皆官款所集，官权所在，倘有参差，民受摧抑，不逮外国银行之平等相视耳。夫当此民穷财尽之秋，因司牧者惟知有官，不知有民，至使为渊驱鱼、为丛驱雀而曾不少悔，民心益涣，民气益激，国计必日益窘，国步亦日益危，此真可痛哭流涕者矣。夫不有民，何有国？见小利则大事不成，圣人之所切戒。窃以为今日理财之法，非表明君民一体之宗旨，实行上下相维之政策，殆不足以固人心而培国脉，昔年颁布《破产律》第四十条，于官民各款处置最称平允，应请资政院从速核议，凡商号亏欠官私各款，应责令号主将财产和盘托出，不得私匿，俟汇集成数，无分官民，按成分派，官不独厚，民不偏枯。虽与公家稍似亏损，然使百姓晓然于宪政之利益，君民一体。即此一事，得沾二百数十年旷荡未有之恩施庶几，急公好义之心不击而自动，吾四百兆血气之伦，方将同心戮力，以匡王室，何必府库之财乃其财耶？萃已涣之人心，储不匮之财源，巩无疆之国祚，胥在于是。即外国银行漏卮，亦不期塞而自塞矣。且东南民俗，与洋人狎习日久，顾而之他，势本甚便，异日铢寸之遗，皆非我有，当非国家之福。谨遵光绪三十三年九月十三日上谕，认为谘议局条议事件，呈请资政院核议施行。

《浙江谘议局第二届常年会议事录》，议事部，丙，议员条议案，第1—4页

陈时夏裁撤各省提法使条议案

宣统二年十月十四日[①]

恭读光绪三十三年九月十三日上谕，资政院应需考查询问等事，一面行文该省督抚转饬，一面径行该局具复；该局有条议事件，准其一面禀知该省督抚，一面径禀资政院查核。钦此。是谘议局对于资政院有条议之权。谨将所议者陈之：

① 时间为笔者据文中内容而定。

窃以提法使一官，为提刑所改建，不惟各国无此制度，亦于司法之统一有害而无益者。述其理由如下：

理由一：自审判机关之组织言之，审判机关虽分数级，而各有独立之权限，即各级审判厅各有其管辖，不得相逾越者。故初级审判厅为第一审之审判厅，地方审判厅为第一审或第二审之审判厅，高等审判厅除宗室觉罗事件外，为第二审或第三审之审判厅，大理院为终审兼特别权限之审判厅，而高等审判厅实居一省审判机关之最高级者，若不服其第二审所下之判决，或不服其决定与命令，而欲对之为上告或抗告，唯向大理院得以为之，于提法使无与也。既无与于构成审判机关之列，而徒坐拥监督审判机关之名，必至动生牵掣，无以保司法之不阿。此宜裁撤者一也。

理由二：自适用法律之解释言之，解释法律之权，必归之大理院者，谋全国适用法律之统一也。故其以下之各级审判机关，绝对有依其判决例而为判决之义务，而从他方面论之，亦即有请求其解释之权利。各国皆以大审院为独一解释法律之地，许下级之各裁判所为直接之请求，法至善也。我国各省之各级审判厅、检察厅，遇现行各项法律有疑义不能决定时，由提法使详拟解释，申请大理院核示。不惟增无益之手数，来判决之迟滞也。亦各级审判厅、检察厅之推事、检察官，其经考试合格而被任用，多具法律之学识，而提法使之资格，别无明文规定，非尽为谙习法律之人物，或有所解非所疑之恐。况解释法律之权，为单一而不可分，若以详拟之权界之提法使，实不啻分割大理院之权以与之者。虽其解释未必即为确定，而失立法上使大理院统一解释之意可断言也。故由此点观察，可谓因有提法使而于全国之法律适用上反见其纠葛者。此裁撤者二也。

理由三：自司法行政之监督及司法事宜之筹备言之，宪政编查馆奏订《法院编制法》并另拟各项暂行章程折内有云，如任用法官、划分区域以及一切行政上调查执行各项，暨应钦遵筹备事宜清单筹备者，统由法部总理主持，毋庸会同大理院办理。是司法行政之监督及司示事宜之筹备，其权一属于法部甚明瞭也。若以际此司法筹备时代，在法部不能远为主持而视提法使为法部之分曹代其设施，则为因筹办而设，非因审级而设。于筹办司法之年分，由法部派员各省，督设司法筹办处可也，而常设提法使奚为者？若以我国之幅员辽廓，各省之司法行政在法部深恐监督之不周，则年派精通法律数十之司员视察各省法官之良否，如学部视学官之制可也，而常设提法使又奚为者？此宜裁撤者三也。

依上所述三理由，则提法使之机关，实为司法机关之赘瘤，果亟图司法之统一，万无独存之理。倘因各省唯省城商埠设立审判厅、检察厅，他之各府厅州县尚以行政而兼司法，猝然裁撤提法使，而生无上级机关监督之虞，则督以省城高等审判厅代提法使而行其监督，既可渐收司法统一之效，又可易达审判公平之望，殊非不可行者。更从国家之经济上言之，一省设立提法使，每年不下五万金，合全国而计，当达百万金，际此库帑奇绌之时，犹留此不完全司法之机关为无益之费消，亦可谓不经济之甚者。故谨具草议，呈请公决。

第二次会议日时：十月十四日四时十分至四时四十分。

一读会：提出者登坛说明旨趣。经众议员互相讨论，认为理由充足，并无疑义，表决即付第二读会。

二读会：全案无疑义，议决呈送资政院并报告巡抚。兹因本议决案与原案文字并无增损，故不重录。

《浙江谘议局第二届常年会议事录》，议事部，丙，议员条议案，第5—7页

沈钧儒关于谘议局议决权内之本省行政命令施行法案

宣统二年十月十四日至二十日①

本法案为前届陶议员保霖所提，经本局议决为可行事件呈候施行，嗣因抚院不以为然，援照争执事件咨送宪政编查馆核议，本年四月初一日奉抚院札行，宪政编查馆逐件核复详单有核议案另行改正云云。惟详绎单开各语，与原案说明实有未尽融解之处，似可无庸改正，兹特分段说明如左：

① 时间为编者据文中内容而定。

宪政编查馆单开谓：查本案所议为预防局章二十七条所指而设，惟本馆议复于侍郎折内以二十一条所列事项关于本省者可令谘议局参与议决，非云不经议决督抚均不得权宜施行也。云云。按此所谓参与议决者，为完全之参与权乎？为不完全之参与权乎？玩“可令”二字，意义似于局章二十一条应办事件之内，尚有制限可言，盖可令之对面即谓有不可令之意味在也。然第二十一条所列举除二三项为本省岁出入预算决算事件，谘议局不能自具草案外，其他一至七各项，谘议局均可自由拟具草案，无必待督抚交议之文。且二三项议决字样，局章亦明为规定别无制限，是谘议局参与议决之权，固极完全，若不经议决，督抚可以自为施行，则此完全之参与议决权等于无物，必非立法之意。宪政编查馆于施行之上，加以权宜二字，即又为明认不经议决，督抚均不得施行之确证。权宜云者，特权宜云尔，不得谓为正确之施行明矣。与原案情第三条应加试行字样之用意正同，此无庸改正者一也。

宪政编查馆单开又是谓：果在开会期内，督抚自欺欺人应以之提出，采取舆论以决从违，若非值开幕会场之期，遇有临时及紧要事件，未及交议，其所发命令，谘议局确见为不便，尽可于下次开会具理由书提议更正，届时若督抚仍执前议，尚有全案咨送资政院以待决定之条，不必以试行预为限制云云。按非值开会期中，临时紧要事件，未及交议即不经谘议局议决之谓也，前既认为得权宜施行矣，若非由督抚于下届会期自和提出于谘议局说明试行之理由，以求同意，则此权宜之施行当于何时方可认为有正确施行之效力欤？本为督抚经已权宜施行之事件，由督抚交议，于事理为顺，必待谘议局见为不便，提议更正，是徒启争执之渐，于督抚之权限，事实之便利，均无所限。馆核既谓权宜施行而又云不必以试行预为限制，似未一贯，此无庸改正者二也。

宪政编查馆单开又谓：至二十七条所谓侵夺谘议局权限者，本馆议复于侍郎折内系称谘议局于应行议决之事，督抚于议场不许其议决，谓之夺其议决权，非议决之后，督抚不与施行，即谓之侵夺权限等语。分别两面，权限极为明晰，各省厘定单行章程，当本此以为原则，方与法意符合，该议案自应另行更正云云。按局章二十七条谘议局得呈请资政院核办者有二：一督抚侵夺权限，一违背法律是也。本法案议决呈由巡抚公布施选之后，即为一种之法案，巡抚自不得违背，故原案第五条谓若反于本案各条所规定，应照谘议局章程二十七条办理，语意甚为明晰，本非视为侵夺权限问题，至议复于侍郎折内云云。原案第一条理由即援以为据，并无误解之处，此无庸更正者三也。

抄录第一届议决原案：

第一条，关于谘议局章程第二十一条第二、第三、第四、第五、第七各款之事件，非经谘议局议决，巡抚不能公布施行。

理由：按局章第二十一条列举各款为谘议局权限以内应办事件，二、三、四、五、七各款尤为一省行政重要之事，现在谘议局已经成立，巡抚自当遵章提出议案交谘议局议决，若不许其议决，即二十七条所谓侵夺谘议局权限，读宪政编查馆议复于式枚原奏甚明，故不能公布施行。

第二条，前条各款如不在会期中而巡抚认为紧要时，得召集临时会议决之。

理由：前条各款关系重大，自当遵照三十三条办法，由巡抚召集临时会。

第三条，谘议局章程第二十一条第六款之事件，若非开会期内，不及待谘议局议决而欲公布施行者，应加"试行"字样，俟下届会期提出，并须说明试行之理由，交谘议局会议；如经否决，即应取消之。

理由：按第六款为根本，国家法律之单行章程规则若在会期中，自当由谘议局议决施行，但谘议局非常年开会，此款事件又是非常驻议员权限以内之事，若行政官于谘议局闭会时遇有此款事件发生，如必待开会议决，事务必多延（阁）〔搁〕，故定为试行办法而仍须于下届会期提出会议，此对于前二条为例外之规定。

第四条，谘议局章程第二十一条第一款之事件，非经谘议局议决者，巡抚于施行以前须咨询谘议局，申复后照前条办理；若谘议局否决时，应照第二十三条办理；谘议局认为重要事件时，得从本法案第二条之规定。

理由：谘议局为国民预闻政事之地，凡兴革事件应得指陈利病，如见为不可，自当呈请更正施行。

第五条，若反于本案各条所规定，应照谘议局章程二十七条办理。

理由：本案提出之主旨，全为预防二十七条事实之发生，故有反于本案各条时，不得不照二十七条办理，以保护谘议局之权限。

第一次会议日时：十月十四日下午三时二十分至四时。

一读会：

提出者登坛说明理由，略谓本案系上届年会提出议决呈（侯）〔候〕施行之案，自经抚院交令复议，本局仍执前议，抚院遂认为争执事件，呈送宪政编查馆核复。复文有“另行改正”字样，而综观全案情，与宪政编查馆单开各节实多未能融洽，绝无更正之可言，故本届复行照前提出，并加理由，经众议员互相讨论，佥谓本案系上年议决呈送之案，抚院不认为成立，本届续行提出，理由更为充足，应付二读会，遂表决即付第二读会。

二读会：

议决将原案第二条下加一另项，余无疑义，表决即付第三读会。

三读会：

全案无疑义通过，呈请抚院公布施行，旋奉抚院札交复议，兹录交令复议说明书如左：

关于谘议局议决权内之本省行政命令施行法法交令复议之说明书

查此案谘议局于上届常年会期中提出，曾经本部院说明不可行之理由，交令复议，嗣以谘议局仍执前议，又经本部院详细说明咨由宪政编查馆核复，旋准馆咨该议案自应另行改正云云。是此案之不可行已为宪法政编查馆所承认，查局章督抚与谘议局争执事件，应咨送资政院核议，但资政院未成立以前，核议之权属诸宪政编查馆，今谘议局重行提出此案，于理由中并将宪政编查馆核议之语，逐层驳议，岂宪政编查馆之核复可认为无效耶？理由会议厅公决，此案仍不可行，照章说明原委，交令复议，希即查照本部院前次咨馆核复认为不可行之详细说明，公同议决，呈复核夺。

计粘抄：对于本省行政命令施行法案仍认为不可公布施行之说明

查本案之规定所以不能认为可行之理由，前已揭明，盖其中大要，一则以本省行政命令所包甚广，非可仅以谘议局议决不议决之事件概括号其名义，所谓名实不符者，即此议也。一则以此种规则必须全国一致，其规定之权，当让之宪政编查馆，使仅由一省规定，而督抚即认可施行，既有以侵中央立法之权，而又恐各以意为解释，易涉纷歧，致与馆章不合，则事实上亦难施行，此其所难认可者，非仅名目而已也。兹据复议案，仅将名目改定而犹执前议，以请公布施行，是前交复议之意仍未能喻，惟当时本案大体既难认可，故不复指摘其条文，兹特将各条规定不合之处具论如左：

一、考宪政编查馆议复于侍郎折内关于局章第二十一条第六项，声明施行法律之细则，各省情形不一，不能不令各省自定者，乃以各省情形原有不一之事实而言，非可能性据理力争为适用谘议局章程，尚有各省不一之理也。观各省执行选举时，于局章稍有疑义，无不电请馆示而后施行，从未有自行解释者，是其明证。夫适用局章既不容各省不一，则各省即未便自定单行规则，此理易明，似无待辨。今复议案引宪政编查馆议复于侍郎折内之语，未曾说察其中性质，而遽认本案为本省单行规则，不免于根本上先已错误。

二、查谘议局章程第三十三条，临时会于常年会期以外，遇有紧要事件，经督抚之命令或议员三分之一以上之陈请或议长、副议长及常驻议员之联名陈请，均得召集云云。按本条所谓紧急事件者，应包第二十一条第一款在内参事实论之，则第一款应兴应革紧急之事当尤多，今本案第一第二两条之规定得开临时会议之事件，竟除去局章第一款，将来尚有关于第一款应兴应革紧急之事发生，督抚欲开临时会议时，势必为本案所拘束，而不得召集，即议员有明认应兴应革紧急之事可开临时会议时，亦必为本案所拘束，虽有三分之一以上之同意，亦不得陈请召集，既违局章，而又滞碍难行，此其不合者一。

三、查谘议局章程第二十三条第二十四条之规定及其按语，是督抚提议之件，谘议局以为不可行者，得呈请愿书更正，若督抚不以为然，得交谘议局复议，若仍执前议，则督抚得咨送资政院核议。局章规定权限极为分明，今本案第三条规定，关于局章第二十一条第六款，若非在会期而欲施行者，应加试行字样，俟下届会期交谘议局会议，如经否决，即应取消云云。如此规定，是督抚交议之件，谘议局以为不可行者，即行取消，使督抚虽欲再交谘议局复议而不可得，即欲咨送资政院核议而有所不能，未免拘束督抚之权利过严，其违背局章更无待论。此其不合者二。

四、本案第四条谘议局章程第二十一条第一款之事件，非经谘议局议决者，巡抚于施行以前，须咨询谘议局，申复后照前条办理；若谘议局否决时，应照第二十三条办理云云。按如此规定是与本案第三条显定区别，然同一谘议局，否决之件并无何等之理由，一则不许督抚照第二十三条办理，一则许督抚照第二十三条办理，是督抚之权利予夺，一惟本案之规定是众，而置局章于不顾。此其不合者三。

五、本案第四条第二项谘议局认为重要事件，得从本法案第二条之规定云云。按此项之义，当指局章第二十一条每款之事言之，是谘议局认为重要事件可开临时会议也。然局章规定可开临时会议者，对于第二十一条第一与第六各款，当无所区别，即对于督抚议员之权利，亦无所予夺。今合本案第一条、第二条、第四条各项观之，则是关于局章第一款请开临时会议者，不许督抚有此权而许谘议局有此权，殊不可解。又局章规定有请开临时会之权者，系列举巡抚议员议长及常驻议员而言之，本案则总指谘议局而言之，不知请开临时会议者，须谘议局全体耶？抑尚有所区别也，又不可解。此不合者四。

六、本案第五条，若反于本案各条所规定，应照谘议局章程二十七条办理，云云。按本案以上四条，既无可遵从之价值，故本条亦无须辩论。

复议第一次会议日时：十月十八日下午二时二十分至一时四十分。

本日众议员对于说明书互相讨论后，绝对认为无理由，质问代理委员答复，亦多未能中肯，百六席动议以瞬届闭会，时光可宝，讨论徒费时间，应请付审查，遂表决付法律股审查。

复议第二次会议日时：十月二十日上午十时至十时二十分。

审查复议关于谘议局议决权内之本省行政命令施行法案

查谘议局章程第二十四条，谘议局于督抚交令复议事件，若仍执前议，督抚得将全案咨送资政院核议，是谘议局与督抚争执事件，必待资政院之解决，为先朝定章所规定。送宪政编查馆核议，乃宪政编查馆之命令。命令不能变更法律，故宪政编查馆之核复，本局不能认为正当之解决，自不能不加驳议，且即就宪政编查馆复核之文而论，如移房捐及裁撤绿营饷项改充巡警经费议案，则谓暂无庸议；改良征收钱粮方法议案，则谓暂应毋庸置议。而本案则谓应行改正，可见本案之大体，宪政编查馆亦非认为绝对不可行，特谓当加以改正云尔。今抚部院谓此案之不可行，已为宪政编查馆所承认，似与宪政编查馆所谓另行改正之意不符。至抚部院不能认为可行之理由，一则以本省行政命令所包甚广，非可仅以谘议局议决不议决之事件概括，然本案标名明明冠以“关于谘议局议决权内”字样，则不在谘议局议决权内之事件，当然不在其内，本非以谘议局议决不议决之事概括一切之行政命令也；一则以此种规则，必须全国一致。其规定之权，当让之宪政编查馆，然观宪政编查馆核复文内，于规则内试行二字及侵夺权限云云，详晰辩驳，并非谓不可由一省规定，且就各省厘定单行章程，当本此以为原则。两语观之，是明明承认各省可以规定，则抚部院所谓与馆章不合者，不知何指？惟抚部院前以本案大体既难认可，故不复指摘其条文，今将各条规定不合之处，详细论列，是本案之大体现在已经抚部院认可，则本案各条自应复加讨论，加以改正，以示本局并非坚持成见，仰副抚部院慎重议案之意。

第一条，关于谘议局章程第二十一条下加“第一”两字。

第二条，毋庸改正。

第三条，“即应取销之”改为“即呈请更正施行”。

第四条，第一条内既将谘议局章程第二十一条第一款事件列入，则本条自可删去。

第五条，改为第四条。

本条规定正与谘议局章程第二十七条之意吻合，盖所谓督抚侵夺权限者，正指应行交议事件而不交议督抚擅自施行者而言，宪政编查馆议复于是侍郎折谓侵夺权限系指谘议局应行议决之事，督抚于议场不许其议决，天下宁有是理？议员在议场会议表决，督抚焉能箝其口而不许可证其议决哉！果如所言，必督抚于是议场不许其议决方为侵夺权限，则谘议局议员亦必于行政衙门不许其执行事件方为逾越权限矣。比例互推，可见宪政编查馆议复于侍郎折内解释侵夺权限之处，不独背于原章立法之意，且亦大反乎事实，交令复议文内乃谓无须辩论，或亦以宪政编查馆之解释为不正当而不便明加评论耳。

本日众议员对于报告书佥谓无疑义，表决仍执前议，兹录缮呈抚院之本议决案如左：

关于谘议局议决权内之本省行政命令施行法

第一条，关于谘议局章程第二十一条第二、第三、第四、第五、第七各款之事件，非经谘议局议决，巡抚不能公布施行。

理由：按局章第二十一条列举各款为谘议局权限以内应办事件，二、三、四、五、七各款尤为一省行政重要之事，现在谘议局已经成立，巡抚自当遵章提出议案交谘议局议决，若不许其议决，即二十七条所谓侵夺谘议局权限，读宪政编查馆议复于式枚原奏甚明，故不能公布施行。

第二条，前条所列第四、第五、第七各款如不在会期中而巡抚认为紧要时，得召集临时会议决之。谘议局遇有特别事故发生，至不能议决第二、第三两款时亦同。

理由：前条各款关系重大，自当遵照三十三条办法，由巡抚召集临时会。

第三条，谘议局章程第二十一条第六款之事件，若非开会期内，不及待咨议议决而欲公布施行者，应加试行字样，俟下届会期提出，并须说明试行之理由，交谘议局会议，如经否决，即呈请更正施行。

理由：按第六款为根本，国家法律之单行章程规则，若在会期中，自当由谘议局议决施行，但谘议局非常年开会，此款事件又非常驻议员权限以内之事，若行政官于谘议局闭会时遇有此款事件发生，如必待开会议决，事务必多延搁，故定为试行办法而仍须于下届会期提出会议，此对于前二条为例外之规定。

第四条，若反于本案各条所规定，应照谘议局章程二十七条办理。

理由：本案提出之主旨，全为预防二十七条事实之发生，故有反于本案各条时，不得不照二十七条办理，以保护谘议局之权限。

《浙江谘议局第二届常年会议事录》，议事部，丙，议员提出案，第 40—48 页

关于浙路问题建议案

宣统二年十月初十日①

（一）义务商务分会韩藩浙路问题建议案

（二）孙秉彝浙路建议案

以上两案，先经十月初四日第一次审议会讨论，谓此二案命意相同，可并付审查，遂由建议股审查会合并审查。报告谓宜照《资政院章程》第二十七条办

① 标题和时间为编者据文中内容而定。

理，用本局名义据情陈请。议决将两案合并，加以体式之修正，即提出于正式会。

第一次会议日时：十月初十日下午四时十分至五时。

一读会：众议员以关于浙路事件，前经本局呈请巡抚代奏，并呈请资政院核办在案。此二案均以路事陈请，命意相同，似不必再作正式之建议，以免多费手续，应由本局代为备文呈送资政院以供参考。本案原文另刊文牍，兹不重录。

《浙江谘议局第二届常年会议事录》，议事部，戊，人民建议案，第1页

韩清泉陈请建设浙江全省医事机关案

宣统二年十月十七日①

本案经建议股审查会报告，认为理由充足，议决即行提出于正式会。

第一次会议日时：十月十七日上午九时三十分至九时五十分。

一读会：议决缮呈抚院。兹录本建议案如左：

陈请建设浙江全省医事机关建议案

建言大旨：

医在中国，亦古官守之一，流为私门之业，大概与百家同始于周末。百家可以空言自立门户，医重实行，非私人所能为力。东西各国组织医事机关，大抵出于法人，亦由我古国家事业之遗意。清泉留学海外，历有年所，耳闻目见，心动骨惊，以言实际，则医药确能左右种族之强懦，社会之兴衰；即言虚声，数世界望国，未有不重视医学发皇而整饬者。观国人且以别文野之度南京劝业会，菁英所聚，过者惊叹，独医学一部，远不及日本三家村药店，暴大辱于天下，言之痛心，姑不必与德、美诸邦相提并论，即较上年巴西博览会卫生科陈列妇科病型四

① 题目为笔者所加，时间据文中内容而定。

千有余种者，何可同语？谓中国之大，竟无一人投袂以起，辟斯道荆莽，夫谁敢信？要亦素来习尚视为不急之务，有以迁延而坐视之。纵曰文野之验，强弱之差，题目过大，姑置勿议，然人有疾病可治不治，痛楚呻吟，非命而死，言念及此，畴不寒心？或曰社会习惯，夙主中医，西来法术，不可强合，持之有故，言之成理。然中果能医，犹可自解，金元以降，谁复能读汉晋医方者？乾嘉而后，号称医家者流，叩以东垣、丹溪、河间、戴人诸书，或且不详其名；切脉动息，遑及五十寸关，何部信手为之？学友某尝叩老医以鱼际白肉果在何处？且左右顾不能置答。知其并此系虚脉诀，河间六书亦未尝寓目。又尝延医，启足请诊，医怒其亵，盖并三部九候而不知。粗工嘻嘻，何以过此而谓可寄托生命与西医颉颃？又谁敢信之？夫医事之切要，既如彼中医之不振，又如此虽欲视其终古，而病变之来，不择人地；观瞻所系，无殊国耻；同学相谋，不敢自匿。谨援《谘议局章程》第二十一条第十二款，建白一二。抑更有说者，国事沉冥有年矣，偶有兴作，类皆舍本逐末，枝枝节节，天下未有纲不举而能自张者，故为全省机关计，统筹根干，分为四部：曰学校、病院、传染病研究所、卫生试验所，各有其用，不可偏废。惟规划宜恢宏，入手须缜密，财之与才，两不我假，故分先后缓急，今日所必不可无者。备述入手方法，姑从缓设者，第举其目，不附细章，然亦须略定举行年限，匪曰可缓，遂置诸不议之列也。

一、病院。

二、医学专门学校，在病院成立后第二年酌量举办。

三、传染病研究所，在学校成立后第二年酌量举办。

四、全省卫生试验所，与卫生行政警察各方面均相需而举，只能最后举办，请先言建设病院理由。

建病院理由：

一、探原立论，固宜从医校办起，然病院规模，除手术室必须建筑、无可通融外，其余皆可丰可俭。至学校则一切设备，初创虽不能应有尽有，即十得其一，已非成数不办；以经济言学校，非生利之物，病院早则一二年，迟亦不出十年，经济必可独立，不至为地方之累。此所以先设病院者一。

二、以浙江幅员人口论，足可敌一强国，然未闻有普通病院，已无理由之可言。省城所称为病院者，皆外人缔造，经营为慈善性质，本非荟萃学术之地，设备研究，何能加以苛责？吾浙人果能合力开创，方其伊始，虽为财力所限，然能悬一正鹄，逐渐进行，或可达完全之域。人有恒言相形见绌，我且无绌可形，实为地方痛心。此病院所以必设者二。

三、在通都大邑无医治机关，不仅为地方之羞，而疾病痛苦，委之途人，听诸天意，生命危险，无可告诉，在十年前固不足怪然，未闻立宪国民能忍此荼毒者。西人谓吾国独中鸦片之祸，至于今未已者，半以社会无医治机关之故。旨哉斯言！亡羊补牢，于今已晚，长此不图，又将谁俟。此病院所必不可缓者三。

四、或谓仅设机关，不必收容病人，则经济费较省，轻而易举。不知今之医学，断非一纸单方即可讫事，下一诊断，必先体察试验积数十日者，往往而是。如糖尿病、血液病之类，又如结核病、神经病，有必须隔离家庭而后可以施治者。又如慢性胃肠病，治法种种，非入病院，无从处置，至如外科手术后之不能无病院，更无俟赘述。此院所以必设者四。

五、东西各国，医学发达，在腠理多已施治，近数年来，虽梅毒、结核，号为国民病势不能免，然亦大减其数。在医学昌明之国，欲觅一第三期梅毒患者，大概已不可多观。故其著书中所有图形，每摄自华人。大连一租借地，立约不过十二年，而外人经营病院，几与铁道并进。据其报告，有谓某妇吞烟自毙，解剖尸体，于气道中得西瓜子。盖欲以粪灌救，粪中瓜子窜入气道，窒息而死。谓非支那不能见此例，冷嘲热骂，闻者难堪。再不以医学知识灌输社会，国民又何以自处？病院者，沟通医学之枢机也。此所以必设者五。

六、今人患病辄自危，盖以无所告无可恃而然。由此推之，则社会心理，无不欢迎病院者。然迄今不举，大概半属经济难筹，半由人才难得。以经济言，在一普通病院，岁额有限，且数年之后，可无烦地方补助；病院略有成效，随时布置学校基础，凡将来一切医事人才，均从根本上为陶镕之计，彼时行政警察各方面当较今日稍稍就绪，一举而卫生试验所能粗具规模，则有王者起，必来取法。各行省卫生事件，势必有不能不办之一日，则我浙为各省首创，亦未始非海内之荣也。

筹费办法，列经费项下。兹举病院简章如左：

浙江病院

第一章　名称

第一条，本病院名曰浙江病院。

第二章　位置

第二条，本病院设立于本省省城。

第三章　宗旨

第三条，超度一切苦难，沟通中西学术。

第四章[①]

第四条，本病院诊疗科目设左列诸科：

内科，精神病科，儿科，妇科，传染病科

外科，耳鼻咽喉科，眼科

产科，皮肤病花柳病科，齿科

第五条，本病院诊疗各科细目开列如左：

［一］呼吸器病；　　［二］消化器病；

［三］循环器病；　　［四］泌尿生殖器病；

［五］脑神经系病；　　［六］五官器病；

［七］皮肤病；　　［八］运动系器病；

［九］血液病；　　［十］物质代谢机病；

［十一］发育及营养障害；　　［十二］传染病；

［十三］中毒；　　［十四］跌打损伤。

第五章　医例

第六条，本院分门诊、住院、出诊三种。

第七条，一切重症及须用手术者，均宜住院治疗。

第八条，出诊唯限于急诊病家之请者。

第六章　职制

第九条，本病院设置各部职员，开列如左：

一、病院长，一名（兼）

一、医长，四名

一、调剂员，一名

① 此处原文空缺，无章名。

一、理事，一名
一、会计，一名
一、副手，四名
一、药局生，一名
一、看病夫，若干名
一、顾问员，若干名（名誉职）
第七章　副事业
第十条，本院除医治各种疾病外，附设左列各科：
一、体格检查
一、健康诊断
一、收生
一、种痘
一、戒烟
一、裁判上之鉴定
第八章　事业
第十、一条，本院事业分左设三部：
一、治疗部
一、研究部
一、救恤部
第十二条，研究部事业略列如左：
一、急性、慢性传染病
一、我国固有之医药
一、我国特有之疾病
一、卫生事业
一、国际的疾病
第十三条，救恤部事业略列如左：
一、收容贫穷病人（不收分文）
一、各种急难
一、施种牛痘

第九章　经费

第十四条，经费分开办、常年二款。

第十五条，开办费约估大略列表如左：

手术室，五百元；诊察室，四间；

器械费，五千元；药局，二间；

药品费，一千元；理事室，二间；

书籍费，五百元；病室，若干间（隔离室）；

器具费，五百元；杂用室，若干间。

按：手术室地价不在内。

第十六条，常年经费约估大略列表如左：

医长，四员。

理事员，二员，每员一月二十五元，六百元。

副手（调查员）六员，每员一月十二元，八百六十四元。

书籍杂费，三百元。

器械费（补添），三百元。

研究费，五百元。

救恤部费，一千元。

备品费、杂费，五百六十四元。

仆役，七十二元。

备考

上下十四人伙食，四百八十元。

此仅就最省数估计，病院房屋倘不能建筑，则除手术室必须特造外，房租尚须估计一数。

左列各种细则另详：

本院职制细则　　收生部细则

管理部细则　　戒烟部细则

研究部细则　　职员任免细则

救恤部细则　　药局细则

鉴定部细则　　门诊治疗细则

种痘部细则　　入院治疗细则
诊察科细则　　宿值员细则
药科细则　　调制预算表
手术科细则　　常年经费表
手术愿书规定　　支出收入各表
病房细则　　各种报告
隔离室细则　　看病夫细则

《浙江谘议局第二届常年会议事录》，议事部，戊，人民建议案，第1—8页

浙江谘议局第二届常年会逐日到会人数表

宣统二年九月至十月[①]

日期	到会人数	日期	到会人数
九月一日	一百零七人	九月二十日	
九月二日	九十一人	九月二十一日	
九月三日	一百零三人	九月二十二日	
九月四日		九月二十三日	
九月五日		九月二十四日	
九月六日		九月二十五日	
九月七日		九月二十六日	
九月八日		九月二十七日	
九月九日		九月二十八日	
九月十日		九月二十九日	

① 原标题为“议员到会人数”，时间为编者据内容而定。原表日期无间断，只是“到会人数”栏空缺，今照录。

续表

日期	到会人数	日期	到会人数
九月十一日		九月三十日	
九月十二日		十月一日	
九月十三日		十月二日	
九月十四日		十月三日	八十六人
九月十五日		十月四日	八十七人
九月十日		十月五日	
九月十七日		十月六日	八十五人
九月十八日		十月七日	八十九人
九月十九日			

《浙江谘议局第二届常年会》附刊（甲），第1—3页，“议员到会人数”

浙江巡抚及巡抚代理委员姓名表

宣统二年九月至十月①

浙江巡抚：

增韫

代理委员：

恽毓河、张一麟、梁建章、强运开、谷钟秀、杨志濂、罗运经、沈维贤、王丕煦、杨德懋、郑礼融、金国书、蔡承焕、宋承家、莫量、许承祖、殷松年、祝震、祁荫甲、黄寿慈、徐宗德、贺学海、汪培生、吕策、钱沐华、姚景沅、刘可均、黄镛、张倬、李孝先、江畬经、陈祖望、杜光佑、董秉清、王对德、严邦模、吴万里澄、许耀、元贞、梓梁、德克基克、胡文藻、徐联赛

《浙江谘议局第二届常年会议事录》附刊（乙），第3—5页，“浙江巡抚及巡抚代理委员姓名表”

① 时间为编者据内容而定。

浙江谘议局第二届常年会议员名表

宣统二年十月①

今职	姓名	籍贯	备考
议长	陈黻宸	温州瑞安	
副议长	陈时夏	宁波鄞县	
	沈钧儒	嘉兴秀水	
常驻议员	张传保	宁波鄞县	
	赵镜年	绍兴嵊县	
	周钟俊	台州临海	
	涂　山	衢州开化	
	王泽灏	绍兴诸暨	
	宋吉成	金华金华	
	傅典修	金华义乌	
	张其光	绍兴余姚	
	张美翊	宁波鄞县	宣统三年三月辞常驻议员职
	范耀雯	杭州仁和	补张美翊遗缺
	王渡	杭州余杭	
	王秉融	严州分水	
	陈训正	宁波慈溪	
	陈士干	台州黄岩	
	汪秉豪	杭州新城	
	徐象岩	温州永嘉	

① 原标题为“浙江谘议局议员表”，时间和“备考”栏为编者所加。

续表

今职	姓名	籍贯	备考
	周祥麟	台州黄岩	
	褚辅成	嘉兴秀水	
	阮性存	绍兴余姚	
	梁有立	杭州钱塘	
	潘澄鑑	湖州乌程	
	王序宾	宁波奉化	
	王家襄	绍兴会稽	宣统三年七月辞常驻议员职
	黄赞羲	绍兴新昌	补王家襄遗缺
	陆积昌	湖州归安	
	周斌	嘉兴嘉善	
议员	墨尔根图	杭州驻防	
	熊文	杭州驻防	
	裕祥	杭州驻防	
	潘秉文	杭州昌化	宣统二年九月病故
	祝震	杭州钱塘	补潘秉文遗缺
	骆恒	杭州钱塘	
	张宣藻	杭州海宁	
	洪锡承	杭州新城	
	姚祖范	杭州临安	
	章毓才	杭州富阳	宣统二年八月病故
	方镇	杭州于潜	补章毓才遗缺
	朱宝瑨	杭州海宁	
	潘振麟	杭州昌化	
	陈敬第	杭州仁和	被选为资政院议员
	吴恩元	杭州仁和	补陈敬第遗缺
	盛如彭	杭州富阳	
	邵羲	杭州仁和	被选为资政院议员
	孙树礼	杭州余杭	补邵羲遗缺
	吴锡璋	杭州新城	

续表

今职	姓名	籍贯	备考
	张纲	杭州于潜	
	张棣	嘉兴嘉兴	
	杨文焘	嘉兴石门	
	陶保霖	嘉兴秀水	被选为资政院议员
	吴赓廷	嘉兴海盐	补陶保霖遗缺
	朱其镇	嘉兴嘉善	
	劳絅章	嘉兴桐乡	
	萧鑑	湖州长兴	
	蔡焕文	湖州德清	
	徐翰章	湖州长兴	
	韩国藩	湖州归安	
	张善裕	湖州乌程	宣统二年七月病故
	蒋玉麟	湖州长兴	被张善裕遗缺
	杨山立	湖州乌程	
	蔡蒙	湖州归安	宣统二年七月辞职
	林钟秀	湖州武康	补蔡蒙缺
	莫如滋	湖州安吉	
	俞宗濂	湖州归安	宣统二年六月辞职以陆积昌递补已见前
	顾荣第	湖州乌程	
	章育麟	湖州孝丰	
	余镜清	宁波镇海	被选为资政院议员以张美翊递补已见前
	沈椿年	宁波定海	
	丁中立	宁波定海	宣统二年七月辞职
	唐凤翔	宁波镇海	补丁中立遗缺
	王世钊	宁波鄞县	
	王予衮	宁波象山	宣统二年八月病故
	陈鼎年	宁波慈溪	补王予衮遗缺
	顾清濂	宁波鄞县	
	柳在洲	宁波慈溪	

续表

今职	姓名	籍贯	备考
	罗赓良	宁波慈溪	
	陈翼亮	绍兴萧山	
	谢元寿	绍兴余姚	
	钱允康	绍兴山阴	
	王世裕	绍兴会稽	
	杜子楙	绍兴山阴	
	卢观涛	绍兴嵊县	
	金葆稚	绍兴上虞	
	高金培	绍兴上虞	
	王佐	绍兴上虞	被选为资政院议员以阮性存递补已见前
	楼守光	绍兴诸暨	
	韩泽	绍兴萧山	
	张乃明	台州仙居	
	郑际平	台州黄岩	被选为资政院议员
	吴气充	台州黄岩	补郑际平遗缺
	何奏簧	台州临海	
	金尚铣	台州太平	
	黄崇威	台州临海	
	管穰	台州黄岩	
	蔡裔麟	台州宁海	
	阮惟嵩	台州黄岩	
	陈树钧	台州太平	
	金秉理	台州太平	
	谢钟瑞	台州天台	
	狄翚	台州太平	
	王应奎	台州黄岩	
	祝绍政	金华兰溪	
	蔡汝霖	金华东阳	
	王廷扬	金华金华	被选为资政院议员

续表

今职	姓名	籍贯	备考
	周炳文	金华义乌	补王廷扬遗缺
	张若骝	金华浦江	
	黄志璠	金华浦江	
	张时星	金华浦江	宣统二年　月病故
	蒋俶	金华兰溪	补张时星遗缺
	应贻诰	金华永康	
	余敏时	金华义乌	
	黄世基	金华金华	
	吴英	金华东阳	
	詹熙	衢州西安	
	张芬	衢州龙游	
	聂日培	衢州龙游	
	郑永禧	衢州西安	
	叶诰书	岩州寿昌	
	罗灿麟	岩州桐庐	
	徐秉谦	岩州淳安	
	王理孚	温州平阳	被选会议厅审查员
	吕渭英	温州永嘉	补王理孚遗缺
	贾燊	温州瑞安	
	黄式苏	温州乐清	
	项湘藻	温州瑞安	
	沈国琛	处州丽水	
	刘耀东	处州青田	
	吕朝阳	处州缙云	
	黄炎	处州松阳	
	连正钊	处州龙泉	
	郑希樵	处州青田	

《浙江谘议局第二届常年会议事录》附刊（丙），第5—11页，“谘议局议员姓名表”

抚院莅谘议局开会词

宣统三年三月十一日[①]

今日为浙江谘议局临时会开会之期，其重要议案为试办本年预算，上年度支部奏咨交议之时，值谘议局会期将满，未暇详议，今特开临时会从容讨论，藉以补去年所未逮。至预算案必经议会通过而后确定者，所以称量人民之担负，防止财政之紊乱，立法用意，至深且密，东西各国，靡不如是。吾国财政，品目繁杂，非精于计学者，不能钩稽爬梳，咸使就理，今一旦舍旧谋新，试办预算，于财政原理既恐未能深合，且国家、地方两税未分，会计法亦未颁布，各种机关又不能完备，无论量入为出之制尚不可行，即求其收支适合亦忧忧乎其难矣！现在预算不敷，为数尚巨，而谘议局所能议者，又只地方行政岁出一部分，原始要终，良多遗憾，即就岁出一部分定之，款目是否核实？分配是否适当？爬罗剔抉，夫岂易易？所赖诸君子同心协力，救弊补偏，冀收完全之效果。至主管各署局所呈报者，间有缺略变更之处，已说明理由，逐项更正，本抚院陆续交局，尚望互相研究，以求正当之归宿，俾向之散乱无纪者，驯而至于划一整齐，此尤本抚院所大愿也。又预算以外，尚有去年未议决及本年新提出之案，均望于会期内一并议决，以资新政之进行，则此二十日之光阴，固至堪宝贵，而此临时会开会之第一日，又足为异日重要记念矣。

《浙江巡抚审订谘议局议案录》辛编，第39页

① 时间为编者据内容所加。

抚院莅谘议局闭会词

宣统三年五月①

今日为谘议局临时会闭会之期，关于本年之地方行政经费预算，业由谘议局议决，经本抚院发交会议厅审查后，分别批准，其中有与事实上窒碍难行者，仍说明原委，交令复议。以最迫促之时期而议此极繁赜之财政，竟能爬梳抉剔，酌盈剂虚，多所成立，本抚院实深佩慰。至论议案之内容，或为共谋全省利益，或力求撙节款项，要皆不谬于应兴应革之旨。其他交议及呈报各议案，已皆分别核定，以求实际可行，利及全省为主，此本年临时会开会之成绩及其大旨也。谘议局与行政官厅对于本省行政，皆有应负之责任，宜交相尊重立法本意以维持于不敝，庶于法治前途大有裨益，此本抚院既用以自勉，又愿与诸议员共勉之也。

《浙江巡抚审订谘议局议案录》辛编，第40页

① 时间为编者据内容所加。临时会召开于宣统三年三月十一日，按照《谘议局章程》，临时会应于四月初一日结束，但因预算格式的争执，从谘议局议决案和有关文牍的时间判断，临时会结束于宣统三年五月。

三、来往文牍

抚部院增札谘议局核议通益公纱厂欠款文

宣统元年九月三十日

为咨询事。案照通益公纱厂，由前董王震元先后请官款四十万一千两经始创办，嗣因厂基已成，营运无资，擅借洋款，饬令停闭，收回官办。是时职商高以德本在该厂，深悉内容，邀同号商李福源、王赓诗、张懋翊出具保结，招集新股二十万元，经委员杨守宝铭等代禀藩司，请准承顶接办，官款四十万一千两归其承认，停利拔本，分十五年缴清，厂归商股，每年按六、腊两月分缴，不敢亏短，并出具限状，由司详请，任前院批云：查该商所议缴款，年限过长，本难准行，惟念招集新股，重整厂务，清理机器，找款并应将前借洋债自行清还，姑准照办等语。当由诚前藩司给谕高凤德，准其接充在案。迨光绪三十三年秋间，因奉部章，饬完纱厘每担七钱，与萧山之通惠公、宁波之和丰、通久源，均属一律办理，初无歧异，而高凤德则藉口厘重，邀求免缴锭捐，并请展长缴款年限。旋由前喻署藩司详请，准其免缴锭捐，并展长缴款期限三年，乃犹抗不遵办。迨至本年春间，已欠缴三期之久，任催罔应。本部院查原案高凤德系由官谕充之人，应即撤换，另招商办。高凤德则恃已注商册，运动新股，出而反抗，并挽商会代缴三期欠款。时该厂老股亦因权利不均，出而互控。经本部院一再电部，始为老股争回举董、查帐权利，新老股始得利息。在新老股东一方面既已和好，自可准其销案。而公款一方面，前欠三期，虽由商会代为缴解，又除本年六月续缴一期，其未缴者尚有二十二万三千余两之多。商会担保，无论于例不合，而总协理岁一公举，断难逐任担保。至龚心铭请由新公司另具分期票呈送存案，亦难准予照办。何则？既须另行出票，原案即归无效可知。况新公司之总会办虽经另举，固犹是新股东诸人也。前次欠解公款者，与现在呈请出票者，仍即其人，且原案停息拔本，该新公司独占优利。浙省纱厂如萧山之通惠公、绍兴之开源永、嘉兴之咸益，所领官款，无论现开及已停闭，均尚缴息。此次若准该新公司仍照原案办理，势必援例，群请免息。值此财政万分支绌之际，公家何堪受此亏耗？又况该新公司所欠公款，以无息之故，劝业所、商学公会、塘工议事会，纷纷禀请追提，以公济公，是以饬札劝业道，将所欠公款另订办法。旋由董道代筹全缴、合股、认息三策，照会该新公司自认一策，讵始终抗不遵办，致有十一府士绅百余人联名公禀，请提该新公司所欠公款拨充路股，即以路股之息，充作新政费用，并请追补八年息银二十余万两，且恳由清理财政局将高凤德侵吞之款彻底清查，追缴充公。查此案原可由本部院酌定一策，以法律勒令遵办，但当此立宪时期，庶政公诸舆论，本部院为立求公允起见，查照《谘议局章程》第二十一条第十款申复督抚咨询事件一项，将此案全卷札发谘议局，作为咨询事件札行，即便查察此案始末缘由，悉心研究，议决一策，以便饬遵。至该商等前曾禀请将厂房机器退还公家，另招商办，并有代前商倒欠各款，亦由公家照数给还等语，显系意存挟制。查该商藉旧厂基础，营业八年，厂房机器，既无租息，官款又复停利，其历年已缴官本十七余万两，究竟应否发还，务希通盘筹画，妥为核议申复。须至札行者。九月三十日。

《浙江官报》，宣统元年第十五期

抚部院札知准宪政编查馆咨开废弃及缓议五案照章应再交局复议文

宣统二年正月廿一日

为札行事。宣统二年正月十三日准宪政编查馆咨开，准贵抚咨开，查《谘议局章程》第二十二条："谘议局议定可行事件，呈候督抚公布施行。前项呈候施行事件，若督抚不以为然，应说明原委事由，令谘议局复议。"第二十三条："谘议局议定不可行事件，得呈请督抚更正施行，若督抚不以为然，照前条第二项办理。"第二十四条："谘议局于督抚交令复议事件，若仍执前议，督抚得将全案咨送资政院核议"。等因。以上三条规定并以案语证之，是督抚提议事件，谘议局以为不可行者，得呈请督抚更正施行，若督抚不以为然，得说明原委交谘议局复议，若谘议局仍执前议，督抚得将全案咨送资政院核议。权限规定极为分明，是督抚与谘议局提出议案，不得由一方主张作废，以防流弊。其争执之结果，以咨送资政院核议为持平。此次浙江谘议局开会，本部院准照章程编订议案十一种，于九月初一日以前提出于谘议局交令会议，讵于十月十九日据谘议局呈报，对于本部院提出议案，议决可从缓议者一种，为《医生营业暂行规则》；可作废弃者四种，为《清理田亩议案》、《浙江全省森林规则》、《浙江完漕试办规则》、《浙江禁止住室停柩规则》，而呈报之文，则据本部院批准之《议事细则》第八十条第二项："谘议局待审查会之报告，就其大体讨论后决应开第二读会与否"，并同条第四项："如决定不开第二读会时，其议案应即作废"之规定，当经本部院详加审核，以谘议局对巡抚提出之议案认为不可行者，宜先参照《谘议局章程》第二十三条之规定呈请更正施行，不得仅据该《议事细则》第八十条第四项之规定概作废弃。又以谘议局对于以上五案主张缓议及废弃之理由，未为正当，本应说明原委事由，交令复议，惟据呈报之时，已届闭会之日，不及交令复议，应俟将来可开临时会议或下届常年会议时，再行说明原委事由，交令复议，当经札知谘议局在案，但现在该局既经闭会，对于此事未见如何呈报，将来本部院若将以上五案交令复议，而谘议局承认与否，尚未可知，仍属于争执事件，除将以上五案认为不可缓议废弃之理由加以说明，并附全案另册呈送外，所有关于此事是否得由本部院再交复议及将来谘议局对于巡抚提出议案可否遽行议决作废之处，相应咨呈贵馆查核，并希迅赐见得，以免临时争执等因前来。查《谘议局章程》第二十三条内载，谘议局议定不可行事件，得呈请督抚更正施行，并无缓议及废弃之办法。谘议局定章既有明文，即须遵照办理，不得援引该局《议事细则》，致多阻碍而涉纷歧。所有以上五案，应即照章再交该局复议，至将来谘议局对于督抚提出议案，自不准有议决作废等情，以符定章。除通行外，相应咨复贵抚查照办理可也等因到本部院，准此，为此札行谘议局查照。须至札行者。宣统二年正月廿一日。

《浙江谘议局文牍》第二编，第3—4页

本局呈请抚部院更正提学司拟详全省师范教育办法文

宣统二年二月十四日

为呈请事。案查本届常年会议期中议决《统筹全省师范教育》一案，业于上年十月十九日奉抚部院札准公布施行。近阅报载提学司筹办设立师范教育一事详复抚部院内开，原案办法第一条每府应照章设立初级师范学堂一所，其学额暂以每府需用小学教员人数定之，限宣统二年成立，如需用小学教员较多，亦可酌量地方情形，量为添设等因。现据光绪三十四年统计，本省初级师范学堂已设者共一十八所，学生共一千二百八十八人，内完全科四百一十九人，简易科八百六十九人，若以全省小学一千四百五十一所、教员四千三百六十五人计算，已足敷原案第一条附说所开“现用教员十人，必有师范生一人以上”之数。又查光绪三十四年教员资格表，小学教员由师范毕业者已有六百六十一人，是所谓教员十人必有师范生一人者，照现在调查之数，乃有盈而无绌。惟初级师范学堂，各府虽皆次第设立，独湖州一府尚付阙如，亟应饬令限宣统二年上学期组织成立。其开办常年经费，各府皆就各地方自筹，湖郡亦未便独异。原案办法第四条所谓“应由省中拨款补助”一节，似可无庸置议。至原案办法第二、第三两条，拟仿日本师范简易科，期以二年毕业，并由提学司通饬各劝学所速将此项师范学科程度及招考资格、毕业服务各项办法拟呈，订定各节，自应通饬拟订。等因。敝局即于本月初八日特开协议会研究此事，佥谓本案办法第一条每府设立师范学堂一所，系依据部章而为，目前定一入手方法，初非以每府一所示以限制也，故于同条第二项载有“如需用教员较多，亦可酌量地方情形，量为添设”等语，惟小学教育必用本地人员，与语言上、经济上、教育上有种种关系，所以欲定师范生人数，宜分计各府需用小学教员人数若干，然后酌设学额，观第一条条文自明。今提学司详内所谓“现据光绪三十四年统计，本省初级师范学堂已设者共十八所，学生共千二百八十八人，内完全科四百十九人，简易科八百六十九人，若以全省小学千四百五十一所，教员四千三百六十五人计算，已足敷原案附设所开‘现用教员十人，必有师范生一人以上’之数”，是提学司将全省师范人数核算未曾照案为各府分计，似于办学实际便利与否尚未计及，且现当教育普及之时，小学自应逐次加增，不能坐俟所数推广后再为三年蓄艾之计，细绎提学司筹办方法，不惟与议案原意不合，且反似以此议案为限制师范生而定者。查原案第一条附说所云“每现用教员十人，必有师范生一人”，系以现用教员与每年师范生毕业人数比较，为逐渐汰易地步，非谓有教员十人中有师范生一人，即为满足，亦非限制在校师范学生不得过现用教员十分之一也。又提学司详内所谓“初级师范学堂虽皆次第设立，独湖州一府尚付阙如，亟应饬令限宣统二年上学期组织成立，其开办常年经费，各府皆就各地方自筹，湖州亦未便独异，原案办法第四条所谓‘不足应由省中拨款补助’一节，似可无庸置议。”查各府已设立之师范学堂，学科仍多缺点，且有附设于他学校而未曾特立者，按其办法，率皆因陋就简，形式虚设，不得谓湖州一府仅付阙如也，似应实行考察，未设者固宜饬令依限组织成立，其已设立而教科未臻完备及附设于他学校者，亦应饬令改良兴办，期收教育统一之效果。本案办法第四条之规定，为推广师范起见，从前设立师范就地筹款，实在本案未布之先，今议案现已公布施行，则未设立之师范学堂，果属无款兴办，应由省中拨款补助，自是正办。提学司引彼证此，遽尔取消，自难承认。案关教育，又为谘议局权限所在，今将协议会研究情形备文呈请抚部院察核更正，以保议案效力。为此呈请抚部院查照施行。须至呈者。

抚部院增批：呈悉。希候饬司查核厘订，一俟具复，另札查照。此复。

《浙江谘议局文牍》第二编，第6—8页

本局呈请抚部院札饬各属禁止洋商在内地营业文

宣统二年二月二十日

为呈请事。窃维防患之法，贵在未然；善后之图，必追来者。杭州大井巷地方，有日人开设之福寿堂店，既违约以设肆，复违法以设赌。本月十四夜，其店主村上喜次郎暨前田佐市，又因图赖赌彩之故，胆敢刃伤布店学徒，致激众怒，群起为难，人数既多，劝谕无术，地方官弹压解散，竭尽保护之力，得未酿成巨祸。事后洋务局照会驻杭日本领事，遵照约章限令各日商一律迁出城外租界营业，一面仍请拘留福寿堂主惩办，并责成赔偿一切。办法极是，即地方人民对于是案，亦莫不追原祸始，归咎上年迭次照会迁出城外租界之未能实行，以致发生十四夜之事。惩前毖后，若不实行禁止，非但主权有害，亦于睦谊有伤。本局特于本月十八日开协议会讨论此事，佥谓吾国领事裁判权未撤，断不能任听外人杂居内地。查杭州拱埠通商，系《马关条约》四口之一，光绪二十二年八月二十一日由洋务局督办聂前升司与日本驻杭领事小田切会勘，并定《日本租界章程》十四条。第一条云：杭州拱宸桥北运河东岸一带，自长公桥起至拱宸桥止，作为福连塞得耳门，于此地区内，议分作日本商民居住之塞得耳门等语。又查地图载明，此图内日本塞得耳门地基四趾：一西面，从长公浜南岸墨线起，沿运河东岸墨线，至新开分界小河中间墨线止；一南面，从分运河墨线起，沿分界小河中间墨线，至陆家务河西岸墨线止；一东面，从新开分界小河墨线起，沿陆家务河西岸墨线，沿长公浜南岸墨线止；一北面，从陆家务河岸墨线起，沿长公浜南岸墨线，至运河东岸墨线止，作为日本塞得耳门（即日本专管租界）。又查图内载明，福连塞得耳门四趾：一西面，从新开分界小河中央墨线起，沿运河东岸红线，至拱宸桥东堍北角止；一南面，从拱宸桥北角起，沿红点线至陆家务河西岸红线止；一东面，沿陆家务河西岸红线，至新开分界小河中央墨线止；一北面，从陆家务河西岸起，沿新开分界小河中央墨线，至运河东岸墨线止，作为福连塞得耳门（即各国通商场）。是既有通商场，又有租界，其不能任便界外居住营业可知。宣统元年六月间，洋务局详抚部院咨部转达各国公使文内解释甚明，只以吾国办事因循，文牍迁延，转辗搁置，其实双方遵守之事，当然照办，固无所用共审慎迟回也。近日日人因赌滋事之案，层见叠出，永嘉则殴辱巡官，激动公愤矣。宁波之普陀山，则又欺压台民，几酿事端矣。涓涓不息，流成江河，他日之扰治安而起交涉，恐更有甚于此者。必待一事发现，而始以口舌争之，虽于本案之结果或有效力，究亦何裨于事？洋务局就案论案，故此次照会所叙，仅指杭州城内而言，本局以为不独杭州内地也，凡各府内地之日商，皆当禁止；不独日商行栈也，即英美各商之行栈，概宜限迁。欲为亡羊补牢之图，莫如曲突徙薪之策，应请抚部院札饬洋务局电饬各属，查明洋商在非通商场内开设店铺者实有若干家，将国籍、姓名及开设之年月日，限日开折详报。一面限令克日闭歇，或迁往通商场及租界内营业，务期实行，俾弭后患。事关本省行政事务，不能缄默，为此备文呈请抚部院查照施行。须至呈者。

《浙江谘议局文牍》第二编，第8—9页

本局致清理财政局所议米价妨害民生请再集议函

宣统二年二月二十一日

径启者。顷接嘉、湖两府父老来书，知贵局奉抚院交议南漕改折事件，议定米价四元、运费一元等情，按米石作价三元以外，为年来仅有之事，然自系灾歉年分，不能取为定折漕米价之标准，所议米价四元、运费一元，合计已有五元之多，于民生妨害实甚，此事关系重大，应请再行集议，以求妥协，不胜祷切之至。专此布达，敬请，勋安！

《浙江谘议局文牍》第二编，第10—11页

本局致各属团体调查地方官遵行议案情形并岁出入总数函

宣统二年二月二十五日

径启者。敝局本届常年会议期中议决各案，奉抚部院札准公布施行者共计十有七件，均由官报局刊布周知，敝局亦将议案刷印成册，分送各县，所有施行方法，曾由抚院分别札饬主管官厅核议通饬各厅州县一律遵行，惟是地方积弊相沿已久，前项议案地方官能否实力奉行，及所施方法与议案有无抵触冲突之处，非毕力调查，则法律之效果终难发生。窃意此种调查，各地方之公益团体自应共负责任，拟请贵会、所将地方官遵行议案情形随时报告，以凭考核。再，敝局本年第二届常年会提议预算、决算之期，各州、县上年岁出入之确数，业已函致调取，贵县岁出入之若干数，亦请一并查明函复，俾得先期稽核，而为会议预算、决算之张本。众擎易举，公纫莫名。耑此，即颂，公安！

《浙江谘议局文牍》第二编，第11页

抚部院札复本局呈请禁止洋商在内地营业已札洋务局查复并咨外务部查照文

宣统二年二月二十六日

为札复事。本年二月二十一日据谘议局文称，以近日日人因赌彩滋事，凡各府内地之日商，皆当禁止，即英美各商之行栈，概宜限迁，应请札饬洋务局电饬各属查明洋商在非通商场内开设店铺者实有若干家，将国籍、姓名及开设之年月日限即日内开折详报，一面限令克日闭歇或迁往通商场及租界内营业，务期实行，俾弭后患，事关本省行政事务，不能缄默，呈请查照等情到本部院。据此，除札洋务局行查详复核办并咨呈外务部查照外，合行札复谘议局查照。须至札复者。宣统二年二月二十六日。

《浙江谘议局文牍》第二编，第11—12页

本局移请藩司挪拨设备费银圆五千元并札催杭府变卖贡院余屋归垫文

宣统二年三月初四日

为移请事。宣统元年九月初四日准谘议局筹办处照开，本处前因贵局建筑尚未竣工，将来内部应行设备之书籍器具，势难由本处预为办理，而此款项在本处断不能坐视无着，绝不设法代筹，遂于本处自光绪三十四年十月初一日起，宣统元年八月二十日止，额支活支项下力求撙节，实余洋一万一千八百六十二元八角

六分四厘，除垫付总织局官民地给价迁费计洋二千五百一元三角七厘，挑工两次共洋二千五百元，造筑马路计洋六百二十元，业经归入报销。又提解监工胡科员九月起至明年三月止薪水七百元外，计尚余洋五千五百四十一元五角五分七厘，即作为贵局设备经费，于裁撤之日移解，迭经禀蒙抚宪批准在案。惟开会以前，就议场或休憩各室、办事处必不可少之器具，本处亦不得不择要购置，计支洋三千七百三十三元八角三分三厘，尚存现洋八百四十七元七角二分四厘。又办事、招待两处，押租未收回洋九百六十元，共存洋一千八百零七元七角二分四厘，即为贵局自行设备之款，分别造报，除另折开送外，相应解送查收见复。再，议员九月初一日以后，自应议给旅费，本处前设招待所，至八月末日为止，即行裁撤，所中添置各种物件，现亦一并移送等因。准此，敝局建筑约于四、五月间一律可以告竣，内部应行设备物件，不得不早为预备，除上年开会时议场内及办事处应用桌椅各物、筹办处略为置办外，其余应须设备各项，为费尚巨，敝局所有常年经费均系指定，无从筹垫。查宣统元年二月初一日谘议局筹办处禀请抚部院将贡院至公堂以北余屋拆卸变卖，作为谘议局添购基地及赀遣总织局现住织户居民之费，经抚部院批准札饬杭州府查照勘估、妥为办理在案，嗣以承买一时未有主顾，此次赀遣及购地之费，当经筹办处于敝局设备款中暂行移垫，现在为时已久，贡院余屋，杭府已否照办，敝局未曾知悉。筹办处前将筹定款项暂挪购地筹用，原系一时移缓就急之计，此项设备之款，关系重要，迄今尚未归垫，需用綦殷，应请先行设法挪拨银圆五千元以济要需，一面札催杭州府赶速将贡院至公堂以北余屋勘估变卖，即以代价作抵，除归还贵司垫拨之银圆五千元外，余仍移解过局。至敝局设备各费，仍当力求撙节，另行详晰填注造册报销，以昭核实。似此办理，事实上较为便利，特此备文呈恳贵司核夺施行。须至移者。

《浙江谘议局文牍》第二编，第12—13页

抚部院札据提学司详复师范教育议案办法遵饬更正文

宣统二年三月十二日

为札复事。案据署提学司袁嘉谷详复谘议局指驳推广全省师范与公布议案不合、遵饬更正等情到本部院，据此，除批示外，为此札复谘议局查照。须至札复者。宣统二年三月十二日。计粘抄详并批。

为详复事。窃奉宪台札开，本年二月十四日据谘议局呈称，近阅报载提学司筹办设立师范教育一事详复抚院内开，原案办法第一条，每府应照章设立初级师范学堂一所，其学额暂以每府需用小学教员人数定之，限宣统二年成立，如需用小学教员较多，亦可酌量地方情形，量为添设等因。现据光绪三十四年统计，本省初级师范学堂已设者共一十八所，学生共一千二百八十八人，内完全科四百十九人，简易科八百六十九人，若以全省小学一千四百五十一所、教员四千三百六十五人计算，已足敷原案第一条附说所开“现用教员十人，必有师范生一人以上”之数。又查光绪三十四年教员资格表，小学教员由师范毕业者已有六百六十一人，是所谓教员十人必有师范生一人者，照现在调查之数，已有盈无绌。惟初级师范学堂各府虽皆次第设立，独湖州一府尚付阙如，亟应饬令限宣统二年上学期组织成立，其开办常年经费，各府皆就各地方自筹，湖郡亦未便独异。原案办法第四条所谓“不足应由省中拨款补助”一节，似可（无庸置议）〔毋庸置疑〕。至原案办法第二、第三两条，拟仿日本师范简易科，期以二年毕业，并由提学司通饬各劝学所速将此项师范学科程度及招考资格、毕业服务各项办法拟呈订定各节，自应通饬拟订等因。敝局即于本月初八日特开协议会研究此事，佥谓本案办法第一条，每府设立师范学堂一所，系依据部章而为，目前定一入手方法，初非以每府一所示以限制也，故于同条第二项载有“如需用教员较多，亦可酌量地方情形，量为添设”等语。惟小学教育，必用本地人员，与语言上、经济上、教育上有种种关系，所以欲定师范生人数，宜分计各府需用小学教员人数若干，然后酌设学额，观第一条条文自明。今提学司详内所谓现据光绪三十四年统计，本省初级师范学堂已设者共十八所，学生共千二百八十八人，内完全科四百十九人，简易科八百六十九人，若以全省小学千四百五十一所、教员四千三百六十五人计算，已足敷原案附说所开“现用教员十人，必有师范生一人”以上之数，是提学司将全省师范人数核算未曾照案为各府分计，似于办学实际便利与否尚未计及。且现当教育普及之时，小学自应逐次加增，不能坐俟所数推广后再为三年蓄艾之计，细绎提学司筹办方法，不惟与议案原意不合，且反似以此议案为限制师范生而定者。查原案第一条附说所云“每现用教员十人，必有师范生一人”，系以现用教员与每年师范生毕业人数比较，为逐渐汰易地步，非谓有教员十人中有师范生一人，即为满足，亦非限制在校师范学生不得过现用教员十分之一也。又提学司详内所谓初级师范学堂虽皆次第设立，独湖州一府尚付阙如，亟应饬令限宣统二年上学期组织成立，其开办常年经费，各府皆就各地方自筹，湖州亦未便独异。原案办法第四条所谓“不足应由省中拨款补助”一节，似可无庸置议。查各府已设立之师范学堂，学科仍多缺点，且有附设于他学校而未曾特立者，按其办法，率皆因陋就简，形式虚设，不得谓湖州一府仅付阙如也。似应实行考察，未设者固宜饬令依限组织成立，其已设立而教科未臻完备及附设于他学校者，亦应饬令改良兴办，期收教育统一之效果。本案办法第四条之规定，为推广师范起见，从前设立师范就地筹款，实在本案未布之先，今议案现已公布施行，则未设立之师范学堂，果属无款兴办，应由省中拨款补助，自是正办。提学司引彼证此，遽尔取消，自难承认。案关教育，又为谘议局权限所在，合将协议会研究情形呈请察核更正等情到本部院。据此，查此案业经批准公布施行，自未便于原议条文再有歧异，除札复外，合行粘抄札饬，札司迅速查照来呈事理，酌量拟议，更正具复。等因。奉此，伏查谘议局《统筹全省师范教育议案》，前奉宪台核准公布施行，本署司对于各条所开推广师范之义，本属无疑，自当实行，前详因湖州一府初级师范学堂尚付阙如，亟令限宣统二年上学期组织成立，即为实行谘议局议案而设，惟推广之方法，本署司有欲更加多者，是以查接管卷内见去岁学务公所会议九年筹备学务事宜，由支前司邀同教育总会会长、旅沪学会代表会员、两级师范学堂监督与公所议绅等公同集议，议以宣统二年上学期各府设立初级师范学堂一所，招完全、简易二科生各一班，其已立者饬令照章办理，三年仍添招完全、简易两科生各一班，四、五年各添招完全科生一班，每班均以五十人为限等语。综其办法，各府师范生除前次已足额者，仍可随时推广，其未经招足之处，本年合完全、简易两科，每府至少必有百人，按之谘议局规定“每府小学教员，十人中必有师范生一人以上”之数，实已有加。例如浙省需用小学教员最少若严州一府，不过教员三四十人，最多者若宁波一府，亦只教员七百余人，现既议定本年每府均招足师范百人，加以向后逐年添招，以严府计，纵一、二年内小学骤增，其全府教员固可悉以师范生充任而有余，即以宁府计，合前次已任教员之师范生及旧有、新招之师范生，向后该府小学教员师范生亦必居四分之一以上，故拟参酌公所此项议案办理，以期多多益善，但前详仅将已充师范生人数及已入学师范生人数按现时情形比较统计，于公所上年议案详细办法未及声叙，今据谘议局原呈谓“本案办法第一条每府设立师范学堂一所，系依据部章而为，目前定一入手方法，初非以每府一所示以限制”等语。查浙省已设之师范学堂，本有一府二所或三所者，此后如有增设，自属愈多愈善，故前详限令湖郡本年上学期组织成立，亦仅限其时期，并无限令仅设一所之说。是本署司未有限制之心，故无限制之文，而亦未以谘议局原案有所限制也。又谘议局原呈谓本署司前详“将全省师范人数核算，未曾照案为各府分计”等语，查光绪三十四年统计各表，杭属小学教员三百十三人，师范生之已任充及未毕业者共二百三十人，嘉属小学教员三百九十九人，师范生之已任充及未毕业者共八十四人；湖属小学教员一百五十九人，师范生之已任充者四十二人；宁属小学教员七百人，师范生之已任充及未毕业者共一百六十七人；绍属小学教员八百五十九人，师范生之已任充及未毕业者共一百零五人；台属小学教员三百八十八人，师范生之已任充及未毕业者共二百四十三人；金属小学教员五百五十八人，师范生之已任充及未毕业者共二百七十人；衢属小学教员百六十一人，师范生之已任充及未毕业者共八十六人；严属小学教员三十三人，师范生之已任充及未毕业者共十九人；温属小学教员一百七十九人，师范生之已任充及未毕业者共二百十八三人；处属小学教员二百七十二人，师范生之已任充及未毕业者共一百三十四人，是即就各府分计，其比较亦皆过十分之一，前详因从简便，仅合全省统计，固不妨再就各府情形详晰分计也。至谘议局原呈谓“小学应逐渐加增，不能坐俟所数推广后再为三年蓄艾之计”等语。查公所议案每年招足两班一百名之规定，亦正为逐渐汰易地步，与谘议局原案并无不同。原呈又谓“各府师范学堂未设者，固宜饬令依限组织成立；其已设立者而教科未臻完备及附设于其他学校者，亦应饬令改良兴办”等语，自应实行考察，毋或稍懈，以期进步而收成效。原呈又谓“未设立之师范学堂，果属无款兴办，应由省中拨助，不得取消原案”等语，自系为振兴教育起见，如将来各属请款补助，自应随时详请转饬藩司妥筹补助，以符原案。窃谓教育之兴，师范为重，师范之材，推广为重，本署司前次筹画，专以推广师范、日益加多为主，故于谘议局原案宗旨悉合，而方法稍殊，今既奉宪札更正，自应查照该局原案，一切更正，切实办理，所有遵饬更正《统筹全省师范教育议案》办法缘由，理合备文详请，仰祈宪台察核俯赐转行谘议局查照。为此备由呈乞照详施行。须至呈者。

批：据详已悉，仰候札复谘议局查照。缴。

《浙江谘议局文牍》第二编，第13—17页

本局呈请抚部院札饬藩司迅即刊印征信册并抄折说明办法文

宣统二年三月十二日

为主务官厅蔑视公布施行事件阻碍大局呈请札饬迅速实行事。窃查去年谘议局议决案内有《刊布各厅州县钱粮征信册议案》一件，曾于十月二十日接抚部院札准公布施行在案，本局方以为宣统元年分各厅、州、县征收钱粮之实数及民间实在蒂欠之数不日可以按册而知矣，乃阅本年二月二十日《浙江白话新报》登载藩司详复抚部院公文内，略称谘议局提议核准刊布各厅、州、县钱粮征信册议定册式，系从正月截数完欠并列田地、山荡、都图、顷亩，开载详备，一户所占篇幅甚长，浙省七十八厅、州、县，粮户多者二三十万，少亦数万，今以大、中治各分三等平均计算，大治二十七邑，每邑二十万户；中治二十三邑，每邑十四万户；小治二十八邑，每邑六万户，每纸一页排列八户，共计一百二十八万七

千五百页，再以大治印三百份，中治印二百份，小治印一百份，饬据官纸局估计，拣字排版工资，每页五角，需洋六十四万三千七百五十元，刷印工费、纸价需洋四十四万三千六百元，为数太巨，即户数、纸数减少，按七折计算，仍需洋七十六万一千元，际此库款支绌，又兼上年灾歉，入款已短数十万，又增特拨要需数十万，正不知何从筹措，可否奏请饬部指拨的款协济应用或先造册，暂缓刊布，以节经费云云。三月初二日《浙江日报》登载，略谓藩司以上年谘议局提议实行征信册，盖查知州、县办歉，未能悉合例章，本司于上年勘办灾歉，饬令核实开报，不得再如从前虚开分数，亦正欲力杜弊混。今核该府等禀报情形，既因积重难返，旧习未能尽除，则欲征信而信于何征？适足予人民以指摘之权，现因议办征信册而发见如是之隐情，即不能不亟加整顿。惟刊布征信册一节，需费太巨，业已奏咨酌核办理，所有各属查造底册，自不可缓，应饬各州县查明究竟民欠？缺征若干？或逃亡故绝，或积惯抗欠，或垦后复荒，何项归入请缓？何项归入垫完？亟一查造，各就地方情形设法整顿。至钱粮之有分数，原所以重考成，若准尽征尽解，必致奏销完数日形短绌，贻上司以督催不力处分，其事犹小；因是而使库储、漕运交受其害，所关乃大，此则碍难轻议变通成例云云。并谓已于日前会同粮道详复抚宪各等语。阅之实堪骇异，夫以已经公布施行之议案，忽生请部及缓刊之问题，是以谘议局之议决为不可行而抚部院之公布为无效，穷其流弊，何所底止？查一议案之成立，何等繁难，郑重提议，讨论审查，读会以迄决议，手续层层，呈送之后，又经抚部院所派委之各署局委员详审研究，其以为可者，然后定期公布，盖不如是，不足以固立法之基础而为强制执行之效力也。故诚藩司意有所不可，当争之于抚部院委员审查议案之际，若既经公布施行以后，则已成为不可变更之法，何得藉端推宕，任意缓办，且明明为本省范围内应办之事，藩司有筹款之责，而可率以请部协济为辞？一事如此，事事皆可如此，倘使遂为成例，将来本省更有何事可望实行？度藩司亦知此事非出部意，问之部臣，部臣必不能许，第欲借此以为巧自脱卸之地步，非有请款之真心，不居反对公布之名而行其反对公布之实，果使请之于部，部复一出，此议案不废而自废矣。尤可怪者，藩司于征信册之刊布，似亦甚知其重要，一则曰积重难返，旧习未能尽除，再则曰信于何征，适足予人民以指摘之权，而究其所谓亟加整顿之法，则不过曰查造底册自不可缓而已。夫此议案注重之处，全在刊布，一经刊布，则向来征收、挪借、隐射各弊，无论在官在差，自无从欺饰。小民有所据以为言，上官不待查而咸悉，数百年之深根积弊，不难揭于一朝，若不实行刊布，则虽严饬查造，竟可断言其终无实。在藩司以请款协济责之部臣，造送册表责之州县，而己则立于不负责任之地，明知积困，畏其爬梳，因循支吾，而抚部院已经公布施行之议案，其效力已等于无有矣。昔光绪十一年户部议复请行钱粮民欠征信册折内有谓，若视为具文，因循废弛，是乃漠视国计民生，一意袒官，责在奉行不力。本局以为此次主务官厅蔑视公布施行事件，虽责以袒官违法，咎亦何辞？务望抚部院力持原议，札饬藩司迅即实行，以重立法而杜流弊，实为至要。至刊布征信册经费，亦断断无原文所谓七十余万之巨，另将办法说明附折呈鉴，为此备文呈请抚部院查照施行。须至呈者。

计附清折一扣。

刊印征信册经费办法说明

藩司原详所称每纸一页排列八户，未知系用何号铅字排印，窃谓此种征信册，不比别种书籍须用大字刊印，但使字迹清楚，则行数稍密，字形稍细，亦无不可。查本省官报，宣统元年分第四、五期所刊目录，每纸半页，用六号铅字排印，可列三十行，使依此式，则原文所谓每【页】八户者，此则每页可列六十五户，若用瑞典纸两面排印，可列一百二十户，直十与一户之比例，虽拣字费手，然除户名外，俱系数目字，尚非甚难，倘凡属数目字，另铸扁字备用，上、下层数更可排紧。照此办法，则用纸省而排工亦可减少，况官纸局估价拣字、排（板）〔版〕工资每页需费五角者，彼为营利性质，自然比较外间印刷公司普通价目估计，若自购机器，自雇工人，此中又有可以省费之处，惟开办费稍大耳（约三四万），然开办只须为一次之支出，未必岁岁若是。此等如何排印手续，本为执行该议案官厅之职务，本局可以毋庸置议。因虑抚部院或以经费之巨有所踌躇，特陈大略，以明此中大有可以节省之处。谨此说明。

抚部院增批：已札饬藩司迅即查明核议详办矣。此答。

《浙江谘议局文牍》第二编，第17—20页

本局呈请抚部院实行禁止彩票规则文

宣统二年三月十二日

为呈请事。案查去年常年会议期内呈送《禁止彩票规则议决案》一件，十月二十五日奉抚部院批明：事关他省奏销之件，应候奏咨核办在案，嗣后于十二月十二日复奉抚部院札知一并咨送宪政编查馆先行核复等因。查兹案抚部院既批奏咨核办，自应将此案一面具奏，一面通咨各省，今虽与他议案一并咨送宪政编查馆核复，似仍须分别办理，未知已否先行奏请，俾此议案得以早日实行。彩票性质与赌博无异，浙省所发卖各项彩票，全系别省销入，尤应及早严禁，现闻他省对于彩票问题，多已实行禁止，吾浙办理更易。事关本省应革事务，不宜再延，应请抚部院迅赐设法实行严禁，为此备文呈请抚部院查照施行。须至呈者。[①]

《浙江谘议局文牍》第二编，第20—21页

本局呈请抚部院咨馆将复议各案迅即核复文

宣统二年三月十二日

为呈请事。案查本届常年会议期内呈送复议各案，业于十二月十二日奉抚部院批示归入争执事件，应照宪政编查馆十月十三日电咨暂行咨馆核复在案，现在

① 此篇原文无巡抚批复文。

为时已久，前咨宪政编查馆复议各案，皆关重要，未知宪政编查馆如何核办，应请抚部院咨馆迅赐核复，以资遵守而利进行，为此备文呈请抚部院鉴核施行。须至呈者。

抚部院增批：来呈阅悉。所有前次咨呈宪政编查馆核复各案，现尚未据咨复，希候再行咨馆迅即核复，以资遵守，俟复到另札行知。此复。

《浙江谘议局文牍》第二编，第21—22页

抚部院札复本局呈催实行禁止洋商在内地营业已分札洋务局巡警总局查办文

宣统二年三月十七日

为札复事。本年三月十二日据谘议局文称，自本月初八日起各日店已一律停闭，以故人心稍定，得不再酿风潮，然停闭迄今又越五日矣。总之，日店一日不实行迁徙，人心即一日不免恐惶，应请力持前议，迅饬巡警总局限令已闭各日店克日迁出通商场及租界营业，一面札催洋务局仍遵前饬电饬各属迅速详报核办等情到本部院。据此，除分札洋务局、巡警总局查照办理外，合行札复谘议局查照。须至札者。宣统二年三月十七日。

《浙江谘议局文牍》第二编，第25—26页

本局呈请抚部院各州县违法征收各府曾否据实禀办请复示文

宣统二年三月十七日

为呈请事。案查宣统元年十二月初十日本局呈请抚部院委查嘉湖各州县隐匿蠲免分数暨追缴已免旧欠事由，嗣奉批饬藩司会同粮道饬查在案。近阅官报载藩司遵饬札府文内称，前兼署司未及核办移交前来，除札委确查外，合亟札饬，札到该府，立即遵照，严饬所属各县会同委员查明光绪三十三年以前民欠钱粮、豁免誊黄，奉到之后，有无勒征情弊，并由该府确切查明，据实禀办，该府倘敢徇隐，并干参咎等因。现在各府奉札已久，曾否据实禀办及对于本局呈请书所指各节如何详复，均请迅赐复示，以祛疑虑，为此备文呈请抚部院查核施行。须至呈者。

抚部院增批：查此案现据布政司会同督粮道详复，以核议勘报灾歉蠲缓分数，历循例案办理，至豁免民欠钱粮有无出串比追，另由司道委查复办等情到本院，当经批饬该司道等即饬各府就近委员查明所属各县上年办理灾歉是否发给免单，其应蠲缓各田地分数有否分别晓谕，逐一确查，据实禀复察办在案。兹据呈请前情，应俟各该府禀复到日，再行察办札行知照。此复。

《浙江谘议局文牍》第二编，第26页

本局呈请抚部院札饬按察司将定海厅禀请撤退议员案吊卷提讯以顺舆情文

宣统二年三月二十七日

为呈请事。窃阅报载定海厅禀请撤退议员文内称：该厅议员沈椿年素行无赖，乡里不齿，被控有案，年近四旬尚无人与之议婚，出外游荡，兼以刀笔为生涯，从无办过地方公益，众望未孚，是以初选得票寥寥，继往宁郡复选，忽得议员，皆为运动而来，通属闻之，大为骇怪。现以议员而擅作威福，即如本年正月间奉饬筹办地方自治事宜，照章先设事务所、研究所，同知始择正绅汤濬为坐办，面允忽辞，因沈椿年从旁作梗。继邀正绅陈遹音，亦允而辞退，闻沈椿年前往阻止，地方公事如此把持，其他可知。此种议员似于宪政进行大有关碍，以今日之议员而挟制官长，恐此后之议员而鱼肉乡民，藉势横行，在所不免各情。已奉抚部院批司核议在案。兹据定海厅举人孙尔瓒、拔贡方壮猷、候选主事费锡龄、岁贡俞兆熊、禀贡孙尔性、附生王振廷、分省补用县丞禀贡贺师□、附生张明绅、附生胡振滋、附生费锡祜等，以议员因公积怨，遽遭架陷等情陈请建议到局，略谓去年奉文加征田地契税，经财政局核定每两征银九分，以一五折收银圆一角三分五厘，业蒙藩司通饬有案，乃定海竟每两勒收钱二百八十文，又以九五折收银圆二角四分零，民情大困，议员沈椿年于十月间自省函诘定海厅史丞，旋据史丞函复，诿为藩司折收银圆之通饬接到较迟，以致误会浮收等语，原函具在，此为议员结怨第一原因。定海征收钱粮米折粮捐等项，抑勒洋价，该议员于十二月间禀请抚宪查办，此为该议员结怨第二原因。定海城镇乡每年赛会，赌棍聚赌敛钱，胥关得规包庇，该议员于十二月折请抚宪暨宁绍台道查禁。本年正月间岱山棍徒周静法、即志刚又提议举赛，该议员又禀请宁绍台道示禁，此为该议员结怨第三原因。此外，该议员去年十二月间及本年二月间，先后具禀抚宪暨道宪纠举胥差、门丁、地痞、劣董违法病民各节，皆足以致怨招忌，然其存心无非为保护人民、整顿地方起见，遽尔斥为恃势横行，深堪骇异。查报载定海厅密禀各节，均系莫须有之事，即如所称汤、陈二绅不就自治坐办，指系该议员作梗，现经汤、陈二绅呈明，检举其为虚诞，已可概见。沈议员纠举定海厅，致定海厅亦上禀攻讦，案关官吏违法挟嫌架陷，陈请据情转详察核办理各等情。本局收受后，当于二十四日开协议会，详加讨论，佥以议员为人民代表，诚不容有恃势横行之辈托足其间，惟查议员沈椿年叠次禀请抚部院暨宁绍台道查办各节，有案可稽，虽措词切直，而心实无他，似与恃势横行不同，若遽以此而误会为挟制把持，则凡属革弊之事，稍有不便于官长者，势必箝口结舌而后可，其于宪政之进行岂无阻碍？且定海厅禀揭各节，不知是否果如报纸所云，若仅指为无赖、为游荡、为刀笔生涯而不列举种种之事实，以议员系运动而来而不证明运动之确据，甚至身未婚娶亦若视为消极资格之一端，非但选举章程所未闻，抑亦行政官厅所创见。沈椿年果有不合议员资格，指控者何以不发生于诉讼期间，定海厅何以不禀请撤退议员于沈椿年未经纠举该厅之日，事非现犯，迹近挟嫌，诚有如该厅举人孙尔瓒等所称者，案关官吏违法，应请抚部院札饬按察司吊查案卷，亲提澈讯，以成信谳而顺舆情。为此呈请抚部院察核施行。须至呈者。

抚部院增批：来呈阅悉。希候札行按察司查核，秉公办理，一俟复到日另札行知。此复。

《浙江谘议局文牍》第二编，第30—32页

抚部院札知准宪政编查馆咨开核复议案逐件抄录文

宣统二年四月初一日

为札行事。兹准宪政编查馆咨开：准贵抚咨称，本届谘议局自开会以迄闭会，有交令复议仍执前议应行照章咨送资政院核议者计九件，为《筹办浙江巡警经费议案》、《移房捐及裁撤绿营饷项改充全省巡警经费议案》、《关于谘议局

议决权内之本省行政命令施行法案》，又《公布本省各种现行章程规则案》、《办理灾歉规则案》、《革除收粮积弊案》、《改良征收钱粮方法案》、《议定浙省厘捐收用银圆折中定价案》、《裁撤官纸局案》，以上九案均由本部院详加审核，并迭经交会议厅切实讨论，实有滞碍难行之处，应归入争执事件，照章咨送资政院核议。惟现在资政院尚未成立，查前次贵馆十月三十日电咨谘议局，争执事件应暂由督抚分别电咨本馆核复，自当遵将以上九案认为碍难照准之理由加以说明，并附全案另册呈送，以备察核等因。本馆现今详加酌度，逐案核复，相应咨复贵抚查照单开事理转饬谘议局遵照可也等因到本部院。准此，合将此项核复议案逐件抄录，一并札知。为此札行谘议局查照。须至札行者。宣统二年四月初一日。

计粘抄核复议案九件：

一、筹办浙江巡警经费议案

查本案关于经费收入办法，除甲、乙、丙三项拟移绿营、房捐之款改充巡警经费，业于第二条核示外，丁项裁撤省城巡警总局之说，据贵抚声明，巡警总局成效卓著，实与巡警道署所掌无重复之嫌，查省城为根本重地，自非外府州县可比，惟巡警总局迭经民政部奏准裁撤，该仁、钱两县如今合办警察，不妨另拟办法，期于有接洽之益，无纷歧之弊，正不必沿用总局等名目，致碍部章，应由贵抚另筹办法，以重警政，并照该议案将总局名目删除。

二、移房捐有裁撤绿营饷项改充巡警经费议案

查本案系议以房捐及裁撤绿营饷项改充全省巡警经费，浙省房捐因筹措庚子赔款始行举办，原属一时权宜之举，贵抚拟由藩运各司另行筹抵，而照局议以房捐办本省巡警，自属可行，但赔款关系重要，断不可稍有延误；应另行迅筹的款，一俟确有实数，即将房捐改办巡警。其裁撤绿营饷项办理巡警一节，恭查钦定宪法大纲载明，军备为君上大权，非议院所得干预等语，即谘议局权限范围厘定于本馆奏复于侍郎折内亦至明晰，事关军政，现已由军咨处、陆军部会奏，仍照贵抚所请，以此项饷款改练新军，自为巩固国防，不能不先其所急，谘议局所请移办巡警之案，应俟明岁试办预算再行筹划，此时暂无庸议。

三、本省行政命令施行法案

查本案所议为预防局章二十七条所指而设，惟本馆议复于侍郎折内系以二十一条所列事项关于本省者可令谘议局参与议决，非云不经议决督抚均不得权宜施

行也。果在开会期内，督抚自应以之提出，采取舆论，以决从违；若非值开会之期，遇有临时及紧要事件未及交议，其所发命令，谘议局确见为不便，尽可于下次开会具理由书提议更正，届时若督抚仍执前议，尚有全案咨送资政院以待决定之条，不必以试行预为限制。至二十七条所谓侵夺谘议局权限者，本馆议复于侍郎折内系称谘议局于应行议决之事，督抚于议场不许其议决，谓之夺其议决权，非议决之后督抚不与施行即谓之侵夺权限等语，分别两面权限，极为明晰，各省厘定单行章程，当本此以为原则，方与法意符合，该议案自应另行改正。

四、公布本省各种现行章程规则案

查本案所主张，贵抚与谘议局意见相同，惟复议案谓“至宣统二年六月末日，未经刊布之件，均作为已经废止”一节，诚如贵抚所见，诸有未便，自应将谘议局复议案第一条末段“未经刊布之件，均作为已经废止”一节，即行删去，余照所议办理。

五、办理灾歉规则案

查本案原系慎重灾情，预防州县之讳灾起见，而贵抚交令复议之说明书，以国课所关，又防绅民之以轻灾报重，两面持论，均具至理，惟是因灾蠲缓，恩出自上，为我朝仁政之一端，将来颁布宪法，如仍沿此制，亦应属诸君上大权事项，而非臣民所得与闻。至于现在办法，遇有灾歉之时，自以官吏与人民会查较能核实，应将官民如何实行会查于下次开会交议，特定详细办法，必使灾歉可稽实数，而蠲缓之泽复不流于冒滥，斯得其道矣。

六、革除收粮积弊暂行规则案

查本案议决系拟于收漕明定限制，细核贵抚之说明，亦极表赞成之意，特因完漕办法，未能明订规则，因拟从缓，期于国计民生统筹兼顾，主张颇称妥协，盖官吏收漕，绅民完漕，积弊相沿皆久，必须同时剔除，方为公允，亟应于今年谘议局开会时，由贵抚再将完漕规则交该局详议妥善办法，务使收漕、完漕各得其平，官民之困交苏，庶不至于畸轻畸重，其完漕规则未定以前，未便遽将收漕更张，以蹈偏重之弊。

七、厘捐收用银圆定价案

查本案原议，固为人民利益起见，但厘捐所收的款，久已指拨应用，如以一千一百文合洋一元，据贵抚咨称，比较原额，差短二十余万元，是即按照局议办量，亦须另筹加增捐税之法，以资弥补，其负担仍在人民，挖肉补疮，于实际究无裨益，应候部颁预算章程及划分国家税、地方税并制币决定之后，再行彻底核议，较无抵触之患。

八、改良征收钱粮方法案

查本案谘议局之原议，系为预筹征收改良起见，恭查钦定宪法大纲，臣民现完之赋税，非经新定法律更改，悉仍照旧输纳，所议援照度支部契税新章以银圆一元五角抵换正银一两一节，究未悉钱粮征收办法与契税不同，且细核贵抚所驳，是该省钱粮于输公家正银一两以外，为国家必需之款者尚多，未便以改良征收，致有短绌，将来赋税新法，自应由度支部统筹国计民生及体察各该省情形，妥筹划一办法，此时势难因一省更张，暂应毋庸置议。

九、裁撤官纸局案

查谘议局原议，案谓官纸局之设立，本为筹款起见，今既无余利可图，自可酌照局议办理，至贵抚拟以该局所有设备改办官印刷局承办印刷事宜，重订规则，切实改良，主张亦甚妥善，惟查谘议局议案中有将印刷机器移交官报局一项，则官报局与官印刷局似有重复之嫌，应由贵抚裁并办理，以节糜费。

《浙江谘议局文牍》第二编，第32—36页

抚部院札知准江督咨开请弛宁温台三府钓船长江上游通商禁例建议案有无窒碍须确切调查文

宣统二年四月初一日

为札行事。宣统二年三月二十四日准两江督部堂张咨开，宣统二年二月二十六日准贵部院咨据布政使颜钟骥、试署劝业道董元亮会详称，宣统二年正月二十四日奉院札开，案据谘议局呈称，查《谘议局章程》第二十一条左列第十二项收受本省自治会或人民陈请建议事件，兹查本届会期中收受共计十种，业经常驻

议员审查公决，代为缮折呈送等情，当经本部院先后批复，先将《请废沪杭甬存款章程》、《商改学制请愿书》、《私立学堂规程》三种建议案转咨资政院查核，其余各议案应候采择施行。查建议各案中所有《请弛宁、台、温三府钓船长江上游通商禁例建议案》，系属该道与藩司衙门主管，应即会同审查明确是否能行，拟具理由，详候核夺，除分行外，合行札饬该道，即便遵照办理等因。奉此，司道等遵查单开建议案一种，系《请弛宁、温、台三府钓船长江上游通商之禁例》，现经会同审查，长江上游镇江、上海等处，为江苏辖境，宁、台、温之钓船禁例，事将百年，颇难稽考，现在能否弛禁，以收沿岸贸易之利，应请咨商南洋大臣暨江苏抚宪，俟接复文方能核办。又查单开宁、台、温钓船五千艘，失业近十万人，似指初次禁例之时而言，现在该三处共有钓船若干，究竟如何营业，事关商务，应由署道派员调查，务得明确情形，再行详报，所有遵饬审查缘由，理合详请咨商等情到本部院。据此，除咨江苏抚院外，相应咨商，请烦查明核复饬遵等因到本部堂。准此，查钓船航路，向来只准由吴淞入口下游至上海黄浦江上游，北岸至扬州，南岸以金山为限，不准驶入镇江，事阅百年，当初如何禁例，本衙门档案遗失，无从稽考，现在浙省谘议局建议请弛宁、温、台三府钓船驶入长江一带禁例，究竟有无窒碍，能否准行，必须确切调查，方能核办，除札饬江海、镇江两关道查明妥议，俟复到再行咨复外，相应先行咨复查照等因到本部院。准此，为此札行谘议局查照。须至札行者。宣统二年四月初一日。

《浙江谘议局文牍》第二编，第36—37页

本局呈请抚部院查明滥用刑讯官吏立予严参文

宣统二年四月十九日

为呈请查办事。窃维停止刑讯，为改订刑法、撤去领事裁判权入手要图，钦奉谕旨责成督抚严饬各属实力遵行，宣统元年十月初六日复奉抚部院批答本局议

员王家襄质问书谓，禁止刑讯，谕旨綦严，迭经通饬各属钦遵在案，本部院下车伊始，即再三申明禁令，并饬各属销毁枷号严札在案，犹恐各属不免有阳奉阴违情事，故于委员出差之时，每饬其严密查访。节据各委员声复，尚无滥用刑求等情，省城发审局即对于命盗重案，亦饬其不准滥刑，并于七月间札臬司饬杭州府将非刑各具一律缴销，现饬臬司仍一面严密查访，如有滥用刑讯之不肖官吏，自应指明严参等因，具见抚部院钦遵前次谕旨、实力遵行之至意。惟是通饬既久，各属仍然阳奉阴违，据议员顾清廉报告，目击鄞县署内枷号未曾革除。又阅报载南浔通判方倅竟有滥刑毙命之案，此外各厅、州、县因寻常钱债细故，或为显宦势绅所片送、辄加笞责者，亦复时有所闻。似此任意妄行，实干法纪，本局立于代表舆论之地位，责无旁贷，谨遵《谘议局章程》第二十八条之规定，纠举呈请抚部院迅将查明实在者立予严参，一面饬下臬司严查各属如有前项情弊，即行指名查办，以重谕旨而免冤滥。为此备文呈请抚部院察夺施行。须至呈者。[①]

《浙江谘议局文牍》第二编，第48页

本局呈请抚部院札饬藩司照前次通饬洋价分别撰示札饬各属分贴各城镇乡一体遵照文

宣统二年四月二十日

为呈请事。窃本局前因衢属征粮抑勒洋价及平阳厘捐收捐抑勒洋价，均经呈请查办并乞通饬各属一律禁革等情，当于三月二十七日、四月初十日叠奉抚部院批答照准各在案。近又叠接处州商务分会函称，青田、括苍、夏河三卡，迄今尚未遵办，收捐之洋每元只作钱八百八十文。青田商务分会电同前因。台州路桥商务分会函称，太邑征粮，每元九百六十文，黄邑征粮，每元一千文，屯粮每元征

① 本篇原文无巡抚批复。

收九百文，海门厘局每元作钱八百八十文，分卡每元八百六十文，关捐每元九百三十文，分关每元九百十文，其中参差不等。严州士绅包汝济等函称，严属征粮洋价，除桐庐于是年已作钱一千文外，其余建德、淳安、遂安等县，概作九百五十文，寿昌、分水仅作九百一十文。金华、东阳、永康各士绅函称，该数县洋价亦仅作九百十文。商困民艰，倒悬望切，纷纷函电到局。复阅报载抚部院批临海县章观型禀内，查各属征粮洋价，每元作制钱一千文，前已行司转饬遵照在案，据禀临邑洋价何以仍作九百四十文，殊不可解，仰布政司核饬台州府查明详复察夺等因，具知抚部院对于各属征收钱粮、厘捐抑勒浮收情弊，屡饬从严（澈）〔彻〕查，三令五申，事逾数月，乃各州县犹复藉口未奉明文，抑勒浮收如故。推厥原因，约有二端：一因藩司、厘饷局虽已遵批通饬各该府、局，而各该府、局转札各州、县及分卡，搁置延迟，在所不免；一因各州、县及分卡业已奉到明文，以商民无从与知，匿不宣布，种种违法，由此而生。本局当于本月初八日开协议会讨论此事，佥以征收钱粮、厘捐抑勒浮收等事。本局业已一再呈请查办，抚部院亦叠次通饬各府属据实查报，然犹不能禁革者，皆由以上所举二弊之故，应请抚部院分别札饬藩司刊印告示多张，径行札发各属商务分会及农务分会遵照分贴各城镇乡，俾获周知而杜弊混，仍饬各该分会将实贴日期通报备案。本局为通人民情悃起见，应请抚部院迅赐照准，为此备文呈请抚部院察核施行。须至呈者。

抚部院增批：来牍阅悉。候札饬藩司查照前次通饬每洋一元作钱一千文，速撰告示札发各属暨各局、卡分贴各城镇乡，一体遵照，以杜弊混，并饬将实贴处所、日期报查。此答。

《浙江谘议局文牍》第二编，第48—50页

本局代呈抚部院兰溪茶商蒋德泰等建议案文

宣统二年四月二十四日

为呈请事。查《谘议局章程》第二十一条左列第十二项收受本省自治会或人民陈请建议事件，兹据兰溪茶商蒋德泰提出建议书一种，本局于本月十八日开协议会，公同审查，即经决定可以代为呈送前项建议案，自应缮折呈恳抚部院即赐察核，俯加采择，以符定章而通民愫。为此备文呈请抚部院鉴夺施行。须至呈者。

计附清折一扣。

抚部院增批：呈悉。候饬布政司确核妥议详复核夺。此答。

《浙江谘议局文牍》第二编，第54—55页

抚部院札知准资政院电开钦奉上谕八月二十日为召集之期传知各议员届期齐集文

宣统二年四月二十六日

为札行事。宣统二年四月二十日准资政院电开，本院奏请当选议员并先期召集资政院，业于四月初一日钦奉上谕，钦选各项议员，著以本年八月二十日为召集之期等因。钦此。嗣于十七日钦奉上谕，前经降旨将宗室、王公、世爵等应选资政院议员人数分别选定，并经预定召集日期，令该院各项议员届期一律齐集。兹据资政院奏请续行钦选议员开单呈览一折，所有单开之纳税多额互选当选人，

著孙以芾、李士钰、周廷弼、林绍箕、席绶、王佐良、宋振声、李湛阳、罗乃馨、王鸿图为议员，该员等务各按照定期与上次钦选各项议员暨各省互选议员一律齐集，预备开院，并各懔遵前旨，竭诚协赞，有厚望焉。将此谕令知之。钦此。同日钦奉谕旨，资政院奏各省谘议局互选该院议员一律选定、开单呈览一折，知道了，钦此。本院除将开办事宜敬谨筹备外，相应先行电咨查照，希分别转知钦选纳税多额议员暨谘议局互选资政院议员等一体钦遵，届期齐集等因到本部院。准此，除行藩司外，为此札行谘议局查照，希即转知各议员钦遵，届期齐集。须至札行者。宣统二年四月二十六日。

《浙江谘议局文牍》第二编，第56—57页

抚部院札知准宪政编查馆咨复督抚对于谘议局文书程式俟酌核规定通咨照办文

宣统二年四月二十七日

为札行事。宣统二年四月二十四日准宪政编查馆咨开，接准咨称。据谘议局呈，据议员柳在洲提出《督抚对于谘议局之文书程式建议案》一种，经协议会审查公决，自应遵旨备文呈祈抚部院咨送资政院查核，除建议案另折缮呈外，为此呈请查照等情到本部院，据此除批答：来呈暨清折阅悉，查《督抚对于谘议局之文书程式建议案》，前次馆电既有开会一届后再行咨请酌情办理等语，仍希候咨宪政编查馆核复，一俟复到再行札知外，相应咨馆察照核复施行等因到馆。查此项文书程式，迭经各省谘议局呈由督抚电请更改，兹准前因，自应量予变通，除俟本馆酌核规定、再行通知照办外，相应咨复贵抚查照饬遵可也等因到本部院。准此，札行谘议局查照。须至札行者。

《浙江谘议局文牍》第二编，第57页

抚部院札知准馆部咨复地方官对于城镇乡自治会文书程式由部另案更正时奏明办理文

宣统二年四月二十七日

为札行事。宣统二年四月二十日准民政部咨开，民治司案呈，准浙江巡抚咨称，据谘议局呈请《更正地方官对于城镇乡自治会文书程式建议案》一种咨行到部，查《更正地方官对于城镇乡自治会文书程式》一案，前经浙抚咨请核办，当经本部援照宪政编查馆致江苏电，用“谕”系章程所规定，并非卑视，惟仍应照札体，概不标朱。此项章程条文与《府厅州县地方自治章程》歧异之处，业经奏准由民政部另案更正，届时应由该部酌量情形，奏明办理，此时未便遽改等因咨复在案，兹准前因，应即仍照前咨办理，俟本部将《城镇乡地方自治章程》办理，相应咨复贵抚查照饬遵可也。同日又准宪政编查馆咨开，案准咨据谘议局呈，据议员柳在洲提出《更正地方官对于城镇乡自治会文书程式建议案》一种，咨馆察照办理，并希见复等因到馆。查上年本馆奏陈《府厅州县地方自治章程》折内称，《城镇乡地方自治章程》条文有涉及《府厅州县自治章程》歧异之处，应由民政部另案更正等语，兹准前因，自应由民政部归入前项更正条文案内，另行办理，除咨行民政部查照外，相应咨复贵抚查照可也各等因到本部院。准此，查此项《更正地方【官】对于城镇乡自治会文书程式》一案，前准民政部咨复到浙，当经行知地方自治筹办处转饬各属查照办理在案，兹准前因，除行地方自治筹办处转饬查照外，为此札行谘议局查照。须至札行者。

《浙江谘议局文牍》第二编，第57—58页

本局呈请抚部院札饬藩司依限刊布钱粮征信册文

宣统二年四月二十七日

为呈请事。三月十二日本局呈请抚院迅速实行《刊布各厅州县钱粮征信册》案内，业于四月初一日奉批：已札饬藩司迅即核议详办在案，现在为时已久，前项钱粮征信册未悉藩司已否遵饬实行刊印。查本议案办法第六条内载，藩司须于六月三十日以前将摆印成本之征信册除呈送巡抚并移送臬司、粮道札发各该厅、州、县具存备查外，大县至少备三百份，中县至少备二百份，小县至少备一百份，饬由各该知府分别转送各该县之绅董，使于公共地方存储，任各业户传观等语，是刊布征信册不得超过六月末日之法定期限可知，本局恐将来逾越法定期限，特于廿五日提前开协议会会议，佥以刊布时期逼近，应再备文呈请抚部院迅赐札催藩司依限举办，以期实行而免延误，为此呈请抚部院鉴核施行。须至呈者。

抚部院增批：来呈阅悉。候札催藩司迅即详办。此答。

《浙江谘议局文牍》第二编，第59页

抚部院札知准宪政编查馆咨开申明督抚与谘议局范围限制文

宣统二年四月二十八日

为札行事。宣统二年四月二十日准宪政编查馆咨开，准山东巡抚咨称，宪政机关首重代议之制，各省设立谘议局以资历练，全在各议员自重名誉，恪守范围，乃足以策群治进化之机，立国民代表之准，恭绎先朝叠次圣训，期望议员甚殷，既不准使心术不正、行止有亏之人托足其内，尤不可使品行悖谬、营私武断之人滥厕其间，再三垂诫，深切著明，而于权限所关，尤期竭诚践守，煌煌谟诰，薄海同钦，自筹办选举至谘议局成立以后，历经慎重图维，并奉准钧馆随时解释，具有准绳。惟详绎局章，于议员被举之初均为规定资格，而于议员任事以后所定罚则，重者除名，且须全体议决，方可执行。此则全属谘议局内部之事，嗣于议复于大臣奏陈《谘议局章程》权限折内复经指明，议员果有犯罪确据，及为议员以后有品行悖谬、营私实迹者，即当随时斥退惩办等语，是斥办议员，督抚可随时办理。议员既由选举而来，原不应有悖谬营私之人滥厕其内，但一人而后先各判，难保志行之不移，一事而团体相持，容有偏徇之受惑，其有因事被人禀讦，为公为私，或虚或实，自应确切查办，乃可解免人言。督抚有依律惩办之权，原非谘议局所能干预，而谘议局为全体名誉起见，或有代为辩护、呈请另行查办之事，似宜确立范围，预为限制。至谘议局应议事件凡十二项，其在规定事项之中，尚有易于误会之处，如收受人民建议一项，原以通达民情为主，而往往有纯然诉讼之事，亦请由局代递。申诉冤抑，自有法庭，然民、刑之纷争与人民之情悃，亦尚易于含混，此又不应假借，更宜示以防维。现当筹备立宪之初，对于议员正应诱掖扶持，冀为官治之补助，要必望其人格增重，悉泯瑕疵，足以取重于官，见信于民，庶于分定职权之中仍寓保持秩序之道。以上事宜，拟请酌定限制，俾有遵循等因。查《谘议局章程》第四十条，凡议员除现行犯罪外，于会期内非得谘议局允诺，不得逮捕，是议员现行犯罪及犯罪在会期外者，皆得逮捕也。又本馆议复于大臣奏，议员果有犯罪确据及为议员以后有品行悖谬、营私实迹者，督抚即当懔遵前年九月间谕旨，断不可使品行悖谬、营私武断之人滥厕其间，随时斥退惩办，断不至如原奏所称假谘议局为护符，使之肆无忌惮等语，是议员果有悖谬、营私实迹及犯罪确据，督抚本有斥退惩办之权，非谘议局所得代为辩护，但悖谬营私必有实迹，乃可斥退，犯罪必有确据，乃可惩办。实迹、确据即其范围，嗣后各省议员如有被人禀讦者，各督抚自应按此范围办理，若谘议局呈请另行查办，即当以悖谬营私之有无实迹，犯罪之有无确据为准驳之限制。至谘议局收受人民建议一项，自以通达民情，指陈得失为主，若纯然诉讼事件，自应由法庭审判，该局不得干预，以杜侵越。除咨复东抚外，相应咨行贵抚查照办理可也等因到本部院。准此，除札行按察司外，为此札行谘议局查照。须至札行者。宣统二年四月二十八日。

《浙江谘议局文牍》第二编，第59—61页

抚部院札知准宪政编查馆咨复彩票可照局议赶行严禁文

宣统二年四月二十八日

为札行事。准宪政编查馆王大臣开，准贵抚咨据浙江谘议局呈称，案查去年常年会议期内呈送禁止彩票规则议决案一件，十月二十五日奉抚院批明，事关他省奏销之件，应俟奏咨核办在案，嗣于十二月十二日复奉抚院札知一并咨送宪政编查馆先行核复。等因。查兹案抚院既批奏咨核办，自应将此案一面具奏，一面通咨各省，今虽与他议案一并咨送宪政编查馆核复，似仍须分别办理，未知已否先行奏请，俾此议得以早日实行。彩票性质与赌博无异，浙省所发卖各项彩票，全系别省销入，尤应及早严禁，现闻他省对于彩票问题，多已实行禁止。吾浙办理更易。事关本省应革事务，不宜再延，迅赐设法实行严禁。为此咨请察照迅予核夺等因前来，查彩票本非筹款正当办法，自应禁止，惟浙省于庚子赔款曾有奏办彩票之案，如已奏准，即可照局议将别省销入浙省彩票赶行严禁，以杜流弊。为此咨明贵抚查照办理可也等因到本部院。准此，查浙江奏办彩票早已停止，自因将别省销入浙省彩票赶即严禁，惟此案前据谘议局呈催，已经奏咨并分行在案，除俟奉到朱批再行恭录外咨行限期禁止外，为此札行谘议局查照。须至札行者。宣统二年四月二十八日。

《浙江谘议局文牍》第二编，第61—62页

本局代呈抚部院韩焌煌等钱江义渡局改良办法建议案文

宣统二年四月二十九日

为呈请事。查《谘议局章程》第二十一条第十二项收受本省自治会或人民陈请建议事件，兹据人民韩焌煌、陈其闲、莫善承、孙光临、周祖光、周仁、茹嘉鼐、袁耀章等提出《钱江义渡局改良办法建议案》一种。本局于本月廿五日协议会公同审查，即经决定可以代为呈送前项建议案，自应缮折呈恳抚部院即赐察核，俯加采择，以昭定章而通民愫。为此备文呈请抚部院鉴夺施行。须到呈者。

计附清折一扣。

抚部院增批：来呈及清折均已阅悉。钱江义渡改良办法，颇有可采，希候抄录建议案札饬府、县核议详办。折存。此复。

《浙江谘议局文牍》第二编，第63页

本局呈请抚部院查照馆咨议定办法各案分别公布以重立法文

宣统二年五月初一日

为呈请事。四月初一日奉抚部院札开，兹准宪政编查馆咨开，准贵抚咨称，本届谘议局自开会以迄闭会，有交令复议仍执前议应行照章咨送资政院核议者，计九件，为《筹办浙江巡警经费议案》、《移房捐及裁撤绿营饷项改充全省巡警经费议案》、《关于谘议局议决权内之本省行政命令施行法案》，又《公布本省各种现行章程规则案》、《办理灾歉规则案》、《革除收粮积弊案》、《改良征收钱粮方法案》、《议定浙省厘捐收用龙圆折中定价案》、《裁撤官纸局案》，以上九件，均由本部院详加审核，并迭经交会议厅切实讨论，实有滞碍难行之处，应归入争执事件，照章咨送资政院核议。惟现在资政院尚未成立，查前次贵馆十月三十日电咨，谘议局争执事件应暂由督抚分别电咨本馆核复，自当遵将以上九案认为碍难照准之理由加以说明，并附全案另册呈送，以备察核等因。本馆现经详加酌度，逐条核复，相应咨复贵抚查照单开事理转饬谘议局遵照可也等因到本部院。准此，合将此项核复议案逐件抄录，一并札知，为此札行谘议局查照。须至札行者。计粘抄核议案九件等因。奉此，按《谘议局章程》第三十条，凡第二十四、二十七、二十九条所列各事项经资政院议定后，均宜分别照行等语。兹查抚部院札复宪政编查馆核复九条，系属于章程第二十四条所列之事项，单开各案内如一《筹办浙江巡警经费议案》丁项“裁撤省城巡警总局”，准将总局名目删除；四《公布本省各种现行章程规则案》应将第一条末段“未经刊布之件，均作为已经废止”一语删去，余照所拟办理；《裁撤官纸局案》酌照局议办理。以上三项议案，既经宪政编查馆议定办法，自应即恳抚部院查照定章迅予分别公布，以重立法而资遵守。为此备文呈请抚部院查照施行。须至呈者。宣统二年五月初一日。

抚部院增批：来呈阅悉。查《裁撤官纸局案》，早经札饬提学司裁并办理；裁撤省城巡警总局、准将总局名目删除一节，亦经札饬巡警道核议办法，详候核夺；至《公布本省各种现行章程规则案》，自应查照宪政编查馆来咨，将第一条末段“未经刊布之件，均作为已经废止”一语删去。一俟修正，即当公布施行，希即知照。此复。

《浙江谘议局文牍》第二编，第63—64页

本局复福建谘议局说明协议会决议预算办法文

宣统二年五月初二日

敬复者。奉手示祗悉关于预算各项，敝局经于四月廿五日将尊函付协议会公同研究，决议办法，兹谨述各项如下：（一）谘议局经费应仍照去年办法，以每年九月初一成立之日起至翌年八月末日止，为一会计年度；（二）无疑问；（三）谘议局为独立机关，报告册面自只能写明“某省谘议局”字样，亦无疑问。专此布复，并叩公安！惟照不宣。

附录：福建谘议局原函

敬启者。敝局近接到清理财政局来文，请试办本局宣统三年预算并交度支部颁定各省试办宣统三年报告总册，附《例言》一册内开，谘议局经费属于第一类民政费下，其中所陈试办事件，按诸谘议局性质权限不侔者颇多，谨就所见略述梗概：一预算《例言》第四条，预算以每年正月初一日起至十二月底止为一年度，谘议局于去年九月成立，所预算者均自该年九月至翌年八月为一年度，此会计年度之不同也；一预算《例言》第三条，分册由在京各衙门、各省清理财政局核定汇编后，仍随总册送部以备参考，查《谘议局章程》谘议局公费及薪金数目，由督抚定之，其旅费、杂费及预备费，由谘议局会议预算数目，呈请督抚核定，是谘议局经费必在会议期中乃能预算数目，闭会中不能提前办理，此预算性质之不同也；一预算《例言》第二条，在京各衙门及各省所编预算报告册称，预算报告总册册面注明“某衙门某省试办某年预算报告总册”字样，其所辖各署局等所编清册称预算报告分册，册面注明“某衙门某省所辖某署局试办某年预算分册”字样，据此所谓分册者，必指某衙门或某省所辖之某署局而言，谘议局为全省采取舆论之所，其非有所隶属明甚，此造册名称之不同也。以上三端，曾经敝局同人讨论，均谓无此办法，只将本届所预算者造送在案，惟关各省共通事件，想贵局日内当亦接到贵省清理财政此种公文，对于兹事有何意见，请即赐复，以期一律办理（信到后十五日内复示为盼）。耑肃，即请，公安！

《浙江谘议局文牍》第二编，第65—66页

抚部院札复通判方倅滥押毙命案核明奏参并札饬委员赴查各属有无违章枷责文

宣统二年五月初七日

为札行事。本年四月二十日据谘议局呈称，据议员顾清谦报告，目击鄞县署内枷号未曾革除，又阅报载南浔通判方倅竟有滥刑毙命之案，此外各厅、州、县因寻常钱债细故，或为显宦势绅所片送、辄加笞责者，亦复时有所闻。本局立于代表舆论之地，谨遵《谘议局章程》第二十八条之规定，纠举呈请查明实在，立予严参，一面饬下臬司严查各属如有前项情弊，即行指名查办等情。据此，查前署南浔通判方倅擅受民词、滥押毙命一案，业经本部院密饬湖州府委查明确禀经臬司详请参办在案，除核明奏参并札饬臬司移行各道、府委员分赴各属查明有无因寻常钱债细故违章枷责情事据实禀办外，合行答复。为此札行谘议局，烦为查照。须至札行者。

《浙江谘议局文牍》第二编，第67页

抚部院札知具奏禁止浙省发行彩票业奉朱批文

宣统二年五月初七日

为札行事。照得本部院于宣统二年四月十六日附片具奏谘议局议定禁止浙省发行彩票一片，当经抄片咨行在案，兹于本年五月初五日差弁赍回原片，奉到朱批：著照所请。钦此。合行恭录札行。为此札行谘议局，即便查照钦遵。须至札行者。宣统二年五月初七日。

《浙江谘议局文牍》第二编，第67—68页

本局呈请抚部院咨部速废沪杭甬存款章程不认缴解亏耗文

宣统二年五月二十四日

为呈请事。阅报载邮传部致浙抚部院电开，沪杭甬借款亏耗一项，系国家筹垫，由江浙督抚担任之款，岂公司所能干预？现度支部、江督、苏抚均已解清，浙省似不能独异。至公司议废章程，另是一项，尤未便牵合，希即照前电迅速拨解，以凭汇交中英公司等因。寻绎部电，窃有百思不得其解者，夫改借为存，有款有耗，本非人民所愿承，祗以仰体大部转圜之难，勉遵章程，未敢哓渎。查邮传部奏定存款章程第四条载，此项存款，多不过一千万两，少不过七百五十万两，第一期自光绪三十四年二月初四日起，于七个月内拨付八十万两，第二期于十二个月内一律拨清，如有事故，可展至十八个月，至迟不得过二十四个月，倘到期不能拨付或拨付不全者，此项存款章程即日作废等语。计自奏定之日起，扣

至宣统元年二月初四日，满十二个月，其时第一期拨款不全，经浙、苏两公司以无故逾期呈请邮传部将章程作废，未蒙照办。循是连闰计算，扣至本年正月初四日，满廿四个月，而部拨存款只一百八十万两，即论存款至少之数，所拨不过四分之一，正符定章拨付不全即日作废之文。今更在廿九个月矣，部拨之款不闻有加，部定之期相去愈远，就根本上解决之，此项章程当然作废，而邮传部屡电催解亏耗，竟有亏耗系国家筹垫，由江浙督抚担任，非公司所能干预，废约另是一事，尤难牵合等语。夫章程为存款之章程，亏耗亦存款之亏耗，安有存款拨付不全，章程当然作废，而亏耗尚须源源照解，视为另是一事者！且督抚担任亏耗，非督抚自行措解，不动帑藏也。浙省帑藏，何一不取诸人民，即所垫之耗，查部议取偿于公司将来报效红利二十分之一，是仍以取诸人民者取偿于公司。浙省之财，只有此数目，目前直接取之，将来间接取之，人民何堪受此违背奏定章程之剥削？本局以此事惟有懔遵奏案办理，既不能认作废之章程，自不能认无款之亏耗，此项存款章程应废理由至显至明，而目前不能承认此项无义务之负担，尤为切近，决议呈请抚部院据情转咨邮传部循照奏案办理，以维路政而苏浙困。为此呈请抚部院察核施行。须至呈者。

抚部院增批：来呈阅悉。现准铁路公司咨呈，此项亏耗银两，应遵照邮传部奏定章程办理等因，与来呈词旨相同，希俟一并据情咨明邮传部核办。此复。

《浙江谘议局文牍》第二编，第79—81页

抚部院札知准资政院咨开议员旅费到院照章发给毋庸先垫文

宣统二年五月二十七日

为札行事。宣统二年五月二十三日准资政院电开，闽浙总督歌电询资政院议员旅费是否包括赴京川资在内，所需川资是否由本省另给或暂垫等因。查本院议员旅费，自系包括来往川资，惟数目尚未规定，俟九月间开会各议员到院时，由

本院照章发给，无庸先垫，以免参差。再，议员到院，应呈验互选当选执照，希即通知各议员一律携带执照先期到院，万勿延误等因到本部院。准此，除行藩司外，为此札行谘议局查照，希即转知各议员知照。须至札行者。宣统二年五月二十七日。

《浙江谘议局文牍》第二编，第84—85页

本局呈请抚部院乐清余令系指明违法确据之员请札饬藩司另行核办文

宣统二年五月二十七日

为呈请事。窃本局前因温州乐清县余令违法指明确据呈请查办，本月十二日奉抚部院批：呈悉，候札饬布政司委员据实查明详候核办等因。奉此，具见抚部院勤求民隐，于澄清整饬之中仍寓审慎周详之意，自应静候查复核办。惟阅初九日报载乐清县余令已由藩司牌示调署处州庆元县，以候补知县查令鳌署理乐清，在藩司为人地起见，量移牧令，固必自有权衡，第余令系本局指明违法确据遵章纠举之员，其事信而有征，业奉抚部院札司委查，自不能掩违例虐取之咎，今若遽予他调，似不足以顺群情而伸民隐，应请抚部院札饬藩司另行核办。事关官吏违法，指有确据，理应听候查办，为此备文呈请抚部院察核施行。须至呈者。

抚部院增批：查此案前呈，业经批司委查详办在案，兹据呈前情，希候札催藩司查照前札饬委访查明确详候察办可也。此复。

《浙江谘议局文牍》第二编，第85页

本局致各属议员请提早预备议案函

宣统二年五月二十七日

敬启者。按《谘议局章程》第三十四条“凡召集开会，应于三十日以前由议长将本届开会议事事件预行通知各议员”等语。现距九月为时无多，自不可不及早准备，而准备实以议案为最要。如局章定由督抚起草者，本局业经备文呈请提早准备在案。至由谘议局自行草具议案者，除议长委任常驻议员调查编辑作为谘议局议案外，用敢函达台端，本年常会应提议案，请早准备，于七月二十日以前陆续送局，以便照章分配，俾各议员事前获以从容研究，斯临时不至漫无定见，何幸如之。肃此，敬请，台安！

《浙江谘议局文牍》第二编，第85—86页

本局呈送董德谦徐士焘二种陈请书文

宣统二年五月二十九日

为呈请事。查《谘议局章程》第二十一条左列第十二项收受本省自治会或人民陈请建议事件。兹据人民董德谦提出陈请书一种、徐士焘提出建议书一种，本局收受后，即于本月廿九日开协议会公同审查，佥谓董德谦之陈请书，关系地方公款，若听个人任便移置报效，恐纷纷变更，于议案妨碍殊甚，应即代为呈送。至徐士焘之建议书，亦经公决代呈，自应缮折呈恳抚部院即赐察核，俯加采择，以昭定章而通民悃，为此呈请抚部院鉴夺施行。须至呈者。

抚部院增批董德谦陈请书：查胡氏登瀛局一款，前据胡故绅之孙胡际虞等愿将伊祖良佐、良俊存余洋三千元捐作海军开办经费，并将原捐田九百零七亩四分六厘、续置田一百八十六亩七分七厘九毫额租捐作海军常年经费，暨绅士胡廷恩等先后来辕具禀，当经批饬平湖县查明详候核办在案。兹准前因，希候札行学司转饬平湖县查明详复，到日再行札复，并将徐士焘建议一案，另札藩司办理。此复。

抚部院增批徐士焘建议书：建议书阅悉。该处分卡，如果确系本年四月初增设，自应饬令取销，以符公布施行原案，希候札饬藩司查明详复再行察夺可也。此答。

《浙江谘议局文牍》第二编，第86页

本局呈请抚部院核示历次呈请查办案件及议员质问书文

宣统二年五月三十日

为呈请事。窃查本局历次遵章呈请查办案件内有：各州县隐匿蠲免分数暨追缴已免旧欠案，三月廿四日奉批：饬司道饬府禀复；台州防营焚杀乡民案，三月廿八日奉批：派员澈查；长兴卡于画溪桥私设巡船违法勒捐案，四月初九日奉批：饬厘饷局委员查复各在案。又查议员质问书内有：萧鑑质问长兴卡拟于吕山地方添设分卡一件，四月十五日奉批答：饬厘饷局并案澈查详办；张传保质问鄞县濠河厘卡抽收贝捐系属重叠征收是否违法一件，五月初二日奉批答：札饬潘司转饬宁郡局查明禀复；蔡汝霖质问金郡已辟校场系八邑公地一并拨归金华一邑劝学所殊欠平允一件，同日奉批答：已饬提学司悉心核议详复；王序宾质问奉化县所筹警费系于民田抽捐一件，五月初四日奉批答：札饬布政司查复亦各在案。现在为时已久，想藩、学两司并各属委员对于本局呈请查办案件及议员质问书当已切实查复，除台州防营焚杀乡民一案另文呈请核示外，以上各案应请赐示祗遵。

为此呈请抚部院查核施行。须到呈者。

抚部院增批：呈悉。希候分札催藩、学两司克日详复察夺，一俟复到即行札局知照可也。此复。

《浙江谘议局文牍》第二编，第 86—87 页

抚部院札议速记生津贴是否作为无关本省行政经费文

宣统二年六月初一日

为札行事。本年五月二十四日准资政院电开，洪前咨各省考送速记生，酌给官费，俟毕业后仍咨回原省应用，此正为谘议局储备速记人员，乃来电援该局议案，谓为无关本省行政，停发经费，殊出意外，咨送各生尚未毕业，需款甚急，本院未便专为贵省代给，仍祈查照前电，迅速办理见复等因到院，当将原电发交财政局拟复去后，兹据该局折称，奉饬会议司库放给津贴等款应否停止案内，曾将京师速记科学生汤国琛等四名津贴洋二百七十元，酌给一次为限，详请奏咨在案。今资政院以速记生为谘议局储备人材，将来毕业后即咨回该局应用，似与行政衙门之别项津贴不同，应否札行谘议局筹拨之处，当请察夺电复等情到本部院。据此，查原电有为谘议局储备速记人员一语，是否可作为无关本省之行政经费，合就札行谘议局查照筹议，迅速呈院，以凭电复。须至札行者。

《浙江谘议局文牍》第二编，第 87—88 页

本局致抚部院呈送北门卡各项联单函

宣统二年六月初二日

敬启者。前缘宁波鲜咸货行公称，北卡因革除洋水生出加捐一事，敝局曾经协议会议决备文呈请查办在案，兹据该鲜咸货行鼎丰等复，将北卡常规正捐及革除洋水后加捐各联单送来，拟合肃函转呈钧座，即祈归案核办，以苏商困，无任翘祷。专此，敬请，勋安！

计附宁波北门卡联单十纸

《浙江谘议局文牍》第二编，第93—94页

本局致各省谘议局分送意见书函

宣统二年六月初三日

敬启者。此次林京堂来省调查宪政，谈及宪政编查馆对于《谘议局章程》如有窒碍之处，亟愿征集意见，预备酌改。现在敝局由议长陈黻宸、副议长沈钧儒、常驻议员褚辅成、张传保提出意见书各一件，缮折呈由林京堂转呈宪政编查馆核定，兹将各种意见书另纸印成寄呈诲政，贵局诸公如有崇论宏议，并恳赐下一份，以广见闻。幸甚！感甚！肃此，即颂，公安！

计附意见书四种。

变通督抚与谘议局往来文式意见书

谨按督抚行文谘议局始用札，故仿定例各部劄太常鸿胪各寺、顺天府并礼部劄各省学政之式，乃用劄而不标朱。谘议局行文督抚则用呈，此式实多窒碍，前经议员柳在洲建议呈请更定，而宪政编查馆咨复浙江巡抚亦许量予变通，惟须俟馆酌核规定。时复逾月，已否酌核规定，尚未审知，第窃以谓援定例各部行文太常鸿胪各寺、顺天府并礼部行文各省学政，皆用劄，太常鸿胪各寺、顺天府行文各部并各省学政行文礼部，皆用咨呈，并有“凡用劄之衙门，来文皆用咨呈”之文，明载《会典》，惟都察院行六科用劄而六科行都察院用呈文，六部行各关监督、各省织造兵部行各提督总兵均用劄，而各织造、各关监督于户部提督总兵于兵部均用呈文，此则因有堂属节制之辨然耳。今督抚行谘议局用劄，而谘议局行督抚用呈而不得用咨呈，岂视为堂属耶？抑以督抚节制谘议局耶？谘议局非督抚下级官属，不必知法理者然后明。《谘议局章程》督抚有监督谘议局之权，而无节制谘议局之条文，且节制与监督名义不可苟混，监督惟视察之责，节制有可否之权，今定章第二十四条曰：谘议局于督抚交令复议事件，若仍执前议，督抚得将全案咨送资政院核议。馆臣谨按曰：督抚及谘议局各执一见，不能解决之事件，督抚应咨送资政院以待决定，是督抚于谘议局无可单方可否之权也。又第二十七条曰：本省督抚如有侵夺谘议局权限或违背法律等事，谘议局得呈请资政院核办，是谘议局不受督抚节制明甚。盖惟下级官属然后受上级官长之节制，今谘议局为代议独立机关，故督抚于谘议局有监督而无节制。观定章第四十六条督抚于谘议局之议案，有裁夺施行之权，而馆臣特谨案声明之曰：至裁夺施行，即指第二十二、二十三两条所载事项而言，明其两条外，无裁夺施行之权，则谘议局之处地确与督抚平行，由是可知督抚行谘议局用劄且未当，而今乃限谘议局行督抚不得用咨呈，亦不过以为谘议局非行政官署耳。然浙江铁路公司独在行政官署之列耶？今弗辨是而论督抚行谘议局用劄之非，夫宪政编查馆仿各部之行太常鸿胪各寺用劄定例，立为督抚行谘议局用劄之式，以谓崇谘议局之处位而有别于行属官之札矣，其实未尝有异，考许慎《说文解字》无“劄”字有“札”字，解曰：牒也。而“牒”字下解曰：札也。又“简”字下解曰：牒也。盖皆书简之意。《汉书·司马相如传》曰：上令尚书给笔札。师古曰：札，木简之薄小者也。刘熙《释名》

亦云：札，栉也，编之如栉齿相比也。郑康成注《周礼》：司市以质剂，结信而止讼。曰：质剂，谓两书一札而别之也，亦谓书券之类然。则古之“札”字，本非专为行下之文。顾野王《玉篇》已著劄字解曰：以针刺陆法，言广韵。解曰：刺著竹，则“劄”字本綵劄，驻劄之字，而后世借为札牒之字，宋徐度卻《扫篇》称：唐制宰相所号令四方者，谓之堂帖，宋则凡不降勅而中书指挥事曰“劄子”。赵升《朝野类要》有省劄、奏劄、堂劄、帅劄、白劄子之别，省劄、帅劄皆下行之文，奏劄又谓之殿劄，上殿奏对所入文字，盖即《正字通》所谓非表非状者谓之劄子。然上行于天子如苏轼等有进陆宣公奏议劄子，又萧燧等有淳熙讲筵劄子，宋名臣奏议中盖不任枚举矣。堂劄则上宰执之公劄也，则是劄犹札也，上下通行之牒耳。本朝定例如载在《会典》者，则劄专为下行之文式，然齐召南有进经史劄子，或一时摹仿古制，或特私家集载，如此未窥史宬，无以考断，窃窥《会典》所载，似惟内官于中级之内及内官于外官之中级者用劄，其督抚行其中级下级官属用牌，而提督行府厅州县、巡抚行副将参将游击都司用劄付，巡抚行专城守备并道标各营中军守备用劄付，是皆可见定例劄为下行之文，与现时督抚下行属官之札，字异而实同，相沿日久，遂视若与劄有异，果有异乎哉？然则自宋以来，咸借劄为札，本朝定例，沿其字而限其用，近则复札之本字而用于定例之所当用牌者，今辨其易混，而劄札之名义性质不可掩矣。然则督抚行谘议局既用劄而又限谘议局行督抚不得用咨呈，虽仿各部行太常鸿胪各寺之例，而实等于下级官署，何崇谘议局位置之有？夫视谘议局如今之厘饷局、财政局同，与则谘议局非下级官署也，视谘议局如昔之乡团警保局等，与则谘议局为奉诏之所立而各有齐一之制也。今以谘议局之性质言，一省之代议独立机关也，宜与督抚平行矣。以名义言，奉诏之所立而国家采取舆论之地也，宜与督抚平行矣。矧又核诸定章而有碻乎，可以平行之条件乎？则必仿平行例而定为一齐之式，庶乎名实两利矣。

提出者：陈黻宸

意见书

度支部预算例言第四条，预算以每年正月初一日起至十二月底止为一年度。案资政院及各省谘议局开会均在九月，审查次年预算案之时，必以本年之决算案为根据，若从现在度支部所定年度，则九、十、十一、十二四个月以占全年三分之一长时间，其决算之如何，尚难预知，于审查次年预算案时不无困难，应请再与度支部酌议，以求便利。局章第十五条二项任期，以每届选举后第一次开会之日起算，又第三十一条二项开会之第一日，督抚应亲自莅会行开会仪式，第三十二条常年会每年一次，会期以四十日为率，自九月初一日起至十月十一日止。按合三条观之，则第十五条、第三十一条所谓开会之日，必指九月初一日无疑，而第十五条又有“每届选举后”字样，则选举手续当行之于九月初一日以前，亦无疑矣。盖会议时间最为宝贵，四十日犹嫌不足，不宜再以选举事扰之一也。第一次开会为本年正式会之始，督抚亲临颇为郑重，不宜议长犹未举定，以上届议长执行其事二也。惟条文规定尚欠分明，故上年各省办法参差不一，应请再将条文修改，以求明晰。

提出者：沈钧儒

意见书

《谘议局章程》仅规定议决本省岁出岁入预算事件，而于超过预算之支出，临时紧急事件必要费之支出，如何处置，均未规定。若任行政官厅自由支出，则预算案必归无效；若预算案之外绝对的不能支出，则行政机关有停滞之虞。似于预算事件，当从详细规定，查日本宪法第六章对于预算决算规定甚详，故于议院法中从略，然府县制第五章第二款对于预算案之如何追加，如何更正预算外之支加，如何处置，仍有专条规定，窃谓《谘议局章程》亦当依照增订也。

提出者：褚辅成

意见书

光绪三十三年九月十三日上谕，资政院应需考查询问等事，一面行文该省督抚转饬，一面径行该局具复；该局有条议事件，准其一面禀知该省督抚，一面径禀资政院查核。钦此。今《谘议局章程》对于资政院，惟有二十一条九项及二十七条之规定，而于条议事件未经列入，资政院院章第五章各条，亦无核复谘议局条议事件之规定，似与谕旨不相印合，应请修改。

提出者：张传保

《浙江谘议局文牍》第二编，第93—97页

本局呈请抚部院详核宝石山交涉案饬司提归专案慎议收回方法以重主权文

宣统二年六月初八日

为呈请事。窃按收回宝石山、莫干山地亩以保内地主权议案，经于宣统元年十月十九日奉抚部院札准公布施行在案，现据议员沈钧儒提议，谓当时以宝石山、莫干山两处均为外人侵占，损害本国人民固有权利，情形相同，所以并为一案提议。至如何收回手续，两处原不必相同。现在外间传闻，均谓官厅注意原案办法第三，以宝石山与莫干山相提并论，不复加以分别，此则有不能不重为声明者。夫办法之当否，要以事实为标准，查宝石山、莫干山两处，虽同为外人侵占，同为损害内地人民固有权利，而其先后事实则有显著不同之处，其尤可大别言之者：

一、莫干山外人购地，专为避暑，除条约不许外，无或种契约限制之明文，而宝石山则交涉之初，确系教堂置买公产，根据于光绪二十一年，栖云寺僧本林盗卖江干将台山地亩，绅士禀准收回之案而来，当时由梅滕更自行择地对换，与钱塘县双方立有永租契据，其所持理由二种：一为城内大方伯医局毗连圆通寺，佛事嘈杂；二为欲在高处建筑，吸收清气以利病人。所租之地只山面平场地基三亩七分九厘，又东首山脚平面连池五分，以及东北首山背土山二亩二分三厘，三共合计土石山六亩五分二厘，并于契内言明，塔前后造屋何用及其余种种应受限制之事。嗣后逐渐扩充，地亩日增，是否全由巧取暗夺所致，或有一二分为开凿石壁添出之地，未易深悉。去年正月，经抚部院派委宋大令翘寿，会同钱塘县伊大令象昂，勘明禀复之后，据洋务局照会英领事文，谓与原契不符，各处指驳最详，并有谓此外在东、北、西三面围墙及南面一带山脚界址内，并东首墙外新开之山地一方，合约计面积一百亩有零，内归梅姓承粮管业者共十九亩三分二厘，既无一为教堂公产，即属洋人在内地置买私产。其余山地八十亩零，确系无粮官荒，该医士尤不应建筑围墙，致滋疑议等语。是梅滕更于既经租地之后，任意侵占，不顾原约，已难隐饰。且据议员所闻，如山后石山拾亩，于光绪二十四年由梅滕更转卖总税务司赫德名下，得正价银三百两，贴绝找契银二百十一两，钱塘县存查有案。又转卖与南浔刘氏之地，连原租六亩零内之石池一方，得价银一万三千两，此为人所共知者。其他如山上洋房备人避暑，每间月租银五十两，现署交涉司王曾于去年夏间函询梅医士代表葛姓，得有复函可据。又如雇工凿石，初止石塔儿头一处，自光绪二十五年后，全山分作三段召租，按年论值，保俶寺旁年收洋一百元，山后两段一八十元、一六十元。又泥墙内亦须六十元承租石作，现为潘姓、魏姓两家。去年自抚部院饬县委到山勘禁，四月至八月，曾经停工五个月，后不见有何办法，九月后即复行开凿。又保俶山塔下旧有明天启年间采存石条乱石不少，亦均载卖净尽，并计所获，何啻百万。藉教堂公产之名，便私人营利之计，而如转售赫德各地，得以何价，买自何年，均不可考，支离变幻，莫可究穷，尤出于原订租契范围之外。此宝石山事实所以异于莫干山者一也。

二、莫干山虽为违约在内地置产，尚未经有人民禀控交涉有案，而宝石山则调地之初，旗营柏左司梁即致函仁和、钱塘伍、东两大令力争，钱武肃王后裔钱肇诚等，亦以将台山为武肃王郊天之所，高宗南巡驻跸，虽经争回，而宝石山仍为武肃王祠产，禀恳设法再议，终以一再更易，恐失外人信用，遽由仁、钱两县主议准调。光绪三十四年冬间，钱氏合族钱骏祥等，复以梅滕更侵占祠产等情，禀控列宪，略称保俶塔旁有亭为钱氏所建，宋初敕赐崇寿院，现名龙恩院，俗称为保俶寺，由钱氏子孙剃度者住持，载在宗谱及西湖、临安、杭州等志，兵燹后本宗披剃无人，始由公举戒僧学德进院等语。又塔基历朝敕封，载在志书，在本寺住僧无租卖之权，其他凿开禁山，毁平坟墓，塞断官道，剷削名胜，更仆难数云云。嗣经抚部院饬派县委详勘界址，宣统元年六月，遂由洋务局据以照会英领事，文内有钱氏所禀各节事非无因等语。此又宝石山事实所以异于莫干山者二也。

据以上事实，是宝石山之案，有前订租契原约，有钱氏禀控各节，自应提归专案办理，而其收回方法，自不能与莫干山同日而语矣。倘必持备款赎回之说，则梅滕更之违背契约与其藉此图利之处，应作何议，未便听其自由。查去年自钱氏禀控以后，抚部院批札，始终坚持，而洋务局来往公文亦从无偿款之说。若如传闻所言，则外交之事非钱不可。春秋弦高之牛，十二牧师一商人，委曲行之矣，何国家主权之可言，人民又何赖乎有交涉司哉！应请抚部院详核历来办理宝石山交涉各案由，札饬交涉司提归专案慎议收回方法，以重主权等语。本局经于五月二十九日协议会公同决议，为此相应备文呈祈抚部院俯赐察核施行。须至呈者。

抚部院增批：来牍阅悉。宝石山、莫干山各案，自应分别议办，所论宝石山始末情形，较之上年委查尤为详细，业经批饬交涉司慎议办理矣。此复。

《浙江谘议局文牍》第二编，第102—104页

抚部院札知准民政部咨开前送议员名册未经填写年岁查明呈候咨复文

宣统二年六月廿六日

为札行事。宣统二年六月二十二日准民政部咨开，民治司案呈前准浙江咨送谘议局议员名册，所有议员年岁等项，未经填写，与《谘议局议员选举章程》第十九条规定不符，应请贵抚饬查咨复核办可也等因到本部院。准此，为此札行谘议局，希即查明呈候咨复。须至札行者。宣统二年六月廿六日。

《浙江谘议局文牍》第二编，第124—125页

抚部院札知准资政院电开暂借京师法律学堂为开会议场传知各议员文

宣统二年六月廿七日

为札行事。宣统二年六月二十四日准资政院电开，前奉谕旨，以本年八月二十日为召集资政院议员之期，业于皓电通申在案，现因本院建筑未竣，奏明暂借京师法律学堂为第一次开会议场，希即分别传知纳税多额议员暨谘议局互选资政院议员等钦遵谕旨，届期齐集议场，切勿延误等到本部院。准此，除行布政司外，为此札行谘议局查照，希即传知各议员知照。须至札行者。宣统二年六月廿七日。

《浙江谘议局文牍》第二编，第124页

本局呈抚部院各厅州县对于洋价通饬及撰发告示抗匿不遵应否照处分则例惩罚请示宣布文

宣统二年六月廿七日

为呈请事。窃查各属征粮洋价，久奉抚部院核定每洋一元作制钱一千文，通饬各属遵办。嗣本局叠据各属绅民声称，州县征收钱粮有抑勒浮收情事，亦经迭次呈请查办，均奉札饬各府属据实查报，并批饬藩司撰示札发各属，分贴各城镇乡，一面仍将实贴处所日期报查等因在案。乃阅时已久，各州县对于钱粮洋价仍不遵饬办理，肆意勒短，近如武义县每洋一元仍作九百十文，宁海县每洋一元仍作九百五十文，泰顺县每洋一元仍作九百五、六十文不等，各属绅民函电纷至沓来，本局即于本月十八日开协议会讨论，佥以钱粮洋价，抚部院通饬划一，不啻三令五申，而地方官竟置若罔闻，惟知计较盈亏，损民肥己之是图，大非抚部院体恤民隐之至意，然推洋价不能划一之弊，则厅、州、县往往仍以未奉明文为藉口，究竟前项通饬及撰发告示，各厅、州、县何日可以奉到？及奉到后尚有抗匿不遵者，应否照处分则例惩罚？应请赐示并请将处分则例明白宣布，庶便民间周知，以昭实惠而杜弊端。为此呈请抚部院鉴夺施行。须至呈者。

抚部院增批：查各属征粮洋价，前经核定每洋一元作制钱一千文，札饬藩司撰示通颁在案，迄今日久，何以武义、宁海、泰顺等县仍未遵办？据呈前情，候札饬藩司委员密查详办，一俟详到，再行札行知照。此答。

《浙江谘议局文牍》第二编，第125—126页

本局致抚院本届提出议案每种多印二百份函

宣统二年七月初一日

敬启者。本年常会贵署提出议案，按照局章应于三十日以前分配各议员研究，时期瞬届，刷印议案手续繁重，如必待贵署议案送下时重行付印，恐于法定通知时期或致有误，拟恳贵署刷印议案之便，谕令每种多印二百份，发交敝局，俾早分配，以免临事复印，需延时日。至印刷纸张费用，自应由局照缴。敝局为求事务敏速起见，当蒙许可。肃此，敬请，勋安！

《浙江谘议局文牍》第三编，上卷，第1页

抚院札行据藩司详请偏僻水卡酌量移设车站核复饬遵文

宣统二年七月初四日

为札行事。据布政司颜钟骥详称，本年六月初七日奉宪台批本司详复硖石卡拟添硖石车站分卡，核案相符，应请照准由。奉批：查设卡稽征，只要办理得当，不必多设分卡，以致与谘议局议决不得增设之案两相抵触，仰即转饬遵照可也。此缴。同日又奉宪台批本司详复湖墅卡拟添艮山车站分卡，核案相符，应请照准由。奉批：仰即查照该司详复硖石卡拟添设分卡案内批示办理。缴。各等因。奉此，伏查商贩运货，类喜便捷，浙省自杭沪铁路开通以来，一切货物，其向由舟运者，渐渐改装汽车，车站为货物起卸之处，如果并无厘卡就近查验稽征，不但浙省厘金损失堪虞，将来路线逐渐延长于浙东，收数亦必同受影响。是以前厘饷局议复《施行〈厘捐革弊案〉方法》有铁路正在兴筑，果须添设卡、所，自当详请宪示等语。今奉宪批恐与谘议局议案抵触，仰见指示周详，惟厘金关系重要，亦不敢不设法保全。查货物运销，岁有常经，绌于此者，必盈于彼，现在水运货物既已逐渐改为陆运，则偏僻水卡坐食无事，似可酌量移设车站，俾省开支而节縻费，且移设与增设不同，既于议案毫无抵触，而应有厘金亦得藉以补救，似属一举两得。本司为顾全饷项起见，是否有当，详祈察核批示祇遵等情到本部院。据此，除批据详已悉，候札行谘议局查照呈复，再行核饬遵照。缴。印发外，为此札行谘议局查照，希即核明呈复饬遵。须至札行者。宣统二年七月初四日。

《浙江谘议局文牍》第三编，上卷，第1—2页

本局呈明抚院宁海县电询粮价照临海数目征收未便直接答复文

宣统二年七月初四日

为呈明事。窃查各属征收钱粮，久经抚部院通饬每洋一元作制钱一千文，并奉批饬藩司撰示札发各属分贴各城镇乡一体遵照在案，乃六月二十日本局忽接宁海县来电，其文云：抚、藩、粮宪、谘议局鉴：台属粮价，临海等县每两收钱二千三百三十文，宁邑仅收二千二百二十文，计短收钱一百十文，故洋价向来较小，以洋水之盈补粮价之绌，现每洋作千文，大有无米为炊之虞，阖邑绅民愿粮价照临海数目经收，或每洋作钱九百五十文，讵有自治所学生孙乃泰因被控撤退，挟嫌反对，阻同党邬俊等延不完粮，敛钱上渎，可否宁邑粮价照临海每两收钱二千三百三十文，乞电示知。【知】县正芬叩。皓。等因。本局查阅电开各节，显置抚部院迭次通饬划一洋价于不顾，是否有心违法，抑或时逾数月仍未奉到明文，本局忝居代表舆论机关，断不能为官吏保全利益，对于此种电文，法律上、事实上均未便直接答复，既据电称径禀抚部院，自必蒙有正当之批饬，以苏民困而儆官邪。兹准前因，拟合备文呈明，即祈抚部院查照施行。须至呈者。

抚院增批：查宁邑粮价，前据张令电禀到院，当经电饬遵办，仍照原定之价征收，不得藉口洋水，率请加增，并行司查照在案。兹据呈前情，应将复电抄发知照。此答。

计抄复电

台州启守转宁海张令：

皓电悉。台属各县征粮洋价每元作钱一千文，宁海未便独异，前经电饬该府转饬遵办。至各县征价，本自不同，念三年减浮，临、黄、太三县均已量减，宁海二千二百二十文，与天台、仙居仍照原定之价征收，详准有案，何得藉口洋水率请加增，断难准行，仰即遵办至要。院。司。养。印。

《浙江谘议局文牍》第三编，上卷，第2—4页

抚院复本局本届提出议案当饬令每种加印二百份发交函

宣统二年七月初五日

径复者。顷奉台函具悉。本年常会提交会议各议案，届时当饬令每种加印二百份，发交谘议局分配研究，所有印刷纸张工费，随后核计，另行函知呈院转发可也。专复，敬请，台安！宣统二年七月初五日。

《浙江谘议局文牍》第三编，上卷，第3页

抚院札知定八月初一日为常年会召集之期文

宣统二年七月初十日

为札行事。案查《谘议局章程》第三十一条第一项，谘议局会议期分常年会及临时会二种，均由督抚召集；又第三十二条，常年会每年一次，会期以四十日为率，自九月初一日起至十月十一日止。等因。本年谘议局常年会瞬将届期，自应按照定章，由本部院先期召集，兹定于八月初一日为召集之期，除分饬各府先期专差照会各议员知照外，为此札行谘议局，希即查照传知各议员，务于八月初一日一律齐集。须至札行者。宣统二年七月初十日。

《浙江谘议局文牍》第三编，上卷，第4页

抚院致本局准部电饬减预备费银两能否照减迅即酌定依限电复函

宣统二年七月十一日

敬启者。顷准度支部电开，浙省预算核减之款，尚多未复，期限紧迫，万难再延，希将未经电复各款尽十五日以前详细电咨，以凭办理，倘逾期不到，惟有将本部核减之数列表汇奏，希即转饬遵照等因。查谘议局预备费，前经部电饬减银三千三百三十三两，究竟能否照减，希即公同酌定，于十三日示知，以便依限电复。耑此，祗请，台安！宣统二年七月十一日。

《浙江谘议局文牍》第三编，上卷，第5页

本局致广东谘议局筹办铁路须开三公司联合会议决定函

宣统二年七月十一日

敬复者。日前承奉颁示筹办铁路议案及章程并与监督往复文件，雒颂迴环，仰见贵局诸公廑念大局，热心提倡之至意，案内议论宏通，计划周详，尤堪钦佩。敝局于本月初八日经同人协议，佥以事关三省利害，深所赞成。至办法如何，则三省铁路公司素有把握，须开联合会议，共同决定，谘议局为言论机关，似未便代为组织，除已函告敝省浙路公司外，特此肃复，敬请，台安！

《浙江谘议局文牍》第三编，上卷，第5—6页

本局致浙路公司报告广东谘议局筹办铁路函

宣统二年七月十一日

敬启者。敝局近接广东谘议局筹办三省铁路议案及章程并与粤督往复文件，即于初八日开协议会讨论其事，佥以事关三省利害，极所赞成，唯办法如何？则三省之铁路公司素有把握，须开三公司联合会共同决定，敝局为言论机关，非执行机关，似未便代为组织，除已函复粤谘议局外，应将此次议决之理由及前列各项案件抄奉一份，以备察核。专此，敬请，公安！

附录：浙路公司复函

敬复者。奉书敬悉。粤省谘议局以言论机关组织杭广公义，热诚震暴中外，贵局开会讨论大局，关怀无任佩仰，静候钞示此次议案，本公司正先睹为快，并望随时有以匡其不逮也。专复，即请，公安！诸祈照察。

《浙江谘议局文牍》第三编，上卷，第6页

本局复余姚自治研究所父兄管理某处公款公产其子弟被举为清查绅董自应临时回避函

宣统二年七月十一日

径复者。日前接奉台函，备悉种切，承询父兄向系管理公款公产者，其子弟被举为清查绅董，应否引嫌回避。等因。敝局于本月初八日协议会时即付查核，佥谓此项问题，如遇父兄现在管理某处公款公产或前曾管理者，清查时其子弟自应临时回避。至选举权及被选举权，似可毋庸限制。接准前因，理合函复。即希查照办理为荷。手此，敬请，台安！

附录：余姚自治研究所原函

敬启者。清查公款公产，系贵局议决呈请抚宪施行之案，现届各属次第举董，期在实行，间有向来管理公款公产之绅董，不能兼充清查一职，业由聂议员提出质问，抚宪批示在案，惟其父兄向系管理公款公产，其子弟复被举为清查董事，应否引嫌回避？希即迅赐示复，无任翘企。专此，敬请，公安！伏惟崇照不一。

《浙江谘议局文牍》第三编，上卷，第7页

本局电复抚院所有预备费银两碍难照减请据实电复文

宣统二年七月十三日

为呈复事。六月二十六日奉抚部院札开，宣统二年六月二十二日准度支部电开，查预算总册内仍有可量为裁节之款，如经常门行政总费内应行共裁减银七十六万五千八百二十六两，近年以来，庶政待举，需款浩繁，本部酌剂盈虚，不得不审慎筹维，以资应付，尚祈转饬所属切实遵行，勿稍玩延等因到本部院。准此，除分行外，为此札行谘议局，希即查照办理。须至札行者。计粘抄原电。等因。七月十一日又奉抚部院函开：顷准度支部电开，浙省预算核减之款，尚多未复，期限紧迫，万难再延，希将未经电复各款尽十五日以前详细电咨，以凭办理，倘逾期不到，惟有将本部核减之数列表汇奏，希即转饬遵照等因。查谘议局预备费，前经部电饬减银三千三百三十三两，究竟能否照减，希即公同酌定，于十三日示知，以便依限电复各等因。奉此，本局遵于十三日上午付协议会核议，佥谓谘议局经费，除议长、副议长及常驻议员公费并书记长以下薪金由督抚酌定数目外，其议员旅费及杂费、预备费，由谘议局会议预算数目呈请督抚核定，局章第五十三、五十四两条规定甚明。本局第一届常年会议预算预备费数目计银圆五千元，早经抚部院核定在案，当时众议员以事关公益，所议经费不得不力求撙节，于杂费、预备费项下亦一再酌减，议定今数，此系预算宣统二年之款，与各署局造送宣统三年预算表册不同。现在业经动用，无可削减，度支部电减本局预备费银三千三百三十三两，以一五申算应减银圆四千九百九十九元五角，尚存银圆五角，徒留预备费名目，而未足应不时之需，于事实亦多窒碍，况本局宣统三年预算经费应否增减，须俟第二届常年会议时决算后始能议定。本局忝居代表舆论地位，亦决不敢稍涉浮多，所有此次碍难照减情形，应请抚部院据实电复，为此备文呈请察核施行。须至呈者。

《浙江谘议局文牍》第三编，上卷，第7—9页

本局呈请抚院电饬湖州府飞饬所属征收钱粮仍应照市作价不得藉口示文反行抑短文

宣统二年七月十八日

为呈请事。窃本局前因各属征收钱粮抑短洋价，迭次呈请通饬按市作价，节奉抚部院批札饬查并核定每洋一元作制钱一千文，札饬藩司撰示通颁各在案。是抚部院注重禁革浮收，对于抑短洋价不及一千文之州县而言，非谓向来照市作价，如嘉湖各州县，其洋价在一千文以外者，亦准一律短至一千文也。乃近来武义、宁海、泰顺等县浮收如故，迄未遵办，至烦抚部院委员密查，而湖属向来按照市价之各州县，每洋一元原作制钱一千零六十文者，自奉到前项示文后，业已分贴城镇乡，拟借划一之名，冀遂纷更之实，风声所播，人心恐惶，盖不啻为官吏扩张利源，为人民增加负担，揆之抚部院体恤民隐之旨，显然不符，不知抚部

院核定每洋一元作制钱一千文者，系谓至少须作千文，非谓原作千文以上之洋价亦须议减以一千文为率也。削足就履，必滋事端，本局既有所闻，不敢不据实上陈，应请抚部院迅赐电饬湖州府出示声明，一面飞饬该府各州、县仍照市价征收，不得藉口此次示文，反行抑短，以杜弊混而安民心。为此备文呈请抚部院察核施行。须至呈者。

抚部院增批：来牍阅悉。查前饬划一粮价，系为防抑勒恤民艰起见，据呈湖属征粮洋价，每元向作制钱一千零六十文，自奉划一洋价示文后，每洋转作一千文等情，是反增人民负担，与原意不符，已电饬湖州府飞饬所属照旧作价，并分行杭、嘉两府暨藩司查照矣。此复。

《浙江谘议局文牍》第三编，上卷，第20—21页

本局致抚院开会期近新建谘议局请即验收以便克日迁移函

宣统二年七月十八日

敬启者。谘议局建筑工程，前蒙批饬樊委员督催，限于七月十五日以前一律完工。等因。现在限期已过，未知曾否验收？查此事前由谘议局筹办处主持，该处裁撤时未准备文移交，一切工程情形，多未接洽，迭次催询，监工胡科员均置不理，现届开会期近，内部设置，一切物件，事务纷繁，已有不及准备之虞，应请迅即验收并祈示知，以便克日迁移。肃此，敬上，即颂，勋安！

《浙江谘议局文牍》第三编，上卷，第21—22页

抚院札发议案十种文

宣统二年七月二十日

为札行事。查《谘议局章程》第三十四条，凡召集开会，应于三十日以前由议长将本届开会应议事件预行通知各议员等语，并据谘议局呈请，将本年常会提出议案须于七月二十日以前发交谘议局，以便遵章分配各议员早日准备等情。准此，兹届本年谘议局常会，业由本部院照章预备应行提议事件，分别编订议案计共十种，先行札发谘议局，希即查照定章，届期会议，其余尚有应行提议事件，俟依次编订，随时札发。为此札行谘议局。须至札行者。宣统二年七月二十日。

计粘单并议案十册：

《整顿田房契税办法议案》

《整理积谷规则法律案》

《浙江小学堂订定教员合同条例法案》

《附加契税推广简易识字学塾案》

《补订讼费规则法案》

《城镇乡地方自治施行细则》

《浙江全省专卖樟脑总局试办章程法律案》

《筹办全省厅州县简易劝工厂议案》

《筹设全省厅州县简易贫民手艺传集（习）所议案》

《浙江谘议局文牍》第三编，上卷，第22—23页

抚院札知宪政编查馆核复案本年常会须查照馆咨分别办理文

宣统二年七月二十日

为札行事。案查上年谘议局常会议决各案，有交令复议、仍执前议、照章咨送宪政编查馆核复者九种，本年三月二十五日准宪政编查馆咨复，业经札知谘方局查照在案。查该核复案九种内，除《筹办浙江巡警经费》、《移房捐及裁撤绿营饷项改充巡警经费》、《裁撤官纸局》、《公布本省现行章程规则案》四种遵照宪政编查馆单开核复情节，分别修正，另案公布施行，并照馆咨无庸置议之案外，其余尚有应由谘议局准照宪政编查馆核复加以修正、再行会议之案，兹届本年谘议局常年会期，为此札行谘议局，希即查照馆咨，分别修正，以便会议。再，应行遵照馆咨修正复议之案，以谘议局已有原案，不另抄札。须至札行者。宣统二年七月二十日。

《浙江谘议局文牍》第三编，上卷，第23页

抚院札知本年常会将馆咨核准不得缓议及废弃之议案发交复议文

宣统二年七月二十日

为札行事。案查上年谘议局议决本部院提出之议案内，认为应从缓议及废弃之案，如《医生营业暂行规则》及《清理田亩案》、《完漕试办规则》、《全省森林规则》、《浙江禁止住室停柩规则》计共五种。经本部院咨送宪政编查馆核复，

宣统二年正月十三日接准咨复，查《谘议局章程》第二十三条内载，谘议局议定不可行事件，得呈请督抚更正施行，并无缓议及废弃之办法，谘议局定章既有明文，即须遵照办理，所有以上五案，应即照章再交该局复议。至将来谘议局对于督抚提出议案，自不准有议决作废等情，以符定章。除通行外，相应咨复查照办理等因到本部院。准此，业经转行知照在案，兹届谘议局常年会期，所有是项馆咨核准不得缓议及废弃之议案五种，自应另抄清册交谘议局查照复议。为此札行谘议局查照。须至札行者。宣统二年七月二十日。

计粘单并议案五册：

《浙江医生营业暂行规则》附《注册所考验规则》

《清理田亩议案》

《浙江完漕试办规则法律案》

《浙江全省森林规则法律案》

《禁止住室停柩试办规则法案》

《浙江谘议局文牍》第三编，上卷，第24—25页

抚院复本局新建谘议局已询据胡科员称月内完工禀请验收函

宣统二年七月二十日

顷奉惠函，敬聆种切。谘议局工程，前由执事面嘱饬催，即经札行监工委员去后，业据禀称，传询承办木作，据言工程已完九成有半，现在格外赶速加工，七月十五以前可告竣。至七月底必当一律完工，可应开会之用等语。既承谆嘱，自当再行饬催迅速蒇事，现已面询胡科员，据称尽月内完工，禀请验收，出月移交尊处接管。先此布闻。敬请，台安！惟希朗照不宣。宣统二年七月二十日。

《浙江谘议局文牍》第三编，上卷，第24页

抚院札知浙省预算核减各款已饬由各主管署局切实筹议电复度支部核办文

宣统二年七月二十一日

为札行事。照得浙省预算岁出岁入各款，前准度支部先后电咨行令分别核减等因，业经本部院饬由各主管衙门局所切实筹议，将岁出入各数分别增减，并不敷各数电复度支部核办在案，合将电文抄录行知，为此札行谘议局，即便查照。须至札行者。宣统二年七月二十一日。

计抄电：

复度支部电

北京度支部鉴：

洪、奉、个、俭、歌电并大咨谨悉。浙省预算不敷，仰劳荩画，感佩良深，示减各款八十二万五千八百二十六两零，有已为监理官及会议厅议及者，兹复倡率各主管署局切实筹议，已认减者督署二千四十四两，抚署二万两，宁道三千四百六十四两，交涉公所九千十三两，警务公所三万两，前系误列，应请更正删除，调查局一万六千一百四十八两，禁烟公所一万两，通商场四百六十八两，征信录费已奏请部议，藩司五千七十两，粮道六千九百三十八两，运司三万七千七百四十两，各盐局及缉私经费，由司呈明，碍难核减，各捐局公所等七千五百八十四两，臬司三千两，审判厅六万三千五百两，巡警道建署费三万两，巡警重支并保甲费十一万一千余两，省城善堂等不符一千五百七十五两，抚中营运署洋龙费三千三百二十八两，自治费二万两，治水堤防费六万二千七百七十七两，计共银四十四万三千六百四十九两。此外查有可减者，赔款洋款汇费八千三百六十八两，商品陈列所一万六百四十两，学务公所三千两，省城图书馆一万三千三百三十三两，官报印刷局二万一千七十九两，财政局伙食二千一百八十七两，解款多列轻赉等银六万四千八十九两，筹备饷需项下误将瓯常关报效款列入一千两，计共银十二万三千六百九十六两。又饬由陆军财政局二次变通，提出开办等费以营房地价预抵银六十八万一千四百二两，以上共减出款银一百二十四万八千七百四十七两零。又查岁入应删绿营裁撤短扣平成等银三万九百二十四两，兵饷搭钱盈余银八千六十三两，各官定公费后，应免报效银二万七千九百六十二两。各属钱粮平余，近来情形变更，尚应删减银十六万五千一百六十二两。以上共减入款银二十三万二千一百十一两。又查岁出应增续补练兵经费二十万两，藩署开支一万六千两。今又查有少列杭关应解崇陵工费五万两。以上共增出款银二十六万六千两。又查岁入应增续加契税、诉讼状费、膏捐、牌照等款二十万两。照此通盘核算，按财政局原列岁入各款银一千五百九十四万五千六百四十六两零，连同前列增加之二十万计，共一千六百十四万五千六百四十六两零。若遵来电除去各省拨补浙东厘金及上年余存三百十五万六十两零，并前列应减入款银二十三万二千一百十一两，实共岁入银一千二百七十六万三千四百七十五两零，原列岁出各款银一千五百四十六万八百十四两，照陆军财政局初次变通编支各款，应增出银一百三十六万三千四百六十一两，并前列应增出款银二十六万六千两，除去前列共减出银一百二十四万八千七百四十七两零，又删预备费银八十七万五千两，实共岁出银一千四百九十六万六千五百二十八两零，出入相抵，仍不敷银二百二十万三千五十三两零。惟查拨补浙东厘金，原为抵补缺饷之用，今各省协拨之三十万，既经大部查知无着，应请另行指拨的款抵补，计实不敷银一百九十万三千五十三两零。经与司道再三筹划整顿，增加新旧各款，凡可有设法者，均已竭力搜索，纵有未尽之处，亦只能随时筹办，得寸得尺，实难预计成数，所冀年终各库稍有余存，姑为假定银一百万两，实尚不敷银九十万三千五十三两零。谂知大部仰屋纡筹，同一艰窘，何敢仰求另拨？计惟谆饬主管财政司道，可整顿者随时整顿，可节省者随时节省，以图共济艰难。其济与否，则仍不敢预必至。续奉电询未列边防经费十六万两，查系多年未解，筹备饷需十八万两，系按近三年解数预估，致短前数，应请邀免补入，其加拨边防银三万二千两，本无的款，已于赔款中照额列足，统祈垂察。再海塘工程关系要工，碍难核减，谘议局预备费据该局呈明，亦难照减，余容详咨。增韫。元。印。

《浙江谘议局文牍》第三编，上卷，第24—27页

本局呈请抚院浙路公司江干设关事不可行应由税务司派员验货文

宣统二年七月二十五日

为呈请事。据仁和县举人苏宝仁等提出陈请书一件，略称浙路公司有设江干分关之请，地非商埠，货有厘捐，如谓所请设者乃验货房，本非分关，嘉兴亦设关有年，有例可援，不知嘉兴分关之设，为各省所未有，尝闻商民中有以细故薄物，援据各关章程向嘉兴关员有所请求者，该关员则曰本关系特别设立，非中国各关章程所得比拟。是明知内地设关，事非正当，不敢自居于分关之列也。然则谓为验货房乎，何以一律聘洋员收税？谓为分关乎，何以设在内地？闻浙路公司前向关道请设，关道准咨税务司核办，而税务司以江干关因浙路分设，所有建筑供应，须由公司贴费，至拟有章程十七条，虽未知贴费之多寡，谅非巨万不办。以巨万之费而办非商埠之分关，似不甚正当，应请提议呈请取销等情到局。本局查此事系内地设关，必须先行调查，然后可以提议，遂由常驻议员中推王家襄调查嘉兴分关情形，陈翼亮调查浙路公司是否请设江干分关抑系验货房及贴费果否巨万各项事实。去后旋据王家襄报告，嘉兴分关系光绪二十四年设立，当时因土药行销内地，大率由沪运甬，赴常关纳税，杭关为揽征此项税款起见，禀请添设嘉兴分关，以为商民运货，岂有不畏海洋风涛之险避内河而航外海？徒以舍厘就税，情甘远涉？今就嘉兴添设分关，于税项虽甬减杭增，统计仍无关出入，且于商情亦有便利，惟内地设关，恐有窒碍，故定名为分卡，不达部，不请开支，一般商民因见其税务司、扦子手等洋员，故以嘉兴洋关称之。苏宝仁陈请建议案内谓嘉兴不敢自居为分关，诚然洋关验货房随处可设，且可不拘定验货房名目，由税务司派员径赴距离较远之储载货物场所及船舶内验货收税，证之上海一隅可知。上海商埠货物进出口，约分三路，一、沪淞口，二、苏州河，三、杭州河，洋关仅据一方，不能面面顾到，故于白莲泾、北关等处均派员验货收税，白莲泾、北关距商埠已远，既有验货收税之便商办法，我浙江干设分关之说，似可采苏君陈请建议之主张，即行取销，由局呈请抚部院札饬关道转咨税务司赴江干验货收税，最为正当。至货物之完厘纳税，船运车装，乃商人之自由，可置弗论。惟洋关派员验货收税，频频往来，公司宜送给免票，以资办公，此又准情酌理所不可无者等语。并据陈翼亮报告，调查现时情形，据说但请分设验货处，系援苏州之例，盖上海属在租界，苏路属在内地，前年已设验货处于首站，浙路江墅通车已三四年，迟之又久，至有苏例可援，而始发验货处之议。至于税务司，虽属洋人，而服官中国，初不能与其余洋人例视，于租界并无关系，且中国税务已设大臣，更不必以权属洋人为虑也。关道索每月贴费银八百两，公司一文未认，只允住室而已，巨万之说，想属讹传。若论湖墅商场恐受影响，总由前次路线不经所致，闻公司本先与京外商定，由东城指东园渡宝善桥过太仓贡院后出北关水门以达湖墅，路线既直，兼顾湖墅，且顾西湖，惟为有力者所阻而改道，其始商视为无足重轻，及受影响，要求公司，木已成舟，无可斡旋，公司概焉允以支路补救，初料本不及，苏君此次提议，亦自有由，其实为公司计，既设验货处，验有定期，车有定时，由公司备送免票，关员随时往验，亦正无碍办公，原不必认贴巨费，定设分关各等语。本局即于本月十八日开协议会讨论，佥以苏宝仁陈请书谓浙路公司拟于江干分设洋关，既据议员王家襄报告，事不可行，应由税务司派员赴江干验货，并由浙路公司随时备送免票，以资办公；议员陈翼亮报告，关道索每月贴费银八百两，公司并未承认分文，似此派员验货甚为便利，本不必另设分关，至贴费巨万一说，揆之法理事实，均不可行，既系误传，自毋庸议。应请抚部院札饬关道查照办理。为此备文呈请抚部院察核施行。须至呈者。

抚院增批：来牍阅悉。此案现经本署会议厅审查，杭关道前次详请于江干设立分关，与现呈由税务司派员赴江干验货办理，恐多窒碍，希候分札藩司、杭关道会核妥议详办，先此答复。

《浙江谘议局文牍》第三编，上卷，第28—30页

本局致抚院新建谘议局议场内监督席及代理委员席颇难安设验收时谕令设法更改函

宣统二年七月二十五日

昨日趋谒，畅聆麈言，归后往新建谘议局周视，见议场逼仄，仅容议员席次，监督席及代理委员席颇难安设。此事前由谘议局筹办处主政，核定图样，该处撤销时，未准照会一切工程，无从接洽，现验收在即，恳乞于派员验收时，谕令注意，能否设法略行改更，以符上年宪政编查馆电令议场内督抚及行政委员席次之规定。肃此，敬请，勋安！

《浙江谘议局文牍》第三编，上卷，第30—31页

本局议长陈黻宸副议长陈时夏沈钧儒议员叶诰书等援章呈请抚院开临时会文

宣统二年七月二十九日

浙江谘议局议长陈黻宸，副议长陈时夏、沈钧儒，议员叶诰书、蔡裔麟、刘耀东、管穰、王序宾、郑永禧、王应奎、狄羣、洪锡承、应贻诰、楼守光、王家襄、聂日培、张善裕、张传保、卢观涛、褚辅成、王理孚、蔡汝霖、潘秉文、陈翼亮、杨山立、顾荣第、萧鑑、陈训正、沈椿年、阮性存、王渡、梁有立、孙树礼、范耀雯、黄赞羲、吴锡璋、王世裕、杜子棶、钱允康、罗赓良、赵镜年、王泽灏、韩泽、高金培、张棣、黄式苏、徐象岩、朱其镇、周斌、郑希樵、劳絅

章、张其光、谢元寿、张美翊等为呈请事。查《谘议局章程》第三十三条内开，临时会于常年会期以外遇有紧要事件，经督抚之命令，或议员三分之一以上之陈请，或议长、副议长、常驻议员之联名陈请，均得召集，其会期以二十日为率等语。窃自浙省铁路几经艰巨困难，始达完全商办之局，当拒款事起，贩夫竖子及劳动食力之辈，莫不争先认缴，万众一心，集股得逾千万之巨。七月十九日总理汤寿潜奉旨革职，不准干预路事，人民闻信，惶骇异常。佥以浙路本属商办，总理系由民选，汤寿潜以言获罪，非以路获罪，朝廷罪汤寿潜并未罪及于路，总理不准干预路事，则商办不完全，邮部饬令另举总理，则民选为无效，投资者惧莫明理由，各府、州、县团体及旅居外省绅商，纷纷集议，函电到局，日必数十起，其他劳动食力之辈，传闻异词，误会殊甚，类皆以为血本无着，愤懑不平，凡此情形，亦殊可虑。本局立于代表舆论之地位，内疚人言，外虞暴动，应视为紧要事件，呈请召集临时会，议员赞同陈请者已在三分之一以上，适符局章第三十三条之规定。况业奉抚部院定八月初一日为常年会召集之期，早经行知各属，亦较临时召集为便利，理合呈请抚部院鉴核，酌定日期，札行到局，俾得预备一切，为此合词呈请抚部院迅予施行。须至呈者。

抚部院增批：来呈阅悉。所称人民对于此事惶骇异常，投资者惧莫明理由，纷纷集议，函电到局，日必数十起，其他劳动食力之辈，传闻异词，误会殊甚，类皆以血本无着，愤懑不平，谘议局立于代表舆论之地位，内疚人言，外虞暴动，（因）〔应〕视为紧要事件，援照局章以议员三分之一以上呈请开临时会议。等语。是为安靖人心，具有深意，察阅所呈前后情形，其人民惶骇误会之故，既皆以血本无着为虑，则是此事紧要关系即在铁路股东，方谘议局呈请开临时会议之时，并未知有股东会议之举，故视为紧要。现在各股东已定于本月初八日开全体会议，其如何维持，自有办法，或将来有所呈请，本部院亦未尝不可代核具奏，即以此意宣布全省，则人心自平。现距谘议局常年会期甚迩，似无须另开临时会议也。

《浙江谘议局文牍》第三编，上卷，第40—42页

本局呈送长兴人民窦阿银等陈请书文

宣统二年八月初一日

为呈请事。查《谘议局章程》第二十一条左列第十二项收受本省自治会或人民陈请建议事件。兹据长兴人民窦阿银等提出陈请书一件，本局业于七月十八日【开】协议会审查，公决可以代为呈送，自应缮折呈恳抚部院即赐察核，俯加采择，以昭定章而通民愫，为此备文呈请抚部院鉴夺施行。须至呈者。

计附清折一扣。

抚院增批：来牍阅悉。查此案前据章良敖等具控，即经批府酌提朱建甫等集讯详办，迄尚未据复到，希候将信牌札发湖州府克日查案，确切讯究详夺。此答。

《浙江谘议局文牍》第三编，上卷，第42页

本局呈请抚院将历次呈请案件并议员质问书人民陈请书分别核示文

宣统二年八月初四日

为呈请事。窃本局前次呈请查办案件如《各州县隐匿蠲免分数暨追缴已免旧欠案》、《长兴卡于画溪桥私设巡船违法勒捐案》，又议员质问书奉批答复者，如萧鑑质问长兴卡拟于吕山地方添设分卡一件，张传保质问鄞县濠河厘卡抽收贝母捐系属重叠征收是否违法一件，蔡汝霖质问金郡已辟校场系八邑公地一并拨归

金郡劝学所殊欠平允一件，王序宾质问奉化县所筹警费系于民田抽捐一件，以上各案业于六月初八日奉批：希候分札饬催藩、学两司克日详复，札局知照在案。嗣于七月二十八日奉札复张传保质问濠河卡抽收贝母捐一件，其余案件时将两月，未蒙核示。又查抑勒洋价是否有意朦混一件，五月二十七日奉批答：札饬盐运司核详答复；顾荣第质问湖属抽收出行猪捐各县城乡尚未实行一件，六月初三日奉批答：应否停免，候札饬藩司确查议详；札复平湖董德谦拨宾兴充补简易识字学塾经费陈请书，六月初五日奉批：候札行提学司转饬平湖县查明札复；徐士焘嘉善枫泾车站添厘捐旱卡应请饬令取销建议书，六月初八日奉批：候札饬藩司查复；景宁李瑞阳陈请书，六月初九日奉批：候分行提学司、按察司、巡警道会委往查复夺；永康王天禄陈请书，七月初九日奉批：候札饬布、按两司会委干员往查详夺；至呈请宣布处分则例一案，七月初六日奉批：札饬藩司委员密查武义、宁海、泰顺等县详办札知各在案。现在如何查复，并请抚部院分别赐示，以祛疑虑，为此备文呈请抚部院鉴核施行。须至呈者。

抚部院增批：呈悉。前准质问各案，除平湖县登瀛局宾兴款项胡氏报效海军经费一案，业据该县查复，应即另札行知外，余案尚未据该司、道详复到院，希候再行分别札催，一俟复到，即行札复可也。此复。

《浙江谘议局文牍》第三编，上卷，第43页

本局致高金培通知补入常驻议员函

宣统二年八月十二日

敬启者。现据张君善裕函称，现入法政学堂插入别科补习，既系学堂肄业生，未便充当议员，请照章另行挨补等因。查张君系常驻议员，今既以学堂肄业生之资格辞退议员，则常驻职任自归消灭，照章以候补常驻议员补充，阅表列名次，台端应补为常驻议员。除备文呈报抚院外，谨此布告。即请，台安！

附录：高金培复函

谨启者。接办事处来函，常驻议员张善裕君因入法政科辞退，例应金培递补，但金培现因患痢不能常川到局，谨辞所有常驻议员缺，乞另补。肃此，敬请，台安！伏惟惠鉴。

《浙江谘议局文牍》第三编，上卷，第48页

本局议长陈黻宸副议长陈时夏沈钧儒议员叶诰书等为浙路事第二次呈请抚院开临时会文

宣统二年八月十三日

浙江谘议局议长陈黻宸，副议长陈时夏、沈钧儒，议员叶诰书、蔡裔麟、刘耀东、管穰、王序宾、郑永禧、王应奎、狄犟、洪锡承、应贻诰、楼守光、王家襄、聂日培、张传保、卢观涛、褚辅成、王理孚、蔡汝霖、潘秉文、陈翼亮、杨山立、顾荣第、萧鑑、陈训正、沈椿年、阮性存、王渡、梁有立、孙树礼、范耀雯、黄赞羲、吴锡璋、王世裕、杜子楙、钱允康、罗赓良、赵镜年、王泽灏、韩泽、高金培、张棣、黄式苏、徐象岩、朱其镇、周斌、郑希樵、劳絅章、张其光、谢元寿、张美翊等为呈请事。本月初六日奉抚部院批：来呈阅悉。所称人民对于此事惶骇异常，投资者惧莫明理由，纷纷集议，函电到局，日必数十起，其他劳动食力之辈，传闻异词，误会殊甚，类皆以血本无着，愤懑不平，谘议局立于代表舆论之地位，内疚人言，外虞暴动，（因）〔应〕视为紧要事件，援照局章以议员三分之一以上呈请开临时会议等语。是为安靖人心，具有深意，察阅所呈前后情形，其人民惶骇误会之故，既皆以血本无着为虑，则是此事紧要关系即在铁路股东，方谘议局呈请开临时会议之时，并未知有股东会议之举，故视为紧要。现在各股东已定于本月初八日开全体会议，其如何维持，自有办法，或将来

有所呈请，本部院亦未尝不可代核具奏，即以此意宣布全省，则人心自平。现距谘议局常年会期甚迩，似无须另开临时会议也。等因。奉此，具见抚部院对于商办实业实力维持，引为己任之至意。惟本局所以呈请特开临时会者，既期安靖人心，亦筹善后方法，此事关系，虽在铁路股东，而影响之及于浙省全局者甚大，忝居人民代表，即非越俎代谋，何敢以股东有定期开会之事即自卸责。常年会会期以四十日为率，展期亦不得过十日，将来提议事件正多，是有呈请特开临时会之举。按照局章第三十三条遇有紧要事件，除经督抚之命令外，或议员三分之一以上之陈请，或议长、副议长及常驻议员之联名陈请，均得召集，并无应俟督抚酌核准驳之明文，奉批前因，实所未喻，理合呈请抚部院仍照前请，迅赐酌定日期，札行到局，俾得预备一切。为此合词呈请抚部院查照施行。须至呈者。

抚部院增批：来呈阅悉。本部院前次批答无须开临时会之意，原以局章第三十三条有“均得召集”字样，凡法律条文内所用“得”字，皆含有酌量之意，今既据称并无应俟督抚酌核准驳之明文，按条文解释，是否有议员三分之一以上之陈请，督抚即无酌核之权。又常年会期甚迩，应否开临时会，亦无明文规定。事关解释局章，希候电咨宪政编查馆核复。此复。电咨抄附。

宪政编查馆钧鉴：前据谘议局议员三分之一以上因浙路事呈请开临时会，当以此事紧要关系在铁路股东，且距常年会期甚迩，无须开临时会批答在案，兹于八月十三、十八两次复据该局以局章第三十三条之规定，并无应俟督酌核准驳之明文，坚请定期开会等情。查局章本条有“均得召集”字样，凡法律条文内所用“得”字，皆含有酌量之意，今据条文解释，是否既有议员三分之一以上之陈请，督抚即无酌核之权。又常年会期甚迩，应否开临时会，亦无明文规定，祈速核复。号。印。

《浙江谘议局文牍》第三编，上卷，第49—50页

藩司照会乐清县余令抑勒洋价案奉经饬委查复文

宣统二年八月十三日

为照会事。查接管卷内本年七月二十二日奉抚宪增批司详复奉委饬查乐清县余令抑勒洋价一案由，奉批：据详已悉，仰即转移谘议局查照。缴。等因。奉此，前司未及核办移交前来，拟合抄详照会。为此照会贵局，请烦查照施行。须至呈者。宣统二年八月十三日。

计粘抄详

为据情转详事。案奉宪台札开：据谘议局呈请，查办乐清县余令抑勒洋价粘呈告示，据实严参等情到本部院。据此，除批答外，札司立即委员据实查明详候核办，计粘抄等因。即经由司饬委候补知县欧阳增勋驰赴该县，按照谘议局指陈各节确切调查禀复察核去后，兹据该员禀称：知县遵即束装赴乐调取该县征收钱粮簿册，逐一查阅。乐邑上年征粮洋价每元作钱九百一十文，清理财政局报告册内有案可稽，今岁开征在三月中旬，四月初一酌定温属洋价之电饬，由府递转乐邑，实于四月初五日奉到，初五以前未奉通饬，无一定价额，又值奏销解款期迫，势不得不照上年洋价出示催征，此余令一时措置之苦衷有可共谅者。惟三月二十六出示之时，未先与本地绅耆磋商而后发布，致绅民反对，纷纷电禀，并函致谘议局，而谘议局粘呈告示指为抑勒洋价各情节之证据者，实原于此，是则余令办理未甚周密之所由致耳。要之，其时投柜自完者，不过零星小户，其大户率皆观望不前，必俟达到洋价一千文之目的而后完纳，故自三月开征至四月初五奉到电饬之日止，仅征收钱粮一千二百一十八两四钱九厘，即以九百一十文洋价计算，浮收亦甚有限，且可见开征以外，并未差追，如果差追勒限，其收数断不止此。此余令未奉到电饬照上年洋价征收之实在情形也。自四月初五日奉到电饬，即于初六日改定洋价一千文，并示谕粮户照此完纳，以故完者反形踊跃，征粮诸旬，报约计一月内外总共收到一万八千两上下，足见洋价一定，官收民纳两得其平，既无抑勒浮收之弊，收数又日见其旺，此余令奉到电饬即照现定洋价征收之实在情形也。事关征粮重件，不敢徇情隐讳，亦不敢捏词文致，合将调查各节据实禀复，祈察核销委等情到司。据此，理合据情转详，仰祈宪台察核俯赐批示祗遵。为此备由呈乞照详施行。须至详者。

《浙江谘议局文牍》第三编，上卷，第50—52页

本局呈抚院此次札发医生营业规则等五案馆咨交局复议应请补具说明书文

宣统二年八月十九日

为呈请事。七月二十九日奉抚部院札开：案查上年谘议局议决本部院提出之议案内，认为应从缓及废弃之案，如《医生营业暂行规则》及《清理田亩案》、《完漕试办规则》、《全省森林规则》、《浙江禁止住室停柩规则》计共五种，经本部院咨送宪政编查馆核复，宣统二年正月十三日接准咨复：查《谘议局章程》第二十三条内载，谘议局议定不可行事件，得呈请督抚更正施行，并无缓议及废弃之办法，谘议局定章既有明文，即须遵照办理，所有以上五案，应即照章再交该局复议。至将来谘议局对于督抚提出议案，自不准有议决作废等情，以符定章。除通行外，相应咨复查照办理等因到本部院。准此，业经转行知照在案，兹届谘议局常年会期，所有是项馆咨核准不得缓议及废弃之议案五种，自应另抄清册交谘议局查照复议。为此札行谘议局查照。须至札行者。计粘单并议案五册。等因。奉此，查《谘议局章程》第二十二条，谘议局议定可行事件，呈候督抚公布施行，同条第二项，前项呈候施行，若督抚不以为然，应说明原委事由，令谘议局复议。第二十三条，谘议局议定不可行事件，得呈请督抚更正施行，若督抚不以为然，照前条第二项办理。并按抚部院上年核准之《修正议事细则》第百七十五条，巡抚交使复议之事件，如未说明原委者，得不付会议而返还之等

语，是抚部院认为可行或不可行之案件须交局复议者，应即说明原委事由，否则恐无付会议之效力。兹奉抚部院札发《浙江医生营业暂行规则》等五案，既经宪政编查馆核准援照局章第二十三条办理交使复议，本局详阅各案，均未说明原委事由，应请抚部院迅即补具交局，以便开会时一并付议，为此备文呈请抚部院查照施行。须至呈者。

抚院增批：来呈阅悉。查《谘议局章程》第二十三条，所谓督抚不以为然，应说明原委事由，令谘议局复议者，乃指谘议局议定不可行事件呈请更正施行者而言。去岁谘议局对此五案并未呈请更正施行，径行决议废弃及缓议，致与局章不合，当经本部院咨请宪政编查馆核复，嗣准咨复，以局章第二十三条内载谘议局议定不可行事件，得呈请督抚更正施行，并无缓议及废弃之办法，谘议局定章既有明文，即须遵照办理，所有以上五案，应即照章再交该局复议等因。业经札行在案。是此次交令复议之原因，既非由呈请更正施行，即无从说明原委事由，其准照馆咨不准作废及缓议者，即是交令复议之原委事由，本不宜再加何等说明也，应俟谘议局会议认有应行更正施行之处呈请到院时，如本部院不以为然，自当说明原委事由交谘议局复议，此时谘议局对于以上五案，既无指明某案某处应请更正施行之呈文，即无可说明原委事由也。此复。

《浙江谘议局文牍》第三编，上卷，第56—57页

抚院札知据清理财政局详复提解规费案文

宣统二年八月二十三日

为札行事。据财政局详复饬核谘议局质问提解规费一案等情到本部院，据此，除批据详已悉，候抄详札行谘议局查照，此缴，印发外，为此抄详札行谘议局即便查照。须至札行者。宣统二年八月二十三日。

计抄详

为详复事。案奉宪台札开：据谘议局呈称，窃查度支部前咨，各省清查地方府、厅、州、县一切公款所入，如有关于差徭、摊解、赃私各款，均应一律革除，不宜归并统计，是举差徭、赃私二项凡一切陋规均已概括在内。去年谘议局援据部咨，提出《禁革差徭案》，蒙批准公布，非特船埠陋规属于差徭，当实行裁革，即他项规费，类于赃私，即当概行禁绝。乃近阅报载财政局详定《津贴佐杂公费草案》内列各条，有云佐杂除得廉俸暨此项津贴外，其余所有各项规费（如船埠陋规之类），应悉数缴解县中，以作该州、县公款收入，而各州、县亦有稽查提解此项陋规之责；又云发给前项津贴，从抚宪批准通饬之日、县解陋规为始，起领以后，按月计算，业蒙抚宪批准，由局抄移藩司知照。夫既云陋规即非公款，既非公款，当已革除，既已革除，何从稽查？从何提解？况原文括弧内又注明“船埠陋规之类”字样，是不独于部咨、章程大相抵触，即于公布议案亦显属违背，不知财政局援何根据？犹攘鸡待岁，不忘此应革之陋规，而抚部院抱有痛瘝，亦得鱼忘筌，竟许此不法之草案。若此案果见实行，恐“陋规”二字，从前得诸私索者，尚知有隐讳而不敢昌言，此后出诸公布者，并绝无顾忌而益将加厉也。究竟现时各州、县陋规是否仍然收取，此中实滋疑窦。援据局章第二十六条之规定，开具事由，敬候批答等情到本部院。据此，合亟札饬，札到该局，即便查核妥议详复，以凭批答。等因。奉此，查度支部《清理财政章程》第七章酌定外官公费第二十七条，在官俸章程未经奏定之先，除督抚公费业由会议政务处议筹外，其余文武大小各署及局所等处，应由清理财政局调查各处情形，一面禀承督抚及臣部酌定公费，一面提出各款项规费，除津贴各署公费外，概归入该省正项收款。又度支部奏定《清理财政局办事章程》第十八条，清理财政局应遵照《清理财政章程》第二十七条，调查各衙门局所情形，编订各衙门局所公费等级表，并附各项规费多寡表，送部查核。又部颁调查各省府、厅、州、县岁出入款目说明，州、县为一省出入之初基，自应将出入款目通盘查核。上开各项规费，以钱粮为大，而徭税次之，有有定之费，有无定之费，且例征规费之外，复有单费、柜费等名，差徭一项，有大并、常差、有额、无额、出钱、出夫之别，虽各省办法不同，名目亦多互异，宜按照上开各款，参酌各地情形，逐一开列，庶可为匀给州、县津贴，酌定外官公费之预备各等语。综观以上各部章，其于提出规费一层，不惮一再言之，以为清理财政之准则。六月间本局遵拟

《佐杂津贴、办公经费草案》之第七条即基于此，谘议局谓不知财政局援何根据，本局即援上列部章以为根据也。夫援据部章以为根据，似不为不法，攘鸡待岁，本局固非若盈之居心；得鱼忘筌，宪台亦岂若蒙周之放任？惟是就谘议局呈称之部咨与上列本局所奉度支部《清理财政章程》合观之，其中似不无抵触，或者部中解释“规费”二字之意义与谘议局之举差徭、赃私一体包括者不同，亦未可知，然本局实未奉有此项部文。部文中之主张提出规费也，以为此种规费，与其徒饱私囊，毋宁归入公家，藉以补匀定公费之不足，此亦不得已之办法，本局之遵守也，即以部定办法为办法，故一面调查各府、厅、州、县岁出入款目及一切规费，一面饬令和盘托出，据实报告，以为提出规费酌定公费之用。现在匀定州县公费将次实行，则提解规费亦属题中应有之义。总之，本局前次遵拟之草案，确有遵依，非漫无根据者可比。至括弧中“陋规”二字，即根据正文中“规费”二字，我国法律名辞未有部定解释专书，规费、陋规习惯上每多通用故，连类而及，亦非为规费之外，另有陋规，即谘议局所引之部文，亦无何者为陋规之指定，况差徭名目本在部颁条款所列各项规费之中，本局非不知本省禁革差徭已奉公布，故于江干、湖墅船局之纯属差徭性质者，尚在提议停撤，正所以维持议案。然各属船埠等捐列册，报告声明禀准仍留地方公用者，不一而足，或其性质不属差徭，否则官厅之应行禁革者，地方又何能留用？本局举此列于括弧以例其余，亦非毫无根据，据奉饬前因，理合具由备文详复。究应如何办理之处，本局不敢自是，仰祈宪台察核批示施行。

《浙江谘议局文牍》第三编，上卷，第61—62页

本局呈请抚院筹拨第二届常年会议员旅费文

宣统二年八月二十五日

为呈请事。查《谘议局章程》第五十三条，谘议局经费由督抚筹指专款拨用，

第五十四条二项，其旅费、杂费及预备费，由谘议局会议预算数目，呈请督抚核定。上年常会期中旅费一项，业经众议员议决，分日当、川资二项：日当一项，自九月初一日开会之日起至十月十一法定闭会之日止，定每日库平银二两，折为大洋三元，九月初一以前假定期间之日当，则以有筹办处之招待，议定每日一两，折为大洋一元五角，两项合共银圆二万零三百五十八元整；川资一项，定每公里来往大洋一角计，需银圆四千三百零五元八角。总计日当、川资，共银圆二万四千六百六十三元八角，均经本局备文并开具川资表呈由抚部院核准，并向藩司领取支给在案。本届常年会期，虽经召集在前，然既无假定手续，本局力求节省，各议员亦皆能系念时艰，所需日当应自九月初一开会之日起至十月十一闭会之日止，以上年议决每日库平银二两计算，共需银九千三百六十两，折合大洋一万四千零四十元整。川资一项，今年议员出缺颇多，补入正额议员，籍贯既殊，里数必有增减，川资数目自与上届稍有不同。查上年本局议员被选为资政院议员者，杭属仁和陈敬第、邵羲，嘉属秀水陶保霖，宁属镇海余镜清，绍属上虞王佐，台属黄岩郑际平，金属金华王廷扬，共七人。又本局前次呈报议员因事辞退及病故者，湖属归安俞宗濂、蔡蒙，乌程张善裕，宁属定海丁中立，杭属富阳章毓才，金属浦江张时星，共六人，缺额人数由候补议员补入者，杭属仁和吴恩元，余杭孙树礼，于潜方镇，嘉属海盐吴赓廷，湖属归安陆积昌，武康林钟秀，乌程沈毓麟，宁属鄞县张美翊，镇海唐凤翔，绍属余姚阮性存，台属黄岩杨晨，金属义乌周炳文，兰溪蒋椒，共十三人。比照上年表列里数，除本城及同县不计外，应减四百六十里，以议定每里来往川资大洋一角折算，合计银圆四十六元，比较上年川资总数洋四千三百零五元八角，只需大洋四千二百五十九元八角。以上日当、川资两项数目，抚部院指定数目计算，共银圆一万二千四百二十元，备文向藩司领取存给。所需会期内议员旅费一项，亦系按照上届议定办法，分日用费、川资费二项，共需银圆一万八千二百九十九元八角，并经呈由抚部院核准，遵向藩司具领支给。至延会期间应需各议员日用费银圆三千五百一十元，亦于本月十八日具文呈请抚部院筹拨各在案。现在只须将杂费、预备费二项从本年九月截止本年十二月，特别预算数目，本月二十日本局业经开会议决：杂费一项，共需银圆四千五百三十三元三角二分二厘，预备费一项，需银圆二千元。合计两项数目并延会期间各议员日用费，统共需银圆一万零四十三元三角二分二厘。至宣统三年全年经费预算表，除议长、副议长、常驻议员公费、旅费，议员旅费，书记长、书记薪金，均有一定数目，自可依据造列外，亦经同时议决：杂费一项，年共需银圆八千零六十三元六角五分八厘，预备费一项，年需银圆五千元，合计两项银圆一万三千零六十三元六角五分八厘。除分别造具清册外，理合备文呈请抚部院核定，先将本年九至十二四个月特别经费预算表杂费、预备费两项数目及延会期间各议员日用费共银圆一万零四十三元三角二分二厘拨下，以济急需。再前奉抚部院札派速记生朱义康、陈兆瀛、孙溙等三人，嗣奉札留朱义康一人以司会议厅记录之事，其余陈兆瀛、孙溙二人札委到局任事，所需薪水照原定书记薪水数目按月支给等因。查二十日会议，本局预算时，经众议员公决，系承认添设速记课三员，是以特别费预算及全年经费预算表内所列速记生薪水，均以三人计算，惟现在速记生朱义康业经由抚部院札留会议厅办事，则朱义康一员薪水，仍由本局领给，转折殊多，应请即由抚部院经给具领，以符事实而资便利。除于清册内粘附说明书外，合并声明，为此呈请抚部院鉴核施行。须至呈者。

抚院增批：来呈阅悉。查核本届会期中旅费一项，分别日当、川资计算，共合洋一万八千二百九十九元八角，希候札饬布政司照数发给，径由谘议局备文领取支用可也。此复。表册存。

《浙江谘议局文牍》第三编，上卷，第67—69页

本局呈复抚院札交浙江医生营业暂行规则等五案应认为重行提出文

宣统二年八月二十九日

为呈复事。本月二十四日奉抚部院批：来呈阅悉。查《谘议局章程》第二十三条，所谓督抚不以为然，应说明原委事由，令谘议局复议者，乃指谘议局议定不可行事件呈请更正施行者而言。去岁谘议局对此五案，并未呈请更正施行，

径行决议废弃及缓议，致与局章不合，当经本部院咨请宪政编查馆核复，嗣准咨复，以局章第二十三条内载谘议局议定不可行事件，得呈请督抚更正施行，并无缓议及废弃之办法，谘议局定章既有明文，即须遵照办理，所有以上五案，应即照章再交该局复议等因。业经札行在案。是此次交令复议之原因，既非由呈请更正施行，即无从说明原委事由，其准照馆咨不准作废及缓议者，即是交令复议之原委事由，本不宜再加何等说明也，应俟谘议局会议认有应行更正施行之处呈请到院，如本部院不以为然，自当说明原委事由交谘议局复议，此时谘议局对于以上五案，既无指明某案某处应请更正施行之呈文，即无可说明原委事由也。此复。等因。奉此，查前次抚部院发交《浙江医生营业暂行规则》等五种议案札文内有"交局复议"字样，而议案并未说明原委事由，本局恐与定章不合，或无付会议之效力，是以有呈请补具说明之原因，兹奉批示准照馆咨不准作废及缓议者，即是交令复议之原委事由，本不宜再加说明等语，前项议案应认为重行提出，可行与否，当俟常年会议决呈报，奉批前因，拟先备文呈复，为此呈请抚部院查照施行。须至呈者。

《浙江谘议局文牍》第三编，上卷，第78—79页

巡警道照会本局委派区官王睿为议场外警察长并饬派巡警八人随往保卫文

宣统二年八月二十九日

为照会事。案查上年贵局开会议场外添派警察长一人、巡警八人以资保卫在案，本年贵局开会在即，自应循旧办理，除委派第二分局区官王睿充当警察长，并饬仁钱巡警局选派巡警八人，会期随同前往，于议场外认真保卫外，合行照会，为此照会贵局查照施行。须至照会者。宣统二年八月二十九日。

《浙江谘议局文牍》第三编，上卷，第82页

抚院致本局定九月初三日开会议厅成立会请分别转致选定各绅函

宣统二年八月二十九日

径启者。本署现遵宪政编查馆奏定《会议厅审查科议员规则》组织审查科，所有审查科本省士绅一项，业经谘议局选举二十四人呈送到院，即经照章复选得十二人，札复转致各绅知照，想荷照办，兹定于九月初三日开会议厅成立会，即祈贵局分别转致选定各绅，届期莅会，共谋公益，力图进行，如绅士中有现不在省者，亦希从速电达为幸。肃此，即请，公安！宣统二年八月二十九日。

《浙江谘议局文牍》第三编，上卷，第82—83页

抚部院札据藩司详复查办各州县隐匿蠲免分数追缴已免旧欠等六案文

宣统二年九月初二日

为札行事。据藩司详复《查办各州县隐匿蠲免分数、追缴已免旧欠》等六案，业已逐案查明议复请示遵等情到本部院。据此，除批示外，为此钞详札行谘议局即便知照。须至札行者。宣统二年九月初二日。

计抄详

为详复事。宣统二年八月十三日奉宪台札开：据谘议局呈称，本局前次呈请查办案件如《各州县隐匿蠲免分数暨追缴已免旧欠》等案，均奉批答饬司查议

并札催详复在案，现在如何查复，并分别赐示，以祛疑虑等情到本部院。据此，除批答外，合将前由谘议局呈请查办曾经札司议详各案一并开单札催，札司即便遵照，单开各案，限五日内逐一查核详复，以凭札行谘议局查照可也。计单开谘议局质问查办各案六件等因。奉此，谨将奉饬查复各案业已遵办及行查未复各缘由详晰条列如左：

一、《各州县隐匿蠲免分数暨追缴已免旧欠案》

谨查此案经颜前司于本年正月间回任以后，札委候补知县华令尊训赴杭属，刘令绍晏赴嘉属，梁令庆庸赴湖属，杨令瀛奎赴宁属，吴令叡赴绍属，彭令庆高赴台属，余令生球赴金属，徐令浚章赴衢属，汪令心源赴严属，查令鳌赴温属，黎令宝麟赴处属各厅、州、县，查明光绪三十三年以前民欠钱粮，豁免誊黄奉到之后，有无出串勒追情弊，据实禀复去后。嗣据杭、处等属仁和等厅、州、县印委各员先后会同禀复，豁免钱粮为朝廷旷典，早已家喻户晓，迨至宣统元年八、九月间奉到誊黄之后，即经发贴通衢，咸使周知，并将串柜封存，委无续掣光绪三十三年以前民欠粮串情事。并据声称，各属粮户疲玩者，多积欠久成习惯，往往上、下忙开征依限投完，甚属寥寥，势有不得不限差领串催追者，大抵甲年之粮征至乙年三、四月间奏销为止。过此以往，无可续征，是光绪三十三年以前钱粮早于三十四年奏销截止。奉豁以后，不得再行掣串，各县皆有日征流水可考，无从弊混。其长兴县乡民章良敖等以逼勒旧欠，头役张锦等以勒垫民欠为词控，奉宪台批府饬委澈查，别有情节，已将头役张锦解郡讯追，应归另案讯明详办。此委员查明各属奉到豁免誊黄以后，尚无违法追缴已免民欠钱粮之情形也。至奉饬查议蠲免分数章程一节，亦经颜前司会同卓前署粮道查明定例，凡水旱成灾蠲免钱粮，应按被灾轻重分别蠲征，如被灾十分者，蠲正赋十分之七；被灾九分者，蠲十分之六；被灾八分者，蠲十分之四；被灾七分者，蠲十分之二；被灾六分、五分者，蠲十分之一。蠲、誊钱粮，分作三年、二年带征。五分以下，勘不成灾，题明缓征者，次年麦熟后启征。惟浙省自光绪十六年起，遇有偏灾，均经奏请将被灾田地正赋、漕粮全行蠲免，并不按成分年带征，体恤民艰，实较定例为宽，其勘不成灾歉收田地钱粮，仍按定例缓至麦熟后征收，是勘报灾歉既有历办成例成案可循，应请毋庸另拟章程。但谘议局原呈所称隐匿蠲免分数之违法，自系指蠲免钱粮并不照例发给免单及不将蠲缓灾歉田地之分数分别晓谕，仍应饬令复勘灾歉之该管知府按照勘定之案，派员确查禀究，于本年三月间详奉宪台批示，通饬各府查复在案。兹据各该府禀复，各属办理灾蠲，向惟湖属之归安发有蠲照，其余各州县办法不一，均于奉到核定灾歉分数以后，各先明白出示晓谕，或另给小单，或于板串厫收加盖戳记，或于由单粮串内将应蠲、应缓钱粮分别核扣，登明“实在应完银米”字样。灾前预完银两，准抵次年新赋，亦于串上加盖流抵红戳，俾各粮户一目了然，照常输纳，相安已久，上年勘办灾歉，各属均照向章办理，虽未给发免单，尚无流弊。大抵浙西各属花户粮额繁多，灾歉定案，漕事已临，按户给单，赶办不及；浙东各属勘办灾歉，事非恒有，遂各从其习惯，循章办理，先后禀复前来。本司伏查定例，因灾蠲免钱粮州县，于奉文后应即出示晓谕，刊刻免单，按户付执。等语。上年杭、绍等府属被灾较重，各该府勘报分数，司中凭以核转，且已刊登官报，无异公布，似亦无从隐匿，惟狃于习惯，或仅示谕，或加戳记，或于串单扣除，不给免单，究非正当办法，亟应申明定例，饬令各该州、县遇有水旱偏灾年分，从实检踏，报由该管知府复勘汇转，一俟奉到蠲缓分数明文，即行大张晓谕，并将成灾应蠲分数银米，按户刊给免单，俾花户有所遵循；其有急公粮户，灾前预完，分别灾蠲、歉缓，扣计分数，应蠲免者准予流抵次年新赋，应歉缓者亦即报解司库，以抵麦熟后启征之粮。倘敢隐混匿留，致与造送征信册有丝毫不符者，查实参处。此又查明各属勘办灾蠲，仅归安一县给有免单，其余各县办理未能划一之情形，并请申明定例，酌定办法。是否有当？敬乞宪台核示，以便通饬遵办。

一、《长兴卡于画溪桥私设巡船案》

谨查此案经委员朱守运新会同县卡禀复，丰乐桥分卡原设坐船、巡船各一艘，每遇春夏水涨之时，将坐船移泊画溪桥就近收捐，今拟将坐船仍泊原处，丰乐桥卡勿庸再行移驻，其原设巡船，照章专司巡缉偷漏，不准截路收捐等情，经前司以所拟办法尚属妥协，详奉宪台于七月初五日批准饬遵在案。

一、《长兴卡拟于吕山地方添设分卡案》

谨查此案经长兴卡禀奉宪台批示到司，正在核办，间适据雷水桥卡具禀，以吕山踞雷水桥之上游，雷水桥卡经收石灰、柴炭、竹货等捐，必由吕山经过，吕山设卡，势必截捐。等语。前司以如果照准，必有纠葛，应毋庸议，业已汇入画溪桥，勿庸移驻巡船。案内详奉宪台于七月初五日批准饬遵在案。

一、《枫泾车站添设旱卡请饬取销建议书》

谨查此案饬据嘉善卡禀复，枫泾旱卡系四月初一日设立，业经由司批饬立予撤销，现已另文详复宪台察核。

一、《武义、宁海、泰顺征粮洋价抑勒请宣布处分则例》一案

谨查此案于本年七月初九日奉宪台札饬，据谘议局呈，现武义、宁海、泰顺等县征粮洋价，仍有抑勒浮收情事，饬即委员密查办理等因，当经颜前司以各属征粮洋价未能划一，迭据绅民指控，酌定每元概作制钱一千文，并刊示通颁晓谕遵办，即宁海洋价，曾据电禀请示，亦经颜前司驳诘电饬遵示办理，何以该县等尚敢抑勒？即经札委候补知县刘令铭彝赴台属宁海县，凌倅启元赴金属武义县，罗令洪均赴温属泰顺县密查具复。现在委赴武义、泰顺二县委员尚未回省，惟据委赴宁海之刘令递到，节略据称，遵于本月初四日驰抵宁海，不动声色，亲诣该县城柜及海游分柜，查明征粮洋价每元实作制钱九百五十文，与谘议局所呈无异等情前来。查州县官征收钱粮私派加征者，例应参革，乃该署张倅正芬于洋价改章电禀请示未准，不即遵办，究属有违功令，除已由司电饬台州府启守严行申斥，就近督令改正具报，并电催金、温二府督委确查禀复外，应请将署宁海县事、正任金华府通判张正芬先行酌记大过三次，倘敢故违，即行撤参。

一、《湖属抽收出行猪捐案》

谨查此案前奉宪札，即于六月二十四日札饬湖郡局查明湖属各县城乡猪捐情形，分别已、未实行，迅速禀复，以凭核办，迄未见到，已由司勒限严催郡局速复矣。以上六案内，蠲免分数等五案业已查明核议详复，其湖属抽收猪捐一案，尚未据湖郡局复到，容再饬催，另行详办。缘奉前因，理合汇案详复，仰祈宪台察核示遵。为此备由呈乞照详施行。

《浙江谘议局文牍》第三编，上卷，第83—87页

本局呈报抚院第二届常年会选举审议长暨各股审查员文

宣统二年九月初二日

为呈报事。本月初一日本局第二届常年会，当蒙抚部院亲莅议场行开会礼式，曷胜度幸，旋于是日下午投票举定审议长一人并选举各股审查员，初二日继续开会，选举一律告竣。兹定于初三日开正式会议，除将议事日程另文呈报外，为此呈报抚部院查照备案。须至呈者。

《浙江谘议局文牍》第三编，上卷，第 87 页

本局复抚院选定会议厅审查员已分别知照函

宣统二年九月初二日

敬复者。本日接奉函开，定于九月初三日开会议厅成立会，嘱令分别转致选定各绅届期莅会等因，敝局当即遵照台端前次选定诸绅、现在省垣者陈绅敬第、邵绅章、金绅泯澜、许绅企谦、王绅理孚、汤绅尔和，已分别备函知照期限；在外府各绅，亦已遵照电达。专肃布复，敬请，勋安！

《浙江谘议局文牍》第三编，上卷，第 87—88 页

本局为浙路事呈请抚院代奏文

宣统二年九月初三日

为呈请代奏事。伏读宣统二年七月十九日上谕：军机大臣呈递开缺江西提学使、浙路总理汤寿潜来电，据称盛宣怀为苏浙路罪魁祸首，不应令其回任，请收回成命或调离路事，以谢天下。等语。措辞诸多荒谬，狂悖已极，朝廷用人自有权衡，岂容率意妄陈？无非为藉此脱卸路事，自博美名，故作危词以耸听，其用心诡谲，尤不可问，汤寿潜着即行革职，不准干预路事，以为沽钓誉巧于趋避者戒。钦此。又读邮传部照会浙路公司文：为照会事，路政司案呈宣统二年八月二十一日军机处交钦奉谕旨：邮传部奏声明铁路公司与普通公司情形不同请饬各督抚遵照历次奏案办理一片，着依议，钦此。钦遵到部，相应恭录谕旨，粘抄原奏，照会贵公司钦遵查照办理可也。等因。窃维商办之铁道公司，不外为《公司律》中股分公司之一种，苟无特别路律之规定，其对于公司律所揭之明文，不惟有遵守之义务，且有适用之权利，商部奏明《重订铁路简明章程》第二条曰：无论华洋官商禀请开办铁路，均应按照臣部奏定章程办理，其有援引前定《各省铁路章程》与规定相背者，概不准行。至经臣部批准开办后，应俟臣部奏定《公司条律》后，一律遵照，不得有所违背，此所谓《公司条律》者，指现行之《公司律》而言，所谓一律遵照者，谓不论华洋或官商，既批准开办，皆当以此为遵守，而《公司律》颁布之时，别无于其附则有铁路公司不适用此法之条，即发生此《简明章程》规定之效力。故各种之铁路公司，其得享用此《公司律》，属于法理上必然之解释，无所容其疑惑者也。彼《公司律》第七十七条所称公司总办或总司理人、司事人等，均由董事局选派，如有不胜任及舞弊者，亦由董事局开除，乃属董事局确定之权利，而于此法条未废止或更改以前，总绝对有其效力。在董事局固不得自为放弃，即监督者亦非能越法定之范围而妄加干涉者。浙路公司之设立，其名称既冠以商办，其《公司章程》第一条复有谨遵钦定《商律》之语，而商部为之注册，给以关防，固明明认其为商办而许以享用《公司律》之权利者。今邮部所奏以铁路公司为非普通之商业公司，不得援引《公司律》第七十七条之规定，抑若商部《铁路简明章程》及《公司律》早经严重之手续而废止。此不解者一也。

凡铁路公司，虽不问为官办或商办，同受主务官厅之监督，如《公司律》第三十条之法文之所定，而其异者，官办必为官营之商业，损益归之国家；商办必为民营之商业，损益归之人民，初非因其总理之为官与否而得变更其性质。今邮部谓《公司律》第七十七条专指商业性质，无关官治之公司而言，是一以总理为公司之主体而不计组织之如何，致使《铁路简明章程》与《公司律》相关联之法律应为商办铁路公司所享有者，无端而遭剥夺。此不解者二也。

汤寿潜之任浙路总理也，始虽由于奏派，而任满后之续任，则根据《公司律》选派之法条，在董事局，非有附邮部呈请奏派之公文。若邮部以浙路公司为不得适用《公司律》该条之规定，应早于去年呈报之时声明其不适用之理由，既默认其续任为选派，又复追溯其前为奏派，使董事局对于所享有法律上之权利因之而不确定，度邮部自思之于其今、前之手续，当有自居其一误者。此不解者三也。

奏设各路折内，虽有声明集股造路逾越期限，由部奏请撤销差使等语，然以此种奏案为根据而撤销与否，亦必视符合于逾越期限之条件与否，浙路既未规定期限，自无从发生逾越问题，今遂撤销总理，果依何奏案办理？此不解者四也。

奏案而有依议之谕旨为命令，《公司律》之奏经钦定为法律，今邮部导朝廷以命令变更法律而破坏立宪之盛治。此不解者五也。

凡此不解之处，皆显与法律相违背，苟欲为立宪国之国民，于责任上所当据理力争，不得将顺遂非，共蹈违法之嫌者也。前者汤寿潜以浙路总理之资格，代表股东之意思，在路言路，证之《公司律》，本不为开除之原因，而朝廷不察，加以严谴，虽黜（涉）〔陟〕之作用属于君主之大权，断非人民所敢推测，第因言事革职而并不准其干预路事，在表面为对于个人革职附加之处罚，而从根本上以论，则董事局所享有确定之权利未免因此而受无形之剥夺。故严诏之下，万众惶惶，始也代表股东之董事局径以电争，争而不获，众股东继之求抚臣之代奏，今抚臣之代奏被斥，而邮部请饬督抚遵照历次奏案办理之奏，且有依议之旨矣，似不须复援《公司律》为争执，而浙之董事、股东与一般渴望实行立宪之士商，又复奔走呼号，终不肯曲徇朝廷不准干预路事之成命与邮部令此之奏案者，非不法之反抗也，欲完全享有法律上之权利，不得不根据法理为请愿，以期回复其所失也。证之欧美、日本诸国，其政府最重人民之请愿，以立法及行政之事项，就当局者之所措施，或不能预见其缺漏，多藉请愿以为救正，前次之电争、代奏，皆不外为立宪国民应有之行动，若终塞其请愿之途，何以副宪政公诸舆论之实？且也浙路集资千万，实为浙省实业之冠，若《公司律》不足为保障，使商民灰心于他种实业之经营，恐非实业前途之福。又法律所付与之权利，得以命令为剥夺，而他之各种民选机关，签于选举权利与被选权利之不确定，或相望而出于观望之一途，尤非立宪大局之幸。伏读《钦定宪法大纲》有云，有发布命令及使发命令之权，唯已定之法律，非交议院协赞奏请，钦定时不以命令更改废止；又云臣民有遵守国家法律之义务，一方勉臣民以遵守，一方以命令为变更，是欲使浙民遵守义务耶？抑使之曲从变更法律之命令耶？二者当示其一途，若使负遵守之义务，则当俯从浙民之请，收回前此之成命，以保法律之尊严；若使曲从变更法律之命令，则隐示浙民不必负遵守之义务，而此《宪法大纲》末号之所定，将等诸空文，于此后颁行之法律，亦悉无奉行之效果。盖现行之法律最为神圣，不论治者与被治者，皆当受其拘束，今以治者自不守法之故，而至失法之信用，无由责被治者以适从，恐朝廷为立宪计，为法律计，当亦虑及于此也。无法无以立国，浙民之为国家守法，正浙民之爱国，故今日与其阿顺以失立宪国民之资格，宁死守以受朝廷不测之斥责也。事关本省权利存废事件，应在谘议局权限之内，恳乞抚部院采取舆论，据情代奏，不胜迫切待命之至。为此呈请抚部院迅速察核施行。须至呈者。

抚院对于本局为浙路事呈请代奏交令复议批答：来呈阅悉。查《谘议局章程》无规定谘议局呈请代奏事件督抚应行代奏之明文，惟查《谘议局章程》第二十二条，谘议局议定可行事件呈候督抚公布施行，又前项呈候施行事件，若督抚不以为然，应说明原委事由，令谘议局复议等语。今呈文既用谘议局名义，又声称事关本省权利废事件，应在谘议局权限之内，本抚院即认为谘议局议定可行事件，应由本抚院裁夺，兹察核呈请各节，有碍难代奏之理由，不能不为谘议局剀切说明：查前次浙路公司及浙路股东会呈请代奏，引据《公司律》与此次呈请之词意相同，前次既奉严旨不能再三渎请，一也；邮传部近于本年八月二十一日奏明铁路公司与普通公司情形不同折内，并声称路政关系国权，何得妄为比附？奉旨：依议，自不能再加指驳，二也；《公司律》关系全国法律，非本省权利存废事件，意义歧异，不能代奏，三也。以上三项理由，应遵章说明原委，交令复议。此答。宣统二年九月初四日。

《浙江谘议局文牍》第三编，上卷，第88—92页

抚院札询初四日议事日程因何未送文

宣统二年九月初四日

为札行事。查《谘议局议事细则》第七十六条内开：于报告后之次日，应将议事日程印刷配付各议员并呈送巡抚。等语。现当开会期内，自应照章办理，乃谘议局于初四日之议事日程尚未送到，本部院深恐有所遗漏，仍饬代理委员照常莅会。顷据该委员等报告，谘议局今日并未开会，是否停议，殊难悬揣。查《谘议局章程》第四十七条，谘议局有左列情事，督抚得令其停会云云，本部院对于谘议局有监督之责任，现既并无停会命令，谘议局似不致遽行停议，究竟议事日程因何未送，初四日何以并未开会，希将详细情形先行具报，一面应即照常开会，以免事务废弛。为此札行谘议局查照。须至札行者。宣统二年九月初四日。

《浙江谘议局文牍》第三编，上卷，第92页

本局复抚院停议电文报载尚无错误函

宣统二年九月初五日

敬复者。顷奉手示，敬悉一是。初三日台端莅会时，全体决议停议他案，呈请代奏，恭候朝旨，会场会议情形确系如此，兹将速记录一份附呈。察阅各处为路事连日函电诘责，词多激烈，本局为镇定人心计，是以分电各府，报载尚无错误。专肃，敬请，勋安！

《浙江谘议局文牍》第三编，上卷，第94—95页

抚院札发地方行政经费预算表文

宣统二年九月初六日

为札行事。据清理财政局详称，案奉札饬宣统二年九月初四日准度支部江电内开，于八月二十七日具奏遵章试办预算、缮表进呈并沥陈财政危迫情形一折，奉旨：会议政务处议奏。钦此。除全表缮齐另行咨送外，应照章先将局存地方行政经费底册照录一份送交谘议局，所有本部核增核减之款，已由贵处允许者，一并抄案汇送以备参考等因到本部院。准此，合行札饬，札到该局，立即遵照，迅将本省地方行政费并同核定增减各款照录底册，克日送院，以便札行谘议局查照等因。奉此，本局遵即将存局地方行政经费刷印底册并另纸抄录核增核减各款，汇订一册，相应即刻详送转札谘议局查照等情到本部院。据此，查此案前准部电即经札行谘议局查照在案，现据清理财政局详送前来，合将表册札发。为此札行

谘议局查照。须至札行者。宣统二年九月初六日。

计发地方行政经费预算表一本。

《浙江谘议局文牍》第三编，上卷，第95页

本局呈明抚院停议情形并交令复议事件亦无从付议文

宣统二年九月初六日

为呈明事。本月初四日奉抚部院札开，案查《谘议局议事细则》第七十六条内开“于报告后之次日，应将议事日程印刷配付各议员并呈送巡抚”等语，现当开会期内，自应照章办理，乃谘议局于初四日之议事日程尚未送到，本部院恐有所遗漏，仍饬代理委员照常莅会，顷据该委员等报告，谘议局今日并未开会，是否停议，殊难悬揣。查《谘议局章程》第四十七条“谘议局有左列情事，督抚得令其停会”云云，本部院对于谘议局有监督之责，现既无停会命令，谘议局似不致遽行停议，究竟议事日程因何未送，初四日何以并未开会，希将详细情形先行具报，一面应即照常开会，以免事务废弛。为此札行谘议局查照等因。奉此，查初三日正式会议抚部院莅会时，提议路事，全体议决呈请代奏，复经表决停议以待，业将当日速记录呈送察阅。初四日即未开会，并非议事日程遗漏未送。奉札前因，理合备文呈明。再，同日交令复议呈请代奏事件，现在业经停议，亦无从付议，合并声明。为此呈请抚部院查照。须至呈者。

抚院增批：来呈阅悉。查初三日第一次会议时，议员当场变更议事日程，改议呈请代奏铁路事，业经本部院当会宣布意见，其能代奏与否，尚须交会议厅会议后由本部院核办，乃议员遽行议决要求呈请代奏，又不候本部院审核，同时议决停议待旨，本部院当时本欲陈述意见，以资救正，因议长谓摇铃散会，未便陈述，于次日来呈又未叙及“停议”字样，当经函札交询，以自行停议为不可，复将呈请代奏事件说明不能代奏之理由明晰批示，交令复议。兹据来呈，竟以业

经停议，无从付议为词。查初五日议长复函，声称全体决议停议他案，是明明谓停议他案，何以并此案而亦停议？且即使停议，而议员等现均在省，何以不将交令复议之案通知议员到局复议？似不得以无从付议为词。若谓议员均不到会，则此次呈文明明用谘议局名义，又系何人决议，疑议殊多，希仍将本部院交令复议之件迅速通知议员遵章复议。此答。

《浙江谘议局文牍》第三编，上卷，第 95—96 页

抚院札行呈请代奏案已经明白批答即速开议文

宣统二年九月初六日

为札行事。照得日前报载谘议局致各商会电文有停议之事，即经函询去后，兹据谘议局议长陈绅函复，以初三日全体决议停议他案，呈请代奏候旨，会场情形如此，将速记录呈送前来，并称各处为路事连日函电诘责，词多激烈，本局为镇定人心计，是以分电各府等语。查《谘议局章程》并无因呈请代奏事件而自行停议之规定，且本届发交谘议局会议之案，甚多关系兴革利弊，亦甚重大，会期有限，断不可遽尔停议，以致事务废弛，谘议局议长来函有“为镇定人心计”之语，若果停会不议，诚恐无知愚民诸多误会，是欲以镇定人心者适足以浮动人心，窃为非计。至呈请代奏一案，已经明白批答并札行照常开议在案，应即查照前次批答，即速开议，是为至要。须至札行者。宣统二年九月初六日。

《浙江谘议局文牍》第三编，上卷，第 96—97 页

本局移请藩司拨解第二届常年会议员旅费文

宣统二年九月初八日

为移请事。本月初五日奉抚部院批示，查核本届会期中旅费一项，分别日当、川资计算，共合洋一万八千二百九十九元八角，希候札饬布政司照数给发，径由谘议局备文领取支用可也。此复。表册存。等因。奉此，本届会期中所有议员旅费，经奉抚部院核定数目，自应遵照抚部院来批，备文移请贵司迅即照拨，以济急需。为此合移贵司，请烦查照施行。须至移者。

《浙江谘议局文牍》第三编，上卷，第97页

抚院札催交令复议事件迅速议复文

宣统二年九月初十日

为札行事。照得本月初三日谘议局开正式会议，当场变更议事日程，改议浙路事宜，呈请代奏，并声明即行停议以待，经本部院将未便代奏之理由明晰批交复议，一面札催迅即开议在案。嗣来呈以业经停议，无从付议为词，又经本部院于初七日说明疑义多端，批令遵章复议，迄今已逾三日，仍未呈复，又未呈报开议，殊不可解。查谘议局应议事件甚多，关系全省利害，亦甚重【要】，若因呈请一事，余事概置不议，并此事而亦不议，无论虚掷光险，至为可惜，且以议事机关于常会期内阒然无声，恐非议员自重职务之道，本部院有监督会议之责，不得不一再劝告，用特再行札催，希将本部院交令复议之件迅速议复，并遵章将提

交议案克日开议，以速补迟而利进行。须至札行者。宣统二年九月初十日。

《浙江谘议局文牍》第三编，上卷，第97—98页

本局呈报资政院提议浙路事件及呈请巡抚代奏清折文

宣统二年九月初十日

为呈报事。窃本局九月初三日第一次正式会议提议浙江铁路事件，全体议决呈请抚部院代奏，复经表决停议待旨。查《谘议局章程》第四十二条，凡决议事件，除议长、副议长同意认为应行秘密者外，均公布之，并应随时报告督抚及资政院。等语。除将原呈另折缮呈外，为此遵章备文呈报钧院察核。须至呈者。

计附清折一扣。

《浙江谘议局文牍》第三编，上卷，第98页

抚院札据提学司详复旧有孝廉诂经敷文三书院经费拨抵省城两级师校之用文

宣统二年九月十一日

为札复事。据署提学司袁嘉谷详称，本年七月十六日奉抚院札开，照得本部院接准谘议局呈称，遵照章程第二十六条开列疑问呈请批答。等因。其第二问题云，本省旧有紫阳、崇文、敷文、诂经及学海堂等各书院，均有巨款，自科举停后，作何支配？除行藩司外，札司即便调集案据，缕晰声明，以便札复等因。奉

此，伏查本省旧有孝廉、诂经、敷文三书院经费，自科举停后，奉张前院札饬拨抵省城两级师范学堂常年经费之用，其紫阳、崇文、学海堂等各书院旧有款项，科举停后作何支配？司署无案可稽，奉札前因，理合查案详候札复等情到本部院。据此，合就札行，为此札复谘议局查照。须至札复者。宣统二年九月十一日。

《浙江谘议局文牍》第三编，上卷，第98—99页

抚院札催查照迭次批札迅即开议文

宣统二年九月十三日

为札行事。案查谘议局因路事呈请代奏停议一案，节经先后批札劝令迅速开议，嗣因多日仍未呈复，又未呈报开议，于初十日再行札催，希将本部院交令复议之件迅速议复，并遵章将提交议案克日开议等因在案。迄今更阅三日，何以仍未开议，亦并无只字呈报，合亟再行札催。为此札行谘议局查照迭次批札，迅即开议具复。须至札行者。宣统二年九月十三日。

《浙江谘议局文牍》第三编，上卷，第99页

浙抚增致宪政编查馆电（附复电）

宣统二年九月二十日[①]

宪政编查馆钧鉴：

查浙江谘议局于初三日停议后，屡经札催开议，该局迄置不理，诚如钧电是其自弃职务，即按照局章四十七、八两条办理固属正当，惟四十七条之规定系督抚令其停会。今该局系自行停议，并停议已逾十日，若再用饬令停会之手续，辗转已近闭会之期，至四十八条第三项之规定，系不遵停会命令。今该局系不遵督促开议命令，情形亦不相同，似此自弃职务，可否即认为辞职，照十六条第三项以候补当选者递补，期得迅速召集开会，兼省再选之烦，祈核复。增。印。

附：宪政编查馆复电

查议员停议与辞职不同，未便认为辞职，亦无全体议员候补当选人递补之法，前电因其自行停议无此规定，故须另由贵抚饬停以警告之，仍不悛改，再行照章奏请解散，辗转耽延，无论如何办法，业已误期，如果听命，开会日期过促，尚可展期以补不足，仍以查照前电办理为是。宪政编查馆。

《政治官报》，宣统二年九月二十日，第1072号，电报类，第4—5页

① 标题为编者所加，时间为《政治官报》出版日期。

抚部院增札催谘议局速即开议勿再游移文

宣统二年九月二十日

为札催事。照得谘议局因路事呈请代奏停议一案，节次文札交催，迄今已逾半月。本部院反复筹思，为浙省人民计，为谘议局计，终不忍处于解散之地位，凡有可以维持者，无不尽心竭力，与诸议员相见以诚，业于十七日将解散后之种种情形统盘筹划，剀切开导，札令谘议局查照叠次札催克日开议等因在案。风闻诸议员接阅叠次札文，颇有以本部院之言为然者，足见诸议员关怀桑梓，不乏深明大义之人。诸议员如已幡然变计，即应从速开议，不必再事游移。为此札行谘议局查照，希即迅速开议，以维大局。须至札行者。九月二十日。

《浙江官报》，宣统二年第四十二期，文牍类，第341页

抚院札令停会三日文

宣统二年九月二十三日

为札行事。案查谘议局因路事呈请代奏停议一案，叠经本部院于本月初四日、初六、初十、十三、十七等日剀切劝告，札令开议，迄置不理，本部院为维持大局起见，复于二十日邀请谘议局议长、副议长到院面为谆劝，并亟告以三日内开议，其各议员代表舆论，委曲苦衷，亦即拟电入告，嗣于二十二日据谘议局呈称，定于二十三日开会并送议事日程前来，本部院照章莅会，迨议事时间已届，由议长摇铃开会，各议员多数不入会场，要求先行代奏，然后开议。经本部

院再三督促，置若罔闻。查宪政编查馆议复于侍郎奏折内称，谘议局陈请建议事件，其裁夺之权统诸督抚，谘议局不得强督抚以执行。又查《谘议局章程》第四十七条第一项，议事有逾越权限不受督抚劝告者，督抚得令其停会。各等因。今谘议局始则停议要求，继则以不入会场强迫，实属逾越权限，应即照章饬令停会，以三日为期。为此札行谘议局查照。须至札行者。九月二十三日。

《浙江谘议局文牍》第三编，上卷，第110页

抚部院增为谘议局停会致宪政编查馆资政院电

宣统二年九月二十四日

资政院、宪政编查馆钧鉴：

啸电敬悉。浙江谘议局停议后，经增迭次劝告，为大局计，总期竭力维持，俾该局照常开议，因于二十日邀正副议长到署，剀切劝导，并函告以三日内开议，其各议员代表舆论，委曲苦衷，亦即拟电入告。旋据该局呈送念三日议事日程到院，届期增亲莅监督，乃议事时间已到，议长摇铃开会，各议员多数不入会场，要挟增将前请代奏事件先行代奏，方能开议。查钧馆宪政编查馆议复于式枚折内有：陈请建议事件，裁夺之权仍统诸督抚，谘议局不得强督抚以执行等语。现该局始则停议要求，继则以不入会场强迫，实属逾越权限，除遵钧馆电另行饬停会并电咨资政院、馆查照外，谨奉闻。增。漾。印。

《浙江官报》，宣统二年第四十二期，文牍类，第341—342页

抚院札知停会期满查照迭次劝告具文呈报文

宣统二年九月二十六日

为札行事。案照谘议局前请代奏一案，始则停议要求，继则以不入会场强迫，逾越权限，不受劝告，业经本部院查照局章，于本月二十三日饬令停会，以三日为期，札行查照在案。现计三日之期已届，各议员果能悛改，照本部院迭次劝告办理，于本月二十七日具文呈报，本部院不胜跂望，幸勿迟延。为此札行谘议局查照。须至札行者。九月二十六日。

《浙江谘议局文牍》第三编，上卷，第 111 页

本局致资政院询蒸日报告已否到达电

宣统二年九月廿七日

北京资政院钧签：

本局蒸日报告计达听，阅沪报电云未到，乞示复。浙江谘议局叩。

《浙江谘议局文牍》第三编，上卷，第 114 页

抚院札行再令停会三日文

宣统二年九月廿八日

为札行事。案查谘议局因呈请代奏事件，始则停议要求，继则以不入会场强迫，逾越权限，不受劝告，经本部院照章饬令停会三日，嗣因三日期满，复札询谘议局，希于二十七日呈复，兹尚未据呈报，其仍未悛改可知，合再照章饬令停会，仍以三日为期。为此札行谘议局查照。须至札行者。宣统二年九月二十八日

《浙江谘议局文牍》第三编，上卷，第 114 页

本局致资政院报告抚院允奏不奏奉劝停会电

宣统二年九月廿九日

北京资政院钧鉴：

本局停议后，抚院二十日函允即电奏，廿三日众议员到局，询知仍未奏，不果开议，当日即奉停会命令。谨闻。又，昨电询呈报事件达否？乞示复。浙江谘议局叩。勘。

《浙江谘议局文牍》第三编，上卷，第 114—115 页

本局致资政院报告续奉抚院停会命令电

宣统二年九月廿九日

资政院钧鉴：

前、昨两电计达，抚院允奏不奏，续发第二次停会命令。本局第二次报告，今日邮呈，先电闻。浙江谘议局叩。

《浙江谘议局文牍》第三编，上卷，第115页

本局呈报资政院停议后开会不果情形及两次奉抚院停会命令文

宣统二年九月廿九日

为呈报事。窃本局于本月初三日第一次正式会议提议浙江铁路事件，全体决议呈请抚部院代奏，复经表决停议以待，业于初十日遵章备文呈报钧院在案。迨二十日接抚部院函，允即拟电入告，并嘱定于三日内开议等因。本局即于二十二日呈送议事日程，定于二十三日下午一时三十分开第二次正式会议，是日议员到局计八十有八人，抚部院亦亲自莅局，会议时刻已届，即由议长振铃开会，出席者已有三十余人，其余众议员询知抚部院尚未出奏，未入会场，抚部院亦未入会场，不果开议。按照《议事细则》第五条“议员不满半数以上，议长于已过会议时刻三十分钟计算之，经两次计算，仍不足数，宣告延会”之规定，议长即命书记长两次计算出席人数，仍不满半数以上，遂宣告延会。此二十三日实在情

形也。是夕即奉抚部院停会三日之命令，二十六日又奉札询果能悛改，即行具文呈报等因，二十八日续奉停会命令，仍以三日为期。此二十三日延会后实在情形也。除将抚部院致本局议长允奏函及两次停会命令并札询悛改之札文另折录呈，以备鉴核外，为此备文呈报钧院查照。须至呈者。

计附清折一扣。

《浙江谘议局文牍》第三编，上卷，第115—116页

本局议长陈黻宸致抚院论非法停会函

宣统二年九月廿九日

敬启者。二十三日本局开正式大会，承驾莅会，当时到局者共八十余人，以日前呈请代奏事件蒙大公祖允即入告，众情钦佩，故于前一日分配议事日程，届时振铃开会，因众议员闻大公祖电尚未发，且有电文早经拟就，尚须斟酌数字，适有客来，不及酌定之语，致众议员复滋疑惑，出席者不满半数，只得援照《议事细则》第五条宣告延会。此二十三日开议不果之情形也。是日即奉停会三日之命令，二十六日复以果能悛改，即于二十七日具文呈报札行到局，二十八日又以未据呈报，仍未悛改可知，饬令再行停会三日。凡此手续，在大公祖固自以为照章行事，所谓印版文章也，然大公祖亦知二十三日不果开议，其原因果安在乎？始则停议要求，继则以不入会场强迫，逾越权限，不受劝告，此大公祖所持停会之事由也。然大公祖之停会果根于停议要求乎？抑发生于议员不入会场乎？由前之说，则议事日程呈送矣，议员到局八十余人矣，且呈请代奏事件大公祖已允电奏，则固无所谓停议要求矣；由后之说，则大公祖已明明自言电奏，何待强迫？且是日出席者已有三十余人，其不入会场者，因大公祖一言所致。夫以如此重大之事，且经大公祖自任电奏，斟酌数字，何至为客所（尼）〔泥〕？大公祖或非由衷之言，然又安得不动众议员之疑乎？因疑致误，在两方面均有未能剖心

相示之苦衷，今遽科以逾越权限之名，未悉大公祖究何所指？如就议事言，则函云电奏，大公祖已自执行，权限既清，无由逾越；就议员不入会场言，是秩序中事，非权限中事，更无逾越之可言。大公祖对于此事，并未先有劝告，何有不受？若谓前此屡经劝告，不必为第二次之手续，则前为停议，后为延会，事实本截然不同，大公祖亦既允奏而众议员到会矣，何得追溯停议？则是停会之命令，因议员出席不满半数而发也。夫停会者，谘议局莫大之事，众议员莫大之罚，乃以众议员误会大公祖允奏不奏之故而得之，且一则曰果能悛改，再则曰仍未悛改，众议员既未能晓然于停会之由，更何敢任悛改不悛改之责？今去廿三【日】又六日矣，入告之文，必已早发，然此六日中但接大公祖一再停会及诘问悛改与否之文，而未奉业经具奏行局知照之札，黻宸窃不能无疑矣。大公祖之言曰，代奏一事，不能以开议为断，开议与否，并不在电奏与不电奏，亦不能说电奏即开议，不电奏即不开议。则是大公祖之以责众议员者，必先自尽其责，何也？大公祖既云电奏，则二十三日虽开议不果，亦必奏无疑，不得谓开议即奏，不开议即不奏，况二十三日之开议不果，其原因在误会允奏不奏之故，今若未出奏，则大公祖之所谓开诚布公者，终无以自白于众议员而众议员前日误会允奏不奏，愈将信以为实，则诚无以执其口而服其心。黻宸虽深知大公祖不为谩言，然众议员之不入会场者，益振振有词矣。何由诘其悛改与不悛改，议员虽不以解散为心，然究不能不以停会为辱，用敢自附于私人资格，贡其所见，务乞裁答，以释疑窦。幸甚！敬请，勋安！不一。

《浙江谘议局文牍》第三编，上卷，第116—118页

抚院札知准宪政编查馆咨开厘订各项办法文

宣统二年九月三十日

为札行事。宣统二年九月二十四日准宪政编查馆咨开：查谘议局钦奉特旨设

立，关系极为重要，原订章程，头绪繁多，条理细密，迭据各省咨询疑义，业经本馆随时详为解释，并按期印有解释汇抄通行在案。现在谘议局开办已历一年，第二次开会之期又届，嗣后该局遵章议定可行事件，既经呈由各督抚公布后，若不立见施行，不惟无以副朝廷好恶同民之怀，抑且甚非官府综核名实之计。本年资政院第一次召集议员，行将开院，《谘议局章程》于权限争议各条，既定有由督抚咨送资政院核议或由谘议局呈请资政院核办各明文，设将来由院核之件过多，则文牍往返之繁，官民隔阂之虞，政务因循之弊，势必层见叠出，在疆吏既不免蒙摧残舆论之名，在该局亦难免负侵越政权之责。国家岁糜巨款创设各谘议局，原期于本省地方应兴应革之利弊切实指陈，使国民与闻政事，负担义务，以示大公，除实系逾越范围、违背法律者，由督抚照章办理外，其应办事宜，若局中之议决尽托空谈，官吏之施行鲜求实效，则该局直同虚设，其何以资振饬而济时艰？本馆体察情形，特将该局议决呈请以及公布施行既交局复议各项办法按照章程分别厘订，使遇事各有一定之程，庶几可以范围不越。至于局用预算，亦应力求划一，收支出入，尤应严防冒滥，以免纷歧而重公款，相应逐款开列清单，咨行贵抚查照办理，并转行该局遵照可也。等因。到本部院，准此，为此札行谘议局查照。须至札行者。宣统二年九月三十日。

计粘抄单

计开：

一、督抚对于谘议局议决呈请之件，答复过迟，以致不能复议，不但谘议局议论多而成功少，而使应兴应革之件淹滞，动逾年岁，于政事尤多不利，自以定明答复期限为是。惟各项事件中，实有非详细调查不能答复者，此当分别三项办理：（一）督抚提交之案，是必先已筹划研究，无待议决后始行调查，此类议案可决后，应限于呈到十日内答复；（二）谘议局提议之案，于分配议事日表及草案之时，应一面分呈督抚，俾得交会议厅先事调查研究，则议决呈请之后，决定答复方针，可不至多费时日，此项议案限于呈到十五日内答复；（三）谘议局提议之案，在各省各局署及会议厅并无案牍文报可稽，必须行取勘查始能答复者，其通电及汽车、轮船处所，立须刻期派查，答复期限至迟不得逾二十五日，其事非详细调查不能裁夺或不通轮电之地，事实上无可如何者，应将不能如期答复缘由，先行札知谘议局查照，但于下期开会以前必须答复。

二、督抚对于谘议局议案，既无不答复之理，则答复文中系非批准者，无论有无“交局复议”字样，谘议局得依据章程照督抚不以为然之件按章复议，再行呈请，未便遽认为侵夺谘议局权限，辄行呈请资政院核办。如有不依定章任意禁止及拒绝复议明文或批驳取销者，方得适用侵夺权限之条，呈请资政院照章办理。

三、凡议案自须指明一定办法，若但作策问之辞，即不成为议案，惟督抚对于谘议局有提议事件及咨询事件之别，札行时应于题目上标明“提议”或“咨询”字样，除咨询事件外，若题系议案而尚无一定办法或间作问辞者，得由谘议局呈请指明办法意旨，然后付议。

四、督抚批准公布施行之件，既由督抚行文，文到后行政官吏亟应实力奉行，惟须有限期与无限期之别，如明定期限，以到所定期限为断；不定期限之案，以到次期常年会为断；如于各该限内而该管官吏未经声明窒碍情形详奉督抚批准展限在前，故意延宕不行者，该局得照局章二十八条指明确据，呈候督抚查办。

五、预算年度所以统一国家会计，谘议局局用亦不能独异，且局章并无以九月为预算年度明文，应于本年开会时，从本年九月截止本年十二月特别造一预算，另于明年正月起至十二月止，造列全年正式预算，以后即逐年递推，均以通行预算年度为准。至于经费出入，本系按月清查一次，则开会时对于议员即以按月实支数目造册，凭册审查，而将九月以后应存应支数目按照本届特别预算附册声明，嗣后对于督抚清报，仍以一年为终始，庶几无含混之虞。至该局预算案呈报督抚时，仍应由督抚严核有无滥费，以定准驳，如决算不实，得照例严行查办。

《浙江谘议局文牍》第三编，上卷，第118—120页

抚院札知准资政院电劝开议迅速呈复文

宣统二年九月三十日

为札行事。本月三十日准资政院艳电内开，已电谘议局速开议，仍望婉劝等因到本部院，准此。查谘议局因呈请代奏停议一案，不受劝告，经本部院照章饬令停会三日，嗣以期满未据呈报，于二十八日札令再行停会三日在案。现在第二次停会之期已经届满，适准资政院电咨前因，与本部院迭次劝告，竭力维持之意正相符合，诸议员素具热忱，必能顾全大局，力图进行，为此札行谘议局，希即查照本部院叠次劝告及此次资政院来电办理，迅速呈复，以副本部院维持之初心，兼慰资政院属望之至意，曷胜跂望。须至札行者。宣统二年九月三十日。

《浙江谘议局文牍》第三编，上卷，第120—121页

资政院致本局查复各省报告岁入数目有无遗漏电

宣统二年九月三十日

谘议局本年试办明年预算，各省报告岁入数目，有无多少不符或遗漏款目，望各就所知查明电复，一面详细申复，以备参考。资政院。艳。宣统二年九月三十日。

《浙江谘议局文牍》第三编，上卷，第121页

资政院复本局报告已到速开议电

宣统二年九月三十日

谘议局：

电悉。蒸日呈报已到，会期甚促，望速开议。资政院。艳。宣统二年九月三十日。

《浙江谘议局文牍》第三编，上卷，第 121 页

本局致资政院报告抚院允奏不奏后情形电

宣统二年九月三十日

资政院钧鉴：

艳电敬悉。勘、艳两电略陈近情，计达听，自抚院二十日函知即电入告，二十三日开会，抚院莅局，仍未奏，是日议员出席者未过半数，抚院亦未入会场，不果开议，当夕抚院复以停议要求逾越权限等因，饬令停会三日，二十六日又札询悛改与否？二十八日复下停会三日之命令，此皆抚院允奏不奏后情形，合再详陈。又抚交预算，无岁入。浙江谘议局印。

《浙江谘议局文牍》第三编，上卷，第 121 页

抚院札据湖州府详报候补议员蒋玉麟呈明愿补文

宣统二年十月初五日

为札行事。据湖州府详报，补入议员沈毓麟遗缺，现据候补议员蒋绅玉麟呈明愿补，应请札局知照等情到本部院。据此，除批示外，为此札行谘议局查照。须至札行者。宣统二年十月初五日。

《浙江谘议局文牍》第三编，下卷，第11页

本局呈请抚院正式提出岁入表文

宣统二年十月初五日

为呈请事。九月初六日奉抚部院札开，据清理财政局详称，案奉札饬宣统二年九月初四日准度支部江电内开，本部于八月二十七日具奏遵章试办预算、缮表进呈并沥陈财政危迫情形一折，奉旨：会议政务厅议奏。钦此。除全表缮齐另行咨送外，应照章将局存地方行政经费底册照录一份，送交谘议局，所有本部核增核减之款，已由贵处允许者，一并抄案汇送，以备参考等因到本部院，准此，合行札饬。札到该局，立即遵照迅将本省地方行政经费并同核定增减各款照录底册，克日送院，以便札行谘议局查照等因。奉此，本局遵即将存局地方行政经费刷印底册，并另纸抄录核增核减各款，汇订一册，相应即刻详送转札谘议局查照等情到本部院。据此，查此案前准部电，即经札行谘议局查照在案，现据清理财政局详送前来，合将表册札发，为此札行谘议局查照。须至札行者。计地方行政

经费预算一本。本月初二日复奉札开，据清理财政局详称，案奉札饬宣统二年九月二十四日准度支部电开，二十日会议政务处奏会议度支部奏试办宣统三年预算请饬交资政院照章办理一折，奉旨：依议，钦此。合行恭录谕旨电开，并请照章将预算全册抄录一份送交谘议局，以备参考等因到本部院。准此，合行札饬。札到该局，立即遵照将预算全册抄录一份送院，以便札行谘议局参考等因。奉此，本局遵即将刷印之试办宣统三年预算表全分并统筹增减比较表全分，遵于即刻详送转札谘议局查照等情到本部院。据此，合将全册札发，为此札行谘议局查照。须至札行者。计发预算总表四本，各等因。奉此，本局于本月初三日正式会议时提出预算案，经众议员表决，先付审议会审议，旋于初四日即开审议会，将抚部院先后札发之预算表付众议员讨论，佥以本年虽系试办宣统三年预算，然按照局章第二十一条左列第二项议决本省岁出入预算事件之规定，则是发交预算案岁出、入表必同时提出可知，查阅抚部院两次发交预算案之札文，其岁入表仅交参考，不交局议，与预算之性质不符，应请抚部院提出正式岁入表，俾获遵章议决呈报，为此备文呈请抚部院察核施行。须至呈者。

抚部院增批：呈文阅悉。查度支部奏定妥酌《清理财政章程》第十四条第二项各省预算报告册，应将岁出款何项应属国家行政经费、何项应属地方行政经费划分为二，候部核定。等语。且查部颁册式，只于岁出门划分国家、地方为二，岁入则合并国家、地方为一部式，尚未划分前，送部说明书中虽将地方税、国家税之性质分别详载，然未经度支部厘订颁行，亦难据以为准是，预算表地方税岁入一门，既未准度支部厘订，即属无从提出，希候电询度支部，俟复到札行遵章办理。此复。

《浙江谘议局文牍》第三编，下卷，第11—13页

本局呈请抚院札发增删修改之单行章程规则文

宣统二年十月初六日

为呈请事。查《谘议局章程》第二十一条谘议局应办事件左列第六项载议决本省单行章程规则之增删修改事件，本届常年会期，凡从前抚部院颁行之章程规则及各主务官厅详准遵行之件必须增删修改者，照章应交本局议决，所以重立法之机关也，现在会期已过强半，前项增删修改之单行章程规则，未蒙札发到局，应请抚部院迅即交下，以便早日议决呈报，为此备文呈请抚部院察核施行。须至呈者。

抚部院增批：来呈阅悉。所有本部院颁行章程规则及各主务官厅详准遵行之件，有增删修改者，自应照章发交议决，希候分饬查明呈院，一俟齐集，即日札行。此复。

《浙江谘议局文牍》第三编，下卷，第13页

本局致抚院报告议员潘秉文王予衮病故分别电饬杭宁两府知会祝震盛炳纬补入函

宣统二年十月初六日

敬启者。顷据议员王渡报告，议员潘秉文于九月二十九日病故，并据议员柳在洲、王世钊、张传保、王序宾、陈训正、沈椿年等报告，议员王予衮已于八月间病故各等情，潘秉文籍隶杭属，遗缺应以祝震补入；王予衮籍隶宁属，遗缺应

以盛炳纬补入。现在会期甚促，应请台端迅即分别电饬复选监督即日知会，给与执照，并催迅速来省，以免缺席。专肃，敬上，即颂，勋安！

《浙江谘议局文牍》第三编，下卷，第13—14页

抚院札发修正及追加预算表文

宣统二年十月初七日

为札行事。据清理财政局详称，案奉抚部院札开，准度支部电开，请将预算全册抄录一份送交谘议局，以备参考。等因。到院。札局遵将预算全册抄录一份送院，以便札行谘议局参考。等因。到局。奉此，本局当于九月二十八日将试办宣统三年预算表并统筹增减比较表各一份详请转札各在案，惟浙省预算现在又有修正追加之处，数目因而变动，除将修正及追加预算各数填表呈请咨部外，拟合另填表纸详请札谘议局藉资参考等情到本部院。据此，除批示外，为此札行谘议局查照。须至札行者。宣统二年十月初七日。

《浙江谘议局文牍》第三编，下卷，第14页

本局致资政院询官厅提出案不根据法律无从呈请更正者如何办理电

宣统二年十月初七日

资政院钧鉴：

官厅提出案，照局章第二十三条不能作废、缓议，惟有不根据法律，无从呈请更正者，应如何办理？乞电示。浙江谘议局叩。

《浙江谘议局文牍》第三编，下卷，第16页

本局呈报抚院本届议案多未议决公决遵章延会十日文

宣统二年十月初八日

为呈报事。查《谘议局章程》常年会期本以四十日为率，惟本届提出议案，现在多未议决，初六日开正式会议时，业经众议员议决，遵照局章延会十日，定于本月二十日行闭会礼，除另文呈报资政院外，为此备文呈报，即祈抚部院查照备案。须至呈者。

《浙江谘议局文牍》第三编，下卷，第15—16页

本局呈抚院札交预算案尚未详细说明议决返还仍请正式提出文

宣统二年十月初九日

为呈请事。案奉抚部院札交预算表册，其岁入表仅交参考，与预算案之性质不符，业经初四日审议会议决，备文呈请抚部院提出正式岁入表在案。兹本局复于初九日开审议会讨论，佥谓预算案关系重要，必有详细之理由说明书。今抚部院提出之地方行政经费预算表，尚未详细说明，查阅表列各项款目，亦但详于省城各署局，而外府州县各种之政费多未列入，实非完全预算议案，公决返还，仍恳抚部院迅将正式预算案交局，俾获遵章议决，为此备文谨将地方行政经费预算表附缴，即祈抚部院察核施行。须至呈者。

计附缴地方行政经费预算表一本。

《浙江谘议局文牍》第三编，下卷，第16页

抚院札知委派速记生陈兆瀛孙焘到局任事文

宣统二年十月初十日

为札行事。照得本部院前准资政院咨开，速记学堂毕业生朱义康等照章派回原省谘议局任用。等因。业已札行谘议局查照在案，兹因本署会议厅正须此项人员，拟酌留朱义康一人以司记录之事，其陈兆瀛、孙焘二人，业已由院札委饬即到局任事，所需薪水应在谘议局原有之书记薪水项下支给。为此札行谘议局查

照。须至札行者。宣统二年十月初十日。

《浙江谘议局文牍》第三编，下卷，第16页

本局呈请抚院复核更正附加契税推广简易识字学塾议案文

宣统二年十月初十日

为呈请事。案奉抚部院札交《附加契税推广简易识字学塾案》，本局业于本月初七日经过第一读会，交付财政股审查会审查，旋据该股主查员提出报告书，本局复于初九日开会议决，认为不可行事件。查《谘议局章程》第二十三条，谘议局议定不可行事件，得呈请督抚更正施行，应遵照办理，除理由书另折缮呈外，为此备文呈请抚部院察核更正施行。须至呈者。

计附清折一扣。

《浙江谘议局文牍》第三编，下卷，第16—17页

本局呈请资政院代奏文

宣统二年十月十二日

为呈请代奏事。业于九月初三日第一次正式会议决议呈请抚部院据情代奏，停议以待，并将决议情形呈报钧院在案，嗣奉抚部院札知于十月初三日电请军机处代奏，迄今已逾七日，未奉谕旨，初十日第八次正式会议决议仍将前情呈请钧

院代奏，为此备文呈请钧院迅赐核议施行。须至呈者。

《浙江谘议局文牍》第三编，下卷，第21页

抚院札知附加契税推广简易识字学塾案经会议厅审查科议决作废文

宣统二年十月十四日

为札行事。本月初十日据谘议局呈请，案奉抚部院札交《附加契税推广简易识字学塾案》，本局业于本月初七日经过第一读会，交付财政股审查会审查。旋据该股主查员提出报告书，本局复于初九日开会议决，认为不可行事件，查《谘议局章程》第二十三条，谘议局议定不可行事件，得呈请督抚更正施行，应遵照办理，除理由书另折缮呈外，为此备文呈请抚部院察核更正施行等情到本部院。准此，查此案提出之理由，原以简易识字学塾为预备立宪时〈代〉期教育普及之不二方法，故列在宪政清单之内。浙省今年已设所数虽逾于去年议案规定之数，然非极力推广，恐不能达教育普及之目的，而欲力加推广，又必须筹拓经费之来源，此事既认为地方上应办事宜，则《地方自治章程》所载附捐办法，当自治会未成立以前，自应交付谘议局议决，惟于本月十三日经会议厅审查科开会议决，佥以简字学塾乃暂时学制，而附捐有永久性质，既经谘议局认为不可行，即将该案作废，惟现在库款支绌，亦殊难另指（底）〔的〕款，能否推广设立之处，即饬由提学司转饬各属酌量地方情形妥筹办理可也。除行提学司知照外，为此札行谘议局查照。须至札行者。宣统二年十月十四日。

《浙江谘议局文牍》第三编，下卷，第22—23页

抚院札据藩司详复查办宁海县张正芬征粮洋价抑勒浮收情形文

宣统二年十月十四日

为札行事。据谘议局质问署宁海县张正芬征粮洋价抑勒浮收记过一案，窃生疑义五端，敬请明白批示等情到本部院，即经抄折札行藩司复核议详并先批答在案。兹据藩司复称，浙省征粮洋价，本未一律，本年颜前司遵奉宪饬撰示通颁，划一洋价，每元作制钱一千文，即据宁海县张正芬电禀，台属粮价，临海等县每两收钱二千三百三十文，宁邑仅收二千二百二十文，计短收钱一百十文，故洋价向来较小，以洋水之盈补粮价之绌，现每元作千文，大有无米为炊之虞，可否照临海每两收钱二千三百三十文，乞电示知等情。当以洋价每元作钱一千文，宁海未便独异，各县粮价不同，何得藉口洋水率请加增？电复遵照。是本司对于各属洋价问题，未尝不严于限制，张令正芬因同属粮价未能划一，禀求仍循旧贯将洋每元作钱九百五十文，按诸事实，盖欲留其固有，非加其本无，本司原详谓州县官私派加征者，例应参革，盖以有是事始有是罚，而处罚之手续，先以奏参革职，余罚当然随之。今张正芬于洋价改章电禀请示未准，不即遵办，似与私派加征者尚属有间，故于委员查复后，电饬台州府严行申斥，督令将洋价即行更正，一面将该令详记大过三次，此本司对于是案饬查详办之实在情形也。奉饬前因，理合明白详复等情到本部院。据此，除批示外，合就札行谘议局即便知照。须至札行者。宣统二年十月十四日。

《浙江谘议局文牍》第三编，下卷，第23—24页

本局呈复抚院咨询移民实边办法应请编定正式议案交议文

宣统二年十月十五日

为呈复事。本月十二日奉抚部院札开，案准东三省督部堂锡通电，东省逼处两强，自日俄协约告成，视眈欲逐，俄于西比利亚，日于南满，均移民拓殖，竭力经营，而我则地广而荒，弃沃壤为石田，边备空虚，莫此为甚。良忝任斯土，目击艰危，前经奏请筹款兴办垦务，奉旨俞允。惟经纶草昧，非一手足所能为力，查日本北海道拓殖计划，始则对于个人直接保护，久而无效，继则从事道路之设置，水利之扩张，舟车之特别减费，近户口较前十年增至十四倍而强。国家设备之周至与国民进取气象之发达，俱可崇仰。此间松花江、嫩江、乌苏里江各流域，船车可通，即气候土壤亦较北海道为胜，锦洮铁路不日先筑，良不敏，窃愿有所规划，现假举国开省议会之日，拟请转札各谘议局于移民殖边一事，同尽劝导筹措之责，不致以大利让之外人，不特东省之幸，抑亦全局之福。夙纫公谊，企望荩筹示复。等因。准此。查浙省地狭人满，加以连年荒歉，小民生计日艰，东省土沃人稀，一经移殖，则贫窭可化为富有，榛芜可变为良田，于国计民生实多裨益。惟筹办之始，必先设机关，妥筹经费，且移民到边后之种种设备，亦须预为计及，方期有利而无弊，但事关两省，其一切办法，尚应咨商东三省督部堂议定实行。兹先拟定移民办法十条，照章咨询谘议局，希即公同筹议，迅速申复，须至札行者。等因。奉此，查本局议事细则第百七十三条，有资政院、巡抚之咨询事件，又自治会争议之事件，得先付审议会讨论之规定，照章付议，即于本月十四日上午开第四次审议会讨论其事，当据报告议决情形，佥以移民实边为今日最要最切之问题，浙省户口殷繁，偏灾叠告，生计迫蹙，游手日多，治匪治枭，岌岌不可终日，不为人民谋移殖、辟利源，尤非本省治安之计，众议员对于抚部院咨询事件，均极赞成，惟办法三所移之民，先尽退伍兵，凡本省常备军退伍者，均可移之云云，颇多窒碍，自应妥订规则，另行招募为是。至东三省处置移民问题，如何安插，如何保护，未及周知，一面应请抚部院克日电询确实办法，编定正式议案于常会期内交局提议。事关国计民生，恳乞迅予办理，奉札前因，合将审议会议决情形备文呈复，为此呈请抚部院查照施行。须至呈者。

抚院增批：来呈对于移民实边一事，全体既极赞成，希候将确实办法咨商东三省督部堂后，再行编定议案，交局公议。此答。

《浙江谘议局文牍》第三编，下卷，第31—32页

资政院致本局预算案以督抚现交之数为准电

宣统二年十月十六日

谘议局：

前接各局来电，关于预算事项，业经审查表决，分别答复如后：一各省谘议局要求议决岁入，查现在国家税、地方税尚未划清，此项岁入全册已交本院决议，无从另行划出再交局议；一各省问预算不议岁入则议决岁出时是否可以不问国家财政之盈绌，查全国预算，出入不敷至五千余万之巨，本院正议节减，以资弥补，各省本年预算岁入既未划分，则议决岁出，宜以督抚现交预算案之数为准，此中移缓就急，酌盈剂虚，自属谘议局分内之事，若于现交预算外另议增加某项支出，应先由谘议局议定筹集该项专款之法，庶不至与全国预算有所抵触。以上二端，除答复外，并通电各谘议局一体知照。资政院。咸。宣统二年十月十六日。

《浙江谘议局文牍》第三编，下卷，第33页

抚院对于本局呈报浙省小学堂订定教员合同条例法案认为不可行批

宣统二年十月十六日

查本案提出宗旨，系为防小学教员屡易，教法不免参差起见，于教育前途关系至重，若谓合同系双方合意，不能以条例强制，则受聘人与主聘人必皆愿受条例之范围而后有合同之订定，是以条例示定合同之标准，其合同之内容如钟点、薪水等项，仍可双方自由，于立法上固不相冲突。至谓合同期限规定一年，揆之小学毕业年限，仍须三、四易云云。查原案第一条规定至少以一年为限，非规定至多以一年为限，各小学订定教员合同，固未必皆以一年为限也。且教员未改职官以前，若再无此合同条例之限制，将教员对于一校更可进退自由，本案原以救济此项弊害，又岂能必其于事无益耶？惟此案现经本部院交由会议厅公同审查，于限制教员一方面尚未详尽，希候札饬提学司详加修订，再行交局决议可也。宣统二年十月十六日。

《浙江谘议局文牍》第三编，下卷，第33页

抚院对于本局呈报整理积谷规则法律案认为不可行批

宣统二年十月十六日

查官厅提出此案之旨趣，为郑重备荒起见，各属举办仓谷，弊窦丛生，若必待自治会一律成立始行整理，恐有缓不济急之势，若谓积谷事宜属厅、州、县自

治会办理，为根本上之差误，似尚有误会之处。查本省厅、州、县俱有县仓、社仓等名目，相沿已久，是整理积谷不尽在城镇乡自治范围之内，且近日城镇乡自治尚未一律成立，似不可一味放任，置诸不论不议之列。又筹捐方法，分为随粮、田亩、殷富、随意等捐四项，不过任当事者于四种之中选择一种行之，非谓四种重叠加捐也。惟谘议局既认积谷事宜为专属于城镇乡议事会，谘议局未便侵其权限，应由本部院札行藩司通饬各属遵照，凡地方自治业已成立之处，责成切实整理，其尚未成立之处，仍应会同积谷绅董，查照向章认真整顿可也。此答。宣统二年十月十六日。

《浙江谘议局文牍》第三编，下卷，第33—34页

抚院札发议员楼守光辞职书照章审查文

宣统二年十月十六日

为札行事。据谘议局议员楼守光函称，守光被选以来，罔有建白，溺职负疚，夙夜兢兢，本届常年会开会提议路事，相持弥月，守光对于种种感触，神经为之不安，未饮狂泉，如有心疾，停议期内，曾两次向议长辞职，皆经却下，及开议后，复缕叙不能尽职之理由，援章两次再辞，又未经谘议局允许，函复返还。伏查《谘议局章程》第十九条按语，有虽令强留，亦难尽职等语，守光于职务既不能尽，又不能辞，员缺虚悬，益滋重咎，再四思维，惟有缴销议员执照，并附呈辞职原书，恳乞俯鉴下忱，迅赐札行谘议局许可开除守光议员之职，并呈辞职书暨议员执照。等因。据此，查《谘议局章程》议员辞职须经谘议局允许，为此札行谘议局查照。辞职书暨执照并发。须至札者。宣统二年十月十六日。

计发议员楼守光辞职书一件、执照一纸。

《浙江谘议局文牍》第三编，下卷，第36—37页

本局呈请资政院查核裁撤杭州苏州两织造局条议案文

宣统二年十月十七日

为呈请事。恭读光绪三十三年九月十三日上谕，资政院应需考查询问等事，一面行文该省督抚转饬，一面径行该局具复，该局有条议事件，准其一面禀知该省督抚，一面径禀资政院查核。钦此。本届常年会议员刘耀东提出裁撤杭州、苏州两织造局条议案一种，经于本月十四日开会议决，自应钦遵谕旨办理，除一面呈报抚部院外，合行缮具清折，备文呈请钧院查核。须至呈者。

计附清折一扣。

《浙江谘议局文牍》第三编，下卷，第38页

本局呈抚院各官吏对于公布议案故意延宕应如何处分请宣示饬遵文

宣统二年十月十七日

为呈请事。案奉抚部院札准宪政编查馆咨开，查谘议局钦奉特旨设立，关系极为重要，原订章程，头绪繁多，条理细密，选据各省咨询疑义，业经本馆随时详为解释，并按期印有解释汇抄通行在案。现在谘议局开办已历一年，第二次开会之期又届，嗣后各该局遵章议定可行事件，既经呈由各督抚公布后，若不立见施行，不但无以副朝廷好恶同民之怀，抑且甚非官府综核名实之计，本年资政院第一次召集，议员行将开院，《谘议局章程》于权限争议各条，既定由督抚咨送

资政院核议，或由谘议局呈请资政院核办各明文，设将来经由院核之件过多，则文牍往返之繁、官民隔阂之虞、政务因循之弊，势必层见叠出，在疆吏既不免蒙摧残舆论之名，在该局亦难免侵越政权之责。国家岁糜巨款创设各谘议局，原期于本省地方应兴应革之利弊，切实指陈，使国民与闻政事，负担义务，以示大公，除实系逾越范围、违背法律者，由督抚照章办理外，其应办事宜，若局中之议决尽托空谈，官吏之施行鲜求实效，则该局直同虚设，其何以资整饬而济时艰？本馆体察情形，特将该局议决呈请以及公布施行暨交局复议各项办法，按照章程分别厘订，使遇事各有一定之程度，庶几可以范围不越。至于局用预算，亦应力求划一，收支出入，尤应严防冒滥，以免纷歧而重公款，相应逐款开列清单，咨行贵抚查照办理并转行该局遵照可也。等因。本部院准此，为此札行谘议局查照。计粘抄单。等因。查抄单第四条内开，批准公布施行事件，行政官吏亟宜实力奉行，惟须有有限期、无限期之别，如明定期限，以到所定期限为断，不定期限之案，以到次期常年会为断等语。本局上届议决之案，奉抚部院批准公布者计十七件，宪政编查馆核复办法者四件，现在已届次期常年会，多未实力奉行，诚如馆咨所称，国家岁糜巨款创设谘议局，若局中之议决尽托空谈，官吏之施行鲜求实效，何以资整饬而济时艰？虽谘议局可以遵章呈请查办，然查办确实之后，该管上司多巧为开脱，敷衍了事，无怪各官吏之肆行无忌也。查谘议局之设立，系奉先皇帝明谕，谘议局议决之案，均根据先皇帝定章，既经批准公布，官吏敢于违抗，即系违抗先皇帝明谕定章，除侵盗钱粮、私派加征等款，本有律例规定，应遵照办理外，其从前律例虽未载而确系违抗批准公布之议案者，应如何处分，应请抚部院明白宣示，通饬遵守，俾各官吏知所儆畏而该管上司亦不敢曲为徇庇，庶不负先皇帝、今上皇帝好恶同民之怀，乃可收综核名实之益，为此备文呈请抚部院查照施行。须至呈者。

抚部院增批：来呈阅悉。查上年谘议局议决各案，呈由本部院批准公布者，迭经严饬实行，不啻三令五申，正欲力求实效。此次宪政编查馆咨行厘订谘议局议决各项清单，复经通饬遵行在案，嗣后议决公布各议案，如该管官吏故意延宕不行者，一经查实，除侵盗钱粮、私派加征等类应办理外，其余亦即按照情节轻重，分别记过、撤任、停委，以示惩戒。希候通饬各属懔遵办理。此复。

《浙江谘议局文牍》第三编，下卷，第39—41页

本局呈请抚院代奏速开国会文

宣统二年十月十九日

为呈请代奏事。伏读十月初三日上谕，前据各省督抚等先后电奏，以钦颁宪法、组织内阁、开设议院为请。又据资政院奏称，据顺直各省谘议局及各省人民代表等陈请速开国会等语，当将原折汇交内阁会议政务处王大臣公同阅看，旋据该王大臣等详细垂询，切实讨论，意见大致相同。溯自分年筹备立宪期限，定自先朝，联仰承付托之重，夙夜兢惕，无时不以继志述事为心，既不敢稍事迟回，亦不敢过形急切。前经都察院两次代奏（陈）〔呈〕请速开国会，均即明白剀切宣谕，彼时为郑重要政起见，诚有不得不一再审慎者，乃揆度时势，瞬息不同，危迫情形，日甚一日，朝廷宵旰焦思，急图挽救，惟有促行宪政，俾日起而有功，不待臣庶请求，亦已计及于此，第恐民智尚未尽开通，财力又不敷分布，操之过蹙，或有欲速不达之虞，故不能不验向背于舆情，决是非于廷议。今者人民代表吁恳，悉出于至诚，内外臣工，强半皆主张急进，民气奋发，众论佥同，自必于人民应担之义务确有把握，应即俯顺臣民之请，用协好恶之公。惟是召集议院以前，应行筹备各大端，事体重要，头绪纷繁，计非三年所能蒇事，着缩改于宣统五年实行开设议院，行将官制厘订提前颁布试办，预即组织内阁，迅速遵照《钦定宪法大纲》编订宪法条款，并将《议院法》、《上下议院议员选举法》及有关于宪法范围以内必须提前赶办事项均着同时并举，于召集议院之前一律完备，奏请钦定颁行，不得少有延误。总之，决疑定计，惟断乃成，此次缩定期限，系采取各督抚等奏章及由王大臣等悉心谋议请旨定夺，洵属斟酌妥协，折衷至当，缓之固无可缓，急亦无可再急，应即作为确定年限，一经宣布，万不能再议更张。尔内外各大臣，务当协力进行，时艰共济；各省督抚，领治疆圻，责任尤重。凡地方应行筹备各事宜，更当（悴厉）〔淬砺〕精神，督饬所属妥速筹办，勿再有（心）〔名〕无实，空言搪塞，必使一事有一事之成绩，一时有一时之进步，无论如何为难，总当力副委任，如或因循误事，粉饰邀功，定即严惩，不稍宽假。顾官吏有应顾之考成，国民亦有应循之秩序，此后倘有无知愚氓，藉词煽惑，希图破坏，或逾越范围，均足扰害治安，必即按法惩办，断不使于宪政前途稍有窒碍，以期计时收效，克日观成，上慰先帝在天之灵，下慰海内喁喁之望，将此通谕知之。钦此。仰见天子以民视为视，以民听为听，大舜同人之休，神禹拜言之盛，普天率土，抃舞同风，诚以上理之臻，资兆姓之协心，外朝之圣，旷千年而阙典，恭维立极，逢勋华之望，负扆有、尹旦之忠，求失礼于野，人采攻错夫他山，勤图为治，谘议局既遍设于列省，政取顺民，国会方俞缩以三年，固大心揭日月而行，皇度并乾坤而溥矣。然有刍意不甘嘿耳。盖闻收民心者，力强之要谋；开国会者，救亡之善术。横披五洲之图谱，纵览百国之春秋，从此者安存，逆此者危亡，无待蓍蔡之（下）〔卜〕而有影响之应者也。若夫利害之故，得失之林，叩阙请愿者，言之覼缕；联衔入告者，疏之详明。多言近于喋喋，（逞）〔遑〕说嫌乎嚣嚣。顾回翔观望者，迹似老成而实阻新机；狐疑犹豫者，貌同审慎而最偾大事。苟虑筹备之未完，开国会而即以责任付国会，势犹云合而雨沛。或惧民智之不齐，开国会而即使观摩于国会，事同师率而弟从。反此而求筹备，百孔千疮，良医何堪下手？久待以齐民智，河清渭浊，神仙未必长眉，况乃风云叵测，波浪诡兴。远交可恃，势异秦之自强；近敌思逞，情比宋之不竞。正当筑铁室以吾坚，岂宜玩金轮而徒误？本局代表舆论，谨以民人陈请之意、议员论决之情，呈请抚部院代奏吁恳于宣统三年即行召集，以慰舆望。为此备文呈请抚部院迅予察夺施行。须至呈者。

抚院增批：来呈阅悉。查国会于明年实行召集，所有筹备各项宪政，即可上下一心，力图进步，否则空言宪政，永无成绩之可言，加增负担，又无议会之协赞，大局何堪设想？据呈各节，本部院深愿赞同，惟前次业经会商各省联衔入告，切实敷陈，既已钦奉明诏提前于宣统五年召集，并有一经宣布，万不能再议更张之旨，未便一再渎奏，惟谘议局乃舆论代表之机关，自应为人民请愿，忠谠之论，亦未便竟壅上闻，希候据呈咨送资政院会议具奏，以期共襄盛举，此复。

《浙江谘议局文牍》第三编，下卷，第 49—51 页

本局呈请资政院查核破产律未颁布以前商号倒闭暂行补救方法等二种条议案文

宣统二年十月二十日

为呈请事。恭读光绪三十三年九月十三日上谕，资政院应需考查询问等事，一面行文该省督抚转饬，一面径行该局具复，该局有条议事件，准其一面禀知该省督抚，一面径禀资政院查核。钦此。本届常年会议员盛炳纬提出《破产律未颁布以前商号倒闭暂行补救方法条议案》一件，吴赓廷提出《革除钱粮平余条议案》一件，经于本月十八日开会议决，自应钦遵谕旨办理，除一面呈报抚部院外，合行缮具清折，备文呈请钧院查核。须至呈者。

计附清折二扣。

《浙江谘议局文牍》第三编，下卷，第52—53页

本局呈复抚院修浚浙西水利议案系上届常年会批准公布之件无从复议文

宣统二年十月二十日

为呈复事。本月十五日奉抚部院札开，案查上年谘议局议决《修浚浙西水利议案》一件，其经费一项，系指浙西三府善后丝捐及杭、嘉、湖三府抽取船捐两项为的款，其丝捐一项，迭据藩司详称挪移一空，无从抵拨；船捐一项，复据关道详复，以迭次磋商，日领事坚不承认各等由到院。查本案实行，重在经

费，乃原指所定之经费均已无着，前经咨议呈催请饬速办本议案之时，业已批答在案。兹届谘议局开会期内，据杭嘉湖道详请，将此案交局复议，合行将原案重行提出，仍交谘议局公议应如何另行筹划以期完善之处，早日议决呈送。计抄原议案。等因。奉此，本局经于二十日第十七次正式会议时付议，佥以本案系上届常年会批准公布施行之件，维持效力全视抚院之趋向如何，今日杭嘉湖道之详请，未蒙批饬实力举办，遽行交局提议，凡所谓公布施行者，势必尽失效力。此案关系杭嘉湖三府田庐生命，施行之期较他案犹属吃紧，公决无从复议，仍请抚部院迅赐遵照原案奉行，以重庶政而资遵守，奉札前因，合将议决缘由备文呈请抚院察核施行。须至呈者。

《浙江谘议局文牍》第三编，下卷，第56—57页

本局呈复抚院地方行政经费预算案决议请开临时会仍将原表返还另行正式提出文

宣统二年十月二十日

为呈复事。本月十五日奉抚部院札开，据谘议局呈称，札交预算表册，其岁入表仅交参考，与预算案之性质不符，业经呈请提出正式岁入表在案。兹复开审议会讨论，佥谓预算案关系重要，必有详细之理由说明书，今提出之地方行政经费预算表，尚未详细说明，表列各款，亦但详于省城各署局，而各府州县各种之政费，多未列入，实非完全之预算，公决返还，仍恳将正式预算案交局遵章议决等由，并缴地方行政经费预算表一本到本部院。据此，查此案已于本月十三日接准度支部复电，另札行局查照，其详细说明各节，亦于另呈质问书内答复，所有地方行政经费预算表一本应仍发交，合就札行谘议局即便查照度支部电示办理，计发交地方行政经费预算表一本。等因。奉此，本局于十七日下午开第十五次正式会议时提议此事，佥以试办预算列入逐年宪政筹备清单，事关重大，宜如何审

慎周详，求臻完备，决非仅仅札交数页之表册所能审查。此次抚部院复以原表册交议，仍无说明，且距本局延会闭会之期仅止五日，交议既不完全，审查益无凭藉，时间迫促，愈形困难，所有地方行政经费预算表，众议员决议请开临时会，呈明抚部院另行正式提出交议，一面仍将札发之原表册返还，除请开临时会另文呈请外，合将议决情形备文呈请，为此呈请抚部院查照施行。须至呈者。

计附缴地方行政经费预算表一本。

抚院增批：查此次交议之预算，前经谘议局呈称未能完全，将原表返还并呈质问到院，即经分别明晰札复批答在案，兹谘议局又以原表交议，仍未说明，且距本局延会闭会之期仅止五日，交议既不完全，审查益无凭藉，所有地方行政经费预算案，众议员决议另文请开临时会，应请另行正式提出交议，仍将原表返还前来。本部院查本年预算交议限于岁出地方行政经费者，原系遵照部章，旋复电奉部示，已极详明，毋庸赘叙，所请另行正式提出一节，前次批答业经声明，此次所送预算表册，本系查照部式，其原送之地方行政经费预算表亦经度支部于奏明后电饬将存局底册录送，是此项预算必当认为奉部奏交之正式表册，其不能改换方式可知，所请另行正式提出之处，碍难照办，惟谘议局为考核款目起见，欲求详细之说明，现拟咨明度支部，饬由清理财政局将奉饬交议之地方行政经费就各主管署局原送说明书再行逐款逐项说明，另开一册，送供参考，如此办法，既与部章定式不相违背，而谘议局亦可易于着手，除分咨度支部、资政院查照，俟接准核复再行饬遵外，合先知照，仍将原表发交，希即查收。此复。

《浙江谘议局文牍》第三编，下卷，第54—56页

抚院札准部咨铁路存款亏耗银两遵照奏案迅速拨解已分行司道会商办法文

宣统二年十月二十二日

为札行事。宣统二年十月十七日准外务部咨开，宣统二年九月三十日准邮传部文称，光绪三十四年三月十五日本部具奏拟议浙江铁路公司存款章程，又附奏筹垫借款亏耗办法各折片，奉旨依议，钦此。当经抄录原奏咨呈在案，查原奏筹垫借款亏耗办法议案，定度支部每年认银二万两，江苏督抚每年认垫银三万两，浙江巡抚每年认垫银三万两，本部每年认垫银一万两，均于每年四月如数以库平银拨交本部，汇交中英公司。节经本部分行咨催，其光绪三十四年份亏耗银两，度支部暨江浙督抚均已清解，其宣统元年份亏耗银两，度支部及江苏督抚亦皆前后解清，惟浙江巡抚因该省铁路公司有清退存款之议，遂不解交，屡催莫应，总据铁路公司退款为词。查此项亏耗银两，系由借款合同而生，中英公司于浙路公司办事已屡有违言，若汇交之款再行贻误，势将更生枝节，且令外人谓我国官吏亦因商民一时意见，故违奏案，则其曲在我，交涉更难解决，应请咨行浙抚遵照奏案办理。等因。前来。相应咨行贵抚遵照奏案迅速拨解，以重交涉而免纠葛，并径复邮传部可也。等因。到本部院。准此，除照会浙路公司并分行司道会商公司确定办法详候核咨外，相应札行谘议局查照。须至札行者。

《浙江谘议局文牍》第三编，下卷，第58页

抚院札知提前办理厅州县地方自治等三案应行交令复议文

宣统二年十月廿七日

为札行事。案查《谘议局章程》第二十二条，谘议局议定可行事件，呈候督抚公布施行，前项呈候施行事件，若督抚不以为然，应说明原委事由，令谘议局复议等语。兹查谘议局送到议案内有《提前办理厅州县地方自治案》、《官有财产管理规则法案》、《本省现行法令公布施行规则》三件，经本部院发交会议厅审查科开会公决，尚有应行复议之处，现已说明原委事由，另开清折，一并交令复议。为此札行谘议局查照办理。须至札行者。宣统二年十月二十七日。

计开：

《提前办理厅、州、县地方自治案》交令复议之说明书

查国会年限业经缩短，凡地方应办事项，自应遵照本年十月十一日上谕提前赶办，惟浙省城镇乡地方自治会本限于宣统二年三月一律成立，照章即可由城镇乡总董、乡董办理，厅、州、县自治选举预计成立之期，较宪政筹备清单已为缩短。至事务所专为筹办城镇乡自治会而设，城镇乡自治会一经设齐，事务所即可裁撤，况办厅、州、县自治选举，既由城镇乡总董、乡董办理，本无再设事务所之必要。又本案“办法”一层，仅限定宣统三年九月以前一律成立，其于如何赶速办理方法，并未议及，饬据自治筹办处以城镇乡自治会每厅、州、县或多至一、二十区，若一区因有事变未能依限成立，近如台州太平、温州之平阳，皆因事变，先后禀请展缓调查，即其实证，则厅、州、县自治会即亦无从组织，故虽极力提前赶办，万不能限定三年九月以前一律成立，经会议厅审查科公决，认为此案但有期限，并无办法，应照章说明原委，交令复议。

《官有财产管理规则法案》交令复议之说明书

查浙省官有财产，兵燹后迄未清理，其侵占、租卖之弊，诚所不免，亟应编订管理规则，藉资整顿，本案提出之理由甚为正当，其拟订条文亦尚周惬，惟第一条“及其附属物”下应添入“并其他官有物”等字较为赅括；第九条第二项之规定，似属于第八条者，应请更正；第十三条“得请愿于主管官厅充拨使用”之语，意稍欠完密，应改为“请愿于主管官厅，经主管官厅之许可，得拨充之”；第十四条“得请愿于巡抚拨充之”句，亦应改为“请愿于巡抚，经巡抚之许可，得拨充之”；第十七条、第十八条由主管官厅造具官有财产清册对于谘议局为报告之手续云云。查局章主管官厅对于谘议民无直接之关系，似应由主管官厅报告巡抚，由巡抚发官报刊布较为妥适。以上九条，经会议厅审查科公决，应照章说明理由，交令复议。

《本省现行法令公布规则》交令复议之说明书

查此案理由中，有“原案规定公布之法，其效力尤在溯及既往，限制本省旧有之章程规则及通详准行之件，定期使之公布”等语。夫所谓既往者，以何时为始？姑无论兵燹以前档案残失，即就其可稽者而言，从前法令大半不具法条形式，而夹叙于批札文告之中，若逐一检查搜辑，于事实上殊难着手，且以来年六月为期，未免仓猝，此窒碍难行者一也；本案名称为“现行法令公布规则”，夫公布手续，法律上最为重要，名词意义亦确有范围，故一经公布，非特令废止或与新法令抵触者无论何时皆为有效，今以旧由巡抚颁行或批准之法令，现在尚有效力者，限日排次，另册刊布，若偶有遗漏，人民以其未经重行公布，即无遵守之义务，是使从前已经施行之法令，遽以不及刊布而失其效力，此窒碍难行者二也；本案办法似应就具有法条形式者，分期刊布，有漏略者，仍宜随时补刊，以期周备，第五条应加但书，凡由各府、厅、州县详准之件，应由各属于奉准后自用告示公布，第六条援引《官文书稽程律》，本规则既未区别各属到达日程，自不得引前律以为比例，此条应即删去。以上各节，经会议厅审查公决，应照章说明原委，交令复议。

《浙江谘议局文牍》第三编，下卷，第77—78页

抚院札据提学司详复办理留东师范毕业生服务章程及全省师范教育议案情形文

宣统二年十月廿七日

为札复事。据署提学使郭则沄详称，案奉抚院札开，据谘议局议员杜子楙提出质问书，计疑问四端，除于第一问批：查筹备宪政，教育最为紧要，故学务机关必需得人而理，本年袁学司请假三月回籍省亲，本部院即奏委郭道署理，正为因事择人，以重学务。其兼任本署秘书员，系以郭署司曾充东省秘书员，暂时权宜，藉资熟手，非提学司永久兼此职务也。学务公所科长兼差，经前学司禀明，以教育总纽，现乏相当之才，故以该科长兼摄。议长、议绅有赞画学务之责，自应常川驻省，饬据郭署司禀称，自到任以来，学务公所每星期六照章会议一次，议长、议绅等每次皆与会议，如有因事不到者，亦向由学司将重要事件随时函商，似于赞助学务不至旷废。其第二、第三、第四疑问，希候札饬提学司详复。此答外，札司查照，即将该质问书提出之第二、第三、第四等详细查明禀复，计粘抄质问书一件，等因。奉此，伏查谘议局所开列第二项，系关于《留东师范毕业生服务章程》之问题，查浙省因师资缺乏，求过于供，各学堂所定薪修不免有过丰之处，如留东师范生夏廷章、杨乃康充两级师范校教员，一担任西洋史，一担任博物，月薪均至百元之巨，即杭府中学堂法制、经济教员徐令誉，系东京法科大学毕业，月薪亦至四十元，有历届各该堂所呈一览表及报销册可稽。前司即据此以为标准，比照酌给，故拟定月给三十元，以示限制。至谓现时杭府中学教员薪水，每月有仅二十四元者，则上年十二月司署以奉部复，早稻田师范生仍应以初级师范给奖，又经通饬各属准将各该生服务之钟点薪金，由各该地方官参酌地方情形，量予核夺在案。则现在各学堂聘用此项师范生，其月薪本可由三十元之数再予核减，不得以现在之减少，遂谓前此规定之漫无标准也。至《服务章程》详定后，当即由司先后呈报，间有未经受聘者，又经札催饬派，惟原定章程本拟于庚戌年上学期开课起，派赴已设各校服务，设有额满见遗者，再于明岁新添学堂具报成立时，随时饬派。又上年学部奏定《师范生义务章程》，师范生因实有不得已事故，准展缓义务年期，以二年为限，现计浙省留东师范生，自上年在东毕业归国后，固尚未满二年，即照司署前定章程，各该生等有无规避不尽义务情事，亦应俟来岁续派后统查明确，再行汇案报部，以期详慎，此时自不能率行发布。又查质问书所列第三、第四两项，均系关于《统筹全省师范教育议案》之问题，查司署前于八月间报告办理此案成绩，原详已将奉部饬停办简易科，续办完全科后，各属现在办理情形分别具报，并以原案系指简易科而言，现遵部饬改办完全科，则情形又自不同，定章考取初级师范学生，专以中国文理优长为主，完全生又须年在十八岁以上、二十五岁以下者，其入学资格之规定，较简易科生为严，将来各府陆续招考完全科，是否果有若干合格之生，殊难预【料】，必应各就地方情形，随时变通办理，以期教育有裨，免致迁就而涉冒滥等语声明在案。诚以原案所定条文，本以简易科为原则，现在简易科既奉部饬停办，则原案自不生完全之效力，若改办完全科，犹照简易科之规定办理，无论事实上必多窒碍，即使各属能得如数合格之学生，而原案第一条亦只规定每府设立初级师范学堂一所，限宣统二年成立，现并未至宣统三年，除已办各府外，均已由司迭次严饬勒限赶办，况师范教育为本署司权限内应办事宜，即使无此议案，亦岂遂肯放弃职务，其未能先期一律成立者，实因经济困难所致，故司署前呈宣统三年预算表经将补助师校每府三千元一款列入，亦为实行议案起见。至本年预算增入湖属师校补助费三千元，此系特别办理，自应移催藩司迅予筹拨，若谓本年各府皆有补助且已奉批准，则并无此事，不知谘议局何所据而云。至司署前详内称“师范人数，计较原案小学教员十人，必有师范生一人之规定，本已有赢无绌”等语，（虽）〔系〕包括已、未毕业及现充教员或未充教员之总数而言，然此不过声叙现在情形，其于遵部饬一律改办完全科之问题，固绝不相涉，似亦即与公布施行之案亦并无违戾。奉饬前因，理合将质问书所列第二、第三、第四各项据实详候札行谘议局查照等情到本部院。据此，合就札行，为此札复谘议局查照。须至札行者。宣统二年十月二十七日。

《浙江谘议局文牍》第三编，下卷，第79—82页

本局呈复抚院议员潘振麟因病辞职业经审查实情应即照章递补文

宣统二年十月廿七日

为呈复事。本月十五日奉抚院札开，据杭州府夏守孙桐详称，议员潘振麟因病辞职，应否札行谘议局审查并报明知会祝震应选缘由，详请察核等情到本部院。据此，除批：据详已悉，查议员潘振麟既系自称患病难痊，函请该县转详辞职，自是确实，该府援引《谘议局章程》第十九条按语，拟审查后再行照章递补，系为慎重起见，仰候札局审查后呈复饬遵。至祝议员震如已呈明应选，即由该府缮发照会，敦促克日到局，庶免缺席。此缴。印发外，为此抄详札行谘议局查照，并希审查后呈复饬遵。须至札行者。计粘抄详。等因。奉此，旋据潘振麟函辞到局，即于十月十八日正式会议时报告众议员，当以审查潘振麟患病难痊，确系实情，核与局章第十九条一项理由相符，自应准其辞退，呈请照章递补。奉札前因，合将审查情形备文呈复。为此呈请抚部院察核转行复选监督遵照。须至呈者。

抚部院增批：来呈阅悉。希候札饬杭州府照章依次递补。此复。

《浙江谘议局文牍》第三编，下卷，第82页

抚院札据藩司会详长兴县乡民毁学案系由文令畏葸酿成立即撤任文

宣统二年十月廿八日

为札复事。据布政使吴引孙、署提学使郭则沄会详称，本年九月初十日本学司奉抚院札开，本年九月初三日准谘议局质问，本年五月间，藩司详拟《各厅州县酿成闹学处分》五条，经抚部院批准通饬在案。此次湖属长兴县学堂被毁至八九所之多，该县文令酿成如此巨祸，似非寻常疏忽可比，而抚部院批该县劝学所总董萧鑑禀，于该县应得处分并无一语道及，提学使批亦但责令规复被毁学校，以赎前愆。究竟该项闹学处分现在是否尚未适用，应请批答等因到院。准此，除批复外，抄录呈批，札司即便查照前批，克日会同藩司核议详夺，以凭札复。等因。奉经移会本藩司查照核议会详。等因。本司等查详定《各厅州县酿成闹学处分》第二条内开，厅州县官如平时尚知维持，临时畏葸，以致酿成毁学风潮，查明详请撤任等语。所有长兴乡民毁学一案，前据湖州府禀报查办情形案内称，愚民肇衅之始，其中并无匪踪，文令据报诣勘，即被乡民藉众要求免究字谕，从此乡民益无顾忌等情，是该县乡民毁学之案，系由文令临时畏葸，以致酿成，其应得处分，似应照第二条所开办理，将该县文令即予撤任，以示薄惩。是否有当，理合详候察核批示祗遵等情到本部院，据此，除批示外，合就札行，为此札复谘议局查照。须至札复者。宣统二年十月二十八日。

《浙江谘议局文牍》第三编，下卷，第82—83页

本局呈请抚院核拨余姚嵊县上虞等县增加议员川资文

宣统二年十月廿八日

为呈请事。据议员谢元寿、卢观涛、赵镜年、张其光、阮性存等函称，敝县道里业已查明，余姚距省城三百里，嵊县距省城三百三十里，乞更正入册等情。并据议员金保稚、高金培函称，去年所定道里，每多错误，兹嵊、虞两邑已函请更正，上虞事同一律，应请以二百四十里结算各等情到局。查上年所定道路里数，系根据臬署驿站，曾经呈请抚部院核定在案，兹据该议员等函请更正，查谢元寿、张其光、阮性存，籍隶余姚，原函谓距省城三百里，比较前定该县里数百六十里，应再加一百四十里，以三员合算，计多四百二十里。卢观涛、赵镜年籍隶嵊县，原函谓距省城三百三十里，比较前定该县里数二百二十里，应再加一百十里，以二员合算，计多二百二十里。上虞议员金葆稚、高金培函谓以二百四十里结算，比较前定该县里数二百十里，应再加三十里，以二员合算，计多六十里。合计以上三县，增加里数共计七百里，以上届常年会议定来往银圆一角计算，共需银圆七十元。所有该议员等函请更正道路里数缘由，应请抚部院核准指拨，以符事实而资便利。为此备文呈请抚部院查照施行。须至呈者。

抚部院增批：来呈阅悉。希候札饬布政司按照增加里数拨款补给。此复。

《浙江谘议局文牍》第三编，下卷，第88—89页

本局呈报抚院第二届常年会开会次数及议决案提议修正建议各案目次文

宣统二年十月廿八日

为呈报事。查本届常年会期，计正式会十八次，审议会五次，资格审查会一次，庶政兴革股审查会六次，法律股审查会十二次，财政股审查会四次，建议股审查会四次，特种股审查会四次，联合审查会二次。又本届议案由抚部院提出者计十七件，议员提出者计二十一件，议员提出修正者二件，其业经议决议案计十八件，并入他案者计一件，议决呈请者计一件，呈请更正施行者计十一件，缓议及废弃者计七件。又呈请抚部院代奏者计二件，呈请资政院代奏者计一件，呈请资政院核办者计三件，议员提出条议案计七件，人民陈请建议者计十一件。除将提出各案及议决案分别缮呈清折外，为此备文呈报，即祈抚部院查核备案。须至呈者。

计附清折四扣。

谨将提出议案目次开呈钧鉴。计开：

巡抚提出议案：

整顿田房契税办法议案

整理积谷规则法律案

浙省小学堂订定教员合同条例法案

附加契税推广简易识字学塾案

补订讼费规则法案

城镇乡地方自治章程施行细则

浙江全省专卖樟脑总局试办章程法律案

筹办全省厅州县简易工艺厂议案

筹设全省厅州县简易劝工厂议案

筹办全省厅州县简易贫民手艺传习所议案

浙江医药营业暂行规则（附注册、考验所规则）

清理田亩议案

浙江完漕试办规则法律案

浙江全省森林规则法律案

浙江住室停柩试办规则法案

行商执照章程

土商出省购土章程

以上共十七件。

议员提出议案：

高金培实行议决案规则

褚辅成浙江办理灾歉规则法案

吴赓廷请拨钱粮平余充地方自治经费草案

刘耀东议定本省暂行契尾捐法案

阮性存清理各厅州县亏挪钱粮议案

沈钧儒师范生任用方法议案

王家襄裁汰巡警冗员议案

蔡汝霖修理道路议案

沈钧儒公布本省现行章程规则修正法律案

褚辅成修正公布本省各种现行章程规则草案

姚祖范裁撤各属禁烟分所并入巡警局办理议案

潘澄鑑裁撤厘捐局卡改为各业认捐以节浮费议案

王泽灏初等小学堂附设简易识字夜课议案

沈钧儒关于谘议局议决权内之本省行政命令施行法

罗赓良动用新章加修契税推广简易识字学塾议案

孙树礼牙税季钞革弊案

梁有立改良征收钱粮方法案

吴恩元核实本省盐价以敌私销而裕正课议案

韩泽修正厘捐革弊案

唐凤翔提前办理厅州县地方自治案

王世裕官有财产管理规则法案

以上共二十一件。

议员提出修正案：

郑希樵修正整顿田房契税办法议案

杜子楙修正师范生任用方法议案

以上共二件。

谨将议员条议案及人民陈请建议案目次开呈钧鉴。计开：

议员提出条议案：

蔡汝霖变通赈恤灾歉条议案

王渡速裁各库凡收支款项概归国家银行经理条议案

盛炳纬破产律未颁布以前商号倒闭暂行补救方法条议案

王序宾请减出口税则条议案

陈时夏裁撤各省提法司条议案

刘耀东裁撤杭州苏州两织造局条议案

吴赓廷革除钱粮平余条议案

以上共七件。

人民陈请建议案：

谢惠保天台征粮舞弊建议案

孙秉彝建议案

韩清泉陈请建议设浙江全省医事机关建议案

韩藩建议案

戴其仁浙洋弭盗建议案

傅以潜仿办息讼公所建议案

稽伟本省设立农务总会建议案

许增基陈请裁撤胥吏建议案

方炜陈请书

方成璧陈请书

叶桐知建议案

以上共十一件。

谨将议决案目次开呈钧鉴。计开：

整顿契税办法议案（原案是整顿田房税契办法议案）

修订浙江讼费暂行规则法律案（原案是整顿田房税契办法议案）

城镇乡地方自治【章程】施行细则

浙江征收漕粮暂行规则（原案是浙江完漕试办规则法律案）

浙江办理灾歉规则法案

改定本省暂行契尾捐法案

师范生任用方法议案

裁汰巡警冗员议案

本省现行法令公布规则（此案系公布本省现行章程规则修正法律案及修改公布本省各种现行章程规则草案归并）

裁撤厘捐局卡改为各业认捐以节浮费议案（此案由抚院札交复议，公决委任常驻议员详事调查，俟于下届开会再行修正提出）

关于谘议局议决权内之本省行政命令施行法

动用新章加收契税推广简易识字学塾案

改良征收钱粮方法案

修正厘捐革弊案

提前办理厅州县地方自治案

官有财产管理规则法案

浙江土商本省购土执照章程（原案是行商执照章程）

浙江土商出省购土执照章程（原案是土商出省购土章程）

以上共十八件。

谨将呈请抚院代奏事件目次开呈钧鉴：

邮传部变更法律破坏浙路呈请代奏事

速开国会呈请代奏事

以上共二件。

谨将呈请资政院代奏事件目次开呈钧鉴：

邮传部变更法律破坏浙路呈请代奏事

以上一件。

谨将呈请资政院核办事件目次开呈钧鉴：

巡抚违法停会呈请核办事

违法取消公布施行议案呈请核办事

地方行政经费预算案未经正式提出呈请核办事

以上共三件。

抚部院增批：呈悉。本届谘议局会议期中议决各案并提议各议案、修正案、建议案、条议案各目次均经阅悉，希即知照。此复。清折四扣存查。

《浙江谘议局文牍》第三编，下卷，第83—88页

抚院札知呈送医生营业案认为不可行业经批答并将改定暂行契尾捐等三案一并交令复议文

宣统二年十月廿九日

为札行事。准谘议局呈送《医生营业案》认为不可行之理由书，业经本部院批答，并将交令复议说明书三种一并札知，为此札行谘议局查照。须至札行者。宣统二年十月二十九日。

计开：

一、《医生营业案》认为不可行之批答

查谘议局对于本案认为不可行之理由谓，考验医生，部定章程尚未发布，本省不应加以严重之取缔，准是而言，则一省之行政规章，若未经中央政府颁定法典，悉可置诸不问耶？又谓考验医生，以悬牌为前提，不能包括无遗，殊不知医生之营业，固以悬牌为惟一之标准，其知医而不悬牌者，必不以医为生活而另有他种之营业可知，故《违警律》第三十九条处罚医生无故不应招请，而冠以业经悬牌行术之明文。宪政编查馆颁发民政表式，解说其医生、稳婆人数统计表

中，亦载明本表医生，以悬牌应诊者为断。至以十七条暂就省城施行为效力，不完全之规则，以十八条各府、厅、州县医生自愿来省注册考验，为轻启玩视法律之弊云云，亦有未合，盖条文规定原未置各府、厅、州、县于不顾，第省会之地，人民聚集，故先期举办，以收次第推广之效，外府医生虽暂时免考，然自愿来省注册考验者，自不得拒令从缓，要之，考验营业之医生，谘议局既知为各国之通例，若因考试之法不完全或条文字句未尽妥适，尽可增删修改，以资匡正，今谘议局遽认为不可行，经会议厅审查科公决，本案即交主管官厅修改，再行提议。

一、改定本省暂行契尾捐法案交令复议之说明书

查契尾捐一款，系凑抵新约赔款之用，奏咨有案，通行已久，每岁收入，赖以挹注，惟每尾一张，不拘税银多寡，一律收捐银一两，或不免有不公平之结果。今如本案所议，以纳税银数为标准，自一两以下，捐洋一角，至逾于百两者，捐洋二元，分为十一级，查民间买卖田产，每户应纳税银，惟五两以下最居多数，今骤减至一角或二角，捐数必骤形短绌。经会议厅审查科公决，以此案级数太繁，起数太小，有窒碍难行之处，应否改为按五两以下者，捐洋五角；十两以下者，捐洋一元；五十两以下，捐洋一元五角；逾五十两者，概捐洋二元，庶于税项收入不至锐减，民间担负亦较均平，应照章说明原委，交令复议。

一、征收钱粮方法交令复议之说明书

本议案系谘议局上届开会时提出之件，经本部院说明原委，交令复议，旋因谘议局仍执前议，呈请奏咨，复经咨送宪政编查馆核复札行在案，此次由谘议局重行提出审核，条文与原案无甚更正。现在新币尚未实行，银圆市价通常合银六钱六分有奇，且倾镕有费，解部有费，其不能以一元五角抵银一两，不辨自明，事关国税收入，迥非契税之抵解洋款者可比，既不容贸然奏请，亦未便援案咨商。至第一条二项既称随征耗银照数输纳，而理由内又以银圆每元抵银七钱二分，遂谓一元五角核算正耗，尚有盈余，与本条第一项自相抵触。其第二条随征粮捐及平余，业经列入预算，以抵赔款要需及匀定外官公费之用，未便再行另定洋价，以致缩减。至银圆合收制钱，现以每元一千文为标准通省柜价，甫经划一，无庸于每届开征再邀绅董会议，致一县有一县之议决，转使参差不齐，且既云市价焉，能于二十日前先行订定。依上理由，本议案及其附属之会议细则，诚

恐窒碍难行，经会议厅审查科公决，应照章说明原委，交令复议。

一、动用新章加收契税推广简易识字学塾议案交令复议之说明书

查新章加收契税，去年度支部奏定抵补洋、土药税厘短绌之款，除扣提办公经费一成外，尽数存储，听候部拨，业经奉旨允准，不能移作别用。本案办法中参考光绪三十二年财政处、户部会奏议复各省膏捐办法折云云。查原折内称，各省如有军务急需，准各督抚引广西成案，专折奏请，由部察核酌拨，其别项用款，概不准援例率请移挪，以定限制等语。厅、州、县识字学塾与军务要需究属有别，不得援为比例，经会议厅审查科议决，认此案为不可行，应照章说明原委，交令复议。

《浙江谘议局文牍》第三编，下卷，第89—91页

巡抚交令谘议局复议之说明书三则

宣统二年十月至十一月[①]

(1) 对于《修订讼费暂行规则法律案》交令复议之说明书

查此案原系将本部院提出之《补订讼费规则》四条并入上届议决之《讼费规则案》内，重加修订，甚为妥协，惟第五十二条“照法部奏定《试办诉讼状纸简明章程》及《补订章程》办理”一语，尚须酌改。盖自宣统元年十二月廿三日法部奏定《推广诉讼状纸通行章程》后，已于该章程第十八条内载明本章程施行后，所有京外各审判厅署现行之状纸、印纸及前次部定之《简明章程》均一律作废，又《补订章程》是否即指《推广诉讼状纸通行章程》而言，而《推广诉讼状纸通行章程》并未有补订字样，恐生疑问，应如何再加审订之处，应遵章交令复议。

① 标题和时间为编者据文中内容而定。

（2）对于《浙江办理灾歉规则法案》应行交令复议之说明书

查本案于上届谘议局常年会议决后，经本部院逐条说明，交令复议，嗣因复议各条仍多未妥，碍难公布施行，将全案咨送宪政编查馆核议，旋准馆复，以现在办法遇有灾歉时，自以官吏与人民会查较能核实，应将官民如何实行会查于下次开会交议，特定详细办法，必使灾歉可稽实数，而蠲缓之泽复不流于冒滥，斯得其道矣等语。是此次谘议局提出是项法案，应即遵照馆复特定详细办法，今本部院详核是案，与原文无甚修正，经于本月十三日特开会议厅审查科临时会审查公决，大体认为可行，惟逐条办法尚待详议：如第一条规定之该管地保，将来自治会成立后，各庄图、地保是否必须设置？第二条“上宪”二字与他条称“上级官厅”者未能一律；第三条秋后收割之一月前如遇临时发生之灾歉，能否以一月前为断；第六条发表后十日内提起诉讼，应否以收割前为限；第十条会议以城镇乡议事会议员组成之，查城镇乡各议事会议员，人数甚多，若同时召集，恐诸多烦扰，似可以厅、州、县议事会行之，并以厅州县官为监督，较为妥善；议事会自有会所，第十二条规定之厅、州、县大堂，似应修改；第十七条会议有异议时，得提出讨论，如厅、州、县官对于会议之议决案认为不正确时，亦应申请上级官厅核办；第十八条核复分数之方法，所谓以余数比原数定之，殊未详晰，盖成灾十分者蠲免七分，成灾五分者蠲免一分，雍正六年及乾隆三年奉有定例，今不将例文明白声叙，恐民间误以田地成灾分数即为钱粮蠲免分数，既虞冒滥，亦启纷争；第二十一条五、六两项，平均灾歉分数并每亩实征钱粮若干，若灾歉分数，即一人一家，亦有田地高下之殊、被灾轻重之别，应各自核计分数，不能平均，亦不能以每亩核计，且征粮科则应先列某某都图、村庄原额田地若干亩分，内除原荒及逃亡、绝户、缺额田地若干亩分，本年应蠲免成灾田地若干亩分，实在应征成熟田地若干亩分，方为详实；第二十二条议定书，应由厅、州、县认为正确时，分别存储及详送上级官厅核办；第二十三条之缮贴告示，以未经院司核准之件，遽行宣布，事实上恐生窒碍；第二十四条藩司于接到厅、州、县议定书三日内详院，并同日送登官报，查呈报灾歉时在秋后，漕前各州县必同时详报，藩司应即转详，但以三日为限并同日登报，于手续上似嫌迫促；第二十五条或增或减，因二十三条之先贴告示而生，若前项议定书经院司核准后，即缮告示分贴城镇乡，似可省烦复纷更之患；第二十六、七条按户给与免单而不将原田若干、蠲免若干、实征若干之易知由单详细规定，恐粮户但知缴免之数而不知应征之数，于输将不能便利，至串票盖明蠲免分数一节，查蠲缓分数，系合邑之总额，若以一户计，应按照被灾轻重以定应蠲分数之多寡，不能普通一律，致枉有征免，前项戳记，应否查照易知由单办法，以免弊混；第三十一条道府复勘之例，不能一省独异，应如上年复议案将本条取销；第三十二条为厅、州、县议事会成立后之规定，其未成立以前本规则第二章之会议，应否暂由城镇乡议事会各推议员二人组织之，但如自治区域不满五个者，议员总额应否则以十人为断，并由各议员于议员中公推议长；第三十三条实行之期，似应俟城镇乡自治会一律成立之后，盖原案第三条既有董事会乡董之规定，则宣统三年正月初一日自治会尚未能一律成立，即不能实行也。本部院对于此案，为慎重灾情，预防州、县之讳灾计，又为慎重正供，预防人民轻灾重报计，所有官民会查方法，自应遵照馆复详细订定，现在《府厅、州、县地方自治章程》业经颁布，其核订议事及监督权限极为分明，故本规则第二章之会议，与其以厅州县为议长参入意思机关，不如以厅州县为监督，俾免执行妨碍，且议事会若与厅州县官有争执时，必须有救济方法，即不得不令厅州县申请上级官厅核办。凡此各条，皆经审查公决，尚待详议，应照章交令复议。

（3）《师范生任用方法议案》交令复议之说明书

查浙省各师范生之成就，糜费多数金钱，自应使各生得尽所用，惟此案理由，明言欲予疏通，必有一定之法以为强制，而统观全案条文所规定，并无强制性质，必不生何等之效力，且办法第一、第二、第三、第四各条，率为提学司业经实行之事，即第五、第六两条察核所用教科书等项，提学司亦已实行。至不得谢却任务、规避、迁延等语，则浙省师范生具禀提学司请派服务者，几于应接不暇，是师范生方虞服务无期，即使此后求过于供，师范生或有规避、不尽义务情事，欲行强制之方法，亦须有相当之处分，本议案于此节亦未规定，经会议厅审查后认为，方法尚未完全，应照章说明原委，交令复议。

《浙江巡抚审订谘议局议案录》乙编附，第1—4页

巡抚对于公布施行案之说明书四则

宣统二年十月至十一月[1]

为札行事。案查《谘议局章程》第二十二条，谘议局议定可行事件，呈候督抚公布施行等语。兹据谘议局先后呈报议决之《城镇乡地方自治施行细则》一案，又复议之《修订浙江讼费规则》一案，经本部院交由会议厅议决认为可行事件，应准公布施行，为此札行谘议局查照。须至札行者。十月十九日。

为札行事。案据谘议局呈送复议之《浙江办理灾歉规则法律案》，经本部院交由会议厅审查，咸以此案既经妥为修正，应准公布施行，惟第二十三条仍照原案，理由中"若认为不正确，即不应议定"云云。其认为不正确之际，当系指第十七条第二项有争执时而言，又第三十一条全删，其三十一条似即三十条之误，因本部院交令复议之理由书中原误作三十一条故也，亦应更正，为此札行咨议议局查照施行。须至札行者。十一月初二日。

为札行事。案查《谘议局章程》第二十二条，谘议局议定可行事件，呈候督抚公布施行。兹据谘议局呈报《裁汰巡警冗员议案》一件，经本部院发交会议厅审查科开会议决，应准公布施行，除札巡警道查照办理外，为此札行谘议局。须至札行者。十月廿四日。

为札行事。案据谘议局呈报复议《师范生任用方法》一案，经本部院发交会议厅审查科开会提议，佥以谘议局所议本案第五、第六两条内载：不得谢却任务，规避迁延，无须另定处分，应责成学司按照部章办理等语，亦属可行，公决准将全案公布施行，除另札学司查照办理外，为此札行谘议局查照。须至札行

① 标题由编者所加。

者。十一月初九日。

《浙江巡抚审订谘议局议案录》乙编附，第5页

抚院对于本局呈报禁止住室停柩试办规则复议仍执前议批

宣统二年十一月初二日

查本案提出之宗旨，原因习俗难移，特定单行规则，以收实行定律之效，今谘议局以申明定律即可禁止，复议仍执前说，经会议厅审查科公决，应即札饬主管官厅查照现行律妥为办理。此复。宣统二年十一月初二日。

《浙江谘议局文牍》第三编，下卷，第97—98页

抚院对于本局呈报土商本省出省购土执照二种章程应准公布施行批

宣统二年十一月初二日

查本章程系本年三、四月间禁烟公所详准试行之件，现经提交谘议局修改议决，均尚妥洽，会议厅审查科公决应准公布施行。宣统二年十一月初二日。

《浙江谘议局文牍》第三编，下卷，第98页

谘议局呈请酌定临时会日期于一月前札行到局之批答（附呈文）

宣统二年十一月十三日

来呈阅悉。议决本省预算，系谘议局应办重要事件，既经全体议员表决陈请召集开临时会，应即照准，希候酌定日期，于一月前另文札知可也。此复。宣统二年十一月十三日。

附：呈文

浙江谘议局为呈请事。查预算事件，系列入筹备宪政清单，照章应在谘议局议决权范围之内，本届常年会期间，先因抚部院未曾正式提出预算案，经本局呈请，复以原表册交议，仍未说明，且距延会闭会之期仅数日，时间迫促，愈形困难，十月十七日第十五次正式会议时，全体决议援照局章第三十三条规定请开临时会，呈明另行正式提出交议，业经具文呈报，并将原表册缴还在案。嗣于本月初二日亦奉资政院电知：开临时会办理。诚以预算为最重要之议案，一款一目，于本省行政有密切关系，当视为紧要事件无疑。查《谘议局章程》临时会期应由抚部院酌定，并按第三十四条，凡召集开会，应于三十日以前由议长将本届开会应议事件预行通知各议员等语。该条规定系因议事有种种准备，不可不及早通知，应请抚部院察核，酌定日期，于一月前札行到局，俾获遵章准备。再查局章第三十三条，议员陈请召集临时会，须有三分之一以上之人数，此次请开临时会，系常会全体表决赞成，故由本局备文陈请，合并声明，除另文呈请提出正式预算案外，为此呈请抚部院鉴夺施行。须至呈者。

《浙江巡抚审订谘议局议案录》己编，第9页

谘议局呈请另行提出正式预算表之批答（附呈文）

宣统二年十一月十五日

来呈阅悉。查前据呈请另行提出正式预算一案，已经分别咨请度支部、资政院核复饬遵批答在案。兹据呈前情，希（侯）〔候〕电咨度支部核复遵办并行财政局知照。此复。表暂存。宣统二年十一月十五日。

附：呈文

浙江谘议局为呈复事。本月初四日奉批，查此次交议之预算案，前经谘议局呈称，未能完全将原表返还，并呈质问书到院，即经分别明晰札复批答在案，兹谘议局又以原表交议仍未说明，且距本局延会闭会之期仅止五日，交议既不完全，审查益无凭藉，所有地方行政经费预算案，众议员议决另文请开临时会，应请另行正式提出交议，仍将原表返还前来。本部院查本年预算交议限于岁出地方行政经费者，原系遵照部章，旋复电奉部示，已极详明，毋庸赘叙，所请另行正式提出一节，前次批答，业为经声明，此次所送预算表册，查照部式，其原送之地方行政经费预算表，亦经度支部于奏明后电饬将存局底册录送，是此项预算必当认为奉部奏交之正式表册，其不能改换方式可知，所请另行正式提出之处，碍难照办。惟谘议局为考核款目起见，欲求详细之说明，现拟咨明度支部，饬由清理财政局将奉饬交议之地方行政经费，就各主管署局原送说明书再行逐款逐项详加说明，另开一册，送供参考。如此办法，既与部章定式不相违背，而谘议局亦可易于着手，除分咨度支部、资政院查照，俟接准核复后再行饬遵外，合先知照，仍将原表册发交，希即查收。此复。并预算表一本。等因。奉此，查本届常会期间，本局一再呈请抚部院另行提出正式预算，并非以表册为不正式，亦非要求改换表册方式，实以仅仅数页表册，不得即为完全议案。查度支部奏交表册，系核准表列地方行政经费款目应交本局议决，并无以该表册即为确定完全议案方式之明文，自应由抚部院编定正式预算议案交议。现在本局业奉资政院电知开临时会办理，复经常会期间众议员全体决议陈请召集临时会议。应再缴还原册，仍请抚部院编定正式预算案交局，俾早分配各议员研究，获以遵章议决，除另呈请酌定临时会期外，为此备文呈复，即祈抚部院察核施行。须至呈者。

《浙江巡抚审订谘议局议案录》己编，第11—12页

本局致资政院声明粤赌案议员渎职应照局章办理电

宣统二年十一月十五日

资政院钧鉴：

议员渎职，应照第五十八条、六十条办理，惟此系谘议局内部权限，粤赌案由督派员澈查，恐启督抚侵权之渐。浙江谘议局印。

《浙江谘议局文牍》第三编，下卷，第111页

抚院札据盐运司详定温处两属盐厘洋价文

宣统二年十一月十五日

为札复事。据盐运使卫吉详称，案奉札开：案据谘议局呈称，温、处两属盐厘各局卡，藉口未奉运司通饬，每洋一元仍作钱九百文以下不等等情。据此，曾经行司查核，嗣据详复，又经批饬严催速复核办各在案，迄今日久，未据详复，

合再札催札司查照，迅即电催速复详候核办等因。奉此，查每洋一元作钱一千，系仍照宝前升藩司及厘饷局详定之案，由核定札行藩司通饬遵办，并非谘议局议定之价，且原案专指厘饷局货厘而言，并未涉及盐务课厘，是以运司亦未奉准行移前遵札详。奉批：当经移会温、处盐厘总局分饬各分局一体遵照，并电催将遵办情形速复去后，兹准移称，温局及分局收入洋价，历办均作八百九十文，而缴库作一千四十文，向留洋价盈余以资办公，今若作一千文收入，仅有四十文办公，实形不敷，应请加定公费，庶免赔累等因。准此，本司查温、处局向以洋价盈余留作办公经费，今若照货厘办理，势必加给公费，国家税率即因之缩减，与宪政编查馆核议《清理财政章程》第十五条，国家税、地方税未分以前，谘议局不得议减现行税率之案不符，如虑洋价两歧，惟有将原征钱一千以八九合征洋一元一角二分三厘六毫之章改定为征洋一元一角，以一元解缴司库，仍留一角为该局办公经费，如此改定洋则，在丁贩所输既有减无增，而国家税率亦不至缩减，否则加给公费，出入甚巨，与《清理财政章程》不无抵牾，必干督办盐政大臣驳诘。是否有当，理合详祈察核等情到本会办大臣。据此，除批示外，合就札行，为此札复谘议局查照。须至札行者。宣统二年十一月十五日。

《浙江谘议局文牍》第三编，下卷，第110—111页

抚院札发续行公布馆复第一届常年会议决各案文

宣统二年十二月初三日

上年谘议局常会议决《公布本省章程规则》以及《筹办浙江巡警经费》及《移房捐裁撤绿营饷项改充巡警经费》并《裁撤官纸局》各议案，本部院均认为不可公布施行，札交复议，仍执前议，照章咨送宪政编查馆核复。本年三月二十九日准宪政编查馆核复到浙，当经分别札发官报局克日登载公布周知，并令汇刊单行本一百五十本呈送来院，分别咨行并印刷多本，以便官绅随时购阅各在案。

兹据该局汇订成册详送前来，除分别咨行外，为此札行谘议局查照。须至札行者。

计发册一本。

《浙江谘议局文牍》第三编，下卷，第122页

抚院札据司道会详铁路存款亏耗银两应仍前批解已批饬照办文

宣统二年十二月初九日

为札行事。据布政司、盐运司、劝业道会详称，窃奉札准浙路公司咨呈，本年十月二十二日承钧照以外务部咨转准邮传部文称，宣统元年分借款亏耗银两，浙省尚未解交，咨请迅速拨解，以重交涉而免纠葛，据情照会公司查核见复。等因。承准此伏查此项亏耗银两，邮传部于光绪三十四年二月初四日奏定由度支部与江浙督抚分年筹垫，奉旨：依议。钦此。现在存款章程虽未实行，而借款合同尚未作废，此项亏耗银两应否遵照奏案解交之处，贵抚部院自有权衡，敝公司商办规模，实不敢为一词之赞，呈请鉴核。等因。到本部院。准此，查此案前准外务部咨，即经分行司、道会商浙路公司在案，兹准前因，究应如何办理之处，未便再事迟疑，应即由该司道等会商妥议详复，以凭核办。除分行外，饬即会同妥速商议详复察夺，毋延切切！此札。等因。奉此，遵查苏杭甬铁路亏耗，前奉邮传部奏定浙省认垫银三万两，于每年四月解部。业经详蒙宪台奏咨，在于抵税加价留浙一半款内如数提解作正开销，并将光绪三十四年分银三万两照数拨解在案。其元、二年之款，当因苏浙铁路公司以拨款逾期，应将存款章程作废，认垫亏耗亦毋庸照解。呈蒙宪台咨部核示，嗣后仍奉大部行催解款，虽屡经遵照宪饬切实照商，而公司始终坚持，办法终未确定，以致该两年垫款延今未解。业奉宪台檄饬妥议，本司、道等公同商酌，窃谓亏耗由于存款，订有专章，部款既未如

期照拨，则亏耗自难照认。该公司迭次咨呈，侃侃力争，本亦持之有故，言之成理，惟是江浙认垫款亏耗与公司存款章程同为奏定之案，亏耗之应解与否，固以拨款之曾否照付为断，尤必以章程之曾否作废为衡，乃延今将及两年，拟废章程一节，大部既未认可，则认垫亏耗之案，自亦未便取消。该公司此次咨呈，但称借款合同尚未作废，应否遵照奏案解交，不敢为赞一词等语。措词命意，迥异前呈之坚决，殆亦深谅办理外交之艰难，取废合同之不易，其不为一词之赞，即所以示不持成见之心，是应解理由已可于言外见之。况苏省同有认垫亏耗，业已如期照解，浙省尤难独异。本司、道反复研究此项亏耗银两，本因拨款逾期，公司请废章程，迁延未解，现在该公司既以合同未废，应否解交，悉听宪台主持，似宜仍前批解，以符奏案。管蠡之见，是否有当，理合联衔具文详复，仰祈宪台鉴核俯赐批示祗遵，实为公便。再，此详系本运司主稿，本司、道公同核定等情到本部院。据此，除批示据详浙省认垫亏耗银两似宜仍前批解，当将来详发交会议厅参事科公决，应如所议办理，仰即遵照，克日筹解详办，并候照会浙路公司暨札行谘议局查照。缴。等因。印发外，合就札行，为此札行谘议局查照。须至札行者。宣统二年十二月初九日。

《浙江谘议局文牍》第三编，下卷，第126—127页

本局致各厅州县劝学所保送速记生函

宣统二年十二月十三日

敬启者。今年八月间京师浙籍速记生毕业，由资政院咨回本省，经抚院札委到局任事，本局为储备各厅、州、县自治会及其他地方会议应用速记人员起见，即由本局拟订简章，筹办速记传习所，定于明年二月间开课，以六个月毕业，每县由劝学所查照简章规定资格，保送二人，限期于正月三十日以前到省，再由本局复试，毕业后仍派回本籍任用。除呈报抚院外，耑此函达，并附简章一份，即

请贵所察阅迅速照办为荷。肃泐，并颂，台安！

《浙江谘议局文牍》第三编，下卷，第133页

关于谘议局呈请将预算案详加说明早日送局之批答（附呈文）

宣统二年十二月十三日

来呈阅悉。查地方行政经费预算说明，前准部复札饬清理财政局赶编去后。现据该局折称说明，根据在各署局所分移征集，限十二月送局，明年正月赶编，二月二十日以前始能送院等情。当以此项表册呈送到院，尚须交会议厅审查科审定，先三十日定召集日期，计开临时会议必在三月以后，未免过迟。业经批饬漏夜赶编，限于明年正月二十日以前详送在案。据呈各节，系为速定预算起见，希候札催清理财政局遵照前批早日编齐呈送，以凭核办。此复。宣统二年十二月十三日。

附：呈文

浙江谘议局为呈请事。查预算事件，本届常会期间业经一再呈请抚部院正式提出交议，嗣因札交预算表册仍未说明，时间迫促，无从审查，当将原表册缴还，仍恳另行提出完全预算案，并经备文呈请开临时会办理，业奉批准酌定日期于一月前札行到局。等因。在案。兹奉札准度支部咨开，查地方行政经费预算表，既经本部奏明后饬将存局底册录送谘议局议决，自为正式表册，至该局为考核款目起见，欲求详细之说明，应如浙抚来咨所称，饬由清理财政局将地方行政经费就各主管署局原送说明书逐款逐项再行详加说明，另开一册，送供参考。等因。准此。窃查《谘议局章程》，凡召集开会，须于一月前通知准备，此次试办预算，系明年宣统三年预算，现在时已冬暮，转瞬开春，各项经费即需照数支用，预算不能不求其速定，是即使克日交议，已有不及之虞，岂宜再任迟延，既

经度支部核复饬由清理财政局将地方行政经费逐款逐项详加说明，另开一册，送局参考，本局亟拟提早着手审查，为预备进行之策，应请抚部院迅赐札饬清理财政局将地方行政经费逐款逐项详细说明，编成完全预算议案，详送交局，俾得早日分配各议员，以资研究，为此备文呈请抚部院察核施行。须至呈者。

《浙江巡抚审订谘议局议案录》己编，第10页

本局致抚院金华芙蓉乡议员徐载樟系因亲属牵累非自身犯罪请饬金华府核办函

宣统二年十二月十三日

抚部院台鉴：

本局接金华城镇乡议员黄载赓等电称，本月初十、十一两日为金华城乡连合会会期，有芙蓉乡议员徐载樟因侄炳坤营商亏欠在逃，牵累，于初十日休息时被县差带具发押，致议员公愤，停会等情。查《城乡地方自治章程》第百零四条自治职员有犯赃私及侵吞挪借款项者，除责令全部缴出外，仍照律例治罪，此系专指自治职员自身犯罪而言。今据来电所称，议员徐载樟因亲属牵累，似与自身犯罪有别，现当会议期间，自治前途关系重要，究应如何办理，应请台端迅赐电饬金华府查明核办，无任翘盼之至。专此敬请，勋安。浙江谘议局。

《浙江谘议局文牍》第三编，下卷，第133页

谘议局呈请停办浙路亏耗银两之批答（附呈文）

宣统二年十二月十五日

来呈阅悉。察核所呈各节，大旨以存款章程在部中为应废不废，在公司一方面，无论部中认废与否，已确认为废止。若以此论断，则浙省认解亏耗银两固应停止，并可据呈咨明邮传部查照。惟查存款章程第四条，此项存款第一期自光绪三十四年二月初四日起，于七个月内拨付八十万两，第二期在十二个月内一律拨清，如有事故可展至十八个月，至迟不得过二十四个月，倘到期不能拨付或拨付不全者，此项存款章程即日作废。沪杭甬路局即查照已收之实存本息，限六个月内如数缴清，至迟不得逾十二个月等语。现在该公司是否业将已领之本息悉数缴部，本部院衙门无案可稽，如遽行停解，部中将以该公司已领之本息未经缴部核收，存款章程即未便作废为词，必至文牍往返，永无解决之日。此时浙省所认亏耗银两，仍应饬司暂行照解，一俟公司按照存款章程缴清已领之本息呈复到院，再行核办，希即知照。此复。宣统二年十二月十五日。

附：呈文

浙江谘议局为呈请事。阅报载藩运两司及劝业道议复苏杭甬铁路亏耗一款，似宜仍前批解，以符奏案。请示案由，略称遵查苏杭甬铁路亏耗前奉邮传部奏定浙省认垫银三万两，于每年四月解部，业经详蒙宪台奏咨，在于抵税加价留浙一半款内如数提解作正开销，并将光绪三十四年分银三万两照数拨解在案。其元、二年之款，当因苏浙铁路公司以拨款逾期，应将存款章程作废，认垫亏耗亦毋庸照解。呈蒙宪台咨部核示，嗣后仍奉大部行催解款，虽屡经遵照宪饬，切实照商，而公司始终坚持办法，终未确定，以致该两年垫款延今未解。兹奉宪台檄饬妥议，本司职道等公同商酌，窃谓亏耗由于存款，存款订有专章，部款既未如期照拨，则亏耗自难照认。该公司迭次咨呈，侃侃力争，本亦持之有故，言之成理，是江浙认垫款亏耗与公司存款章程同为奏定之案，亏耗之应解与否，固以拨款之曾否照付为断，尤必以章程之曾否作废为衡，乃延今将及两年，拟废章程一节，大部既未认可，则认垫亏耗之案，自亦未便取消。该公司此次咨呈，但称借款合同尚未作废，应否遵照奏案解交，不敢为赞一词等语。措词命意，迥异前呈之坚决，殆亦深谅办理外交之艰难，取废合同之不易，其不为一词之赞，即所以示不持成见之心，是应解理由已可于言外见之。况苏省同有认垫亏耗，业已如期照解，浙省尤难独异。本司职道等反复研究此项亏耗银两，本因拨款逾期，公司请废章程，迁延未解，现在该公司既以合同未废，应否解交，悉听宪台主持，似宜仍前批解，以符奏案云云。奉批据详浙省认垫亏耗银两，似宜仍前批解，当将来详发交会议厅，公决应如所议办理，仰即遵照，克日筹解详办，并候照会浙路公司暨札行谘议局查照，（缴）①。等因。窃查此项铁路存款亏耗，本局业于本年五月间呈请抚部院声明确不能承认理由，已奉批答咨部核办在案，乃时阅半载，部文尚以重交涉而免纠葛为言，咨催拨解，藩运两司暨劝业道会详又以公司此次咨呈有“不敢为赞”一词等语。遽断为不持成见，应解理由已在言外，不知公司于未经此次咨呈以前固已迭次力争而不理，乃不欲以哓哓无补者浪费其辞，伤心卷舌，不得已而出此，意在促官厅之反省，非默认也。且查此项亏耗，部议取偿于公司将来报效红利二十分之一，此时赢利未见，负担直在人民，浙省财政困难，达于极点，既须动及帑藏，即非仅关系公司，在大部固不能以无款项之亏耗强令照解，在人民亦断难以非义务之负担承认增加。事关违背奏定章程，无交涉可言，无纠葛足虑，本局叠接浙路维持会及各属函电，迫请提议，业于本月初六日付常驻议员协议，公决呈请抚部院迅赐札饬司道，将前项亏耗银两停解，一面据情转咨邮传部遵照奏案办理，不胜迫切待命之至，为此呈请抚部院察核施行。须至呈者。

《浙江巡抚审订谘议局议案录》己编，第21—22页

① “缴”，电文号，原文如此。

札行谘议局据劝业道详上年办理议决各案情形文

宣统三年正月初九日

为札行事。据劝业道详复办理上年谘议局议决各案情形等情到本部院，据此除据详已悉，仰候抄详札行谘议局查照缴批印发外，合行抄详札行，为此札行谘议局查照，须至札行者。宣统三年正月初九日。

计抄详：

为详复事。宣统二年十一月十九日奉宪台札开，据谘议局呈到院札准宪政编查馆咨开，查谘议局钦奉特旨设立机关，极为重要，原订章程头绪繁多，条理细密，迭据各省咨询疑义，业经本馆随时详为解释，并按期印有解释汇抄通行在案。现在谘议局开办已历一年，第二次开会之期又届，嗣后各该局遵章议定可行事件，既经呈由各督抚公布后，若不立见施行，不但无以副朝廷好恶同民之怀，抑且甚非官府综核名实之计。本年资政院第一次召集议员，行将开院，《谘议局章程》于权限争议各条，既定有由督抚咨送资政院核议，或由谘议局呈请资政院核办各明文，设将来经由院核之件过多，则文牍往返之繁、官民隔阂之虞，政务因循之弊，势必层见叠出，在疆吏既不免蒙摧残舆论之名，在该局亦难免侵越政权之责，国家岁糜巨款创设各谘议局，原期于本省地方应兴应革之利弊，切实指陈，使国民与闻政事，负担义务，以示大公，除实系逾越范围、违背法律者，由督抚照章办理外，其应办事宜，若局中之议决尽托空谈，官吏之施行鲜求实效，则该局直同虚设，其何以资振饬而济时艰？本馆体察情形，特将该局议决呈请以及公布施行暨交局复议各项办法按照章程分别厘订，使遇事各有一定之程，庶几可以范围不越。至于局用预算，亦应力求划一，收支出入，尤应严防冒滥，以免纷歧而重公款，相应逐款开列清单，咨行贵抚查照办理，并转行该局遵照可也。等因。到本部院。准此，为此札行谘议局查照。须至札行者。计粘抄单。等因。奉此，查抄单第四条内开，批准公布施行事件，行政官吏亟宜实力奉行，惟须有有限期无限期之别，如明定期限，以到所定期限为断；不定期限之案，以到次期常年会为断等语。本局上届议决之案，奉抚部院批准公布施行者计十七件，宪政编查馆核复议定办法者四件，现在已届次期常年会，官吏多未实力奉行，诚如馆咨所称国家岁糜巨款创设谘议局，若局中之议决尽托空言，官吏之施行鲜求实效，何以资振饬而济时艰？谘议局可以遵章呈请查办，然查办确实之后，该管上司多巧为开脱，敷衍了事，无怪各官吏之肆无顾忌也。查谘议局之设立，系奉先皇帝明谕，谘议局议决之案，均根据先皇帝定章，既经批准公布，官吏敢于违抗，即系违抗先皇帝明谕定章，除侵盗钱粮、私派加征等类，本有律例规定应遵照办理外，其从前律例虽未载而确系违抗批准公布之议案者，应如何处分，应请抚部院明白宣示，通饬遵守，俾各官吏知所儆畏而该管上司亦不敢曲为徇庇，庶不负先皇帝、今上皇帝好恶同民之怀，乃可收综核名实之益，为此备文呈请抚部院查照施行等情到本部院。据此，除批答来呈阅悉，查上年谘议局议决各案，呈由本部院批准公布者，叠经严饬实行，不啻三令五申，正欲力求实效，此次宪政编查馆咨行厘订谘议局议决各项清单，复经通饬遵行在案，嗣后议决公布各议案，如该管官吏故意延宕不行者，一经查实，除侵盗钱粮、私派加征等类应按律办理外，其余亦即按照情形轻重，分别记过、撤任、停委，以示惩戒，希候通饬各属凛遵办理。此答。印发并通行外，合行札饬，札到该道，即便遵照，饬将上年谘议局议决呈由本部院批准公布各议案务宜遵照，另饬宪政编查馆咨行限期，切实奉行，毋稍观误，致干重咎，切切。此札。同日奉宪台札开，照得本部院前准宪政编查馆咨送各省督抚厘订谘议局议决各项清单文到浙，计单开五项，一系定督抚答复谘议局呈请期限，二三定交局复议各项办法，四则分别规定实行期限，五定该局收支出入预算方法。本部院准此，除札行谘议局暨札饬财政局查照外，其第四项所规定，凡属行政官吏，皆有遵守之责，合行粘单札饬到该道，即便遵照办理，毋得违误，致干查究。此札。计粘抄一件。宪政编查馆咨送各省督抚厘订谘议局议决各项清单，其第四项云，督抚批准公布施行之件，既由督抚行文，文到后行政官吏亟应实力奉行，惟须有限期与无限期之别，如明定期限，以到所定期限为断，不定期限之案，以到次期常年会为断，如于各该限内而该管官吏未经声明窒碍情形详奉督抚批准展限在前，故意延宕不行者，该局得照局章二十八条，指明确据，呈候督抚查办。各等因。奉此。窃查谘议局上年议决各议案，关于职道职掌者二：一、《浙江矿务警察试办规则法律案》，一、《推广浙江全省蚕桑议案》。矿务警察一案，业由职道请将矿务警察试办规则排印成册，饬属遵照办理，并拟定施行规则，详请宪台核示在案。至推广蚕桑议案，奉饬由提学司会同职道办理，即经会同查核，分别权限，节次由职道将办理情形备文详报并会同提学司具详，惟前由职道派员分赴蚕桑不甚发达之宁、台、金、衢、严、处六府调查土性，系为将来设立蚕桑业讲习所地步，现据各该员陆续回省报告，当即造成调查土性总表，分府列县，各具说略，咨由提学司核办。至原案普通养蚕方法调查、研究两项，必须先行调查，然后可资研究，前经职道派员分赴各属调查，已得大概，亟应查照原案，酌派蚕学毕业生充当调查员，将调查成绩随时报告，兼令宣讲改良蚕业事宜。现拟选派蚕学毕业生十人分往蚕桑繁盛之杭、嘉、湖、绍、温等府调查，兼任宣讲，其薪金、旅费，拟即在宣统三年预算案调查丝茶各业经费项下开支。现经咨请藩司照案移解，一俟款项解到，即行遴委，定期出发。除随时督饬认真办理、切实奉行外，奉饬前因，理合将上年谘议局议决关于职道职掌之矿务警察及推广蚕桑各案办理情形备文详复，仰祈宪台俯赐察核，实为公便。再，本年职道衙门提出筹办全省厅州县简易工艺厂、简易劝工厂、简易贫民手艺传习所各议案，经谘议局议复，奉宪台批由地方自治会筹办，其自治会尚未成立之处，该地方官绅亦准提前办理，奉经通行各属遵办。此外，《浙江全省森林规则》、《专卖樟脑局试办章程》两案，奉宪台批饬，将原案条文妥为修改，再交复议，应俟修改完竣后，另文呈送并声明，为此备由呈乞照遇到施行。须至详者。

《浙江巡抚审订谘议局议案录》辛编，第11—13页

札行谘议局据劝业道详称试办宣统三年预算案实业费各条应请更正文

宣统三年二月二十五日

为札行事。案据劝业道详称，窃清理财政局造呈试办宣统三年预算地方行政经费说明书比较表一案，本年正月三十日会议厅审查科开会，奉宪台提交审查，当奉宪台面谕各主管署局详细审查，如有不符，应即备文详请更正。等因。奉此，职道遵将说明书开载第三类实业费关于职道管辖各款逐加审查，如第一款第一项农事试验场经费，第二款第二项第一目第一手艺传习所经费，第三款第一项商品陈列馆经费，第四款第一项化分矿质局经费，或应从开办之日计算，无须加闰；或因闰月经费尚应加入；或因购地经费应请追加数目，间有不符。至第二款第一项度量权衡局经费，似应列入国家行政经费岁出经常门，不应列于地方行政经费内，现均由职道就原册所开加以按语，并将各项目更正说明，缮具清册详呈，仰祈宪台俯赐察核，发交财政局查照更正等情到本抚院。据此，除将清折札发清理财政局汇案更正外，合将更正试办宣统三年预算地方行政经费说明书札发，为此札行谘议局查照。须至札行者。宣统三年二月二十五日。

计发清册一本。

谨将审查清理财政局造呈试办宣统三年预算地方行政经费说明书第三类实业费应请更正各项造具说明书清册恭呈鉴核：

计开：

原册实业费第一款农事经费

第一项，农事试验场经费，共库平银一万二千九十二两。

说明：按该试验场于光绪三十四年创办筑造场屋，宣统二年详报成立，其经费暂由藩库动支，宣统三年拟为推广，故照闰年应支之数估定预算。

第一目，员役薪工，共库平银六千八百十二两。

说明；设总理、庶务、会计、文牍、日本技师、监工各一员，工人三十名，仆役、门丁、打扫、更夫各二名，每月额支银五百二十四两，加闰计算，全年应需薪工银前数，初次预算表列六千二百八十八两，系常年之数也。

第二目，各项杂支，共库平银五千二百八十两。

说明：系员役伙食及添置子种、肥料、标本、图书、药品并一切杂用。职道谨按农事试验场第一目所列经费，系加闰计算，共常年六千八百一十二两。查试验场现拟于本年二月开办，连闰共只十二个月，应减去一个月经费银五百二十四两，应请更正入册。第二目并未加闰，仍照现列之数。至该试验场现在甫拟开办，宣统二年未经详报成立，合并声明。

原列实业费第二款工事经费

第一项，度量权衡局经费，共库平银八千六百八十四两。

说明：按该局经费在藩库支动拨，由劝业道移领支给。

第一目，员役薪工，共库平银七千四两。

说明：设科员、艺师、艺士共十一员，书记员、算绘生各四员，每月额支八百七十五元五角，全年共需银一万五百六元，一五折银合共前数。

第二目，调查费，共库平银一千两。

说明：应派员分赴各厅州县实地调查，年需经费银前数。

《浙江巡抚审订谘议局议案录》辛编，第15—16页

札行谘议局据苏抚咨开浙西水利出境情形文

宣统三年三月十三日

为札行事。宣统三年三月初十日准江苏抚院程咨开，宣统三年二月二十八日准贵抚院咨开，据谘议局呈送嘉兴府谘议局议案协赞会董德谦陈请书内称，为邻境变更水道上游受害吅请贵局力争以保浙西水利建议案。窃浙西诸水上承天目来

源，直趋东下，全恃澱泖为尾闾之泄，贵局第一次议决浙西水利案，亦注重于澱泖，凡在经泖达浦之区，正修浚之不暇，断未有通行大港而可加以堵塞者也。前据嘉善协赞分会报告，江苏金山县城自治会议决堵塞小泖港，使上游积水专向洙泾市河经过，冀刷浑沙以省小费，用意所在，如是而已，而不知巨流壅塞，上游受氾滥之害也。曾由嘉善邑士绅公函力争，均置不复，近悉早禀苏抚批饬松守戚复查，行将筑坝。查小泖为黄浦咽喉，面阔十八九丈，底深约二丈，泖港在佘来庙北，东曰大泖，在佘来庙西南曰小泖，松属之图籍可稽，故名称虽有大小之别，其实为上下游，犹金沙江与扬子江之比例。杭、嘉、湖三府东流之水，皆资以宣泄，自苏浙路成，横截河流，秀州塘一带已绝北流尽，小泖水势急湍，一经坝断，则洙泾市河浅狭，泄水之量不及小泖十分之二，平时排泄已恐不及，设遇潦岁，氾滥成灾，嘉属固首蒙其害，而湖次之，杭又次之。谦等爰于上年十二月十四日邀集七邑士绅开会研究，公叩郡尊杨电松阻止，旋接检复，坚执前议，尤可异者，以小泖、大泖为洙流异派也。窃思变更水道，襟带数郡，必须统筹全局，方可举行，讵得以一隅之见而贻数郡之害也等情，并附浙西水利出境图一张到院。查核所呈各节，与该处港道情形是否相符，事关两省水利，必须各派妥员切实查勘，通盘筹划，以期数郡人民胥受其利。浙省现已派委嘉兴府知府杨守兆麟并令嘉属公举自治会代表前往该处察勘，敬请贵省酌派妥员及松属自治会人员，约期会勘，妥议办理，并送地图一张。等因。到本抚院。准此，查此案前据金山县转据议事会呈称，筑坝泖港，蓄清遏浑，大致拟仿李公堰成法，当经批司核明饬遵。嗣据该县士民曹汝康等以筑坝有害无利等情具禀到院，亦经批司饬府督同县绅查勘，并案议复。嗣准贵抚院咨据嘉兴府详请咨商饬令仍事疏挑，勿行筑坝等情。又经札饬藩司饬府刻速督同县绅查勘，明确详候咨复在案，准咨前因，应派松江府戚守督同金山县严令及该县自治会职员会同嘉兴府杨守暨嘉属自治会代表公同查勘，和平商榷，总期于浙西水利有益无损，以免事后争执，除札饬外相应咨复，为此合咨贵抚院请烦查照转饬。等因。到本抚院。准此，除札嘉兴府外，为此札行谘议局查照。须至札行者。宣统三年三月十二日。

《浙江巡抚审订谘议局议案录》辛编，第23页

札行谘议局预算案浙西水利经费仍列六千八百八十二两文

宣统三年三月二十四日

为札行事。据谘议局呈称，本年三月二十日奉抚部院札开，本月十三日谘议局开第二次预算会议，本抚院照章亲临监督，众议员因地方行政岁出临时门工程费第一项浙西水利经费，虽经度支部饬裁而有款无数，无论预算案形式不完，此案关系重要，若经费不列入预算，焉能希望进行？当场陈请仍旧列入。本抚院按清理财政章程第二十条规定，地方行政经费由度支部奏交督抚送谘议局。今度支部所交原册，已将此项经费裁去，则由本抚院送谘议局时，自未便再行列入数目，致有与部交原册不符之嫌。惟水利关系重要，本抚院素以维持进行为主，今既据谘议局陈请列入，经交由会议厅审查科公决，佥以部定新章，必须筹有的款，方准追加，现查有经常门第五类工程费第一款第一、第二两项共库平银六千八百八十二两，因事实上变更，可以移用，应即改拨作为此项底款，其不敷之数另筹。除咨度支部示遵外，合亟札行谘议局查照列入本年预算，一面仍候度支部示遵可也。等因。奉此，本局经于本月二十一日第四次正式会议交付众议员讨论，佥谓浙西水利议案，久经抚部院批准公布施行，前阅交议试办宣统三年地方行政经费预算表册，对于此项经费，有款目而无支数，形式既不完全，且以重要议案，经费忽行删去，亦与公布施之义不符，经第二次正式会议，众议员当场声请抚部院照数列入，兹奉札开以经常门第五类工程费第一款第一、第二两项共库平银六千八百八十二两变更改拨作为此项底款。查前项经常门工程费第一款第一、第二两项经费，业经列入预算，并未奉有抚部院札行更正之文，又未经过本局决议，何遽自由变更改拨？本局实未便承认。事关违反预算性质，公决仍请抚部院迅将原数列入本年预算札局议决等情到本部院。据此，当于本月二十四日复交会议厅审查科公决，佥以浙西水利经费范围既广，本须递年继续办理，即原册所列银数亦非经一年之支出即谓克竟全功。现既奉部饬裁，非筹有的款，不准追加，则为浙西水利之计划，只能就现有之款为经始之基，一面查照议案组织浙西水利议事总会，实地调查以工用之多寡，定分年之修短，并责成杭、嘉、湖道筹办船捐以资济用。因查有经常门第五类工程费第一、第二两项共库平银六千八百八十二两，现在事实上变更，应即札行谘议局更正改列临时门工程费第一项浙西水利经费之下，并于摘要内声明此项经费现方筹办，俟有明确之估计，再于宣统四年预算案内分年列入，庶要政得以进行，与部章亦不抵触。以上办法，并经本抚院代理委员于谘议局会议时当场辨明，合亟札行谘议局，请烦查照更正。须至札行者。宣统三年三月二十四日。

《浙江巡抚审订谘议局议案录》辛编，第27—28页

抚院就预算案事札谘议局文

宣统三年四月二十六日[①]

为札行事。据谘议局呈送复议地方行政经费岁出预算案，经本抚院复交会议厅审查科详加审查，除将认为窒碍难行各款照章送资政院核议并另文札知外，其前后核定各款，应即批准施行。惟其中如民政类之浙江病院经费、教育类之第二至第十各中学堂经费、实业类之工业教育讲习所简易科经费等，系由谘议局增列，为原案所未有，而本抚院仍多批准者，诚以增列各件，系因原案计划事项连类而及，并经认为可行，故始终量予维持。兹定于五月初一日为公布施行之期，凡已裁各款，皆截至四月末日止；新增各款，皆限于五月初一日起算。其本案各项目，较原案有增减者，四月末日以前照旧案支，五月初一日以后，照新案支，但此次编订预算之始，因求各种事项之完备，需款较多，现遵度支部奏案，须量入为出，则原列之经费数目，事实上已多不敷，自应查照前札，一面筹办，一面

① 标题为编者所加，原文为“抚院札谘议局文”。

责成财政衙门竭力筹款，此意当为谘议局所共谅也。合将审定各款列表札知，为此札行谘议局查照。须至札行者。四月廿六日。

《浙江谘议局第二届第一次临时会议决案总目》附录，第57页

抚院就预算案事札谘议局文

宣统三年四月二十六日①

为札行事。据谘议局呈送复议地方行政经费岁出预算案，经本抚院复交会议厅公决，除批准各件另文札知外，内有关于经常门民政类之巡警经费、善堂经费，教育类之两级师范学堂经费、仁钱高等小学堂经费，实业类之化分矿质局经费，临时门工程类之浙西水利经费各件，若照谘议局所议，实有窒碍难行之处。查《谘议局章程》第二十四条，谘议局于督抚交令复议事件，若仍执前议，督抚得将全案咨送资政院核议，除将全案咨送资政院核议外，为此抄录全案理由书札行谘议局查照。须至札行者。四月廿六日。

计粘抄：

谘议局复议预算案争执各件未便照准理由书

谨将谘议局复议试办宣统三年地方行政经费岁出预算争执各件未便照准之理由开呈查核，计开：

（甲）经常门民政费第二款第一项省城巡警经费

查此项原列为仁钱巡警局经费，共库平银十二万六千五百四十一两，嗣奉部饬将省城巡警归巡警道直辖，分区办理，原有仁钱巡警局即行裁撤，因改为省城巡警经费，共库平银十一万七千七百二十一两二钱，经咨部在案，诚以总局既经裁撤，所有各区应行职务，自较前加繁，势不能执各区原有之经费使之担任总局

① 标题为编者所加，原文为“抚院札谘议局文”。

裁撤后一切增加之职务。此次谘议局争议之点，只知顾全该局三十四年三局九区之议案，而不知部饬分区办理，并三局之名目亦无之，其事实上断难裁减者。该局亦未详悉调查，仅凭空推想，殊于行政上诸多窒碍。查省城巡警所辖之拘留所、探访队、教练所、医官、差遣、巡警，向隶属于巡警总局，即清道、路灯及各区所活支，亦向由巡警总局开支，不在三局九区之内。上年公布施行之三局九区议案，本未提及总局，现在巡警总局遵照部饬裁并，而原来附设于总局之机关，断难一并裁撤，况应需各款，事实上既不能一时间断，即不能俟部复核准始议开支，如拘留所，各区违警人犯判送拘留者，多或五六十名，少亦三四十名，日夜看守，必须巡警轮值；其稽查收放管理各事，必有专员任之，始克济事；其巡官一员，亦不可少；且该所房屋，系前巡警总局以官款特别建造，地面宽畅，适用已久，尤难骤议更张；犯人伙食，例所必须，以最少三十名计算，每名每日铜元六枚半，月需已近六十元，加以油烛纸张各项杂用，计共月支一百元，实已省无可省。若骤然分设为三，则各区房屋系属租借庙宇或民房地址，半皆窄狭建筑，又不合式，即欲就近另赁民地起造拘留所，而事实上之窒碍与经费上之消耗，恐较现时尤甚。此已设之拘留所不能裁撤之理由也。探访队职司侦探、逮捕，系司法机关补助之一。现在浙省各级审判厅渐次成立，侦查刑事各犯及各种重大案件，在在需人。省城巡警，虽可归检察调度，然其名额，既以经费奇绌，不能遽行推广，各警除轮流站岗外，遇有应赴各处侦查之件，办理殊多窒碍。该队从事探访既久，术已精熟，破案甚多，况定章设额有限，年需薪饷亦薄，其随时补助司法权所不及者，利益实大。医官为疗治疾病或因公受伤之警务人员及道路急病之救护诊视、时疫之预防检查而设，差遣巡警则为执行区内传递公文、守卫区所等职务而设，各有专司，不能以变更章制，遽行裁撤。至活支费，固不应略有虚糜，然亦不能因噎废食，置事实于不顾。查省城各区所，皆系赁用而非官舍，其租金虽多寡不同，要皆月有所费，如第二区现赁民房，月租一项已达二十元以外，他若夜间岗警之诸葛灯，区各五六十盏，通宵燃点，油费为数亦属不少，再加笔墨、纸张、电话杂用，断非二十元所能包括。在总局未并以前，此项活支均在总局支用，原议案所列月费，实即公费之类，为区官、巡官、夫马等之用，现因名义不正，业已裁节。其衣械费，随名额而加增，亦当然难以裁减。要之，省城巡警经费，只能暂照现在变更咨部办法开支，俟本年谘议局常会提出修正案交议，不能以未交议前固执一部分之议案，骤将原有机关裁撤，致碍政务之执行。除照该局议减之路灯、清道费八千五百七十九两补助江干湖墅经费，归并巡警项下开支外，仍应列十万二千九十三两。

（乙）经常门民政费第四款第二项第二目、第三目善堂经费

查此项善堂经费一万一千八百五十七两，于交议后据运司详称，此项实系盐商捐助，由运库代收代放，本非运库之款，应无须列入预算，当札行谘议局更正。谘议局初议以为，一地方善举，不应由地方行政经费支办，应即停支。经本抚院照章说明原委，交令复议，乃该局仍执前议，其复议说明内称，盐商捐助原案，系按引收捐，凡两浙商人以及网盐，各地一体输纳，名为商人乐捐，实则盐运司会同盐局谕饬，四所甲商之认捐，随课带收，其性质为一省之附捐，非一地方之附捐，故充善举经费则可，充一地方之善举经费则不可。等语。按：（自）〔是〕项经费自光绪三年起，先后由就地绅董禀请筹给，迭经历任运司劝谕四所甲商议，在苏省五属引商及浙东西、徽、广等地网商，按引分别捐助，指明拨充省城同善堂经费，既以捐助同善堂为目的，自不能移作他项善举之用，究其款项来源，并有出自外省商人者，固不得以一省一地方为较量，而其按引收捐，当时不过以盐引为寄附标准，与附加课项者截然不同，若照该局所议停止支放，是以向所指定之经费，即时取消，坐令无告穷民流离失所，揆诸善举性质，固不宜，然而亦非商人捐助之目的，且恐商人因此观望，相率停捐，尤无以善其后。此项原列之一万一千八百五十七两应照交令复议案解除预算，由运司照旧代收代放。

（丙）经常门教育费第一款第二项师范学堂经费

查两级师范学堂经费，原案列入库平银五万二千六百四十九两，谘议局议改两级师范为优级师范，减银一万七千九十五两，另于临时门教育费议增浙江初级师范学堂开办经费库平银七千五百两，其理由除将该校下学期拟办之数理化专修科、图书手工专修科、国语研究科均议无庸添设，并议减监督薪水，议裁职教员膳食外，尤以初级完全科下学期无庸添招，优级、初级分设两校为主张之要点。本抚院当准将数理化、图书手工各专修科暨国语研究科一律缓办，惟初级完全科下学期仍应添招新生一班，所有经费应照局议增银七千五百二十八两，并于临时门内删去初级师范开办费七千五百两，经照章说明原委，交令复议。兹据谘议局呈送复议案，仍执前议。本抚院查此案内之监督薪水、职教员膳食两项，应照局

议再核减银一千六百六十两，至其余职教员薪水、仆役工食、学生膳食等费，则前此交复议时，因下学期初级完全科仍应添招，业经分别核实计算，实已无可再减。谘议局乃谓优、初两级并在一校，学生阶级、教员程度，均各不同，于管理上、经济上均有不便，殊不知一校之中，学生非一班教员，非一人阶级，程度本不能强同，不必优级初级也，即优级之中亦有公共科与分类科之殊，而分类科之中亦有一年级与二、三年级之殊，教员或授通习科学，或授主课科学，难易既分，薪水亦即断不能一致，必如局议以感情不易浃合，薪水不免迁就为嫌，势非一校只招学生一班，且一班只授功课一门不可。至谓部章第二条，明系初办时权宜办法，非谓初、优两级固可不必分设等语，则本抚院前此交复议案，亦并非以优、初两级必不可分设，而竟欲长此终古也。其并删去初级开办费者，实因浙省两级师校建筑，一切设置，均极完备，开办之始，费用颇巨，本年上学期选科生四班毕业出校后，属于优级者仅存补习科、公共科两班，合计不满百人，而该校房舍足容学生七八百人，自应暂时仍将初级合并办理，俟将来各属中学及初级完全师范毕业日多，优级各类得以次第推广，再行按照部章另设初级之校，若照局议办法，无论七千五百两之数恐不敷初级师范购地、建筑、设备各费之用，而将现有校舍遽令空闲，就经济上论亦殊不合算。又如年级齐全，本为办学之必要，初级完全师范定章既需五年毕业，则一校中自应五班设齐而后可以相续不绝，况初级即另设专校，将学生全数移入，班级亦必需齐全，是两级分办与否，与招生不招生之问题亦绝不相涉，谘议局乃谓添招新生，必该校长此兼办两级而后可，岂谘议局此次另办初级师校之议，亦仅为现有初级学生三班而设，此后遂拟永不招生耶？要之，学堂编制，事属行政范围，应由提学司随时酌量情形，筹划办理，此次谘议局因议决本年预算案，并将该校规划任意变更，致行政上诸多窒碍，除照局复议再减去监督薪水及教职员伙食一千六百六十两外，仍应列银四万一千四百二十二两，谘议局议增之临时门初级师范学堂开办费七千五百两仍应删去。

（丁）经常门教育费第一款第五项第一目第二目仁钱高等小学堂经费

查仁钱高等小学堂经费原案列库平银七千五百二十一两，该款原系省城崇文、紫阳两书院旧款改拨，谘议局认此款为全省性质，不应由一县学堂动用，议决全裁。本抚院当以该校固有之款，应俟另筹有地方办学专款后将原款拨回，以求维持现状而免立时破坏之虞。再此项原款，究系何种性质，并应俟国家地方两税分定后再行核办，此时不能照议遽裁，经照章说明原委，交令复议，诚以该两校现并附设初等小学共五所，合计高、初两等学生共有五百三十名之多，所有经费以崇、紫两书院旧款为大宗，若一旦遽予全裁，该两校及附设初等五校均不免立时破坏，且崇、紫两书院旧款，本出自仁、钱盐商按引输捐，以便两邑商籍子弟读书讲学，兵燹以后，此项商捐或已提助军饷，或并存典生息者，亦劫失无遗。同治五年由藩、运两司详将百货厘金照正厘加抽十分之一，名曰靠厘，以资抵补。查此项靠厘，迹近附加税，而创办之始，乃所以抵补商捐，现在国家地方两税既未划分，则此款是否应行拨归官库，尚难解决，故未便遽准照裁。谘议局复议乃谓各厅州县官立小学堂，筹集经费悉由地方官自行设法，仁、钱事同一律，此项学堂经费自有两县负其责任，所称立时破坏等情，实属过虑，应请照裁。本抚院查各厅州县官立小学堂经费，虽多由地方官自行设法，但仁、钱各校，以地居省垣，各处学生于此萃集，经费较巨，即饬令该两县迅速筹备，亦必须予以预备之日期，若照局议遽裁，则该校立时破坏，势所必然，实非过虑，仍应照交令复议案维持现状，未便遽予裁撤。

（戊）经常门实业费第四款第一项化分矿质局经费

查化分矿质局经费，原案列库平银四千五百四十八两，嗣据劝业道具详，更正列作四千三百五十二两，谘议局初议，谓该局现方计划局所炉灶建筑，尚稽时日，其第一目、第二目之开支，非本年必需，应列入宣统四年预算。本抚院以该局迭经部札催办，业由劝业道暂就劝业公所开办，派委高等实业学堂矿务毕业生池令汉功为经理，该局已在新建劝业道署内开始建筑，不日告成，所需经费不能议裁，应照原案列入，交令复议。嗣谘议局复谓新建道署方开始筑，此项局所炉灶造成需时，派委矿务毕业生为经理，而交议案说明内只有技师、技士，并无经理名目，所有经费仍应照裁等语呈复前来。查此化分矿质局列于农工商部第三年筹备事宜，本年经部颁章程催令劝业道迅速筹设，实难视为缓图，况该局以辨别矿质、化验成分、考求优劣、俾请办者确有把握为宗旨，现在浙省矿务日渐发达，若无化分之局，则矿商盲然从事，毫无把握，于矿业成败，资本盈亏匪浅，预算该局本年列入经费不过四千余金，设各属矿商开办之矿，未经化验，误劣为优，以致难收效果，此一年之中其资本之损失当有百倍或千倍于此者。是此局之缓办，公家所节省者甚微，而影响于矿商及矿产甚大，该局工程早经开始建筑，约五月底可以告成，六月内即可化分。至经理名目，系照部颁新章设立，且派委先，饬令开办化分局，一切事宜，未便中止，应照更正案仍列为四千三百五十二两。

（已）临时门工程费第一项第一目修浚杭嘉湖河道经费

查原列浙西水利经费，系查照谘议局第一届议案，将通省善后丝捐及拟办船捐两项估计约可收银六万二千七百七十七两，嗣奉度支部电称，此项经费当由地方自筹，应即全裁，故于交谘议局预算表内仅列款项，不列银数，并于摘要栏内详晰声明，旋经谘议局议决，仍请照数列入。当经会议厅审查科审查，佥以此项经费，既奉部裁，非筹有的款，碍难追加，唯查有经常门第四类第一款第一、第二两项省城河道经费六千八百八十二两，因事实上变更，可移作浙西水利之用，并声明俟开办后有正确之估计，再于宣统四年后预算案内分年列入，继续办理，并由本抚院另札更正，且于交令复议案内说明。兹据谘议局呈送复议案，仍执前议。本抚院查浙西水利范围既广，需费尤巨，自应继续办理，现在原列银数既奉部裁，而筹办船捐又难预定确数，惟有查照谘议局议案，先行组织浙西水利总会，将前项经常门移列六千八百八十二两作为开始之经费，一面派员分赴三府测量河道，确实估计，以工用之多寡定分年之办法，再于宣统四年以后预算案内按年列入，继续办理，此时断不能将部饬全裁之原列经费数目再行列入。

《浙江谘议局第二届第一次临时会议决案总目》第一册，附录，第57—64页

试办宣统三年预算地方行政经费岁出交议及议决各次总数比较表

宣统三年四月[①]

（单位：两）

门类		原数	更正数	修正数	复议数
经常门	民政费	714 031	702 623	650 113	651 673
	教育费	190 093	261 084	242 286	254 675
	实业费	143 686	74 496	70 103	71 614
	交通费	4 550	无	无	无
	工程费	6 882	3 267	3 267	3 267
	合计	1 059 242	1 041 470	965 769	981 229
临时门	民政费	31 346	28 907	34 267	37 306
	教育费	138 282	138 282	52 491	161 292
	实业费	无	无	56 000	56 000
	工程费	无支	6 882	62 777	62 777
	合计	169 628	174 071	205 535	317 375
总计		1 228 870	1 215 541	1 171 304	1 298 604

《浙江谘议局第二届常年会第一次临时会议决案总目》第一册，附编

① 时间为编者所加。

四、议员质问书

杨山立质问书

宣统二年二月十六日[1]

谨案《谘议局章程》第二十六条“于本省行政事件如有疑问，得呈请督抚批答”，兹将疑问事由开列如左：

查湖州重兆村唐锦崇盗案，枪毙盗犯一人，于尸身搜出防营腰牌一方，名李经生；又有口粮单一纸，名李德胜。一人断无二名，其口粮单另系一人可知。此事杭沪各报俱详言之，名曰“游勇为盗”，谓系湖防周统领部下革勇。窃疑勇丁被革，则腰牌、粮单当必早经吊销，况一人身上既得两人凭证，是该营腰牌粮单之在外者不知凡几？如此疏纵，后患何堪设想？岂军政固宜如是耶？抑正勇为盗而统领巧为掩饰耶？捕盗者兵，而兵转而为盗，谁任其咎？此中疑义，祈明析批示。

提出者：杨山立

---

① 此日期为浙江巡抚增韫的批答日期。

连署者：叶诰书、顾荣第、王序宾、蔡汝霖、张善裕、陈翼亮、卢观涛、熊文、张传保、刘耀东、郑永禧、萧鑑、洪锡承、褚辅成、潘秉文、王家襄

巡抚部院批答：案据本年二月初五日唐景崇电禀，当即电饬湖州府李守密查，业经李守禀复，据称唐景崇家被劫，当场格毙盗匪二名，于匪身搜获周统领销勇口粮单一纸，于盗匪抛弃衣物内拾得步队二十九标三营六号护兵陈海洪烙牌一块，先后禀呈，乞饬缉追。查阅粮单内注“先锋中八哨正勇李金胜于十二月初六日销差”等字，下盖“湖防统领粮饷”戳记。即经面询周统领树森，据称李金胜早经开革吊查，该营名册李金胜系河南桐柏县人，其开粮日期亦属相符。至所呈烙牌上写“步队二十九标第三营本署六号护兵陈海洪”字样等情，核与质问书所称于尸身搜出腰牌一方名李经生，又有口粮单一纸名李德胜者，稍有不同，而与事主电禀颇相符合。杭沪各报所载，似未得其真相。报载李经胜、李德胜，想系李金胜之误，腰牌一方，即系二十九标烙牌。至粮单向由各统领所发，以为兵勇销差之证据，非平时给发口粮之用，无容吊销。二十九标查系湖北陆军第八镇所属，是否逃兵携带出外？本省一时无从查考。总之，此案已经查明，先锋中八哨果有李金胜其人，该统领平时不能慎选严驭，咎固难辞。惟该勇既于去年十二月初六日开革，而劫案在于本年正月二十一日发现，且粮单系当场搜出，已载明“销差”字样。所谓“游勇为盗”，尚非现今在营之兵为盗可比，本部院业经咨移湖北陆军第八镇查拏陈海洪并有无余党，一面严饬府县并责成该统领追缉赃盗，勒限破获，并另派员将先后各节情形澈查究办，断非该统领所能巧为掩饰也。宣统二年二月十六日。

《浙江谘议局议员质问书》第一届乙编，下，第1—2页

王理孚质问书

宣统二年二月二十八日[①]

依《谘议局章程》第二十六条之规定，谨具质问书呈候批答。

据温州府吴准、平阳厘局委员禀请出示，内有收捐洋价向较市价为短，盖因奉准厘饷省局饬提每洋一元，随解洋水盈余钱二百文，归公拨用。今该局核收洋价，以九六申算，除照章缴解洋水盈余外，并无丝毫沾润等语。查抚院前批谘议局议决《厘捐收用银圆折中定价案》，有“向章每钱一千文合洋一元”之语。又批答议员詹熙质问书云，各厅州县暨厘卡征收钱粮米折税厘，以制钱合洋照市价，久经通饬有案，兹据指称，浙东各属照市作短一节，应候派员详细调查禀复察夺。今平阳厘局核收洋价，以九六申算，比照市价为短，又与向章不符，厘饷局既经通饬照市作价，又饬随解洋水，上慢下残，是否足为官吏违法之证？厘饷局对于委员之解款，准以一千一百六十文合洋一元，抚台对于民间之完厘，乃不准以银圆一元申钱一千一百文，是何理由？统乞明白批示。

提出者：王理孚

赞成者[②]：聂日培、叶诰书、王序宾、刘耀东、管穰、潘秉文、王家襄、蔡汝霖、洪锡承、蔡裔麟、陈翼亮、张善裕、杨山立、卢观涛、楼守光、萧鑑、王应奎、张传保、应贻诰、顾荣第、郑永禧、褚辅成

巡抚部院批答：查温郡局厘金解款，向有洋水一万二千余串，光绪二十四年间提作盈余归公，迨至三十二年间，裁撤郡局，归并知府衙门兼办，以后各卡捐款，径解省局，所有该郡局应解前项盈余，准予裁除。各卡解省之款，每元准作制钱一千一百六十文，内提钱二百文，另款批解，以抵盈余之数。处属洋价，每

① 此日期为浙江巡抚增韫的批答日期。

② 其他质问书均称“连署者”，该处原文如此。

元亦作钱一千一百六十文。光绪三十二年间，以与温属情事相同，惟处属情形较苦，每元准提一百文，另款批解，以示体恤。此温处两属向有洋水之大略情形也。上年十二月初十日，由本部院札发《厘捐革弊议案》，饬议施行方法，当经该局详复，文内声明各卡收捐银圆价目每洋一元作制钱一千文，本年正月二十一日批示照准，即于二月初十日通行各局卡遵照在案。温处两属洋水名目，自接到厘饷局前项通行之后，自当一律消灭，再行电饬遵照，以免参差。此答。宣统二年二月二十八日。

《浙江谘议局议员质问书》第一届乙编，下，第2—3页

蔡汝霖质问书

宣统二年三月二十一日①

据《谘议局章程》第二十六条之规定，谨具质问书呈请批答。

查学部定章载，学务公所议长一人，议绅四人，佐提学使参画学务，并备督抚咨询；又提学使办事权限内载，议长、议绅应常川驻省，赞画学务等语。我浙议长、议绅之设，已五年于兹，从未闻有赞画学务之议，且其人除籍居省城外，或全年仅一至省者，或全年并未一至省者，参画机关几同虚设，岂预备立宪时代部章竟不必遵守欤？抑我浙学务业臻完备，更无需议长、议绅之驻省赞画欤？如何理由，即祈查明批答。

提出者：蔡汝霖

连署者：王理孚、聂日培、叶诰书、王序宾、刘耀东、王家襄、管穰、潘秉文、洪锡承、蔡裔麟、陈翼亮、张善裕、杨山立、卢观涛、楼守光、萧鑑、王应奎、张传保、应贻诰、顾荣第、郑永禧、褚辅成

---

① 此日期为浙江巡抚增韫的批答日期。

巡抚部院批答：为札行事。案准谘议局质问议长、议绅驻省一案，业经饬司声复，兹据复称：查浙省学务公所议长、议绅，虽不尽籍居省城，而每遇特别要事，如上年会议九年筹备事宜时，各议绅均在公所，悉心赞画。本年正月各府中学堂监督会议时，黄、王二绅虽未到所，均先后条举各属情形，参以意见，函致公所。黄议绅并于本年二月内来省会议数次，所陈画一小学条议，已刊登本年公所第十七期《教育官报》，并非一无赞画学务之议也。此外，寻常之事，有需参画者，除在省各绅随时到所会议外，其去省较远者，亦均通函询商，征取意见，采择施行，所有往来函件，均可调查。上年十一月后，每星期六日午后四时至六时，各邀集在省各议长、议绅会议一次，所议事件如有关系重要，仍先行函商省外各绅，俟函复到时，再行酌量实行。此以前议长、议绅赞画学务之情形也。自今年为始，并订议长、议绅常川齐集公所会议，集思广益，以期学务日有起色等情前来，为此札行谘议局查照。须至札行者。宣统二年三月二十一日。

《浙江谘议局议员质问书》第一届乙编，下，第3—4页

蔡汝霖质问书

宣统二年三月二十一日[①]

谨将质问主张意见条举如左：

据谘议局议决《筹办浙江全省简易识字学塾案》第四项己款，内有“拟请藩司查照原案，通饬各属劝学所查明区内确有营地若干，径禀省宪委员丈勘，招垦征租，以充是项学塾经费”等语。兹阅《浙江官报》第二期载，提学司袁批准金华府嵩禀请改校场为种植试验场由，并无提及学塾经费一语。查《筹办浙江全省简易识字学塾议案》业于宣统元年十一月十二日奉抚台札准公布施行，

① 此日期为浙江巡抚增韫的批答日期。

提学司批准金华府禀在十二月十一日，其时外府未奉明文，故有是请。提学司近在省城，且对于简易识字学塾议案为主管官厅，负维持之责，断无不知之理，何以将此项校场批准别用？抑或金华府禀附《试验场章程》内曾经注明每年报效简易识字学塾经费若干？谘议局无案可稽，应请明白批示。

提出者：蔡汝霖

连署者：王理孚、聂日培、叶诰书、王序宾、刘耀东、王家襄、管穰、潘秉文、洪锡承、蔡裔麟、陈翼亮、张善裕、杨山立、卢观涛、楼守光、萧鑑、王应奎、张传保、应贻诰、顾荣第、郑永禧、褚辅成

巡抚部院批答：为札行事。案准谘议局质问金华府禀请改校场为种植试验场一案，业经饬司声复，兹据复称：此案前由司批准后，旋以谘议局议决《简易识字学塾案》第四项已款内开"各属校场营地，招垦征租，以充经费"云云，即行另文饬令将从前已辟之三十余亩，一并由金华县劝业所与该场商定税租数目，由该场按年照交劝业所以充该县简易识字学塾经费，并饬将办理情形详晰具报在案，与议案办法悉合。现并据永嘉学董陈祖纶禀，就该县城内小校场地址建筑劝业所，亦经批令永嘉县，除查明于营军有无妨碍，所需建筑费曾否集有的款外，并查照议案征租提充简易识字学塾经费等情前来。为此札行谘议局查照施行。须至札行者。宣统二年三月二十一日。

《浙江谘议局议员质问书》第一届乙编，下，第4—5页

王理孚质问书

宣统二年三月二十四日①

据谘议局议决《厘捐革弊》第一条第二项云，全省局卡处所，应由总局开

① 此日期为浙江巡抚增韫的批答日期。

表颁发各属商会，俟颁发后，各属不得增设局卡，并不得托名巡船常泊向无厘卡处截路起捐，其意在防各属委员私增局卡苛敛病商也。兹阅浙江全省总分各厘卡数目及坐落地段，将来颁发各属，当即据此开表。惟官报内载温属平阳分卡三处，除岭门、大渔外，桥墩地方并无分卡。此次官报所载，是否校对错误？抑系委员有意冒报，希图列表，尝试以为增设地步。一邑如此，他邑可知，现当开表颁发，若无精确之调查，深恐易滋混弊。现在官报所载，是否调查精确？抑仅据各属委员禀报？统乞明白批示。

提出者：王理孚

连署者：聂日培、叶诰书、王序宾、刘耀东、王家襄、管穰、潘秉文、蔡汝霖、洪锡承、蔡裔麟、陈翼亮、张善裕、杨山立、卢观涛、楼守光、萧鑑、王应奎、张传保、应贻诰、顾荣第、郑永禧、褚辅成

巡抚部院批答：查温属平阳分卡，除岭门、大鱼[①]之外，确有桥墩一处，惟该分卡向系稽查茶叶之卡，每年二三月间设立，七八月间裁撤，并非长年所设之卡，开支亦仅半年，有该卡报销册可考。前据厘饷局详称，全省局卡由局查明，列表颁发，候饬催该局精确调查，列表颁发，俾商民得以一览而知。此答。宣统二年三月二十四日。

《浙江谘议局议员质问书》第一届乙编，下，第5—6页

聂日培质问书

宣统二年三月二十四日[②]

依据《谘议局章程》第二十六条及第二十八条之规定，谨具质问书呈请

① “大渔”与“大鱼”，前后不一致，原文如此。

② 此日期为浙江巡抚增韫的批答日期。

批答。

查宣统元年十一月二十八日常山旅杭同乡会禀常山县征粮洋价任意抑勒一案，奉批：查征收钱粮完纳，洋元务须按照市价核算、酌定、示谕，早经通饬各属在案，该县何致故违旧章，抑勒洋价，殊为不解。姑仰衢州府即饬常山县查明详夺。又西安、开化士绅公禀，亦蒙批：饬衢州府据实查复云云。衢州府如何查复，不得而知，惟调查常山现在市价，每元一千四十文，而常山征粮洋价，知县王令牌示大洋仍作钱八百八十文，小洋每角仍作钱七十四文，并未照市作价，合邑大愤，业已电禀大宪办理。现在有无查办王令，是否违章抑勒，应请抚部院明白批答。

提出者：聂日培

连署者：郑永禧、洪锡承、蔡裔麟、王序宾、萧鑑、陈翼亮、卢观涛、叶诰书、蔡汝霖、王理孚

巡抚部院批答：查常山旅杭同乡会禀常山县征粮洋价任意抑勒一案并西安、开化士绅公禀，均经批饬衢州府查复，迄今俱未复到，来书质问常山市价每元一千四十文，小洋九十三文，征粮牌示洋元作钱八百八十文，小洋作钱七十四文，是否现时之价？未据具报有案，无从查核。当饬据藩司禀称，日前常山绅民电禀，以征粮洋价公决暂作千文，与衢属五县代表罗绅道源等十人电请革除浮收到司，经该司先后电饬该府崇守就近调查五县征粮情形，应否一律作价一千文核定通禀等情。是衢属五县征粮洋价一案，复经藩司电饬衢州府查办在案。应由该府查复，由司核明转详到院，再行札局知照，先此答复。宣统二年三月廿四日。

《浙江谘议局议员质问书》第一届乙编，下，第6—7页

聂日培质问书

宣统二年三月二十六日[①]

据《谘议局章程》第二十六条及第二十八条，谨具质问书呈请批答。

谘议局决议《清查地方公款公产规则案》第一条载："各厅州县均于衙署内设立清查事务所，由地方官召集城镇乡士民公举公正绅董五人以上、九人以下，详请本府核发照会，会同办理。其事务所办事细则，由该所定之。"其必定为召集、公举及五人以上、九人以下者，所以防少数人之专擅，易于串弊故也。兹阅三月十三日《全浙公报》载及仁（知）〔和〕县苏大令详请照会同善堂孙绅树礼、杨绅复为清理查事务所绅董，若果属实，绅董既非公举，以省会首邑，公款繁多之地，仅派二人，其办法核与议案不合。况杨、孙二绅，现皆管理公产，是否应在回避之列，应呈请抚部院明白批答。

提出者：聂日培

连署者：郑永禧、王序宾、陈翼亮、卢观涛、蔡裔麟、应贻诰、王理孚、叶诰书、王应奎、管穲

巡抚部院批答：见下文。[②]

《浙江谘议局议员质问书》第一届乙编，下，第7页

① 此日期为浙江巡抚增韫的批答日期。

② 此质问书下原文无巡抚批答，从内容来看，巡抚对此质问书之批答与下文对褚辅成质问书之批答合在一起。

褚辅成质问书

宣统二年三月二十六日[①]

谨案《谘议局章程》第二十六条“于本省行政事件如有疑问，得呈请督抚批答”，兹特提出疑问事件如左：

查《讼费暂行规则》第二十条“诉讼价值应依《诉讼状纸简明章程》第四条，不得多取，并不得另取收呈及副状、保结等费用”；又第二十一条二项“诉讼状纸，无论何种，每纸定价当十铜元十枚”。是每次递呈，只准一纸收费，不准巧立名目，额外多取也，明矣。乃现在官纸局发行状纸，改为每套取当十铜元二十枚，又附保状一张，收取当十铜元一枚，则于副状、保结皆收费用，显与规则第二十条抵触。究竟官纸局现改之诉讼纸费出于大宪核定欤，抑由局员等巧立名目欤？此中疑义，即希明白批示。

提出者：褚辅成

连署者：郑永禧、王序宾、陈翼亮、卢观涛、蔡裔麟、应贻诰、王理孚、叶诰书、王应奎、管穰

巡抚部院批答：来呈据质问书阅悉。清查公产一案，前次本部院通饬各属，系饬公举绅董，详府照会，会同办理，仁和县照会同善堂孙、杨二绅，为清查事务所绅董，并未据该县详报。该绅等现皆管理公产，自应在回避之列，希候札饬该县查照规则办理。至诉讼状违章取费各节，查该局诉讼状纸，前因定价过巨，曾由藩、学、臬三司核减，会详通饬每纸只准收铜元十枚，与谘议局议决讼费法律案相符。副状一项，该局于议案未经公布以前，曾经刷印多张，现在有余存者，均已加盖红戳，一并作为正状之用。其保结状，当时原详司案，本无此项，

① 此日期为浙江巡抚增韫的批答日期。

自不得再行售卖。并候札饬该局遵照。此复。宣统二年三月廿六日。

《浙江谘议局议员质问书》第一届乙编，下，第7—8页

黄式苏徐象岩质问书

宣统二年三月二十七日[①]

谨案《谘议局章程》第二十六条“于本省行政事件如有疑问，得呈请督抚批答”，兹将疑问事由开列于后：

浙省钱粮洋价，各属向不划一，前阅抚台批答议员詹熙质问书有云，其间粮捐一项，曾于光绪三十一年经前藩司宝通饬各属每元作制钱一千文，盖以各属情形不同，特予酌中定价。又因绍属洋作千文，向不涨落，故特取为标准。查粮捐为附加税，于正税项下带收附加税，既准作千文，岂有于正项洋价反听其短勒之理？本年温属各县，惟瑞安洋价遵照通饬成案，每元作制钱千文，永嘉、乐清均短勒作钱九百一十文，平阳作钱九百六十文，同为温属，地界毗连，情形相同，乃洋价各自分歧，不能划一，是何理由？又查本年二月间，度支部奏遵议御史萧丙炎奏各省丁漕未能持平请严加整顿折内，有拟请饬下各省督抚，每年于开征之先，就各该省市面现银、银元、铜元酌中定价，每银一两，每洋一元，各折合钱若干，其有奇零小户以铜元完纳者，不准不收，通行各省州县遵照办理，一面明白晓谕，务使群黎百姓咸知银钱有一定之价，无折扣之亏，而输将不至为难。若有胥差舞弊而本官不即惩治，一经发觉，府县撤任察看，胥差照例治罪，庶几两得其平而交受其益等语。业于本年二月初四日奉旨：依议。钦此。是钱粮洋价，在国家已允照市面现银、银元定价，折合钱若干文，朝廷加惠，元元部臣，体恤民困，已不啻三令五申，各省州县宜何如恪遵谕旨，切实奉行，乃各州县只图肥

① 此日期为浙江巡抚增韫的批答日期。

己，不恤民艰。温属如此，他郡可推，且查近日温郡市面，银元一枚可兑制钱一千零三十文，仅照三十一年通饬每元作钱一千文，在民间已亏短三十文，若照永嘉、乐清及平阳各县所定洋价，其亏短计在一百三十文至七十文之率。此项短勒洋价，是否官吏违法？祈明白批示。

提出者：黄式苏、徐象岩

连署者：王序宾、蔡裔麟、卢观涛、萧鑑、褚辅成、聂日培、郑永禧、王理孚、潘秉文、洪锡承、应贻诰、杨山立、张传保、蔡汝霖、张善裕、叶诰书

巡抚部院批答：查征粮洋价，酌中核定，早经通饬各州县遵照办理，不啻三令五申，原为上顾国课，下恤民瘼起见，现据藩司具详，以台、金、衢、严、温、处等府各属征粮洋价，微有不同，已饬由该管府随时查报，务令征解一律，以重公款等情，即经批示严饬遵办在案。至部咨各省丁漕未能持平办理严加整顿一节，已经照咨札饬司道妥议办法详夺，应俟复到察核札复。此答。宣统二年三月廿七日。

《浙江谘议局议员质问书》第一届乙编，下，第8—9页

杨山立质问书

宣统二年四月初一日①

按照《谘议局章程》第二十六条，谨具质问书呈请批答。

本省通用龙元之议案，已蒙札准公布施行，今查湖属各州县钱粮并阖属厘金，仍征收墨银，龙元概不通用。经地方商民质问，皆以未奉明文为辞，是否藩宪尚未照章通饬，抑各州县各局卡竟视议案为具文？敬祈明白批示。

提出者：杨山立

① 此日期为浙江巡抚增韫的批答日期。

连署者：聂日培、洪锡承、顾荣第、叶诰书、蔡裔麟、郑永禧、王序宾、陈翼亮、褚辅成、王理孚、卢观涛、管穰、楼守光、潘秉文、萧鑑、王家襄、王应奎、张传保

巡抚部院批答：查通用龙元案，前经藩司详明，应于官报中公布之日为切实施行之期，通饬各属遵办在案，现查为日已久，各州县局卡自应奉到实行，据呈前情，候分札藩司、厘局严密察查详复核办。此答。宣统二年四月初一日。

《浙江谘议局议员质问书》第一届乙编，下，第9—10页

萧鑑质问书

宣统二年四月十五日①

据本月七日《浙江日报》所载，长兴厘卡委员范令继忠拟于吕山地方添设分卡，当奉抚宪批示：据禀拟在吕山地方添设分卡，暂租民船收捐等情，系为顾全比额起见，惟前次画溪桥水卡设立未久，旋即滋事，现复禀请添设分卡，究竟有无窒碍？应否照准？仰厘饷总局迅即体察情形，核议详复饬遵等因。窃查本局《厘捐革弊案》内，曾有"各属不得增设局卡，并不得托名巡船常泊向无厘卡之处截路起捐"之条，执此条文解释，向无局卡之处，当然不能添设。今阅宪批乃云"究竟有无窒碍？应否照准？"等语，虽照准与否尚在未定之天，然既有议决案限制添设，何必再加核议？大宪对于违背议案之请求，何以不径行驳斥？再四图维，殊难索解因。谨按局章二十六条之规定，开具质问书呈请明白批示。

提出者：萧鑑

连署者：聂日培、叶诰书、王序宾、刘耀东、王理孚、管穰、王家襄、蔡汝霖、洪锡承、蔡裔麟、陈翼亮、张善裕、卢观涛、张传保、杨山立、郑永禧、褚

① 此日期为浙江巡抚增韫的批答日期。

辅成

巡抚部院批答：前据具呈，业将批局委员查明画溪桥地方是否向系设有巡船，详候察夺，一俟详到，再行答复，明白批答在案。至吕山地方是否向设巡船，应饬厘饷局并案澈查详办。此答。宣统二年四月十五日。

《浙江谘议局议员质问书》第一届乙编，下，第10页

杨山立质问书

宣统二年四月十五日①

依《谘议局章程》第二十六条，开具质问事由如左：

查经丝捐一项，不在正捐之内，名曰行商捐。江苏每经丝一担，加捐洋十元；浙江每经丝一担，加捐钱十二千。惟湖属目前银圆市价每元兑钱一千零六十文，全府一律，厘捐局每元只作钱九百六十文。据江苏之例，固已悬殊，比照本省各项钱码、货捐，其洋价又复歧异。至证以银圆照市之条，则每元相去一百文之多，岂经丝捐果有特别洋价欤，抑厘捐局故意勒短欤？此中疑义，请明白批示。

提出者：杨山立

连署者：聂日培、王序宾、刘耀东、王理孚、管穰、王家襄、蔡汝霖、洪锡承、蔡裔麟、陈翼亮、张善裕、卢观涛、萧鑑、张传保、顾荣第、郑永禧、褚辅成

巡抚部院批答：呈悉。当饬据厘饷局复称，浙省各项货捐，凡系钱码者，均以一千合洋一元，经丝捐亦钱码之一种，岂容有歧异？应即严饬湖属向收经丝捐之湖城、南浔两卡遵定章程办理，不准违章抑勒，致干重咎等情，应即据情答

① 此日期为浙江巡抚增韫的批答日期。

复。此答。宣统二年四月十五日。

《浙江谘议局议员质问书》第一届乙编，下，第11页

张传保质问书

宣统二年四月二十日①

遵照《谘议局章程》第二十六条，有疑问事件呈候批答。

光绪二十四年五月间藩司会同厘饷局、官钱局议复杭州商会补救铜元流弊条陈文内称：钱粮、厘税搭收铜元结算，纠纷无益于民而有病于帑等语，并通饬各属照办在案。查铜元为国家圜法所系，历届部议，一则曰丁漕正税搭收三成，再则曰公家收受钱粮，铜元与制钱一律行用，不得挑剔，违者参处。维持国币，几于三令五申。本年二月间，度支部详复御史萧丙炎折内称：其有奇零小户以铜元完纳，不准不收，通行各省州县遵照办理。又称：若有胥差舞弊而本官不即惩治，一经发觉，府县撤任察看、胥差照例治罪等语。经于二月初四日奉旨：依议。钦此。乃部臣方虑胥差之舞弊，而藩司竟饬州县使违法以结算，纠纷字二②，破坏国家之弊制，律以官吏违法之条，实亦无辞以解，究竟本省征收钱粮厘税，应否将国家所铸铜元一律收用？伏候明白批示。

提出者：张传保

连署者：聂日培、叶诰书、王序宾、刘耀东、王家襄、管穰、蔡汝霖、洪锡承、蔡裔麟、陈翼亮、张善裕、卢观涛、萧鑑、杨山立、顾荣第、郑永禧、褚辅成

巡抚部院批答：呈悉。当饬据藩司复称：铜元为制币补助品，钱粮、厘税原

① 此日期为浙江巡抚增韫的批答日期。

② 原文如此。

无不收之理，早经通饬有案。光绪三十四年七月会同厘饷局、官钱局详复杭州商会补救铜元流弊条陈文内，以厘税、房捐等项均为洋债、防饷要需，久经核定，洋价通省征解一律，铜元时有涨落，若令搭收铜元结算，至为纠纷，将见缴诸公者铜元成数必多，收之民者搭收成数必少，无益于民间而有病于帑。盖深虑徒为胥吏所朦蔽，而上下皆无所利，系指一时一事之情形而言，初无成见存于其中，而局中铜元积存二十余万元，不肯轻易发兑，无非为维持商情计。现在征收方法正拟改良，州县平余行将改革，一俟规定，自当悉变旧章，积弊自除等情。应即据情答复。宣统二年四月二十日。

《浙江谘议局议员质问书》第一届乙编，下，第11—12页

王世裕质问书

宣统二年四月①

谘议局议案，经抚部院公布后迄今几及半年，闻各属地方官吏尚鲜实行，则谘议局之议案为空文，抚部院之公布为具文，其于宪政之进行殊多窒碍，以后各属官吏对于抚部院批准公布之谘议局议决案，如有玩延不办，经人纠举，上级官厅应否以违法论，严予参劾？抑仍以空言查办，掩饬耳目欤？统希批示。

提出者：王世裕

连署者：张传保、聂日培、叶诰书、王序宾、刘耀东、王理孚、管穰、潘秉文、王家襄、褚辅成、蔡汝霖、洪锡承、蔡裔麟、陈翼亮、卢观涛、萧鑑、王应奎、应贻诰、郑永禧

《浙江谘议局议员质问书》第一届，乙编下，第12—13页

① 此件无浙江巡抚增韫之批答，亦不署日期，今据质问书内容和质问书的排列位置，作宣统二年四月。

褚辅成质问书

宣统二年六月初一日[①]

据《谘议局章程》第二十六条，谨具质问书呈请批答。

查《樟脑专卖法律案》，前经议员等开具质问书呈请批答，于去年十一月十三日奉批：该案系前次劝业道于谘议局会议期中详请核定交议之件，嗣以拟订各条于事实上调查尚有未能详尽之处，特由本部院交由该道再行编订，旋据呈报，已届谘议局闭会之期，不及交议，故提交会议厅先行会议，预备将来谘议局开临时会或下届常年会议时再行提议等因。准此，是则此项法律案抚部院已明认谘议局有参与之权，许于下届开会时交议？今阅本月十三日《全浙公报》载有劝业道详抚宪文，为设立专卖樟脑总局呈请奏咨立案，似与抚部院前次之批答显有违背。若谓劝业道之详请系秉承抚部院之意旨，则抚部院对于陶保霖之批答所谓“行政宗旨，在开诚布公，极重舆论”，对于沈钧儒之批答所谓“为政宗旨，在诚实无欺”各等语，未免矛盾矣。且查宪政编查馆议复于式枚原奏，其解释局章第二十一条第六款，明谓各省特别之单行法，自应由谘议局参与，以收集思广益之效。是关乎本省之单行法，必经谘议局议决，一无疑义。而《樟脑专卖法律案》为公私权利之所关，更非行政命令可比，今劝业道贸然详请奏咨施行，是否有侵夺权限之疑，请明白批示。

提出者：褚辅成

连署者：顾荣第、聂日培、叶诰书、王序宾、刘耀东、王理孚、管穰、王家襄、潘秉文、洪锡承、陈翼亮、张善裕、杨山立、楼守光、萧鑑、王应奎、张传保、应贻诰、郑永禧、蔡汝霖

抚部院批答：查五月初十日据劝业道详送《修正樟脑法律案及施行方法办

---

① 此日期为浙江巡抚增韫的批答日期。

事细则》清折各一扣到院，当经付知宪政筹备处审核，仍俟谘议局开会时发交提议后再行奏咨也。此复。宣统二年六月初一日。

《浙江谘议局议员质问书》第一届乙编，下，第20—21页

王理孚质问书

宣统二年六月二十日[①]

顷奉抚台批答谘议局呈据江山毛文纯陈请书由，有封境办理自治研究所是否不合，教员毛汝玠能否胜任？应以接办后有无成绩为凭等语。查毛文纯陈请书之主旨，以封境、毛汝玠之派充所长、教员与法定资格不符，非以其才之必不能胜任也。抚台批答非所问，更滋疑惑，因据局章备具质问书，呈请批答。

一、部定《自治研究所章程》第三条载明“府厅州县自治研究所所长、讲员，即以听讲毕业员分别派充”等语，据《自治筹办处文报》第五所载《自治学员成绩表》，封境、毛汝玠均以学绩不及五十分，列入最次等。此项学员可否比照部章作为毕业？此一疑问也。

一、《自治筹办处文报》第一内载禀奉抚台核准之《浙江全省自治研究所招考简章》第八条，有“录取各员，俟八个月研究期满试验及格者，遵抚院颁定《自治筹办处章程》分派各该厅州县办理自治研究所及筹备自治事宜”等语，据此则及格者方准派充，封境、毛汝玠比照何项学堂考试章程？可称为及格而派充所长及讲员？此一疑问也。

一、《自治筹办处文报》第五内详报抚台酌派学员办法文，有“本厅州县学员中有成绩较优者，即派充各该本地方研究所所长；如本地无人可派，则改派同府异县之成绩较优者”。又“云和、青田、乐清三县学员，均考列次等，未便派

① 此日期为浙江巡抚增韫的批答日期。

充”等语，据此派充及格学员，应以本地为先，必无可派，始借材异地。现查江山毕业学员，尚有徐鸣鹤、汪国馨二名，考列中等，未奉派充，当事者何以知其接办后必无成绩而改派同府异县之学员？考列次等者且未便派充，则封境、毛汝玠之考列最次等者，何以独得派充？此一疑问也。

一、部定用人资格，不独自治研究所一端，若如抚台所言，应以接办后有无成绩为凭，则部定章程是否几同虚设？以后举行各项新政，所有办事人员皆可援以为例否？此又一疑问也。

提出者：王理孚

连署者：聂日培、叶诰书、王序宾、刘耀东、管穣、王家襄、蔡汝霖、蔡裔麟、张善裕、杨山立、卢观涛、楼守光、萧鑑、王应奎、张传保、褚辅成

巡抚部院批答：据呈已悉。封境接办江山自治研究所是否不合？教员毛汝玠能否胜任？就事论事，自应以接办后有无成绩为凭，前经批答在案，兹复呈称毛文纯陈请书之主旨，以封境、毛汝玠之派充所长、教员与法定资格不符，非以其人之必不能胜任等语，并列举疑问四端。是盖误认延聘为派充所致。查江山自治研究所所长，由浙江地方自治筹办处派充者，为全省自治研究所优等毕业之徐锴，办理不善，由县详请撤销后，自治筹办处并未派员接充。封境之接充所长，系由该县官绅自行延聘，其由自治筹办处派充者，自系绝对以学业成绩为标准。文报所载，历历可查。然此标准系自治筹办处拘束自己所定之标准，其效力只及于派充之当时，并非即以此拘束本地官绅之延聘。且查奏定《自治研究所章程》第三条二项之规定：“凡派充为所长者，应以听讲毕业员为限”，而第四条内开“各地方士绅自愿照章设立者，其所长应由该所公举通晓法政、品学优裕士绅一员，呈请自治筹办处核派”等语，本无“毕业”字样，江山自治研究所虽由官立，但自官派所长撤销后，由本地官绅自行延聘所长，正与第四条情形相同。封境既非由筹办处派充，而由地方官绅自行延聘，报明立案，或系其人平日不无足胜任用之处，如必以从前所定派充之标准相绳，则是直以一日之短长穷之，于其所往，恐亦无此办法。至该县在省城自治研究所考列中等之徐鸣鹤、汪国声[1]二名，据江山县陈令禀称，先均聘充自治研究所讲员，嗣以同时辞职，慰留不允，

① 前作“馨”，前后不一致，原文如此。

自亦无能相强。本部院初以为延聘与派充截然两事，本无待烦言而喻，故于该局呈文直以“接办后有无成绩为凭”之语明白批答。兹据续呈前情，因复缕晰及之。至各厅州县自治研究所讲员，当时本未经自治筹办处派充，系就各该厅州县在省研究自治诸生如数开单札发饬令随时酌量选聘，业经咨明有案，不特江山为然，更无疑问。总之，此案须先认明延聘与派充为二事，乃始知封境之接充江山自治研究所所长，毛汝玠之接充讲员，并未与文报所载抵触，亦不至同部章于虚设，而本部院前此批答，似亦非答非所问，致滋疑惑矣。此复。宣统二年六月二十日。

《浙江谘议局议员质问书》第一届乙编，下，第23—25页

褚辅成质问书

宣统二年六月廿四日[①]

谨遵《谘议局章程》第二十六条提出疑问事件呈请批答。

查张元普奏案，冬漕欠至年外者，每石加钱三百文，永为定例。然则滞纳处分，早有法令规定，断不容征收者自由增加可知。现经确实调查，各州县年外漕折，往往有违背奏案者：如嘉兴县上冬漕米每石折价五元九角三分，春收加至六元四角，今复加至七元五角五分；秀水县上冬漕米每石折价五元八角至六元，春收加至六元四角，今复加至七元二角三分；石门县上冬漕米每石折价六元三角，今加至七元二角；桐乡县上冬漕米每石折价六千四百文，今加至七千四百文。以上各县漕折加收之数，核与原奏不符。现今收漕定价，究以何者为标准？年外加钱三百文之奏案有无变更？议员等对此不能无疑者也。谨具质问书，伏乞明白批示。

① 此日期为浙江巡抚增韫的批答日期。

提出者：褚辅成

连署者：王理孚、聂日培、叶诰书、王序宾、刘耀东、管穰、王家襄、蔡汝霖、蔡裔麟、张善裕、杨山立、卢观涛、楼守光、萧鑑、王应奎、张传保

巡抚部院批答：查粮户完纳漕粮，务须年内扫数清纳，如有玩户抗欠至年外者，应援江苏成案每石酌加公费钱三百文，以昭激劝。屡经查照光绪十五年奏案通饬各州县遵照办理在案，据呈嘉兴、秀水、石门、桐乡等四县，春收漕折较之上冬每石定价多收甚巨，如果确有其事，殊属违章抬价，应即饬令照章办理，以昭划一而纾民困。希候札饬布政司迅即委员驰往各该县确切查明核议详夺。此复。宣统二年六月廿四日。

《浙江谘议局议员质问书》第一届乙编，下，第26页

沈钧儒质问书

宣统二年六月廿五日[①]

遵照《谘议局章程》第二十六条，有疑问事件，谨开具于次：

窃案四月初一日奉抚部院札准宪政编查馆咨开核复议案九件，嗣由本局提议呈请迅予分别公布后，奉抚部院批示：即当公布施行等因在案。惟公布不能托之空言，必有机关以为发表，查官报局章程第一条及抚部院上年八月通饬，均已确定官报为全省政事发表之机关，故上年谘议局议决案十七件，抚部院于十一月二十七日特札饬官报局克日将全案并刊一册，作为一期官报，以便公布周知，诚郑重之至也。此次《筹办浙江巡警经费案》内准裁撤巡警总局，《移房捐及裁撤绿营饷项改充巡警经费案》内准将房捐改办巡警，《公布本省各种现行章程规则案》内删去第一条末段“未经刊布之件，均作为已经废止”一语，准全案照议，

① 此日期为浙江巡抚增韫的批答日期。

《裁撤官纸局案》内准酌照局议，由抚部院裁并办理各节。计奉札准宪政编查馆咨复迄今已历三月，尚未见札饬官报局为正式之公布，不审有无别种缘由，且查《公布本省各种现行章程规则案》既经宪政编查馆核准，则原案第一条办法自为有效，所指本省旧有章程规则及详准通行事件应否限于本年六月末日以前发交官报局陆续另册刊行？均祈明白批示。

提出者：沈钧儒

连署者：聂日培、叶诰书、王序宾、王理孚、管穣、王家襄、蔡汝霖、蔡裔麟、张善裕、卢观涛、楼守光、王应奎、张传保、应贻诰、褚辅成

巡抚部院批答：来呈暨质问书均经阅悉。查《筹办浙江巡警经费案》内准裁撤巡警总局，其原议之甲、乙、丙三项，按照宪政编查馆核复，或待另筹的款，或暂无庸议，非完全照准之议案可比；其《裁撤绿营饷项改充巡警经费案》内准将房捐改办巡警，亦系一部分之照准施行；《裁撤官纸局》一案，仅准酌照局议，由本部院裁并办理。按照原案，均有酌核之处。是公布之时，只宜将核准之一部分公布，未便交全案公布，致涉歧异。现在业将核准各项办法先后发登官报，似勿庸重复，一再公布。惟《公布本省各种现行章程规则》一案，应照馆咨核复，删去第一条末段“未经刊布之件，均作为已经废止”一语，即为正式之公布。嗣因各种现行章程规则，调查局搜罗最富，特札饬该局汇编，以便发交官报局登载。旋据详复编纂方法内称，该局法制科第二股所掌调查事项，系每半年报告一次，如每类事项一次不克完全，则以第二次续订。此次汇编本省现行章程规则，拟亦照此办理，以期迅速程功等情。本部院详加察核，实与该议案第一条内载“发交官报局，陆续另册刊行”一语不相抵触，业经批准照办，并饬赶速编纂在案。所有原议“限宣统二年六月末日以前”一语与原议应删之。“凡逾限未经刊布之件”一语，系相联属，自可一并删去。现已修正，专札官报局公布施行矣。希即知照。此复。宣统二年六月廿五日。

《浙江谘议局议员质问书》第一届乙编，下，第26—28页

沈钧儒质问书

宣统二年七月初九日①

谨遵《谘议局章程》第二十六条，对于本省行政疑问事件开具如左：

窃查前质问宪政编查馆核准议案应否公布各节，当荷批示：查《筹办浙江巡警经费案》内准裁撤巡警总局，其原议之甲、乙、丙三项，按照宪政编查馆核复，或待另筹的款，或暂无庸议，非完全照准之议案可比；其《裁撤绿营饷项改充巡警经费案》内准将房捐改办巡警，亦系一部分之照准施行；《裁撤官纸局》一案，仅准酌照局议，由本部院裁并办理。按照原案，均有酌核之处。是公布之时，只宜将核准之一部分公布，未便将全案公布，致涉歧异。现在业将核准各项办法先后发登官报，似勿庸重复，一再公布。惟《公布本省各种现行章程规则》一案，应准馆咨核复，删去第一条末段“未经刊布之件，均作为已经废止”一语，即为正式之公布。嗣因各种现行章程规则，调查局搜罗最富，特札饬该局汇编，以便发交官报局登载。旋据详复编纂方法内称，该局法制科第二股所掌事项，系每半年报告一次，如每类事项一次不克完全，则以第二次续订。此次汇编本省现行章程规则，拟亦照此办理，以期迅速程功等语。本部院详加察核，实与该议案第一条内载“发交官报局，陆续另册刊行”一语不相抵触，业经批准照办，并饬赶速编纂在案。所有原议“限宣统二年六月末日以前”一语与原议应删之，“凡逾限未经刊布之件”一语，系相联属，自可一并删去。现已修正，专札官报局公布施行矣等因。仰见抚部院不尚空文，注重实行之至意，曷胜钦佩。惟查议案议决之后，必用一定公布之方法以公布之，此为立法行政必不可少之手续。盖公布者，有使人民咸与闻知之意。对于一般而言，非特指定数机关而对之为公布也。官报为全省政治发表机关，按抚部院通饬内开“如有谕旨、

① 此日期为浙江巡抚增韫的批答日期。

部文及院司各署局通饬之件，为官报所已载而正式公文尚未奉到者，各该属接阅官报即可遵照妥速办理，以免迟误”等语，似官报兼有对于特定机关发生之效力，其实不然，正式公文并未废止，通饬用意不过以资办事者之迅速而已，非即以之代札饬也。夫官报虽可遵照，仍不能废札饬，犹之札饬虽经发表，终不能代公布，初无二理。故上年抚部院公布浙江谘议局第一次常年会议决事件，札饬官报局文内谓：除将各议案施行方法分札各主管官厅妥议详候核夺通饬遵行外，合将各案一并札发，札到该局，即便遵照，克日将全案并刊一册，即作为一期官报，以便公布周知。其前之所谓分札通饬者，即指对于各执行机关而言也，后之所谓公布周知者，即指对于一般而言也。札文于公布性质分辨最明。今查巡警局、房捐、官纸局各项，业经抚部院核办在案，并将办法先后发登官报，诚如批示所云，然第皆抚部院与各主管官厅来往之公文，而于正式公布直可谓之绝无干涉也。现在所似难解决者，则为尚未施行之议案必须公布，已经施行之议案是否亦必须公布之一问题。然公布性质既不属于命令，主管官厅之作用，则无论其为已施行、为尚未施行，不过事实上一种著手先后之状态，决于法律上之公布无所妨碍。未施行而公布，公布也；已施行而公布，并其施行之事实而悉公布之，尤公布也。议员闻有未能实行而难于公布者矣，未闻经已实行而特难于公布者也。区区之愚，以为无论何种议案，经宪政编查馆核议，其但有一部分之准行，而议题文字如何删改，未经核示者，似宜将原文宪政编查馆说明一并公布，而于札文内将经已施行如何办理之处详细带叙，如此则人民知官厅守法之严、措事之敏，而公布之效益著，否则有议案而无公布，将立法之效用不全，而行政之观感亦薄，非所以昭信示于人民而立之准也。今批示谓“似勿庸重复，一再公布”，又谓“未便将全案公布，致涉歧异”，此诚议员之所不能无滋疑问者一也。

至《公布本省各种现行章程规则议案》，宪政编查馆复核明谓应将第一条末段“未经刊布之件，均作为已经废止”一语删去，余照所议，是此项议案为业经宪政编查馆核定准行之件，但将所指之十三字照删，即得以原案全文公布，无用再加修正，实为明白无疑。况立法之事，尺寸皆有范围，无论官厅与谘议局，并须遵守章程于规定之权限以内行动，故凡议修正，必在谘议局常会期内。盖修正之前，必有复议；修正之后，尚要通过，皆为立法上不许不经之手续。若闭会后，则官厅与谘议局无从施行此种种之权能也。且在开会期内，督抚不以为然，亦只能说明原委事由交局复议，无可以自行修正施行之事；若谘议局仍执前议，不能达修正目的，督抚得将全案咨送资政院核议。经资政院议定后，均宜分别照行局章第二十二、二十三、二十四、三十各条规定，至为详确。其三十条案语又谓“既经解决后，谘议局与督抚等即不得另有异议”，所以息争执杜流弊，意至是也。今批示谓“所有原议‘限宣统二年六月末日以前’一语与原议应删之，‘凡逾限未经刊布之件’一语，系相联属，自可一并删去，现已修正”云云［按“凡逾限”三字，议案文无之］。不审抚部院何所根据而有此权限以外之主张？使谘议局之议案遂成无限之文，宪政编查馆之复核不免疏漏之病也。此又议员之所不能无滋疑问者一也。

以上再具质问理由，敬祈明白批答。

提出者：沈钧儒

连署者：聂日培、叶诰书、王序宾、王理孚、管穰、王家襄、蔡汝霖、洪锡承、蔡裔麟、张善裕、杨山立、卢观涛、楼守光、萧鑑、张传保、应贻诰、褚辅成

巡抚部院批答：来呈暨质问书均经阅悉。查《筹办浙江巡警经费议案》、《移房捐及裁撤绿营饷项改充巡警经费议案》、《裁撤官纸局议案》，前准宪政编查馆核复，当经将核准各条分札各主管官厅遵照核议办法，嗣据先后详复，又将各项办法先后发交官报局登载，对于一般，实已公布周知，并于六月二十七、二十八日将以上三种议案叙明宪政编查馆核复原文及该三案已奉核准各办法全案分札官报局并刊，仍汇刊单行本，呈候分饬遵照，核与前次公布程式尚无歧异。惟该三案原文固非完全核准施行，故未经饬令登载。如欲使一般人民咸知该议案，本部院认为不可施行之理由，宪政编查馆核复但有一部分之准行，将该议案原文附刊于施行全案之后，亦未为不可，希候补札官报局汇登，以期详备。至《公布本省各种现行章程规则议案》，宪政编查馆核复有“查本案所主张，贵抚与谘议局意见相同，惟复议案谓‘限宣统二年六月末日以前，未经刊布之件，均作废止’一节，诚如贵抚所见，诸有未便”等语，故拟将“限宣统二年六月末日以前”十一字一并删去，尚非毫无根据，且按之事实，本部院衙门旧有颁行之章程规则，一时搜辑，已属不易，现在是否尚有效力，亦尚待饬查。此次发交官报局登载时期，虽距六月末日以前相去无多，然已逾六月末日之限，特先明白批答，拟同应删之“未经刊布之件，均作为已经废止”一语一并删去，系为核实

起见，并无他意。其前批“凡逾限”三字，查谘议局原议，该议案原文确有此三字，复议时删去，当时未经检查，致有此误，现在该议案业经公布。若照原文将“限宣统二年六月末日以前”一语仍旧刊入，亦可照准，惟与施行日期实稍有未符，不得不预为声明，免滋疑义，并候札饬官报局遵照。此复。宣统二年七月初九日。

《浙江谘议局议员质问书》第一届乙编，下，第28—31页

蔡汝霖质问书

宣统二年八月初五日、初六日[①]

查浙江谘议局筹办处报告李合顺所订合同承揽据内，有“建造工程，于订立承揽之日起，限十个月一律完工，其中遇有雨天，应准照除，倘除雨天外，逾限每十天议罚规银四十两”一条。查立据之日为宣统元年四月十七，是扣算至今年二月十七，业已期满。旋于四月间报载承办工程樊守禀请扣除雨天六十日，又年假二十日，是即据其禀报日期核算，亦应扣至五月初七日一律竣工，乃任意延宕，玩视要工。昨奉抚院复议长函，有“据监工禀称，至七月底必当一律完工”之语，是照原订期限，已逾至八十三日之多。开会时期业已迫蹙，局中一切布置实难准备，似此藐视约据，遗失信用，贻误要工，妨害大局，仅依原额议罚，实不足以蔽罪，应如何从重惩罚之处，即祈答复。

阅本月廿一日《浙江日报》载，有浙省建造高等审判厅衙署，因原勘地皮不敷，经工程委员会禀请臬司，添拨北首菜地，札县督饬里书丈量后，谕饬各居民一律迁让，允给花息迁让贴费，至今未见给发，反迫迁甚急等情。查《公用土地收用规则法律案》业经公布施行，此番因建审判厅衙署所添拨之菜地，是

① 此日期为浙江巡抚增韫的批答日期，巡抚分两次批答质问书中所涉两事。

否经过本法律案所载条件各种手续？倘未经过，由官吏任意给价，迫令迁移，是否业经公布施行之议案作为无效？谨据《谘议局章程》，呈请查明批答。

提出者：蔡汝霖

连署者：叶诰书、王序宾、刘耀东、王理孚、管穰、潘秉文、王家襄、洪锡承、蔡裔麟、陈翼亮、楼守光、卢观涛、应贻诰、郑永禧、褚辅成

巡抚部院批答：来呈阅悉。查合同原有“逾限十天，罚规银四十两”一条，该承揽人果系延误，实属咎由自取，应如何从重惩罚之处，希候札饬劝业道悉心查核，自立据之日起至验收之日止，实除雨天若干日、年假若干日，开明逾限实数，并查明有无意外障碍，禀复核办，再行札复可也。此复。宣统二年八月初六日。

巡抚部院批答：来牍阅悉。当经饬据臬司查明，以高等审判厅建筑地址，拟即扩充，现已动工，处所南至臬司直街为止，工程委员并无添拨北首菜地之请，有所需之地皆为臬署自有之官地，现因建筑审判厅收回自用，不在《土地收用规则》限制范围之内，其所载条件、各种手续，亦未便强为比附。惟既令各居户拆让房屋，不无损失，曾由司札县查明各户椽数，参照铁路公司及建造谘议局成案，酌给迁费，以示体恤。现在办理情形，尚未据县禀复，自（行）〔应〕由司再行札县从速妥为办理〈情形〉，希候札司饬县将办理情形具报。此复。宣统二年八月初五日。

《浙江谘议局议员质问书》第一届乙编，下，第36—38页

陈翼亮质问书

宣统二年八月二十日①

窃查度支部前咨，各省清查地方府厅州县一切公款所入，如有关于差徭、摊

① 此日期为浙江巡抚增韫的批答日期。

解、赃私各款，均应一律革除，不宜归并统计。是举差徭、赃私二项凡一切陋规均已该括在内。去年谘议局援据部咨，提出《禁革差徭案》，蒙批准公布，非特船埠陋规属于差徭，当实行裁革，即他项规费，类于赃私，即当概行禁绝。乃近阅报载，财政局详定《津贴佐杂公费草案》内列各条，有云佐杂除得廉俸暨此项津贴外，其余所有各项规费（如船埠陋规之类），应悉数缴解县中，以作该州县公款收入，而各州县亦有稽查提解此项陋规之责；又云发给前项津贴，从抚宪准批通饬之日县解陋规为始，起领以后，按月计算，业蒙抚宪批准，由局抄移藩司知照。夫既云陋规即非公款，既非公款，当已革除，既已革除，何从稽查？从何提解？况原文括弧内又注明"船埠陋规之类"字样，是不独于部咨、章程大相抵触，即于公布议案亦显属违背，不知财政局援何根据？犹攘鸡待岁，不忘此应革之陋规，而抚部院抱有痛瘝，亦得鱼忘筌，竟许此不法之草案。若此案果见实行，恐"陋规"二字，从前得诸私索者，尚知有隐讳而不敢昌言，此后出诸公布者，并绝无顾忌而益将加厉也。究竟现时各州县陋规是否仍然收取？此中实滋疑窦，援据局章第二十六条之规定，开具事由，敬俟批答。

提出者：陈翼亮

连署者：聂日培、叶诰书、王理孚、管穰、潘秉文、王家襄、蔡汝霖、洪锡承、杨山立、卢观涛、楼守光、狄翚、张传保、应贻诰、顾荣第

巡抚部院批答：呈悉。现已饬据财政局详复到院，另行札行查照矣。此复。宣统二年八月二十日。

《浙江谘议局议员质问书》第一届乙编，下，第38—39页

张传保质问书

宣统二年九月初七日[1]

按照《谘议局章程》第二十六条，有疑问事件开列如左：

本年五月间，藩司详拟各厅州县酿成闹学处分五条，经抚部院批准通饬在案。此次湖属长兴县学堂被毁至八九所之多，该县文令酿成如此巨祸，似非寻常疏忽可比，而抚部院批该县劝学所总董萧鑑禀，于该县应得处分并无一语道及。提学使批亦但责令规复被毁学校以赎前愆。究竟该项闹学处分现在是否尚未适用，应请批答。

提出者：张传保

连署者：褚辅成、周斌、王序宾、王家襄、蔡焕文、劳絅章、唐凤翔、陈训正、柳在洲、沈椿年

巡抚部院批答：来呈阅悉。查长兴闹学一案，前据堂长费泳翔等呈院，已将文令应如何处分查照详定处分办理，批饬提学司会同布政司详夺矣。准呈前因，候再札司查照，一俟司详到日，再行札复可也。宣统二年九月初七日。

《浙江谘议局议员质问书》第二届甲编，第1页

① 此日期为浙江巡抚增韫的批答日期。

蔡裔麟质问书

宣统二年十月十一日[①]

本年九月廿一日奉抚部院札，查案据景宁县自治事务所坐办李瑞阳、统计处编纂梅师俞禀称：查有谘议局议员刘耀东提出议案陈请书，上控景宁县主朱令其珣办理沙湾学堂被毁种种不合一案，不知何人，背写生等名字，事关名誉，呈请察核摘释等情到本部院。据此，除批示挂发外，合就札查，为此札行谘议局，将此项陈请书系何人捏名陈请迅速查明复凭核办等因。查李瑞阳、梅师俞陈请书，系由常驻议员刘耀东转据景宁在省供差人员叶仰高面交，照章介绍交局收受，提议审查，公决呈院，逮奉抚部院札查前因，即据介绍议员检出证据，交局存案。九月三十日又据具名陈请之梅师俞亲到本局具函，声称前项陈请书确系该绅等联名具陈，寄由本县在省绅士叶仰高投递，并无背捏。是此项陈请书具名之人、投递之人，均经查明确实，可以证明本局议员介绍收受提议手续并无错误，即可反证抚部院札据李瑞阳、梅师俞检举之禀，显系有人捏递。而捏递原禀词内，首称"查有谘议局议员提出议案陈请上控景宁县主朱令其珣"等语，一若诘责谘议局不应收受提议，又若诘责背写姓名系出议员之手，幸而抚部院据禀札查，而具名陈请之人、投递之人均在省，可以证明本局收受提议并无错误。设或具名、投递之人一时远出，则官厅据一纸捏递检举之禀以推翻本局议决呈请查办之案。本局代表人民之信用与名誉，将何以大白于天下？现本局奉抚部院札行查复，既已查据确实，人证俱在，其收受手续并无错误可知。未知抚部院所据李瑞阳、梅师俞检举之禀，是否亦系本人亲递？如非本人亲递，则此项检举禀词，究系何人捏名检举？应如何查究核办？谨据局章呈请抚部院明白批答。

提出者：蔡裔麟

---

① 此日期为浙江巡抚增韫的批答日期。

连署者：黄式苏、郑希樵、陈翼亮、王泽灏、高金培、郑永禧、涂山、褚辅成、张传保、王序宾、应贻诰

巡抚部院批答：来呈阅悉。查冒李瑞阳、梅师俞检举之禀，系由邮寄到院，本部院为通达民情起见，故于邮递呈词亦俱收受，虽间有淆乱黑白之举，两利相形取其重，不忍置诸不理。此次冒捏检举，实为可恶，前准来呈，即经札饬提学司遴委干员前往确查，究系何人捏名？据实禀办在案。准呈前因，希候委查复到，再行札复可也。此复。宣统二年十月十一日。

《浙江谘议局议员质问书》第二届甲编，第1—2页

张纲质问书

宣统二年十月十一日①

查盐店售盐，向章必先规定价值，明白悬牌，藉作标准。今省城及大县或各巨镇所有盐店，尚照向章办理；其偏僻之县，往往匿不挂牌。买盐者问其价值，从未明言；所开回票，只写“收洋若干，付盐合讫”字样，并不注明斤两数目。虽禀报有期，而先卖后报，其中涨跌自由，实难觉察。居民受亏甚巨。依照省城各地办法，何以截然两歧？应否通饬一律照章挂牌以杜欺朦之处？谨具质问书呈候明白批答。

提出者：张纲

连署者：张宣藻、骆恒、杨文泰、谢钟瑞、狄翚、墨尔根图、詹熙、周钟俊、吴气充、林钟秀、徐秉谦

巡抚部院批答：来牍阅悉。希候札饬运司查复核夺。此答。宣统二年十月十一日。

《浙江谘议局议员质问书》第二届甲编，第2—3页

① 此日期为浙江巡抚增韫的批答日期。

陈时夏质问书

宣统二年十月十四日[1]

查宪政编查馆核订省提法使官制清单内，提法使分设三科，一总务科，二刑民科，三典狱科，各科设科长、科员，均以谙习法政人员、照章考试合格者，由提法使详由督抚咨达法部奏补。又查宪政编查馆核订《考用提法使属官章程》第一条规定，提法使属官应按奏定官制，以考试合格者分别奏咨补用，第二条第一项各号规定得以考试合格奏补者之资格，第二项规定免考试者特别之资格，第三条及第四条规定考试之科目与试官，诚以司法独立，凡组织司法机关之员，必具有法律之学识与资格，经严重之考试，始得为任用。而所谓“谙习者”，尤非略知政法一二者所可窃取。今浙省臬司既改为提法使，而于此种之考试属官章程，尚未实行，岂该署旧设之科长科员，因已用提法使官制清单内之名册而可省略此考试之手续耶？抑皆具有属官章程第二条第二项特别之资格得免于考试耶？若因已用其名称而可省略其手续，则此考试属官章程几同虚设，而他日各种之新政机关，皆可改换名称为塞责；若以为皆有特别之资格得免于考试，则本年官报所载臬司职员表，该署总务科长谷钟秀、刑民科长郑礼融、典狱科长祁荫甲，仅有考试属官章程第一条第一项第二号之资格，得与考试而无第二条第二项之资格得免于考试。其他之科员，且多与第一条第一项各号之资格不符。夫机关变更，其组织机关之员，即当依法律之规定同时变更。今省城及商埠各级审判厅不日成立，其法官皆备法定之资格，而为其各级审判厅监督之一省司法行政机关，独沿用旧设之人员，不依法律之规定，实为司法行政上之疑问。故据《谘议局章程》第二十六条提出质问书，请求明白批示。

提出者：陈时夏

---

① 此日期为浙江巡抚增韫的批答日期。

连署者：周斌、金保穉、褚辅成、潘澄鑑、章育麟、吴赓廷、杜子楙、张其光、韩国藩、顾清廉、王渡

巡抚部院批答：查提法司既经改设，自应遵章考试属官，以资任用。希候札饬提法司将《考用属官施行细则》妥速规定详候核奏。此答。宣统二年十月十四日。

《浙江谘议局议员质问书》第二届甲编，第3—4页

沈钧儒质问书

宣统二年十月十四日[①]

谨依《谘议局章程》第二十六条，开具疑问事由如左，敬俟明白批答。

一、房捐改充巡警经费办法，第一届常年会议决后，经抚部院赞同，复奉宪政编查馆核准可行。嗣于褚议员辅成质问书再经批示，据藩司禀称：房捐一项既经议决划归本省巡警之用，自应照办，现在预算案已列入地方税项下，以清界限。所有赔款内短少之数，若年岁丰稔，粮捐收数较旺，尚堪挹注。此外另行筹抵，一时实无从设法等情。当经批令赔款短数在粮捐项下筹抵，并由藩司移会清理财政局另详核咨，候札催该司局迅速议详察夺等因。近见报载藩司以房捐一项，照章应按月解缴，以济要需，特札派委员分向嘉、湖、宁、绍各县催提，不知所谓“要需”究竟何指？是否即为巡警经费？不无疑问。

一、近来省城市面为沪市牵动，商情岌岌可危。查《浙江银行章程》第一条规定有“本银行设在浙江省城，为维持地方经济”云云；又合同第六款，浙江银行既含有地方银行之性质，一方面得享有《浙江银行章程》第五条、第六条及本合同第四、第五所载各权利，一方面即应负《浙江银行章程》第七条之

① 此日期为浙江巡抚增韫的批答日期。

责任。是浙江银行之性质，为官商合办之地方银行，有维持地方经济之责任，无庸拟议。何以省城市面如此危险，不闻该银行有如何设法维持之情形？转闻藩司有因筹解抵还洋款向该银行拨借十万元之举，徒为官厅挹注，不负地方责任，似与设立浙江银行之本旨未相符合。又近日省城商会集议拟禀请暂借官款，颇有不愿由该银行经付之说。银行以信用为主，该银行为官商合办，维持信用，官厅自有责任。究竟该银行信用因何失坠？何以不闻官厅亟筹整顿之法？不无疑问。

提出者：沈钧儒

连署者：陈翼亮、阮性存、王泽灏、杜子楙、潘澄鑑、周斌、王家襄、梁有立、吴赓廷、刘耀东、钱允康、罗赓良、韩泽、应贻诰、吴恩元

巡抚部院批答：查《移房捐改充巡警经费议案》，前准宪政编查馆核复内称：赔款关系重要，应另行迅筹的款，一俟确有实数，即将房捐改办巡警等语。是此项房捐能否即时移充警费，应先以赔款短数有无确实的款为断，叠经本部院札饬藩司移会清理财政局设法筹抵，嗣据藩司禀称：赔款内短少之数，若粮捐收数较旺，尚堪挹注。复经批饬议详各在案。兹查上年浙东西各属大水为灾，正项短收，粮捐因之大绌，按照馆复赔款尚未确有实数，房捐似难移充警费。此次藩司派员催提嘉兴、宁、绍各县房捐，实因赔款要需，不得不以此项凑拨，一面由本部院札催司局早日将赔款短数另行筹补。赔款有着，房捐一项，自当尽数拨充巡警经费，以符议案。此答。宣统二年十月十四日。

巡抚部院批答：查浙江银行前于本年四月间金融界危险之时，曾发银二万元接济延德、裕丰两庄，发银三万四千元接济平粜局。又经司库放银十万元，由三银行转发阜生、阜源各庄。现复因市面恐慌，饬藩、运二库各借银三十万元，藉为同业周转。是其于地方经济固未尝不负维持责任。前上海泰崇庄经理陈震福诬控该银行滥发纸币一案，当经札饬劝业道会同藩司查办，一面并由部电监理财政官确查。嗣经查明，该银行流通票纸之准备金数目及办理一切情形，与部章并无不合。陈震福理屈词遁，至有一经调查以后，内容毕显，根柢自坚，愈足以取信于社会，于该行实为功臣之说。是官厅于该银行之信用，亦未尝不负整顿责任。至藩司筹解洋款向浙江银行拨借十万元一节，查藩司凑解公帑，不能不向银行、钱庄暂时借贷，历经办理有案。浙江银行拨借之款，照章经股东许可，且指有一定入款，短期清还。此系银行应有之营业，又与市面无碍，似不得谓之挹注官

厅。又谓省城商会拟暂借官款，不愿该银行经付一节，现据劝业道转详以准商务总会照称，请拨官款三十万元维持市面。是商会并无不愿银行经付之说，不辨自明。此复。宣统二年十月十四日。

《浙江谘议局议员质问书》第二届甲编，第4—6页

周斌质问书

宣统二年十月十四日[①]

依《谘议局章程》第二十六条及《议事细则》第一百三十四条之规定，谨具质问主意书如左：

查《讼费暂行规则》第四十六条第一项及第四十九条，诉讼印纸、诉讼状纸两项收入之款，皆入公费存储，并不能移为他用。明明规定，毫无疑义。今阅第三十三期官报提法使详文内称，此项诉讼状纸，除印本即饬委带回归垫外，五成收款曾经禀准归入藩司库，以抵借用建筑审判厅经费云云。是与《讼费规则》显有违背，抚部院对于违背规则之详请，何以遽行批准？敬乞明白批答。

提出者：周斌

连署者：潘澄鑑、唐凤翔、张传保、詹熙、张棣、吴赓廷、朱其镇、褚辅成、顾清廉、周钟俊、王渡、章育麟、沈钧儒、陈时夏

巡抚部院批答：查发卖诉讼状纸、印纸于添定各项办法通饬施行之际，查得是项收入为数颇巨，以之协助厅州县衙门诉讼费用，确有余裕，而省城商埠各级审判厅即须成立，先向藩库借款建筑，声明将前项状纸、印纸收费五成提出作抵。盖审判厅为处理诉讼之最要机关，今因建筑之初，经费无着，酌提状纸、印纸二项之收入以协助之，核与《讼费暂行规则》第四十五条一项“他法令内载

① 此日期为浙江巡抚增韫的批答日期。

明应由本公费支垫之文”相符。至第四十六条及第四十九条之规定，系指厅州县而言，厅州县对于此二项之收入，自应照章将余数皆入公费存储，不得移作他用。此答。宣统二年十月十四日。

《浙江谘议局议员质问书》第二届甲编，第9—10页

潘澄鑑质问书

宣统二年十月十四日[①]

浙西水利一案，去年十二月二十日已经抚部院札准公布施行。查原案第三条经费项下，系由三府善后丝捐内各自提充。今阅清理财政局所交地方岁出预算比较册内临时门第三类第一款第一项下“改正数目”中，何以有“全裁”字样？是否抚部院业已另行拨款抵补此项经费？其抵补之款何以不列入预算册内？否则既经公布之案，是否可以任意变更，等于虚设？谨据局章第二十六条提出疑问，乞即明悉批答。

提出者：潘澄鑑

连署者：张棣、吴赓廷、朱其镇、褚辅成、周斌、顾清廉、王渡、陈士干、沈钧儒、姚祖范、章育麟、周钟俊、陈时夏、陆积昌、王应奎、杨山立、范耀雯

巡抚部院批答：本议案因杭嘉湖道详称，经费无着，未能实行，请再交复议等由，已由院将原案重行提出札行谘议局公议矣。至预算册列此款项下所注“全裁”字样，系照度支部电示核删，并据藩司迭次详称，善后丝捐业已挪移一空，则此案经费，总须另行筹画，合并答复。宣统二年十月十四日。

《浙江谘议局议员质问书》第二届甲编，第10—11页

---

① 此日期为浙江巡抚增韫的批答日期。

顾荣第质问书

宣统二年十月十四日[①]

本年五月十九日第十七次协议会，提议湖郡厘局抽收府城及南浔两处屠户出行猪捐，是否厘局混取一案，当经议决照章呈请抚部院批答。旋于六月初三日奉到批答，内云所称各县城乡均未实行，惟府城及南浔照办，似有偏枯。应否停免，希候札饬藩司确查议详察夺，俟复到再行札复等因。嗣于九月初五日复奉汇案批答此案，内开藩司于六月二十四日札饬湖郡局查明湖属各县城乡猪捐情形，分别已、未实行，迅速禀复，以凭核办，迄未见到，已由司勒限严催湖郡局速复矣各等因在案。查此案自六月初三日蒙抚部院批答，迄今已逾四月，即以九月初五日汇案批答而论，亦又月余，其为湖局玩延欤？抑藩司并未勒限严催欤？此项猪捐，出于税则之外，早蒙垂鉴，岂偏枯之政可以长此不变？种种疑问，实难索解。谨再依局章二十六条之规定，开具质问书，呈请迅予明白批答。

提出者：顾荣第

连署者：蒋玉麟、韩国藩、徐翰章、杨山立、陆积昌、黄炎、王应奎、周钟俊、吴气充、周祥麟

巡抚部院批答：查湖属出行猪捐，饬据藩司复称，于六月二十四日转行湖郡局查明是否一律实行，并于八月十六日勒限札催有案。是项捐款，照案系由肉铺加价售卖，出自买客，与外来进口之猪船商贩无涉。惟各县城乡如果均未实行，则府城及南浔两处，自应概予体恤。希候札行藩司电饬湖郡局查明停止，以免偏枯。此答。宣统二年十月十四日。

《浙江谘议局议员质问书》第二届甲编，第11—6页

① 此日期为浙江巡抚增韫的批答日期。

黄赞羲质问书

宣统二年十月十四日[①]

据《谘议局章程》第二十六条之规定，谨具质问书呈候批答。

一、《浙江诊费暂行规则》已准公布，未见实行。本局五月间提出质问，又经札复，现于四月二十五日据臬司具详，即可通饬遵行等示（语）。迄今又五阅月矣，各处多未奉行，如绍属新昌、嵊县，近且增加陋规。兹查得新昌收发处擅作威福，私收规费章程如：（一）民间递呈，除告期外，每张收洋一元；（二）准理案件，经承领卷每案收请费洋一元一角，差役领票每件收牌票洋一元一角；（三）带讯之案，两造各出审查费洋一元四角；（四）和息词讼之呈，每件七元七角起码，重案议加；（五）词讼断案，领款及百工脚夫等工食，概扣二成；（六）领状、保状等件，每纸四百二十文；（七）原差禀讯、到单，每起四百四十文；（八）押犯、保犯，一切运动等费，估案另议；（九）各书差所有典规，概照向章贡送。又查得嵊县收发处任意婪索，如前月十八夜，嵊西上沙坂庄周佩泉家被土匪抢劫约值三百余金，并两腿为匪弹伤，抬县请验，该县收发处先索堂费洋四十八元方肯收呈，周佩泉以家既被抢，无此巨款，遂含冤而回。前月念七夜，嵊西上坂洋庄杨传咏家亦被盗抢，共计抢去箱十八只并其余物件，约值千金左右，请官勘验，被收发处勒索洋六十元。此等书吏，异常贪婪，乃新昌蒋令、嵊县朱令，佯为不知，致令人民困苦，莫可言状。是否法宪尚未通饬，抑系该县漠视玩法耶？

二、《通用龙圆案》已蒙公布施行，嗣经本局质问，又札候分札藩司、厘局严密察查详复核办等复（语），迄今新昌、嵊县、桐庐、分水等县征收钱粮，概用墨银；若以龙圆完纳，必短折贴水，格外抑勒，否则拒而不收。征诸本议案第

① 此日期为浙江巡抚增韫的批答日期。

三条，是为官吏违法，如经人举发，上级官厅应否严予处分？抑仍以空言粉饰欤？

三、《公布简易识字学塾案》第四项已款内开“各属校场营地，招垦征租，以充经费”等语。查新昌北门外、新东门外确有旧时武生童跑马营地约一百余亩，该县并不招垦征租以充该学塾经费，反于八月间邀集绅董，拟将是地出卖，另拨他用。现虽经众绅不允作罢，仍未征租充学。征以本议案第四项末条，显系违反，该县蒋令竟蒙焉不察。岂新昌县独未奉饬耶？殊难索解。以上三案，统希明白批示。

提出者：黄赞羲

连署者：赵镜年、卢观涛、陈翼亮、高金培、王泽灏、韩泽、张其光、王秉融、罗灿麟、徐秉谦

巡抚部院批答：来书质问《浙江讼费暂行规则》未见实行，一则查是项规则于公布施行后，状纸、册票等件以次筹办，前据提法司详报，已将《讼费规则》编成白话告示及《状纸简章印纸办法》一律备齐，于本年七月初六日派员赍交各属守催施行，并声明已据杭、嘉、湖、绍等府申报遵办。今新昌、嵊县收发处如何私收陋规、任意娄索，应札提法司切实查办，以肃政令。又问新昌、嵊县、桐庐、分水等县征收钱粮，于龙圆必短折贴水，格外抑勒，征诸《通用龙圆议案》第三条，是为官之违法一节，查原案第三条只载“再有不收龙圆之事发生，以违法论”等语，并无不准贴水之规定。惟本部院前据藩司详请禁止龙圆贴水，曾经批准照办。嗣于九月间据劝业道详准杭州商务总会函称，龙圆禁止贴水，于商业买卖暗中亏耗甚多，若完粮纳税一体行用龙圆，则将来折合规元，必致愈多亏耗等情，暂请免禁止贴水到院，复经批饬会同藩司妥议去后，现据该司会议详复，亦以龙圆禁止贴水，于商务诸多妨碍为言。是征粮收用龙圆短折贴水，按之原案规定及浙省商务情形，尚无不合，惟各该县收用龙圆，按照市价折算贴水之外，有无格外抑勒情事，自应严行禁止，希候饬司确查严禁。又问新昌东北门外武生童跑马营地并不招垦征租一节，希候饬司查复。此复。宣统二年十月十四日。

《浙江谘议局议员质问书》第二届甲编，第12—13页

沈钧儒质问书

宣统二年十月十五日[①]

谨依局章第二十六条，开具疑问事由如左，敬俟批答。

按宪政编查馆奏定宪政逐年筹备事宜清单内开，第三年厘订地方税章程，该项下夹注为度支部、各省督抚、宪政编查馆同办。此所谓同办者，在督抚固应负有如何之责任欤？抑仍当绝对的仰成于度支部欤？抑同办者其责任且无异于钞胥，固不必有若何之主张欤？抚部院自有权衡，可宣示而共闻之欤？

又按预算案为最重要之议案，一款一目皆有关系，故各国凡由政府提出预算案，必有详细之理由说明书，必有多数之参照文件，以求同意于议院，若但止为数页之表册而已，是否可成立为一种之议案，尚属问题，盖既名为议案，则固自有不可不备之方式在也。今抚部院所提出之预算案，即一通之表册也。究竟在于岁出之一部分，其现划分为国家、地方者，固以何为标准欤？其中旧有事件若干？新发生事件若干？何以历年岁入闻有不敷事件增加又能应付欤？既为浙江省试办之预算，何以但详于省城各署局而外府州县各种之政费可不列入欤？抑调查之疏欤？所列各项款目有无一种比较的为必要之经费，抑凡款目皆为必要欤？方针所在，政策所存，纵不能为逐细之说明，抑并大体之说明，亦不可欤？

提出者：沈钧儒

连署者：钱允康、罗赓良、顾荣第、杨山立、周斌、张棣、金保穉、王应奎、管穰、吴气充、姚祖范、墨尔根图、褚辅成

巡抚部院批答：查《清理财政章程》第十条开，清理财政局应将该省财政利如何兴，弊如何除，何项向为正款，何项向为杂款，何项向系报部，何项向未报部？将来划分税项时，何项应属国家税，何项应属地方税？分别性质，酌拟办

① 此日期为浙江巡抚增韫的批答日期。

法，编订详细说明书，限至宣统二年六月底送部候核等因，业经本部院督饬该局逐款调查，依限编成，咨送度支部核办在案，此即厘订税项之入手办法。至应如何划分，仍应候部示，如有应须复查商订之处，亦应俟奉部文查照办理。按宪政编查馆筹备事宜清单，于厘订地方税项下注明度支部与督抚同办，自有应行各尽之责任，本部院遵照《清理财政章程》办理，即所以自尽其责任。若将来之核定，固不能不受成于度支部也。若论预算案方式，此次所造预算表册，本系遵照度支部颁式，其前送之地方行政经费预算表，亦系查照部电饬将存局底册录送，盖此项预算原应由部奏交，因缮写不及，先饬录送底册，续又奉电将全册送供参考，是本部院前后交送各表册，均系遵照《清理财政章程》第二十条及部电办理。至岁出部所分国家、地方经费，亦系查照《清理财政章程》第十四条第三项所规定者为标准，并有部颁预算册式标举类款，藉资依据。来呈又谓历年岁入闻有不敷，何以事件增加又能应付？查浙省试办宣统三年预算，虽经度支部屡次增减，其不敷之数已载在统筹增减表说明内，其不敷原因系新军成镇，骤增巨数，此外新政颁行，各种经费亦因之增加，以致入不敷出。本部院奏陈办理预算缘由折内已声明原委，载在官报，可复按也。又以各种政费详于省城而略于州县为疑，查国家行政岁出门第三类第三款第三项已载有各厅州县行政经费，其余补助学堂、办理警察，亦已列入各类，因部颁册式地方行政经费门下注明：凡宪政编查馆奏定《地方自治章程》内所列各项经费，均归自治预算范围以内，毋庸列入本册，其在《地方自治章程》以外者，均属地方行政经费，故册中除去自治范围内各项经费，并非详于省城而外府均不列入。惟初次试办预算，调查未能完密，此亦事实上所不能免。至款目是否皆为必要一节，度支部为总核财政机关。此次预算经部分别增减，则现列岁出之款目，应认为必要也。此答。宣统二年十月十五日。

《浙江谘议局议员质问书》第二届甲编，第6—8页

詹熙质问书

宣统二年十月十九日①

浙江盐价之低昂，本系随地而异，不能一致，然未尝不有官定之确价。其后由历次加价，于是售价自二三十文乃至八九十文，如衢属之龙、江、常、开售价，均为七十文左右，独西安一县，乃至八十四文，贫民疑盐商之有意盘剥也，往往由仇视而生暴动。究竟现在各属盐价是否早经分别核定，抑或由商人任意增加？能否将近年各属官定价目分别立表刊入官报之处，谨援局章呈请抚部院明白批答。

提出者：詹熙

连署者：顾荣第、吴锡璋、范耀雯、项湘藻、汪秉豪、蔡汝霖、吴赓廷、张纲、洪锡承、方镇

巡抚部院批答：据称浙省盐价，随地而异，不能一致，能否将近年各属官定价目分别列表刊入官报等语，希候札饬运司妥议详复。此答。宣统二年十月十九日。

《浙江谘议局议员质问书》第二届甲编，第13—14页

① 此日期为浙江巡抚增韫的批答日期。

杜子楙质问书

宣统二年十月十九日[1]

谨依局章第二十六条，开具疑问事由如左，敬候批答。

国会期限，业已明奉谕旨，缩改于宣统五年。预备宪政，非从教育普及入手，难收实效。查学部分年筹备事宜清单及本省九年筹备学务事宜表，本年应办事项多未举行。谓行政机关能力未充欤？何以提学使为主管全省学务长官，奏定不宜兼摄藩、臬者，近见报载有兼任抚署秘书员，以属官充上级官厅幕职之事。学务公所总务科，实教育行政活动之总纽，科长谷钟秀兼差甚多，以摄官承其乏。议长、议绅有赞画学务之责，照章应常川驻省，近闻颇不实行，堂堂一处理全省学务之机关，而形式徒存，精神全失，抑若教育事极简单，措理颇多余力者，则何解于筹备事宜之尚有未办？岂筹备宪政学务果可置为缓图欤？不无疑问。

阅《教育官报》十四期《留东师范毕业生服务章程》内开，教授钟点，每星期以六点钟为断。又称派充初级师范及中学堂教员者，每月给洋三十元，系比照从前延聘教员薪水之数略减等语。今查杭州府中学堂教员薪水，平均计算，每授课一点钟，不及洋一元，计每星期任课六点钟者，每月仅给洋二十四元。以省会同程度之学堂教员薪水数目比较，《服务章程》所定薪水数目月计尚短六元，章程所称比照酌减者，以何为标准？现在官费留东师范毕业生自详定章程取缔后，有无规避不尽教育之义务者？迄未见报部公文发布，不无疑问。

《统筹全省师范教育议案办法》第一条称，每府应照章设立初级师范学堂一所，其学额暂以每府所需用小学教员人数定之，限宣统二年成立，并说明每现用教员十人，必有师范生一人以上，系以现用教员与每年师范生毕业人数比较。复

[1] 此日期为浙江巡抚增韫的批答日期。

于本年二月呈文中详为解释，例如某府现用教员五百人，每年须有师范毕业生五十人。师范完全科五年毕业，以五十人为一班，计在校应有学生五班，即应定学额为二百五十人。近阅三十三期《教育官报》，提学司详主管事宜办理成绩文内称“至师范生人数计，较原案小学教员十人必有师范生一人之规定，本已有赢无绌”等语，系包括已、未毕业及现充教员或未充教员之总数而言，与公布施行之案是否违戾？若竟据此以规定学额，例如现用教员五百人之府所设之师范学堂，其学额究应规定若干名？果如详文所称有赢无绌，师范教育已达满足之境，各府之尚未照案设立师范学堂者，是否即可毋庸促令成立？不无疑问。

前议案办法第四条称师范教育经费，除各地方自筹不足外，应由省中拨款补助。近阅提学司前项详文内称，自奉部饬停办简易科改办完全科，以经费支绌之故，于简易科生毕业后率多暂行停止，现仅宁波、温州、金华及台州之太平已办完全科；又称“补助各府初级师范学堂经费，已奉批准，尚未准藩司筹拨”等语。查各府师范学堂，暂行停止或未能成立之原因，既系经费支绌所致，何以批准补助经费竟不照案拨给？任令规定各府应设之师范学堂未能依期成立，且使已立者至于暂停。不无疑问。

提出者：杜子楙

连署者：钱允康、罗赓良、王家襄、金保穉、王世裕、梁有立、陈时夏、吴恩元、沈钧儒、张传保、阮性存、褚辅成

巡抚部院批答：查筹备宪政，教育最为紧要，故学务机关必需得人而理。本年袁学司请假三月，回籍省亲，本部院即奏委郭道署理，正为因事择人，以重学务。其兼任本署秘书员，系以郭署司曾充东省秘书员，暂时权宜，藉资熟手，非提学司永久兼此职务也。学务公所科长兼差，经前学司禀明，以教育总纽，现乏相当之才，故以该科长兼摄。议长、议绅有赞画学务之责，自应常川驻省，饬据郭署司禀称，自到任以来，学务公所每星期六照章会议一次，议长、议绅等每次皆与会议，如有因事不到者，亦向由学司将重要事件随时函商，似于赞助学务不至旷废。其第二、第三、第四疑问，希候札饬提学司详复。此答。宣统二年十月十九日。

《浙江谘议局议员质问书》第二届甲编，第14—16页

王世钊质问书

宣统二年十月十九日[①]

敬依《谘议局章程》第二十六条，开具疑问事由如左，敬候明白批答。

查《奏定学堂章程》、《奏定各省学务官制及办事权限章程》，宜皆为办学官绅所共守。近见提学司批鄞县箭金公学一案云，此案迭经饬府查议未复，该公学应否停闭？总以学生能否足额为断，不难奉文即日议结，何以延宕至今？殊属玩违等语。窃生疑义数端：

一、疑绅士之办学将无所适从也。查《奏定学堂章程》，绅士有从中阻挠者，将该绅惩处；有推设日广者，亦请分别奖励。无学生缺额至若干名，即应停闭之规定。今该公学学董王绅受年、任绅彬章等于光绪三十三年醵金开设公学，有学生二十二人，三十四年禀准喻署藩司拨串票费四文批奖热心教育，宣统元年下学期学生增至四十余人，今年更增至六十余人，叠经县教育会长张绅原炜、劝学所总董梁绅锡瓒、府教育会职员陈绅训正等呈明有案，确系逐年推广，且有一览表可查。即欲指为办理不善，不奖励足矣，甚则饬换绅董足矣，断未有因呈请拨足藩批定案之串钱而可批令停闭者。乃今则俨以额之足否为学堂停闭之断案，是明以箭金六十余人之学堂为未足额，应在停闭之列。不知小学堂学生照提学司特别定章，究须有若干名方为足额？而全浙小学堂学生果皆远过该公学六十余人之名额欤？抑凡全浙学生六十余人以下之小学堂皆将勒令停闭欤？

一、疑地方官之办学可不遵法令也。查《奏定办事权限章程》，地方学务，凡系按照定章，复经督抚筹定举办者，提学使当督饬地方官切实举办，其有延宕玩视并办不以实者，提学使可具其事状，详请督抚分别记过、撤参。今该公学之拨串费，光绪三十四年既由署藩司批准照办，宣统元年冬复由抚院批迅速确查核

---

① 此日期为浙江巡抚增韫的批答日期。

饬遵照。今距藩司批准之期已越三年，距抚院饬遵之期又届十月，地方官之延宕玩视且明见批示，乃不详请记过、撤参，而反若学生六十余人之学堂为未足额，应停闭，是必提学司特别定章。地方守令之办学，承抚、藩司饬遵之命令，可延宕玩视经年累月而无妨欤？抑守令不职，学堂当代地方官受过而停闭欤？

提出者：王世钊

连署者：王渡、姚祖范、陈时夏、周斌、张其光、张传保、王序宾、吴赓廷、谢钟瑞、潘澄鑑、沈椿年、黄赞羲

巡抚部院批答：箭金公学一案，希候札饬提学司查明禀复可也。此答。宣统二年十月十九日。

《浙江谘议局议员质问书》第二届甲编，第16—17页

王序宾质问书

宣统二年十月十九日①

《浙江讼费暂行规则》去年常会期间由抚台提出，由谘议局议决，认为可行事件，曾经批准公布施行，今去批准之期历一年矣。此一年中，必早由抚台通饬各属遵照施行，不问可知。近日调查宁府奉化限定三八为收呈之期，每呈收挂号钱八十文，其出三八以外，谓之传呈，传呈出费一元五角，据为常例。宁府鄞县状纸每张售洋三角，不许减价。奉、鄞两县关于司法上之行动，抑若以讼费规则尚未寓目者。究竟此项规则有否通饬各州县遵照实行？殊滋疑窦，呈请明白批答。

提出者：王序宾

连署者：张传保、卢观涛、王世钊、韩泽、柳在洲、高金培、蔡裔麟、沈椿

① 此日期为浙江巡抚增韫的批答日期。

年、唐凤翔、陈训正。

巡抚部院批答：查《讼费暂行规则》，早经公布，奉、鄞两县，何得于规定讼费之外另立挂号、传呈等名目，并将状纸每张售洋三角，视为常例，希候札饬提法司转行该管知府详细查明禀复核夺。此答。宣统二年十月十九日。

《浙江谘议局议员质问书》第二届甲编，第17—18页

张棣质问书

宣统二年十月十九日①

《通用龙圆议决案》早蒙准公布施行，并蒙通饬各属遵办在案。查新任嘉兴县张令学智到任后开征地丁等，概收墨银，将龙圆抑勒贴水，其对于公布议案视为何物耶？煌煌宪谕，尽可阳奉阴违耶？是否为官吏违法在应查办之列？谨据《谘议局章程》第二十六条及二十八条之规定，提出质问书，呈请明白批答。

提出者：张棣

连署者：褚辅成、吴赓廷、潘澄鑑、朱其镇、蒋玉麟、劳絅章、顾清廉、萧鑑、周斌、姚祖范

巡抚部院批答：查《通用龙圆议决案》第三条内载“自本案公布施行后，无论官民再有不收龙圆之事发生，以违法论”等语，是原案只规定不准不收龙圆，并无规定收用龙圆不准贴水之条。惟本部院前据藩司详请禁止龙圆贴水，即经批准照办，旋据劝业道详准杭州商务总会函称，龙圆禁止贴水，于商业买卖暗中亏耗甚多，若完粮纳税一体行用龙圆，则将来折合规元，必致愈多亏耗等情，请暂免禁【止】贴水到院，复经批饬会同藩司妥议去后，现据该司道会议详复，亦以龙圆禁止贴水，于商务诸多妨碍，请暂免禁为言。是龙圆贴水于议案原文既

① 此日期为浙江巡抚增韫的批答日期。

无违背，即于浙省商务情形亦并无不合，惟该县开征地丁收用龙圆，是否悉照市价折合，有无故意格外抑勒情事，希候札饬藩司查明复夺可也。此答。宣统二年十月十九日。

《浙江谘议局议员质问书》第二届甲编，第18页

杨山立质问书

宣统二年十月二十四日[①]

窃维《厘捐革弊案》早蒙公布施行，本案办法第一条第二项“全省局卡处所，应由总局开表颁发各属，俟颁发后不得增设局卡，并不得托名巡船，常泊向无厘卡之处截路起捐”。兹查湖属南浔附近绿葭湾一卡，不在南浔九处分卡之内（厘卡表南浔分卡东、西、南、北四栅，西北、栅孙、家浜、潦里、马□、陈□，共九处）[②]，可疑者一。双林附近祐村卡即表内轧村卡迁地而勿改名，固已失实，本年该卡另设巡船两艘，一常泊于距祐村三里之上林村，一常泊于距祐村六里之西漾，俨然添设两小卡。双福卡另设巡船一艘，常泊于距双福桥一里之思溪村，可疑者二。岂公布议案湖局竟视为具文欤？抑上级官厅尚未札饬遵行欤？厘卡玩法，无裨国计，有害民生，应否在查办之列？谨据局章第二十六条之规定，提出质问书呈请明白批示。

提出者：杨山立

连署者：顾荣第、蒋玉麟、韩国藩、莫如滋、陆积昌、徐翰章、徐象岩、洪锡承、潘澄鑑、蔡汝霖、褚辅成、吴赓廷、顾清廉、章育麟、萧鑑

巡抚部院批答：查上年批准公布之《厘捐革弊案》第一条第二项规定“全

① 此日期为浙江巡抚增韫的批答日期。

② 括号内原文为小字排版，有两字不清。

省局卡处所，由局开表颁发后，不得增设局卡，并不得托名巡船，常泊向无厘卡之处截路起捐”等语，现在湖属绿葭湾一卡，何得于南浔局向有分卡之外另行添设其轧村卡？即设于祐村地方，何以不呈明更正？上林村、西漾、思福桥等处，向来有无巡船？现在是否常泊？有无截路起捐情事？希候札饬藩司确切查明详复核夺。此答。宣统二年十月二十四日。

《浙江谘议局议员质问书》第二届甲编，第18—19页

高金培质问书

宣统二年十月二十五日[①]

谨依局章第二十六条开具疑问事由，敬俟批答。

查宣统元年誊黄，以光绪三十三年之前民欠粮赋，一律豁免，而各州县以实欠在民之粮，每藉口于已经报销，名曰垫粮，催呼益迫，国家深仁厚泽下不被民，反为官吏所中饱。查同治四年左文襄公减浮案内，革去垫粮名目，此项钱粮是否可以征收？又按《厘捐革弊案》第一条“浙省新定《百货捐章程》于各局卡前缮正悬挂”，第三条“纹银及银圆价目，须于局卡前悬牌揭示，并于捐单盖印价目戳记及填明收大银圆、小银圆、铜钱、制钱若干”，今届第二次常年会期，而绍属之嵩坝、曹娥、百官、西兴、义桥各局卡，并不将百货捐章程及纹银、银圆等价目悬挂，又不于捐单上将所收银圆等填明，是否违法弊混？

提出者：高金培

连署者：韩泽、张其光、陈翼亮、吴锡章、赵镜年、汪秉豪、卢观涛、蔡裔麟、王泽灏、黄赞羲

巡抚部院批答：查光绪三十三年以前民欠钱粮，已奉恩旨豁免，州县若再征

---

① 此日期为浙江巡抚增韫的批答日期。

收，即属违法，前据谘议局质问追缴已免旧欠，业行司委员确查，由司汇详札复查照在案，但豁免钱粮以入奏销实在民欠为断，奏销果已全完，即无民欠可豁，此一定不易之理由。来牍以州县实欠在民之粮，每藉口于已经报销，催呼益迫，果有是项情弊，自当查究，惟未据指明何县何人，无从核办。至《厘捐革弊案》，早经饬据前厘饷局详明通饬各局卡一体遵照，来牍以绍属曹嵩、百官、义西[①]等卡不将《百货捐章程》及纹银、银圆等价目悬示，捐单上亦未将所收银圆等项填明，是否另有弊窦？希候札饬藩司查复，到日再行知照可也。此答。宣统二年十月二十五日。

《浙江谘议局议员质问书》第二届甲编，第19—20页

沈钧儒质问书

宣统二年十一月十一日[②]

窃维内地各处，地利未兴，公共营业不发达，凡吾人民生命财产，皆蒙影响，幸赖侨商慨集巨资，相与谋其补救，凡吾人民，畴不欢迎？顾欢迎之者，欢迎其能谋祖国利益之意而已。至对于其所承办之事，表里是否相符，实际是否能行，手续是否按照法律，则正不能不稍加研究，以求实在。按如自来水一事，先闻有侨商蔡奇凤独任巨股创办之说，日来道路喧传，则又谓名为侨商，实则息借他国银行一百二十万，并由官厅为之担保，情迹离奇，莫过于此。若果如传闻所言，则是筹办自来水之款，皆洋股也。洋股可收，何必借径于侨商以为过付？侨商可倚，何必乞助于官厅以分责任？不独公司无此办法，而私营事业与官营事业性质亦复混淆不清，此诚不能不滋疑问者也。又按蔡商奇凤于本年八月曾呈请设

① 所涉地名与原质问书不一致，原文如此。
② 此日期为浙江巡抚增韫的批答日期。

立浙省矿务公司，蒙准立案，其呈文内略及金、衢、严、处四府矿产，而终云拟请承办浙省矿务，并无指定确地。查《矿商请领勘矿执照办法》照章须将所拟履勘地址及所拟探矿质绘图贴说，详细开明，听候行查，于矿地别无违碍，方准给发。又所履勘之地，照章每张执照至多不得逾三十方中里。又请开矿执照内，照章一人所领矿地，无论若干界，每人至多不得过面积九百六十中亩。是矿务正章于呈请开矿手续制限极严，所以然者，非为纯防富豪垄断起见，盖又深恐贪领多地而财力实有不足之人，冒昧率请，转多纠葛，且从他方面以观，亦恐其他实能开采之人，因已有人承办之故，反无从着手，有徒令矿地废弃之虞。今蔡商于四府矿产第止略举，而名又为浙省矿务公司，究竟金、衢、严、处可开之矿有若干处？蔡商愿领之矿有若干处？所称巨股究为若干？均未据有呈明。且既名为浙省矿务公司，有无包含概括全省矿产之意，蔡商财力是否能胜，办法是否合例，此亦不能不滋疑问者也。以上事由，谨援局章第二十六条开列，敬俟批答。

提出者：沈钧儒

连署者：陈黻宸、赵镜年、王家襄、傅典修、褚辅成、周钟俊、周斌、陈时夏、阮性存、梁有立、徐象岩

巡抚部院批答：查自来水一节，匪惟息借他国银行款项绝无其事，即侨商蔡奇凤亦无独任巨股创办之举，道路喧传，并无根据，自可毋庸轻信。至蔡商所请承办浙省矿务，其原呈内称，须俟将矿产勘验明晰，再行核定章程，请领探照，是必按其请照试探之所，方能为其所领之矿，并非包含概括全省矿产，当经本部院批饬该商妥订简章，并札由劝业道核明具报，再行办理，迄尚未据议复。事为全省地利所关，本部院固不辞力为提倡，亦不肯违章办理也。万一遇事生风之徒，隐射官厅名义，勾串招摇，以致真正殷实商人闻风裹足，所损尤多。谘议局如访有确据，指名呈究，本部院正资攻错之益，所愿闻焉。此答。宣统二年十一月十一日。

《浙江谘议局议员质问书》第二届甲编，第20—22页

沈钧儒质问书

宣统二年十一月十一日[①]

谨依局章第二十六条，对于行政有疑问事由，开具如左：

本月二十五日报纸，载有奏办皇家公园，由藩库拨洋数万元作为建筑经费云云。按本省财政支绌，人民久所共闻，此次试办宣统三年预算不敷实数，愈益明著，最近因筹解洋款，藩库尚有向银行借银十万元之举，事未逾月，何以忽又有款可拨？即使果有余裕，本省需办之事岂无急于公园者？公园列入自治范围，俟自治会成立，由地方筹办，诚未为晚。现当库项奇绌之际，亦不应以仅存之款徇不急之务。报纸所载，未可据为确闻，惟既用为疑，不敢不问，敬俟批答。

提出者：沈钧儒

连署者：陈黻宸、周钟俊、王家襄、梁有立、阮性存、褚辅成、周斌、徐象岩、赵镜年、周祥麟、傅典修

巡抚部院批答：查前据袁提学司详请奏建西湖图书馆一案，曾声明于行宫遗址敬谨修葺，准予人民瞻仰等语。奉旨允准在案，嗣复据提学司、劝业道会详，以行宫余地有三十余亩之多，既奉奏准修葺，拟就其中建筑公园等情，经本部院批准，札饬藩运两司筹款兴办。现在库项奇绌，奏案既应恪遵，物力亦须兼顾，究应如何撙节办理之处，候札提学司会同劝业道核议详办。此复。宣统二年十一月十一日。

《浙江谘议局议员质问书》第二届甲编，第22页

① 此日期为浙江巡抚增韫的批答日期。

沈钧儒质问书

宣统二年十一月十一日[①]

谨依局章第二十六条，对于行政有疑问事由，开具如左：

按本月二十二日报纸，载有劝业道拟订《各府厅州县因利局通用章程》二十条，此项章程性质是否确系劝业，且不具论，惟既属本省单行章程规则，自应在谘议局议决范围之内，何以正在常年会开会之际，劝业道并未详请札付会议，现在是否经已详由抚院批准施行，敬俟批答。

提出者：沈钧儒

连署者：陈黻宸、傅典修、阮性存、周钟俊、褚辅成、梁有立、王家襄、周斌、徐象岩、赵镜年、周祥麟

巡抚部院批答：查前据劝业道拟呈《各府厅州县因利局通用章程》详请本部院核办一案，此项章程适用与否，宜如何编作议案，应照《会议厅章程》交参事科复订后，由本部院酌办。劝业道自未便遽请酌付会议，报纸所载系原拟章程详请批示之件，谘议局闭会以前，并未成立，希即知照。此答。宣统二年十一月十一日。

《浙江谘议局议员质问书》第二届甲编，第22—23页

① 此日期为浙江巡抚增韫的批答日期。

陈时夏质问书

宣统二年十一月十五日[①]

查光绪三十三年九月十六日宪政编查馆奏定《各省调查局办事章程》第九条内开，凡调查局任用各员，自总办以至管股委员，均须曾习法政、通达治理者方为合格。去年十二月十七日抚台札调查局文云，按照定章，均须曾习法政、通达治理之人，科长本有参与用人之权、考核各员资格之责，即由法制、统计两科长将该局各股委员严加甄别，将不合格者一律裁去，开报衔名，另候差委，具见确遵定章，严为管理之意。惟该条所云，自总办以至管股委员，系不分总办与科长、管股委员者，“均须”二字尤为明证，故总办之请任用科长及管股委员与督抚之选派总办及札派各员，皆当以此种资格为要件，若不合格此种之资格而为任用，即与定章有所违背。该局前总办章樾，未曾习学法政，因已辞差，姑置勿论。近闻改委溥来为该局总办，札派孙祖烈为法制科副科员，是否二人均系曾习法政、通达治理与定章相符合者？如总办可不必符合定章内之资格，则该条之规定独于总办不生其效用，而“均须”二字殊有难于解释之虞。又既就各股委员严札甄别其资格于先，若不计其资格于后，不惟同一章程适用上有先后之异，亦同此委员于任用上有后先之幸不幸。果为总办开单呈请之不注意耶？抑札派时忘前此之札文耶？有此疑义，故援照《谘议局章程》第二十六条规定，具质问书呈候批答。

提出者：陈时夏

连署者：张传保、赵镜年、周钟俊、涂山、傅典修、张美翊、王渡、陈训正、汪秉豪、徐象岩、周祥麟、阮性存、梁有立、潘澄鑑、王家襄、陆积昌、周斌

巡抚部院批答：来呈阅悉。查宪政编查馆奏定《调查局办事章程》第九条，

---

① 此日期为浙江巡抚增韫的批答日期。

自总办以至管股委员，限定曾习法政、通达治理者方为合格，揣原章程，所谓合格者，本系两种资格，一种为曾习法政，一种为通达治理，盖求曾习法政之道府大员而不可得，则第二种资格亦可充任，是以直隶等省之调查局总办，亦非曾习法政之员。本部院前派章道樾，嗣派李道辅耀，现派溥道来，即据第二种资格。至法制科副科员孙祖烈，系复旦公学文科毕业，该科学科中有政治及理财科目，该副科员所管第三股专管调查行政沿习利弊，与所学科目相当，更不得谓为未习法政也。此答。宣统二年十一月十五日。

《浙江谘议局议员质问书》第二届甲编，第23—24页

沈议员钧儒质问浙省认再添筹海军经费十万两之批答（附质问书）

宣统二年十一月十五日①

来呈阅悉。查海军经费，浙省上年先认开办费一百万两，常年费十五万两，嗣于上年八月二十七日复准海军处宥电，以开办费尚不敷一百六十六万两，常年费不敷四十二万两，商请再加筹开办费十万两，常年费五万两，当饬司道会议，商定认加开办费十万两，仍自宣统二年起，分四年匀拨，常年费五万两，请免再加，并计原认、加认开办、常年两款，每年需银四十二万五千两，宣统三年试办预算案亦即照此数列入，均各在案。本年并未接准海军处有续咨添筹之文，自无认再添筹十万两之事，该报想系摘录上年旧案，致与现在情事不符，希即查照。此复。宣统二年十一月十五日。

① 此日期为浙江巡抚增韫的批答日期。

附：质问书

按日来报载，海军筹办处统计各省已认海军经费，比较原奏数目，开办费不敷一百六十万，常年费不敷四十二万，电乞浙省加筹开办、常年十五万两，已由抚部院认再添十万两等语。夫海军经费，诚为紧要款项，惟浙江现在财政，查据试办宣统三年预算比较表内说明，照元电声明，本年余存款银一百万两，系属假定，其余九十一万八千余两，则需随时筹划，难以预计，是即岁出不增一款，此等支绌情形，在本省财政前途已为至危极险，况可骤增十万两之巨数耶？从前未有预算之时，凡各省摊认解款，必经由司道先行详议筹款方法，然后奏咨办理，盖非是则无的款，虽承认仍不免托之空言，而亦无以取信于部臣也。现在业经试办预算，每省岁入不敷之数，内外共明，自应更难稍事含糊，究竟此次加认海军经费十万两，系在何款内指拨？抑须另筹？如为指拨，其指拨不敷项下，又系在何款内抵补？应已议有一定办法，谨依局章二十六条开具事由，敬乞明白批答，以释群疑。

《浙江巡抚审订谘议局议案录》庚编，第 6 页

褚议员辅成质问龙圆贴水及长兴县民欠钱粮并房捐三项之批答（附质问书）

宣统二年十一月十八日

查本议案第一、第二、第三各条文，系通用龙圆之办法，“通用”二字，自当以各条文所载为范围，似不能于各条文之外，再加特别之解释。此答。宣统二年十一月十八日。

查长兴县民窦阿银等陈请追呼豁免钱粮一案，迭经饬府查办，惟其中枝节甚多，并有与他人控案牵涉，现查钱贵田等赴都察院衙门呈控，咨发到浙，应候并

案严催确讯，拟议详办。此答。宣统二年十一月十八日。

粮捐房捐案，当经饬据藩司称，截至宣统元年年底止，收支相抵，已不敷洋银十万有奇，本年亦须筹垫，并无余款存储。此答。宣统二年十一月十八日。

附：质问书

窃读抚台批答议员质问，更生种种疑义，谨依局章第二十六条，开具事由，呈候明白批示。

（一）对于批答议员张棣质问龙圆贴水之疑问

抚台批称，原案只规定不准不收用龙圆，并无规定收用龙圆不准贴水之条。查原案第一条“各州县局卡征收钱粮厘税，一律通用龙圆”等语，不知“通用”二字作何解释？

（二）对于批答议员高金培质问三十三年以前民欠钱粮之疑问

抚台批答议员称，来牍以州县实欠在民之粮，每藉口已经报销，催呼益迫，果有是项情弊，自当查究，惟未据指明何县何人，无从核办等语，然则一经指明，宜蒙立予究办。查本局前次呈送长兴县民人窦阿银等陈请追呼豁免钱粮一案，既有人地可指，复有信牌为凭，何以案悬数月，未闻办法？

（三）对于批答副议长沈钧儒质问房捐之疑问

抚台批答内称，嗣据藩司禀称，赔款内短少之数，若粮捐收数较旺，尚堪挹注，复经批饬议详各在案。查上年浙东西各属水灾，正项短收，粮捐因之大绌，按照馆复，赔款尚未确有实数，房捐似难移充，云云。查粮捐、房捐，同因赔款筹措，上年粮捐短收，致不能腾出房捐，是可知从前粮捐旺收之年，赔款项下必有余款存款，究竟历年开除解款外共有盈余若干？其余款现存何处？

《浙江巡抚审订谘议局议案录》庚编，第7页

陈时夏质问书

宣统二年十一月二十二日[①]

查本年四月十四日民政部奏定《巡警道属官任用章程》第二条规定：巡警道属官以考试合格者分别奏咨补用，第四条第一项规定得应高等考试之资格，即一在高等巡警或法政法律学堂三年以上毕业得有文凭者，二曾办警务著有成绩三年以上者；第二项规定得免考试之资格，必在京师法科大学法政学堂正科或高等巡警学堂正科毕业，或在外国法政大学或法政专门学堂毕业，经学部考试给予出身者，得免其考试，与高等考试合格者同；第九条规定得应区官考试之资格，即一在高等巡警学堂附设简易科或中学堂以上毕业得有文凭者，二照《各省巡警学堂章程》第二十条规定，经派充巡长在任一年以上者。就上各条之规定以观，是苟为巡警道之属官，无论科长、科员及各厅州县警务长与各区区官，皆必经考试之手续，始得任用，殆无疑者。此项章程上半年官报内早经揭载，而据本年最近四十四期官报所揭《警务公所职员表》所列各科长、科员，绝无合于部章第四条第二项之资格。又旧所任用之警务长、区官，亦未闻举行试验，是否民政部奏定章程巡警道可不遵照办理？抑部文早登官报，至今难发生效力？实为本省行政上之疑问。特援《谘议局章程》第二十六条，具质问书呈请批答。

提出者：陈时夏

连署者：张传保、赵镜年、周钟俊、涂山、傅典修、张美翊、王渡、陈训正、汪秉豪、徐象岩、周祥麟、阮性存、梁有立、潘澄鑑、王家襄、陆积昌、周斌

巡抚部院批答：查警务公所科长、科员，系从巡警道到任之日遵照光绪三十四年四月二十六日宪政编查馆奏定《考核各巡警道官制并分科办事细则》第十条之规定，酌量委派；其各厅州县警务长、区官，亦系按章以巡警毕业人员分别

---

① 此日期为浙江巡抚增韫的批答日期。

任用。本年四月部订《巡警道属官任用章程》另有考试及考试资格之规定，惟部檄尚未奉到，同章程第十三条明示施行之期以奏定颁行文到之日为始，现在自不能骤议更张。况宣统元年十二月二十二日民政部奏议复御史麦秩严奏各省警察腐败有碍宪政恳饬速定《民政司、巡警道选任章程》折内，已声明巡警道任用属官办法，容由臣部另订详细章程奏明遵办，仍俟文官考试各章程一律厘定颁布后，再行按照该章程办理等语，是此项任用章程应与文官任用考试各章程同时施行，已无疑义。又查本年民政部奏拟任用章程原折内，声请饬宪政编查馆照章复核奏明颁行此项章程之内容。宪政编查馆有无删改，在奏请颁行之前，尚难悬揣。馆部正式公文既未颁到，自不得援《本省单行章程规则》公布之例，以登载官报即认为发生效力。此答。宣统二年十月二十二日。

《浙江谘议局议员质问书》第二届甲编，第24—26页

沈钧儒质问书

宣统二年十一月二十二日[①]

谨依局章二十六条，对于行政疑问事由，开（到）〔列〕于左：

按罪犯习艺所，为审判厅判决后移由检察厅执行刑罚机关之一，今本省省城及各商埠审判厅不日成立，而罪犯习艺所尚未筹设完备，审判厅一经开庭，凡判决军、流以下人犯，除常赦不原、照例起解外，所有应令习艺之犯，究应送至何处执行？是否仍照从前但以监禁了事？抑已拟定另有办法？且查试办宣统三年国家行政经费岁出预算表，司法部并无此项罪犯习艺所名目，是否漏列？颇用为疑。

又按《模范监狱法》，部咨札各省提法司文内谓，无论如何为难，统须于宣

① 此日期为浙江巡抚增韫的批答日期。

统三年以前一律告竣，方不误实行新律之期等语。今本省模范监狱亦尚未见成立，为限已迫，且于审判厅判决刑罚执行亦多阻碍。以上二端，敬俟批答。

提出者：沈钧儒

连署者：张传保、赵镜年、周钟俊、涂山、傅典修、张美翊、王渡、陈训正、汪秉豪、徐象岩、周祥麟、阮性存、梁有立、潘澄鑑、王家襄、陆积昌、周斌

巡抚部院批答：查罪犯习艺所与模范监狱，前次均已分别兴办，嗣以模范监狱经费支绌，又经度支部饬减经费，由臬司详请将罪犯习艺所改为模范监狱，并准法部议复东督狱政变通折内，有现既普建监狱，则习艺所自应裁并等语，是以宣统三年预算表内仅有模范监狱而无罪犯习艺所名目。至模范监狱工程，因工头虞金纪宕延误期，业据提法司另觅工头接造，明年春夏之交，当可告竣。并拟于模范监狱成立后，即将府县监狱及迁善所等酌改分监，专收军、流以下人犯。所称审判厅判决后刑罚执行亦多阻碍等语，应如何妥筹办法，希候饬提法司核议详夺。此答。宣统二年十一月二十二日。

《浙江谘议局议员质问书》第二届甲编，第26—27页

褚辅成质问书

宣统二年十一月十九日①

窃读抚台批答议员各项质问，更生种种疑义，谨依局章第二十六条，开具事由，呈候明白批示。

一、对于批答议员张棣质问龙圆贴水之疑问。

抚台批称，原案只规定不准不收用龙圆，并无规定收用龙圆不准贴水之条，

① 此日期为浙江巡抚增韫的批答日期。

查原案第一条有“各州县、各局卡征收钱粮厘税，一律通用龙圆”等语，不知“通用”二字作何解释?

二、对于批答议员高金培质问三十三年以前民欠钱粮之疑问。

抚台批称，来牍以州县实欠在民之粮，每藉口于已经报销，催呼益迫，果有是项情弊，自当查究，惟未据指明何县何人，无从核办等语。然则一经指明，宜蒙立予究办。查本局前次呈送长兴县民人窦阿银等陈请追呼豁免钱粮一案，既有人地可指，复有信牌为凭，何以案悬数月，未闻办法?

三、对于批答副议长沈钧儒质问房捐之疑问。

抚台批答内称，嗣据藩司禀称，赔款内短少之数，若粮捐收数较旺，尚堪挹注。复经批饬议详等各在案。兹查上年浙东西各属水灾，正项短收，粮捐因之大绌，按照馆复赔款尚未确有实数，房捐似难移充云云。查粮捐、房捐同因赔款筹措，上年粮捐短收，致不能腾出房捐，是可知从前粮捐旺收之年，赔款项下必有余款存储。究竟历年开除解款外，共有盈余若干?其余款现存何处?

提出者：褚辅成

连署者：张传保、赵镜年、周钟俊、涂山、傅典修、张美翊、王渡、陈训正、汪秉豪、徐象岩、周祥麟、阮性存、梁有立、潘澄鑑、王家襄、陆积昌、周斌

巡抚部院批答：粮捐、房捐案，当经饬据藩司复称，截至宣统元年底止，收支相抵，已不敷洋银十万有奇，本年亦须筹垫，并无余款存储。此答。宣统二年十一月十九日。

巡抚部院批答：查长兴县民人窦阿银等陈请追呼豁免钱粮一案，迭经饬府查办，惟其中枝节甚多，并有与他人控案牵涉，现查钱贵田等赴都察院衙门呈控，咨发到浙，应候并案严催确讯拟议详办。此答。宣统二年十一月十九日。

巡抚部院批答：查本议案第一、第二、第三各条文，系通用龙圆之办法，“通用”二字，自当以各条文所载为范围，似不能于各条文之外，再加特别之解释。此答。宣统二年十一月十九日。

《浙江谘议局议员质问书》第二届甲编，第27—28页

陈时夏质问书

宣统二年十一月二十五日[1]

读十四日批答调查人员资格之质问，又发生疑义如左：

第一，抚批以奏定章程“均须曾习法政、通达治理”之语，为系两种资格，果如斯解释，则抚批所谓通达治理者，非由于学习。夫法政不外治理、学习乃能通达，今以未曾学习法政之人员而曰别有通达治理之资格，不啻法政外别有法理，不学习亦能通达矣。更退一步论之，若规定之资格实为二而非一，当云曾习法政或通达治理者，今法文既无“或”字之规定，而玩立法者所以设此资格之意，亦无非恐任用者之非其所习，特为此严重之制限，其文字实相关联而不可分者。故谓曾习法政而尚未通达治理则可，谓未习法政而已能通达治理则不可，抚批分而为二，果为正当之解释与否？所不能无疑者一也。

第二，抚批以曾求习法政之道府大员而不可得，故委任有第二种之资格者，是抚批所谓通达治理之资格，隐然特别为道府而设，而总办之任用，必以有道府资格为前提，不复以曾习法政通达治理者为条件矣。考奏定章程第五条，别无选派总办限于道府之明文，苟为曾习法政通达治理者，非道府亦为合格；若非曾习法政通达治理者，虽道府亦为不合格。合格不合格，视其法定资格之有无而已，其有道府之位阶与否，非所问也。即退一步以论，姑以抚批所云现所选派之总办为有第二种之资格，则总办之资格如此，股员之资格如彼，一宽一严，揆之定章“均须”二字，亦有不可解之虞。所不能无疑者二也。

第三，抚批以直隶等省之调查局总办非曾习法政之员为引据，果各省尽如是耶？抑间有不同耶？若知他省之不尽如是，而独援用其与我相同者为证，是法他省而使失奏定章程一部分之效力。若推想他省之无不如是，而以同此敷衍之心，

[1] 此日期为浙江巡抚增韫的批答日期。

不欲独行其是，恐此种章程永无实行之可望。充此以推，凡近来司道局所新设之科长、科员，部章所规定必考试而后任用者，亦将因他省之违法不考试而援以为口实矣。所不能无疑者三也。

第四，抚批以法制科副科员孙祖烈毕业于复旦公学文科即为曾习法政，是不惟于“曾习”二字误其解释，亦视法政学之范围为太泛。“曾习”云者，指曾毕业于法政或法律学堂者而言，否则“曾习”二字将无确当之标准。至文科中虽有关系于法政科之学科，然一科学中与他之学科相关联者，不独文科与法政科也。若以文科中有法政学科之故，而遂以其毕业于文科者视为与毕业于法政科者同一，则近时中学及师范毕业生皆曾习法制、经济者，亦可以之为曾习法政、通达治理者矣。且本年春间抚批调查局详称请添设副管股各员并整顿情形有云，仍应遵照部章一律选用法政毕业人员，仰即分别遴选开折详候委办，是在当时已认曾习法政为必须毕业法政者矣。岂当时法政人才众多，半年之后顿形缺乏而为变通之任用，姑以毕业于文科者充其选耶？抑此日之批文同去年十二月十七日之札文早已取消而特宽其任用之途，不必拘泥于定章耶？所不能无疑者四也。

有以上四疑义，故援引《谘议局章程》第二十六条之规定，敬候批答。

提出者：陈时夏

连署者：张传保、赵镜年、周钟俊、涂山、王泽灏、宋吉成、傅典修、张其光、王渡、王秉融、陈训正、汪秉豪、徐象岩、周斌、周祥麟、褚辅成、阮性存、梁有立、潘澄鑑、王序宾、王家襄、陆积昌

巡抚部院批答：来呈暨质问书均悉。查《调查局章程》内所列各种调查事项，大半关于旧日政治为多，前准宪政编查馆咨行奏定章程以曾习法政、通达治理为任用资格，原期于法理不背于治体，亦不致隔阂，来呈谓未习法政者不可谓通达治理。当此过渡时代，法政之学尚未普及，遽将旧日政治家一笔抹煞，似亦过当。前次派委章道，专案咨馆，曾奉加札，并未驳复；此次派委溥道接办，核于定章，并无不合。至以该局总办并无限于道府明文为疑问，本部院任用属员，亦素不以官职大小为前提，惟该局调查各项事宜，皆须以各州县报查表册为资料，且对于藩、臬各司道衙门时有调查移商等件，如不特派大员督饬催报，必致呼应不灵、漫无成绩，此则吾国行政事实上不可避之阶级。困难情形，局外固无由知也。其现派之法制科第三股副股员，系调查行政上之沿习利弊，本部院据调

查局奏定章程第八条，由总办开单呈请，加具法理明通切考[①]，准予札委。既已到差，能否称职，该局总办自能考察，不难酌核办理，似可无庸疑虑。况该局将来或变更组织，或另须裁并，不日即须定议，尤不必徒起争执。此复。宣统二年十一月二十五日。

《浙江谘议局议员质问书》第二届甲编，第29—31页

褚辅成质问书

宣统二年十一月二十六日[②]

窃读抚台札复内开，据盐运衡吉详称云云，查与旧例新章诸多背谬之处，谨依局章第二十六条列举疑义，逐款呈候批答。

一、伏读乾隆元年八月二十四日上谕，谓浙江滨海，地皆斥卤，向来盐价甚贱，居民称便。十余年来盐价增长，近则加至三倍不等。夫以小民日用必需之物，而昂贵若此，朕心深以为忧。又伏读宣统元年十一月十九日上谕，谓该大臣等务当和衷共济，通盘筹划，尤须体恤民艰。是知盐价昂贵，确与贫民生计有关。今阅运司详称，浙盐最贵者每斤仅数十文，他省如湖南食盐，每斤百数十文，值灾荒之时，犹未闻贫民因盐受亏。然则高宗纯皇帝所引为深忧者，运司反以平易视之；今上所敦谕体恤者，运司反以淡漠置之。未知是何居心？

二、查乾隆五十五年户部题定则例，凡商人运盐有定价者，照额发卖，不准加增；无定价者，不得高价病民，违者治罪。执是以论，浙省盐斤，旧例虽无定价，而增加时亦应严加限制。今综览运司详文，一则曰盐商之营业与米粮等商相同，各物价值均听商人自为涨跌，盐何独不然？再则曰其中操纵必业此者，始当

① 参证陈时夏另一质问书，"切考"应为"切实考语"之省略。

② 此日期为浙江巡抚增韫的批答日期。

机宜。玩其语意，竟断定盐价增涨，宜悉任商人自由，不特与有定价者不准增加之旨大相剌谬，即就无定价之行销地论，商人任意加价，是否行政官厅可以全不顾问？

三、查《盐政暂行章程》第八条及第十二条，督抚于该省盐务产运销一切改良方法，有随时咨商之责；运司于一切利弊，应行改革事，有随时考查，拟具办法之责。今阅运司详文，单引《盐政【暂行】章程》第五条，并缀以盐价不由官限定，既载在《盐法志》，民商习惯相安已久，应仍照旧办理，尤非本司所敢轻议更张等语。然则抚台、运司对于全省销盐利弊是否可以不负责任？历年销盐定价，民商间是否绝无龃龉？浙省盐商自由定价，是否绝无弊端？抚台、运司是否无提议改革之权？

四、查《盐政暂行章程》第十三条，明定销盐加价，须编造表册，按月详送。又查奏定《财政统计表式》解说下第二十五项，明定官盐价值，须列统计表。然则销盐之价值及加价既须分别造表，即以之刊入官报，有何不可？今运司详谓卖盐之价，无从列表刊入官报，是否各地盐价尚未调查？各项表册尚未编造？

五、查《奏定财政统计表》解说下第二十五款载明：州县行销官盐之官局、官店、官盐、栈盐、公堂及城厢、乡镇分设子店，均须禀官立案，官定价值，不准私自增减。而运司详文则谓盐价不由官限定，载在《盐法志》，究竟《财政统计表》与《盐法志》孰生效力？

六、查抚台札行运司，亦以悬牌揭示为然，饬令通饬遵办，一面迅速电请督办盐政大臣核复，今运司并不照行，是否运司职务专受督办管辖而对于会办之命令可不遵照？

提出者：褚辅成

连署者：张传保、赵镜年、周钟俊、涂山、王泽灏、宋吉成、傅典修、张其光、王渡、王秉融、陈训正、汪秉豪、徐象岩、周斌、周祥麟、阮性存、梁有立、潘澄鑑、王序宾、王家襄

巡抚部院批答：来呈阅悉。希候札运司详复到日再行札复。此答。宣统二年十一月二十六日。

《浙江谘议局议员质问书》第二届甲编，第31—33页

阮性存质问书

宣统二年十一月三十日①

窃读札复本局质问温、处两属抽收盐厘各局卡抑勒洋价一案，内开据盐运司详称各节，殊多疑问，谨依局章第二十六条，列举如左：

一、运司详述温、处盐厘局移称，温局及分局收入洋价，历办均作八百九十文，而缴库作一千四百四十文，向留洋价盈余以资办公。运司亦云温、处盐局向以洋价盈余留作办公经费，并有将原征钱一千以八九合征洋一元一角二分三厘六毫之章改定之语。究竟此章共有几条，系何年月日何任运司详定，何任巡抚批准，何以未奉明白宣示？可疑一。

二、查本省《试办宣统三年预算表》岁出经常门第六类第三款第二目，载有温、处属用宣统三年预算二九六零六【两】，宣统元年实支之数亦同。温、处盐局既以洋价盈余为办公之资，则宣统元年局用实支之二万九千六百零六两为何人所干没？可疑二。

三、运司又称，若照货厘办理，势必加给公费，国家税因之缩减，与宪政编查馆核议《清理财政章程》第十五条国家税、地方税未分以前，谘议局不得议减现行税率之案不符。查税率云者，如田赋每亩科征银米若干，盐厘每引科征钱若干之谓，谘议局现在并未议减。若官吏之浮收，正违反国家法律，不得认为税率也。不知运司何以牵引及此？且即就运司原详文义而论，加给公费只可云国家行政费增加，何以国家税因之缩减？语意尤属费解。可疑者三。

四、信如运司所云，盐局浮收即属金科玉律，一经议减，即与《清理财政章程》抵牾，何以又请将原征钱一千以八九合征洋一元一角二分三厘六毫之章改定为征洋一元一角？独不虑与《清理财政章程》抵牾乎？可疑者四。

---

① 此日期为浙江巡抚增韫的批答日期。

五、运司又称，加给公费，出入甚巨，必干督办盐政大臣驳诘。查温、处局向有局用，本无庸再加公费，而禁止浮收，正与宣统元年十一月十九日设立督办盐政大臣时所奉上谕中“尤须体恤民艰”一语相合，督办大臣当亦嘉许何以运司知其必加驳诘？可疑者五。

一、二两项，抚部院衙门当均有案可稽，三、四、五三项，虽系运司详中之语，既经抚部院据详札行，自系抚部院已表同意。敬请明白批答，以释疑惑。

提出者：阮性存

连署者：王家襄、徐象岩、周钟俊、褚辅成、周祥麟、张传保、周斌、涂山、王序宾、沈钧儒、陈士干、王秉融

巡抚部院批答：来牍阅悉。候行运司查案具复再行札知。此答。宣统二年十一月三十日。

《浙江谘议局议员质问书》第二届甲编，第33—34页

阮性存质问书

宣统二年十一月三十日[①]

查《各省会议厅规则》第四条审查科第二项人员之资格，为通晓法律人员或司法官，而无“行政官”字样。推原立法之意，盖以司道为审查科第一项人员，则本省行政各官均其所属，若再以行政官列为第二项人员，则司道会议时所主张，其属官之贤者固未便显然立异，不肖者必至随时附和或缄默不言，将与第五条后段所谓“三项资格应按总数三分之一”之意大相背谬，故不泛称通晓法律官员，亦不以行政官与司法官并举，则所谓通晓法律人员必为本省行政官以外之人，显然可见。今本省会议厅第二项人员都为各司道署分科办事之人，究与

① 此日期为浙江巡抚增韫的批答日期。

《【各省】会议厅规则》立法之意是否符合，实属疑问。谨据局章第二十六条呈请明白批答。

提出者：阮性存

连署者：张传保、王渡、傅典修、宋吉成、周祥麟、涂山、陈士干、王秉融、赵镜年、张其光

巡抚部院批答：来呈阅悉。查《【各省】会议厅规则》第四条审查科之资格第二项为“通晓法律人员或现任司法官”，其于通晓法律，不曰官员而曰人员者，原系不必限定何项人员，但使通晓法律，皆得委任之意，固未规定。此为本省行政官，亦未明言不准参用。本省行政官且于通晓法律人员下接叙“或现任司法官”，是又含有类举对待之义，今必别其为本省行政官以外之人，岂行政官中无通晓法律者耶？抑虽有通晓法律者，只能称为通晓法律官员，不得称为通晓法律人员耶？如因原文系称“人员”无“官员”字样，即不能用及本省行政官，则如第一项司道及府厅州县来呈，固认为行政官矣，何以规则各条统称两科人员？而本条原文并云“审查科以左列各项人员承充”，此所谓人员者，兼三项资格言之耶？只就第二项通晓法律言之耶？恐本文之真诠不如是也。本部院选任此项人员，系不拘地方、盐务、京外、候补、候选各员，一以通晓法律为断。其时审判厅尚未拣员，今则并司法官亦有之，原非专用本省行政官，如谓第一项有司道，本省行政各官均其所属，并各司道署分科办事之人至随声附和，此则不然。从来议事机关皆以多数表决，纵或司道署之科员不肯矫异于本长官，而多数之议员，其肯阿附一二人私见乎？此可断断无虑者也。此复。宣统二年十一月三十日。

《浙江谘议局议员质问书》第二届甲编，第34—36页

阮性存质问书

宣统二年十一月三十日[①]

查本省石堰场征收灶课钱粮，有补粮名目，于场印执照之外，另给补粮收条一纸，盖有图章。其补粮与正项钱粮之比例，亦必一律，甚有正项钱粮居十之一二，而补粮居十之八九，粮户不敢抗拒。是否运司衙门所特许，抑曾否禀奉抚部院衙门批准有案，实属疑问。谨据局章第二十六条，呈请明白批答。

提出者：阮性存

连署者：张传保、王序宾、傅典修、宋吉成、周祥麟、涂山、王秉融、陈士干、赵镜年、张其光

巡抚部院批答：来呈阅悉。查补粮一项，院署无案可稽，希候札运司委员查明详复再行札知。此答。宣统二年十一月三十日。

《浙江谘议局议员质问书》第二届甲编，第36页

陈时夏质问书

宣统二年十二月初五日[②]

读本月二十四日[③]第二次批答调查局人员资格之质问，再三思维，不惟不得

① 此日期为浙江巡抚增韫的批答日期。

② 此日期为浙江巡抚增韫的批答日期。

③ 原文如此，巡抚增韫的批答日期落款为二十五日。

所问之要领，且更增多数之疑惑，故援据《谘议局章程》第二十六【条】规定，具质问书求明确之批答。

第一，抚批谓来呈谓未习法政者不可谓通达治理，当此过渡时代，法政之学尚未普及，遽将旧日政治家一笔抹煞，似亦过当。兹所云尚未普及者，果指何范围而言？若专就本省官绅之范围言，虽不得云尽行学习法政，然考近来毕业于法政者，其数实不下千百计，以之备调查局之任用，尚不至有缺如之叹者。故普及与否，为一省中法政知识程度上之问题，非未普及而遂绝无可任用者也。设所谓尚未普及者为专就道府大员之范围而言，则道府居本省官绅中之最少数，更不能以最少数之未习法政而置其他于不论。至所云遽将旧日政治家一笔抹煞，抑若除曾习法政之人员外，别有一种旧日政治家存在于本省之中，而怪质问者之轻视者。然考政治家之名称，在外国固视为极尊崇之名誉，必确有政治法律之学问、见识与实际之展施，乃为一般所公认，足以当之无愧色。即就我国素所称为政治家言，亦必于现在及将来之政治利弊得失了然于心目，而其展施明有功效于一时或数世者。今于政治家之上冠以“旧日”二字，似此种人员，非今之所谓政治家犹足任用于今日，且为合于通达治理之资格者。然质问者于前两次就符合于定章之资格与否为质问，疑此种之资格，平心静气以论，以为终不得划分为二也。前批既未就得为划分之正当理由明确以答，而誉之以“旧日政治家”之语为足以任用，则其如何得为旧日政治家与为旧日政治家合于定章何所指之资格，实于前疑未释外而更增其疑者。此一也。

第二，抚批以前次派委章道，专案咨馆，曾奉加札，并未驳复；此次派委溥道接办，核于定章，并无不合。是援章道之例而以改委溥道为合于定章，然在当时派章道之专案内容之措辞究属如何？虽不得而详，设泛云某道法律娴熟或泛云某道法律明通，在宪政编查馆必以其娴熟或明通信为由学习而来，与法文所规定之资格相符，自以信督抚者信其人，不为驳斥之手续，而有加札之委充。若于专案内确实声明某道未曾学习法政而咨宪政编查馆之加札，窃意立法之宪政编查馆就当初所立之法而自违背之，当不至出此也。故前次之奉加札委而不遭驳斥，当视乎专案所称之何如；而今次之改派，不得援前次为口实。则所云此次改委溥道，核于定章，并无不合者，果为合于调查之奏定章程耶？抑不计有此定章而以章道加札之文为定章耶？又不能释其疑惑者。此二也。

第三，抚批谓本部院任用属员，亦素不以官职之大小为前提，惟该局各项调查事宜，皆须以各州县报查表册为资料，且对于藩、臬各司道衙门时有调查移商等件，如不特派大员督饬催报，必致呼应不灵，漫无成绩，此则吾国行政事实上不可避之阶级，困难情形，局外固无由知也。是言必须派委道府大员之理由，然调查局为法定之机关，执行法定之事务，无论对于省中如何高级之机关，得本于法定者为调查移商或督饬催报。在藩、臬各司道衙门，非有因其总办非道府而有拒绝之权利，其敢为拒绝或故为迁延使调查不能进行者，即为违法。且督抚于调查局有管理主持之责，章程第一条明为规定调查局之行动，不啻代督抚为行动，以督抚所派之总办非道府而致呼应不灵，是督抚管理主持之权不能行于藩、臬各司道衙门，窃恐将来之任用属员，悉视藩、臬各司道衙门之意向矣。夫谘议局之议长，非有道府大员之身分也，然关于行政上各种案卷之调查，犹得根据于批准之《议事细则》向各衙署局所为调取，不闻藩、臬各司道衙门有可拒绝之权利而无交付之义务。矧调查局之性质，尤专事于调查者而谓，可有其名而无其实乎？至以此为行政事实上之不可避之阶级，不知此所谓不可避者，为当然有此结果，虽行管理主持之权而不得救正之耶？抑狃于从前之积习而惮于救正之耶？实属现时本省行政上新发见之大疑问，所亟欲求解答者。此三也。

第四，抚批以法制科第三股副股员孙祖烈，谓由总办开单呈请，加具法理明通切实考语，准予札委，既已到差，能否称职，该局总办自能考察，不难酌核办理，似可无庸疑虑。在质问者则因此而益增其惑，谓由总办之呈请耶，何总办于《调查局章程》及前次抚台之札文及批示竟可置之不顾？谓抚台之札委一凭总办之考语耶，则前次之札文及批答何以等于遗忘？至到差后能否称职云云，乃任用后一种甄别之问题，非札派时资格之问题。质问者问其合于法定资格与否，而答复者答为视其将来胜任与否，问东而答西，岂明知其不合资格而亦有困难之情形，非局外之所知，不得援前次甄别之例耶？充斯以推，凡属员之必备法定资格始得任用者，亦可不计其资格之如何，而曰不妨视其任职之如何矣。此四也。

第五，抚批谓该局将来或变更组织，或须裁并，不日即须定议，尤不必徒起争执。所谓变更组织或须裁并，乃该局将来运命之问题，亦非今日人员资格之问题，苟调查局一日不废，此奏定章程终绝对有其效力，非可明知其当变更组织或裁并而姑为敷衍苟且之图者。至“不必徒起争执”一语，尤不可解。谘议局对于本省行政事件有疑问，得呈请批答，为《谘议局章程》所规定，乃权利亦义务也。质问以法律为根据，以事实之合于法律与否为疑点，若虽经答复，仍于合法与否未能明了，或所答复者轶于所问之外，则至于再于三，递为质问，正所以不放弃其权利，勉尽其义务，非好为此哓哓矣。而曰“不必”曰“徒起”，似以之为甚无谓而可以已者，阻耶？劝耶？是使质问者终不得其解也。此五也。

提出者：陈时夏

连署者：张传保、赵镜年、周钟俊、涂山、王泽灏、宋吉成、傅典修、张其光、王秉融、陈士干、汪秉豪、徐象岩、周祥麟、褚辅成、阮性存、梁有立、潘澄鑑、王序宾、王家襄、陆积昌、周斌

巡抚部院批答：质问书阅悉。综核前后质问书，调查局任用人员资格，皆属关于章程条文解释上之疑义，既经本部院迭次批答，仍有疑问，希候将前后质问书并暨批答一并咨呈。此答。宣统二年十二月初五日。

《浙江谘议局议员质问书》第二届甲编，第36—39页

褚议员辅成质问龙圆通用与贴水为二事有何根据之批答（附质问书）

宣统二年十二月初七日①

来牍阅悉。综核议案三条，但有不收龙圆以违法论之，规定不及贴水与否，可见不收与贴水显系两事，第一、二条“一律通用龙圆”二语，是但云龙圆与墨洋均应行用，不得阻遏，如谓“一律”、“一体”字样即指不准贴水而言，何不于条文中加入“同价”二字乎？总之，龙圆贴水与否，但使市面遵从，官厅毫无出入，既无出入，自无成见也。此答。宣统二年十二月初七日。

---

① 此日期为浙江巡抚增韫的批答日期。

附：质问书

读抚台批答龙圆贴水质问，由认为未得要领，谨依局章第二十六条，再具质问主意书，呈候详晰批答。

窃查《通用龙圆案》第一、第二两条之规定，系通用之办法，第三条之规定，系不通用之罚则，罚则中单提不收不提贴水者，盖因从前官定钱粮价格，专收墨银而不收龙圆，有不收而求其收者，乃有贴水之事发生，是不收为贴水之原因，贴水即不收之结果，无原因自无结果，此必然之理也。故本案第三条从根本上规定既不准不收，自不准贴水，试以原案理由参照自明。今抚台前后批答，分不收、贴水为二事，有何根据？再抚批以“通用”二字自当以各条文所载为范围，似不能于各条文之外再加特别之解释。按本案各条法文中是否有插入解释之字句，姑不具论，即如批示所云，亦应依据各条意义判定通用与贴水是否抵触？何以前次批答竟拘泥第三条“不收”二字之泛义而置一、二两条法理于不顾。法律上正当之解释，果当如是乎？敬请明白批示，以释疑怀。

《浙江巡抚审订谘议局议案录》庚编，第8页

阮性存质问书

宣统二年十二月十三日[①]

查《谘议局章程》第二十六条“谘议局于本省行政事件如有疑问，得呈请督抚批答”，原以督抚为一省行政长官，全省行政虽各有主管衙门，要以督抚衙门为总汇之处，主管衙门所办事件，必禀命于督抚，而督抚亦必视其合例与否，以为准驳果已进行，而谘议局有疑问呈请时，除必当秘密者外，督抚即应将所以

① 此日期为浙江巡抚增韫的批答日期。

批准之内容详晰宣示，以释群疑，万一主管衙门有朦胧详准之事，一经质问，因而觉察，不妨饬令更正，既以收集思广益之效，乃不负怀疑质问之心，立法之精神如是也。今谘议局所质问者，抚部院每以“札司详复到日再行札复”之空文批答，一若抚部院衙门于行政事件亦有怀疑待质者，迨司中详复，抚部院又不置一词，仅以司详札局，一若对于司详不能加以可否者，尤可异者，如质问札复宁海县浮收征粮洋价记过一案，又质问札复盐价悬牌及涨跌不便由官限定一案，又质问札复温、处盐厘各局卡抑勒洋价一案，均经主管衙门详复之件，如其中有不合例章或含混朦详情事，抚部院固必当时驳斥或批令现行明白详复，断不遽为札行，既已札行，虽有司详在，抚部院必有真知灼见，何以再经质问，仍不奉详晰宣示而又须札司详复？究竟抚部院于札行及批答是否负其责任？实属疑问。理合呈请明白批答。

提出者：阮性存

连署者：张传保、周钟俊、涂山、宋吉成、傅典修、张其光、王渡、王秉融、陈士干、汪秉豪、周祥麟、褚辅成、梁有立、潘澄鑑、王序宾、王家襄、陆积昌、周斌

巡抚部院批答：来牍阅悉。本部院批答质问书所以札司详复者，因行政事件未经该主管衙门查复，则凭空悬揣事理，未必详明，不独行政上之手续固然，并欲使该主管衙门各求审慎，盖督抚对于谘议局应负责任，而各司对于督抚亦须分负责任，方有考成。至据司详札局，亦由本部院审度可否，定为准驳，但已经驳去者，业已取消，无由宣布，并非不赞一词，迨经质问，间有仍须札司详复之件，亦以是非所在，不厌求详，即本部院信为真知灼见者，安保无未满人意之处？若谓为不负责任，殊非本部院实事求是之初心也。此答。宣统二年十二月十三日。

《浙江谘议局议员质问书》第二届甲编，第46—47页

阮性存质问书

宣统二年十二月十五日[①]

窃闻本省各州县多有亏挪正项钱粮情事，最著者如萧山、余姚等县，皆至数万，未闻官厅一筹清理，岂各州县本无亏挪而人民所传闻者为不确乎？抑亏挪钱粮本为法律所许，上级官厅可以置之不问乎？殊属疑问，谨依局章呈请明白批答。

提出者：阮性存

连署者：张传保、周钟俊、涂山、宋吉成、傅典修、张其光、王渡、王秉融、陈士干、汪秉豪、周祥麟、褚辅成、梁有立、潘澄鉴、王序宾、王家襄、陆积昌、周斌

巡抚部院批答：来牍阅悉。该县等是否亏挪钱粮，事属传闻，岂能引为确证，姑以案关亏挪正供，希候札饬布政司确查详复核办。此答。宣统二年十二月十五日。

《浙江谘议局议员质问书》第二届甲编，第47—48页

① 此日期为浙江巡抚增韫的批答日期。

沈钧儒质问书

宣统二年十二月十七日[①]

按杭城自来水公司息借外国银行一百二十万，由官厅担保，前经以情迹离奇提起质问，嗣准批答，谓查自来水一节，匪惟息借他国银行款项，绝无其事，即侨商蔡奇凤亦无独任巨款创办之举，道路喧传，并无根据，自可毋庸轻信。又谓万一遇事生风之徒，隐射官厅名义，勾串招摇，以致真正殷实商人闻风裹足，所损尤多，谘议局如访有确据，指名呈究，本部院正资攻错之益，所愿闻焉云云。阅悉之下，深以所闻之事，本属子虚为幸，而抚部院兼听并收之美，尤足多焉。惟近者又有所闻，事亦似愈确实，略谓所订合同系杭城自来水公司出名与英商怡大洋行订立，托言借用机器，避去息借之名，仍于合同载明十年分还，其公司组织有督办、总协理等名目，且总协理均系两人，规定由公司、洋行各举二人充之。其合同内有一款，并写明由浙江巡抚盖用印信担任咨部立案等语，人言凿凿，不敢谓全系无因，虽前批有绝无其事之语，而履冰集霰，隐惧滋多。查自来水列入城镇乡公共营业，现在杭城议事会经已成立，此等事业自可责其以次提议办理，断无听任他人巧借洋款、袗臂而夺之之理。虽据传闻，仍冀非实。谨依局章第二十六条开具事由，敬祈明白批答。

提出者：沈钧儒

连署者：陈时夏、张其光、陈士干、赵镜年、王家襄、潘澄鉴、阮性存、褚辅成、周斌、王泽灏

巡抚部院批答：来呈并质问书已悉。所问自来水公司与英商订立合同，以借用机器为名，请咨立案各节，本部院衙门并未据该公司呈有合同等件，此次来书既云人言凿凿，且知合同内容，较之前次质问尤为确实，果如所言，恐系有人勾

① 此日期为浙江巡抚增韫的批答日期。

串，招摇隐射官厅名义，实堪痛恨，希将所闻之姓名及其他确据切实呈明，以便通饬查拿究办。又查宣统元年四月据绅商李拱宸、吕润身等禀办自来水股份有限公司，旋又更改发起人职名，均经行查有案，李绅、吕绅等禀办已久，股份已否集成，未据禀报，亦未按律注册，有无暗招洋股及如何严定期限，候札劝业道查照迭次批示与两次质问书一并查询核议详复察夺。此答。宣统二年十二月十七日。

《浙江谘议局议员质问书》第二届甲编，第48—49页

沈钧儒质问书

宣统二年十二月十九日[①]

窃查司法、行政，必宜划清权限，部奏屡有明文，且经设立审判厅之处，其旧日问刑衙门、刑幕束修、招解公费等项，既应悉数提归审判厅常年之用，即欲仍旧收理词讼，亦并无用款可支，断难责令枵腹从公，是事实上亦属万不可行，其有原审未结之案，自应于审判厅未成立以前，提先赶结，若审判厅既经成立，则司法、行政划然分离，衙署性质变更，无论已结未结案件，均应一并检卷移送审判厅办理，毫无疑义。执行刑罚为检察厅之专责，旧日府县监狱亦应由府县禀请提法司另派专员管理，方与法理不背。至谓经费为难，则府县同一管理，亦岂能不费款项。查法部奏《筹办外省省城商埠各级审判厅补订章程办法》折内开，国家帑项，岂容稍涉虚糜，况在司农仰屋之时，更宜力求撙节，然司法独立，特为宪政之纲维，审判厅即其精神之所寄也。乃或过持减啬之义，意存敷衍，其甚者至欲以地方官署为审判厅，即以地方官兼充推事，于司法、行政分立之意，实大相径庭。况省城为郡邑楷模，商埠系中外观听，所以定分年筹备之制者，正欲

① 此日期为浙江巡抚增韫的批答日期。

令财力纾缓，得以布置从容。今臣等所拟办法，系专为筹办省城商埠各级审判厅而言，编制已极简约，所冀各疆臣凛遵立宪谕旨，勉为其难等语，是推设立各级审判厅之意，原以冀收司法行政分立之效，而外省筹办无论如何减啬，决不能因此致损分立之精神，庶几旧日诉讼、监狱各弊，因分立之故，自不难一律扫除。若以省城关系全省观瞻之地，高等、地方、初级审判、检察各厅均已完全成立，而府县地方官犹不免问案，不免管理监狱，其何以为郡邑模范耶？今闻省城原审未结案件有仍归府县理结之议，杭府仁、钱两县监狱仍归府县管理，而所谓迁善所等，究系何种性质，归何衙门管理，均无议定划一办法，实于司法独立权限显有妨碍。谨依局章第二十六条，开具事由，敬祈明白批答。

提出者：沈钧儒

连署者：阮性存、王家襄、周斌、褚辅成、陈时夏、潘澄鑑、梁有立、赵镜年、王序宾、张传保

巡抚部院批答：来呈阅悉。审判厅既经成立，司法、行政自应划清，所有已设审判厅地方，旧日未结案件，前据提法司详称，本年开篆后即统交审判厅受理，当经批饬在案。监狱一事，前经会议，模范监狱未成以前，暂归府县管理，原为一时权宜之计，旋以此项工程尚须时日，复经函催提法司赶紧督修。现尚未据详复，希候再行札催，俟复到另札行知。此复。

《浙江谘议局议员质问书》第二届甲编，第49—50页

褚议员辅成质问前批通用龙圆案内疑义之批答

宣统三年三月十五日[①]

察阅来书所陈疑义，其一援据币制则例，但有概不得拒不收受之规定，不及

① 此日期为浙江巡抚增韫的批答日期。

贴水与否，证明原议案之不收龙圆以违法论，即是不准贴水；二谓原议案“一律”、“一体”均无包含龙圆与墨银对待之意，欲求通用，必先不许短折；其三谓“一律通用”、“一体通用”，虽非明言不准贴水，而前后条文确有不准不以龙圆为标准之义，前批“同价”二字，与此意旨不符；其四以贴水与否，若视市面为从违，即失法律之效力，官厅是否可以不负责任各等语。查新币制系分银镍铜数种，定为主辅，各以十进，与旧用银圆价有涨落者，本体已绝对不同，如《币制则例》第十六、十七、十八、十九等条，皆奏定币制后折合国币改换计数名称之方法，而十七、十九两条内即有照各该处市价折合之文，并声明向用银圆或他项钱文准照前项办理。夫向用银圆，非即第十四条所称从前铸造之大小银圆乎？既准各照市价折合，又明明规定新币发行地方，暂准各照市价行用，则于新币未颁行时，旧铸银圆准照市价行用，自不待言。既照市价，即不能无涨落；既有涨落，则以市价较低者易换市价较高者，此不必龙圆与墨银也。即彼省与此省所铸之龙圆，亦不能无上下，如谓不准不收即是不准贴水，则不问精粗美恶，一切比而同之，恐原案之真诠不如是也。至与墨银对待之说，尊重龙圆者均不顾问，然必有禁其不得并用之权力，始无对待之可言。现在新定法币尚未通行，即将来新币通行，而于旧币犹未悉数收回改铸时，则他种银币仍不能禁其并用。若仅以不言墨银而谓墨银即退处于无权，其谁信之？又推原案以龙圆为标准之本旨，盖谓龙圆自有价格，当然为独立之本位，其实浙省之货币，每牵制于沪上，彼处通商已久，习用墨银，货价出入皆以规元、龙圆折合，亏耗较巨，故商情趋重墨银。今以龙圆易墨银，则须贴水，犹之以墨银易龙圆，即应申水，无二理也。物价之不齐，不能强市面为一致，谘议局前于此案复议时，将原文所云“不分铸币省分，一律行用”及“价目抑勒折扣”等字样删去，亦何尝不以事实为重，且所贵乎法律者，一方强制人民之行为，一方调护人民之利益，若不问货币之良楛而概悬一的以为招，势必各省恶币云涌而来，将良币尽被排除，而引起经济界之恐慌，又谁当负其责任？此对于来书之疑问而谓无不可以解释者也。要之，本议案之宗旨在使官民一体通用龙圆，将以尊重国币而一返趋重墨银之习，用意极为正大，本抚院业已一再商订，公布施行，宁有不思永久生其效力之理？特以不准贴水一节，议案既未有明文规定，又中经波折而终觉障碍之未融，亟应慎审周详，以期推行而无阻。经交参事、审查两科会议，佥以谘议局迭次争执，皆以条文未明了之故，须将条文酌量修正，提出议案交谘议局议决。除另行提作议案交局公议外，合先说明大意，以答疑问。此复。宣统三年三月十五日。

《浙江巡抚审订谘议局议案录》庚编，第9—10页

沈议员钧儒质问游勇方新海就地正法一案之批答（附质问书）

宣统三年四月二十六日①

查游勇方新海向充浙西内河水师巡防队正勇及头炮，在其身畔搜有饷单可凭。此次该游勇起意纠党贾常良、姜在楼等在艮山门外焦家桥七物亭地方抢劫郑顺宝弟兄丝绸等物，用铁尺拒伤事主，众至三人，地在城外，即属啸聚薮泽。又查现行律缉盗讯兵及营兵为盗，照律拟绞立决，如捕役兵丁起意为首，斩立决。此案方新海起意为首，例应斩立决，且当日乡民仇视该犯，聚众甚多，欲自行处治，已将火油灌入该犯腹中，并掘坑欲将其焚毙，民情愤激，几不可遏，所谓国人皆曰可杀也。该犯既系游勇，论罪亦应斩立决，又获犯后仅由巡所拘留，并未解至审判厅，是以本抚院揆情度势，饬解兵备处讯明详情，以军令正法，以快人心而示儆戒，希即知照。此复。宣统三年四月二十六日。

附：质问书

窃见报载三月二十五日艮山门外拿获抢劫盗犯方新海一名，因在该盗犯身畔搜获领饷凭证，审系游勇，即由兵备处讯明就地正法。抚院批示，有按照定章，土匪、游勇、会匪、马贼四项，应归军事范围，不在问刑定罪之列，等语。查宣统元年四月会议政务处奏核复法部议复御史吴纬炳奏寻常盗犯请一律照例解勘折

① 此日期为浙江巡抚增韫的批答日期。

暨同年十二月法部议复署理两广总督袁树勋奏广东盗风甚炽仍请照历年变通章程办理等折，均经声明：各省实系土匪、马贼、会匪、游勇，啸聚薮泽，抗拒官兵，形同叛逆者，仍暂准就地正法，其余寻常盗案，均应一律复勘详办，不得仍援就地正法章程先行处决等因。法部议复袁督折内，并谓曾据湖南巡抚岑春蓂于七月间片奏审办匪盗各案请暂照向章办理等因，后经臣等奏称，残杀不足清乱源，严酷适以伤元气，若新章并未实行，仍准沿向来办法，不惟有乖政体，亦觉紊乱刑章，且值宪政初基，若径听该省从权办理，万一各省效尤，益不足重法权而昭统一。拟再请旨饬下该抚仍遵臣部原奏办理，并声明该管道府倘再藉词违误，应由臣部查取职名，照例参处等因，复经奉旨允准并通行各直省亦在案。又谓该护督此次所奏，几于无地无盗，前此而未尝就地正法也，犹可曰水懦者民玩，前此固时时就地正法矣，何以火烈而民不畏乎？云云。是就地正法章程，部奏认为军兴时一时权宜之计，现在已不准率行援用，除土匪、马贼、会匪、游勇四项之外，均应一律复勘详办，即确系土匪、马贼、会匪、游勇，亦尚须有啸聚薮泽，抗拒官兵，形同叛逆实情，方准暂照就地正法章程办理。细绎阁部原奏，反复辨析，实已明白无疑。又查最近宪政编查馆奏议复东督奏解释法令议论纷歧据实直陈折内称，抗拒官兵，自系指派兵剿办时而言，凡由军营官兵登时于军前拿获者，暂准讯明禀请军令，立予就地正法。此外事后捕获人犯，但有拒捕情形，只能按律治罪，诚以罪人拒捕，现行刑律列有专条，与抗拒官兵者情事确有不同，仍应遵照现行法令送交审判衙门或地方衙门讯办，不得率先处决，致有冤滥之虞等因，则于“抗拒”二字范围解释益严，凡捕获人犯，虽有抗拒等情，但非由军营官兵登时于军前拿获者，即不能就地正法矣。按盗犯方新海事件发觉，在宪政编查馆议复东督折奏之前，而宣统元年四月十二日阁部二次折奏暨同年七月间奏准通饬各直省之件，则固早经明文颁布，何以该盗犯并无啸聚抗拒情事，审系游勇，即可由审判厅改送兵备处讯结，辄照向章就地正法，究竟如此办理，于历次部奏朝旨有无违背，实属疑问。如谓该盗犯身畔获有领饷证据，明系逃勇，不妨以军律处置。然查现行刑律，各处守御城池军人逃者，初犯处八等罚，俱发充伍，再犯流三千里，三犯者绞监候，亦并无立时可处以死罪之规定。谨依局章第二十六条开具事由，敬祈明白批答。

《浙江巡抚审订谘议局议案录》庚编，第131—132页

沈议员钧儒质问宣统三年预算案未列调查选举经费之批答（附质问书）

宣统三年四月[1]

查各省谘议局举行第二次选举，系属宣统四年之事，所有此项调查选举经费，自无庸列入宣统三年预算表内。至此项经费，上届办理选举，亦不仅在平余一项支给，究竟下届办理调查选举，经费共需若干？应在何处支给？本年续办宣统四年预算如何列入？希候札饬藩司清理财政局查核详办可也。此复。

附：质问书

查《谘议局议员选举章程》第十三条，选举年限以三年为一次。又第十四条，每届选举年限，以是年正月十五日为初选日期。又第二十条，选举人名册，应于选举期六个月以前一律告成。是明年宣统四年为各省谘议局议员第二次应行选举年期，而各厅州县选举人名册，均应于本年七月十五日以前一律调查完竣，并行造具。按此项调查选举，系属全省所办之事，与府厅州县城镇乡皆为无涉。谘议局经费列入地方行政经费，则此项费用亦应自地方行政经费支出无疑，且第一届各厅州县调查选举费用，每处多至千科，少或四五百元。前年调查选举所用一切表册等件，均由省城谘议局筹办处代备，本年纸张印刷费，尤须一并算入，均经禀准藩司于各属平余项下分年摊入报销，其为属于地方行政经费性质，在本省已有先例可循，今阅交议试办宣统三年地方行政经费岁出表临时门民政费内，并未列有此项谘议局议员调查选举经费，实属疑问。谨依局章第二十六条，开具事由，敬祈批答。

《浙江巡抚审订谘议局议案录》庚编，第133页

① 此质问书和浙江巡抚增韫的批答均不署日期，今根据质问书内容和编排位置，暂定为宣统三年四月。

五、议决案与建议案、陈请书

禁革厅州县衙门供应案

宣统元年十月八日巡抚部院札准公布施行

理由：外省积习，上级官厅一切私用，均取给于下级之州县衙门，州县官不能自破私囊，则取之于浮收钱粮及差徭而已。今浮收与差徭已提议禁革，若州县官于上级官厅仍旧供应，则费无所出，势必变换名目，直接间接以取诸吾民，非正本清源之道也。上级官员俸廉既厚，又多有津贴公费，官厅内一切开支决无受下级官厅供应之理。幕友、仆役、胥吏，尤应裁减人数，厚给薪俸工食，毋使向下级官厅需索。至一切酬应及旅行舟车之费，自应于廉俸内支给。今将州县衙门供应上级官厅及摊派各项名目条列于后：

一、安衙费

二、换季费

三、修理衙署

理由：凡官厅内所用器具物品，应令交卸时列入交代，不准胥役任意取携。冬夏铺陈及寻常修理，应由廉俸内支给，前巡抚张定有安衙费数目，意欲稍加限制，其实亦为不法之规定，嗣后宜一律禁革。

四、杂用

理由：向来上官衙门需用一切，皆向州县衙门索取，任意取求，毫无限制，名目杂用，万应一律禁革。

五、新参道喜

理由：上官新到任时，有此陋规，亟应禁革。

六、各种门包、门随

七、道府办公经费

理由：道府公费，应明定数目，由官俸内支给，不应由州县官供应，亦应禁革。

八、节寿送礼

理由：近来浙省风气，节寿均送财物，其数逐渐加增，亟应禁革。

九、幕友节敬

十、跟随节规

理由：幕友、跟随，既有薪水工食，节敬节规，亟应禁革。

十一、各委员程随

十二、迎送费

理由：大吏过境，往往令州县办差，其縻费尤无限止，亟应禁革。

十三、各上房费

十四、臬辕各项册费

十五、臬辕秋录经费

十六、审解命盗案犯费

理由：裁汰书吏，久奉谕旨，现在审判厅尚未成立，各项规费亟应禁革。

十七、同寅津贴

理由：佐杂冗员，新官制本在裁撤之列，修补各员，尤不应仰给县官，至有所依赖者不绝，分府分道各员，尤应裁减，故此项亦应禁革。

十八、各种例差

十九、漕规忙规

二十、干修

理由：上官所荐幕友等，不能不应，其实无可位置，而修金必须照送，此亦供应之一，亟宜禁革。

二十一、此外有类于以上列举各款及无关地方公益之捐款。

理由：供应各种名目，有列举所不能尽者，且有临时发生之事件，故总括此条，宜一律禁革。

近来浙省州县，每年供应之费，多者七八千元，少亦二三千元，现在将定州县公费，若此弊不除，则无论如何优给，终不能敷用。谘议局成立以后，凡地方官巧取于吾民者，应次第提议禁革，若于州县官不正当之收入，既一律革除，而不正当之支出，仍听其自然，则州县将无人肯为。今议先请禁革，庶州县官无所藉口，此外各项积弊，亦可实行禁革矣。

《浙江谘议局议决案》，第 47—49 页

农田水利会规则

宣统元年十月十六日巡抚部院札准公布施行

理由：

（一）依《谘议局章程》第二十一条第一项议决本省应兴应革事件，筹办农田水利属于应兴应革之事。

（二）依《城镇乡地方自治章程》第五条第四款第九项为筹办水利，其筹办之法，各城镇乡之情形或有不同，而一省之大，不可无一纲要之规定，且现在自治会尚未成立，各地方有急宜兴办者，应先定规则，以资遵守。

第一章　总　则

第一条，关于农田水利之土功事业，相度水道形势，或筹疏浚，或议兴修，其组织之公共团体，以本规则定之。

第二条，凡关于农田水利之应筹疏浚及兴修者，各乡庄董、图董及与水利之关系人，得就地自筹组织团体，即命曰农田水利会。

第三条，凡关于农田水利之水道区域跨二州县以上者，即以水道区域为范围，其各地负担工费之多少，遵照第五条办法，以细则规定之。

第二章　农田水利会之设立及停止

第四条，凡水利关系之田地，各该管业人皆为水利会会员。

第五条，凡由各该地方庄、图董及水利关系人创办水利会者，应绘具水道图说，拟订细则，呈请该厅州县核定。

第六条，凡该地方之府厅州县长官，对于辖境内之水利认为应兴办者，得令该庄、图董及水利之关系人组织水利会，依前条办理。

第七条，前条核定后，先由该管厅州县出示晓谕，并召集该会会员举行选举。

第八条，该会于土功事业未经告竣之先，不得停止。

第三章　水利会之组织

第九条，水利会应设会长一人，议员若干人，会董若干人，其人数资格及选举方法，以细则定之。于该会未经停止之先，非有事故，不得辞职。

第十条，水利会应议之事如下：

（甲）关于该区域内应行疏浚各项水利之办法。

（乙）关于该区域内应行兴修各项水利之办法。

（丙）改正或增加该会细则。

（丁）定水利会经费预算、决算之报告。

（戊）定功作之费用及夫役之征求并征收方法。

第十一条，水利会会员得检查关于水利事务之书据帐目，请求会董报告暨稽察功作之确实及收支之正当与否。

第十二条，关于该会之功作或议员之誉望有间言者，得由会员公议解决之。不服则诉讼于该管官厅，其跨二州县以上者，由该管之上级官厅解决之。

第十三条，会长及会董有事故时，仍由公举接充。

第十四条，水利会于开办及工竣时，须招集全体会。于功作中得开临时会，惟须有议员三分之二到会始得决议，仍须报告全体会员。

第四章　水利会之经费

第十五条，该会经费，凡疏浚及兴修之工用，应于创办时预先估计大略，通告全体会员，就地自筹。

（甲）关于本区域内之田地，管业人得令按亩输资，但亦得以力作准，代其应输之资。

（乙）除亩捐外，得由富家量力乐输，如有独立捐助千元以上者，得由该管厅州县详请奖励。

（丙）凡该区域内原有关于农田水利之公款，得由会员公议拨用。

第十六条，前项公费出入之预算、决算，须报告于该管厅州县，通详立案。

第五章　附　则

第十七条，本规则自颁布之日起，为施行之期。

第十八条，本规则第二条、第五条、第六条关于庄、图董之规定，俟《城镇乡自治章程》施行后，应改归城镇乡董事会及乡董办理。

《浙江谘议局议决案》，第1—3页

清查地方公款公产规则

宣统元年十月十六日巡抚部院札准公布施行

理由：

筹办地方自治，全视地方基本财产之多寡为进行之迟速，吾浙各属公款公产，向不甚多，且经管者挪移侵吞，在所不免，岁月既久，互相推诿，亦无从究诘，不可不及早清查，预备将来自治会成立后拨作基本财产。拟具章程十四条，候公决后呈请巡抚公布施行。

第一条，各厅州县均于衙署内设立清查事务所，由地方官召集城镇乡士民公举公正绅董五人以上九人以下，详请本府核发照会，会同办理，其事务所办事细则由该所定之。

本管道府均有督查之责。

第二条，道府衙门如有经管地方公款公产者，得由事务所绅董要求道府查明案卷簿据，照第七条表册详细填明，送交道府驻扎地方首县事务所。如有疑义，得检查其案卷簿据。

第三条，清查范围，以地方向有公款公产属于地方自治章程第五条各项所列举及所指事项，虽已变更废止或事涉迷信，例应劝禁，而积有公款公产，可以移作地方之用者为限。

第四条，凡经收捐款处所及各团体局所，动用地方公款公产或征收捐款支办者，皆清查之。

第五条，凡先贤祠庙及社庙等由公建者，所有财产均以公款公产论，惟祠堂、义庄系私人所有者，不在清查之列。

会馆公所之财产，如有一部分向来属于地方自治章程第五条所列各项范围内而为地方上公共之用费者，亦得分别清查。

第六条，凡私人捐附财产国理公益事务者，一律清查，原捐人不得阻挠。

第七条，清查时应备表册，其款目顺序如左：

（一）名目种类

（二）所隶区域

（三）原有财产数目及筹订年月并捐附者之姓名

（四）办理事项

（五）现在之管理人及接管年月日

（六）财产品物坐落寄存处所

（七）岁收息款及田房租息

（八）岁出总数

（九）盈亏总数

（十）历届存款

（十一）有无挪移情事

备考

第八条，前条表册由事务所置备，通知各管理人自行填报，事务所有审查复核之责，如有疑义，得检查簿据。

第九条，清查时如有阻挠情事及管理人抗匿不报，得由事务所请地方官勒令管理人呈缴簿据，如查有侵挪或变更确据时，除由地方官撤销管理人并追缴管理人之财产另举接管外，仍分别处罚。

第十条，自经此次清查之后，如有遗漏隐匿，应由现在清查官绅负其责任。

第十一条，清查绅董不给公费，所有置备表册及雇用书手等费，由地方官绅即在地方公款内筹给。

第十二条，此项规则由巡抚公布后，限宣统二年六月末日以前由各厅州县将表册汇齐申复。

第十三条，此项表册除申复后由官报发布外，并多缮数份，分送地方各团体及绅董查核，并置公共处所任人取阅。

第十四条，如地方人民确见此项表册有遗漏错误处，在公布后三月内准赴各衙门声明，再就所指清查，如不受理，得向谘议局陈请。

《浙江谘议局议决案》，第38—40页

实行禁革地方差徭规则法案

宣统元年十月十六日巡抚部院札准公布施行

理由：

据度支部咨各省清查地方府厅州县一切公款所入，如有关于差徭摊解赃私各款，均应一律革除，不宜归并。统计差徭一款，苛刻扰民，国家久已悬为厉禁，况度支部清理财政，亦以差徭一款与赃私并举，视为必应禁革者。浙江差徭，自巡抚衙门起以至各厅州县佐贰，各衙署无不有之，官吏视差徭为一种习惯，无论大小，派民间承应，至下等社会之劳动者，所派尤繁，殊非朝廷爱惜民生之本意，其各衙署胥吏差役，藉此需索，更有数倍于所指派者，则小民何以堪命？谘议局有议决本省应兴应革事件之权，此本法案遵照局章第二十一条第一款认为在应革事件之权限内，所以提出于谘议局也。

禁革地方差徭规则

第一条，凡本省文武大小衙署及各局所向来指派民间承应之一切差徭，自本规则公布施行后，一律革除之。

第二条，各衙署局所向来承办差徭之胥吏、丁役及为承办差徭专设之各局所行埠等，一律裁撤，并不得再有给发官价等名目。

第三条，凡向来因承应差徭而征集之堆金及各种规费，嗣后不准征集。

第四条，本规则公布施行后，如本省一切官吏再有将差徭及类于差徭之事务隐派民间承应者，以违法论。

第五条，各衙署局所之胥吏、丁役如有仍以差徭名义向民间勒索者，准即扭控审判衙门按律治罪。

第六条，本规则以公布之日为施行之期。

《浙江谘议局议决案》，第46页

浙江矿务警察试办规则法律案

宣统元年十月十六日巡抚部院札准公布施行

理由：

（一）浙省矿产富饶，现给照试探者已有数处，其试勘告终之时，即开采开始之日。此事工程重大，人役庞杂，必须取缔得法，方足以保治安而广利权，此本法律案之所由拟定也。（二）查此项警察，在日本隶属于农商务省，明治三十八年，特以农商务省令颁布矿务警察规则四十二条，在吾国则应归主管之大部颁定章程，惟现在关于矿务警察一事，尚未奉有部颁详章，自宜参照浙省情形，拟定试办规则。此项试办规则，即认为本省之单行规则。（三）查《谘议局章程》第二十一条第六项，有议决本省单行章程规则之增删修改事件之规定，本法律案既为本省单行规则，应在谘议局议事范围之内。

矿务警察规则

第一条，矿务警察一切事务，由劝业道委任矿务委员遵照矿务正章第七十二款办理。

矿务委员以矿学专门毕业得有文凭者选派之。

第二条，矿商因管理关于技术事项选用或改用特别之管理人，须将其履历呈报矿务委员。

第三条，当为矿业时，因过失或灾变而有死伤者，须即呈报矿务委员，并同时呈报该管地方官办理；虽无死伤而事业之全部或一部须停止时，亦须呈报。

第四条，遇第三条情事，矿商从矿务委员之命，对于灾变之处置及其经过与结果，均须报告矿务委员。

第五条，矿商须用便于传知方法，将本规则中关于矿工之事项告知矿工。

第六条，矿商须将在矿矿工之名数及其姓名榜示，并另立简明册籍，以便检查。

第七条，凡预防工事著手之始及竣工之后，须即呈报矿务委员。

第八条，矿业之全部或一部废止时，须将有危险之坑口即行闭塞，使无后害。

第九条，矿工五十人以上同时入坑之坑内，必须准备二个以上之坑口，使不论何时，均可出入。

矿务委员认为必要时，得指定各坑口之距离及连络坑道之数并其装置与位置。

第十条，矿工五十人以下同时入坑之坑，如矿务委员认为必要时，禀请劝业道批准后，得援照前条办理。

第十一条，坑井四十度以上之斜坑及坑道与直坑交叉之处，须设盖或棚。

第十二条，通行或搬运之直道及主要之坑道，须设通信机关。

第十三条，设在直坑之梯子，其斜度须在八十度以内，且每三十尺须设一能容人之台。

第十四条，矿工上下之直坑，凡设卷上装置之所，须设板围之梯子道。

第十五条，矿工上下之卷上台，须设上盖，凡卷上绳之切断及卷上过度，均须有预防之设备，且支持卷上台之绳索，须能受总重量十倍以上。

第十六条，坑工来往之境内，如设有自动车道或卷上车道，则轨道之侧旁，须另设人道或避害所，避害所须用白色涂染，以便识认。

第十七条，自动车道及卷上车道所备之车，除管车矿工外，不得乘坐，但依第十五条之规定为预防危险之设备时，不在此限。

第十八条，通行及搬运之坑道，须阔三尺以上、高五尺以上。

第十九条，坑内须送给新鲜空气，如卫生上必要之分量。

第二十条，当开煤坑时，对于灾变为应急之设备，须受矿务委员之认可；前项之设备，既受矿务委员之认可，得与附近之煤矿商合办。

第二十一条，煤坑中除安全灯以外，不得用煤油等挥发性之油为灯油。

第二十二条，煤坑中认有气体发生，须即行呈报矿务委员。

第二十三条，煤矿中有气体存在之处，除安全灯、电灯之外，不得用灯火。

第二十四条，凡在煤矿，须备置安全灯十个以上。

第二十五条，有气体存在之煤杭，除指定之处外，不得吸烟及携带发火具。

第二十六条，煤油坑口及积油处之周围三丈以内，不得使用发火具及灯火。

第二十七条，矿商须特设保安员管理关于工作上之保卫事宜，应守左列之规定：

（一）保安员每日须巡视掘采之处，一周检查有无危险，但在有气体存在之煤坑，须于矿工就业前及每换班时巡视之，如认为危险时，得立使停止采掘，遮断往来，报告于矿商，此后非更经检查认为安全，则不得再行采掘及撤除遮断之物。

（二）保安员须备记事簿一册，记每次巡视所得之情状。

（三）有矿工五十人以上同时入坑之煤坑，须设气压计及验温器于通气路之要口，凡气流之通路及方向、通气所用之构造物并通气观测点之位置，须特制通气图详细记之。

（四）保安员每日以测风计气压、计验温器、安全灯及其他之煤气检定器，观测所得之结果，一一记入特制之簿籍，若有异常变动，须即报告矿商。

第二十八条，煤矿商须特设安全灯掌管员，管理安全灯之授受及检查等事，应守左列之规定：

（一）安全灯掌管员检查安全灯，非加锁之后，不得交付矿工。

（二）矿工不得开安全灯，并不得携带开安全灯之器具。

（三）矿工须于坑内设一定之处，用适当之法以便安全灯之点火，且安全灯如有毁损或灯火消灭之时，须即更换。

（四）矿商须定（便）〔使〕用安全灯之规则，并告知矿工。

第二十九条，当为矿业使用火药类时，矿商须特设火药类掌管员，管理火药类之授受及储藏等事，应守左列之规定：

（一）火药类掌管员给付火药类于矿工之时，不得过一日之使用量以上。

（二）矿工使用火药类之后，如有剩余，须即缴还火药类掌管员。

（三）矿工装填火药类之时，不得以铁棒为装填之具。

（四）矿工除粘土等非引火物之外，不得以他种物为封装火药类之用。

（五）矿工点火于导火线之后，如不爆发，在十五分钟以内，不得走近装药之处，且不得即将火药类掘出。

（六）矿商须定使用火药类之规则并告知矿工。

（七）火药掌管员须制特种之簿籍，详记每日之交付量、使用量及缴还量。

第三十条，矿商欲建设或变改左列之机械及建筑，就甲号须具设计书及图，就乙号须声明使用之目的，均先报告矿务委员。

（甲）锅炉、卷上器械、选矿场、烧矿场、烟突制练场

（乙）引擎、煤油引擎、发电机、电动机、水车、抽水机、通风机

前项甲号所揭之工事完成后，非请矿务委员检验认可，不得即行使用；在废止使用时，亦当报告矿务委员。

第三十一条，矿务须特设机械掌管员，管理重要机械并监督管机械之矿工。

第三十二条，在二十七条第一号、第四号之场合，矿商得掌管员之报告，须即为应急或预防之处置。

第三十三条，违犯本规则而发之命令，处以二元以上二十元以下之罚金。

第三十四条，矿工违犯本规则之时，矿工监督须受同等之罚，但能证明实已留心监督者，则不在此限。

第三十五条，关于技术之管理人如违犯本规则之时，得援引关于矿商罚则，但不属于该管理人之权限者，不在此限。

第三十六条，本规则在议决实行之后至部定章程颁发以前，皆为有效。

《浙江谘议局议决案》，第18—22页

停止无关本省行政之经费支出法案

宣统元年十月十八日巡抚部院札准公布施行

理由：吾国行政机关与组织行政机关之官吏，权限素不分明，往往以行政机关之财产而官吏视为己有，任意支销，甚且举此财产作为个人酬应之资，因外人或达官贵绅之请求，遂不惜罄吾民之脂膏以应。夫国家之行政经费，全国人民担负之，本省之行政经费，全省人民担负之，若无关本省之行政经费，则本省人民绝对无担负之义务。现在藩库支绌万状，每年亏短百余万，中央摊解之款，既年增一年，地方新政之需，又日加无已。自顾不暇，遑及其他？故清理财政，必先革除不正当之支出，而后本省财政之盈亏可见。本案据《谘议局章程》第二十一条第一项认为本省应兴应革事件，略拟办法二条，公请施行。

一、自本案公布后，行政官厅不得再以本省款项为无关本省行政经费之支出。

二、前项经费之支出，如为从前照办有案者，应由清理财政局查明，限自宣统二年正月起一律停止之。

（甲）前由两江总督函请派销之《泰晤士报》及尚贤堂函请派销各学堂书籍，自本案公布后即停止之。

理由：《泰晤士报》为西文报纸，无论中国地方官吏不识西文者居其多数，即有识西文者，阅看与否，仍属个人之自由，断无由本国官厅为外人派销报纸之理。

（乙）由本省提解京师翰林院津贴之款，自本案公布后即停止之。

理由：此项津贴，向由本省提解京师翰林院，以津贴本省之官于翰林院者。其立意以翰林院清苦俸薄，故须津贴。现在翰林院官制已改，俸给增加，如再嫌俸款不足，尽可请求增加，此纯然为官制俸给问题。若欲提本省行政经费以资津贴，实为私人之请求，法律上应认为不正当之支出也。

（丙）由司库拨助上海中国公学经费，自本案议决公布后，司库即行停支。

理由：前由上海公学监督禀请浙江巡抚协助经费，嗣由前任浙江巡抚允准每年协助三千两，责成司库筹拨。因司库无闲款可筹，是以作正项开销，经度支部议驳不准作正项开销，须在本省外务行政经费项下支拨。本省司库之短绌，支放本省办学经费犹虞不足，往往在各种正税项下就地附加兴学经费，焉有余款可以拨助他省之学校经费？查私立学校之经费不足，本可募集捐款，但只能由个人量力寄附，断无以个人之慷慨而以本省行政经费为个人之捐输也。

《浙江谘议局议决案》，第52—53页

统筹全省师范教育议案

宣统元年十月十九日巡抚部院札准公布施行

理由：（一）浙省学务五六年来鲜见进步，议者遂主张改良私塾，创办单级小学，种种方法，以图补救。然徒法不能自行，苟无谙习教法之人，虽有良法，仍无实际。查浙江全省小学，不下一千三四百所，倘不及早改良，贻误国民，阻碍宪政，实非浅鲜。欲整顿之，舍广储办学人才，别无他道。此师范教育所以急宜注意也。（二）光绪二十九年，颁布学堂章程，于学务纲要载明宜首先急办师范学堂。又限定每省必设优级师范学堂一所，每州县必设初级师范学堂一所。现在浙江省城两级师范学堂虽已开办，而初级师范学堂，非但各州县未开设立，即由一府兴办者亦属寥寥。此千百之小学将何所资以取师乎？办学无师，安能收效？是宜依据部章，参酌本省情形，别订办法，期可见诸实行。此本议案提出之理由也。

办法：

（一）每府应照章设立初级师范学堂一所，其学额暂以每府所需用小学教员人数定之，限宣统二年成立。

如需用小学教员较多，亦可酌量地方情形，量为添设。

（附说）师范生人数，本视学龄儿童人数而定，大约学龄儿童与每年师范毕业人数为二千与一之比，实仍由学童人数以推定需用教程同人数，现在尚未实行强迫教育，户口亦未有确实调查，不妨径从现用教员以定师范生人数，其比例为二十分之一，惟目前各处所用教员，恐尚未尽合格，亟应广为造就，拟暂定每现用教员十人，必有师范生人一以上俾资汰易学堂，稀少之区，全府需用教员不过四五百人，师范学堂设一所而已，足然，亦有一邑需用教员多至三四百人者，是宜各就地方情形，酌量设办，以期供求之适度。

（二）每府设立之初级师范学堂，一律先办二年简易科，其兼设完全科者听之。

（三）规定初级师范二年简易科课程。

（四）师范教育经费，除各地方官自筹不足外，应由省中拨款补助。

《浙江谘议局议决案》，第 62—63 页

收回宝石山、莫干山地亩以保内地主权议案

宣统元年十月十九日巡抚部院札准公布施行

理由：

案中国与欧美、日本各国所结各种条约及通商章程，两国人民彼此均应有遵守奉行之效力，以是为权利之保障也。凡约章所载禁止或制限不能给予外人之权利，即中国国家认为本国人民固有之权利，不许他国人以共同享有者也。杭州宝石山、湖州武康县之莫干山，外人购地造屋，均已历有年所，其为违背约章，无可饰辩，而侵夺内地主权，尤为不可不争。盖内地非通商口岸可比，英领事照复洋务局文，指杭州为通商口岸，其错误显然，殊属欺人太甚。通商口岸意义，但玩“口岸”二字，自可明了。如凡属杭州之地，皆可作为通商口岸，则拱宸桥之划定租界，又为何因？现在吾国领事裁判权未收回，尚未有准外人在内地杂居之制，而约章又明明载有外人不准在内地置产之文。此际稍一含糊，关系内地人民权利，实匪细小。查外人准在内地置产者，定章限于教士，并须写明“教会公产”字样，其限制固属甚严。曰教士，则凡非教士者，决为绝对禁止可知，所以符外人不准在内地置产之条也。曰教会公产，则必须供教会所用，若礼拜堂之类可知。而教士置有私产，亦为定章所不许矣。今杭州宝石山除养病院外各地，武康莫干山所造避暑房屋，均与教堂绝无关系，其为私产甚明。而宝石山各地，其承粮户名，除梅滕更外，所有六合堂赫德、保俶寺等户，并非教士。莫干山购地，始自光绪二十四年驻湖之美教士梅赐恩，其后上海、苏州、嘉兴、杭州、严州各处教士，相继踵往。而尚有明明非教士者，如在上海开设教门饭馆之伊文思、轮船厂之陈雅各，及亨得利、谋得利、宝昌、公发各洋行。又杭州关税务司巴播等，皆冒用教会名义，而仍于其下注明某某姓名，有该县过户纳税单可查。是定章虽准教士在内地购置教堂公产，亦断非宝石山、莫干山两处情形所得援照办理。总之，明明是内地而可援通商口岸以相混，则尽吾中国之地皆可为宝

石山、莫干山之续，明明非教士非教堂而可利用教会之名义以相蒙，则尽他国无论何等之人，皆可于吾国有购地置产之权，不特条约悉成无效，而内地行政之权破坏殆尽，吾人民之土地财产亦岌岌矣。谨按《谘议局章程》第二十一条第七项之规定，确认宝石山、莫干山两案均为属于本省权利之存废事件。呜呼！权利存废，孰有大且急于此者？本议案之所以提出于谘议局也。

办法：

（一）由巡抚以本省行政命令饬钱塘、武康两县，即日勘明界址，绘图立石，备文通告该处外国人，令于接受通告后不得再行续购地亩，如有正在交易者，即应停止，并严谕该处人民，不准再有以地亩卖与外人之事，违者重办。一面再由巡抚以现拟办理情形，札洋务局知会各该国领事。

（案）内地非领事权限所及，外人既经违约在内地居住，自已在内地官厅行政范围之内，官厅执行其内地固有之命令权，自属正当，不必事事以各该国领事为间接也。

（二）并由巡抚密饬钱塘、武康两县，详细调查各国人在宝石山、莫干山两处有无营业及因购地而收得之利益等事。

（案）查莫干山地亩，每有一地一屋于一岁中经易数主者，恐不免有辗转相售之弊。宝石山开山凿石，闻梅滕更获利尤巨。

（三）一面设法筹款，预备收回。

（案）收回之后，是否仍租与外人，尚属问题，鸡公山之成案，不可轻易引为前例也。

《浙江谘议局议决案》，第56—57页

裁撤民壮护勇卫队代防弓兵提拨工食饷项并移缉捕经费充办巡警案

宣统元年十月十九日巡抚部院札准公布施行

理由：（一）民壮捕役同于光绪三十三年经民政部奏准裁撤有案，现在各厅州县司法警察尚未成立，捕役专司缉捕，骤难裁撤，各属民壮有名无实，徒縻公项，应即先行裁去，将腾出工食拨充巡警经费，俟司法警察一律成立后，再将捕役一并裁撤。（二）查各道府厅州县衙门向设护勇、卫队、亲兵等名目，以之防御匪寇则不足，以之扰害治安则有余，不过随从官长以壮观瞻而已。民政部原奏折内有各省巡勇、乡勇等向有捐费颇巨，如以移办巡警，自可化无用为有用，护勇、卫队较之巡勇、乡勇更属无用，自宜一律裁撤。惟此项辛饷，有作正开销者，有提用公款者，有借用防营者，有由本官自费募用者，应分别提拨，以充警费。（三）各厅州县衙门之代防及各巡检衙门之弓兵，虽为民政部原奏所未经指及，其有名无实与民壮事同一律，亦应裁撤。（四）各厅州县衙门向有缉捕经费一项，久归中饱，以之移办巡警，亦一大宗之常款也。（五）查巡警经费年需一百五十六万四千六百余元，除移房捐及裁撤绿营提用饷项外，不敷尚巨，况司法警察又亟应筹办，故请遵照奏案实行裁撤，并移用各项经费以为筹补之一端，此本案之所由提出也。

办法：

（一）由抚院通饬各道府厅州县及巡检衙门，将旧有民壮、护勇、卫队、代防弓兵等项名额若干、工食辛饷若干、提用何款并缉捕经费若干，限奉到通饬一月内造册具报。

（二）抚院接到各属册报后，即通饬各衙门将向设民壮、护勇、卫队、代防弓兵等一律裁撤，其饷项除借用防营及自费募用外，无论官款公款，随同缉捕经费，一律提充巡警经费。

（三）自宣统二年正月初一日起为实行之期。

《浙江谘议局议决案》，第61页

实行刊布各厅州县钱粮征信册案

宣统元年十月二十日巡抚部院札准公布施行

理由：浙省七十八厅州县，每年解司钱粮，各各比照上届成绩，以原额若干成折算，其详细数目，民间无由知也。某州某县每年实征钱粮若干，藩司无由知也。民知每年各自完纳之数而不知州县之是否悉数解司，藩司仅知州县报解之数而不知是否与民间所纳之数相符。知之详者，惟该经征之州县官及所属之书吏，于是民已完矣而州县犹开作民欠，上已蠲矣而百姓犹日受追呼中，脘症结病乃益丛。究其弊，由于征收及完纳之两方面各无同样详列细数之册据可以彼此互证而通晓故也。恭读雍正六年二月上谕，每年令各乡各里将各户名下已完钱粮若干，尚欠若干，逐一开明，呈送州县官查对无差，即行用印出示各贴本里，使欠粮之民家喻户晓，如有中饱等弊，许执串票具控等语，钦此。又查户律则例内载，民欠钱粮，州县官岁令里书将所管各户完欠细数开送核对，出示本里等语。又光绪十一年御史刘恩溥奏请清厘民欠一折内称，民间完欠钱粮细数，虽有由州县官开明榜示旧例，惟州县榜示百姓之数，未必即为报解藩司之数，上下隔绝，弊从中生，拟请于榜示外，每年以下忙截止日为始，一律由州县官造具钱粮完欠细数征信册申送藩司，由藩司核查后用活字排印多本，饬属分送各该县地方绅董。如有已完捏作未完及完多报少者，准乡民粘连串票赴藩司衙门控告，即将该州县治罪等语，曾于该年由户部核议奏准照行在案，是国家对于征收官吏，使之核实报告方法，未尝无周详严密之政令，惟官吏以营私之不便，莫肯奉行，遂乃悉举谕旨、法例、部案等而弁髦视之，此吾民念之而不能不为之疾首痛心者也。现当筹备立宪之时，朝野上下相布以公，税政一端，实于国计民生有重大之关系，讵可再容州县官吏之欺混蒙蔽，亟宜整顿以革积弊，亦《谘议局章程》二十一条和一项范围内所应行提出决议，速请施行事也。除请抚台严饬各厅州县实行钦遵雍正六年上谕及户律则例所载将民间完欠细数分里榜示外，一面造具征信册申送藩司并饬藩司，查照光绪十一年户部奏准案内刊布各属钱粮完欠细数征信册，以昭核实。兹拟办法如下：

（一）征信册开列各项之顺序

（甲）补完上欠某都某图某村庄（各县名称不同）某户田地、山荡若干亩、完某年分上、下忙钱米各若干。

（乙）本年已完某都某图某村庄（各县名称不同）某户田地、山荡若干亩、完上、下忙钱米各若干。

（丙）本年未完某都某图某村庄（各县名称不同）某户田地、山荡若干亩、欠上、下忙钱米各若干。

（丁）蠲免某都某图某村庄（各县名称不同）蠲若干成。如一都统灾，则仅载某都一图统灾，则仅列某都图名。

（戊）缓征某都某图某村庄（各县名称不同）缓若干成。如一都或一图统歉，照前项小注例。

以上丁、戊两项，如系全邑统灾统欠年分，不必分列都图等名称，概称全邑蠲、缓若干成足矣。无灾歉年分，仍于丙、丁项下刊明无蠲、歉字样。

（二）各厅州县一律限于正月底造具上年钱粮征信册底本，专差申送藩司查核，并限二月十五以前到司，逾限未到，由藩司指名详参。

（三）各厅州县申送表册底本，须于册面注明某厅州县某年分钱粮征信册，共几本，各本注明页数，每两页相连处，盖用骑缝印信。

（四）藩司接到征信册底本后，应详细审查，如有不分晰明白及错误遗漏者，由司即将该厅州县官详参，照钱粮造册不分晰明白例议处。

（五）前条审查毕，藩司应于本署僚属指派二三员专行督理排印校对装订等事，除册面亦仍照底本注明刊印外，各册每两页相连处盖用该员图章，册末印明某官某人核造字样，如有错误遗漏等弊，藩司应将该员详参。

（六）藩司须于六月三十日以前，将摆印成本之征信【册】除申送巡抚并移送臬司、粮道札发各该厅州县存案备查外，大县至少备三百份，中县至少备二百份，小县至少备一百份，饬由各该知府分别转送各该县之绅董，使于公共地方存储，任各业户传观（如地方自治会成立之处，即送交自治会）。

（七）刷印工本由藩司筹拨，不得派州县丝毫，州县尤不得派民间丝毫。

（八）业户如于征信册上发见自己名下有完欠数目不符之处，或于限内已完仍未列入者，得持钱粮串票径赴藩司或该管府道衙门呈控。

以上办法八条，自谘议局议决呈候抚台公布后，即于宣统二年正月一日实行（各厅州县依限造具宣统元年分之钱粮征信册送由藩司刊布），并将办法八条刊于册首。

《浙江谘议局议决案》，第 64—66 页

修浚浙西水利议案

宣统元年十月二十日巡抚部院札准公布施行

理由：（一）浙西水利，杭属据其上游，下至嘉湖，犹人身之于喉吭达于尾闾，有节节相通之势。盖天目万山之水，奔腾直下，分注北中南三苕，赖余杭之南北两湖停顿纡回，水势方不汹涌。北行五十里分流，其一股由湖属之北塘河、溇港而达太湖，其一股则由嘉兴之泖湖而达黄浦。查溇港、泖湖，或拨有岁修，或曾经请款兴修；南北两湖，并经拨款修浚，有案可稽。比年以来，均极淤塞，若不及早筹款，清其渊源，疏其尾闾，不但于三郡民命有关，即正供亦大受影响，此本案修正之理由一也。（二）杭嘉间水道淤浅之原因，一由民间抛弃垃圾，一由小轮往来倾倒煤灰，日积月累，渐形壅滞，既碍交通，又妨水利；然而湖属自乌程南水门起至震泽，自震泽至乌镇至双林至菱湖，凡属轮运所经，现象相同。疏浚杭嘉者，似宜兼及湖州，此本案修正之理由二也。（三）依农田水利会规则，法律案性质适用于小港支流，若杭之南北湖，湖之北塘河、溇港，嘉之泖湖，不仅属一镇一乡之关系，断非图董及水利关系人组织公共团体按亩输赀力

代所能集事，若非另筹办法，何以保全水利，此本案修正之理由三也。

修浚浙西水利办法

第一，组织

一、由杭嘉湖三府绅商领袖就省城组织浙西水利议事总会，由杭嘉湖道监督之。

二、杭嘉湖三府各就本属组织水利分会执行其事务，如有关于协议者，得由总会联络之。

三、凡本府绅商有公益成绩并不犯谘议局章第六条各项者，得公选为该会之议绅、议董、议事。

理由：浙西水利，杭嘉湖三府有共同之关系，自应于省城设立议事总机关（统辖三府），再由三府各设分会以备执行，惟现在绅商办理公益者，未必尽属公正，而公正者未必尽办公益，故于资格上加以制限。

第二，工程

（甲）杭州府属

余杭县南湖及苕溪所经流者，此项工程应以清溪为首要，挑浚南湖下段为次要。

余杭县北湖，当南北中三苕会合之冲，面积较大，水退成陆，水涨成湖，亟宜分年开浚，藉纳洪流。

南塘河自余杭县汤公瀍受南河之水，行四十四里一分至钱塘县归锦桥，与下塘河会流，其上塘河仁和县艮山门受城河之水，至施家堰止，又自海宁凌家堰至州城，以及上下支港闸坝及下河接近上塘支港，均宜择要修浚。

（乙）嘉兴府属

泖湖虹桥堰

此湖为嘉兴全府尾闾，光绪二十三年曾禀请抽丝捐开浚，至光绪二十六年工竣，余洋八千元购买路股，每年股息所入，可认为常年经费之一种。

石门县青阳桥、狗肉桥、司马桥、南皋桥、东皋桥等处。

嘉兴秀水县属塘桥北丽桥端平桥等处，由嘉兴至嘉善西门转至枫泾航路。

以上均宜急行修浚。

杭州塘、苏州塘、海盐塘、平湖塘，宜择急流之处，添筑岩洞。

（丙）湖州府属

乌程溇港及北塘河

东南两苕，自郡城西水门江子汇合流后，经北塘河入溇港而达太湖，是北塘河与溇港为苕水尾闾，近年淤积渐高，亟应开浚。

北塘河

雷甸

淤浅最甚，急宜修浚。

菜花泾

八里店

东阡

南浔市运河

升山至旧馆一带

除以上应修水利外，凡属浙西区域内应行修浚者，得由地方人民建议于总会。

第三，经费

（子）由浙西三府善后丝捐项下各自提充

理由：善后丝捐原案，本以备各属就地各项公用以之提充，修浚水利要工，自属正当。

一、杭属丝捐为数无多，以之兴修水利，不敷甚巨，应请厘饷局尽数先行提拨外，再筹的款补充。

二、嘉属善后丝捐项下，并请全数提充。

三、湖属除本府善后丝捐外，应请于通省善后丝捐内提拨三万元济用。

（丑）抽取杭嘉湖三府船捐

理由：三府航路日形淤浅，若再不从速疏浚，将来轮运日益迟滞，行船者无不均受损碍，其自嘉至沪杭至湖，湖至苏，向有行驶之华洋小轮及小轮拖带之各种民船，均应查照前税务司条陈筹款方法，切实举行，藉充经费，亦属两得。

抽收船捐方法

四、凡小火轮及公司船进出口者，各捐洋一元。

五、其有轮船拖带之民船进出口者，各捐洋五角。

前项之认捐，凡进口捐以到达地之关局代收，出口捐以出发之关局代收，不准重捐，其应如何分别委托关局收捐之处，应由议事总会酌定。

六、除前面各属提拨丝捐并抽收船捐外，其不敷处，应再另筹的款补助之。

（寅）因罚则处分所收各种之罚金

第四，罚则

七、轮船舵工、火夫等不于指定处所倾弃煤灰者。

八、居民于河中抛弃垃圾、瓦砾者。

九、董事营私舞弊者。

十、违协定闸坝启闭时间使农田受其损失者。

以上应得罚则，应查照成案办理

第五，农田水利会之关系

十一、小港支流，应由总会劝令农田水利会自行修浚，但于总分会修浚之水利确有关系者，得酌量补助之。

十二、凡修浚水利，其附属小港支流应暂行筑坝堵御时，总会或分会协定办法。

《浙江谘议局议决案》，第25—28页

推广全省蚕桑议案

宣统元年十月二十四日巡抚部院札准公布施行

理由：

蚕丝为吾浙固有利源，欲谋推广，自宜改良养蚕、制种、栽桑、缫丝诸法，方能扩张人民之职业，振兴全省之利源。惟其间端绪綦烦，筹办非易。扼要之图，自宜将省城原设之蚕桑学堂改良推广，俾农工商部分年筹备清单内各府厅州县应设之蚕业讲习所教习有所取材，办法有所依据，而民间仿行亦归便利。谨拟办法，依《谘议局章程》第二十一条第一款提出于谘议局。

（甲）省城蚕桑学堂（即西湖金沙巷蚕学馆）之推广

查是堂创办于光绪二十四年，豫、蜀、滇、黔、鲁、晋、闽、粤、吉、陕、湘、鄂、宁、苏、赣、皖诸省，多聘其毕业生以资仿办，俨然居全国风气之先，而本省蚕业，风气反未能大开，其成绩之及民者，只年售数千张蚕种而止。去年以来，初奉提学司饬改初等农业学堂，旋经同乡京官奏改高等蚕桑学堂，本年学部又据定章奏驳改设高等农业学堂附设中等蚕科。名称屡易，办理益难。蚕学为吾浙要素，是堂为全国首创，应定名为浙省蚕桑中学堂。独设一所，不附于高等农学之内。照提学司原议，另择善地，如法建筑，实行改良，延聘日本农学博士及留学日本东西京蚕业讲习所毕业生，分科讲授。对于民间改良蚕业方法，尤宜注重。一面源源派赴出洋肄业，并于堂内附设补习科，令已毕业之学员得以研究较高尚之学科，以养成各属蚕业讲习所教员而资推广。

理由：

蚕桑中学堂独立建设，各省具有先例。省城蚕桑学堂定名浙省蚕桑中学堂，于高等农业不相附属，以资各府厅州县讲习所模范，于部章自无不合。

（乙）各府厅州县蚕业讲习所之办法

查是项讲习所，应设科目及修业年限，应俟农工商部颁章遵行。全省应设所数，当调查各属土性是否相宜而定，总以蚕桑不甚发达之地，首先设所提倡，方符推广之本旨。其蚕桑繁盛之地，确有成绩可指者，应否设立，悉从其便。兹将是项讲习所办法，略陈于下：

一、设置是项讲习所之意义，于推广蚕业之中，兼寓因地制宜之意。应用何项蚕种、桑种暨培养方法，当以后列丙项研究之结果为断，其讲师可就蚕桑学堂优等毕业生或已毕业而兼入补习科者选充，其房屋可就公地之合于学堂体制者改建，亦可就私立之蚕业学校拨款改充，或附设于高等小学之内，但关于养蚕室、储桑所、缫丝室，必特别设置，但求适用，不尚形式。

二、讲习所除招收合格学生肄业外，并宜于养蚕期间广收实习生徒，教以养蚕制种诸实习，至蚕事毕为一期，以肄业满两期为毕业。为日甚暂，收效较广。

（丙）改良普通养蚕方法

一、调查。浙江各属蚕种、桑种、蚕具与培养法之惯习，各依气候土质而殊异，若使概从日本新法，民间转多隔碍，拟请劝业道择蚕桑繁盛之厅州县酌派蚕学毕业生充当调查员，将调查成绩随时报告，兼令宣讲改良蚕业事宜。

二、研究。宜于蚕桑学堂内附设研究所、试验场，汇集调查所得之蚕种、桑种、蚕具与夫培养法之惯习，分门研究，存是去非，方得改良上确实之方针，而行之于民，亦简便易从。

三、杂志。上海蚕学研究会曾于前年刊布杂志，但陈义较高，非农家者流骤能效法。蚕桑学堂，宜就调查研究所得，编印白话杂志，多插图画，以备各属讲习所暨调查员宣讲资料。

四、设巡回讲师。日本町村自治团常于养蚕期间，公延讲师将关于养蚕上通气、保温、去湿、防病诸法，巡回教授，吾浙可择风气较开之处，劝令明白绅耆，联合仿行。

五、奖励框制蚕种。框制蚕种者，分方造种，产子于纸，贮母蛾于袋，各标号码，于检查蚕种上得正确之结果。蚕业讲习所宜将框制法广为传习，并劝令选择良茧，如法制种，代为检查，分别病毒之有无，蚕种之优劣，签名盖章，以表示蚕种之信用，暂免检查费，以资奖励。

六、共同烘茧室。蚕自成茧以至出蛾，本有定期，而民间蒸茧方法，又不如烘茧法之完善，故于出蛾期近，卖茧者辄受茧行之抑勒，即制丝者亦只赶速从事，缫丝不良，往往于此。可由讲习所广制合法之烘茧灶，许人来所借烘，凡测温及处理方法，则由讲习所指授之。

七、博览。实业之优劣，必比较而后有竞争，南洋劝业会之设，意由于此。蚕桑学堂宜将调查研究所得，并搜集各地之蚕桑茧丝标本，或解剖其体，图绘其形，模型其象，每年设会展览，品第高下，分别奖励，以促农民之进步。

（丁）桑树缺乏地之推广

一、平原。由公家筹款选购桑秧桑种，散布民间，以资种植，并宜于就近之讲习所设置模范桑园，规定培土、施肥、剪枝、锄草、犁地、防害、去虫诸法，便民仿效。

二、山地。应由劝业道选购柞种、柞蚕发布厅州县，劝令民间试行之。

理由：

蚕桑为农家副业，随地可行，而尤以种桑为主要。柞蚕一项，在奉天、山东、河南行之有效，其事极简，即栽培柞树，收效亦速，但浙中诸山大都石质而多湿气，或不如北省土山之高燥，可于台、衢、严、处等郡择地试行，是亦推广山产之一法。(下略)

《浙江谘议局议决案》，第63—66页

厘捐革弊案

宣统元年十月二十四日巡抚部院札准公布施行

理由：

厘捐之弊亟矣！商船之留捺也，洋价之短抑也，规费之需索也，货物之强取也，种种苛勒，不胜枚举。朝廷洞鉴其弊，议欲改办统捐，然水深火热之民，急不待缓。查《谘议局章程》第二十一条议决应兴应革及税法事件，则统捐未办以前，厘捐革弊应在议事范围之内。

办法：

第一条，浙省新定筹饷百货捐章程，除于各局卡前缮正悬挂外，须由厘饷局将此项章程单行本颁发各属商会，分送各商，以资遵守。其在章程未规定者及零星小件过客行李，不得起捐。

第二条，凡货物过卡，照章起捐，其运售内地，只捐半数者，先于捐单上注明。

第三条，纹银及银圆价目，须于局卡前悬牌揭示，并于捐单盖印价目戳记及填明收大银圆、小银圆、铜圆、制钱若干。

第四条，凡商船起验，随到随放，不得留难。

第五条，应革之陋规如下：

(一) 起捐、验捐各规费；

(二) 航船常年规费；

（三）额外补捐及小捐、挂引等名目。

第六条，各局卡司巡，不得违章强取货物。

第七条，局员如有违犯以上各条时，应准商民呈控，照律惩罚。

第八条，本规则自抚院批准公布之日起，至改办统捐之日止，作为有效。

《浙江谘议局议决案》，第 67 页

移房捐及裁撤绿营饷项改充全省巡警经费议案

宣统元年十一月十二日咨送宪政编查馆核复

理由：

（一）房捐性质应属地方税，光绪二十七年，浙抚任筹备新约赔款与粮捐、膏捐、酒捐、盐斤加价、盐引加课五项，同经奏准，解充赔款，其为办法不合，可无俟言。近江苏抚署会议厅第二次议决案，谓苏省向以房捐指解赔款，亦财政紊乱之一端，亟应别筹抵解，而以此项房捐截留为地方之用，比之吾省可为先见。惟现当国家税与地方税尚未划分，而办理厅州县巡警又关重要，自应暂以此项房捐作为筹办经费之用，此房捐应改充巡警经费之理由也。（二）裁撤绿营饷项一款，查光绪三十二年政务处兵部会奏议复裁撤绿营一律改为巡警折内，有谓各省兴办巡警，应需经费颇巨（中略），拟请饬下各督抚查照该部原奏，认真办理，以重警政而节糜费等语。又原奏内谓每年腾出饷项，尽数拨作巡警要需，是裁撤绿营之议，本为各省办理巡警无款而发，奉旨依议，已历四年，此裁撤绿营经费应改充巡警经费之理由也。（三）前巡抚提出之浙江巡警经费议案，有预算而无方法。据其所预算，则全省巡警一律完备之年，约需洋一百五十六万四千六百余元，宣统二年厅州县巡警一律完备，亦需洋三十八万一千一百九十八元四角，除现有之款十九万零三百四十七元餐，尚短洋十九万零八百五十一元四角，虽该议案附表之数并无确实标准，尚须审查削减，而全省巡警经费筹备困难，自可断言。现查房捐一项，光绪三十三年藩司所报告实收大洋十三万六千九十三元八角二分七厘，小洋三十五万一百二十二角三分八毫五丝，约共合洋十六万七千九百余元，绿营现经裁撤之饷项，亦有二十余万两，以两项现有之数合并计算，则该议案经费亦渐有把握，此本议案全个提出之理由也。

办法

一、由抚院奏请将新约赔款内房捐一项截留，暂作本省巡警经费之用，其所空之数由藩运各司另行筹抵。

（参考）浙江财政支绌，似难另筹抵款，然此次认解海军经费四十万两，又添认开办费十万两，均须于本年起解，已由抚院电复海军筹办事务处在案，赔款与海军经费，同为部派之款，此次海军经费既能设法筹解，则于筹抵赔款，自可比照办理。

二、由抚院饬藩司速将历年裁撤绿营饷项一款清算，并依照政务处兵部原奏，将此项饷银再行分别奏准尽数拨作本省巡警经费，至悉行裁撤之日为止。

（参考）裁撤绿营饷项，浙省以光绪三十二年六月初一日起实行至今，两年藩库以之支拨何项用款，无从查悉，审查会报告书内虽有历任抚台移解赔款之说，委员报告恐未必尽实，且果将此款移解赔款，则赔款自有指定各项，如房捐等类，又经移向何处，是亦一疑问也。惟宁波办理巡警学堂，曾经禀请留给一万两作为该堂经费，然亦止一年。自去年九月民政部奏准高等巡警学堂须设在各省省城，此款即经停止，闻抚院拟将此宗饷项奏充办理新军经费，尚未入告。夫新军、巡警虽同一期限急迫，然巡警为宪政预备案所应筹备之一，谕旨煌煌，何等严重，决非新军所可同日而语一也。吾国各项政中如司法独立、地方自治等，皆与巡警有密切之关系，巡警不备著手，即多困难，新军第以御侮资镇慑而已，求治防乱，孰为缓急，此不待辩二也。新军三十六镇已成者，近畿、直隶、山东、湖北、两江，仅仅八镇，闻陆军部将有改编镇数之议，事或不尽无因，是浙江是否必须练成一镇，沿属未定问题，而巡警则列入九年筹备案，每期务须奏报，各省一律，势在必成三也。

裁撤绿营饷项一款，现有之数已达银二十余万两，然所裁者实止三分之一，又所裁多兵，其提督以下武职各官，养廉款约余七万余两，兵饷亦达银三十二三余万两，悉行裁撤，约尚可得银四十余万两，前后合计共约银六十余万两，应合洋九十余万元。

政务处兵部原奏有谓至绿营旧设官缺，并准俟该部拟定各省巡警官制及一切行政详细章程，再行奏明请旨，分别办理等语，现各省巡警道多已设立，绿营旧设官缺理应奏请一律裁撤。

查《清理财政章程》第十三条二项，前项之国家行政经费，系指廉俸、军饷、解京各款以及洋款协饷等项，地方行政经费系指教育、警察、实业等项，论者于此颇多误会。依彼理由，则裁撤绿营饷项不能改为全省巡警经费，以巡警经费属于地方行政故也。不知吾国所谓地方二字，意义与欧日学者所论殊有差异，以鄙意诠释之，所谓国家行政经费者，指全国一律而以中央政府统辖之之各种经费也，所谓地方行政经费者，指各省之各种行政经费也。质言之，地方者即省字之代名词而已，决无与地方自治之意义，故地方行政经费实仍属于国家行政经费之性质也。又《城镇乡地方自治章程》第一节，以专办地方公益事宜标定自治名义，第五条列举自治事宜，惟无巡警一项，第六条声明有专属于国家行政者，不在自治范围之内，亦为巡警不属地方自治，而国家行政可包括地方行政在内之证据，此际（办）〔辨〕别既明，则裁撤绿营饷项一款以之改充全省巡警经费，于性质自无疑义，且有政务处兵部会奏成案在先，援照办理，最为正当。

《浙江谘议局议决案》，第33—35页

筹办浙江巡警经费议案

宣统元年十一月十二日咨送宪政编查馆核复

理由：

（一）查《谘议局章程》第二十一条第一项谘议局有议决本省应兴应革事件之规定，巡警既系地方应兴事件，自在提议范围之内。（二）部订清理财政章程第十二条规定，巡警经费属于地方行政，明年厅州县既须一律完备，其所增加之款，自应由地方预先筹议，以免临时贻误。（三）试办预算原自宣统二年为始，惟现准宪政编查馆电称，照章应议各项或有关涉本省财政者，仍不在此限等语，则巡警之关涉本省财政，又系应议事项，自应由主管官厅通盘计算，提前付议。

（一）预算支出

依宪政编查馆分年筹办清单内所载之厅州县巡警及乡镇巡警，酌量浙江全省情形，预计办到一律完备之年，应筹岁费一百七十五万七百二十元，分别列表于后：

表一：省城三局九区应设官警员数及费额如左表

官警名称	正巡官	副巡官	教习	一等巡记	二等巡记	一等巡长	二等巡长	三等巡长	巡警
官警员数	三	九	三	三	九	六	九	三十六	六百
每员月给薪饷	八十五元	四十四元	二十元	二十元	十四元	十四元	十二元五角	十一元	八元
每员服装年费	七十三元六角	七十三元六角	七十三元六角	四十九元	四十九元	四十九元	四十九元	四十九元	三十元六角
年费总数	三千二百八十元八角	五千四百十四元四角	九百四十元八角	八百六十七元	一千九百五十三元	一千三百二元	一千七百九十一元	六千五百十六元	七万五千九百六十元

总计年需九万八千二十五元。

外加三局月费六十元，九区月费九十元，共计年需一千八百元。

表二：省属各厅州县计大治二十四，每治一局，每局应设官警数及费额如左表：

官警名称	巡官	巡董	教习	巡记	巡长	巡警
官警员数	一	一	一	一	二	四十
每员月给薪饷	三十四元	二十元	二十八元	十二元	十元	六元五角
每员服装年费	二十元		二十元	十二元	十二元	二十四元
年费总数	四百二十八元	二百四十元	三百五十六元	一百五十六元	二百六十四元	四千八十元

每局年费五千五百二十四元，以二十四乘之，年需十三万二千五百七十六元。

外加每局月费八元，共计二千三百四元。

表三：省属各厅州县计中治二十三，每治一局，每局应设官警员数及费额如左表：

官警名称	巡官	巡董	教习	巡记	巡长	巡警
官警员数	一	一	一	一	二	三十
每员月给薪饷	三十四元	二十元	二十八元	十二元	十元	六元五角
每员服装年费	二十元		二十元	十二元	十二元	二十四元
年费总数	四百二十八元	二百四十元	三百五十六元	一百五十六元	二百六十四元	三千六十元

每局年费四千五百四元，以二十三乘之，年需十万三千五百九十二元。

外加每局月费八元，共计二千二百八元。

表四：省属各厅州县计小治二十九，每治一局，每局应设官警员数及费额如左表：

官警名称	巡官	巡董	教习	巡记	巡长	巡警
官警员数	一	一	一	一	二	二十
每员月给薪饷	三十四元	二十元	二十八元	十二元	十元	六元五角
每员服装年费	二十元		二十元	十二元	十二元	二十四元
年费总数	四百二十八元	二百四十元	三百五十六元	一百五十六元	二百六十四元	二千四十元

每局年费三千四百八十四元，以二十九乘之，年需十万一千三十六元。

外加每局月费八元，共计二千七百八十四元。

表五：省属各厅州县中计镇埠一百五十六处，每处一局，每局应设官警员数及费额如左表：

官警名称	巡官	巡董	巡记	巡长	巡警
官警员数	一	一	一	一	二十
每员月给薪饷	二十八元	十四元	十元	八元五角	六元五角
每员服装年费	二十元		十二元	十二元	二十四元
年费总数	三百五十六元	一百六十八元	一百三十二元	一百十四元	二千四十元

每局年费二千八百十元，以一百五十六乘之，年需四十三万八千三百六十元。

外加每局月费五元，共计九千三百六十元。

表六：省属各厅州县中计分乡五百三十五区，每区一局，每局应设官警员数

及费额如左表：

官警名称	区长	巡董	巡记	巡长	巡警
官警员数	一	一	一	一	十
每员月给薪饷	十八元	八元	八元	八元五角	六元五角
每员服装年费	十五元		十二元	十二元	二十四元
年费总数	二百三十一元	九十六元	一百八元	一百十四元	一千二十元

每区年费一千五百六十九元，以五百三十五乘之，年需八十三万九千四百十五元。

外加每区月费三元，共计一万九千二百六十元。

依上六表所列计自宣统二年起至七年止，应逐年增筹款如左：

宣统二年厅州县巡警一律完备，应筹足四十四万四千三百二十五元。

宣统三年先从镇埠筹办，以办到三成计算，较上年应增筹一十三万四千三百一十六元。

宣统四年以乡镇各办到五成计算，较上年应增筹五十一万八千八百八十一元五角。

宣统（五六）年以乡镇各办到七成计算，较上年应增筹二十六万一千二百七十九元。

宣统七年乡镇巡警一律完备，较上年应增筹三十九万一千九百十八元五角。

（二）经费收入

甲、由抚院查照光绪三十三年浙省裁撤绿营兵额五成原案，饬由藩司遵将此项裁兵腾出饷银一十六万七千三百余两，米二万四千六百八十八石，尽数拨作本省巡警经费。

乙、由抚院依照光绪三十二年政务处、兵部原奏，将浙省裁存绿营官弁兵马奏准分次裁尽，计可腾出廉俸饷乾及营书辛工银四十一万四千余两，米四万七百九十余石，尽数拨作本省巡警经费。

丙、由抚院奏请将新约赔款内房捐一项截留作本省巡警经费之用，其所定之款由藩运各司另行筹抵。

以上三项理由已详沈议员钧儒案中，兹不载。

丁、裁撤省城巡警总局，将前用款项并入以上各项支配拨给。

理由：巡警总局所办之事，皆警务公所应办之事，今于警务公所所在地另设巡警总局，是谓骈枝错出，徒糜款项，可裁之理由一。

浙属两县同城者不止杭州一府，前嘉、秀两县禀请合设一局，由嘉兴知府为总办，巡警道因与定章不合，批驳不准有案，杭府未便独异，致违定章，可裁之理由二。

依此计算，核与前表所列各款，不敷尚巨，应俟办预算时再议筹补。

《浙江谘议局议决案》，第 13—17 页

浙江办理灾歉规则

宣统元年十一月十二日咨送宪政编查馆核复

第一章　清　查

第一条，凡遇水旱风虫雹伤等灾歉，被害各该管之地保等须将被灾大体情形报告地方官厅。

第二条，地方官厅受报告后，当即时赴乡勘明详报上宪。

第三条，全邑被灾情形，如此乡与彼乡不同，或一乡之内灾熟互见者，须于秋后收割之一月前照会乡董，督率地保等分别清查。

第四条，勘查明确后，乡董于五日内造册具报，并同时列表分贴各地。

第五条，表册中须载明左列各项：

（一）都庄图名

（二）坐落土名

（三）现种氏名

（四）管业户名

（五）田亩之面积

（六）灾歉情形

如非按亩勘查时，可省略三四两项。

第六条，各业佃如确认为查报不实或有舞弊情事，得于发表后之十日内提起诉讼。

第七条，地方官厅受前条之诉讼后，须于三日内派员会同邻区之乡董前往复查。

第八条，各乡董册报齐集后，无论诉讼之有无，厅州县官须亲自赴乡复勘抽查。

第九条，厅州县官复勘确实后，须将各乡董造报原册及复勘记事录付之议会。

第二章 会 议

第十条，会议以城乡绅董组成之。

城绅董至少二人，至多六人，乡绅董每区图村庄（各地名称不同）至少一人，至多三人。

第十一条，每年无论灾歉之有无，厅州县官须于五月内通告城乡开会举报，如至六月初一日厅州县官尚未发公举之通告，得由城乡人民自行开会举报。

第十二条，凡遇灾歉之年，须召集前条被举之绅董于九月下旬会议。

会期十日前，厅州县官应发召集通知书。

如九月初十日未发召集之通知，得由城乡被举之绅董自集城中，要求厅州县官开会。

如厅州县官再延不开会，即呈请上椽官厅核办。

第十三条，会议于厅州县大堂或公共地方公开之。

第十四条，会议时，以厅州县官为议长。

书记由与议董事中推举二人充之。

第十五条，会议以记名投票决之，从过半数，可否同数，取决于议长。

第十六条，违背前三条之规定时，其议决为无效。

第十七条，会议时，如因审查之必要，得请求厅州县官调取全邑庄册。

第十八条，会议时，如绅董对于表册或州县复勘记事录上有异议时，得提出讨论。

第十九条，核算成数之方法如左：

（一）如为全邑统灾或统歉之年，须于全邑钱粮总额中减去灾歉田亩应蠲缓之粮额，以余数比原数定之。

（二）如为某都图村庄等统灾统歉之年，须就该都图庄内钱粮总额中减去灾歉田亩应蠲缓之粮额，以余数比原数定之。

第二十条，计算前条灾歉之成数，须除去被灾歉区地荡等不蠲缓之粮额单，以田亩之粮额核定之。

第二十一条，会议决定，应由书记作成议定书五纸，议长及与议者均应签名盖印。

第二十二条，议定书应载事项如左：

（一）会议之年月日

（二）议长与议城乡绅董之姓名

（三）某区图村庄灾歉某分数、田若干亩

（四）阖邑灾歉某分数、田若干亩

（五）某都图村庄平均灾歉分数并每亩实征钱粮若干

（六）阖邑平均灾歉分数并每亩实征钱粮若干

第二十三条，议定书一纸存厅州县，一约交由与会绅董存储，三纸由厅州县同时分别详送本管知府、巡道及藩司。

第三章　公布及罚则

第二十四条，会议决定之次日，应由厅州县照议定书缮成告示，分贴各区图村庄，以遍及为限。

第二十五条，藩司接到厅州县详送之议定书，应于三日内转详抚院，并同日送登官报。

第二十六条，凡应得蠲免田亩之钱粮，照例应出示晓谕，刊刻免单，按户付执。

第二十七条，凡应得蠲缓田亩之钱粮串票及票根，均须盖明蠲缓分数、实征若干戳记。

第二十八条，查灾人等查报不实，如有得贿舞弊之实据，除追赃充公外，处六月以上二年以下之监禁，附加五元以上百元以下之罚金。

第二十九条，乡董及地保等如以自有田产浮报灾歉成数时，处十元以上二百元以下之罚金。

第三十条，都庄图书造册，如将灾歉成数生异动时，处六月以上二年以下之监禁，附加五元以上百元以下之罚金。

第四章 附 则

第三十一条，巡道或知府委员复勘之例，应由抚院奏明删除。

第三十二条，各衙门旧有秋灾规费，均革除之，如有仍前需索者，准各厅州县禀揭及人民告发。

第三十三条，各地方议事会成立后，本议案内之城乡董事应改为城镇乡议事会议员。

第三十四条，本法应自宣统二年正月初一日实行。

《浙江谘议局议决案》，第29—32页

革除收粮积弊暂行规则案

宣统元年十一月十二日咨送宪政编查馆核复

理由：

（一）革除漕弊之法，从根本上言，莫善于改折为南漕。改折问题，关系国税，谘议局只能建议，不能决议。本年收漕在即，此议恐难骤行，故宜亟筹一治标之法，为目前救急之方，此本案之所由提出也。（二）本案属《谘议局章程》第二十一条第一款之应革事件，自在提议范围之内。

第一条，开收前由地方人民公举公正士绅四人至八人充当稽察员，开仓后随时到仓稽查一切漕弊。

凡有自产田地三十亩以上者，除办漕书吏外，均有选举稽察员之权，举定后呈请地方官速发照会，未经照会，不得开收。

第二条，经征胥吏及斗级等，如仍有浮加折价、勒完折色、索取样米并斛面余米以及淋尖、踢斛、勒措留难等弊，稽察员查实，须即报告厅州县官。

厅州县官查有前项情弊或据稽察员报告，须即时禁止并按律治罪，如有徇隐延搁，以违法论。

稽察员知情不报，以纳贿论。

第三条，厅州县官于开仓中须遵例实行每日到仓监收。

第四条，粮户自愿改完折色时，厅州县官须会同商会，照市核定折价，但各属向有额定折价者，不在此限。

前项之折价，如因市价升降而有加减时，仍须经商会协定。

第五条，各厅州县折色如以钱计者，其以银圆抵钱之标准，须照市通用银圆价值核计。

第六条，凡漕米隔年逾限完纳者，须比照正限内折价遵章收纳，不得丝毫浮加，逾期掣串差追者，不准巧立船饭钱、柜头费等名目摊派浮收。

第七条，收粮田单、串票，须用正体楷书，凡一二三等数目字，须写作壹贰叁等字样，不得潦草及添注、涂改。

第八条，各厅州县遇有民欠，须于限满后开列花户姓名，榜示各乡，如有已完作欠者，准人指控，其有实欠在民者，不准勒令他粮户及图董圩长等摊派赔垫。

第九条，从前收漕官吏所有致送各衙署幕友、房书及地方劣绅之一切漕规，概行革除。

第十条，各上级官厅从前派赴各厅州县之查漕、帮漕委员，一律裁撤。

第十一条，关于收粮各弊，无论何人，皆得告发，各官厅须立予查办。

前项之控诉，得免除一切讼费。

第十二条，本规则对于完纳南米各厅州县，除专指完漕各条外，皆遵用之。

第十三条，本规则自本年十一月起公布实行。

《浙江谘议局议决案》，第50—51页

关于谘议局议决权内之本省行政命令施行法

宣统元年十一月十二日巡抚部院咨送宪政编查馆核复

第一条，关于《谘议局章程》第二十一条第二、第三、第四、第五、第七各款之事件，非经谘议局议决，巡抚不能公布施行。

理由：按局章二十一条列举各款，为谘议局权限以内应办事件，二、三、四、五、七各款，尤为一省行政重要之事。现在谘议局已经成立，巡抚自当遵章提出议案交谘议局议决，若不许其议决，即二十七条所谓侵夺谘议局权限，读宪政编查馆议复于式枚原奏甚明，故不能公布施行。

第二条，前条各款如不在会期中而巡抚认为紧要时，得召集临时会议决之。

理由：前条各款关系重大，自当遵照三十三条办法，由巡抚召集临时会。

第三条，《谘议局章程》第二十一条第六款之事件，若非开会期内，不及待谘议局议决而欲公布施行者，应加"试行"字样，俟下届会期提出，并须说明试行之理由，交谘议局会议，如经否决，即应取消之。

理由：按第六款为根本，国家法律之单行章程规则，若在会期中，自当由谘议局议决施行，但谘议局非常年开会，此款事件又非常驻议员权限以内之事，若行政官于谘议局闭会时遇有此款事件发生，如必待开会议决，事务必多延阁，故定为试行办法，而仍须于下届会期提出会议，此对于前二条为例外之规定。

第四条，《谘议局章程》第二十一条第一款之事件，非经谘议局议决者，巡抚于施行以前须咨询谘议局，申复后照前条办理。若谘议局否决时，应照第二十三条办理。谘议局认为重要事件时，得从本法案第二条之规定。

理由：谘议局为国民预闻政事之地，凡兴革事件应得指陈利病，如见为不可，自当呈请更正施行。

第五条，若反于本案各条所规定，应照《谘议局章程》二十七条办理。

理由：本案提出之主旨，全为预防二十七条事实之发生，故有反于本案各条时，不得不照二十七条办理，以保护谘议局之权限。

《浙江谘议局议决案》，第 36—37 页

通用龙圆议案

宣统元年十一月十二日巡抚部院札准公布施行

理由：

东南各省，墨银输入，历久愈多，人民喜其便利，彼此流通，利源外溢，年复一年，虽迭经奏设局厂，铸造龙圆，通饬行用，以挽利权，而地方官及各局卡委员置若罔闻，征粮、捐税概用墨银。夫民间信用，恒视官收为准，则官既不收龙圆，故市上银币之周转力仍趋重于墨银，而龙圆反受短折贴水之病，不为设法维持，流弊伊于胡底，谨于国币未定之前为暂时补救之策，酌拟办法三条以俟公决施行。

第一条，拟请抚藩各宪通饬各州县各局卡征收钱粮厘税，一律通用龙圆，全省官俸、各局所薪水向用墨银者，一律用龙圆发给。

第二条，拟请抚藩各宪通饬各处商会及各团体，劝谕商民一体通用，所有市上洋价、商会挂牌，概以龙圆为准。

第三条，自本案公布施行后，无论官民再有不收龙圆之事发生，以违法论。

《浙江谘议局议决案》，第 45 页

筹办浙江全省简易识字学塾议案

宣统元年十一月十二日巡抚部院札准公布施行

理由：

（一）此项学塾，关于全省人民识字起见，当在《谘议局章程》第二十一条第一项议决本省应兴事件之列。（二）此项学塾为筹备宪政清单内本年必须创设之事，应就本省情形规定学塾设置及编制方法颁行全省，俾便遵行。（三）查筹备宪政清单内，厅州县简易识字学塾第二年创办，第三年推广，乡镇简易识字学塾第四年创办，第五年推广，厅州县与乡镇对举，似第二年创办专指城厢而言，但此项学塾，乡镇较城厢尤急，自应同时举办，方符教育普及之本旨。（四）此项学塾经费，应由地方筹集，惟现在地方税章程尚未颁布，无确定之款可筹，则本议案第四项所规定者，系为初办时权宜之计，俟地方税章程颁布后，即行划分，遵照办理。

第一项，所数之规定

按：设立所数，应比照人口总数规定，但现在人口数目既未调查，暂行规定大治十所，中治八所，小治六所，列表如左：

地方	设塾所数	地方	设塾所数	地方	设塾所数
仁和	十	海宁	八	余杭	六
钱塘	十	富阳	八	临安	六
嘉兴	十	桐乡	八	新城	六
秀水	十	武康	八	于潜	六
嘉善	十	安吉	八	昌化	六
海盐	十	奉化	八	孝丰	六
平湖	十	会稽	八	象山	六
石门	十	上虞	八	新昌	六

续表

地方	设塾所数	地方	设塾所数	地方	设塾所数
乌程	十	嵊县	八	太平	六
归安	十	仙居	八	宁海	六
长兴	十	金华	八	天台	六
德清	十	东阳	八	浦江	六
鄞县	十	义乌	八	汤溪	六
慈溪	十	永康	八	开化	六
镇海	十	武义	八	建德	六
定海	十	西安	八	淳安	六
山阴	十	龙游	八	寿昌	六
萧山	十	常山	八	桐庐	六
诸暨	十	遂安	八	分水	六
余姚	十	瑞安	八	泰顺	六
临海	十	玉环	八	丽水	六
黄岩	十	龙泉	八	缙云	六
兰溪	十			青田	六
江山	十			松阳	六
永嘉	十			遂昌	六
乐清	十			云和	六
平阳	十			庆元	六
				景宁	六
				宣平	六
二七	二七零	二二	一七六	二九	一七四

右表所开第一年设塾所数，因恐各厅州县财力不继，均从最少数酌定，其有筹款较易之处或绅民热心，骤能设立多数者，不在此限，至以后逐年如何推广，应俟户口清查后再行规定。

第二项，预算

（甲）开办经费，每所额设六十名，除宿舍暂借寺庙及地方公产不出屋租外，其略加修葺及置办桌凳黑板等项，每所开办费至多约百元。

（乙）常年经费，每所主任教员一员，其月薪伙食及学生课本暨一切杂用，至多以一百六十元为准。

第三项，办法之概略

（甲）学塾种类，现规定设办一年毕业、二年毕业之二种。

理由：此项学塾，部章分一年毕业、二年毕业、三年毕业三种，惟改订初等小学章程简易科减为三年毕业，倘学生自度可以就学三年者，尽可入简易科，故三年一种可以缓办。

（乙）学塾编制用二部法，每塾额设学生六十人。

理由：照上条规定设办一年、二年两种，至开办第二年，已有一年级及二年甲乙级三班，非谙单级教授者，不易从事，应将两种学生分二部教授，校舍不必求大，学生又有半日可以在家服务，于贫民最为相宜，每部三十人，二部共六十人。

第四项，公款之提用

（甲）停罢学务佐治员以厅州县摊解之川资薪金，移充是项学塾之经费。

（乙）各属宾兴公款，应责成劝学所调查，如未经动拨有案者，悉数提充，又考试经费，部定以三成留充地方办学者，亦如之。

（丙）会社、寺观募有常捐积有资产充作迎神赛会、演戏及一切迷信之耗费者，得令按成提充。

（丁）儒田贤租未办族学及已办而尚有赢余者，得令酌助。

（戊）裁缺学田未经提充学费者，得移充是项学塾之经费。

（己）各属校场营地，经藩司通饬各属听民报垦，所出租息提充省城师范学堂经用，嗣因各属均未实行，此款遂成废弃，拟请藩司查照原案，通饬各属劝学所查（庚）明区内确有营地若干，径禀省宪委员丈勘，招垦征租，以充是项学塾经费。

《浙江谘议局议决案》，第22—25页

议定浙省厘捐收用银圆折中定价案

宣统元年十一月十二日咨送宪政编查馆核复

理由：十月初七日第十六次正式会议讨论厘捐问题，当经质问代理委员，从前总局规定各属洋价，以何为标准？据委员答称，系照各属市价折中规定，前奉抚院批答议员熊文质问书，对于委员发言，认为由抚院应负之责任，全体议员即认委员之答复为有效力，并经电查各属市面洋价，兹据先后复到如左：

杭州：一千三百六十文

嘉兴：一千零六十文

湖州：一千零八十文

宁波：一千零五十文

绍兴：一千文

台州：一千零八十文

金华：一千零二十文

衢州：一千三百四十文

严州：一千文

温州：一千零五十文

处州：一千零五十文

依前开各属银圆，以十一平均计算，其折中银圆价为一千一百文，并拟办法如左：

（甲）由抚院札饬厘饷局通行各属厘捐局卡，自十一月初一日起，每银圆一元作钱一千一百文，小银圆一角作钱一百文。

完纳厘捐不满银圆一元者，得以小银圆完纳，不满小银圆一角者，得以铜圆及制钱完纳。

（乙）捐票须填载物品量数及捐则，并注明收银圆或小银圆、铜圆、制钱各若干。

（丙）此次通饬后，限于一年度内不得增减银圆价值，应俟明年谘议局常年会再行调查市价折中定议。

以上二项办法，各局卡于奉到通饬后一律缮正悬挂门前，违者准商民指控。

《浙江谘议局议决案》，第54—55页

裁撤官纸局议案

宣统元年十一月十二日咨送宪政编查馆核复

官纸局之设，仿自广东，浙江踵而效之，惟广东注重在制造，浙江则注重在专卖，以营业之名义为筹款之方法，与其他各局所之性质迥然不同，顾专卖而果有款可筹，亦属非计，况浙江官纸局自开办迄今，购置机器之侵蚀、设立局所之铺张、委派局员之冗滥、开支薪工之虚糜，利未见而弊丛生。据官纸局八月间具详抚院请添加成本案内声明，购置机器及营缮等费已用去三万余元，薪工杂用已消耗一万余元，为时仅八阅月之久，而开支已如是之巨，所谓筹款之目的，殆不可问。夫既无余利，徒事耗费，病商厉民，又奚足取？此本议案按照《谘议局章程》第二十一条之规定，认为本省庶政应革之事件，提出裁撤之理由如左：

法律上之应裁撤

（一）印花税则章程奏准通行，先就直隶试办，各省地方依章程第十三条之规定，于奉到部发印花后三个月须施行，是民间通用之一切契据、帐簿、票单、纸张，但有贴用印化之制限，并无官纸、私纸之区别，若官纸局刊印行销之一切纸类为发生法律上之效力，则印花税且可不必实行，若不发生效力，人民无出重赀购买官纸之义务。

（二）按印花税则第三条，凡关系国家或地方公益善举事业，所用之契据、帐簿，均可不贴印花，官用公牍皆在关系国家或地方之范围，即印花税实行以后，犹为法律所不税，官纸局则无论关系国家或地方，凡官署局所、公共团体所需之公牍纸张，皆限令出赀购用，其取价之高于市价，较印花税为苛。

（三）诉讼状纸，依简明章程第四条之规定，无论何种，每纸定价当十铜元十枚，今为罗掘款项计，每纸骤加价三角五分之多，与章程第九条所云，凡于状纸定价外，任意需索者，照受赃律计赃治罪，条文得毋抵触，且诉讼状纸如须推广外省时，应由法部体察情形，酌定详细章程，另行奏明办理，若未经法部允准而擅行仿造者，蒙刑法上之制裁。今法部之详细章程未颁，官纸局已仿造行用，是否显违部章。

事实上之应裁撤

（一）公文体制，向有一定程式，官纸局所制之文册，单禀呈折对笺等件，虽较旧时改良，然不过稍变形式，并非特别之构造，商铺不难照式制办。若事实上发见此等行为，国家无官纸专卖之律，不能指为不法，而商铺货相埒而价较廉，购者势必趋之，官纸局受其影响，恐成本亏耗，官款虚掷之不暇，尚何余利之有？

（二）洋纸行销内地，本省纸货隐受其害，官纸局多用洋纸，未免利源外溢。

（参考）本年四月，抚院批官纸局禀云，外洋纸货，行销中国，日就繁多，若各式公牍均用洋纸，势必洋纸销场愈广，本省纸行销无路，殊非保持商业之道，且洋纸不甚经久，公牍宜久保存，亦不合用，嗣后不如选择本省纸之光润坚洁者，刊印行销，较为合宜，是为官纸局用洋纸之佐证。

（三）官纸局之性质，虽与各局所不同，其设置职员之有坐办、提调、文案、收发、庶务、书记等名目则一，故以普通纸货之营业以官局名，遂月耗员役薪工至四千百余元之巨，无论成本已亏，余利无着，即日后果获赢余，亦仅敷补此漏卮而已，是有筹款之名而无筹款之实，官商交困，亦何为者！

综此数理由，故官纸局可认为当然裁撤，惟裁撤不可无办法，兹更举其大要：

一、省城官纸局及外府厅州县所设之分局，应由抚院通饬限期一律裁撤。

一、存货分原料与成货二种，成货批发于商铺，原料酌量适用与否，留作各局所印刷文件书籍之需（如调查局、督练公所、财政局、官报局用纸最多）。

一、各府厅州县从前照官纸局定价承领代售之纸货，应由官纸局一律收回。

一、公文程式如欲照官纸局现定者，推行久远，可由抚院颁发各地方，令商铺遵式印售，各该商铺为自身营业发达起见，必奉行惟谨（例如学务表册须行呈部者，亦概由各地方自行照式印用，并不由官局印造，但诉讼状纸应遵照法部奏定章程第四条、第六条、第十条办理）。

一、印刷机器移交官报局应用，为扩充官报发行，改星期报为隔日报或日报地步（嗣后各局所印刷官用文件，均可交官报局代印，酌收印工、纸张费用）。

《浙江谘议局议决案》，第58—60页

公布本省各种现行章程规则

宣统元年十一月十二日巡抚部院咨送宪政编查馆核复

理由：本省各种章程规则及行政官之命令，对于人民皆有权利义务之关系，如钱粮征收之方法、商货起验之定章，与其他种种规定，官知之，吏知之，而吾民不知也。其旧有者仅存官署之档案，欲稽考而无从，其新定者亦只一纸之文告，不经旬而消灭。彼贪猾者利吾民之不知，因得用其浮收抑勒，执法营私之手段。民也何知，谓上所取于我者。固如是，国家受朘削之名，若辈享中饱之实，而吾民无形之负担遂有倍于正供者，不揭其幕，民困何苏？本此理由，酌拟办法，弊去其太甚，事简而易行，应请付之会议。

第一条，本省旧有由巡抚颁行之章程规则及各属通详立案永远遵行之件，现在尚有效力者，请巡抚派员督同书吏，检卷分类，排次汇订成帙，限宣统二年六月末日以前发交官报局陆续另册刊行，未经刊布之件，均作为已经废止。

第二条，自本规则公布施行以后，凡巡抚批准之章程规则及各属详准之件，自巡抚批准之日起算，限一个月以内应发交官报局公布，凡未登官报者，均作为未经公布，人民无遵守之义务，但有急要事件已由官厅揭示公布者，则在揭示后尚未登报之前，仍有同一执行之效力。

第三条，新颁布之章程规则，从各属奉到官报之日起算，七日后发生效力，但有明定施行日期者，不在此限。

《浙江谘议局议决案》，第44页

改良征收钱粮方法案

宣统元年十一月十六日巡抚部院咨送宪政编查馆核复

第一条，自宣统二年上忙起，援照度支部电准税契办法，凡全省钱粮，人民交官，厅州县解司，藩司解部，每正银一两概作银圆一元五角，龙圆、中国纸币及墨圆一体通用。

理由：同治初年减浮成案，厅州县钱粮银价，本照各府属时价核定，原非一成不变之方。同治五年后，因银价涨落，续行加减，是其明证。本年清理财政监理官厘定税契方法，以银一两作龙洋一元五角合算。经度支部电准有案，钱粮与税契同属浙中财政，应请巡抚援案咨明，随征耗银，一律裁革。

理由：银圆法定标准，每元抵库平银七钱二分，则银圆一元五角合银一两零八分，以之抵销正银一两，余银八分。查浙江起运正银二百十二万一千七百五十两七钱七分四厘，解部耗银八万三千五百八十四两一钱二分八厘。据此核算，每银一两耗银不满四分，现有余银八分，则照原定耗银，已属有盈无绌。

第二条，随征粮捐及平余，向征制钱，即以制钱数核照市面银圆兑价征收。

前项平余暂照同治初年奏定减浮成案数目办理，俟各厅州县公费规定后即行裁革。

银圆市价于开征之二十日前分邀城镇乡绅董会议，按照城镇兑换店铺牌价，议定划一价目，由厅州县官公布。

第三条，完纳钱粮，凡合银圆一元以上者，龙圆、中国纸币及墨银一体通用，不满一元者，准收小银圆、铜币或制钱。

核定小银圆价目，依第二条三项之规定。

第四条，给串票于粮户，除注明姓名都图字号外，应分正银及带征之粮捐、平余列款，详细记明，收银圆、小银圆、制钱、铜币等数及并计总数与经征者之姓名。

第五条，零星尾找满银圆五分者，准改收小龙圆找付，铜币不满五分者，准收铜币或制钱。

一人而分有数户者，不得分户找尾，应将数户之粮串合并计算。

第六条，经征书吏、该管庄书，由厅州县官就平余内给值，凡属陋规，悉革除之。

原有禀准立案随粮带征之各种附捐，须将项目数目于串票上加盖戳记。

会议细则

第一条，会议以城镇乡绅董组织之。

城镇乡绅董，至少三人，至多九人，乡绅董每区都图村庄至少一人，至多三人。

第二条，每年每忙开征之一月前，厅州县官须照会城镇乡绅董，通知各区都图村庄人民开会举报，如厅州县官不于定期内发公举之通告，得由城镇乡人民自行开会举报。

第三条，每年每忙开征之二十日前，须召集前条被举之绅董会议。

定期内未发召集之通知，得由城镇乡被举之绅董自集城中，要求厅州县官开会。

如厅州县官再延不开会，即呈请上级官厅核办。

第四条，凡会议须有被举之绅董满三分之二以上到会时，在厅州县大堂或公共地方行之。

第五条，会议时以厅州县官为议长。

书记由与议绅董中推举二人充之。

第六条，会议以记名投票决之，从过半数，可否同数，取决于议长。

第七条，违背前三条之规定时，其议决为无效。

第八条，会议决定应由书记作成议定书，议长及与议者均应签名盖印。

第九条，议定书应载事项如左：

（一）会议之年月日

（二）议长及与议绅董之姓名

（三）银圆价目

（四）小银圆价目

第十条，议定书一纸存厅州县，一纸交与会绅董存储。

第十一条，会议决定之次日，应由厅州县官照议定书刊印告示，分贴城镇乡，以遍及为限。

前项告示未发布以前，不得开征。

第十二条，俟地方议事会成立后，本规则应办事宜即由城镇乡议事会联合会议。

《浙江谘议局议决案》，第41—43页

浙江征收漕粮暂行规则法律案

宣统二年十月初六日抚部院咨送资政院核复

理由：

（一）浙江漕米起运四十万石，完漕时种种积弊，不胜枚举，刁生劣监，百方包揽，狡书猾役，从中舞弄，以致强者聚众闹漕，弱者疲玩不交，究其实，官民交困，不过为刁生劣监狡书猾役之利薮而已。此诚积弊之亟宜革除者。然欲革除积弊，非厘订一定规则，不足以资遵守。此本法律案提出之理由也。（二）本法律案原就浙江征收漕粮情形，拟定救济方法，暂行试办，可认为本省单行规则。（三）查《谘议局章程》第二十一条第六项“议决本省单行章程规则之增删修改事件”，此项规则既为本省单行规则，应在谘议局议事范围之内。

浙江征收漕粮暂行规则

第一条，每届收漕时，厅州县官须遵例驻仓督收。

第二条，开仓前，每厫应由厅州县官选派监收员一人，常川驻仓，并由城镇乡自治会于各区内投票公举稽察员一人以上、三人以下，逐日轮流到仓，公同监察一切漕弊。

前项之稽察员，办漕书吏不得选充。

自治会未成立之处，稽察员暂由清查公款公产之董事任之。

第三条，收粮由单，每届开仓之五日前，由里书按户散给。

各粮户于开仓五日前，有未得由单及被额外需索单费者，许其呈请自治会呈官核办。

第四条，完漕须逐日分庄交纳，由厅州县先期榜示各庄户，不得迟延或搀越。

前项之迟延者，如能证明确因天时障碍及其他事实者，准其随时缴纳，使至迟以封厫之日为限。

各花户田产如有散在各庄者，准其并日完纳。

第五条，各花户送米到仓，由监收员会同稽察员验明，分别收驳。

第六条，各花户完纳折色者，由厅州县官会同商会照市核定折价，但有额定折价者，不在此限。

前项之折价，如因市价升降而有加减时，仍须经商会协定。

第七条，各厅州县折色如何，向以钱计者，其以银圆抵钱之标准，应比照本县钱粮柜价计算。

第八条，凡漕米隔年逾限完纳者，须比照正限内折价，遵照光绪十五年奏案收纳，不得巧立名目，丝毫浮收。

第九条，厅州县官收到花户漕米或折色时，即日掣给串票。

第十条，各厅州县遇有民欠，须于限满后开列花户姓名，榜示各乡。如有已完作欠者，准人指控，其有实欠在民者，不准勒令他粮户及图董、圩长等摊派浮收。

第十一条，由单、串票，须用正体楷字，凡一二三等数目字，须写作壹贰叁等字样，不得添注涂改。

第十二条，监收员、稽察员如见有舞弊情事，应即随时报明地方官查办，倘监收员、稽察员通同舞弊时，亦准人告发。

第十三条，关于完漕事宜，仓内书役及各都图、庄里、各书粮、差、圩、保等，如有舞弊及索费情事，查出或经人告发，按例治罪。

第十四条，本规则自本年十一月朔实行。

《浙江谘议局第二届常年会议决案》，第24—25页

请减出口税则条议案

宣统二年十月十五日呈送资政院查核

处商战之世，智者富，愚者贫，优者胜，劣者败。英、法、德、美诸国，均由商业时代进造于工业时代，故以天产品往，以制造品来，一转手间而我国利权尽为所夺。调查海关最新贸易册，宣统元年洋货进口计银四万一千八百十五万两，土货出口销数虽畅，计银仅三万三千八百十九万两，出入相抵，不敷已至八千万，而岁输五千三百七十万金之赔款，尤为绝大之漏卮。我国母财之竭，实由于此。昔税务司戴乐尔谓中国救贫之策，莫如以出口土货抵还洋款，盖有味乎其言之也。浙省枕山滨海，鱼盐之利、竹木之材大，而丝茶、矿产细，而骨角毛羽天然利源，包孕宏富，而出口土货，尚不足抵本省应解赔款一百五十四万三千八百两之数。所出者巨，所入者微，涓涓不塞，将成江河。当此金融恐慌、商业败退之际，犹不广销土货挽回利权，累岁穷年，浙民生计固不堪问，而各省财政之困难，亦当视同一律矣。夫土货之不能畅销，果何故哉？不能不归咎于出口税则之过重也。西人之税于民也，重进口，轻出口。进口税重，价值必昂，国人不欲多购，专心致力以自制，则金银泄入他国之患可以免。出口税减则成本轻，则售价廉，售价廉则销路畅，销路畅而出口之货必愈多。是以英、美等国进口货税极

重，有值百抽三四十者，有值百抽五六十者，大率以值百抽二十为原则，而出口货税久已全数免征。日本步武泰西，现亦停征出口税项，而与各国争贸易之胜负。利之所在，势之所趋，固有不能以墨守旧法为理财之策者矣。我国税则，以值百抽五为定率，进口出口，不分轻重，其祸自道光二十二年与英订约江宁始，嗣后各国通商，遂援利益均沾之说，据为铁证。故光绪二十七年北京所订和约第六款载明，进口税则改为切实值百抽五。大错已铸，一成难变，此真自贻伊戚者也。数年前我国政府鉴于此弊，曾与英使马凯磋商加税免厘之议，夫果加税免厘，进口税重，则国家固增一大宗之入款；厘金豁免，则土货出口已少各卡逐层之剥削，固无不可。无如库款支绌，免厘之议格于势而不能行，外人借此藉口，进口增税之约，亦中变而不允。此亦无可如何者也。虽然和约所定税则，只言进口不及出口，如进口加重，非改订条约，固不能任我所欲为。若出口减轻，主权在我，夫亦何所顾忌而吝之？或者曰时局艰难，赔款无出，出口减税，则国力益竭。此固有大谬不然者。关税收入之多寡，视出入货物之多寡为标准，出口税轻，洋商之贩货至众，而销路愈畅。销路既畅，税额亦因之而增加。今果值百取五者，减而为值百取二，例如向之土货出口一万担者，今因其成本轻而出口增至三万、四万，其税额之增加亦可至于三倍、四倍。上以利国，下以利民，理财之策，孰有愈于此者乎？试更言其办法条述如左：

办法：

（甲）出口税减为值百抽二

（说明）国初广东所取洋税，仅及值百取二之额，番舶慕羶而集，半由此故。今依此为出税定率，则向之以轻税之利予人者，今转而予吾民，比之利权外溢者，固有异矣。

（乙）出口货均照时价估价计税

（说明）抽税之法，有以量计者，有以价计者。以量计，则货之贵贱不分，价之涨跌不论，不如按照时价较为公平。估计之法，遵照光绪三十一年商约大臣吕等新订税则所列货物表内择中土之所有者减去旧定之数，另立价目，庶使征税之时不至凌乱无章也。

（丙）由税务大臣辨明约文，札饬税务司遵照减税新章办理

（说明）光绪二十九年外务部咨南北洋牛类出口征税文内，准总税务司申

请，谓新约第六款之用意，系因此次赔款须加征税项，以备抵偿等语。是不知约内所载仅有进口一项，今以约内所不载之出口税则而亦加征之，是持杀人之刀而授人以柄也。故俟新章减定，由税务大臣札饬税务司遵照办理。

（丁）向来免税各项照旧办理

（说明）如华商扬子公司制造铁路材料及粤、湘、川、鄂四省铁路材料、机器厂制造料物，皆系奉旨允准暂免出口税厘者，不在值百取二之限。此外有类此者，以此例推之。谨据光绪三十三年九月十三日上谕，认为谘议局条议事件，呈请资政院查核。

《浙江谘议局第二届常年会议决案》，第 53—55 页

裁撤厘捐局卡改为各业认捐以节浮费议案

宣统二年十月十九日札交复议

吾浙年来商业不振，胥由于土货滞销，而土货滞销，实根于厘捐局卡为之障碍，其故妇孺咸知，无待赘述。去年本局曾提出革弊之案，虽已批准公布，然不从根本上解决，则若辈仍得巧施其欺诈手段以病商害民，殊非除恶务尽之意。今若一律裁撤改为认捐，则商民感激，自愿输将，百物流通，不致壅滞，是为便民。其应裁撤之理由一。

浙民义务之负担，不为不重，而公家犹以入不敷出为忧，其故由于弊政不除，以致上下交困。读清理财政局所交宣统三年预算册，国家行政经费岁出经常门内第五款项下，知吾浙年縻二十二万九千余两之金钱以养此厘捐局卡之国蠹，殊属无谓。当兹计臣仰屋之秋，尤应节此冗费以弥岁入之不足，是为利国。其应裁撤之理由二。

查吾浙嘉兴一府，业已改为认捐，商民称便，成效昭然。其余各府，同隶一行政区域之内，若办法歧异，何以收政令统一之效？况现在邻省若江苏，亦议革

除厥弊，报载资政院又有提议革除之说，则此种弊政必在天演淘汰之中。吾浙早革一日，则于国计民生早抒一日之困。其应裁撤之理由三。

本案依据《谘议局章程》第二十一条第一项“议决本省应兴应革事件”第六项“本省单行规则事件”，应在谘议局议事权限之内，特提出以俟公决。

办法一：由巡抚饬司将各属近五年以来年纳出产销场各货厘金若干之总、分数照会各商会，由商会召集各业，调查其近五年以来每业年纳厘金之平均数，酌定数目，每业总认，每户认摊。

（说明）其必以五年数目折中计算者，因每年捐输有衰旺之不同，若照旺数承认，设遇衰年，其受亏在民；若照衰数承认，遇旺年其受亏在国。故必折中酌定，庶两剂其平，于商业行政胥无妨碍。

办法二：向有厘捐总、分局卡，一律裁撤，由各业公推值年之业董将所认捐项解交该厅州县径解藩司。

办法三：认捐方法应参照嘉兴府办理，推行全省。

办法四：本案俟巡抚批准公布后，即于宣统三年六月末日以前为实行之期。

《浙江谘议局第二届常年会议决案》，第30—31页

编制城镇乡地方自治章程施行细则说明

宣统二年十月十九日抚部院札准公布施行

（一）浙江筹办城镇乡地方自治，原定至迟于宣统三年三月以前议事会一律成立，五月以前董事会及乡董、乡佐一律成立，其能提前成立者，固不必受此期间之拘束，自应将《城镇乡地方自治章程施行细则》先行议定颁布，以资遵守而昭划一。（二）参阅他省施行细则，亦有将划区方法、调查选举手续、选民资格问题悉行订入者。查划区方法，仅为第一次所有之事；调查选举之手续，不过就《城镇乡地方自治选举章程》所未尽者而言，本细则非《城镇乡地方自治

选举章程》之施行细则，乃《城镇乡地方自治章程》之施行细则也，似宜概从缺略；若选民资格问题，属于法律之解释问题，固应力求统一，未便省自为说。施行细则属于事实之解决，实有不得不斟酌各地情形出之者。性质既异，选民资格问题亦不应列入，似较适当。（三）本细则如第五、第七各条，宜属于实体法，不应规定于本细则之中。惟民政部尚未将《城镇乡地方自治章程》补订，现为一时便利计，姑于本细则规定之，俟将来再行删去。（四）查《谘议局章程》第二十一条第六款“议决本省单行章程规则之增删修改事件”，又宪政编查馆议复考察宪政大臣于式枚奏陈《谘议局章程》权限各节折内开，如地方自治等章程施行细则之类，凡根本于国家法律之单行章程规则，属于督抚权限内，自应由谘议局参与，以收集思广益之效等语。是本细则自应交谘议局议决，以符定案章。

第一条，本细则凡本省施行《城镇乡地方自治章程》时同时施行。

（理由）本细则依《城镇乡地方自治章程》第一百十二条之规定，为施行《城镇乡地方自治章程》而设，惟城镇乡地方自治办理伊始，成立各有先后，故本细则施行期不能一律。

第二条，城镇乡自治职设置后，所有各该地方向归绅董办理之公益事宜，在自治范围以内者，概由该自治职接续办理，其旧有之董事名目即行废止。

（理由）自治未成立以前，地方公益事宜多由地方官照会绅董办理，现在城镇乡自治会成立，既设有法定之自治职，则凡关于该地方公益事宜，在自治范围以内者，应悉归其办理，其旧有董事名目应即行废止，免致纷歧。至私人以私款所办理之事宜，自不在此限也。

第三条，城镇乡自治职设置后，所有各该地方旧有与自治会性质相类似之团体，一律撤销。

（理由）自治未成立以前，热心士绅组织团体办理地方公益事业，以辅官方力之不逮，例如公益社、乡约局等类，现在自治成立，自治职有办理各地方公益事业之专责，是项团体自应一律裁撤。

第四条，各地方区域名称，自城镇乡自治成立后，即以所定某城某镇某乡称之。

（理由）城镇乡为法定名称，则一经划定区域，自应即以某城某镇某乡著称。

第五条，依《城镇乡自治章程》第十一条之规定，应设区董时，以本城镇选民、由该城镇议事会选举之。

（理由）《选用区董章程》本无明文规定，民政部复本省电：选用区董，应由自治职议定规约，按照办理。嗣阅民政部复山东电，区董准以本城镇选民、由该城镇议事会选举，以归一律。应遵照办理。

第六条，区董应办自治事宜，仍受该城镇董事会之支配。

（理由）区之性质，本非于城镇乡之外另成一小团体，系专为自治行政上之便利而设，则区董之性质，止可谓城镇董事会之补助机关，对于城或镇之董事会，自应仍受其支配之。

第七条，自治各区域有彼此相关之事，应连合办理时，《城镇乡自治章程》第十三条之规定准用之。

（理由）《城镇乡地方自治章程》第十三条之规定，但就乡与乡而言，惟彼此相关之事，不独乡与乡有之。是经电询民政部，旋准电复：第十三条之规定，自治区域有彼此相关之事，可准用之。本条即依电文规定。

第八条，凡属自治范围各事宜，如已办理在前，因划分区域致有二个以上自治区域之关系者，应视其事宜之可分与否，以协议定之。

（理由）以一地方合力办理或种公益事宜，如即以该地方为一自治区域，自不至发生问题，然或因他之关系，不能不将该地方划作二个以上之自治区域，若仍照常办理，则区域既分二，界限各自分明，势必不能融洽，若径专属于一自治区域，则又不免发生争议或转致破裂之虞，应即援照章程第十二条以有关系之各自治区域协议办法，以资维持。

第九条，凡连合会举行会议时，以连合区域内总董或乡董年长者为议长，年同以抽签定之。

（理由）二个自治会以上之连合办理彼此相关之事，必经会议方可执行，则会议时当以何人为议长，自应明白规定，以资遵守。

第十条，城镇乡分属二县以上时，厅州县议事会若未合并设置，所有城镇乡各会争议事宜，应由厅州县议事会临时协议决定。

（理由）此条照民政部复本省电文规定，查《城镇乡地方自治章程》，城镇乡议事会、董事会或乡董、乡佐遇有争议不能决议情事，应移交厅州县议事会公断，或代为议决，惟城镇乡地方系分属二县以上时，而厅州县议事会并不合并设置，如何办理？未有明文规定，嗣经民政部电复办法，自应遵照办理。

第十一条，城镇乡议事会及城镇董事会或乡董，应设文牍、庶务及各项办事员，有犯《城镇乡地方自治章程》第十七条各款情事之一者，仍不得派充。

（理由）文牍、庶务及各项办事员职务，亦关重要，定章所谓不限于选民，谓不必具备第十六条各款之积极资格也。至已犯第十七条消极资格之一，则其人已为社会所轻，自不得再行派充。

第十二条，城镇董事会或乡董因执行各事之必要选派办事员时，应将所派各员姓名及办理事项申报地方官存案。

（理由）办事员辅佐总董或乡董分任各事，虽由总董或乡董遴派，亦应申报地方官存案，以示郑重。

第十三条，城镇董事会会议办事员，依《城镇乡地方自治章程》第七十五条第三项之规定，到会与议时，不得列入议决之数。

（理由）办事员为总董或乡董选派之人，若使有议决权，则将不免有利用其表决之弊，且办事员亦或因此而专图办事上之便利，流弊滋多，故不得列入议决之数。

第十四条，城镇乡负担之义务，在本地方居民，无论何项宗教及何国国籍，应一体负担之。

（理由）本条专为住居主义，凡居本自治区域内者，应一律负担义务，不得以宗教及国籍不同有所歧异。

第十五条，凡二个自治区域以上所共有之公款公产，其分配以协议定之。前项之协议不成，得移交厅州县议事会公断。

（理由）按是项公产公款，所以共有之原因有二：一向属甲、乙二地方以上者；一向同属甲地方而此次分划二个以上之自治区域者。现在办理自治，界限分明，既不能专属一区，更不能仍前混合，应如何分配之处，须由有关系之各自治区域会同协议，方足以求公允而弭争端。若协议不成，自必经厅州县议事会公断，方可解决。

第十六条，公款公产之内有系私家捐助者，自治会遵照《城镇乡地方自治章程》第九十五条办理时，原捐人不得干涉所办之事，业或将所捐款项、产业收回。

（理由）《城镇乡地方自治章程》第九十五条之规定，其用意有二：一则限制自治会，使无反乎原捐人当时之目的；一则使自治会不终受其限制。故自治会既遵照九十五条办理时，原捐人自不能干涉其事，或将所捐之款项、产业收回也。

第十七条，属于厅州县全力设立之公益事项，应归厅州县自治会管辖，各城镇乡不得将本地方所出经费收回。

（理由）此系照民政部复本省文规定，盖厅州县自治区域即以所属城镇乡自治区域集合而成，厅州县全力设立之公益事项，其经费仍不出所属城镇乡之外，若纷纷将本地方所出经费收回，则已办事项必至破裂，自应遵照部文订入，以免误会。

第十八条，本细则如有应行增删修改之处，由巡抚提出，交谘议局议决，并得由谘议局提出修正、议决，呈请巡抚核定。

（理由）本细则既遵照奉案由督抚酌定交谘议局议决，则嗣后如有应行增删修改之处，自应一律办理。至谘议局既有议决之权，则凡遇有应行增删修改之处，未经巡抚酌改交议者，谘议局亦得提出改正案，议决呈由巡抚核定施行。

《浙江谘议局第二届常年会议决案》，第19—23页

修订浙江讼费暂行规则法律案

宣统二年十月十九日巡抚部院札准公布施行

理由：

（一）我国向无讼费之目，差役婪索，例禁綦严，然额设工食为数甚微，书差人役既难责以枵腹从公，瘠苦官吏又难望其捐廉补助，凡出一案，其执行官吏

往往藉口于公费无出，敲诈人犯，鱼肉乡民，虽极寻常之案，亦往往倾家，印官既无补救之法，只可伪为聋聩，恣其横行，言之可谓浩叹。查东西各国讼狱，皆有先缴讼费之例，嗣经法部奏定《各级审判厅试办章程》，亦有讼费一章，盖既不能实行禁止，永杜弊端，反不如明定规条，以示限制。兹各级审判厅虽不能一时成立，而各问刑衙门之积弊宜及时先除。然欲除积弊，非明定规条，不足以昭划一。此本法律案提出之理由也。

（二）讼费之规定，包括于诉讼法中，本宜由法部奏定通颁施行，然法部奏定之讼费章程及诉讼法草案，皆为审判厅而设，对于旧问刑衙门讼狱如何办法，尚未议及。此项规则专为浙省审判厅未成立以前改良诉讼而设，故此项规则可认为本省单行规则。

（三）查《谘议局章程》第二十一条第六项议决本省单行章程规则之修改事件，此项规则既认为本省单行规则，即应在谘议局议事范围之内。

第一章　总　纲

第一条，本规则为明定现在各厅州县讼费，照依部定审判厅讼费办法规定。

第二条，本规则非为审判厅备用而设，将来审判厅成立后，应依部定《审判厅规则》办理。

第三条，自本规则施行之后，凡各属所有以外一切名目用费，全行禁绝。

第四条，本规则对于厅州县以上各级衙门讼费，除印纸费外，亦准用之。

第二章　讼费数目

第五条，讼费分类之目次如左（并略附理由于每项之下）：

一、印纸费

理由：此项印纸，查天津审判厅业已行用，其形模及贴用发卖规则，均候查彼处办法，再行酌订。查部定《审判厅试办章程》第八十七条，本依日本《民事诉讼印纸法》规定，其印纸贴用之数亦仿效之，然只民事诉讼则有，若刑事得以免贴，此非刑事不必费用，盖因刑事收费每多窒碍，不能行也。故本规则亦限定民事贴用印纸，而刑事诉讼费，另筹公费支给，不收当事者讼费，以求适合刑事无需之原则。

二、经承费

理由：查以前各署投递呈状，必须代书盖戳，方准收理，不免任意需索。现在改用官局印纸，则此项即为正式禀件，代书可一律裁革，以除积弊。惟原告不尽可靠，图准不图审之事，随在皆有，传被告而原告不到，非特案无了期，而被告无端受累，亦属可矜。若寄权于胥吏，诚恐仍蹈前辙，嗣后凡进禀之人，必须有切实铺保加盖店戳，方为有效。至于经理诉讼事件，不能不暂用胥吏，而办案一切所需纸张笔墨应有费用，即照部定《审判厅章程》第九十条录事费用规定以外，不得婪索。

三、差费

理由：差役工食甚微，断难自养，当司法警察未备以前，必不可以不用，然其弊实甚于胥吏，应亦勒定规则，除刑事案件及不得已之时外，必须实行一票不能两差、一差不能两票之法。至其差费，必计日之久暂、路之远近定之，即依《审判厅章程》第九十一条及九十二条承发吏之规定，但差役亦有贴钱之案，且刑事亦必当另筹公费补给，方为允协。

四、诉讼纸费

理由：此虽部定《审判厅试办章程》内未有规定，但另有《试办诉讼状纸章程》业经奏定颁行京师各审判厅在案，与新造名目并沿习旧日陋规有别，自可仿行，费额另列后。再，三八告期之制，本非州县署所宜，应均一律改为随到随收。但本官事务殷繁，不能每呈讯问，然亦有不能不审问者，不如另定章则。凡每诉呈至署，先由本人至发售印纸处买贴印纸，由司卖印纸者跟同贴好，盖印于上。其印即仿邮局盖信之印中列年月日，以备稽查，由本人自行投送收发处，其收入后仍令本人等候二小时，本官无事讯问，方给收条退出以外，呈费概不收取。

五、证人旅费

理由：我国旧例，凡诉讼证人，大抵皆为一方帮讼，所谓真证人者，实无之。其故盖因事不干己，不肯招尤敛怨，即有公直敢言之人，亦自念荒废时日，往还川资，皆须自出，非但招怨，且尚须赔累，谁其为之？此证人旅费所以不能不定也。故照部定《审判厅试办章程》第九十三条至九十五条规定，另立后章。

六、勘验旅费

七、拍卖费

理由：此为审判厅最重要之费，盖非此无以达民事裁判执行之目的也。然当现在州县署中行此甚难，并《拍卖规则》尚未奉部颁行，无从遵守，万一有不得已行之者，则只有照用费实核，且不可寄权胥吏，必须另委专员行之。并查部定《审判厅试办章程》第八十九条规定，拍卖费之数，亦万不敷足，故未能明定。

关于诉讼费表，须悬于公堂墙壁或门外，务使众人易见。

第三章　印纸费

第六条，凡呈请官署办理之民事案，无论公务私务，但关于诉讼呈状，皆当用正式诉讼纸并贴用印纸于上，如不贴用印纸者，概不受理。

第七条，贴用印纸之数例如左（参照部定《审判厅试办章程》第八十七条规定）：

（一）十元以下，三角。

（二）二十元以下，六角。

（三）五十元以下，一元五角。

（四）七十五元以下，二元二角。

（五）百元以下，三元。

（六）二百五十元以下，六元五角。

（七）五百元以下，十元。

（八）七百五十元以下，十三元。

（九）千元以下，十五元。

（十）二千五百元以下，二十元。

（十一）五千元以下，二十五元。

（十二）五千元以上，每满千元加二元。

其价以银两计者，参照类推。

第八条，凡贴用印纸，均以原告初呈为限。若以后催呈，注明旧案，不必另贴，但因有新发生之事续控或被告诉呈于被控事件之外，另有反控原告之事件者，亦同。

第九条，凡案虽系刑事而有牵及财产问题者，仍须查照第七条数额，贴用印纸，但命盗案件及关于纳贿诈欺取财等有财产之关系者，亦可免贴。

第十条，民事案件除田产债项争议确有一定范围者外，其有目的物价额虽多，而其争议之关系只存其物之一部者，仍就一部之范围估计价值。

第十一条，凡民事案件因户婚他故不涉财产者，均依民事价值百元以内之例贴用印纸，但事甚细微者，得依五十元以内贴用（此比较原定部章减轻），至有虽为财产关系，而性质实难定价者，则归本官照依第七条各项临时酌定。

第十二条，发卖印纸，照依本纸刊定之价额外，不得多取分文，至关发卖费用，即于收费内照数支销，不得藉端加取。

第十三条，对于贴用印纸不足例定数目者，受理后本官得随时查对，令其补贴足数。

第四章　经承费

第十四条，凡经承胥吏抄录案卷，誊写差票，每百字连纸征收银圆五分，作为办公之费（照部定《审判厅章程》第九十条规定）。

前项费用对于本署委任缮写之一切文牍，亦同，另由公牍内支给。

第十五条，凡原告呈状及粘抄一切字约证据，承书吏皆须互抄送阅，不必待原被告之请求，但抄送各件均送至原被告之保、歇家为限，保、歇家应负转送之义务，抄费亦归保、歇家代给。

第五章　差　费

第十六条，差役递送文书及传票，每件收银一角，以为差费（照部定《审判厅章程》第九十一条规定）。

第十七条，递送文书及传票于十里以外者，每五里加收银圆五分，路远不能一日往返者，每日食宿费银圆三角，均向收受文书及奉传票者照数收取，如有多索，准人告发（照部《审判厅章程》第九十二条规定）。

第十八条，凡差役对于刑事，一律不能收费；对于民事，有投送而无人收受不能收费者，皆当于公费内补给。

第六章　诉讼状纸

第十九条，诉讼状纸，由官立印刷局印刷分发各州县及各问刑衙门，于本署大堂附设发卖印纸处。

第二十条，诉讼纸价值，应依《诉讼状纸简明章程》第四条，不得多取，并不得另取收呈及副状、保结等费用。

第二十一条，诉讼纸之种类价额如左：

（一）刑事诉讼状，凡刑事原告于各署起诉者用之（刑事虽不取讼费，但诉讼状纸当一律用正式，故不能不规定）。

（二）民事诉讼状，凡民事原告于各署起诉者用之。

（三）辩诉状，凡民事被告、刑事被告对于本案辩诉者用之。

（四）限状，凡经官判定给予期限者用之。

（五）交状，凡关系案内之财产、物件、人畜等费经官判交者用之。

（六）领状，凡发下案内之财产、物件、人畜等及一切赃物饬令具领者用之。

（七）和解状，凡民事两相和解者，原、被两造均得用之。

诉讼状纸，无论何种，每纸定价当十铜元十枚，作为纸张印刷发行等费。

第二十二条，凡原被告指陈应为证之人，经本官认许差传者，皆有受取旅费之权利，有由问官审察必须质讯而径传者，亦同。

第二十三条，凡证人由原被告指陈者，其旅费归指陈者垫给，由本官径传者，归公费内垫给，皆于判决时扣入讼费之内，但质讯者系原被告家属至亲之人，不得列入证人，其所用旅费，原被告自给，不得扣入讼费。

第二十四条，以上证人传到之时，须即时讯问，如讯问后不须羁留者，即判令回家，其旅费多少，当时判定之，如必须再讯者，订日令其再来，以免虚费。

第二十五条，凡证人因差传照章所出之差费，均当由公费内补还，至判决时归入讼费核扣，如证人匿避不到因再传者，不在此限（证人无故不到及伪证者，照依部定《审判厅章程》第七十条及七十二条办理）。

第二十六条，证人应受之费如左（依部定章程第九十三条至九十五条）：

（一）每到一次，给银圆五角。

（二）住所在十里以外者，每五里加川资银一角。

（三）每日宿膳费，银圆五角。

第二十七条，前条各费，无论刑事、民事、证人，皆同一律，但刑事证人概归公费内照数核给。

第七章　勘验旅费

第二十八条，凡下乡勘验，随从公吏，不得过五人，夫役不得过十人。

第二十九条，相随下乡勘验之胥吏，每次给银圆五角，路十里以外者，每五里加川资银圆一角，宿食费依第十七条规定日给银圆三角。

第三十条，相随下乡之夫役，除照前条给食宿费外，不另给分文。

第三十一条，以上各项旅费，无论民事、刑事，均由公费项内核给，但民事得于判决时扣入讼费办理。

第八章　讼费处理

第三十二条，以上各章规定费用，除载明不得扣入讼费之外，其余皆照依本章以下各条办理。

第三十三条，凡各署须置备讼费计算册正副二本，首列案由，次分原被告，次于原被告名下分别各费款目，责成收发员按款随时登注，以凭稽核（簿式及详细规则另订）。

第三十四条，各费内除印纸费可以查卷实核之外，其余差费、经承费非直接缴署者，皆须分别制就联票，照依左列方法办理：

（一）经承胥吏照依前章规定，应抄送原被告之禀呈等件，其抄后即呈收发员阅扣字数（须用定式格纸，便于计算），扯给联票批明相当费额于上，其票即令给该缴费人收执为据，如该胥吏未得受取其费之时，将原票缴还列垫，俟传案时责令该缴费人如数补缴，如有代抄者，照第十四条规定由本人自给。

（二）差役奉各项差票，应由收发员照依票内路程扣明费额，扯给联票，并注明应出费人姓名与差票符合，余办法与前项胥吏同。

关于以上各费，如胥吏、差役未出联票给该缴费人收执，则该缴费人可不给费，至传讯时当堂补缴，若该缴费人冒昧付给及浮数多与者，皆由自己过失，至核扣讼费时，不得呈请扣入讼费，但得向该公吏禀控追取。

第三十五条，登载讼费计算簿时，如本案另有支案发生者，须将支案讼费另提登载，有不能显为区别者，即酌量数额，分配于本案支案，并于簿内栏外登叙理由，以便核扣。

第三十六条，凡理直者已缴讼费及本署列垫之费，皆判决后归理曲者如数缴出给理直者领受（本署列垫之费即于理直者应受之费内扣除），但理曲者对于支案又为理直者之时，则关于支案之讼费，应令支案理曲者如数清抵，均于核扣时列明总结之内。

第三十七条，核扣讼费，必在本案判定之后同时办理。

第三十八条，当核扣时，由收发员将正副计算册当堂呈由本官核对无异，再由收发员逐行宣读，如诉讼人以为讹误，即令当时申（辨）〔辩〕，由本官决定，并即注明副册之上，俟宣读毕，扣明总数，再将总数宣读后，即由本官将结扣总数亲批正册，盖印为定。

第三十九条，诉讼当事人于未核扣讼费前，请抄给讼费计算簿预备核算者，不得勒抑，惟必照抄呈费缴费，不扣入讼费之内。

第四十条，诉讼费经当堂扣结后，不得再请复扣。

第四十一条，讼费核定后，当时责令应认费之理曲者具立限状，并邀同保证人依限清缴，至迟不得过一月之外，其保证人必须殷实，如无的实保证人者，依限押追。

第四十二条，前条规定，如应受费之人自愿向该出费人收取者，准其自便，但须令应受费者具结，不得再请照依前条押追之例。

第四十三条，限满后仍不缴纳之时，除有保证者由保证人代偿外，对于无保证人之理曲者，得责令最初递呈之保证人代偿，但该代偿者对于理曲者之财产，有呈请变卖偿还之权利。如保证人及理曲者皆实无资力之时，援照《审判厅试办章程》第四十二条，酌予罚处，免其缴纳。

第九章　诉讼公费

第四十四条，凡诉讼费用不足之时，得由公费协助之。

第四十五条，应由公费协助之时际如左：

（一）凡本规则及他法令内载明应由本公费支垫者。

（二）关于刑事诉讼一切应用之费。

（三）因民事诉讼人实无财产并因他故无从追缴者。

以上各项，皆须由公费内按照补给。

第四十六条，公费筹集之方法范围如左：

（一）本署诉讼印纸及诉讼状纸二项收入之款，除发卖时应用开支外，余数皆入公费存储，以备支给。

（二）原有公费及地方绅富乐捐之款。

第四十七条，每署设公费管理所，经理公费收支、核算、报告之事，由本官委派统计员或收发员，并由地方公举绅董（必不能用胥吏）协同办理，其详细规则另订（惟必不能在署外另设局所，以免费多，稽查不便）。

第四十八条，关于公费各项收支款目，须制分合各册，至迟须每月总结一次，呈由本署长官稽核，并每季终造册汇报臬署。

第四十九条，关于诉讼公费余存款项，必不能移为他用，值前后任交卸之时，须核算盘查，列入交代案。

第五十条，凡本公费款项，存储在浙江银行已设分所之处，概归该银行经理，如未设分所者，选择殷实钱庄、商号存储，该庄号有依照普通利息必须存受之义务并负责任。

第十章　罚　则

第五十一条，凡于诉状定价及各项讼费之外有需索者，照现行刑律计赃治罪。

第五十二条，凡伪造状纸及私行售卖之人，照法部奏定《推广诉讼状纸通行章程》第十三条办理。

第十一章　附　则

第五十三条，本规则经议决后，由巡抚添定各项办法及格式等类，通饬各属施行。

《浙江谘议局第二届常年会议决案》，第6—14页

整顿税契办法议案

宣统二年十月二十五日准公布施行

理由：（一）浙省契税向多弊混，光绪三十二年订定新章，设局稽查情弊，仍未净绝。弊之在官者，曰以多报少，曰不粘司尾；弊之在民者，曰匿契不税，曰税正匿找。欲除积弊，非切实整顿，不足以见效力。此本议案提出之理由也。（二）按度支部奏定《酌加契税试办章程》第六条“稽查漏税之法，各省情形不同，应由各该地方官详慎酌办”。此项议案，系就浙省现在情形规定，确为兴利革弊而设。（三）查《谘议局章程》第二十一条第一项“议决本省应兴应革事件”，此项议案，既认为兴利革弊之事，即应在谘议局议事范围之内。

办法：

（一）改用三联契尾。整顿之法，应先从藩司衙门改用三联契尾入手，上联存根，中联契尾，下联照根仍由地方官照章领用。凡民间持契投税，该地方官将存根一联截下，按月汇缴藩司，其余二联均粘契上，加盖骑缝县印，委任各董事会乡董验明相符，加盖骑缝图记，截去照根一联，亦按月汇缴藩司衙门；一面将粘尾契纸立时交还地方官，给该投税人永远执业，藩司衙门俟县会存根照根缴到时，应派专员逐一核对，如有弊混，将该地方官详请撤换。

（二）过户手续。民间置买田、房、山、荡、场、地，即将推付单交由董事会乡董，于单上填明里书推收费若干，加盖图记交还，业主持向里书推户承粮，按照单上所填给予推收费。倘业主推付单不送董事会乡董查核，径与里书私相授受者，业主与里书各按推收费加倍处罚，充作地方自治补助金，并追里书庄册入官。

推收费之定额，每单不论亩分多寡，概给龙圆三角。

（三）宽予税限。自本案公布施行之后，凡业主典买田、房、山、荡、场、地等产，除立契在前者，准其随时照章补税，不追既往外，嗣后自立契成交之日起，照章统限六个月投税，至迟不得过一年，限满照章处罚。

（四）变通成例。嗣后民间置产，契价在千两以上者，不必送府盖印，以免需费，但此属变通成例，并应咨请部示。

（五）重申税则。遵照部定新章，每产业买卖一两，征税九分；典价一两，征税六分。先典后买者，准于买契税扣还原纳之典契税，以免重征。各属原有带征之各项经费，仍由内提。

（六）银圆折合。遵照清理财政局详奏，案《税契新章》卖契九分、典契六分，每银一两合洋一元五角，每钱一千合洋一元，凡典买契载银圆或钱文者，均照一五折算合银起征。

（七）实行处罚。自本案公布施行之后，民间典买田、房、山、荡、场、地产业，必须执有县印司尾并自治会骑缝图记之契据。如有无县印司尾及无自治会图记者，一经地方官及董事会乡董查出报告或人民指控，即照例将契内产业价银追半入官，以示惩罚。如地方官征收契税有额外需索或任意侵隐者，亦准董事会乡董据情纠正或据人民指控，查实核办。

（八）酌提经费。城镇乡自治会既负协理责任，不能不予以补助，应将宣统元、二年各属征收原额分别列表公布于年终决算，在原有三分增收项下以二分之一拨作地方自治经费。

（九）收发定期。各属请领契尾、官契纸，藩司衙门应于文到三日内印发。藩司衙门调核存根、照根，各属应于征税次月内缴到。倘有留难、压搁，应将经管员加以处罚。各属征税，应于大堂设柜，业户持契投税，须于十日内办妥发给，如果逾期即以留难、压搁论。其收到契纸时，即由地方官发给定式印收，载明某日收到某户契据若干纸，某日来取，不准再由书差经手，以杜需索。

《浙江谘议局第二届常年会议决案》，第32—33页

裁汰巡警冗员议案

宣统二年十月二十五日准公布施行

理由（一）设官分职，国家有统一之规定，不能省各异制。查《各省官制通则》及《巡警道官制细则》，关于警务人员之设置，在道属则有科长、副科长、科员，在各厅州县则有警务长、区官，其区官以下所有巡官、巡长、巡警等阶级名目，均应按照民政部定章办理。是各省巡警人员额数之多寡，虽可酌量事务繁简定之其等级名目，必依据定章，不得自添设明矣。

理由（二）行政机关之组织，在呼应灵通，权限分明，若同一机关而监督不一，诿卸牵掣之弊立见，故《巡警道官制【细则】》第十五条规定“各省巡警道到任后，所有原设之总理巡警事务等局与巡警道职掌重复者，应即一律裁撤”。夫职掌之不宜重复者，恐机关活动上生障碍也。人员冗滥之弊，正复相同。

理由（三）《谘议局章程》规定本省庶政谘议局有议决应革之权，本议案对于巡警冗员，审非法律上所规定，事实上所切要，而为本省官厅自由所设置者，提出应革之种类如左：

（甲）仁钱巡警局坐办

（说明）仁钱巡警局设警务长两员，执行各该管区城内巡警事务，而以两县知县为总办。犹有说也，何以总办之外又设坐办？若因两县事繁，不能常川到局，则巡警事宜，本属警务长专责，知县总其成而已。知县一身不能兼行各务，故新官制特设佐治员以分任之，所以明权限专责任也。今仁钱巡警局特别设坐办一员，命意殊不可解。如谓有坐办，警务长可就近禀承，较之受两县之指挥尤为便捷，则事实上坐办无此权，仍非禀承两县不可，无论名实不副，形同赘旒，且与定章抵触。至月耗巨薪，犹其末也。是宜从速裁去，此后两县警务即属两警务长专责。

（乙）巡警道署之消防管理员、教练管理员及视察员

（说明一）按《各省巡警道分科办事细则》第八条规定，行政科之职掌，凡消防警察事项，亦属之。是消防之执行，属各厅州县之警务长，而消防之管理，则属行政科，不必于科长、副科长、科员之外另设专员，坐拥虚名。所谓教练管理员者，即指管理巡警教练事宜而言。巡警教练所，照章府厅州县各设一处，每处置所长一员，承本管地方官之命令总理其事，无须巡警道署加以管理。所可管理者，每届年终由地方官将学生名籍册报道署汇齐申送督署备案而已。顾原汇总之事及关于巡警教练之事，《巡警道分科办事细则》中明明规定属总务科之职掌，何有于管理员？

（说明二）查宪政编查馆奏定《各省巡警道官制》并《巡警道分科办事细则》第六条，原有“巡警道得禀明督抚，随时亲履巡查或派员视察”等语。是视察员一项，并无部章之规定，即有临时事件发生应派员视察，尽可于科长、科员中委派，固不必另派专员致与部章歧异。故此项亦属应裁之列。

（丙）厅州县之巡董

（说明）巡董之设置，发生于从前警务处之计划，而本局上届常年会主管官厅提出之筹办巡警议案中，亦通过之。诚以设置之理由，注重在筹款。当时厅州县巡警尚未全行举办，欲求依限粗具规模，故议决仅将副巡董裁去，仍留巡董一员，藉资筹措经费。乃一年以来，巡董之洁己奉公、裨益警务者固不乏其人，而藉权营私、民怨沸腾者，亦时有所闻，甚至权限不明，干涉用人行政。是欲赖以补助者，转因此而生种种之阻力，正本之图，非裁不可。至筹款一层，地方官与有其责，况本年厅州县巡警依限已一律完备，就现有之款办已成之事，不必再事罗掘。乡镇巡警筹办之始，期在明（平）〔年〕，届时自治会已成立，即需筹款，亦应另议正当办法，断无设此巡董专筹警费之理。

《浙江谘议局第二届常年会议决案》，第34—35页

本省现行法令公布规则

宣统二年十月二十七日抚部院札交复议

理由：上届原案规定公布之法，而其效力尤在溯及既往，限制本省旧有之章程、规则及通详准行之件，定期使之公布。自抚院咨请宪政编查馆核复，径将“未经刊布之件，均作为已经废止”一语删去，而抚院又委之调查局六月一次发刊，迄今尚未见有实行公布之件，第一条遂成无效，此有需要修正之理由一也。

原案规定于公布格式及公布方法，均付简略，各省谘议局联合会有议定此项草案一件较详，参互比正，足补原案之缺，此有需要修正之理由二也。

第一条，凡谘议局议决施行之单行章程规则及其他事件，自批准之日起，限十日内由官报公布之。

在谘议局闭会期内试行之章程、规则亦同。

第二条，凡巡抚或主管官厅所发之行政命令及各府厅州县详准之件，亦照前条办理。

第三条，凡本省旧由巡抚颁行或批准之法令，现在尚有效力者，限宣统三年六月末日以前，由官报局分类排次，另册刊布。

第四条，凡本规则所公布之法令，若未公布或不如法公布，人民无遵守之义务，但确认为紧要事件，临时由官厅告示公布者，不在此限。

第五条，凡由官报公布之件，有关于征收钱粮捐税及其他一切应革事件，另由主管官厅同时刊印告示，发各府州县委任城镇乡自治会分贴各区。

城镇乡自治会职员奉到前项告示后，即日发贴并填具收据，载明到达月日。

第六条，违背本前条规则者，按官文书稽程律所属将可行事件不行区处款论罪。

第七条，本规则以巡抚批准之日起为实行之期。

《浙江谘议局第二届常年会议决案》，第 26 页

提前办理厅州县地方自治案

宣统二年十月二十七日抚部院札交复议

国家者，厅州县之积也。厅州县不治，国家无可治之理，故厅州县必须有自治机关以补助官治之所不及。查馆定逐年筹备清单内开：厅州县地方自治在宣统二年筹办，三年续办，五年粗具规模，六年一律成立。兹读十月十一日上谕：举凡开设议院以前，地方应行提前赶办事项，着即懔遵前旨，切实进行等因。钦此。厅州县自治尤为宪政上根本之根本，此应提前办理之理由一也。查本省自治筹办处预算经费须三万九千一百十八两，各地方筹办自治事务所，虽未查知确数，若每处以一千两计，亦须七万八千两，早一日成立，筹办处及事务所即早一日裁撤，经费既可节省，而宪政前途之效果可拭目以视厥成。此应提前办理之理由二也。明知国会未开以前，地方应行赶办事项，非一二端所能尽然。查筹备清单所开各件，属于自治范围及不属于自治范围而仍与自治机关相待为用者，正居多数，即本局两届会议提出之议案，急待自治机关经营者亦复不少。此应提前办理之理由三也。本此理由，谨遵局章第二十一条第一项，认为本省应兴事件，提出议案。

办法：

应请抚院札饬自治筹办处将全省七十八所厅州县地方自治事宜赶速办理，统限宣统三年九月以前一律成立。

《浙江谘议局第二届常年会议决案》，第45页

官有财产管理规则法案

宣统二年十月二十七日巡抚部院札行交令复议

理由：

浙省官有财产向无稽查，其经管在官者，亦大都入于吏胥之手，或私相租卖，辗转隐混，弊不胜言。必有管理规则，庶足以清从前之积弊，并以整理财政。此为本案提出之理由，照局章第二十一条，应属本省单行章程规则。

第一条，本规则所称为官有财产者，系属于国家所有之土地、森林、营造物、衙署、房屋、船舶及其附属物。

第二条，官有财产归主管官厅管理之。

第三条，官有财产之卖出、充拨、交换及出租者，除有特别规定者外，均当照本规则办理。

第四条，官有财产卖出时之代价，当于财产交付时同时缴清。

第五条，官有财产出租时，可征收租金，但因公益借官有财产及因树艺或殖产之故借森林者，其规则当酌量情事别定之。

第六条，官有财产之租金，每年当使先行完纳，若不能先行完纳者，可使出相当之保证。出租之财产，其修理与他之费用，其负担方法，当于立租约时定之。

第七条，官有财产之出租，只依左之期限：

（一）土地为供给培养树木及建筑房屋者，五十年以上。

（二）土地供农工与他之营业及住居者，三十年以内。

（三）土地、森林之使用权，十五年以内。

（四）不揭于右列之各物件者，三年以内。

第八条，官有财产之租约未满时，官厅有必须俟国用之时，得以解除租约，使赁租者返还之，惟必须一年前通知赁租人，有紧要事故时，欲即时解除租约者，赁租人已纳之本年租金，应按照月数给还。照前项办理，若赁租人直接受其损失，须照价赔偿。

第九条，赁租官有财产者，当未满契约期限以前欲退租者，须于一年前报告主管官厅，如临时退租者，照第六条所纳之租金不得返还，其至年末退租者，仍应纳次年之租金。

第十条，官有财产之赁租人，若不得主管官厅之许可而变财产之原形，或因故意之怠慢，致使荒废及毁损亡失者，其一切损失，主管官厅得使其赔偿。

第十一条，官有财产之赁租人，若欲以其财产转租于他人，须得主管官厅之许可。

第十二条，官有财产可与他人之所有物相交换者，限于种类相同之财产，否则评定价格，必须相等。森林、原野、田园，得为种类相同之财产。营造物、家产、船舶及其附属物，则不得与他人之所有物交换。

第十三条，凡因供公共之道路、公园、市场、河川、堤塘、沟渠等用，必须官有之土地森林者，得请愿于主管官厅，充拨使用之。

第十四条，凡供新开设道路、公园、市场、河川、堤塘、沟渠等用，系属种类相同之旧官有土地，久经荒废者，得请愿于巡抚拨充之，但包含于官林内或官厅使用地内者，不在此限。

第十五条，官有财产于卖出及出租或交换时，曾为该财产管理与经理之官吏，不得收买及与自己之所有相交换。

第十六条，本规则施行前，官有财产所订之出卖出租各约，未经满约以前，当仍照旧约办理。租约无期限者，自本规则施行起三年以内，当依本规则更正契约。

第十七条，主管官厅须每经十年，于其年之六月末日造具全省各府厅州县所管官有财产清册，对于当年之谘议局为报告之手续，但为国防用之防御营造物，不在此限。

第十八条，主管官厅每年须造具所管官有财产增减移动报告书，为报告之手续于本年之谘议局，但为国防用之防御营造物，不在此限。

第十九条，第十六条之清册及第十七条之报告书，当依事由区别左之事项：

（一）系买入者之代价。

（二）系卖出者之卖出代价及名目与价格。

（三）系拨充交换及亡失毁损之名目与价格。

（四）系交换者因交换而得之财产。

（五）买入与卖出之契约有特别条件者之条件。

（六）收入、财产租出之租金。

第二十条，本规则第十六条揭载官有财产之清册，其第一回以宣统三年六月末日为止造具之，但调查未终之官有财产，至调查完结为止，当揭载概算于清册。

第二十一条，本规则以巡抚批准之日施行。

《浙江谘议局第二届常年会议决案》，第41—43页

动用新章加收契税推广简易识字学塾案

宣统二年十月二十九日抚部院札交复议

理由：（一）查新章加收契税一项，上年度支部原奏，原以洋、土药税厘短绌之款，盐斤加价及印花税两项抵补不敷尚多，因厘定税则，凡买契一律征税九分，典契一律征税六分，除旧由此项税收内支用之款如数划还，并于加收项下扣提办公经费一成外，尽数存储，听候部拨，专为抵补洋、土药税厘之用。惟查该部于光绪三十四年奏土药税厘不敷各省拨款酌拟推广牌照捐以资拨补折内称，盐斤加价，抵补土税，如直隶、山东、河南、安徽、福建、浙江等六省，应得盐斤加价钱文足敷额拨之款，且属有余，毋庸再由总局筹拨。是浙省仅以盐斤加价一项，抵补土税额拨之款，自顾已有盈余，加以试办方新之印花税收入，必日益加多，合计两项，为数正巨。筹备宪政，何等重要，即并此奏请移用，当无不可。契税加收一款，所入无多，仅以此移济本省急需，在度支部统筹酌剂，断不遽争此区区，而于地方教育前途，足增进步，有益于本省，无损于大局。此加收契税

抵补土药税厘一款可动用之理由也。（二）推广厅州县简易识字学塾，本为宪政筹备清单内本年应办之事，迟至此次常会期中，官厅始有一预备推广之议案，已属落后。况现在国会召集期限缩短，凡宣统三年及四年所应办之事，亦莫不当提前赶办，则需款尤殷。原案议附加契税，谓为人民增加负担事件，不知预算既在试办，则人民负担之宜增加与否，必先统筹岁出入，果使入不敷出，增加亦宜，乃岁出入未经统筹，轻言增加负担，已堪诧异，且度支部奏定新章加收契税，甫及一年，又增一附加名目，似舍此契税一项，更无可以资应付。纵财政如何艰窘，亦断断无此筹款办法。此本议案为纠正抚台之原案不能不提出之理由也。

办法：

（一）由抚院奏请将度支部奏定酌加契税新章加收契税抵补土药税厘一款，移作推广简易识字学塾经费之用。

（参考）查光绪三十二年财政处、户部会奏案复各省膏捐办法折内称，溢收之数，各省如有军务急需，准各督抚专折奏请酌拨。此项契税，为抵补土税之款，事同一律，而筹备宪政其重要急迫，视军务有过之无不及，其为可以奏请移用也无疑。

（二）候得旨后奉准部咨之日，即由抚院行司札府转饬各厅州县，将是项契税除照章扣提一成作为办公经费外，余汇交劝学所，尽数为推广简易识字学塾之用，不准他项挪移。

（参考）契税项下各属原有加收二分或三分以充地方学款者，概由地方衙门征收汇交劝学所支给应用，似不妨援照办理。

《浙江谘议局第二届常年会议决案》，第36—37页

改良征收钱粮方法案

宣统二年十月二十九日札交复议

理由：本案经上届常年会议决，经抚部院交令复议，仍执前议，咨送宪政编查馆核议事件之一，申述理由，提出于谘议局。

（一）宪政编查馆奏复于大臣式枚折开，国家租税，则皆定于国家之法律，本非谘议局所得议决，其得议决者，仅属本省单行章程规则之征收方法。本案以改良征收钱粮方法为标准，其提出之旨趣，系为改良本省行现行征收钱粮方法，非为预筹征收改良起见，应在谘议局议决范围之内，于将来度支部赋税新法自无抵触。（二）浙江非用银省分，征收钱粮，或以钱计，或以洋元计，是谓征收上方法，征之同治初年、光绪二十四年两次减浮，除处州府松阳等县，其时盛行洋元，以洋元合银外，其余各厅州县率以钱合银，其征收方法随时地而改良。本案以现势所趋，偏重洋元，议决以向之以钱合银者，实滋官吏之浮收，因以洋元合银者，谋人民之便利，而人民应完赋税仍照旧定税法赋则，实无违背。（三）原咨谓援引度支部税契新章以银圆一元五角抵换银一两一节，并非未悉。钱粮征收办法与契税不同，盖因同光间两次减浮，其时银圆一枚率兑钱一千五六十文至一百余文，今则银圆一枚兑钱至一千三百五六十文不等，而州县征粮于民，考之成案，则以钱合银求之，实际则以洋合钱，既抑勒洋价以取盈，而官铸之银圆、铜币，民间偶有搭用，复多抑勒拒绝，大与政体有乖。故援引税契新章以银圆抵换正银，广国币之流通。（四）征银有耗羡，而银圆抵银则无耗羡，原案第一条第二项意本于此。原咨谓细核贵抚所驳，是该省钱粮于输公家正银一两以外，为国家必需之款尚多，未便以改良征收，致有短绌，固未便以谋人民之利便，妨国家之岁计。恭查钦定《大清会典》事例卷一百六十四内开，浙江仁和等各厅州县每征银一两，随征耗羡银自四分乃至九分不等，规定甚明。度支部未画定税法以前，自应照旧输纳，固将原案第一条第二项删改，愈见提出本案之旨趣，系改良征收方法，于国家税则并不侵及。

第一条，自宣统三年上忙起，援照度支部电准税契办法，凡全省钱粮，人民交官，厅州县解司，藩司解部，每正银一两概作银圆一元五角，龙圆、中国纸币及墨圆一体通用。

理由：同治初年减浮成案，厅州县钱粮银价，本照各府属时价核定，原非一成不变之方。同治五年后，因银价涨落，续行加减，是其明证。本年清理财政监理官厘定税契方法，以银一两作龙洋一元五角合算，经度支部电准有案。钱粮与税契同属浙中财政，应请巡抚援案咨明，随征耗银悉照钦定《大清会典》事例厅州县规定耗羡之数，随时输纳。

第二条，随征粮捐及平余，向征制钱，即以制钱数核照市面银圆兑价征收。

前项平余，暂照同治初年奏定减浮成案数目办理，俟各厅州县公费规定后即行裁革。

银圆市价于开征之二十日前分邀城镇乡绅董会议，按照城镇兑换店铺牌价，议定划一价目，由厅州县官公布。

第三条，完纳钱粮，凡合银圆一元以上者，龙圆、中国纸币及墨银一体通用，不满一元者，准收小银圆、铜币或制钱。

核定小银圆价目，依第二条三项之规定。

第四条，给串票于粮户，除注明姓名、都图字号外，应分正银及带征之粮捐、平余列款，详细记明收银圆、小银圆、制钱、铜币等数及并计总数与经征者之姓名。

第五条，零星尾找满银圆五分者，准改收小龙圆找付，铜币不满五分者，准收铜币或制钱。

一人而分有数户者，不得分户找尾，应将数户之粮串合并计算。

第六条，经征书吏、该管庄书，由厅州县官就平余内给值，凡属陋规，悉革除之。

原有禀准立案随粮带征之各种附捐，须将项目、数目于串票上加盖戳记。

会议细则

第一条，会议于每年每忙开征之一月前，厅州县官须照会城镇乡议事会组织之，城镇乡议事会员至少三人，至多九人。

第二条，凡会议须有城镇乡议事会议员过半数到会，在厅州县大堂或公共地方行之。

第三条，会议时以厅州县官为议长。

第四条，会议以记名投票决之，从过半数，可否同数，取决于议长。

第五条，违背前三条之规定时，其议决为无效。

第六条，会议决定应由书记作成议定书，议长及与议者均应签名盖印。

第七条，议定书应载事项如左：

（一）会议之年月日。

（二）议长及与议绅董之姓名。

（三）银圆价目。

（四）小银圆价目。

第十条，议定书一纸存厅州县，其城镇乡议事会均各存一纸。

第十一条，会议决定之次日，应由厅州县官照议定书刊印告示，分贴城镇乡，以遍及为限。

前项告示未发布以前，不得开征。

第十二条，本规则于宣统三年起施行。

《浙江谘议局第二届常年会议决案》，第38—44页

改定本省暂行契尾捐法案

宣统二年十月二十九日札交复议

［理由］契税之收入为广义国税中之一种，官府对于纳契税者，填给契尾，原为证明征收之据，不宜再有附加之捐。本省前定契尾加捐凑抵新约赔款，固一时之权宜，非正当之收入也。况于契约之性质不加区别，价额之多寡不问若干，

概定一契一尾，每尾一张，一律收捐银一两，因是而生不公平之结果与匿契不税之流弊：（甲）结果不公平。甲税一买契，价额计银千元，契尾一张，捐银一两；乙税一买契，价额计银百元，契尾一张，亦捐银一两；丙税一典契，价额仅计银十元，契尾一张，亦捐银一两。以乙与甲较，价额之多寡为十与一之比例，而契尾捐之负担则同，是则契价多者负担极轻，而受其益者，惟富户；契价少者负担反重，而蒙其害者，在中人。至丙与甲较，价额之多寡固大悬殊，契约之性质亦迥然别，而其负担契尾捐则又同。结果之不公平，孰甚于此？（乙）匿税之流弊。以结果之不公平，转生匿税之原因，致课税之收入阴以减少，其弊也官承之；然因匿税之故，而财产上生种种之争端，更有逃税之罚，以随其后，其弊也民受之。官府对于人民有课税外之加捐，显示以不公平之结果，不啻阴启其财产之争，隐陷以逃税之阱，立法之流弊，又孰甚于此？

据此理由，发见契尾捐之弊害，认为本省应革事件，提出草案，拟定办法。

办法：

第一条，契尾捐之差率，分别所税之契之性质，以应纳税银为标准，就其等级而累加之。

说明：契尾捐之定率，难求正当之标准，原来契税之率，以价额为比例，若再以比例为增加，则比例增加之速，必使巨额之典买者有负担极重之趋势，故以应纳税银为标准，分别其等级而累退之。虽置千金之产，契尾之捐尚不逾原定一两之数，而民间典买不动产，大抵契价之数目少者居多，免其重捐之苦，督以逃税之罚，庶于不动产移转原因事实上减去种种之障碍，即官府对于此项之收入，平均计之，亦不至骤见短少。

第二条，契尾捐之等级列记如左：

［一］纳税银在一两以下者，加契尾捐洋一角。

［二］在五两以下者，捐洋二角。

［三］在十两以下者，捐洋四角。

［四］在十五两以下者，捐洋六角。

［五］在二十两以下者，捐洋八角。

［六］在三十两以下者，捐洋一元。

［七］在四十两以下者，捐洋一元二角。

［八］在六十两以下者，捐洋一元四角。

［九］在八十两以下者，捐洋一元六角。

［十］在百两以下者，捐洋一元八角。

［十一］逾百两以上者，一律捐洋二元。

第三条，本案自公布施行之日起至本省停止契尾捐之日止，有其效力。

说明：查本省契尾捐，每张收银一两，系咨部成案凑抵新约赔款，应请抚部院奏咨改定缘由，批准公布施行。并查宣统元年五月十六日度支部奏整顿各省田房税契试办新章第九条载，契尾、户管、执照，各省所收经费多寡不同，即官契一项收费，亦不一律，应暂仍旧，将来臣部官板契纸发行，应酌中定价，颁给各省，所有各省契尾、户管、执照、官纸等项所收经费，即一律停止征收等文。本案系改定本省暂行契尾捐法案，契尾捐法案一经停止，本案当然同时废弃。

第四条，本案凡称银两者，以银圆一五折合之。

说明：度支部契税新章定为价银一两收税几分，抚部院奏加收税契新章酌议银洋折价数目折称，查浙江司局各库收纳通用银币，每元作制钱千文，每一元五角作库平银一两，契税一项，银钱折价，一律照此核算。本案以税银为加捐之标准，故以两计。至于本省各厅州县征收契税，凡价银一元或钱一千文者，概作银一两起征，应于官厅交议整顿田房税契办法案内规定银钱一五折合之条，以革积弊，则本案凡以两计者，遂无相歧。

第五条，本案施行细则，由藩司拟详抚部院定之，但不得逾公布施行后一月之内。

《浙江谘议局第二届常年会议决案》，第45—47页

浙江土商本省购土执照章程

宣统二年十一月初二日巡抚部院札准公布施行

说明：查行商执照内容，仍为土商购土而设，所不同者，限制不能出省耳。故标以本省二字，较原定行商名目尤为明晰。

（一）本省购土执照，由禁烟公所预印空白，发交各厅州县禁烟分所存候发给。

（二）此项执照，只准持赴本省各厅州县购已税之洋土及已税之旧存本国土，不准出省购运各土。

（三）土商请领执照时，须将营业凭照到本地禁烟分所验明，方准发给。

（四）土商请领执照时，须报明购土分量，由分所填注照上，不得私自多购。

（五）土商购土，须认定某处某字号购买，不得任意乱购。

（六）土商持照购土，凡卖出之户，须即在执照上盖明店号戳记，并注明分量，该商买回本地，仍将此照缴呈禁烟分所验明，不得隐混。

（七）土商持照至各地运土，凡应完纳之关卡厘税，仍须照常完纳。

（八）分所填给执照后，即将该土膏店所报明之购土处所及分量、店号通知购买处所之禁烟分所稽核，并按月汇报公所。

（九）土商不得将此项执照借给吸户购土。

（十）违犯第四条者，卖者均照多购之数罚二十倍充公。

（十一）违犯第五条第六条者，照所购之数罚十倍充公。

（十二）违犯第九条者，土膏店应即发封，并将土膏全部充公。

《浙江谘议局第二届常年会议决案》，第 51 页

浙江土商出省购土执照章程

宣统二年十一月初二日巡抚部院札准公布施行

（一）出省购土执照，由禁烟公所预印空白，一联公所存查，二联与三联发交各厅州县地方官存候领给。

（二）此项执照二联与三联骑缝之中，须加盖县印。

（三）凡上等、中等土膏店欲出省购土者，须持营业凭照向本地禁烟分所报明购土实数及何项烟土、何处购运，呈由地方官给发执照。

（说明）此项执照必须严定缴销限期，以杜流弊，若一律由省中公所给发，恐距省窎远之处，计算期限不能精确，且于土商亦多不便。

（四）请领此项执照时，应将该土商所报各项填注照上，并视其购运地方之远近定明缴销限期。

（五）购土执照专为出省运土之据，其经过关卡，应纳税厘仍照章完纳。

（六）该土商回本地，应即时报明。禁烟分所派员查验所购之土种类、数目及起运处所与执照是否相符，如数目增多，照多购之数罚二十倍充公，种类及起运之处所不符，酌量议罚，并以后不得再领。

（七）前项查明后，分所应将执照送出该地方官转呈禁烟公所涂销。

（八）此项执照，土商如有借给吸户购运、囤土等情，查出时将该店封闭，土膏全数充公。

《浙江谘议局第二届常年会议决案》，第 52 页

修正厘捐革弊案

宣统二年十一月初二日准公布施行

理由（一）去年本局提出《厘捐革弊案》，为革除商船留捺、洋价短抑、规费需索、货物强取诸弊起见，已于去年十月二十四日巡抚札准公布施行。然见诸实行者，惟洋价一项，其余数项尚未实行，且弊端百出，不便于民者不止于此。今特增加修正，再行提出，以付公决。（二）谨遵照局章二十一条第六项办理，本议案之提出，认为本局增删修改事件。

第一条，浙省新定筹饷《百货捐章程》，除于各局卡前缮正悬挂外，须由厘饷局将此项章程单行本颁发各属商会，分送各商，以资遵守。其在章程未规定者及零星小件过客行李，不得起捐。

全省局卡处所，应由总局开表颁发各属商会，俟颁发后，各属不得增设局卡，并不得托名巡船常泊向无厘卡之处截路起捐。

第二条，凡货物过卡，照章起捐，其运售内地只捐半数者，先于捐单上注明。

第三条，纹银及银圆价目，须于局卡前悬牌揭示，并于捐单盖印价目、戳记及填明收大银圆、小银圆、铜圆、制钱若干。

第四条，凡商船起验，随到随放，不得留难。

每天起验时刻，上午七时起至下午七时止，但候潮汛所驶之货船以及限时刻之航船，不在此例。

起验之后，即行起捐，给付捐票，不许停留时刻。

（说明）厘卡起验，向不规定时刻，上午必须十时起验，至下午五时即不起验，且起验之后，尚须停留二小时可以做捐，商客往来，货物耽搁，对于市面行情上受极大影响，不无损失之弊。

第五条，应革之陋规如左：

（一）起捐、验捐各规费；

（二）航船常年规费；

（三）额外补捐及小捐、挂引等名目。

第六条，各局卡司巡，不得违章强取货物。如有强取货物等项，准船户向各地方商会或地方自治董事会董事及乡董处说明，由该商会或地方自治董事会董事及乡董通知该局委员惩办，布告大众。该局员有袒护情弊时，照第十条办理。

（说明）巡丁或司事等向船户强取货物，船户莫敢谁何，只得任所欲为，商客往往责成船户赔偿，船户无处声诉，强取货物又无证据可寻。兹定归各局卡委员惩办，亦暂时补救之法。

第七条，由海关之道照换知照及知照换回照时，各局卡不得耽误时刻，并不得勒索分文。

（说明）由海关所进货物，系用道照过第一厘卡时，即换知照后，至到地各局卡，打换回照，仍须交到给发知照之局卡，并限以时日。在打换知照及回照时，勒索甚重，而且耽搁日期，不独商家、船户两受其害，而给发知照之局催促回照亦甚严厉，所限时日一误，即加惩罚，亦事实上之一障碍也。

第八条，各局卡旧设之水栅，宜一律撤销。

（说明）各局卡如绍兴曹娥、义桥等处，除巡船外，另设桥栅至晚六时，即行关锁，船只不准进出，例如急病延医、临产雇稳婆之类，欲雇船只而无从，民间不便甚多，既有巡船以防漏税，而旧设之水栅，宜一律撤销。

第九条，浙东货未进浙西卡，浙西货未进浙东卡时，不得强行抽捐。

（说明）向章浙东货改运浙西，照浙西抽捐，浙西货改运浙东，照浙东抽捐。是浙西之货并非改运，不必抽捐者可知。然各局卡往往有浙东西交界之处强行抽捐之弊。例如今年七月间，由昌化船装载丝及土朴两种，其丝系至临浦销售，改运浙东货也，是应照浙东抽捐。其土朴系至杭城药材行销售，并非改运，乃至浙东西交界之富家山地方，与义桥相近，尚未进卡，将土朴搬装由义桥赴杭州之航船内，本船即至临浦售丝，一浙东货，一浙西货，两不冲突，忽搬装时被义桥西卡之司事看见，认为偷捐货，强行起捐，将航船扣留至三月之久尚未释放，土朴一概充公。不独商客、船户两受损害，该局员犹复朦禀巡抚，严行惩办。一局卡然，他局卡何独不然？

第十条，如有违犯以上各条时，无论何人，可将确实情形禀呈巡抚查办。

第十一条，本规则在厘捐局卡未裁撤以前为有效。

《浙江谘议局第二届常年会议决案》，第48—50页

关于谘议局议决权内之本省行政命令施行法

宣统二年十一月初四日巡抚部院咨送资政院核复

本法案为前届陶议员保霖所提，经本局议决为可行事件呈候施行，嗣因抚院不以为然，援照争执事件咨送宪政编查馆核议。本年四月初一日奉抚院札行宪政编查馆逐件核复详单有：核议案，应另行改正。云云。惟详绎单开各语，与原案说明实有未尽融解之处，似可无庸改正，兹特分段说明如左：

宪政编查馆单开谓：查本案所议为预防局章二十七条所指而设，惟本馆议复于侍郎折内，系以二十一条所列事项关于本省者可令谘议局参与议决，非云不经议决督抚均不得权宜施行也。云云。按此所谓参与议决者，为完全之参与权乎？为不完全之参与权乎？玩“可令”二字意义，似于局章二十一条应办事件之内尚有制限可言，盖可令之对面即谓有不可令之意味在也。然第二十一条所列举除二三项为本省岁出入预算决算事件，谘议局不能自具草案外，其他一至七各项，谘议局均可自由拟具草案，无必待督抚交议之文。且二三项“议决”字样，局章亦明为规定别无制限，是谘议局参与议决之权，固极完全。若不经议决，督抚可以自为施行，则此完全之参与议决权等于无物，必非立法之意。宪政编查馆于施行之上，加以权宜二字，即又为明认不经议决，督抚均不得施行之确证。权宜云者，特权宜云尔，不得谓为正确之施行明矣。与原案第三条应加“试行”字样之用意正同。此无庸改正者一也。

宪政编查馆单开又谓：果在开会期内，督抚自应以之提出，采取舆论以决从违，若非值开会之期，遇有临时及紧要事件，未及交议，其所发命令，谘议局确

见为不便，尽可于下次开会具理由书提议更正，届时若督抚仍执前议，尚有全案咨送资政院以待决定之条，不必以试行预为限制。云云。按非值开会期中，临时紧要事件，未及交议即不经谘议局议决之谓也。前既认为得权宜施行矣，若非由督抚于下届会期自行提出于谘议局说明试行之理由，以求同意，则此权宜之施行当于何时方可认为有正确施行之效力欤？本为督抚经已权宜施行之事件，由督抚交议，于事理为顺，必待谘议局见为不便，提议更正，是徒启争执之渐，于督抚之权限，事实之便利，均无所取。馆核既谓权宜施行而又云不必以试行预为限制，似未一贯。此无庸改正者二也。

宪政编查馆单开又谓：至二十七条所谓侵夺谘议局权限者，本馆议复于侍郎折内系称谘议局于应行议决之事，督抚于议场不许其议决，谓之夺其议决权，非议决之后督抚不与施行，即谓之侵夺权限等语，分别两面，权限极为明晰，各省厘定单行章程，当本此以为原则，方与法意符合，该议案自应另行更正。云云。按局章二十七条谘议局得呈请资政院核办者有二：一督抚侵夺权限，一违背法律是也。本法案议决呈由巡抚公布施选之后，即为一种之法案，巡抚自不得违背，故原案第五条谓若反于本案各条所规定，应照《谘议局章程》二十七条办理，语意甚为明晰，本非视为侵夺权限问题。至议复于侍郎折内云云，原案第一条理由即援以为据，并无误解之处。此无庸更正者三也。

第一条，关于《谘议局章程》第二十一条第一、第二、第三、第四、第五、第七各款之事件，非经谘议局议决，巡抚不能公布施行。

理由：按局章第二十一条列举各款，为谘议局权限以内应办事件，二、三、四、五、七各款，尤为一省行政重要之事，现在谘议局已经成立，巡抚自当遵章提出议案交谘议局议决。若不许其议决，即二十七条所谓侵夺谘议局权限，读宪政编查馆议复于式枚原奏甚明，故不能公布施行。

第二条，前条所列第四、第五、第七各款，如不在会期中而巡抚认为紧要时，得召集临时会议决之。谘议局遇有特别事故发生，至不能议决第二、第三两款时，亦同。

理由：前条各款关系重大，自当遵照三十三条办法，由巡抚召集临时会。

第三条，《谘议局章程》第二十一条第六款之事件，若非开会期内，不及待谘议局议决而欲公布施行者，应加“试行“字样，俟下届会期提出，并须说明试行之理由，交谘议局会议，如经否决，即呈请更正施行。

理由：按第六款为根本，国家法律之单行章程规则，若在会期中，自当由谘议局议决施行，但谘议局非常年开会，此款事件又非常驻议员权限以内之事，若行政官于谘议局闭会时遇有此款事件发生，如必待开会议决，事务必多延搁，故定为试行办法，而仍须于下届会期提出会议，此对于前二条为例外之规定。

第四条，若反于本案各条所规定，应照《谘议局章程》二十七条办理。

理由：本案提出之主旨，全为预防二十七条事实之发生，故有反于本案各条时，不得不照二十七条办理，以保护谘议局之权限。

《浙江谘议局第二届常年会议决案》，第16—18页

师范生任用方法议案

宣统二年十一月十二日札准公布施行

理由：（一）将欲谋广教育，必先求有教员，此一定之理也。查吾浙全省教员总数，据光绪三十四年学务统计，中学教员二百七十六名，小学教员四千三百六十五名，蒙养、半日、女子各学堂教员一百九十名，合计四千八百三十一名。昨今两年，其数必又增加，此后教育日益推广，所需教员之数必有三四倍于此者，而全省师范学堂仅省城有两级师范学堂一所，现有学生优级二百四十二人，初级一百二十九人，前年上学期体操专修课毕业生六十一人，本年上学期优级选科毕业生七十四人，初级简易科毕业生二百五十五人，体操专修、英算兼修科三十七人，合计亦只已毕业生四百二十七人，未毕业生三百七十一人。初级师范学堂，据三十四年统计，全省共十八所，先后毕业生九百九十七人。师范传习所，据三十四年统计，全省共二所，学生一百五十三人。合之前年毕业归国之日本早稻田师范生百人，虽未能确指其数，要为求过于供。然从又一方面观之，则各处办学苦乏教员，而每校毕业又多闲散，是供求不相应也。欲予疏通，必有一定之

法以强制之。此从全省教员缺乏上言，不可不速定任用师范生方法之理由也。（二）省城两级师范学堂，常年经费六万一千余元，各属提解膳杂费二万四千元，合共八万五千余元。各处初级师范学堂，每所经费假定三四千元，以十八所计之，亦需七八万余元。日本师范留学生，除当时招考费二千余元不计外，每一人整装费百元，第一、二年每年学费三百七十二元，又书籍、旅行、医学费六十元，第三、四年每年学费四百元，又学校实验用品费约四十元，归资百元，使署办公费每人每年四十元，约计成就一师范生，需费实二千一百零四元。以百人计之，为数约二十一万余元。糜费多数金钱，如仍不能使人人各尽所用，岂不可惜？此从本省教育经费上言，不可不速定任用师范生方法之理由也。（三）学部奏定《检定两等小学教员章程》第二十六条末段："自本章程颁发三年以后，无检定文凭者，不得延聘中学教员。"《检定章程》按学部筹备清单，亦即于二年颁发，三年实行。使不早为预备，骤届严行检定之际，各学堂教员必致有极难解决之现象，非敷衍即扰乱。此从检定教员年限上言，不可不速定任用师范生方法之理由也。（四）师范生毕业后，皆有一定义务年限，如义务年限内有因病废不能从事教育者，考查属实，准其豁免义务，应得奖励改为虚衔。又如义务年限内不尽义务，未经允准，私自迁延至二年以上者，即将所得奖励撤销。部章制限綦严，而考查指派之责，提学司实应负之。如听其自由，不独毕业生无从藉手以尽义务，而何所谓豁免？何所谓私自迁延？部章亦等于虚设。长此放任，则究其结果，师范学堂者，不过一学生求得奖励之地而已，与教育前途有何关系耶？此从义务年限上言，不可不速定任用师范生方法之理由也。

方法：

第一条，凡师范生毕业，均由提学司按照试验成绩表详细开列，札由各属劝学所通知各学堂。

第二条，由提学司将各学堂教员姓名、籍贯、出身及担任年月，每学期刊登教育官报。

第三条，提学司须负左之责任，定期实行之：

［一］自列表后，各中小学堂教员须尽先聘用师范毕业生。

说明：此处与学部《检定两等小学教员章程》所云"自本章程颁发三年以后，无检定文凭者，不得延聘"等语，似未符合，然部章用意，其注重在实行检定之结果，不得延聘，意义包含甚广。盖凡无检定文凭者，三年之后，各小学堂不特不准再行延聘，即本在学堂之员，亦一律不准仍行延聘也。此处用意，则但注重在师范毕业生之任用，无溯及一般之效力，与部章固无抵触之嫌也。

［二］凡各地新设之学堂及各学堂旧有教员更动或有新增之学科，无论由于各学堂自己意思或视学员稽察之结果，均须于师范毕业生内尽先聘用。

第四条，劝学所应就提学司表列本属师范毕业生查明左列事项，随时介绍于缺员之学堂：

［一］已、未就聘。

［二］品性如何。

［三］长于教授或长于管理。

第五条，师范毕业生于义务年限内，遇有资格相当之学堂延聘时，不得谢却，其任务及薪水均照就地情形办理。

第六条，师范生于义务年限内，提学司须按照部章加以稽核，其事实如左：

［一］察核其所用教科书及所编之讲义。

［二］随时考察其教授之成绩。

［三］有无规避不尽义务及未经允准私自迁延之事。

［四］有无病废不能从事教育之事。

《浙江谘议局第二届常年会议决案》，第27—29页

本省地方行政经费支出规则

宣统三年四月十九日巡抚部院札行交令复议

理由：

（一）一省之行政经费，自预算确定后，藩库须于定额内负支拂之义务，固不俟言。然非别定一正当支出之规则，而袭用旧时之方法，必至一次得受累月之

经费者，隐享利息之利益，而不得为及时之受领者，常形朝夕之缺乏，甚或以库藏奇绌为口实，迁延日时，致事业之进行，来其顿挫。故不权需要缓急之程度立其准则，为财政上、行政上计皆失之者。此本议案提出之理由也。

（二）查《谘议局章程》第二十一条第六目规定，谘议局议决本省单行章程规则之增删修改事件，此项规则可认为本省单行规则，且依局章第二十五条，谘议局亦得自行草具议案者。故草拟规则数条付之公决。

第一条，本省依预算额所应支出之地方行政经费，悉由设在省城之大清分银行支给。

第二条，定期支给者如左：

一、公费薪金工食，每月初十日支给。

二、杂费，每月初一日支给。

第三条，不定期支给者如左：

一、预备费。由正额告不足时，随时支给，但每半年不得逾定额之半数。

二、临时费。得为月给者，依前条办理；不得为月给者，于其中事件举行时支给其三分之一，事件过半时，复支给其中三分之一，其余事件终了后支给之。

第四条，藩库就第二条应支出之数，每月须依预算所列先支，给期三日，汇交于银行；藩库就第三条应支出之预备费，须依预算所列总数，每年分正月及七月之初一日两期汇交于银行；临时费除得为月给者外，须于预算成立后十日悉汇交于银行。

第五条，不论各机关中途停止废止或缺员等事，藩库仍当依前条之规定照其预算额汇交于银行，银行受领前项不支给之款，须从受领日起分门存蓄。

第六条，经过定期后求支给时，自定期日起支给前一日止，所生之利息，亦依前条第二项办理。

第七条，因前二条存蓄之款及其间所生之利息，银行须于每预算年度之终，详造表册，由财政局查核后，详请巡抚于次预算年度提出谘议局预算，为增加本省地方行政经费之用。

第八条，藩库不得就前条所揭之款及利息移作他用。

第九条，机关停止或废止时，其支给以停止日废止日为限，但有未终了之事务须行清理者，得于未终了时月，给以定期，给二分之一。

第十条，各机关受领经费时，非具受领书，盖用其机关之印信，并总持其机关者之署名、捺印，银行无支给之义务。

《浙江谘议局第二届第一次临时会议决案总目》，第13—14页

筹办全省民食议案

宣统三年四月二十九日巡抚部院札行交令复议

理由：浙省产米，不敷自食，向仰给于苏、皖两省，采运之地可分为两路：一采自皖属之广德州，直达浙境；一采自芜湖、镇江、无锡各口，或走湖，或走塘，而达于浙。镇江、无锡之米十之七为皖省之太平宁国产，及赣省之浮梁产，而以苏为运米入浙之咽喉。若苏省遏粜，则凡皖、赣之米，经苏以达浙者皆绝，是不啻抗其吭而制其死命。苏浙唇齿，不应出此。去冬苏抚疑走湖之米为间接出洋，而禁止之。今阅苏抚复浙抚文，概行闭粜，不惟禁走湖者，且禁走塘。又闻经过抚院一再咨问，始允放粜，每月一万石，不敷尚巨。浙省民食之危，固已形见势著。据本年三月初四日商会调查湖墅及省垣存米清单，城内米铺六十五家，共存十万二千零八十石。湖墅自武林门外至大关，各米行栈三十四家，及下河有船六十号，共存七万三千四百七十石，合计不满二十万石。而其需要之数，省城月销米四万石，转销各镇需米六万石。墅市为宁、绍米商所聚，平时月销十万石，脱金、衢、严，尚需采办不止此数，计所存仅支一月之食而已。即有囤户倍其数，亦仅支两月。而自四月至闰六月，月以二十万石计，尚缺米六十万石。若不急为筹备，来源既涸，已处于坐困之势，窃恐米价益腾，生计益蹙，脱有上年三月长沙之变，大局何堪设想耶！查局章第二十一条第一项议决本省应兴事件，本议案为筹济民食起见，理应提出于谘议局。

办法：

（一）浙中五月、六月、闰六月，需米六十万石，分三批采购，由官厅向大

清、浙江、兴业三银行贷银五十万元，并给发护照。现成米业董事出具殷实商家保结具领，分赴各口采购，俟新谷登场后，如数归还，息率照市，不敷之款由米商自筹。

说明：无锡米斛较杭大，广德购米以银计，计现时米价每石合杭价约五元。加以厘金、运脚，购自无锡者，走湖每石三角，走塘每石五角；若采自镇江，每石加五分；芜湖每石加一角。加以贷银官利及米商百分之二行用，每石价银六元左右。如采之无锡、广德、镇江、芜湖不足，惟有向暹罗、西贡分采。

（二）由抚院奏请截漕二十万石，以救民食，并请将补解上年截留米递缓一年，至明年补解。

（三）有漕各州县仓米，由各商会调查现存石数，报告抚院，饬由各商会协同米商付给定洋，一律留为本地方食米，随出随付价银。

（四）官仓米价，按照州县上兑折价并运脚耗费计算，请抚院准予规定赢利不得过五成，以平米价。

说明：各州县于冬间收漕，至翌年四月奏销，此项仓米由人民输之朝廷，地方官不过经理其间，岂可等之奸商牙侩，视为囤积贩卖之私利。平粜以惠民，在廉吏当所俯允。查漕米折六运四，折米正价一两八钱，加麻袋费八钱、仓费二钱，共二两八钱，一五合银计每项米一石，银四元二角足矣。运米据三月间沪市购入之价，最贵五元八角，而征之民间者，折价则每石至七元左右。完米加二五耗，是一石而得一石二斗五升之升入，每石竟可赢利二元！设有漕三四万石，所入直驾司道而上，即予以赢利五成所得，亦不菲矣。

（五）各州县义仓，由各自治会调查确数，作为最后之准备。

《浙江谘议局第二届第一次临时会议决案总目》，此处据《浙江辛亥革命浙江史料续辑》第146—148页，浙江人民出版社1984年版。收入时编者对个别标点符号作了修改

统一全省民团办法案

宣统三年五月初五日抚部院札行交令复议

理由：自绿营尽撤，防营渐裁，匪徒窃发，无地蔑有。只恃巡警以为保卫，而巡警又未完备，人民之生命财产均处于危险之地位，非组织民团以辅巡警之不足，必难保地方之治安。缘巡警名数有限，使之捕获窃盗固在范围之内，而防御土匪、外匪，巡警不及民团之有济。就民团之利言之：近则保护地方，远则捍卫国家，增进人民之爱力，养成团结之习惯，利一；富者出资，贫者出力，经费省而防卫周，利二；无事则安居乐业，有事则守望相助，利三；分区筹办，每区组织一团，由自治公所随时稽察，可免有名无实之病，利四。谨据局章第二十一条，认为应兴事件，议定办法七条如左：

办法：

一、各厅州县应分划若干区，每区组织一团，每团招足团勇五十名，设团长一人、副团长一人，管理团练事宜，另聘教练员一人，专司教练。

二、开办经费由各厅州县筹集或支拨相当之公款或募绅富捐，其常年经费应照《地方自治章程》特捐办法，由厅州县议事会议决，呈请监督核准。其厅州县议事会未经成立以前，由各城镇乡议事会联合议定。

三、民团所需一切军械，俟筹有的款后，禀请地方长官给发护照购办。

四、各厅州县如有回归地方办理之常防、冬防经费，应悉数拨充民团经费。

五、各地方巡警及巡防队，均有协助之责。

六、《民团办理细则》由各厅州县议事会或城镇乡议事会联合定之。

七、各地方民团成立后，应由地方官呈报巡警道存案。

《浙江谘议局第二届第一次临时会议决案》，第26页

修正厘捐革弊案

宣统三年五月十二日准公布施行

第一条，浙省新定《筹饷百货捐章程》，除于各局卡前缮正悬挂外，须由藩司将此项章程单行本颁发各属商会，分送各商，以资遵守。其在章程未规定者及零星小件过客行李，不得起捐。

全省局卡处所，应由藩司衙门开表颁发各属商会，俟颁发后，各属不得增设局卡，并不得托名巡船常泊向无厘卡之处截路起捐。如有货船过卡不照章起捐时，查照捐数倍罚，但该局卡亦不得意外索诈。

第二条，凡货物过卡，照章起捐，其运售内地只捐半数者，先于捐单上注明。

第三条，纹银及银圆价目，须于局卡前悬牌揭示，并于捐单盖印价目、戳记及填明收大银圆、小银圆、铜圆、制钱若干。

第四条，凡商船起验，随到随放，不得留难。

每天起验时刻，上午七时起至下午七时止，但候潮汛所驶之货船以及限时刻之航船，不在此例。

起验之后，即行起捐，给付捐票，不许停留时刻。

说明：厘卡起验，向不规定时刻，上午必须十时起验，至下午五时即不起验，且起验之后，尚须停留二小时可以做捐，商客往来、货物耽搁，对于市面行情上受极大影响，不无损失之弊。

第五条，应革之陋规如左：

（一）起捐、验捐各规费；

（二）航船常年规费；

（三）额外补捐及小捐、挂引等名目。

第六条，各局卡司巡不得违章强取货物，如有强取货物等项，准船户向各地方商会或地方自治董事会董事及乡董处说明，由该商会或地方自治董事会董事及乡董通知该局委员惩办，布告大众。该局员有袒护情弊时，照第十条办理。

说明：巡丁或司事等向船户强取货物，船户莫敢谁何，只得任所欲为，商客往往责成船户赔偿，船户无处声诉，强取货物又无证据可寻。兹定归各局卡委员惩办，亦暂时补救之法。

第七条，由海关之道照换知照及知照换回照时，各局卡不得耽误时刻，并不得勒索分文。

说明：由海关所进货物，系用道照过第一厘卡时，即换知照，后至到地各局卡，打换回照，仍须交到给发知照之局卡，并限以时日，在打换知照及回照时，勒索甚重，而且耽搁日期，不独商家、船户两受其害，而给发知照之局催促回照亦甚严厉，所限时日一误，即加惩罚，亦事实上之一障碍也。

第八条，各局卡旧设之水栅，宜设管栅人，准民间随时进出，不得留难勒索。

第九条，浙东货未进浙西卡，浙西货未进浙东卡时，不得强行抽捐。

说明：向章浙东货改运浙西，照浙西抽捐；浙西货改运浙东，照浙东抽捐。是浙西之货并非改运，不必抽捐者可知。然各局卡往往有浙东、西交界之处强行抽捐之弊。例如今年七月间，由昌化船装载丝及土朴两种，其丝系至临浦销售，改运浙东货也，是应照浙东抽捐。其土朴系至杭城药材行销售，并非改运，乃至浙东、西交界之富家山地方，与义桥相近，尚未进卡，将土朴搬装由义桥赴杭州之航船内，本船即至临浦售丝，一浙东货，一浙西货，两不冲突。忽搬装时被义桥西卡之司事看见，认为偷捐货，强行起捐，将航船扣留至三月之久尚未释放，土朴一概充公。不独商客、船户两受损害，该局员犹复朦禀巡抚，严行惩办。一局卡然，他局卡何独不然。

第十条，如有违犯以上各条时，准商民将确实情形禀呈巡抚查办。

第十一条，本规则在厘捐局卡未裁撤以前为有效。

《浙江谘议局第二届第一次临时会议决案》，第4—5页

清查地方公款公产由自治职办理法案

宣统三年五月十二日抚部院札准公布施行

理由：本局第一届常年会议决清理地方公款公产规则内规定，各厅州县设立地方自治事务所，公举公正绅董办理清查事务，原因当时自治会尚未成立，不得不特设一事务所专任其事。本以宣统二年六月末日为限，现已逾限半年余，各厅州县清查事务尚未一律告竣，而城镇乡自治会已多成立，厅州县自治会成立之期，亦转瞬即届。查《城镇乡地方自治章程》第九十条《厅州县地方自治章程》第七十四条，地方公款公产，本应充自治经费之用，则清查事务自应分别由各自治会接办，以免纷歧，拟具办法如左：

（一）清查事务所未经清查之地方公款公产，分属城镇乡者，由城镇乡董事会或乡董乡佐清查，其向归厅州县全体公有者，由厅州县参事会清查。

（二）清查方法由各议事会议订之。

（三）各厅州县城镇乡自治职选定后，原设之清查事务所即行撤销，其已经查造之表册，分别送交各董事会乡董或参事会查核，如有遗漏错误，再清查之。

（四）本案以巡抚批准公布日为施行之期。

《浙江谘议局第二届第一次临时会议决案》，第 12 页

修改关于禁烟之各种单行章程规则

宣统三年五月十三日札行俟奏准后公布施行

理由：（一）本省关于禁烟之各种章程规则，俱订于《禁烟条例》未颁布之前，故其中所定罚则，或与条例抵触，或无一定标准，此不得不修正者一。（二）禁烟期限既缩短，而办法自应加严。查本省前订关于禁烟之各种章程规则，对于土、膏店之违章者，只科罚金，不令歇业；对于不领牌照之吸烟人，亦只科罚而不勒戒。办法既疏，效果遂鲜，此不得不修正者二。

依上二理由并据局章第二十一条第六款，特将本省关于禁烟之各种单行章程规则提出修正于左：

第一　《稽核土、膏店规则》

第一条，各属土、膏店，须限令逐渐减少，务于本年十二月末日以内一律停闭（酌改原规则第一条）。

第二条，各属土、膏店，每月末日须将上存膏、土各若干，本月购进与销出各若干，现存膏、土各若干，详细开列清单，呈候禁烟分所派员点验，如查有不符，即行发封（酌改原规则第二条）。

第三条，所员点验存货时，如欲查封进出总簿或分簿，土、膏各店不得藉词拒绝，违者吊销凭照，勒令歇业（新增）。

第四条，各属禁烟分所须按旬调取各该店销售膏、土逐日流水帐簿，加盖章戳（本条采禁烟公所详定办法增入）。

第五条，各属土店欲向他县或他省购买洋土、本土时，须将该店凭照赴禁烟分所验明，分别请领购土执照，如向禁烟分所管辖内之土店拆购时，须赴禁烟分所领取凭条，违者俱即封闭，并将所购之土销毁（酌改原规则第三条）。

第六条，凡洋土、本土之进出，须按旬向禁烟分所报明种类、分量、价值以及购入与售出之场所及牌号（酌改原规则第四条）。

第七条，凡膏店购买洋土或本土，须在禁烟分所管辖以内认定一家领取，凭条前往购买，违者封闭并将货物充公（酌改原规则第六条）。

第八条，各膏店售出烟膏，除将吸户牌照逐日逐件注明外，仍须照缮底簿，按旬呈明禁烟分所。

第九条，土、膏店如以吗啡或白砒搀和之伪土互相买卖，无论卖者、买者，一并封闭并将卖者照现行刑律贩卖吗啡例处罚（酌改原规则第八条）。

第十条，凡土、膏店资本不及二百元者，须限令归并合设一处，不愿者勒令停闭（酌改原规则第九条）。

第十一条，各处膏店每日售膏不满五两者，一律勒闭（酌改原规则第十条）。

第十二条，如有私制伪土向膏店或土店售卖者，查获后按照《禁烟条例》第一条治罪（酌改原规则第十一条）。

第十三条，土、膏店不领凭照或非土、膏店而私售者，查出除封闭、没收并将土、膏销毁外，按照《禁烟条例》第一条治罪（酌改原规则第十二条）。

第十四条，土、膏店违背本规则或他项章程规则者，无论何人皆得告发，查实后从重给赏，如有罚款，即以五成充赏（新增）。

第十五条，各属禁烟分所不照本规则实行稽查者，总理撤参，董事撤换（酌改原规则第十三条）。

第二　《土、膏店营业章程》

第一条，土、膏店已领凭照开设者，不准更换字号、迁移地址，违者除封闭外，按照《禁烟条例》第一条治罪（酌改原章程第一条）。

第二条，土、膏店遇购买人到店，须先验明牌照中所开每日吸烟分量及购土、购膏之别，照数出售，应将所购分量注明牌照上记数表内，加盖该店字号戳记，并详记流水簿，以便随时查核（并原章程第三、四条）。

第三条，如将土、膏卖与未领牌照之人，除封闭外，按照《禁烟条例》第一条治罪（新增）。

如以土、膏卖与持购膏执照之人或以膏卖与持购土执照之人，均照前项罚办。

第四条，土、膏各店售给土、膏，如不依牌照所定分量擅行增加，或不将分量注明记数表及流水簿，或所记分量数目不符者，一经查出，即将所卖土、膏价值二十倍处罚，再犯勒令歇业（新增）。

第五条，购土、膏人所持牌照如已逾所用之时或已满应买之数者，不得再行售给，违者以无照论（新增）。

第六条，吸烟人购买土、膏，欲预购数日或一次购足者，可照数售给，但不得逾一个月之总数及补买前数日未购之土、膏，违者封闭（酌改原章程第五条）。

第七条，土、膏各店于售卖时带收牌照捐，每土一两收银圆八分，每膏一两收银圆一角二分，均照大银圆核算，自六月初一日起，不分土、膏，每两逐月递加捐银一分（酌改章程第六条）。

第八条，土、膏各店有闭歇者，随时报明禁烟分所，即将凭照缴销，仍由县转报禁烟公所查核（原章程第八条）。

第九条，从前各店认定之膏捐，仍应照常清解（原章程第十条）。

第十条，凡第二次换给之凭照，无论已满期、未满期，至本年十二月末日，一律消灭效力（酌改原章程第九条）。

第三　《吸户牌照章程》

第一条，本章程按照《分期筹备禁绝鸦片法案》重制吸户牌照，凡吸鸦片烟者，无论何人，均须呈领方准吸食及购买。

第二条，吸户牌照分购土、购膏两种，每一个月为一期，每期更换一次。

第三条，牌照中须注明吸户姓名、年岁、籍贯、身分、营业地、住址、门牌号数，保人名号、住址及每日所吸之分量。

第四条，请领牌照时，须邀本地商人作保，如有朦混领取牌照供人吸用或数人合领一照者，察出本人与保人并罚。

第五条，领吸户牌照者，如有特别事故欲在他家吸烟，须先报明禁烟分所或巡警。

第六条，请领牌照者，无论购土、购膏，均须按照每日所吸分量缴纳照费，凡每日吸一钱以内者，每期缴照费小银圆二角，吸二钱以内者，每期缴照费小银圆四角，以上递加。

第七条，吸户每次购买土、膏时，应将牌照交由膏、土店注明分量，盖加戳记，并须随缴牌照捐。

购膏一两，纳牌照捐一角二分；购土一两，纳牌照捐八分。自六月初一日起，不分土、膏，每两逐月递加一分。

第八条，自本年四月起，吸户须将现吸分量分作十成，按月递减一成。

第九条，吸户持照购土、膏时，须向本邑认定之膏、土店购买，不准私向外府县及外省购买，但二县同城或属二县以上管辖之镇、市，不在此限。

第十条，吸户持照购土、膏时，欲预购数日或一次购足者，听便，惟不得逾一个月所吸之总数及补买前数日未购之数。

第十一条，领购膏牌照者，不准购土；领购土牌照者，不得购膏。换照时，亦不得更改。

第十二条，吸户持照购土、膏，一日之内不准两次购买，一月之内不准向两店购买。如前买之店确已停闭者，不在此限。

第十三条，每月终，吸户须将原照呈缴禁烟分所请换新照，如未将上次牌照呈缴者，不准领下次牌照，届期不请换照又不呈报戒绝者，禁烟分所得派员查验或调验。

本年十二月末日，须将所领牌照并烟具一并缴销。

第十四条，凡营业处所及一切公众会集地方，不准陈设烟具，供人吸烟，即有照购烟之东伙人等，亦不准在卧室以外设具吸烟。

第十五条，自此次换给新照后，无论如何理由，不准补请给照。

第十六条，吸户如欲迁居，须将原照缴销，另换新照。

第十七条，吸户所领牌照，宜常带身边，以供检查。

第十八条，吸户藏有旧存土、膏，须赴禁烟分所报明，但不得逾一个月所吸之总数。

第十九条，吸烟人病故时，应由其亲属或同居人等缴销牌照及烟具。

第二十条，旅客如有吸烟者，须领取行旅牌照，其细则另详专章。

第二十一条，违背本章程第一条、第四条、第五条者，按照《禁烟条例》

第四条处罚；违背本章程第十四条者，按照《禁烟条例》第三条罚办；违背本章程其他各条者，按照《违警律》罚例分别处罚。

凡违背本章程者，除分别罚办外，将查获土、膏及烟具立即销毁，并勒令缴销牌照，入局戒烟。

第四 《行旅买烟小票章程》

第一条，行旅小票，专备吸烟之旅客购买烟膏之用。

第二条，吸烟之旅客到地时，须持原籍之吸户牌照即向禁烟分所或巡警局呈验，请领行旅小票。

未办巡警之镇、乡，禁烟分所可委任本地董事代发。

第三条，未领行旅小票之旅客，不准买烟并不准在寓吸烟。

第四条，领行旅小票者，不准买土，只准买膏，但期限不得逾七日，所购分量不得逾二两。

第五条，寓主遇有吸烟之旅客到来时，须即嘱令速领行旅小票，否则不准其设具吸烟。

第六条，领行旅小票者，每日吸烟五分以下，纳当十铜元五枚；每日吸烟一钱以下，纳当十铜元十枚，余准此递加。

第七条，领行旅小票者，须将姓名、年岁、职业、籍贯、寓处及每日吸烟分量、购膏总数详细注明，并取具寓主保结。

第八条，旅客他去或他徙时，该寓主应将小票收回缴销。

第九条，违背本章程第三条者，按照《禁烟条例》第四条处罚；违背第五条者，按照《禁烟条例》第三条罚办；违背其他各条者，按照《违警律》罚例分别处罚。

第十条，领行旅小票购膏时，须准照《吸户牌照章程》第七条缴纳捐银，责成膏店收解。

附 则

第十一条，此项行旅小票，分为三联，第一联交旅客收执，去时缴销；第二联由购膏之人交膏店，按旬汇缴；第三联截留存根。

第十二条，票根及第二联，须填明“某店购膏”字样。

《浙江谘议局第二届第一次临时会议决案》，第42—48页

改良钱江义渡局议案

宣统三年五月十四日札行交令复议

理由：（甲）义渡虽属全省交通机关，实为慈善事业之一种，含有官立、公立性质，非比民间私渡，官绅可不负责任。民渡种种危害，众目共睹，无事赘言，然但因循补苴，不思设法更张，力图变计，必难达完全慈善之目的，大非人民之幸福，亦非前人创设义渡之本心。此义渡亟宜改良之理由一。（乙）钱江地势险恶，徽、歙、衢、严、金之山水，直趋而下，灌龛赭鳖子亹之海潮，激进而上冲，万非人力所能操纵。旧用渡船，必借风力，然有时猝遇暴风，帆力过重，转致出事。若改用轮渡，除潮发时间暂须停泊外，不用风力，自免风险，即遇迅湍暴涨，汽轮之力亦足以抵抗而有余。此义渡亟宜改良之理由二。（丙）义渡款项，多由各府筹集，义渡利害，关系全省人民。谘议局代表全省，据局章二十一条第一项认为应兴应革事件，得有议决之权。又去年开会集议此事，杭府会委莅会，曾有再开大会议决之宣布，宗旨亦正相合。此提出改良钱江义渡局议案之理由三。

办法：

（一）改用轮渡

（甲）购置平底浅水轮船

说明：钱江沿岸，阴沙坍涨不常，寻常通用轮船，吃水较深，恐有阻碍，若用平底浅轮，傍岸较近，设埠、设跳均形便利，计用二艘足敷周转。

（备考）据上海船厂造轮工师，吃水最浅之轮，可缩小至一尺五寸，不过驶行稍缓，然较民船速率，犹当倍蓰。惟船身须长六丈以外，方能由申驶杭。其船

身除机器房外，前后空舱，计可容载七八十人。凡徒步文弱老幼，均由本船乘载，其船价视船身好歹为比较，大率通常适用者价洋七千元左右，约计每艘每月船中机匠、水手、辛工洋六十元，小修费洋十元，油纱销耗及机器物料添补费洋二十元，每艘每日用煤两吨左右，每吨价洋七元左右。二艘合计约需开办费洋一万四千元，常年费洋一万二千二百四十元。

（乙）改造平底尖式拖船

说明：钱江义渡仅用机轮两艘，不敷装载，自须置备拖带民船方可，而旧有江船三十二艘，式样狭小，又系方头窄底，不适于用，须另造尖式平底拖船，方为稳妥。缘底平则吃水较浅，埠岸易于旁近，头尾尖则水势分卸，风浪少有阻力也。

（备考）查江岸坍涨无定，对渡轮线远近自四五里至六七里不等，机轮梭渡以每日十小时、每次二十分钟时平均计算，二艘来往合共六十次，除去泊潮时间，平均不过五十四五次，而调查每日来往人数自二三千人至八九千人不等，装载人数须从多计算，除二机轮外，应特置拖船四艘，专备歇置肩舆搭趁、肩挑行李过客，每艘计能容物五六十担、轿七八乘，船身约计深五尺，长五丈六尺，船腰阔一丈一尺，船底暂削阔九尺，距头尾八尺之处逐渐锐缩，以头阔一尺五寸，尾阔三尺为度。自头至尾共分五舱，离底二尺五寸，两旁架用横木平铺，舱板中空五尺，置用短埠，以便上下。舱板之下安顿行李，舱板之上憩息轿担，中间两舱及末尾一舱置备雨篷，以便人夫匿避雨雪。照此式样置造，约需洋六百元，每艘计用船夫二名，每名每月约计工食洋六元，四艘合计需开办费洋二千四百元，常年费洋五百七十六元。又留用旧式渡船两艘拖载粪秽、牲畜等项，以重卫生，以防危害。一切旧收私费，概行禁绝，以符义渡本旨。其船式稍有不合，拟仿申江粮船式样，头舱两旁加用分水翅舵，自觉稳妥。计每艘船夫两名，每名每月工食洋六元，四艘合计共需常年费洋五百七十六元。

（丙）改造船埠

说明：既用轮船，兼用拖船，则船埠必须加长增广，现拟变通浮码头式样，设立四埠，置南北两岸，庶来往上下足敷周转，即水汛涨退亦仍便移动也。

（备考）船埠式样，仍仿船式头尾腰身，一律放平，约计长六丈四尺，阔一丈三尺，底阔一丈一尺，船面铺用阔厚平板，距头尾一丈之处逐渐锐缩至一尺为度，以便杀损潮力。照此式制造，约计每埠需洋七百元，四埠埠夫八名，每名每月约计工食洋六元（埠夫帮理搭卸跳板兼供局船差遣），四埠合计需开办费洋二千八百元，常年费洋五百七十六元。

（丁）增设跳板

说明：江岸浅沙坍涨不常，埠（难）〔滩〕旁岸跳板之设，无法更张，惟旧时船埠上下跳板各只一处，现既规定徒步文弱趁入轮船，肩舆物担趁入拖船，则每埠须分设跳板，以免拥挤。

（备考）跳板每块约需洋一元五角，跳架每具约需洋五角，若每埠添设一处，经须添置跳板一百二十块，跳架六十具，搭卸夫役亦须增加，北岸约须四名，南岸约须八名（有时不敷周转，由埠夫帮同料理），每名每月工食洋六元。两共合计，约需开办费洋二百一十元，常年费洋八百六十四元。

（戊）改造牛车

说明：旧设牛车，四轮衔接，欹仄不平，不便乘坐，现宜另式制造，其傍岸须认定水沙尽处停歇，其傍跳须认定徒步文弱上下之跳板处停歇。

（备考）牛车改造式样，四轮横轸宜装置车之首尾，不使联接中间，自无俯仰欹仄之弊，车身较旧式加长一尺五寸，两旁栏内铺用横板约阔一尺，以备憩坐，中间留空走路，另置短梯以备陆地上下之用。南北两岸照旧设置八辆，每辆约计洋十五元，每车车夫一名，牛二头，车夫工食及牛口喂料由车夫承包，除每人乘载照前收取官价二文外，约计每辆每月需工食、草料洋三元，其牛口旧有置备可以不计，八辆合计共需开办费洋一百二十元，常年费洋二百八十八元。至旧有私车，概行禁止，以免留难勒索之弊。

（己）增设驳船

说明：江水暴涨之时，船埠一时不及移近跳板，不能接岸，凡轿、担、行李艰于徒涉，拟用驳船装载，以免损害。

（备考）两岸共置四驶，每艘约计洋三十元，每艘船夫一名，除援牛车之例，明定装载价目，轿二十文，担十文，由船夫收取外，每名每月计工食洋四元。四艘合计，需开办费洋百二十元，常年费洋百九十二元。

（庚）设立瞭望台

说明：轮渡虽不避风，而山水暴发及雷阵陡作之际，若遇狂暴怪风，亦究宜停避。至潮发时，则必须停泊，故须特设瞭望台占候风潮。台内置响钟一口，时辰表一具。又制早晚潮汛盈缩表一通，购募练悉风潮者一人，驻息其中，常川瞭望，分别风潮，限定钟杵下数，以作轮埠驶停之标准。又另制警旗四杆，设遇逆风声难及远，以警旗限定颜色，分别报告，庶几事出万全，可无意外之虑。

（备考）瞭望台宜设在南岸空旷之处，其高以二丈五尺为度，四角立柱，横穿桁榀，顶复铅皮，上层铺用楼栅，四面翼以窗栏，上架横木悬挂钟钮，中用空梯上下，以为司瞭人住息之所。以下四面概空一切，以杀风势。四柱占地约计一丈六尺，渐高渐缩，顶方一丈，四周钉用椿木，牵系铅绳，以御风冲。一切板木，概用螺蛳活笱，以便拆卸移动。造台工料连铅钉、桩索等约需洋一百四十元，台内器具约需洋一百八十元。又司瞭人工食每月洋八元，共计开办费洋三百二十元，常年费洋九十六元。

（二）救生事项

（甲）合并救生公所

说明：义渡本含慈善性质，即设置轮舶救生船亦属必要之件，故拟将旧有救生公所款项概归义渡局办理，不必划分两项。

（备考）查救生公所据财政局预算列入每年由厘局运库支一千三百零三两，又向有山境内救生田八百余亩，向由官收，入款无几，若果认真清理，照近年租价约计每年可得洋一千六百元左右，而旧有之公所一切开销，均可省免。

（乙）设置救生舢板船

说明：救生公所旧设救生红船四艘，两泊江干，两泊闸口以上，而船身巨大，运棹不灵，急切出险，无从补救，必仿照放洋轮船内之备用舢板式样，略加放大，定制四艘。其船即由义渡局归并设立，其闸口以上及闻堰等旧设之救生红船，亦一律改良，由局分派，照常办理。

（备考）船身式样，计须长三丈左右，由匠工估计，连舵、锚、索每艘需洋一百五十元左右，每艘司桨二人，司舵一人，每人每月约计工食洋六元。又此船不备雨篷，每名每年须加油衣、雨笠洋十二元。两共计开办费洋六百元，常年费洋一千零八元。

（三）办事职员

（甲）总董一人，董事二人

说明：义渡利害，关系全省，具有完全单独性质，不宜附属善堂，应专设总董、董事，常川驻局办事，由杭、绍两府厅州县参事会联合选举，呈请抚院加札任用，任期以三年为限。总董月薪四十元，董事月薪各三十元，两共合计，常年经费洋一千二百元。

（乙）会计一人，庶务二人

说明：会计总司全局出纳款项，计用一人以专责成，庶务分掌南北两局事，宜计用二人，以免废弛，均由总董选用，会计月薪二十元，庶务月薪各十六元。两共合计，常年费洋六百二十四元。

（四）经费

（甲）开办费二万一千元

说明：照前项开列实核，需洋二万零五百七十元，由各府存款项下支用，其间倘有未尽事宜经费或须增入，故作洋二万一千元。

（备考）查本局旧有存款银十五万两，合洋二十二万五千元。又本局废置旧用渡船、牛车及救生公所旧设舢板红船，约计值洋四千元，当减价变卖，抵补存款。

（乙）常年费一万九千元

说明：照前项开列实核，需洋一万八千二百三十元，其间倘有不能确定之数，故作洋一万九千元。

（备考）查本局存款生息，据财政预算调查，杭、绍、宁、金四府元年分收入洋一万五千二百七十三元；又厘饷局支出银八百九十四两，合洋一千三百四十一元；又合救生公所厘局运库拨解银一千三百零三两，合洋一千九百五十四元；又另款洋九百元（此款从何项支出待查）；又假定救生田租洋一千六百元；又旧设委员每月由厘局支给薪水洋二十四元（现已裁撤），计可增岁入洋二百八十元。通共合计，除前列常年费一万八千元外，尚余洋二千三百五十六元。

（丙）预备费二千四百元

说明：上列各项或尚有增入事宜及一切岁修添补，即将前项存款留作预备。

（备考）查救生公所既并入本局办理，其闸口以上救生船只尚须增设。又本局南北两岸局船内之水手、火夫等工食、笔墨、油炭等费用以及施送姜汤、散酒、窖糠、修盖茅亭等一切杂支用款，均待增入，概在预备之列。

《浙江谘议局第二届第一次临时会议决案》，第6—11页

提前办理厅州县地方自治案

宣统三年五月二十一日咨送资政院核复

国家者，厅州县之积也。厅州县不治，国家无可治之理，故厅州县必须有自治机关以补助官治之所不及。查馆定逐年筹备清单内开：厅州县地方自治在宣统二年筹办，三年续办，五年粗具规模，六年一律成立。兹读十月十一日上谕：举凡开设议院以前，地方应行提前赶办事项，着即懔遵前旨，切实进行等因。钦此。厅州县自治尤为宪政上根本之根本，此应提前办理之理由一也。查本省自治筹办处预算经费须三万九千一百十八两，各地方筹办自治事务所，虽未查知确数，若每处以一千两计，亦须七万八千两，早一日成立，筹办处及事务所即早一日裁撤，经费既可节省，而宪政前途之效果可拭目以视厥成。此应提前办理之理由二也。明知国会未开以前，地方应行赶办事项，非一二端所能尽然。查筹备清单所开各件，属于自治范围及不属于自治范围而仍与自治机关相待为用者，正居多数，即本局两届会议提出之议案，急待自治机关经营者亦复不少。此应提前办理之理由三也。本此理由，谨遵局章第二十一条第一项，认为本省应兴应革事件，提出议案。

办法：

本案提出统限宣统三年九月以前一律成立，原以为法定会期，现经审查，于事实上确有窒碍，不能不稍行展缓，但必须年内成立，可以召集开会为目的。公决查照筹办清单，酌量各节，缩短期限，分别如左：

一、分配所属各选举区域议员额数

改为于前两项申报到处后，限四十日以内札到各府厅州县。

一、颁发选举告示

改为于奉到前项札饬后十日内颁发。

一、实行选举后，其间经过申诉期限及各项手续，限四十天内召集开会。

《浙江谘议局第二届第一次临时会议决案》，第 1 页

改定本省暂行契尾捐法案

宣统三年五月二十一日呈送资政院核复

理由：契税之收入为广义国税中之一种，官府对于纳契税者，填给契尾，原为证明征收之据，不宜再有附加之捐。本省前定契尾加捐凑抵新约赔款，固一时之权宜，非正当之收入也。况于契约之性质不加区别，价额之多寡不问若干，概定一契一尾，每尾一张，一律收捐银一两，因是而生不公平之结果与匿契不税之流弊：（甲）结果不公平。甲税一买契，价额计银千元，契尾一张，捐银一两；乙税一买契，价额计银百元，契尾一张，亦捐银一两；丙税一典契，价额仅计银十元，契尾一张，亦捐银一两。以乙与甲较，价额之多寡为十与一之比例，而契尾捐之负担则同，是则契价多者负担极轻，而受其益者，惟富户；契价少者，负担反重，而蒙其害者，在中人。至丙与甲、乙较，价额之多寡固大悬殊，契约之性质亦迥然别，而其负担契尾捐则又同。结果之不公平，孰甚于此？（乙）匿税之流弊。以结果之不公平，转生匿税之原因，致课税之收入阴以减少，其弊也官承之；然因匿税之故，而财产上生种种之争端，更有逃税之罚以随其后，其弊也民受之。官府对于人民有课税外之加捐，显示以不公平之结果，不啻阴启其财产之争，隐陷以逃税之阱。立法之流弊，又孰甚于此？

据此理由，发见契尾捐之弊害，认为本省应革事件，提出草案，拟定办法。

办法：

第一条，契尾捐之差率，分别所税之契之性质，以应纳税银为标准，就其等级而累加之。

说明：契尾捐之定率，难求正当之标准，原来契税之率，以价额为比例，契尾之捐，若再以比例为增加，则比例增加之速，必使巨额之典买者有负担极重之趋势，故以应纳税银为标准，分别其等级而累退之。虽置千金之产，契尾之捐尚不逾原定一两之数，而民间典买不动产，大抵契价之数目少者居多，免其重捐之苦，督以逃税之罚，庶于不动产移转原因事实上减去种种之障碍，即官府对于此项之收入，平均计之，亦不至骤见短少。

第二条，契尾捐之等级列记如左：

［一］纳税银在十两以下者，捐洋五角。

［二］在五十两以下者，捐洋一元。

［三］在百两以下者，捐洋一元五角。

［四］逾百两者，一律捐洋二元。

第三条，本案自公布施行之日起至本省停止契尾捐之日止，有其效力。

说明：查本省契尾捐，每张收银一两，系咨部成案凑抵新约赔款，应请抚部院奏咨改定缘由批准公布施行。并查宣统元年五月十六日度支部奏《整顿各省田房税契试办新章》第九条载，契尾、户管、执照，各省所收经费多寡不同，即官契一项收费亦不一律，应暂仍旧，将来臣部官板契尾纸发行，应酌中定价，颁给各省，所有各省契尾、户管、执照、官纸等项所收经费，即一律停止征收等文。本案系改定本省暂行契尾捐，一经停止，本案当然同时废弃。

第四条，本案凡称银一两者，以银圆一五折合之。

说明：度支部契税新章定为价银一两收税几分，抚部院奏加收税契新章酌议银洋折价数目折称：查浙江司局各库收纳通用银币，每元作制钱千文，每一元五角作库平银一两，契税一项，银钱折价，一律照此核算。本案以税银为加捐之标准，故以两计。至于本省各厅州县征收契税，凡价银一元或钱一千文者，概作银一两起征，应于官厅交议《整顿田房税契办法案》内规定银钱一五折合之条，以革积弊，则本案凡以两计者，遂无相歧。

第五条，本案施行细则，由藩司拟详抚部院定之，但不得逾公布施行后一月之内。

《浙江谘议局第二届第一次临时会议决案》，第2—3页

改良征收钱粮方法案

宣统三年五月二十一日咨送资政院核复

理由：（一）宪政编查馆奏复于大臣式枚折开：国家租税，则皆定于国家之法律，本非谘议局所得议决，其得议决者，仅属本省单行章程规则之征收方法。本案以改良征收钱粮方法为标准，其提出之旨趣，系为改良本省现行征收钱粮方法，非为预筹征收改良起见，应在谘议局议决范围之内，于将来度支部赋税新法自无抵触。（二）浙江非用银省分，征收钱粮，或以钱计，或以洋元计，是谓征收上方法。证之同治初年、光绪二十四年两次减浮，除处州府松阳等县，其时盛行洋元，以洋元合银外，其余各厅州县率以钱合银，其征收方法随时地而改良。本案以现势所趋偏重洋元，议决以向之以钱合银者，实滋官吏之浮收，因以洋元合银者，谋人民之便利，而人民应完赋税仍照旧定税法赋则，实无违背。（三）原咨谓援引度支部税契新章以银圆一元五角抵换征银一两一节，并非未悉钱粮征收办法与契税不同，盖因同光间两次减浮，其时银圆一枚率兑钱一千五、六十文至一百余文，今则银圆一枚兑钱至一千三百五、六十文不等。而州县征粮于民，考之成案，则以钱合银；求之实际，则以洋合银，既抑勒洋价以取盈，而官铸之银圆、铜币，民间偶有搭用，复多抑勒拒绝，大与政体有乖。故援引税契新章，以银圆抵换正银，广国币之流通。

第一条，自宣统三年上忙起，援照度支部电准税契办法，凡全省钱粮，人民交官，厅州县解司，藩司解部，每正银一两概作银圆一元五角，龙圆、中国纸币及墨圆一体通用。

理由：同治初年减浮成案，厅州县钱粮银价，本照各府属时价核定，原非一成不变之方。同治五年后，因银价涨落，续行加减，是其明证。本年清理财政监理官厘定税契方法，以银一两作龙洋一元五角合算，经度支部电准有案。钱粮与税契同属浙中财政，应请巡抚援案咨明。随征耗银，仍照同治初年减浮成案，每征银一两，随征耗银一钱，照前项办法，合征银圆。

第二条，随征粮捐及平余，向征制钱，即以制钱数核照市面银圆兑价征收。

前项平余，暂照同治初年奏定减浮成案数目办理，俟各厅州县公费规定后即行裁革。

银圆市价于开征之二十日前召集城镇乡议事会会议，按照城镇兑换店铺牌价，酌中议定划一价目，并核定正耗、平余，粮捐折合银圆之总价，由厅州县官公布之。

第三条，完纳钱粮，凡合银圆一元以上者，龙圆、中国纸币及墨银一体通用，不满一元者，准收小银圆、铜币或制钱，照市价核算。

核定小银圆价目，依第二条三项之规定。

第四条，给串票于粮户，除注明姓名、都图字号外，应分正银及带征之粮捐、平余列款，详细记明收银圆、小银圆、制钱、铜币等数及并计总数与经征者之姓名。

第五条，零星尾找满银圆五分者，准改收小龙圆找付，铜币不满五分者，准收铜币或制钱。

一人而分有数户者，不得分户找尾，应将数户之粮串合并计算。

第六条，经征书吏、该管庄书，由厅州县官就平余内给值，凡属陋规，悉革除之。

原有禀准立案随粮带征之各种附捐，须将项目、数目于串票上加盖戳记。

会议细则：

第一条，会议于每年每忙开征之一月前，厅州县官须照会城镇乡议事会组织之，城镇乡议事会员至少三人，至多九人。

第二条，凡会议须有城镇乡议事会议员过半数到会，在厅州县大堂或公共地方行之。

第三条，会议时以厅州县官为议长。

第四条，会议以记名投票决之，从过半数；可否同数，取决于议长。

第五条，违背前三条之规定时，其议决为无效。

第六条，会议决定，应由书记作成议定书，议长及与议者均应签名盖印。

第七条，议定书应载事项如左：

（一）会议之年月日。

（二）议长及与议议事会议员之姓名。

（三）银圆价目。

（四）小银圆价目。

第八条，议定书一纸存厅州县，其城镇乡议事会均各存一纸。

第九条，会议决定之次日，应由厅州县官照议定书刊印告示，分贴城镇乡，以遍及为限。

前项告示未发布以前，不得开征。

第十条，本规则于宣统三年起施行。

《浙江谘议局第二届第一次临时会议决案》，第49—51页

六、奏咨、呈请查办、呈请核办、建议案

（一）奏　咨

抚部院增奏选定资政院议员片

宣统元年十月十一日①

资政院为上下议院之基础，照章应就各省谘议局议员按额互选，作为资政院议员。查资政院奏定《各省谘议局互选资政院议员章程》内开：资政院议员额数，浙江七人，每届选举年分前一年十月十一日，在谘议局行之，以该督抚为监督，互选选举人及被选举人，均以谘议局议员为限各等语。兹届本年应行互选之期，业于十月十一日饬行选，由奴才亲莅该谘议局监督选举事宜。是日实到互选

① 此日期为资政院议员选举当选日期。

选举人一百有十名，用记名连记法投票选举，当经加倍选出当选人：陈敬弟[①]、余镜清、郑际平、王廷扬、邵羲、王佐、陶葆霖、沈钧儒、褚辅成、郑永禧、刘耀东、蔡汝霖、陈翼亮、王家襄共十有四人，照章送由，奴才按照章程第一条所定浙省议员额数，将前列当选人复加选定，当选之陈敬弟、余镜清、郑际平、王廷扬、邵羲、王佐、陶葆霖等七人为资政院议员，其沈钧儒等七人一并作为候补当选人。奴才查陈敬弟七人，乡望夙著，得票较多，以之选为资政院议员，均尚合格。除给与执照，另造议员名册，连同当选人及候补当选人原册咨送资政院外，理合附片具陈，伏乞圣鉴。谨奏。

宣统元年十二月十八日奉朱批：该衙门知道。钦此。

《浙江官报》，宣统二年第一期

浙江巡抚咨资政院据谘议局呈请代奏缩短国会期限文

宣统二年十月[②]

为咨呈事。据谘议局呈称，伏读十月初三日上谕，前据各省督抚等先后电奏，以钦颁宪法组织内阁开设议院为请。又据资政院奏称，据顺直各省谘议局及各省人民代表等陈请速开国会等语，当将原折汇交内阁会议政务处王大臣公同阅看，旋据该王大臣等各抒所见，具说呈进。又于本月初二日召见该王大臣等详细垂询，切实讨论，意见大致相同，溯自分年筹备立宪期限，定自先朝。朕仰承付托之重，夙夜兢惕，无时不以继志述事为心，既不敢少事迟回，亦不敢过形急切。前经都察院两次代奏呈请速开国会，均即明白剀切宣谕，彼时为郑重要政起见，诚有不得不一再审慎者，乃揆度时势，瞬息不同，危迫情形，日甚一日，朝

① 应为陈敬第，字叔通，下同。

② 原标题为“咨资政院据谘议局呈请代奏缩短国会期限文”，日期由编者据文中内容而定。

廷宵旰焦思，亟图挽救，惟有促行宪政，俾日起而有功，不待臣庶请求，亦已计及于此，第恐民智尚未尽开通，财力又不敷分布，操之过蹙，或有欲速不达之虞，故不能不验向背于舆情，决是非于廷议。今者人民代表吁恳，悉出于至诚，内外臣工，强半皆主张急进，民气奋发，众论佥同，自必于人民应担之义务确有把握，即俯顺臣民之请，用协好恶之公，惟是召集议院以前，应行筹备各大端，事体重要，头绪纷繁，计非一二年所能蒇事，着缩改于宣统五年实行开设议院，行将官制厘订提前颁布试办，预即组织内阁，迅速遵照钦定宪法大纲编订宪法条款，并将议院法上下议院议员选举法及有关于宪法范围以内必须提前赶办事项均着同时并举，于召集议院之前一例完备，奏请钦定颁行，不得少有延误。总之，决疑定计，惟断乃成，此次缩定期限，系采取各督抚等奏章及由王大臣等悉心谋议请旨定夺，洵属斟酌妥协，折衷至当，缓之固无可缓，急亦无可再急，应即作为确定年限，一经宣布，万不能再议更张。尔内外各大臣，务当协力进行，时艰共济；各省督抚，领治疆圻，责任尤重。凡地方应行筹备各事宜，更当（悴厉）〔淬砺〕精神，督饬所属妥速筹办，勿再有名无实，空言搪塞，必使一事有一事之成绩，一时有一时之进步，无论如何为难，总当力副委任。如或因循误事，粉饰邀功，定即严惩，不少宽假。顾官吏有应顾之考成，国民亦有应循之秩序，此后倘有无知愚氓，藉词煽惑，希图破坏，或逾越范围，均足扰害治安，必即按法惩办，断不使于宪政前途稍有窒碍，以期计时收效，克日观成，上慰先帝在天之灵，下慰海内喁喁之望，将此通谕知之。钦此。仰见天子以民视为视，以民听为听，大舜同人之休，神禹拜言之盛，普天率土，抃舞同风，诚以上理之臻，资兆姓之协心，外朝之政，旷千年而阙典，恭维立极，逢勋华之望，负扆有尹旦之忠，求失礼于野人，采攻错夫他山，勤图为治。谘议局既遍设于列省，政取顺民，国会方俞缩以三年，固大心揭日月而行，皇度并乾坤而溥矣。然有刍意不甘嘿耳。盖闻收民心者，力强之要谋；开国会者，救亡之善术。横披五洲之图谱，纵览百国之春秋，从此者安存，逆此者危亡，无待蓍蔡之卜而有影响之应者也。若夫利害之故，得失之林，叩阙请愿者，言之覼缕；联衔入告者，疏之详明。多言近于喋喋，（逞）〔遑〕说嫌乎嚣嚣。顾回翔观望者，迹似老成而实阻新机，狐疑犹豫者，貌同审慎而最偾大事。苟虑筹备之未完，开国会而即以责任付国会，势犹云合而雨沛。或惧民智之不齐，开国会而即使观摩于国会，事同师率而弟从。反此而求筹备，百孔千疮，良医何堪下手？久待以齐民智，河清渭浊，神仙未必长眉，况乃风云（巨）〔叵〕测，波浪诡兴。远交可恃，势异秦之自强；近敌思逞，情比宋之不竞。正当筑铁室以吾坚，岂宜玩金轮而徒误。本局代表舆论，谨以民人陈请之意、议员论决之情，呈请抚部院代奏吁恳于宣统三年即行召集，以慰舆望，为此备文呈请抚部院迅予察夺施行等情到本部院。据此，除批答来呈阅悉，查国会于明年实行召集，所有筹备各项宪政即可上下一心，力图进步，否则空言宪政，永无成绩之可言，加增负担又无议会之协赞，大局何堪设想？据呈各节，本部院深愿赞同，惟前次业经会商各省联衔入告，切实敷陈，既已钦奉明诏提前于宣统五年召集，并有一经宣布，万不能再议更张之旨，未便一再渎奏。惟谘议局乃舆论代表之机关，自应为人民请愿，忠谠之论，亦未便竟壅上闻，希候据呈咨送资政院会议具奏，以期共襄盛举。此复。印发外相应据情咨呈，为此咨呈贵院谨察核会议具奏，并希见复施行。

《浙江巡抚审订谘议局议案录》辛编，第2—4页

巡抚增韫奏谘议局会议始末情形

宣统元年十二月

窃维立宪制度之可贵者，凡百行政有敏活之精神，而精神敏活之原因，实由人民有参政机关，上下相维，以几于完全政治。是故民选议院与责任内阁隐相对峙，内阁利用议员之协赞，而询谋佥同，议员实行内阁之监督，而根本益固，遂成一治不可复乱之政体。地方行政对于地方行政官署，其范围虽小，而促政治上之进步则同，此皆立宪各国之成绩，而三权分立之学说，所以历百世不敝者也。我国创设谘议局，为地方自治与中央集权之枢纽，即为国家与人民参政之权舆。然在远虑士夫，恐创办伊始，程度未至，权限未明，不免为行政之阻碍。乃以奴才所见，就浙省谘议局而论，自开会以迄闭会其间，秩序井然，实能共摅忠爱，

以图富强之基。其所议议案，又多切实可行，深有以上纾宸廑，而为立宪前途庆幸者，谨为我皇上缕晰陈之。浙江谘议局成立之前，于七月间提前召集议员，互选假定正副议长，并由奴才分别主管事务官署，调查全省应兴应革事务，设立审查议案委员会，业经先后陈明在案。至九月初一开会之时，举定正议长度支部主事陈黻宸，副议长附生陈时夏，法部主事沈钧儒。先期派员恭赍钦奉谕旨，悬诸议场，奴才亲莅谘议局，宣布朝廷德意及区区求治之心，并选派明悉法政、富于经验之委员，随同到会，时与议员往复论究，质疑问难，然皆为事理之辨明，无意气之争执，官绅一致，惟全省利益是谋。计开正式会议二十八次，合官署与谘议局提出之议案共五十六件，经议决呈报者二十七件，其中经奴才批准公布施行者十有七件，须待奏咨而后定夺者一件。其应准公布施行之十七件，要皆按诸地方情形，切中当时利弊，虽不敢谓施措之无遗，大抵权衡轻重，以为通变宜民之先导。其属于争议之九件，或因全部主张各异，或仅条目拟议未妥，意见不同，难遽加以专断，业经宪政编查馆电准，在资政院未成立以前，暂行录案，咨馆核复，一俟复到，分别查照施行。统观各全案，在官署欲切实举行于公布之后，故必详慎讨究于批准之先，而在议员有各举所知，共抒谠论之诚心，故无负指陈利弊，筹计治安之责任。至于会场争议，惟公是谋，其争愈力者，适以见其程度之高，而事实难行，间或非议员所共喻，因有此争，而使将来行政规划益进于完密，此皆由历次谕旨谆谆告诫，无偏无颇，而又严定范围，纳诸轨物之中，使有可循之涂辙。嗣后逐年开会，知识磨炼而益精，权限分明而不越，可于今日之谘议局，操其左券。此奴才所默察情形，深为立宪前途庆幸者也。

《杭州府志》卷一七七《谘议局》，民国十一年铅印本

抚部院增奏谘议局经费请作正开销折并单

宣统元年十二月[①]

奏为浙江省谘议局经费已经解支数目及应行筹备常年费，请动用正杂各款，作正开销，缮具清单，恭折仰祈圣鉴事。窃照浙省遵旨创设谘议局，先设筹办处及建筑谘议局，所需各项经费，先后饬司筹备专款，详经奴才先行奏咨立案，作正开销，准部核复各在案。嗣经复选事毕，提前召集议员，于本年七月二十四日假定议长筹备一切事宜，遵章于九月初一日正式开局，应需经费行司筹备拨用去后，旋据布政使颜仲骥详称，谨按《谘议局章程》第五十三条，谘议局经费由督抚筹指专款拨用，其款目分为五项：议员旅费，议长、副议长及长驻议员公费，书记长以下薪金，杂费，预备费。第五十四条，前条公费及薪金数目，由督抚核定之，其旅费、杂费及预备费由谘议局会议预算数目，呈请督抚核定各等语。遵经禀奉核定，议长、副议长、常驻议员公费，书记长、书记薪金，按月支给数目，其旅费、杂费、预备费，经谘议局成立后，开会次第议决，列表呈送。宣统元年第一届自七月二十四日提前召集假定议长之日起，历会期四十日，以迄十二月底为止，除延会十日议员不受公费外，按表核计共需洋四万七千七百八元四角一分。司库无大宗外款可拨动，详明在于各年积存筹防丝捐款内借支，分次解送谘议局备用，以应急需。惟谘议局成立以后，递年赓续开会，虽临时召集会议其间久暂旅费等项无从预计，而常年经费，在在必需，就表列之数综计，已不下洋六万六千余元，数巨期长，应付殊非易易。事关宪政，奉有定章，原应筹备专款，为经久之要策，无如浙中各库，同处艰窘，益以频年举办新政，早经罗掘俱穷，此次借动筹防丝捐存项，不过权应一时之急，且已动用无存，非另筹专款，安能持久？现值清理财政各款，悉已托出，外销亦是，部款更属无可腾挪，

① 日期为编者所加。

再四筹维，惟有请将是年谘议局经费，本年已解送洋四万七千七百八元四角一分，即在筹防丝捐项下动拨销结，其自宣统二年起，常年经费，拟请就库无分正杂、内销外销，各款通筹拨给等情，造册详请奏咨前来。奴才复核无异，除将清册分咨宪政编查馆、度支部查核外，谨缮清单，会同闽浙总督臣松寿恭折具陈，伏乞皇上圣鉴，敕部查照施行。谨奏。

宣统元年十二月二十七日奉朱批：该衙门知道。单并发。钦此。

谨将浙江省谘议局成立核定支用，宣统元年各项经费及议决规定常年经费各数目，敬缮清单，恭呈御览。计开：

一、议员一百十七人，旅费日当每日银二两，按一五折洋三元，自本年七月二十四日提前召集假定议长成立之日起，至八月三十日止，议决减为每日一两。自九月初一日开局，会期四十日，每日二两，共银一万三千五百七十二两，一五合折洋二万三百五十八元。

一、议员川资，议决不计水陆交通难易，每十里往来川资洋一元，共洋四千三百五元八角。

一、议长一员，核定每月公费银一百五十两。

一、副议长二员，核定每月公费银一百二十两。

一、常驻议员二十四人，核定每员每月公费银六十两。

一、书记长一员，核定每月薪金银八十两。

一、书记四员，每员每月薪金银四十两。

前五项，每月应支银二千七十两，按一五折洋，自本年九月初一日开会起至年底四个月，共支银八千二百八十两，一五合洋一万二千四百二十元。

杂费、预备费全年数目：

一、书记四员，每员月薪十六元，年共洋七百六十八元。

一、守卫长一员，月薪三十四元，会期四十日，共洋四十五元三角三分。

一、守卫十六员，每员月薪一十八元，会期四十日，共洋五百九十七元二角八分。

一、临时书记四员，每员月薪六十元，会期四十日，共洋三百二十元。

一、临时缮校四员，每员月薪十八元，会期四十日，共洋九十六元。

一、临时公役八名，每名每月工食洋六元，会期四十日，共洋六十四元。

一、印刷所司机一名，月薪二十元，年共洋二百四十元。

一、公役五名，每名每月工食六元，年共洋三百六十元。

一、厨役二名，每名每月工食六元，年共洋一百四十四元。

一、书籍、新闻纸费，年共洋一千元。

一、笔墨纸张费，年共洋五百元。

一、邮票报费，年共洋一千元。

一、电话费，年共洋九十元。

一、会期饮食费，计洋二百元。

一、茶水煤炭费，年共洋二百元。

一、预备费，计洋五千元。

以上杂费、预备费全年共应支洋一万六百二十四元六角一分，统计本年共应支洋四万七千七百八元四角一分。司库支绌异常，无可筹备，业经详请，在于各年积存筹防丝捐款内如数借支，解送谘议局查收。支给应请作正开销，理合陈明。

宣统二年分谘议局议决经费表：

一、议长旅费，分日当、川资为二种，日当每员每日二两，会期四十日，共银九千三百六十两，一五合洋一万四千四十元，川资每十里以一元计算，共洋四千三百五元八角。

一、议长、副议长及常驻议员公费，议长公费每月一百五十两，一五合洋年共洋二千七百元，副议长二员，公费每员每月一百二十两，一五合洋年共洋四千三百二十元，常驻议员二十四员，公费每员每月六十两，一五合洋年共洋二万五千九百二十元。

一、书记长以下薪金，书记长一员，月薪八十两，一五合洋年共洋一千四百四十元，书记四员，每员月薪四十两，一五合洋年共洋二千八百八十元。

一、杂费、每年应支洋五千六百二十四元六角一分。

一、预备费，每年应支洋五千元。

查杂费、预备费，于宣统元年分支销数相同，应请邀免细赘，理合陈明。以上五项，统计洋六万六千二百三十元四角一分，应请于正杂各款随时动拨，作正开销。如有续增之款，再行添筹拨用，合并陈明。

宣统元年十二月二十七日奉朱批：览。钦此。

《浙江官报》，宣统二年第三期

奏谘议局议决宣统三年预算案及各项议案情形片

宣统三年五月①

再浙江谘议局于本年三月十一日召集临时会议，经臣将度支部奏交之试办宣统三年地方行政经费岁出预算案提出交议，旋据谘议局议决，交由会议厅审查科审查，有照议核准者，有交令复议者。谘议局复议后，有查照修正者，有仍执前议者，臣详加复核，除关于民政类之省城巡警经费、善堂经费，教育类之两级师范学堂经费、仁、钱高等小学堂经费，实业类之化分矿质局经费，工程类之浙西水利经费等项，认为争执事件，照章咨送资政院核议外，其余各项均经一并核准公布施行。惟此次编订预算之始，因查照宪政筹备清单，力求完善，以致所列各项经费积成总额一百二十余万，其中不免有虚拟无着之款，今谘议局议决全案，于经费总额虽无甚出入，但既遵度支部奏案，须量入为出，只须一面进行，一面督饬主管财政衙门竭力筹措，以期仰副迭次谕旨，维持预算之至意。本届会期尚有议决其他各案共二十四件，经臣批准公布施行者五件，曰《修正厘捐革弊案》，曰《清查公款公产由自治职办理法案》，曰《官有财产管理规则法案》，曰《修正筹办简易识字学塾案》，曰《停止各属认解师范学堂膳费案》，又批准奏请再行公布者四件，曰《全省官荒拨充地方自治财产法案》，曰《筹备禁绝鸦片法案》，曰《各厅州县官立戒烟简章案》，曰《关于禁烟之各种单行章程规则修改案》。此外，咨送资政院核议者五件，交令复议及修正后再行提出者共十件。所有本年浙省谘议局召集临时会议决地方行政经费预算案及其他议决各案缘由，理

① 日期为编者据文中内容及谘议局开会时间而定。

合附片具陈，伏乞圣鉴训示。谨奏。

《浙江巡抚审订谘议局议案录》辛编，第1页

（二）呈请查办

本局呈请抚部院查办衢属征粮抑勒洋价文

宣统二年三月十七日

为呈请事。窃查各属征收钱粮完纳洋元，叠奉抚部院通饬须按照市价核算酌定示谕等因，嗣据衢属常山、西安、开化等县士绅公呈，亦奉批饬衢州府据实查复在案，是知抚部院之对于官吏抑勒洋价已不啻谆谆诰诫，三令五申，乃叠接衢州五县士绅函电，据云衢属各县征收钱粮完纳洋元，仍不按市作价，任意抑勒，人民纷纷请愿，概置不理，稍涉观望，则又加以抗粮之罪等情，明目张胆，竟置抚部院叠次通饬于不顾，不知衢州府之查复究竟如何措词？各州县之抗不遵行已否实行惩处？本局以为衢郡如此，他郡亦必在所不免，增地方剥削之累，阻人民输将之忱，违法浮收，自应遵章纠举，以顺舆情，应请抚部院申明定章，迅赐飞饬各属查明前项情弊，责成该管官揭参，徇隐不报者，应如何一并处分，俾苏民困而弭祸端。为此呈请抚部院察核施行。须至呈者。

抚部院增批：衢属五县征粮洋价一案，已经批札饬查并答复各在案，嗣又电饬衢州府查明各属现时兑价，与官绅协商妥议禀夺，俟该府查复到日核办。至此外各属征粮情形究竟有无浮收抑勒情弊，应即饬藩司迅饬各府属据实查明通禀察

办，毋稍徇隐，并由司妥筹办法，详候核夺，再行札局知照。先此答复。

《浙江谘议局文牍》第二编，第26—17页

本局呈请抚部院查办仙居防营焚杀乡民文

宣统二年三月二十二日

为呈请查办事。窃维激之在山者，非水之性；陷之于法者，非民之情。查台州仙居县朱溪镇等处兵民交哄一案，自上年十二月二十八、二十九等日以迄本年正月间，檄电飞驰，防剿四出，就官吏所报告者，抢盐店，劫军装，戕哨弁，毙勇丁，暨夫接仗之情形，进剿之计划，皆以为土匪起事，当事者执严惩主义，为禁扰乱而保治安，办法诚不为过。顾叠阅报纸，互证人言，其叙述当时情事，竟有大相悬绝者。各报记载此事，始末颇详，大都言酿祸者盐号，激变者防营，乡民愤屈莫伸，致起抵抗。统领管带擅作威福，一首级悬赏十元，一村庄动焚百户，饿莩盈野，村落为墟，此皆言之凿凿者，然犹谓报纸传闻，难保无有失实也。既而闻诸来自该地之绅耆、学生，则所言较报纸尤详，谓盐贩与盐号冲突，初不过执持农器，为捣毁泄忿计，洎潘哨弁率队开枪击毙乡民黄某，而风潮乃大。姚哨弁出队要截，擒戳乡民周某，而风潮愈大，鸣锣聚众，拒捕抗官，厉阶有由，非民之罪。当李管带之至大洪庄也，玉石不分，全村四百余户，付之一炬，于是灰坑田、洋岩塔下、上王周、马家塘等处，相继俱焚，号哭之声，震动山谷。江管带复传常统领，命高悬赏格，至无辜稚子，作客孤身，博赏钱者亦争割其头以去。间有遗孑，则又按户摊派，强令犒军，此其所为，宁复尚有人理？然犹冀以告者过，或不如是之甚也。顾本局就官吏之所报告而不能无疑者，窃有数端，请为抚部院陈之：

查府县电禀，一则曰变起仓猝，再则曰变起仓猝，是知非有蓄意谋乱之人可知，且匪众既聚数千，巢穴不止一处，则平日地方文武何以漫无觉察？岂必待联

合起事而始草薙禽狝，以为功乎？此不能无疑者一。启守虞电则谓仙匪行迹诡秘，事前毫无风声。高令佳电则谓朱溪一带本系土匪渊薮。前后矛盾，弥缝显然，此不能无疑者二。宁绍台道铣电，系据该府报告而言，匪散事平，筹划善后，然电中自言匪首迄无主名，此不能无疑者三。朱吕一电，查无其人，则亦已矣，乃为江管带辩护者，电牍纷纷，后且继以歌功颂德之公禀，今则公禀背捏，又被人揭发矣，此不能无疑者四。本局积此数疑，久欲呈请查办，因闻抚部院慎重民命，业已一再派员密查，用是延未纠举。今事隔数月，委员等如何禀复，抚部院如何核办，尚未见有明文。此案屠戮五六十人之多，焚毁七八百户之巨，残民以逞，欺人以方，律以官吏违法之愆，其又奚说？应请抚部院遴委廉明大员前往切实查办，以平民怨而儆官邪。抑本局更有请者，浙省近年民穷财尽，嗟生呶苦，乐岁且然，况复加之以捐输，因之以饥馑，呼号请愿，亦太可怜，乃地方官犹多滥用威权，非目为乱民，即指为匪类，动辄格杀勿论，上□□而得准，格亦杀，不格亦杀，格杀勿论，非格杀亦勿论，盖不知冤死枪刃下者，几何人矣？既受无告之厄，复蒙不韪之名，哀哀小民，何以堪此！并请抚部院通饬各属，如有不善办理，仍前蒙混尝试者，必严治以应得之罪。一面兴实业筹民食，先事妥为抚绥，勿稍敷衍，临时善为开导，勿涉张皇，元气既培，乱源自已。本局为人民冤抑起见，谨援局章第二十八条，呈候抚部院查办。为此备文呈请抚部院察核施行。须至呈者。

抚部院增批：来呈阅悉。查此案业经本部院派员复查，应俟复到核办后，再行札知可也。此复。

《浙江谘议局文牍》第二编，第28—29页

本局呈请抚部院查办平阳局卡勒短收捐洋价并饬查各属有无前项情弊文

宣统二年四月初二日

为呈请查办事。本年二月二十六日奉抚部院批答议员王理孚质问书，上年十二月札发《厘捐革弊议案》，饬议施行方法，当经该局详复文内声明，各卡收捐银圆价目，每洋一元作制钱一千文，本年正月二十一日批示照准，即于二月初十日通行各局卡遵照在案。温、处两属洋水名目，自接到厘饷局前项通行之后，自当一律消灭，再行电饬遵照，以免参差等因，具见抚部院革除积弊、利商便民之至意，钦诵莫名，乃三月二十四日平阳商会总理陈锡琛等电致本局称，平阳厘局对于纳捐洋价，藉口未奉明文，坚作九六申算等语，续又接该总理暨全体商民函同前因。本局当于二十八日开协议会讨论此事，佥谓《厘捐革弊议案》久经公布施行，厘饷局遵照批示通行各局卡之期几及两月，即奉抚部院电饬亦已一月，该局犹敢藉口未奉明文，任意抑勒，其为违法无疑。按《谘议局章程》第二十八条，本省官绅如有纳贿及违法等事，谘议局得指明确据，呈候督抚查办。今平阳厘卡于叠奉饬革之洋水名目，抗不遵照，自应遵章纠举，呈请抚部院切实查办违法勒收情形，严加惩处，一面饬查各属有无阳奉阴违、仍前弊混之处，以苏商困而期实行。为此备文呈请抚部院察核施行。须至呈者。

抚部院增批：据呈温州平阳厘局收捐洋价尚有抑勒情事，如果非虚，殊属违玩，应即从严澈查，一面重申禁令，以纾商困而示划一，候札饬厘饷局委员据实密查详复核夺，并由局再行通饬各局卡遵照办理。此答。

《浙江谘议局文牍》第二编，第37页

本局呈请抚部院札饬厘饷局查办长兴卡托名巡船常泊画溪桥截路起捐文

宣统二年四月初三日

为呈请事。阅三月二十四日《浙江日报》载，厘饷局札湖郡局文云，据长兴卡员范令禀报棍徒毁船殴丁、遗失联票等情，据此，除批：查设立收捐水卡，理应专文禀候核明批准，方为正当办法，画溪桥驻泊巡船，虽据报称相沿已久，自系杜防偷漏起见，何以携带联票收捐？又与巡船名义不符，办理殊属率忽，但商民人等果有怀疑之处，理应禀候核示遵行，乃辄敢聚众挟带枪械，毁船殴人，并攫取联票、银洋、衣物，实属目无法纪，若不查拿为首滋事之人，从重惩办，曷以儆刁风而维厘务。候即遴派妥员驰往长兴，会同府县查明画溪桥地方是否为奸商偷漏捷径？该处酌设水卡于捐务、商情有无裨益？一面密拿首要惩办，并先由府、县明白出示晓谕，仍行湖郡局通饬各卡，如遇丰字一千四百六号至一千五百号联票过卡，即行扣留禀究，以杜朦混，仰即遵照，仍候抚宪暨藩司衙门批示，缴，等因，印发并饬委徐倅前往会同查明禀复外，合行抄禀札饬等因。本局详绎批词，与前奉抚部院批准公布施行议案办法显异，正拟备文请示间，复据长兴县高等小学堂校长廪生费泳翔、中区初小学堂校长附生许熊祥、求是初小学堂校长贡生朱玉麟、东城初小学堂校长附生丁绍鸿等函称，画溪桥地方向无厘卡，近来厘捐局假名巡船，常泊该处，挂张丰、乐桥分卡旗号，截路起捐。今年官报所载长兴厘卡表内，并无画溪桥分卡名目，贵局《厘捐革弊案》内又有不得托名巡船、常泊向无厘卡之处截路起捐之条，况长兴连年荒歉，人民饥困，一年生计，全在蚕桑，现在正值育蚕之际，乡民典衣借贷，购买柴炭，以备缫丝之用，该处巡船，凡遇柴炭船只，勒捐甚苛，以致激成众怒，于三月十二日因截捐做丝柴炭起衅，将“丰乐桥分卡”五字旗号拔去，并将卡船捣毁，由长兴县文令暨厘局委员范令驰禀省宪。夫乡民打毁巡船，实属无意识之举动，然贵局决议案系本省单行法律，而官厅私设巡船，其有意违法已昭然若揭，且十六日修发匠捣毁警局一案，据本月二十日《浙江日报》所载长兴县文令驰禀省宪电文，复以乡民捣毁巡船为前提，无非故意罗织，以重乡民之罪，则官厅对于人民压制之手段，益形（很）〔狠〕毒。窃思人民犯法，例有明条，至于官厅违法，则按《谘议局章程》第二十八条，贵局有纠举事实、呈请抚宪查办之权，为此据实奉闻，伏乞核议，以抒民困等情。本局当于上月二十八日开协议会讨论此事，佥以《厘捐革弊案》第一条第二项规定各属不得增设局卡，并不得托名巡船常泊向无厘卡之处截路起捐。今年官报所载长兴厘卡表内亦无画溪桥分卡名目，即厘饷局亦以该卡未经专文禀候核准，又谓携带联票收捐与巡船名义不符，实已洞悉其弊，乃仅仅以办理率忽，轻为开脱，一面复委员会同府、县查明该处酌设水卡有无裨益等因，是长兴卡尚托名为巡船而厘饷局竟欲增设水卡，其蔑视抚部院公布施行之议案一也。总之，乡民因苛捐积愤，遽滋事端，诚不免蹈无意识之咎，业已由官查究，然追原祸始，皆卡员私设巡船、违法勒捐有以致之。厘饷局不批饬立行禁革，又以是否奸商偷漏捷径为词，希图增设，显与议案歧异，若不遵章纠举，则凡公布施行之案，势必尽失效力。本局有维持议案之责，应请抚部院迅赐札饬厘饷局照案办理，凡有增设局卡或托名巡船常泊向无厘卡之处截路起捐者，应如何明定惩罚，以抒民艰而符原案。为此备文呈请抚部院察核施行。须至呈者。

抚部院增批：查长兴卡驻泊画溪桥巡船被毁失票一案，迭经批饬委员驰勘查办，并据该卡委员以停征短绌、禀请迅委查勘等情，复经批饬厘饷局饬催委员迅速查复，并查明画溪桥地方是否向系设有巡船，一并详候察夺。据呈各节，姑俟详到再行答复。此答。

《浙江谘议局文牍》第二编，第38—39页

本局呈请抚部院查办革库蔡之邦违法舞弊案文

宣统二年四月二十五日

为呈请事。窃据嵊县士绅卞启运等六十人函称，敝邑已革库书蔡之邦预用空白、私征籍田、不粘司尾税契舞弊，绅士夏韵等分别控告，奉抚院饬臬司转杭州府提讯。该府于蔡一方面概置勿议，反将原告夏韵管押，令人无从索解。此案委有官吏通同舞弊情节，该府似此袒吏抑绅，难保非官官相护。敝邑士绅已通禀抚院、两司，刻尚未奉批示，但此种官吏扶同作弊案件，想浙江全省州县均所不免，伏希查照提议等情，并抄附原案禀批到局。本局当于本月廿五日开协议会讨论此事，佥以是案系就地士绅揭发已革库书违法舞弊各情，讼累经年，迄未了结。查士绅原禀内称，该革库书蔡之邦因私征籍田、税契舞弊，叠控有案，嗣经官绅合议罚款，拨充学堂、习艺、巡警局、初选举等处经费，从宽保释，事已垂结，乃裘进云故兄占浦与蔡之邦同充库书，有库帐纠葛未清，会蔡被控在押，缴洋保释，裘进云于心不快，乃邀同房族裘钟鳌等列名上控，其意在挟制该革书速清库帐，并非反对官绅前议，而该革书亦即将认罚自赎一节抹煞图翻，杭府谳局委员于该革书一方面概置勿议，反将原告夏韵管押等语。夫夏韵等身列士绅，所控各情果有确据，不得以事不干己责其不应揭发，究竟籍田应否征租，税契是否粘尾，官吏果否通同舞弊，是当澈底根究。至该革书蔡之邦认罚之款，前既由学堂、习艺等处各出收据送地方官转详有案，是夏韵并无别情可知。事关士绅举发库书违法舞弊，控而得实，反与违法舞弊者同处拘留，何以祛蠹害而顺舆情？况案延不结，拖累滥押，久经抚部院通饬严禁在案，此案是否袒吏抑绅，应请抚部院迅予札饬查办，诚为公便。为此备文呈请抚部院察核施行。须至呈者。

抚部院增批：来牍阅悉。查此案前据臬司详复，原告夏韵等既未到案，该革书蔡之邦所称捏名背列各情，无凭质证，自应饬传解省质讯。至该革书印票，既非伪造所罚之款，殊觉无名，应俟结案后查明酌办等情到本部院，当经批示即由司札饬嵊县速传原告夏韵等、裘钟鳌等解省质审详办在案。似此办理，原为澈底澄清，力杜朦混起见，然书吏舞弊，有干例禁，一经查实，自应从重惩办，希候札饬按察司转饬杭州府迅即查案，秉公审讯，详候察夺可也。此答。

《浙江谘议局文牍》第二编，第55—56页

本局呈请抚部院派员查办上虞县捣毁学堂等案并饬护持文

宣统二年四月二十九日

为呈请事。据上虞县学堂堂长徐绍谦、自治事务所坐办金保稚、劝学所总董章明等函称，敝邑县学堂、教育会、劝学所、统计处、自治研究所五处，突于三月十五日被南乡十九都痞匪王阿尧、石采缘、糜梦照等胁众捣毁一空，损失一万六七千金之多。自事出后，省宪叠饬府县严办而因循至今，一无办法，匪党得志，愈形猖狂，近更藉端煽惑，布散谣言，声称某日捣某团体、某日擒某团体之人，风声鹤唳，络绎不绝，官长之畏事与士绅之伤气，至此已达极点。办学之少数士绅，处此隍阢危迫之地，去则受要挟之嫌，留则蒙恋栈之议。至现象之棘手，惟统计处与学堂为尤甚。统计处案牍荡然，无从着手。县学堂则受祸独烈，学生星散，刻虽修复就绪，教员俱系客籍，瞻前顾后，不复敢安然住堂，为另觅小寓安置，学生恐又遭险，招之不来。县校为一邑领袖，将有从此停歇之势，其他各会所，亦以县官不能实力保护，人人碎胆，水消瓦解，恐在目前。当将肇事原由及现在情形陈请到局。本局于本月二十五日付协议会讨论，佥以上虞县学堂、教育会、劝学所、统计处、自治研究所等处被毁一案，事已月余，地方官既不能消弭于事前，复不能维持于事后，任令各种机关停滞不行，迄无正当办法，因循坐误，咎实难辞。查宪政急资进行，教育方宜普及，岂有业已成立之学堂处所忍听摧残之理？应请抚部院特派贤员驰往查办，一面札饬该府厅、州、县将各学堂处所加意护持，不至有妨宪政及教育前途，所关实为重大。本局有代表舆论

之责，为此备文呈请抚部院察核施行。须至呈者。

抚部院增批：来呈阅悉。查上虞痞棍王阿尧等聚众扰害学界，捣毁各学堂，前据县府及堂长徐绍谦等先后电禀，叠经批严饬勒限拿办，并饬藩、学两司严定嗣后厅、州、县闹学处分，业经由司会详批示通饬遵办在案。据陈各节，希候札饬学司查核办理。此复。

《浙江谘议局文牍》第二编，第62—63页

本局呈请抚部院查办违法官吏文

宣统二年五月初四日

为官吏违法指名确据呈请查办事。窃查各属征收钱粮，洋价不得抑勒浮收，久奉通饬，嗣本局叠经各属士绅陈请代达困累情形，又经一再呈请照市作价，均奉抚部院批准通饬各府属据实查报并速撰告示札发各属城镇乡实贴各在案，具见抚部院对于官吏之诛求、人民之困苦，诰诫谆谆，实已无微不至。惟是违例虐取处分，本极森严，各州县之敢于阳奉阴违者，大都恃大吏耳目难周，即或别经发觉，又必派该管道府或委员查复，该管道府等多守官官相护之积习，未肯破除情面，据实禀复，法弛玩生，实由于此。然从未有明目张胆、贪赎无忌如本局现称温州乐清县余令之甚者。本局前月叠接乐清绅民函电，以该县余令征粮洋价抑短九百一十文，大张晓谕，勒限五日，纷纷差提，民不堪命，呈请纠举到局，当以所指各节诚为违法之尤，惟未见确据，未便率请查办。函复去后，兹据该绅民等复将余令告示揭寄前来，盖有县印，非可伪造，足为抑勒浮收之铁证。查内开本邑征粮洋价每元作钱九百一十文，全靠洋水藉资贴补等语，竟视非分之苛敛重于应完之正供，其事已堪骇异；又谓欲将钱粮洋价划一规定，无非煽惑愚民挟制官长；又谓百姓自己名下应完钱粮为数有限，即照九百一十文洋价核算，所费亦属

无多，何必听信匿名传单，自取抗粮之罪。皆明明以愚民为可欺而官长不妨婪取，逞其意所欲言，口吻几同市侩。夫征粮洋价一事，绅民之请愿，抚部院之饬查，业已数月于兹，而余令竟若罔闻知，一则曰匿名广告，再则曰听信传谣，勒限五天，追呼四出。知愚民畏差追之累，而即以差追恫吓之；知愚民惧抗粮之罪，而即以抗粮挟制之。知有己而不知有民，并不知有法，昏谬至此，实为未之前闻，自非呈请抚部院迅予查办，据实严参，不足以儆官邪而昭炯戒。为此备文粘据呈请抚部院察核施行。须至呈者。

抚部院增批：呈悉。候札饬布政司委员据实查明详候核办。此答。

《浙江谘议局文牍》第二编，第66—67页

本局呈请抚部院查办乍浦厘局抽收厘捐不用龙圆一面饬查各属有无阳奉阴违文

宣统二年五月二十五日

为呈请查办事。阅五月初五日《全浙公报》登载乍浦厘局于四月十五日发贴告示内称，照得本局于宣统二年三月十八日奉府局宪英札开，本年三月十五日奉厘饷收支总局宪札开，照得各卡抽收厘捐，以洋作价完缴，事属便商，惟洋价随时长落不齐，因而各卡未能划一，至商人滋生疑窦。前经议定报明，每月洋价，无论有无长落，总于上月下旬预颁下月收捐洋价，条示填注明白，盖用关防，发给晓示，并经本局通饬自光绪二年十月初一日为始统收鹰洋，嗣于二十一年十一月间奉前抚宪廖札饬广东、湖北两省铸造大、小银圆一体行用，旋因龙圆价值市中稍有参差，复经通饬暂停收解各在案，合将颁给条示札发，札府转发各卡实贴门首，俾众咸知等因转饬到局。奉此，查本局奉颁每月洋价条示，皆标明每鹰洋一元作钱一千文，历经张贴、照解在案，各商贩亦皆遵照折缴鹰洋，从无

异议。乃近有援上年谘议局《通用龙圆规则议案》冀以龙圆充缴者，殊不知此项议案虽经登报公布，本局至今并未奉到饬知，且细译“通用”二字之义，亦要推行一般社会、俱能适用为原则，鹰洋、龙圆之不能平等通用，市面价值不能平等为之也。因参差而生轩轾，因轩轾而分通塞，举市如此，毫无更改，独责一人一事之平等，通用其可得乎？故通用龙圆，必先使与鹰洋同一价值，惟商界有原动力，而财政机关仅知相时出纳，退处于无权。当兹金融紧急之时，本局逐月解省捐款，若概辇现银，则经济之恐慌立见，而交庄汇解，则贴水之障碍丛生，纵能收，仍无从解，孰使之然？今者既奉最近宪札，仍援向章饬将龙圆暂停收解，则本委员对于龙圆只得以预备通用为心，而以暂停收解为务，恪遵功令，并按定价一律折收鹰洋，其有持龙圆来局完捐者，只得照章谕令退换，以重职守，俟市上价参差，汇解无阻，再当体察情形，禀宪办理。诚恐商民未尽周知，或生疑窦，除备文照会商会劝谕外，为此出示晓谕等语。嗣后接乍浦商会函称，该局近照会敝会，明言不用龙圆，谨抄粘原文等情到局。本局复阅，与该局门首示文略同，当于本月十九日付协议会讨论，佥谓通用龙圆一案，久经抚部院核准公布施行，并经批饬官报局刊布周知，各属均有遵守之义务，实与已奉到饬知无异。该局示文犹取藉口此项议案虽经登报公布，尚未奉到饬知，寻译语意，显认官报公布为无效。夫通用龙圆，原欲尊重国币，国币之制，必以力求信用为先，而信用尤视官收为准则，故课税纳粮，均应征解并用。盖官用既多，则市上银币之周转力自渐趋重于龙圆，而墨银之信用力势必因而减削，乃该局示文复断断以市价不齐为辞，甚至谓有持龙圆来局完捐者，只得照章谕令退换，任意抗拒，一无顾忌，其为违法无疑。然厘饷总局之札文，亦属荒谬，查阅收解厘捐不用龙圆之通饬，明明系在本案未布之前，现在既已公布，自应遵饬各局卡对于龙圆一律照收照解，以为民倡，不谓厘饷总局竟置议案于不顾，又复重申昔日通饬之文，责以违法，咎亦何辞？本局有维持议案之责，谨遵局章第二十八条之规定，纠察呈请抚部院迅赐查办，严加惩处，一面饬查各属有无阳奉阴违、仍前抗用之处，以保议案而期实行。为此备文呈请抚部院察核施行。须至呈者。

抚部院增批：来牍阅悉。查此案前据藩司详复，各局卡完捐，龙圆一律收用等情，即经批令通饬各局卡遵照办理在案，乍浦厘局何得阳奉阴违，仍复抗用龙圆，殊属不成事体，候饬布政司迅即严密查察核议详夺，并查明各局卡现在是否一律遵办，倘有仍前抗用情事，即由司核议详候严惩，决不宽贷。此答。

《浙江谘议局文牍》第二编，第81—82页

本局呈请抚部院委查宁波北门卡违法加捐并查各局卡自革除洋水后有无巧立名目文

宣统二年五月二十六日

为呈请事。窃据宁波鲜咸货行鼎丰、瑞昌、万成、公茂、正大、慎生、宏源、恒升、鸿顺、广润、万泰、东升、恒顺等略称，整顿厘卡积弊，划一洋价，甬上各商咸深感戴，不意三月廿一日忽奉宁波府示谕，谓据北卡王令朝俊禀称，议革洋水，应将各货斤两加足云云。查光绪廿二年改章至今，叠次提议加足，每袋辄以二十斤为统盘，业已加过四次，本无不足，商民等此次因革除洋水，反累添加正捐，其勒索苛扰较前更甚。阅三月十五日报载厘饷总局批宁郡局禀云，查宁属收捐洋价，历据该郡局报明每元作制钱一千文，北门卡王令辄敢任意短缩，此次饬由该郡局派委澈查，犹复藉口津贴局用，并以从前曾在盈余项下开报等词哓哓饰（辨）〔辩〕。殊不知盈余一项，光绪二十九年间早经通饬填票归正，即不应再有洋水名目，其所以饬令归入正捐者，原因各卡种种流弊，每以盈余为词，是以有釜底抽薪之举，该卡委于已革之弊犹复强词辩证，实属荒谬。收捐著有定章，本不容相沿习惯，擅自变通，开支亦有定额，岂能以不敷局用巧为抵饰？卡员果无丝毫贪取，司巡何能要求分润？本局议详《〈厘捐革弊案〉施行方法》，业经奉准通行在案，该卡当亦早已奉到收捐洋价，断不准稍有抑勒，各项规费暨得贿私放以及无票提捐等各种陋习，均应革除净尽。此后如再有违章妄取情事，一经举发，或由本局调查明确，定以违法论，从重详请惩处。该郡局有督率之责，亦应就近严密查察，随时据实禀揭，如果扶同徇隐，同干重咎。所拟练兵经费就正捐内划出再行作比办法，尚属允当，仰候详请抚宪核示遵行，缴，等

因。是该卡之违法巧取，早在前厘饷总局洞鉴之中，批示不可谓不严厉，乃该卡委王令竟趁鱼汛最旺，即甬谚所谓洋生之时，运动郡局出示，明目加捐，需索留难，不可殚述，以致商市疲滞，销路壅塞，怨声载道，敝业不得已于前月十三日禀府求免再加，准与不准，至今无只字批下。伏思此次明明因革除洋水生出加捐一事，所革者一成，所加者二成，商民何堪受此变本加厉之敲剥等情。并抄附甬府告示一纸陈请到局。本局查宁郡局告示内称，查洋水一项，相沿已久，今将前项洋水革除，而将各货斤两加足，虽于商人并无损益，然事章恐未能一体周知，应请颁发告示，庶各商不致有违抗情事等情前来，应准给示云云。又言洋水既已革除，各货斤两务须一律加足，重言申明，无非谓加足斤两，系因革除洋水而来，措词离奇，颇堪诧异。夫厘局具有定章，遵章收纳，本不容上下其手，据该鲜、咸货行公称，自光绪廿二年至今叠次提议加足，每袋辄以二十斤为统盘，业已加过四次，本无不足，乃该卡员王令对于革除洋水一事，既以津贴饰（辨）〔辩〕于先，复以加足抵制于后，是否藉此为需索留难地步，诚所难料，该郡局不遵饬就近严密查察，遽准给示，似亦不合。且指明系为革除洋水发生，以致无论足与不足，概加二成，诚有如该商民所云革其一而加其二、反受变本加厉之剥削者，恐非抚部院体恤商艰、革除弊混之至意，应请迅赐札饬藩司委员据实澈查核办，一面饬查各局卡自前项洋水革除后有无违法巧取各情，以警官邪而苏商困。为此呈请抚部院察核施行。须至呈者。

抚部院增批：呈悉。宁波北门卡抽货捐现拟加足斤两，是否确系变本加厉之举，应即查明核办，希候札饬藩司查照来呈各节澈查详夺可也。此复。

《浙江谘议局文牍》第二编，第83—85页

本局第二次呈请抚部院查办仙居防营焚杀乡民文

宣统二年六月初二日

为呈请迅赐查办事。本局前因仙居县朱溪镇乡民捣毁盐号，台州防营邀功激变，屠戮焚毁各情，于三月十二日呈请抚部院遴委廉明大员前往切实查办，奉批：来呈阅悉。查此案业经本部院派员复查，应俟复到核办后，再行札知等因在案。旋据该地被害乡民，扶老携幼，背负冤词，纷纷来局陈述当日情形，声泪俱下，其惨酷无人理，多有为本局前呈所未尽者。又有谓未设谘议局以前所受困苦，不过水旱盗贼，尚未有官兵擅行焚杀之事，今生命财产更不能保，又将何从呼吁。言者酸鼻，闻者疚心，本局实无词可对，当告以业经呈请查办。抚部院痌瘝在抱，必有以伸冤抑而顺舆情，劝令回籍静候，免致流离失所各等语。该乡民亦即掩袂逡巡而去，此四月初二、初三等日事也。嗣知此案已奉札饬宁绍台道亲往该县秉公确查，妥筹办理，具见抚部院慎重民命之至意。顾本局对于此案，有不能不再为抚部院陈者。查此案关键全在是否土匪为断。报载仙居县高令当日示文。略谓盐斤加价，系奉部特饬，际此米珠薪桂之时，该土匪等原属受累，然亦只好勤俭度日，自谋生计，即或万分困难，或者来县呈求，可代转详，不应挟持盐号云云。措语偏激，姑不具论，惟一则曰盐斤加价，再则曰挟仇盐号，可知此事实由盐号而起，此足证其非土匪者一。三月二十九日，台州旅省绅学界开会集议雪冤善后事宜，其时台州府启守亦适在省，到会演说，深表同情，此足证其非土匪者二。冒捏绅士张淮桢等之公呈，其铺张统领管带德政者，无非指民为匪，掩罪居功，幸经张绅淮桢亲向抚部院剖析背列，且一再禀陈，言皆切直，是前项公呈不问而知为营员贿嘱捏递，此足证其非土匪者三。前月乡民来省赴愬者，不下百数，皆系被害最烈之人，就令冤白事明，业已身亡家破，该乡民等忍死守法，沿途绝不闻有滋扰情事。本局劝令回籍，则允回籍。抚部院谕勿逗留，则不敢逗留。此足证其非土匪者四。其余种种情节，已具前呈中，不复赘陈。盖自该防营屠戮焚毁以来，绅民奔走呼号，委员络绎不绝，其残暴罪状，彰彰在人耳目者，则地方官亦不能再为掩饰弥缝。矧前案尚在严查，酿祸又复叠见，太平则有惨杀牛贩之案，黄岩则有越境滋扰之案，又叠经该地绅耆控，奉抚部院查明确实在案，似此殃民不法，讵能稍事姑容？乃自江革令文光撤差，复因他事奏劾永不叙用外，余均逍遥如故。小民何罪？已死者不能复续，已破者不能复完。本局以为宁绍台道桑道，奉到前项札文后，必已力疾从公，遵饬妥筹办理，否则亦念事关重大，呈请改派贤员迅速前往，俾伸法纪而安民心，乃数月以来，如置高阁。近阅报载民人王森礼禀奉抚部院批示，始悉桑道因病请假，是以从缓。是桑道之病一日不愈，小民之冤即一日不伸，水火之援，云霓之望，无怪乡民迫不及待，再三哓渎于抚部院之前也。应请饬下桑道，如已病痊，迅即遵照前札办理，抑或实未能往，恳乞抚部院另委廉明大员，克日前往查复核办，以平怨讟而肃纪纲。事关防营屠戮焚毁，本局为人民陈冤抑起见，为此呈请抚部院迅速施行。须至呈者。

《浙江谘议局文牍》第二编，第 88—91 页

本局第三次呈请抚部院查办仙居防营焚杀乡民文

宣统二年七月十四日

为呈请事。窃本局前因台属仙居闹盐一案，防营肆行焚戮，一再呈请迅委廉明大员前往切实查办，于六月十四日奉抚部院批：来呈阅悉。查仙居闹盐一案，诚如来呈所称，此案关键在是否土匪为断，可谓一语破的。但所列四证，俱证其为良民而非土匪，乃仅据一面之呈诉，而未悉全案之内容。何则？谓其尽属土匪固不可，谓其尽属良民亦不可；谓盐号苛待良民则可，谓抢毁盐号者尽属良民则不可；谓官兵剿匪累及良民则可，谓官兵所剿杀者尽属良民则不可。查是案起衅之始，缘上年十二月十三日米坑人张大牛，及十九日米坑张姓，先后向朱溪盐号

买盐，与号夥盐勇始而争骂，继而殴打，以致抱恨而去。二十七日，遂有抢毁埠头王盐号之事。然使果为闹盐泄忿起见，应在朱溪，不应先至埠头王，盖结怨于米坑人者朱溪盐号，与埠头王盐号无涉也。且米坑东至朱溪三十里，西至埠头王则六十里，何以舍近而就远，则有意图劫盐厘，显而易见。图劫不遂，因而抢掳号内银钱什物，焚毁帐簿房屋，曾谓良民而若是乎？且查埠头王与皤滩，仅隔一水，皤滩防营潘哨弁，闻风率勇追捕，弹毙黄小虎一名。该匪遁归，经过上张，姚哨弁率勇截击，擒获周昌六一名，求保不允，因图截夺，姚哨弁恐蹈纵匪之咎，当阵斩讫。匪众遂群相格斗，戕毙官兵三名，枪械并遭劫夺，曾谓良民而又若是乎？二十九日，匪复胁众二三千人，各执枪械旗帜，拥至朱溪，围劫盐号，枪毙栈丁唐秀富、曹振钧二名，并毙防勇五名，欧哨弁亦受枪阵亡，并遭剖腹之惨，曾谓良民而又若是乎？迨正月初二日，江管带率勇驰至朱溪，竟被围困，幸朱溪绅士朱子渊等，见官军危急，集土人二百余帮助守村，始支持一昼夜。初三日常统领率队驰至，由官屋庄山口攻入，励兵奋击，阵斩四匪，解朱溪之围，曾谓良民而又若是乎？且搜获张大牛所散票布，上写二十九日大会朱溪盐店，不去摆灶等语。又据上张绅董张鹏程呈缴匪票，上写合同到地，火速兴兵，初五日大会进城等语，是何等口吻，曾谓良民而又若是乎？常统领解朱溪围后，李管带学周亦于是晚驰到，该匪虽云败退，犹麇聚大洪庄，负隅死抗。初四日，常统领与李管带分兵进攻，兵勇将匪踞周姓高屋焚毁，不意藏有火药，轰发延烧多屋，是役计擒斩匪首周景岩一名，击毙匪党九名，并夺获大炮二尊，令旗刀枪多件，又搜获所失后膛枪二十七杆，曾谓良民而又若是乎？以上各节，经本部院一再委员密查，所报情形及仙居士民先后呈禀所述情形，互相印证，多属相符，自系实情，可无疑义。夫抢盐号，劫防哨，戕弁勇，围困官军，匪势如此其猖獗也。散票布，树旗帜，持枪械，约期进城，匪迹如此其昭著也。惟此案聚众至二三千人，所散票布，明言不去摆灶，则被胁者岂无良民？官军焚毁匪巢，因火药爆发延烧房屋四百余间，则殃及者岂无良民？故曰谓其悉属土匪固不可，谓其尽为良民亦不可也。本部院对于此案，追原祸始，实由于江管带之闻报迁延不进，以致酿成燎原之势，故先行撤差，继即参革，其李管带则准其销差，常统领则降为帮统，并调他防。盐号则议撤销，收回官办，皆所以隐为此案之善后办法也。然不欲明言之者，实以正直之民气，虽属宜扶；而诪张之匪情，则不可长；受累之良懦，固属宜恤；而凶暴之匪首，则所必惩。办理稍一不慎，必致难得其平。今因来呈为人民代陈冤抑起见，用特开诚布公，将委员迭次密查所报告，士民先后呈禀所陈诉，与本部院办理此案之始末缘由，综其梗概，详晰答复。至前委桑道往查，该道因病请假，未即另委他员者，亦以仙邑为该道所统辖，该道办事素称明慎，得其前往，自能持平办结，候再札饬该道，一俟病痊，迅即驰往查复核办可也。此复等因。奉此，具见抚部院虑远思深，于慎重民命之下仍寓禁遏匪源之意，反复详示，钦佩莫名，惟谓本局所列四证仅据一面之呈诉，而未悉全案之内容，则尚有未蒙俯加察核者。查此案始末，酿祸始于盐号，激变由于官兵，尽人皆知，无可为讳，本局调查所得，仍复参以公牍，征以舆论，益见府县防营禀报土匪之说不足信，前呈所列四证，第就最近最浅而论，诚未足以尽其词。然一证之于高令示谕，二证之于启守演说，三证之于张绅淮桢公呈全案内容，已思过半，本局实未尝仅据一面之呈诉，即第四证似乎据来省赴愬者言，然目击流亡，行道怛恻，必谓将填沟壑之老弱，实即应膏斧钺之莠民，则本局诚有未敢附和者。查正月间高令佳电，谓细察匪情，变起仓猝，又谓此次盐号失事，实系匪类见财起意纠劫，此外别无办理不善，乃不揣其本者，辄以事起盐号，遽加民变之谣云云。夫既谓事起盐号，变起仓猝，则非有图谋不轨。可知乡民捣毁埠头王之时，闻潘哨弁至，已自一哄而散，使当日办理稍慎，一面妥为弹压，一面责令该村交出为首滋事之人惩治，则一狱卒足了矣，何至贻后日不可收拾之势？乃高令听舆人之诵，而反据为先入之言，民变之谣，得无内疚？此本局所不忍指为匪者也。谨按抚部院批示，谓结怨于米坑人者朱溪盐号，与埠头王盐号无涉，且米坑东至朱溪三十里，西至埠头王六十里，何以舍近而求远，同有意图劫盐厘，显而易见，此殆据该地文武报告之说也。以本局所闻，则盐号结怨不独朱溪一处，怨盐号者亦不止米坑数人，是以一闻闹盐，群起响应。惟其不在朱溪而先至埠头王者，则亦有故。盖最初附和闹盐之人，皆埠头王邻近各村居多，又以朱溪有防营驻扎，而驻扎皤滩之防营，离埠头王尚五六里，乡民有何知识，彼其意固欲尽毁盐号而后快，而不料官厅之即以图劫盐厘定爰书也。且果系土匪图劫不遂，安有不波及其余者？而何以该处殷户无恙焉？他人开设之盐号亦无恙焉？此又本局所不忍指为匪者也。谨按抚部院批示，谓潘哨弁率勇追捕，弹毙黄小虎一名，该匪遁归，姚哨弁率勇截击，擒获周昌六一名，求保不允。此必据该地文武报告之说也，则是该地文武所指为匪者始。但逋归既未尝拒捕，继但求保又不敢抗官，抑亦未始无可原矣，设非劣弁邀功妄杀，又何至酿成格斩乎？激水在山，咎果谁属？此又本局所不忍指为匪者也。所可罪者，伤亡欧弁防勇，实处无可解免之条，然其所以至此者，亦与土匪之有心仇杀官军有别，盖自上张激变后，联合有若干庄，聚集至千余人，未闻复向潘、姚二哨弁寻仇。而拥至朱溪，仍不外以闹盐为迁怒泄忿之计，故于二十九日围盐号，毙栈丁，防营出迎，复演兵民交哄之剧。其故由于该邑风气刚劲，教育又未普及，平日祈雨争水，稍涉公共之事，动辄聚众，每有不去摆灶等口吻。张大牛者，愚蠢人也，亦即深仇盐号之人也，其无意识之举动，固可想见，然要不能执乡愚片纸只字，与革党会匪之票布齐观。故谓暴动则可，谓为作乱则不可，此又本局所不忍指为匪者也。谨按抚部院批示，谓常统领解朱溪围后，李管带学周亦于是晚驰到，该匪虽云败退，犹麇聚大洪庄，负隅死抗。初四日，常统领与李管带分兵进攻，兵勇将匪踞周姓房屋焚毁，不意藏有火药轰发，延烧多屋云云。此则不知抚部院据该地文武报告而言，抑据委员报告而言也，异乎本局所闻矣。夫以居处所在之地而指为麇聚，以株守家室之人而指为负隅，于情已属不通，即使实有匪徒杂迹其间，亦宜分别莠良，断无全付一炬之理，乃大洪庄数百户全庄悉成焦土，此其惨酷为何如者！火炎昆冈，玉石俱焚，抚部院亦尝痛乎言之矣。果由药发延烧，何以府县防营电禀，均未之及，岂当时不及装点，而必待事后补详欤？抑遗此罅漏，留待委员查复弥缝欤？不知村舍散落，与繁盛市镇之鳞次栉比者不同，必不能延烧多屋，且必不能延烧数里及数十里外之上王、周墺坑、田洋、王家塘等庄之多屋，火烈具举，非师武臣力，曷克至此？乃犹卸罪铸狱，冀以上掩抚部院之明，则欺人直不以其方矣。此又本局所不忍指为匪者也。谨按抚部院批示，又谓此案追原祸始，实由江管带之闻报迁延不进，以致酿成燎原之势，故先行撤差，继即参革。然查启守、常统领正月虞电，则适与之相反，该电谓管带向驻郡城，江文光新派接管，二十八日甫经前管带移交公务，江管带先于二十九日闻谣，即于是晚出队办理，本为迅速，并无延玩云云。夫迅速延玩，岂能掩人耳目？顾犹扶同徇隐甘以自欺者欺抚部院，则凡可为防营诿过邀功者，夫又何所不至？明明追戮逃民而曰搜捕余匪，明明屠洗村庄而曰平毁巢穴。将错就错，公道何存？此又本局所不忍指为匪者也。本局查防营焚杀之事，多在正月初四日以前，而桑道十七日电文，尚云匪首未有确名，此亦足为酿祸激变之铁证。迨祸变既出，杀者杀，焚者焚，而兵刃余生，又复串同就地劣绅，挨户苛派兵费，设非启守示禁，则遗毒更不知胡底！今江管带之迁延不进，已奉抚部院惩处矣，然姚哨弁之轻妄、李管带之残暴、常统领之颟顸、府县各官之蒙蔽、士绅项梦罴等之勒派滋扰，其情节轻重不同，而其所以陷民为匪者则一也。充其所至，长沙、莱阳之乱，又何不可再见于吾浙哉！抑本局更有进者，抚部院宣示此案始末缘由，系据叠次委员密查所报告，士民先后呈禀所陈诉，本无丝毫成见，然官场查案，往往窥测上司意旨，以为办事之方针，今见于李管带准其销差，于常统领予以他调，于盐号业议收回官办，善后办法毕具于斯，则后之奉檄前往者，亦不过重言申明，为办结是案之收束，虚行故事，庸有济乎？桑道办事明慎，固知决不至此，然论者已不无鳃鳃过虑矣。所可信者，抚部院既未尝袒官，本局亦决不至庇匪，只以事关多数生命财产，为民为匪，查核不厌周详，委员迭次之报告，颇有烦言，士民先后之呈诉，不无捏冒，究竟委员密查几次，士民呈禀各若干，恳乞抚部院准将关于是案之公牍、禀件，一一宣布，藉以辨虚实，证是非，而亦表明抚部院开诚布公之旨。一面札催桑道仍遵前饬迅往确查，据实禀复核办。如本局所陈不谬，应请将不法之官兵严加惩处，庶有以平民怨而儆官邪。为此备文呈请抚部院察核施行。须至呈者。

抚院增批：来呈阅悉。按照《谘议局章程》第二十六条，谘议局于本省行政事件及会议厅议决事件，如有疑问，得呈请督抚批答。第二项若督抚认为必当秘密者，应将大致缘由声明。又案语：本条系申明谘议局于本省政务有与议之权，盖有问必答，虽秘密者，亦当说明其大致缘由，至详细内容，毋庸宣示等语。查仙居一案，办理尚未结束，本部院现认为必当秘密之件，且来呈要求将全案宣布，案既未结，实属未便遽行宣布。缘此案前据桑道查复之际，适值启守调署金华，应俟嵩守到任，方能责令将此案办结，彼时自宜宣布。现合将大致缘由先行批答，希即查照。此复。宣统二年十月十六日。

《浙江谘议局文牍》第三编，第9—13页

本局呈请抚院嘉秀办差船所勒索经过船费应请查办文

宣统二年八月初三日

为呈请事。据嘉兴商务分会函称，嘉、秀办差船所，系承办差徭而设，其所址在郡城北门外城汇上，凡经过空船，每只收钱一百六十文，以供该所雇船办差之费。《禁革地方差徭案》公布后，该所尚未裁撤，殊为违背议案，应将该所收费证据粘呈，即祈付之协议，呈请查办等情到局。本局业于七月二十八日协议会公同讨论，佥谓《禁革地方差徭规则》一案，原为革除勒索起见，各厅、州、县自奉到正式公布后，凡为承办差徭专设之各局、所、行埠等，计当一律裁撤，自不能再有给发官价名目，不谓嘉、秀办差船所迄未裁撤，犹敢明目张胆刊印卸空票勒索经过船费。该县置之不理，自非遵章呈请抚部院迅赐查办，酌量惩戒，一面饬令即日裁撤，则议案为无效，公布亦具文。为此粘据呈请抚部院察核施行。须至呈者。

计粘嘉、秀办差船所卸空票一纸。

抚院增批：地方差徭，暨凡承办差徭之各局、所、行埠等，业经本部院通饬禁革裁撤，来呈谓该县尚有办差船所勒索经过船费情事，殊属违背定章，希候札饬嘉兴府立即查办，酌量惩戒，一面勒令克日裁撤，以符议案。此复。粘票存。

《浙江谘议局文牍》第三编，上卷，第42—43页

本局呈请抚院查办劝业道暨杭州商务总会违背通用龙圆议案文

宣统二年十月廿日

为呈请查办事。本月十四日奉抚部院批答议员黄赞羲质问书内开：又问新昌、嵊县、桐庐、分水等县征收钱粮，于龙圆必短折贴水，格外抑勒，征诸《通用龙圆议案》第三条，是为官之违法一节，查原案第三条只载“再有不收龙圆之事发生，以违法论”等语，并无不准贴水之规定。惟本部院前据藩司详请禁止龙圆贴水，曾经批准照办。嗣于九月间据劝业道详准杭州商务总会函称，龙圆禁止贴水，于商业买卖暗中亏耗甚多，若完粮纳税一体行用龙圆，则将来折合规元，必致愈多亏耗等情，暂请免禁止贴水到院，复经批饬会同藩司妥议去后，现据该司会议详复，亦以龙圆禁止贴水，于商务诸多妨碍为言。是征粮收用龙圆短折贴水，按之原案规定及浙省商务情形，尚无不合，惟各该县收用龙圆，按照市价折算贴水之外，有无格外抑勒情事，自应严行禁止，希候饬司确查严禁等因。奉此，本局当即印刷分配各议员去后，旋于二十日上午开正式会议时，由众议员提议，以上届提出《通用龙圆议案》，系因征粮捐税不收龙圆，以致市上银币之周转力仍趋重于墨银，而龙圆反受短折贴水之病，酌拟办法三条，为暂时补救起见，既经抚部院公布施行，则所谓通用者，自系指龙圆与墨银同一价格而言，本案理由中已明白言之，不得因第三条未曾规定“不准贴水”一语，即可置短折贴水于不问。今杭州商务总会贸然函请劝业道弛禁贴水，又以完粮纳税一体行用龙圆，则将来折合规元，必致愈多亏耗等情，由劝业道遽行详院，迨奉饬会议后，复以龙圆禁止贴水于商务诸多妨碍为言，是官绅违背议案，皆出于明目张胆，公布施行之效力全失，不得谓非违法确据。本局对于议案有维持之责，对于官绅违法有纠举之条，经众决议，呈请查办。为此备文呈请抚部院察核施行。

须至呈者。

《浙江谘议局文牍》第三编，下卷，第57—51页

本局呈请抚院提营委员强派岱山厂户盐引定海厅擅押商民应请查办文

宣统二年十月二十六日

为呈请事。查《谘议局章程》第二十一条左列第十二项，收受本省自治会或人民陈请建议事件，兹本局收受人民陈良桢、刘斌暨恒有厂、年丰厂、茂兴厂、恒昌厂、慧记厂、源懋厂等陈请书一件，内称：窃商等在岱山开设鱼厂，每届渔汛，以本地之盐淹渍鱼鲞，向不领引。光绪三十一年间，奉提营传谕，自本年起加引加课，并将厂户与渔户牵混为一，以为厂户历有册报，亦须照章领引。嗣蒙前运宪崔，吊查历年提营册案，皆是渔户，并无厂户名目，即于是年三月间示谕内开：如系本地设栈腌鱼，收买就地板盐，以供本地之用，似非出洋采捕者可比，毋庸请领引照，该营弁所派兵丁，不得藉口加销，抑勒滋扰等谕在案。光绪三十二年，蒙前运宪信颁给谕单云：厂家亦不得无引，每引准给大钱六百文，该营弁以未遂所欲，延不遵办。至宣统元年九月，蒙前运宪王示谕内开：本司查核岱山各厂户，历系领引配销，均有册报，自应照旧完课，何得藉词违抗等谕。伏思前后三次宪谕，显系自相歧异，商等一再疑虑，爰于本年五月间在前定海厅史案下叩求转详，未蒙照办。迨八月十七日，忽奉现任定海厅牌提岱山各厂户王茂兴等抗不完课。商等复诣定海厅案下具禀剖诉，恳求转详各宪核定，划一章程，俾商民有所率从。不料陈厅宪不察前后案情，不容分别，大示威吓，即将柱首刘宇祥发司羁押，商等闻之，不胜骇异。提营委员胡廷山不照向章，强派各厂每引出钱一千九百文，经纪小民，何能堪此朘削？查盐课向章，厂家向准收买就地板盐，每届渔汛，官厫停收三月，以本地之盐供本地之用，崔运宪前谕，言之

甚详，本无疑义。又查渔盐引课，每引征银一钱九分四厘四毫四丝，每两加河工银三分，又加饭食银五厘，合计每引不过二钱一分左右，乃提营委员胡廷山，藐违前后宪谕，复砌词蒙禀，拘押公所柱首，商民何辜，受其蹂躏。查《谘议局章程》第二十一条，人民有陈请建议之权，为此敬求秉公核议，转呈抚宪代伸冤抑，一面将渔厂应否领引及每引应纳课若干出示，明白晓谕，以便有所遵循，不胜迫切待命之至。谨粘盐引一纸等情。由议员唐凤翔、张传保二人介绍到局。本局经于本月二十二日交常驻议员公同协议，佥以此案先经崔运司示谕，以本地之盐供本地之用，毋庸请领引照。经信运司颁给谕单，每引准给大钱六百文。而王运司示谕，复有查核岱山各厂户，历系领引配销，均有册报，自应照旧完课等语。是岱山渔厂应否领引，自有一定章程，何以三次告谕，前后歧异如此？即使厂户亦应领引，其每引之数，前运司信曾示为大钱六百文，何以提营委员竟得强派每引出钱一千九百文。迨经该商民禀请定海厅转详核定，划一章程，而该厅不察案情，竟又将柱首刘宇祥率行羁押，小民何辜，受此荼毒。详核种种事由，确为官吏违法。公决遵照局章第二十八条，呈请抚部院迅赐查办，一面饬将厂户应否领引？每引是否应纳课若干？明白出示晓谕，以杜弊混而苏商困。为此粘据备文呈请抚部院察核施行。须至呈者。

计粘附盐引一纸。

抚院增批：来牍阅悉。希候札饬盐运司分别确切查明，核议详夺。此复。粘件存。

《浙江谘议局文牍》第三编，下卷，第75—76页

本局呈请抚院查办宁海县张令正芬私派加征文

宣统二年十一月初一日

为知县加征、藩司徇庇呈请查明照例参办事。案奉抚部院札行藩司详复查办

宁海县征粮浮收一案，抄单内开：此案于本年七月初九日奉宪台札饬，据谘议局呈武义、宁海、泰顺等县征粮洋价，仍有抑勒浮收情事，饬即委员密查办理等因。当经颜前司以各属征粮洋价未能划一，迭据绅民指控，酌定每元概作制钱一千文，并刊示通颁晓谕遵办，即宁海洋价。曾据电禀请示，亦经颜前司驳诘，电饬遵示办理，何以该县等尚敢抑勒，即经札委候补知县刘令铭彝赴台属宁海县、凌倅启元赴金属武义县、罗令洪钧赴温属泰顺县，密查具复。现在委赴武义、泰顺二县委员尚未回省，惟据委赴宁海之刘令递到。节略据称，遵于本月初四日驰抵宁海，不动声色，亲诣该县城柜及海游分柜，查明征粮洋价每元实作制钱九百五十文，与谘议局所呈无异等情前来。查州县官征收钱粮，私派加征者，例应参革，乃该署县张倅正芬，于洋价改章电禀请示未准，不即遵办，究属有违功令，除已由司电饬台州府启守严行申斥，就近督令改正具报，并传催金、温二府督委确查禀复外，应请将署宁海县事、正任金华府通判张正芬先行酌记大过三次，倘敢故违，即行撤参等语。当经本局议员以所引例文与向例不符，开列疑问五端，由局呈奉批开：来牍阅悉，希候抄折札饬藩司复核议详再札行知照。此复。兹于十月十四日奉札开：据藩司复称，浙省征粮洋价，本未一律，本年颜前司遵奉宪饬，撰示通颁，划一洋价，每元作钱一千文，即据宁海县张正芬电禀，台属粮价，临海等县每两收钱二千三百三十文，宁邑仅收二千二百二十文，计短收钱一百十文，故洋价向来较小，以洋水之盈补粮价之绌，现每元作千文，大有无米为炊之虞，可否照临海每两收钱二千三百三十文，乞电示知等情。当以洋价每元作钱千文，宁海未便独异，各县粮价不同，何得藉口洋水率请加增？电复遵照。是本司对于各属洋价问题，未尝不严于限制，张令正芬因同属粮价未能划一，禀求仍循旧贯将洋每元作钱九百五十文，按诸事实，盖欲留其固有，非加其本无。本司原详谓州县官私派加征者例应参革，盖以有是事，始有是罚，而处罚之手续，先以奏参革职，余罚当然随之。今张正芬于洋价改章电禀请示未准，不即遵办，似与私派加征者尚属有间，故于委员查复后，电饬台州府严行申斥，督令将洋价即行更正，一面将该令详记大过三次，此本司对于是案饬查详办之实在情形也。奉饬前因，理合明白详复等情到本部院。据此，除批示外，合就札行知照等因。即经印刷分配各议员，嗣于十月二十日上午开会时提议此事，佥谓例载私派加征，自指于正项钱粮应征之数外有所加派而言，苟非定例所载及奏明有案，多取毫厘，即为私派加【征】。宁海县粮价定章每两收钱二千二百二十文，应合洋二元二角二分，今每洋一元抑短五十文，是每两已加征钱粮一百一十文，其私派加征，毫无疑义，故藩司原详引据私派加征之例解释，尚无错误，特其处罚不当耳。乃因谘议局质问，忽谓与私派加征有间，不独显违向例，并与其原详自相矛盾，且一则曰仍循旧贯，再则曰欲留其固有，非加其本无，为宁海县极力开脱，不知事果合法，方可仍其旧贯。若明明违法事件，而亦认为旧贯，譬如甲为强盗，乙亦效之，捕获到官，乙曰吾非为盗，循旧贯也，则官吏亦将认其为循旧贯而不科以强盗之罪乎？“固有”二字，用于此案，颇觉不伦，推其用意，殆谓从前宁海县固有私派加征之事云尔。夫私派加征，果属何事？即使从前宁海县亦曾犯此，藩司查明，自应一律详参，不能因犯此罪者不止一人，遂将现犯者一律宽免。至谓有是事，始有是罚，执法者固应如是，然宁海县之私派加征，委员查复确有证据，固不得谓其无是事矣。处罚之手续，应即奏请革职拿问，断不能先参以革职，再续请拿问也。藩司原详摘去“拿问”二字，已有徇庇之意。续详则更支离粉饰，望而知为遁词，律例具在，非舞文弄墨所能掩也。本年六月二十六日钦奉上谕，责成各督抚遇有贪官污吏及办理新政或承办工程人员查有吞款入己等弊，务即罗列款目，据实奏参，一面追赃，一面按律从重治罪等因，钦此。钦遵在案。明谕皇皇，未及数月，藩司岂不知之？乃于查有确据之案，不惜曲为开脱，为见好属僚，搪塞舆论，计则得矣，然于先朝成例，今上纶音，公然违抗，草野无知，诚不解其应得何罪。为此公决援据局章第二十八条，呈请抚部院查明照例参办，以伸国法而儆官邪。须至呈者。

抚部院增批：察阅来牍，大致于宁海张令正芬征粮一案，认为私派加征，而以藩司详请酌记大过三次为处罚不当。查前藩司原详所称州县官私派加征之例，系因谘议局来文有请宣示私派加征之处分等语，故略举例意，以为私派加征者固应参处云尔，非谓张令即有私派加征之事实也。至第二次详复所称，有是事，始有是罚，张正芬于洋价改章电禀请示未准，不即遵办，似与私派加征者尚属有间，故于委员查复后，电饬台州府严行申斥，督令改正，一面将该令详记大过三次等语，系就原详引伸其义，并非自相矛盾。后经本部院将此案交会议厅参事科会议，佥以宁海张令如果实有私派加征情事，自应照例参办，但私派加征必其于应征正额钱粮之外，私有加派，乃可坐以应得之咎。今宁海县系属洋价问题，缘各属柜收钱粮，本按制钱计算，每届开征，由各州县将洋价揭示柜前，随时涨落，本无定则。光绪三十一年经前部院奏明，民间完纳银米折征，虽论制钱而完纳，仍用银圆，有照市价核算，有照市价略减，此亦各照向章办理。至各属所获平余，先为学堂分别派提，现提中饱案内又经酌量提解下余之款，仅资办漕办公等语，是各属柜收洋价之有出入，相沿已久，并经奏明有案。今该县张令于奉文改定洋价后电禀请示，意欲仍循旧贯，即照清理财政调查条款，凡平余盈余，均须于报告册内和盘托出，以抵充公用，原非私派加征，即不得处以私派加征之罚，惟因其于通饬之件不即遵行，则是有违命令，故先请记大过三次，并声明如敢故违，即行撤参，是藩司对于张令正芬不为宽纵。来呈因洋价问题遽认为私派加征，并引甲乙为盗为比例，似未确当。至另文由谘议局收受邬廷熙陈请书转请核办一件，所称宁海张令于八月底止，柜价仍作九百五十文及省发告示至今尚未发贴各节，是否属实，亟应澈究。现在已将张令先行撤省，应候札行藩司再行澈查禀复核办。此答。

《浙江谘议局文牍》第三编，下卷，第94—97页

谘议局呈请查办昌化李令违法病民之批答（附呈文）

宣统二年十一月二十四日

呈悉。征粮洋价每元作制钱千文，迭经通饬，自应遵照办理，讼费规则既经公布施行，所有各项陋规即应革除净尽，岂得于定章之外多取分文。据称昌化李令对于钱粮洋价每元仅作九百五十文，民间词讼案件，一任胥役任意敲索等情，候行布政司会同提法使查明实情，议详核办，此答。宣统二年十一月二十四日。

附：呈文

浙江谘议局为呈请事。查谘议局章程第二十一条左列第十二项，收受本省自

治会或人民陈请建议事件，兹本局收受昌化方成璧、许昌言、洪维堃、章倬汉、潘秉哲等陈请一件。内称：查上年谘议局议决案件早经抚宪批准公布施行，何现署昌化李令迄无一件遵奉实行，昌化人民不胜惶惑。窃以公布施行之议案，断不至托诸空言，一无效果，人民之负担与他邑同，而应享之权利乃背而驰焉，抑何其不幸也。贵局为浙江人民代表之机关，视昌化人民之重困待苏，当必怜而悯之，出为救拯者。成璧等桑梓攸关，势难缄默，兹特将昌化李令之违法病民实据略陈数端：一违背宪饬抑勒洋价也。杭嘉湖征收钱粮洋价，向视各府较长，现在各属洋价抑短之处亦早经抚宪通饬每洋一元作钱一千文，乃昌化李令既不遵饬，又不悬牌，本届设柜征漕，竟每元短作九百五十文；一违背讼费暂行规则也。昌化地虽僻小，而讼案甚多，人民每涉讼事而倾家荡产者不可指数，其原由要皆讼费烦冗所致，兹特胪列昌化现行讼费规则如左。一状纸费每张售大洋二角，一传递费每进一状需托洋一元一角，一铺堂费，凡讯时于原告须索铺堂费八元六角六分，被告到案时所出亦如之，又有经承费，原被告各出洋二元，故昌化每出一案，无论其事之大小，临讯一次，总非二十余元不办。又况一案必须临讯三五次也，一班房费，昌化无待质公所，平民有事即发押班房，昌化之班房其中苦实与牢狱无异，故平民一入班房，遂战慄不知所措，一任主班房者之敲诈而已。发押一二月者，总需灯油费洋一元、饭费洋二元外，尚有班房照应费自一元起至三四十元不等，亦视其家之有无为断。如不出照应费者，则用非弔缚，名为上家伙，平民入此，控诉无门，亦暗中饮泣而已；一勘验夫马费，昌化每有案件，须勘验者，盗案自十二元起至四五十元不等，若争斗人命事件须勘验者，则随从公吏肓舆，小则七八乘，丁役小则二三十人，所到之处，无不受其骚扰，事主应出之夫马等费，非六七十元或七八十元不能开支；一息讼销案费，凡两造涉讼至中途为地方绅士所排解而自愿息讼者，必须向县署递和息，禀请销案，则双方又须出销案费洋十二元或二十元不等，否则两造虽自愿息讼，而县署中尚须派差缠扰等情由。议员王渡介绍到局，业于本月十八日付常驻议员协议，佥谓钱粮洋价，除杭、嘉、湖三府有每元向作一千以外者，经抚部院电饬照旧征收外，其余各属亦早经核定划一洋价，饬由藩司撰示颁（各）〔发〕在案。今杭属昌化李令对于钱粮洋价每洋仅作九百五十文，不惟与抚部院照旧征收之电饬不符，且视各属洋价每元尚短作五十文，任意抑勒，无稍顾忌，律以违法，咎实难辞。又查讼费规则一案，系上届常会抚部院批准公布施行之件，迄今年余，各属计早遵奉实行，民间应需讼费，照原案办理外，自不准勒取分文，何以该县现在尚有差役胥吏敲索各项陋规情弊，推厥原因，亦未始非李令玩视公布施行之议案有以致之。公决应照局章第二十八条，呈请抚部院即赐查办，以儆官邪而苏民困。为此备文呈请抚部院察核施行。须至呈者。

《浙江巡抚审订谘议局议案录》己编，第16—17页

本局第二次呈请抚院查办宁海县张令正芬私派加征文

宣统二年十二月十四日

为再请查明例章核办事。窃本局前以知县加征，藩司徇庇，呈请查明照例参办，嗣奉批开：察阅来牍，大致于宁海张令正芬征粮一案，认为私派加征，而以藩司详请酌记大过三次为处罚不当。查前藩司原详所称州县官私派加征之例，系因谘议局来文有请宣示私派加征之处分等语，故略举例意，以为私派加征者固应参处云尔，非为张令即有私派加征之事实也。至第二次详复所称，有是事，始有是罚，张正芬于洋价改章电禀请示未准，不即遵办，似与私派加征者尚属有间，故于委员查复后，电饬台州府严行申斥，督令改正，一面将该令详记大过三次等语，系就原详引伸其义，并非自相矛盾。复经本部院将此案交会议厅参事科会议，佥以宁海张令如果有私派加征情事，自应照例参办，但私派加征必其于应征正额钱粮之外，私有加派，乃可坐以应得之咎。今宁海县系属洋价问题，缘各属柜收钱粮，本按制钱计算，每届开征，由各州县将洋价揭示柜前，随时涨落，本无定则。光绪三十一年经前部院奏明，民间完纳银米折征，虽论制钱而完纳，仍用银圆，有照市价核算，有照市价略减，此亦各照向章办理。至各属所获平余，先为学堂分别派提，现提中饱案内又经酌量提解下余之款，仅资办漕办公等语，是各属柜收洋价之有出入，相沿已久，并经奏明有案。今该县张令于奉文改定洋

价后电禀请示，意欲仍循旧贯，即照清理财政调查条款，凡平余盈余，均须于报告册内和盘托出，以抵充公用，原非私派加征，即不得处以私派加征之罚。惟因其于通饬之件不即遵行，则是有违命令，故先请记大过三次，并声明如敢故违，即行撤参，是藩司对于张令正芬不为宽纵。来呈因洋价问题遽认为私派加征，并引甲乙为盗为比例，似未确当。至另文由谘议局收受邬廷熙陈请书转请核办一件，所称宁海张令于八月底止，柜价仍作九百五十文及省发告示至今尚未发贴各节，是否属实，亟应澈究。现在已将张令先行撤省，应候札行藩司再行澈查禀复核办。此答。等因。奉此，当于第五次协议时提议，佥谓展阅批答，大致于张令则曲为矜原，于藩司则力为剖白，仰见抚部院体恤属僚，无微不至，第核之旧例新章及藩司两详语意，有不可解者数端，再为抚部院详晰陈之：

查本局于宣统二年六月二十七呈各厅、州、县对于洋价通饬及撰发告示抗匿不遵应否照处分则例惩罚请示宣布文内，并无“私派加征”字样，今批答乃谓司详系因谘议局来文有请宣示私派加征之处分等语，殊与本局原呈不相符合，此不可解者一。

藩司原详于委员查明禀复之下，即紧接以查州县征收钱粮私派加征者，例应参革，本系就案引例，文牍程式向来如是，今批答乃谓系略举例意，显与司详语意不符，此不可解者二。

柜收钱粮，本应照应征正耗银数收银，嗣改为按制钱折算，固已将各项办公经费包括在内，于此数外，多取民间一钱，即系加派，今每两加派至一百一十一文之多，而批答乃以为洋价问题，一若官吏之巧取病民，本属当然，犹复代为之解释，此不可解者三。

光绪三十一年，前抚部院虽有银圆照市略减之奏，此在抚部院未定洋价一千之前，犹可援以解免，今洋价既有定章，而批答乃更引从前奏折中带叙之语，欲为张令开脱，此不可解者四。

“有违命令”四字，为此次批答中著意之点，殆谓有违命令，仅可记过，不必照例治罪云尔。然宣统二年二月初四日度支部议复御史萧丙炎奏各省丁漕未能持平请严加整顿折内称，各省督抚每年于开征之先，就各省市面现银、银圆、铜圆酌中定价，每银一两，每洋一元，各折合若干，其有畸零小户以铜圆完纳者，不准不收，通行各省州县遵照办理，一面明白晓谕，务使群黎百姓咸知银钱有一定之价，无折扣之亏，而输将不至为难。若有胥差舞弊而本官不即惩治，一经发觉，州县撤任察看，胥差照例治罪等因。奉旨：依议。钦此。钦遵在案。夫胥差于银洋价值有所舞弊，尚应照例治罪，则州县于银洋价值舞弊之应照例治罪，更不待言。而批答云云，一若于度支部前奏未曾奉到者，或虽奉到而独于浙省可不必实行者，此不可解者五。

藩司原详既云张令有违功令矣，而又曰倘敢故违，即行撤参。夫撤参云者，固即其续详所谓先以奏参革职者也，然张令之抑短洋价，如非违法，即再敢故违，亦不应予以撤参之罚，如系违法，何以第一次之有违功令，不应撤参，必待第二次之倘敢故违，始行撤参，此不可解者六。

批答谓引甲乙为盗为比例，为不确当，查官吏多收税粮，照律以监守盗论，可见官吏之浮收，无异盗取，定律者固明示以准绳，且人民之被盗尚可报官缉捕，照律惩办，而被官吏浮收，则惟有忍气吞声，无可告诉，即间至上司衙门告诉，而官官相护鲜得直者，是其情形殆百倍于被盗，特抚部院堂高廉远，未之知耳。今批答以本局比例为不确当，岂多收税粮以盗论之律亦以为不确当乎？此不可解者七。

总之，此案无论按之旧例新章，均应照例治罪，断非记过撤任所足蔽辜，而藩司前后两详，显系徇庇，亦非空言所能解免，似此官吏违法，证据确凿，本局固不敢不遵呈请查办之定章，而抚部院尤有例应题参之责任，用再详晰声明，呈请抚部院查照例章核办，庶以收惩一儆百之效，并可表勤求民隐之盛心。须至呈者。

抚部院增批：查此案质疑辨难，已至再至三，而仍固结不可解者，其误点全在“私派加征”一语。夫私派加征著于例文，因谘议局有宣布处分之请，故藩司于详复文内略举例意，以为私派加征，例应参处，而谘议局即执此以为藩司仅请将张令正芬记大过三次，系处罚不当，反复（辨）〔辩〕论，皆以私派加征为情实。本部院前次批答，未及细检，方谓谘议局原文本已指为私派加征，今核来呈，声明原呈只称各厅州县对于洋价通饬及撰发告示抗匿不遵应否照处分则例惩罚请示宣布，并无“私派加征”字样，是可知谘议局初次质问亦系洋价问题，本未指为私派加征，即是观而全案疑义可划然解矣。盖论事贵得其实，无取文字之细，辗转纠绕，谘议局初次质问，既未指为私派加征，即不能因藩司详复文内引有私派加征之例而遂坐张令以私派加征之罪。如谓就案引例，文牍程式向来如是，不知旧日律例，原准比拟加减，有引轻律而加等定者，有引重例而减等定者，此案藩司所引私派加征之例，乃举其重者而言，因宁海洋价本作九百五十文，张令于通饬之件不即遵行，是有违命令，究与私派加征者有间，故先请记大过三次，复按司详前后语意，尚无不符。各属柜收钱粮，如于应征正耗银数及原定折价有所多收，固为加派，若以洋价折钱，本准州县照市定价，揭示柜前，向无划一之规定，今虽定以每洋作钱一千文，而各属实在市价亦不尽同，故只可为命令之区处，而不可为法律之定程。前批所云，前部院复奏有银圆略减之语，原指未经核定洋价以前习惯情形，非为张令解免。至御史萧丙炎之奏，系指陈江西情弊，推及江浙等省，而归结于币制之划一，度支部议以币制尚难遽定，拟先就各该省市面现银、银圆、铜圆酌中定价等，因浙省现定洋价颁示遵行，正与奏案符合。司详先将张令记过，饬府督令改正，如敢故违，即行撤参，亦即惩前毖后，并非分一案为两事也。若夫甲乙为盗之喻，本部院前批谓为未能确当者，缘强盗取财，本为法律所不许，如浙东各属之柜收洋价，自八百余文以至九百数十文，不独宁海为然，亦不自张令为始，在未奉通饬以前，固明明为各州县正当之收入，况其平余盈余均遵度支部奏颁《清理财政调查条款》，于月报册内和盘托出，充作公用，并非入己，更不能比之为盗。总之，本部院对于此案，并无成见，谘议局来文动引高义，绳愆纠谬，极所乐闻，特前此惩处张令之所以不能竟认为私派加征之故，亦自有其理由，现因另呈邬廷熙陈请核办之件，业经饬司派委密查，并先将张令撤省，应俟查明详复到日再行核办可也。此答。

《浙江谘议局文牍》第三编，下卷，第134—138页

谘议局呈请查办武义等县抑勒洋价之批答（附呈文）

宣统三年二月十六日

来牍阅悉。查武义、宁海、泰顺等县浮勒征粮洋价一案，前经饬司委查，除宁海一县业已先后札行查照外，至武义一县，前据藩司详复，饬据委员候补通判凌启元禀称，薛令八月初六日接征下忙，将告示发贴改收每元作钱一千文，赴署查询，据薛令云，七月二十八日始奉宪示。又据府委王之臣会县具禀，查是案卷宗，始于七月二十八日奉到告示，其时上忙粮赋早经停征，八月初六日开征下忙，实行每元作钱一千文，当查洋价告示，据称甫于七月二十八日到县，是否实在，由司饬府调查，迄未具复，候即行司严催速复，再行札知。又泰顺县现据藩司详复，饬据委员候补知县罗洪钧禀称，知县周历各乡，查问乡民，均以陆续完纳，先后不齐，有谓作九百六十者，有谓作一千者，居非一乡，语非一致，惟沿途见涂令八月初五告示，有征粮洋价概作制钱一千文，业经遵办。兹奉电饬，合再示谕，并据署温州府冯守禀，饬据涂令禀复，该县洋价前于四月十四日奉到电饬，即经示谕遵办等语，亦经由司批饬该府转饬凛遵定章征收，违即参办在案。此答。宣统三年二月十六日。

附：呈文

浙江谘议局为呈请事。案查宣统二年九月初二日奉抚部院札开，据藩司详复，查办各州县隐匿蠲免分数，追缴已免旧欠等六案，业已逐案查明议复请示遵等情到本部院。据此，除批示外，为此札行谘议局，即便知照，须至札行者。计抄详等因。奉此，查藩司详复武义、宁海、泰顺征粮洋价抑勒请宣布处分则例一案内开：谨查此案于本年七月初九日奉宪台札饬，据谘议局呈武义、宁海、泰顺等征粮洋价仍有抑勒浮收情事，饬即委员密查办理等因。当经颜前司以各属征粮洋价未能划一，迭据绅民指控，酌定每元概作制钱一千文，并刊示通颁，晓谕遵办，即宁海洋价曾据电禀请示，亦经颜司驳诘，电饬遵示办理。何以该县等尚敢抑勒，即经札委候补知县刘令铭彝赴台属宁海县，凌倅启元赴金属武义县，罗令洪钧赴温属泰顺县，密查具复。现在委赴武义、泰顺二县委员尚未回省，惟据委赴宁海之刘令递到。节略据称，遵于本月初四日驰抵宁海，不动声色，亲诣该县城柜及海游分柜查明征粮洋价每元实作制钱九百五十文，与谘议局所呈无异等情前来。查州县官征收钱粮，私派加征者，例应参革，乃该署县张倅正芬，于洋价改章电禀请示未准，不即遵办，究属有违功令，除已由司电饬台州府启守严行申斥，就近督令改正具报，并电催金、温二府督委确查禀复外，应请将署宁海县事正任金华府通判张正芬先行酌记大过三次，倘敢故违，即行撤参等语。窃查抚部院前札本局，奉到之日系为上年九月初二日，内开藩司详文，于何日札委密查，虽未叙明，然同时派往宁海之刘令则已具复到司，现在为日已久，其派往武义之凌倅启元、泰顺之罗令洪钧，究于何时回省禀复及密查后如何情形，迄未奉准札知，不胜盼切，为此呈请抚部院迅赐察核施行。须至呈者。

《浙江巡抚审订谘议局议案录》己编，第30—31页

（三）呈请核办

本局呈请资政院核办抚院违法取消钱粮征信册议案文

宣统二年十月初四日

为呈请核办事。九月二十二日阅报载度支部会同宪政编查馆具奏议复浙江巡抚奏拟办各厅州县钱粮征信册一折内开，七月十二日内阁抄出浙江巡抚增韫奏拟办各厅州县征信册一片，奉朱批：该衙门议奏。钦此。原奏内称，此项征信册前于光绪十一年即经户部奏准，嗣以各省未能实行，奏请变通办理，不久亦复停办。上年浙江谘议局提作议案，臣以此事系杜绝官吏之欺朦，清理征收之积弊，自应批准公布施行，饬据藩司调查刊刻征信册用款，一再核实估计，竟需洋二十万七千余元之巨，合银十五万九千两。浙省库储奇绌，一时无从筹办，因于宣统三年预算案内列入此款。兹准度支部于核减预算费内将此款裁去十五万两，仅余九千两，悬殊甚巨，来年恐亦不能实行。惟查谘议局议案，经督抚批准公布施行者，又不容延缓不办，拟请饬下宪政编查馆及度支部会同核议等语。臣等伏查钱粮征信册，前此部中创办之意，原以杜官吏之侵渔，清花户之完欠，乃行之数年，迄无寸效，节经直隶总督李鸿章等奏准停办。有谓既办征信册之后，所征亦不见加多，一切板片纸张工食等项用款浩繁，无益国计，大损库储者。有谓疲玩之户，见册上姓名累累，谓欠粮不止一人，观望效尤者众，于时整顿征收并无裨益，已可概见。且查直隶停办征信册原奏用款准销者仅二万一千余两，山西则奏由州县筹垫。此次该省请款乃至十五六万之多，所费尤巨，臣等再四酌度，如征信册之举果足以清厘欺隐，裕国便民，当此库款奇绌之时，亦宜力求撙节，况直隶等省所陈办理之无益，款项之耗费已有确证，该省前此亦经办过，并未见有成绩，自未便沿习旧例，徒资糜费，所请拟办钱粮征信册之处，应请毋庸置议等因。查刊布钱粮征信册一案，本局第一期常年会定为可行事件，已奉抚院批准公布施行，自应按照原案规定期间次第实行，乃抚院始则一意袒官，延缓不办，继则藉口度支部之核减预算，奏请交部核议。夫本年试办预算，为预算宣统三年行政经费，与本年之行政经费一无关系，则此案在宣统二年无不可行之理由。即以度支部核减过巨，恐来年不能实行，应于本局本届常会提出修改，况度支部所减刊刻征信册经费，意在裁节浮滥，非谓此案可废止不行也。今抚院遽行奏请饬交馆部核议，是欲巧自脱卸施行之责，而嫁馆部以取消议案之名。穷其流弊，凡既经公布之议决案，有不便于官厅者，皆可奏请交部核议作废，则议案全无效力，谘议局几同虚设，将来本省应兴应革，更有何事可望实行？总之，抚院对于此案，既经裁夺施行，不应再行奏请核议，若认为重大事件，应奏明在未公布之前，不应奏请在既公布之后，明明为公布施行之议决案，而奏称拟办，尤属不解。按既公布施行而再奏请，逾期限而不实行，均与法律违背。谨遵局章第二十七条之规定，呈请核办。须至呈者。

《浙江谘议局文牍》第三编，下卷，第5—7页

本局呈请资政院核办抚院违法停会文

宣统二年十月初四日

为呈请核办事。案照本局于九月初三日正式开会，提出本省铁路关系公司律事件，呈请抚院代奏，一面暂行停议。旋奉札开：交令复议。当以现在业已停议，无从付议等情呈复在案。十九日抚院邀请正、副议长到院，面允代奏。二十日又奉抚院函称，允即拟电入告。本局当即分配议事日程，于二十三日续开正式

会，届时抚院到局，各议员请议长、副议长面询，始知尚未出奏，以致议员出席者不及半数，抚院亦未入会场，由议长查照本局议事细则第五条，宣告延会。当夕，忽奉抚院札开：谘议局始则停议要求，继则以不入会场强迫，实属逾越权限，应即照章饬令停会，以三日为期等因。二十六日复奉札开：现计三日之期已届，各议员果能悛改，查照本部院叠次劝告办理，希即于本月二十七日具文呈报等因。二十八日复奉札开：现尚未据呈报，其仍未悛改可知，合再照章饬令停会，仍以三日为期等因。本局迭奉前项札文，不胜惶惑。查局章第四十七条，议事有逾越权限之事一项，自系指所议事件而言，二十三日并未议事，自无逾越权限之事实，若以呈请代奏为逾越权限，则本局呈请以后，已奉抚院面许及函允即入告。夫上奏为抚院权限以内之事，既已自允执行，在本局不为逾越。至所称停议要求及不入会场强迫一节，查停议为谘议局内部之事，与外国议会之休会以待处置者，事同一律，且二十三日之议事日程业经呈送，议员到局八十余人，前次呈请事件已允电奏，则固无所谓停议要求矣。惟因抚院允奏不奏，遂使议员有临时不入会场之举。然不入会场者，本局秩序中之事，非有局章第四十七条第三项之情事，抚院不得越权干涉。总之，呈请事件既蒙抚院允许入奏，则要求强迫之事无自发生，既未发生要求强迫问题，即不能滥用两次六日停会之惩罚。若以劝告为言，则议员于二十三日到会，已受抚院前次之劝告，二十三日以后，并未先有劝告明文，更何受不受之可言？若谓前次屡经劝告，不必为第二次之手续，则前为停议期间，后为延会期间，似不得将事实混而为一，更无庸追溯停议，而遽行停会之命令。伏查局章第四十七条，特将应行停会情事列举之，以防督抚之专擅。今本局议事并未逾越权限，则无应行停会情事，各议员诚不知所谓逾越者何事，并不解所谓悛改者何事，夙夜疑怚，无所适从，乃于三十日复奉抚院两次札劝开议，同时接奉钧电饬速开议等因，奉此各在案。惟抚院两次擅令停会，不照局章办理，实属违背法律，谨遵《资政院院章》第二十四条及《谘议局章程》第二十七条，呈请核办。须至呈者。

《浙江谘议局文牍》第三编，下卷，第7—8页

本局呈请资政院核办抚院贻误预算案文

宣统二年十月十七日

为呈请核办事。谨按《谘议局章程》第二十一条，谘议局应办事件凡十二款，而以二、三款议决本省预算、决算事件关系尤为重大，此次浙江试办明年宣统三年预算，本局于本届常年会开会之后，先后奉到由巡抚札交地方行政经费预算表一本、修正及追加预算表一本，经于十月初四日审议会提议，佥以审查预算，当先从岁出部而移于岁入部，为一定之手续，无岁入则审查无结果，因决议一面请巡抚补交地方经费岁入表，一面先就岁出一部分试行着手审查，为权宜进行之策，旋又于同月初九日审议会提议，发见岁出一部分亦多种种不完备之处，审查益形困难，议决认为预算不成立，将札交表册返还而再求其说明，今已七日，始奉再札以原表册交议，仍无说明，现距本局延会闭会之期仅止五日，即使克日付议，亦已不及审查。本局为此不胜惶惑，窃以试办预算列入逐年宪政筹备清单，钦限綦严，督抚办理此事，宜如何加以慎重，求臻完备，乃调查清理经划一年，仅仅此数页之表册率行交议，致令谘议局陷于不能审查之地步，迨经本局呈请详予说明，复以混沦交议之辞故相搪塞，贻误要政，孰甚于此？本局瞬届闭会之日，对于本省应办预算重大事件，无所藉手，实用疚心。事关官厅责任问题，查于《资政院章程》及《谘议局章程》均无规定办法，理应呈明即请迅赐核办，以重宪政而维大局。须至呈者。

《浙江谘议局文牍》第三编，下卷，第38—39页

（四）建议案

本局呈报资政院关于浙路事件之人民建议案文

宣统二年十月十六日

为呈报事。窃本局前次提议浙路事件，决议呈请抚部院据情代奏，嗣奉札知于十月初三日电请军机处代奏，时阅七日，未奉谕旨，经于初十日开会决议，备文呈请钧院核议代奏在案。兹本局收受人民建议案，关于浙路事件计有二种，合再缮具清折备文呈报钧院察核。须至呈者。

计附清折二扣

孙秉彝等建议案

为建议事。窃浙江铁路为全浙人民身家性命之关系，遵旨商办，成效已著，大功将成，安忍坐视其隳败？伏读七月十九日上谕，实由汤总理之电奏而来。查原电以盛宣怀为苏浙路之罪魁祸首，要求军机王大臣调离路事，以谢天下等因，原为保全浙路起见，而浙路始终关涉外、邮两部，其种种诸失，请为贵局条晰陈之：

一为借款之纠葛，外务部主之。光绪二十二年七月商部奏准浙路商办，外务部并不声明有英公司之草议，其失一；商办既奉先皇帝特旨，外务部经英公司一提草议，始终不拒驳一字，反以借款为得计，其失二；盛为原议之人，不但其告江浙督抚、京官及两公司以草议为应废，其三十四年二月十七日所奏亦曰，二十九年四月函致英公司，此函去后又逾两年，则草合同本应作废，夫曰“函去又逾两年”，则两年中无复函可知，何以三十三年十月到京，外务部突令具英公司之复函，藉以间执江浙人之口？其失三；所奏又曰此案如公司到底狡执，一经外务部知会到臣，决不置身事外，何以外务部曾未责成废议，听盛宣怀置身事外？岂惟恐盛宣怀持之有故，践其废议之奏乎？其失四；汪侍郎自言三十三年七月英公司代表熙礼尔送苏杭甬借款底稿十四条，无督办、无查账、无工竣后行车之英工程司，何以外务部抹煞底稿，并不宣布？其失五；英公司迄未有督办、查帐、工竣后行车英工程司之要求，而外务部抹煞底稿，必比照津浦以订约，出其所望外，诚如汤总理所电，为倒戈自戕，其失六。

一为存款之纠葛，邮传部主之。邮传部扶同借款，改借为存，其愚民之术，姑勿论存款章程既经奏定，此则邮传部与两公司所当共守者。沪上设路局、举总办、雇英国人为总工程司，章程只雇一名，今且添为三名，两公司委曲迁就，无微不至，乃邮传部以存款弛江浙集股之奋心，又以掯款看江浙停工之笑话，其失一；不特掯款不拨已也，一再为英工程司争权，章程工程司进退于总办，总办秉命于公司，今桥工程司不谙桥工，且议改城东已成之线而行湖墅，公司照章令总办撤换，而邮传部不复，致言官以偏信劾公司，其失二；及邮传部查实复奏，理应撤换矣，公司文电敦促，而邮传部袒护如故，不复如故，其失三；借款合同至迟不过十八个月，存款章程迟至二十四个月，牟此半年之利，部臣而作市侩矣，其失四；有镑价有时价，浑言之曰多不过一千万两，少不过七百五十万两，第一期七个月误，第二期十二个月亦误，展期得至十八个月，至迟不过二十四个月，而无一不误，今已三十一个月，而所拨不过一百八十万两，其失五；谓英公司不付耶？十八个月期满时，何以不查照合同争与解约？其失六；谓两公司不领耶？杭沪接轨，岂七百五十万两之不值耶？且上年十一月十六日已由路局将全领之文呈部，何以不如数拨付？其失七；章程第十一条，邮部不以存款之故，可令人至两公司查帐，乃存款拨付不全，而派人查帐已不止一次，竟忘先朝之奏案为何物，其失八。

呜呼！外务部之失在媚外，既媚外，不得不拒内；邮传部之失在朘削剥削，既至周转不灵，浙人何罪，遭此磨折？汤总理之意，无非爱国之血诚，不意利在全国，害在个人，自二十一日迄今，外省各团函电纷至至一百数十件之多，彼以唇齿之虞，犹然奔走相告，我瘿腹心之疾，岂真换救无存？且汤一官不足惜，岂浙之一隅不足保乎？浙之一隅不足保，则是商律、公司律皆不足信，凡有志于集巨款兴实业者，将一听部臣颠倒之而破坏之乎？为此仰恳贵局设法图维，呈请抚院转奏，以冀上达天听，加恩开复汤官总理浙路如故，以挽大局而顺舆情，不胜惶迫待命之至。

建议首列者孙秉彝，会稽县人，年四十三岁。

介绍议员：王家襄

韩藩等陈请书

为呈请事。窃浙路总理因言获谴，浙人股东非股东莫不奔走骇汗相告曰：朝廷之去浙路总理也，非去总理也；去浙路也，非去浙路也；去全国商办之公司律以去全国之路而并去全国各种商办之实业也。即以路论，全国商办之路，均据公司律为保障，浙路总理遵照公司律公举，固纯然商办之总理也。既为商办遵律公举之总理，进退总理全权，操自股东，股东血本攸关，所责望于总理者，至严且重，果不胜任，自撤换之，不暇而无待邮部之代谋也。然即使股东对于总理应撤不撤，朝廷亦但处监督之地位，而绝对不处于干涉之地位。盖公司律为先朝所定，实法律之一种，上谕为今日所颁，只命令之一端，命令不可变更法律，已为各国所公认，彼邮部负维持路政之职权，即朝廷果欲变更，亦应据实直陈，力请收回成命，乃复以铁路公司与普通公司情形不同奏请照从前奏案办理，出此将顺迎合之下策，以寒浙路股东之心，并寒全国商办铁路之心，人民之解体不足恤，其如陷朝廷于非法违宪何？总之，浙路总理可去，商办之浙路总理不可去；商办之浙路总理在股东可去，商办公举之浙路总理在朝廷不可去！朝廷未经改订商律及专订路律以前，普通公司律实不能失其效力，设商办公举之总理，股东不自去而朝廷可任意迫股东以强去，是使最神圣之法律一旦失其信用，全国实业胥受影响，恐非立宪前途之幸福，其震骇有不止吾浙者。贵局为代表舆论机关，且有收受人民建议之权，用敢缕述下情，呈请电察，伏希公决转送资政院核议，无任惶悚迫切之至。谨呈。

陈请者首列者：义桥商务分会韩藩，年二十八岁。

介绍议员：陈翼亮

《浙江谘议局文牍》第三编，补遗，第1—4页

请削除结社集会人数制限之建议案

宣统元年十一月十一日[①]

理由一：查《宪法大纲》内已准臣民于法律范围内有集会结社之自由，系于光绪三十四年八月初一日奉旨依议，而《结社集会律》则于光绪三十四年二月初九日奉旨依议，其律文第十条云：凡政事结社人数，以一百人为限；政论集会，以二百人为限。意在先于法律范围，严为制限，则所谓准其自由者，实不过宪法上涂饰之（祠）〔词〕。抑知立宪国精神所在，固全恃多数人民热心政治，而结社集会即臣民热心之见端，除如宪政编查馆原奏所称呈报及稽查外，不应设何种之制限。况臣民苟热心政治，无论制限有何等之严，而其鼓荡凌厉实有非法律所得而拘者，盖此等律文与立宪之旨绝对不相容也。应请削除之理由一。

理由二：拜盟结会，律有明文，此专指秘密不法者而言。若于政治之结社集会，必制限以一百人或二百人，是无异迫臣民不得不出于秘密之下策，与不法者等视齐观，恐非国家之希望，臣民之本意。尤有虑者，果使出于秘密，试问法律之制限虽严，而事实上仍恐穷于应付，其流弊反至不可胜言，殆欲防弊而适以滋弊也。应请削除之理由二。

发议者：陈敬第、沈钧儒

《浙江巡抚审订谘议局议案录》丁编，第1—2页

① 此日期为巡抚增韫批答日期。

请废沪杭甬存款章程建议案

宣统元年十二月十五日①

语云：弊去其太甚。何谓太甚？全局生命所关者是已。吾浙关系重要有如铁路者乎，铁路之害有如英人之存款者乎，款约之废有如今日之机会者乎？查邮传部奏定存款章程第四条载，第一期于七个月内拨付八十万两，第二期于十二个月内一律拨清，如有事故，可展至十八个月，至迟不得过二十四个月。倘到期不能拨付或拨付不全，此项存款章程即日作废，云云。今于第一期即已逾限失信，去年二月初四日至今，并无事故，不在展限之例。第二期并未领得分文，已违十二个月拨清章程，则吾浙人要求废约之目的，已有可达之理由。顾但冀公司之主动而无大多数之他动力以盾之，则彼方乐奉英以存款之虚名而不计沪杭甬之受其实祸也。何以故？以其存款之界说，先不能分明故。夫邮部代表全国国有、民有之路政，是处于最高机关而为绝对之主任地位也。然据本章程第三条云，江浙两公司之沪杭甬路局承受邮传部存款，所有邮传部向中英公司借款付息还本各事，均由邮传部经理。是邮部对于英浙两方面，一居债务之地位，一居债权之地位，总之为债权担保之地位。其担保之地位，自以为么匿乎，抑拓都乎，自以为抽象乎，抑具体乎？是邮传部之与沪杭甬为合为分，其界说先已不能明了。比例言之，中国犹一家，家人有严君，固一家之主也，未有子负债务而父向债权者自为其担保，即未有父负债务而其子能禁担保物之抵偿债权者。彼邮部自以为间接之债权担保，而英人固视为直接之债务者，且以沪杭甬路为债权担保物，有断然矣。然则款约一日不废，斯纠葛一日不清，幸而第一期拨款过期，第二期分文未拨，彼既以消灭时效之实据与我，时者难得而易失，毫厘千里，此吾浙人全体所亟应要求作废者也。谨案局章第二十一条七项议决本省权利之存废事件，存款问

① 此日期为巡抚增韫批答日期。

题于浙省关系尤巨，故援人民建议之例，谨抒管见，请向资政院提议，伏乞公决施行。

建议者：廪贡生谢燮奎，住嵊县江夏庄，年五十六岁。

介绍者：议员赵镜年、卢观涛

《浙江巡抚审订谘议局议案录》丁编，第5—6页

督抚对于谘议局之文书程式建议案

宣统二年二月二十二日[①]

文书程式为形式的要件，《谘议局章程》虽无明文规定，然谘议局对于督抚受监督不受节制，非僚属之可比，无阶级之可分，若督抚对于此种机关用札不用照会，是比照商会、教育会之不如矣。恭读光绪三十三年九月十三日上谕，该局有条议事件，准其禀知该省督抚，一面径禀资政院查核。钦此。是谘议局对于资政院有建议之权，谨具理由如左：

去年九月各省谘议局以督抚对于谘议局所用之文书程式之不合也，电宪政编查馆请求更正，而宪政编查馆于是月二十七日致抚院电，仍执通行文式，有易“札”为“劄”之语，查《会典》京外部属官厅，只有用“劄”而无用“札”字样，而近时公牍习惯，劄与札本无区别，同为上官行知下级官厅之文。嗣奉抚院劄开宪政编查馆电复粤督篙电，现未便因与商会等格式歧异之故概行更正，如有窒碍，俟开会一届后再行咨馆酌情办理，等语。是宪政编查馆对于此种文牍格式，以窒碍之有无定更正之可否，窃谓督抚对谘议局用劄，窒碍实有数端：

上年九月初九日准抚部院札开，宣统元年九月初九日准宪政编查馆霁电，谘议局对官吏称谓，各省多来询问，兹定督抚署行谘议局公牍式，其专对局而言

① 此日期为巡抚增韫批答日期。

者，应照章用札；专对议长副议长言者，如系京堂、翰林，无论局事非局事，应均用照会，等语。设议长初选系京堂、翰林出身，改选而非京堂翰林，则始而照会继而劄，是以全省人民代议之机关，因议长个人之资格而分高下，各省自为体制，机关随人变更，其窒碍者一。

现各省督抚对于教育总会、商务总会通用照会，朝廷方以庶政公诸舆论，而此全省舆论之机关，反不得侪诸教育会、商会之列，是显示朝廷歧视舆论之意，若谓谘议局受督抚之监督，有不能沿用照会之处，则教育会、商会亦何尝不受督抚之监督，其窒碍者二。

要之，往来文牍，断断于格式之争，似无实利实害之可指，然制礼必顺人情，文书宜正名分，督抚对谘议局用照会，未为屈督抚之尊，谘议局受照会于督抚，实适遵名分之正。在宪政编查馆以劄易札，原谓稽之体例，暂可通行。在谘议局则对此文牍格式，于理论上事实上终不免见为窒碍，况查《府厅州县自治章程》第七章第一百一条规定，有府厅州县长官行文议事会或参事会用照会之语，又查宪政编查馆核订《京师地方自治章程暨选举章程》奏折内有第一百三十二条，各自治监督行文董事会议事会，用札拟改用照会，冀可与绅民接洽之语。各府厅州县之长官及京师地方自治之监督，其文书尚用照会，谘议局之机关，比较府厅州县之议事会、参事会及京师地方自治会之董事会为高，而文书程式以无明文规定之故，犹复用劄，于立法上之比较，亦甚为抵触。现谘议局开会已经一次，而资政院将届成立，应将此项文书程式窒碍之处，开具理由，请求更正。

发议者：柳在洲。

《浙江巡抚审订谘议局议案录》丁编，第22—23页

七、浙江谘议局文献存目

（一）《浙江谘议局筹办处报告》目录[1]

《浙江谘议局筹办处报告》甲编目录

插图及有关设立谘议局的谕旨

浙江谘议局筹办处职员衔名单

浙江谘议局筹办处章程（光绪三十四年九月浙江巡抚部院颁定）

浙江谘议局筹办处办事细则

① “目录”分甲编、乙编上下、补遗共四册。

浙江谘议局筹办处会议专章

浙江谘议局筹办处附设司选员研究所专章

选举资格说明书

各府厅州县筹办顺序

复选监督职务一览表

复选事务所章程

初选监督职务一览表

初选事务所章程

调查须知

调查员办事细则

初选监督造具人名册细则

司选员职务及细则

投票所办事细则

投票管理员监察员资格职务及规则

投票人应守规则及投票方法

开票所办事细则

开票管理员监检员资格职务及规则

初复选检票方法

初选司选员证书式

复选司选员证书式

调查员证书式

调查员记事簿式

选举人名原册式

选举人名正册式

复选人名册式

投票所布置式

投票簿式

投票所通告式

初复选投票报告录式

开票检数表式

开票报告录式

初选举当选人知会书及呈明书式

复选举当选人知会书及呈明书式[①]

《浙江谘议局筹办处报告》乙编卷上目录

文牍一：禀详申类

本处申报启用关防日期乞抚宪查考文

本处申报奉发筹办处章程遵饬开办日期乞抚宪查考文

本处禀抚宪拟为各府厅州县代办事件开折呈核并请明定赏罚通饬遵照文

本处禀抚宪乞通饬各厅州县及电局邮局遇有本处往来文件立时投递文

本处禀抚宪请咨会将军都统查照旧日驻防学额核定议员额数文

本处申送抚宪拟订办事细则乞批准遵守文

本处代拟复选举事务所章程等七件禀请抚宪核定文

本处续拟选举人资格说明书等四件禀请抚宪核定文

本处禀抚宪为关于专额议员选举办法乞示遵文

本处禀请抚宪札行臬司如有选举诉讼遵章办理文

本处禀抚宪拟定会议章程乞核示文

本处禀请札饬法政学堂将今年毕业绅班学员造册移送以凭选派司选员文

本处申抚宪奉批核准文件印刷完竣并将前印文示呈乞查考文

本处拟订选举人名正册册式及初选监督造册细则禀乞抚宪核定文

本处禀抚宪遵饬核议关于专额议员选举办法乞示遵文

① 此为编者补上，原目录中并无此条，但正文中有之。

本处申报抚宪移送颁发驻防及各厅州县册簿章程日期文

本处禀呈抚宪投票所办事细则等十五种禀候批准印发文

本处禀请抚宪核准研究所章程及司选员规则并证书文

本处禀就司选科各科员中酌派数人分往各属视察请示文

本处禀抚宪请将开办经费项下余款提备参议川资并开办研究所费用请示文

本处申报抚宪嗣后关于通饬之件概用通告冀可直达文

本处禀抚宪据嘉善县禀复尤施贤控案请转禀销案文

本处禀抚宪请缩短研究所期并提前派遣司选员候示办理文

本处申报抚宪颁发各属选举人名正册及造册详细规则日期数目文

本处申送抚宪投票匦初选复选选举票初选当选人执照议员执照文

本处申送抚宪投票规则及表式共十三件文

本处详抚宪据杭州府详变通异府县寄居人具呈办法转详请示遵文

本处申报抚宪摊派选举票投票匦价目并开折文

本处申报抚宪札发各属投票所办事细则等件日期并件数开具清折文

本处禀抚宪请将本处印刷所先行裁撤以节经费文

本处禀抚宪请将贡院余屋拆卸变卖充谘议局购地等用文

本处详抚宪据仁钱二县禀复添划官地补购民地建局请核示文

本处列表申报抚宪司选员派赴各属川资数目并出发日期文

本处禀抚宪据仁钱二县会禀议拆让民地官地价目开折请示文

本处申复抚宪本处办事规则与奉饬清厘卷宗规则相符文

本处禀抚宪遵批饬县照给折让官地民地价目文

本处禀提早复选日期乞鉴核示遵文

本处禀抚宪核明石门县高令所禀投票期提前未便准行文

本处禀请抚宪将本处开办至今及各属办理情形奏咨文

本处禀请抚宪再选时当选票额办法乞未遵文

本处禀抚宪饬议驻防选举监督应否改派会办选举管理员文

本处禀请抚宪分电各属早日榜示初选当选人额数并电咨民政部暨宪政编馆查照文

本处详抚宪据仁钱两县会委杨令禀贡院房屋估价办法请示文

本处详抚宪核明石门县禀投票尚有疑难二端请示文

本处详报抚宪委定十一府复选司选员衔名文

本处禀抚宪请饬先发规银一万两兴建谘议局及遴员监造文

本处详请抚宪核示驻防初选当选执照应否由县颁发文

本处详抚宪驻防议员既由学额而定应否再由宪台会同将军都统咨复宪政编查馆请示遵文

本处禀抚宪筹备监造两所科员应请宪派文

本处详抚宪请改委监造所科员并呈缴李思澄委札文

本处禀请抚宪酌定谘议局议长及书记长以下公费薪金文

本处详复抚宪据金华参议黄绅查复胡锦盘控蔡汝霖朦混学期入册一案乞销案文

本处详请抚宪选举人名册咨送民政部查照文

本处禀请抚宪刊给谘议局关防文

本处禀请抚宪分咨出使各国大臣查明浙省侨居各埠绅商酌量公推参议员文

本处申送抚宪本处报告甲编并候咨送宪政编查馆查考文

本处禀抚宪借师范学堂为会场租镇海试馆为办事处请示遵文

本处禀抚宪设立议员招待所文

本处禀抚宪拟呈谘议局假议长假副议长选举规则乞鉴核文

本处禀抚宪谘议局假定正副议长均已举定应否将该局关防先行移交启用请示文

文牍二：咨移类

本处移请臬司选举诉讼遵章办理文

本处移复驻防核议更正增补资格说明书并调查须知调查员办事细则文

本处移送驻防各项章程表册请查收见复文

本处移送驻防选举人名正册并造册规则文

本处移复驻防籍隶仁钱及他省寄居旗营者应由两防一并调查文

本处移知两防奉抚札驻防惟印官停其选举权并不限制军人文

本处移法政学堂转饬各学员届时报到并移知研究所开办日期文

本处移驻防署司协领查照馆电初复选监督应改会办管理员文
本处移送两防投票所办事细则等九种文
本处移知驻防两监督奉院札准宪政编查馆咨明专额议员办理文
本处移复驻防派员会办初选开票复选投票开票事宜文
本处移知两防将复选举议员执照附发杭州府遵办文
本处移知驻防分配初选当选人额数文
本处移驻防协领奉院批初选当选人名由县榜示执照由县盖印文
本处移各省谘议局筹办处移送本处报告甲编文

《浙江谘议局筹办处报告》乙编卷下目录

《浙江谘议局筹办处报告》乙编卷下正误表（文牍三）

文牍三：批饬类

本处颁发敬告绅商学界文及白话告示札饬各府转饬张贴文
本处札仁钱二县转饬驿站暨驿丞遇有本处文件按排单时刻星夜飞递文
本处札饬各府转发章程文
本处札饬宁波府遵章以定海厅应作为初选区办理文
本处札发各厅州县调查选举各章程及簿式等共九件遵即办理文
本处札十一府文
本处札饬前次颁发之选举资格说明书内亟须更改之处应遵照此次札饬办理文
本处奉院批札嘉善县廪贡生尤施贤等私自开会举办咨议运动调查议员文
本处札饬寿昌县遵照院示及本处章程妥为更正并将办理情形具报文
本处通饬各府厅州县遇有要事应用电禀文
本处通饬各府厅州县按照筹办顺序赶速切实办理毋得藉词迁延文（光绪三

十四年十一月十五日)①
本处札府专差转递选举人名正册初选监督造册规则文
本处通饬各厅州县多划投票区域绘图申报文
本处札仁钱两县查明驻防营内仁钱旧界申送杭乍两防监督文
本处饬杭州府驻防复选由府投票文
本处札杭州府电饬所属调查是否初一日出发各将办理情形具报文
本处札饬乍浦厅不必设驻防投票所文
本处通饬各属遵章一律设立初选事务所不得歧异名称文
本处通饬各属详加选择公正绅士办理调查选举文
本处专札德清等八州县将办理情形先行电禀再为详复文
本处札绍兴府速设复选事务所文
本处奉批转饬乌程归安二县禀客垦未缴产价应否作为自产列入选举文
本处奉札饬知杭州府及仁钱两县遵照详请于旗员中酌派会办管理一员会同地方官办理旗人选举文
本处札饬各属调查时遇有吸食鸦片者认真剔除不得瞻徇文
本处札发报告录等件式样迅即照刊文
本处饬知各厅州县司选员提前派赴并抄司选员规则职务文
本处札委司选员分赴各属帮同办理选举事务文
本处札饬各属摊派选举票投票匭遵照缴价文
又通饬各府厅州县前次颁发章程等件经此次明白提以示便检查文
本处札发实行初选举一切应用章程票匭等件
本处奉院札饬准宪政馆电开饬知钱塘县以驻防开票所附于该县开票所同日举行文
本处札饬十一府如同府所属选举票甲县不敷分给准于乙县剩余接济文
本处通饬各属奉院批准提早复选日期文
本处札发各属初选当选人执照文
本处札饬各属初选举将所列投票开票各项慎重办理文

① 正文中有此篇，但原目录中无，今补上。

本处札饬各属查照分配表将当选人额数榜示文

本处札发驻防当选人执照并饬知钱塘县遵章办理文

本处批禀一百七十六件①

本处批寿昌县禀报开办初选举调查日期并办理情形由（光绪三十四年十一月初五日）

本处批长兴县禀遵将预先筹办情形由（光绪三十四年十一月十七日）

本处批新昌县禀调查选举人资格亟应分划界线各问题开折请示由（光绪三十四年十一月二十二日）

本处批石门县禀划定初选投票区由（光绪三十四年十一月二十五日）

本处批临安县申报开办日期饬令更正名称由（光绪三十四年十一月二十九日）

本处批于潜县禀寄居二十年以上是否与本籍一律及世职有选举权否由（光绪三十四年十二月初一日）

本处批鄞县申报收到办事细则及说明书由（光绪三十四年十二月初一日）

本处批定海厅设立初选举事务所并选员办事调查由（光绪三十四年十二月初四日）

本处批平湖县禀遵饬办理选举事由（光绪三十四年十二月初六日）

本处批桐庐县禀报设立事务所情形及开办经费由（光绪三十四年十二月初六日）

本处批东阳县禀报设立初选举事务所情形由（光绪三十四年十二月初六日）

本处批孝丰县禀选举人资格可否变通由（光绪三十四年十二月初六日）

本处批石浦厅申报设立事务所由（光绪三十四年十二月初六日）

本处批鄞县禀报设立谘议局调查事务所由（光绪三十四年十二月初七日）

本处批兰溪县禀设初选调查事务所由（光绪三十四年十二月初七日）

本处批嵊县详报设谘议局事务所由（光绪三十四年十二月初九日）

本处批奉化县禀报立选举事务所由（光绪三十四年十二月初十日）

---

① 原目录并无各批禀的具体目录，此为笔者据正文所加，以方便读者了解批禀的全貌。另，原文标题后日期仅为月日或日，年份及月份由编者所加。

本处批孝丰县禀报设初选举事务所及划分区域由（光绪三十四年十二月十一日）

本处批江山县禀报开办事务所并划区各情形由（光绪三十四年十二月十一日）

本处批建德县申报调查投票开票各区域由（光绪三十四年十二月十一日）

本处批于潜县禀划定调查投票各区开折绘图由（光绪三十四年十二月十一日）

本处批孝丰县申送投票区域图由（光绪三十四年十二月十三日）

本处批嘉兴府禀七县调查出发日期并办理情形由（光绪三十四年十二月十三日）

本处批归安县禀复奉颁章程尚须刊印即行遵办由（光绪三十四年十二月十三日）

本处批新城县禀开办事务所并划区及提经费由（光绪三十四年十二月十四日）

本处批长兴县禀遵办事务所情形并呈请折由（光绪三十四年十二月十四日）

本处批太平县禀初选事务所成立并调查依期出发由（光绪三十四年十二月十五日）

本处批安吉县禀报划定区域选派调查员由（光绪三十四年十二月十七日）

本处批乐清县禀调查员姓名并划区情形由（光绪三十四年十二月十七日）

本处批汤溪县禀立事务所并划区调查由（光绪三十四年十二月十八日）

本处批孝丰县商会汪维檪禀请饬给调查员证书由（光绪三十四年十二月十九日）

本处批黄岩县申报开办事务所及职员姓名折由（光绪三十四年十二月十九日）

本处批嵊县详复事务所已成立由（光绪三十四年十二月十九日）

本处批仙居县禀划定域区办理情形由（光绪三十四年十二月十九日）

本处批寿昌县禀复办理初选情形由（原文无日期）

本处批遂昌县禀调查时或自愿戒烟者可否暂准入册由（光绪三十四年十二月二十日）

本处批归安县禀询办学务与善堂司事能否一律由（光绪三十四年十二月二十一日）

本处批归安县禀询本省客民与外省客民办法由（光绪三十四年十二月二十一日）

本处批乌程归安二县禀客垦虽经承粮未缴产价应否作为自产列入选举由（光绪三十四年十二月二十一日）

本处批奉化县绅士赵文衡等禀地痞开会擅易乡董破坏选举由（光绪三十四年十二月二十三日）

本处批嵊县禀详报事务所派定调查员并开姓名折由（光绪三十四年十二月二十三日）

本处批武康县详报开办事务所并划区情形由（光绪三十四年十二月二十三日）

本处批瑞安县禀报调查出发日期由（光绪三十四年十二月二十四日）

本处批绍兴府禀复选事务所成立并办理情形由（宣统元年正月初六日）

本处批象山县请分两日投票一员就近管理两区详文（宣统元年正月初六日）

本处批松阳县禀报调查员出发并送职员衔名区域册图由（宣统元年正月初七日）

本处批石门县禀询管理员一人以上或就每区言或就每县言并保送职员衔名由（宣统元年正月初七日）

本处批嵊县划定调查区域绘图表说由（宣统元年正月初七日）

本处批宁波府禀象山县请分投票为二日由（宣统元年正月初八日）

本处批归安县禀请核删僧录司道录司等官各由（宣统元年正月初八日）

本处批仁钱两县禀报初选事务所内依次办理情形由（宣统元年正月初八日）

本处批石门县禀询小学堂教员是否包括私塾教员在内由（宣统元年正月初九日）

本处批绍兴府禀分设府统计处由（宣统元年正月初九日）

本处批杭州府申报核定海宁州临安县投票由（宣统元年正月十二日）

本处批石门县禀小学堂堂长兼教员应否停止被选举权由（宣统元年正月十六日）

本处批诸暨县禀武备学堂及炮工学堂毕业生未入营应否有选举由（宣统元年正月十六日）

本处批温州府禀呈五县投票区所清折由（宣统元年正月廿二日）

本处批仁钱两县详报附设查验处并呈简章由（宣统元年正月廿八日）

本处批严州府详报分水县投票区所并呈图折由（宣统元年二月初五日）

本处批定海厅申送调查区域图由（宣统元年二月初九日）

本处批石门县禀送选举人正册由（宣统元年二月初十日）

本处批杭州府呈送于潜县选举人名册投票开票管理员监察员衔名清折由（宣统元年二月十九日）

本处批宁波府补送定海厅投票开票地址清折绘图由（宣统元年二月十九日）

本处批宁波府函询初选投票区可否分派警员幕友为管理员由（宣统元年二月二十日）

本处批杭州府详送富阳县选举人名正册并拟将投票开票所管理监察员核定由（宣统元年二月二十一日）

本处批杭州府详送新城县选举人名正册并开衔名清折由（宣统元年二月二十一日）

本处批杭州府详送临安县选举人名正册管理员等职务衔名表戒净具结绅士姓名清单请核示由（宣统元年二月二十一日）

本处批宁波府禀呈宁属选举人名正册由（宣统元年二月二十二日）

本处批绍兴府申送六县人名正册由（宣统元年二月二十二日）

本处批杭州府详送海宁州选举人名正册并拟行核定投票开票管理员监察员由（宣统元年二月二十二日）

本处批严州府详送桐庐县选举人名正册并戒烟切结请核由（宣统元年二月二十四日）

本处批杭州府申送昌化县人名正册由（宣统元年二月二十六日）

本处批严州府核明转送建德县选举人名正册一分由（宣统元年二月二十七日）

本处批严州府核明转送分水县选举人名正册一分清折一扣由（宣统元年二月二十七日）

本处批处州府禀呈处属八县初选举人名正册并开票投票区域图表由（宣统元年二月二十七日）

本处批严州府核明详送遂安县初选举人名正册投票各员名册由（宣统元年二月二十七日）

本处批绍兴府申送新嵊二县选举人名正册由（宣统元年二月二十七日）

本处批湖州府详申各县人名正册由（宣统元年二月二十八日）

本处批金华府详送金属八县选举人名正册由（宣统元年二月二十九日）

本处批淳安县申送选举人名正册由（宣统元年二月二十九日）

本处批衢州府申送西安龙游江山常山四县人名正册及投票开票管理员监察员衔名清册由（宣统元年二月二十九日）

本处批杭州府详送仁和钱塘县选举人名正册由（宣统元年二月二十九日）

本处批仙居县禀询赤城公学等毕业生可否入册由（宣统元年闰二月初三日）

本处批温州府详送一厅五县选举人名正册由（宣统元年闰二月初三日）

本处批衢州府申送开化县人名正册及管理监察各员衔名清册由（宣统元年闰二月初四日）

本处批杭州府禀送余杭县奉饬复查选举人资格清折由（宣统元年闰二月初八日）

本处批处州府申送景宁县初选举人名正册由（宣统元年闰二月初八日）

本处批台州府详送六县人名正册由（宣统元年闰二月初九日）

本处批处州府申送青田县初选人名正册暨管理监察各员衔名清折图一幅由（宣统元年闰二月十五日）

本处批宁波府详慈溪县准鄞县移知寄居人入选之赵家荃等九名撤销由（宣统元年闰二月十五日）

本处批宣平县请补发投票人规则由（宣统元年闰二月十五日）

本处批杭州府详送昌化县选举人名正册及投票开票管理员监察员衔名清折由（宣统元年闰二月十五日）

本处批湖州府禀长兴县复查钦舍英等三名毕业文凭及寄居年分由（宣统元年闰二月十六日）

本处批安吉县申请更正选举人名正册由（宣统元年闰二月二十二日）[①]

本处批严州府转详淳安县详据贡生何源昌呈请入册由（宣统元年闰二月十八日）

本处批严州府申送遂安县补造人名正册由（宣统元年闰二月十八日）

本处批新昌县禀复石如璧查有蚕桑学堂三年毕业文凭似应得有选举权由（宣统元年闰二月十八日）

本处批桐乡县申请注销选举人潘廷松等由（宣统元年闰二月十九日）

本处批上虞县申送确定更正选举人名清册由（宣统元年闰二月二十日）

本处批慈溪县详请附生王鲁已入诸暨名册将本籍选举权撤销由（宣统元年闰二月二十一日）

本处批慈溪县禀选举人尹百斯等应于正册内分别更正添注剔除及迭次催查未复各人名开折呈请核办由（宣统元年闰二月二十一日）

本处批慈溪县禀将选举人葛兴咏一名补填入册由（宣统元年闰二月二十一日）

本处批分水县禀遵批分别查明依限确定初选人名数请核示由（宣统元年闰二月二十一日）

本处批严州府详送寿昌县补报选举人名正册更正选举人名册由（宣统元年闰二月二十二日）

本处批安吉县申送补造选举人名正册附删除册由（宣统元年闰二月廿二日）

本处批会稽县申送清折并更正请补各册由（宣统元年闰二月廿二日）

本处批山阴县申送选举人名更正册并呈清折请察核由（宣统元年闰二月廿二日）

本处批开化县申报选举人确定名数由（宣统元年闰二月二十五日）

本处批诸暨县造送选举人名正册奉驳楼文燦等三十二名遵饬确查造具清册备文申复由（宣统元年闰二月廿五日）

本处批松阳县禀送添补人名正册及取消劣生选举权并拟投票所为五区由（宣统元年闰二月廿五日）

① 此日期原文如此。

本处批宣平县禀遵饬查明营业种类及积谷资格由（宣统元年闰二月二十五日）

本处批江山县禀详选举人名应请剔除补册名单由（宣统元年闰二月二十五日）

本处批德清县申送补入选举人名正册由（宣统元年闰二月二十六日）

本处批金华县申报选举人名数确定由（宣统元年闰二月二十六日）

本处批寿昌县禀报初选举人名正册补送复选监督核定转呈由（宣统元年闰二月廿六日）

本处批严州府转详分水县补造人名册由（宣统元年闰二月二十七日）

本处批遂安县禀复剔除分管仓董并查填王庚先入学年分由（宣统元年闰二月廿七日）

本处批嘉江府申送嘉秀善平石桐六县更正名册及由府汇造七县注销改错总清册由（宣统元年闰二月二十七日）

本处批慈溪县禀查选举人韩清泉的系毕业生由（宣统元年闰二月二十九日）

本处批宁波府申送据象邑呈送补入选举人名册及更正删除清折请赐察核由（宣统元年闰二月二十九日）

本处批会稽县申请范采晋等已列寄居册内自应撤销由（宣统元年闰二月二十九日）

本处批杭州府详请司选员会集监察员轮流演说由（宣统元年闰二月二十九日）

本处批杭州府详送仁钱二县更补选举人名正册并清折由（宣统元年三月初二日）

本处批宁波府禀各属选举人名数确定由（宣统元年三月初三日）

本处批处州府申送景宁县更正初选举人名册由（宣统元年三月初三日）

本处批临海县详送剔除保甲董事名姓暨复查更正选举人名清册由（宣统元年三月初四日）

本处批杭州府详报仁钱二县遵查前送名册填写不明各节开折送核转详由（宣统元年三月初五日）

本处批海宁州禀选举人名册应行删除更正补入之处请示遵由（宣统元年三

月初六日）

本处批庆元县补送改造人名正册及补册由（宣统元年三月初七日）

本处批天台县详报确定选举人名总数并请分别更正由（宣统元年三月初七日）

本处批缙云县申复查明名册乞察核由（宣统元年三月初七日）

本处批德清县禀请确定人名册由（宣统元年三月初七日）

本处批永嘉县申请人名册内王永发朱宗熙系重名胡从龙系不动产删除更正由（宣统元年三月初七日）

本处批会稽县申请吕炳文前因误传病故兹已调查确切应请更正由（宣统元年三月初八日）

本处批余杭县申报确定选举人名实数由（宣统元年三月初八日）

本处批常山县详报选举人补入剔除由（宣统元年三月初八日）

本处批平阳县禀奉查平邑积谷情形并选举人名正册应行复查各节开折呈复由（宣统元年三月十一日）

本处批常山县详补送人名册及分别更正剔除由（宣统元年三月十一日）

本处批平湖县禀遵饬切实调验选举人名造册取结呈请核定由（宣统元年三月十二日）

本处批桐乡县申复确定人名实数由（宣统元年三月十三日）

本处批富阳县申送选举人补册由（宣统元年三月十四日）

本处批杭州府详报余杭县管理员监察员衔名清折吴颂声等甘结并郎紫垣等剔除缘由及确定选举人数由（宣统元年三月十四日）

本处批遂昌县禀查明郑作栋等确系仓董由（宣统元年三月十五日）

本处批永嘉县申送选举人名续册由（宣统元年三月十五日）

本处批平阳县申送选举更正人名册由（宣统元年三月十五日）

本处批太平县申复更正剔除人名开折申送由（宣统元年三月十五日）

本处批严州府转详寿昌县逾限补入选举人由（宣统元年三月十六日）

本处批严州府详送淳安县贡生何源昌等补入选举人名正册并初选投票开票管

理监察各员清单由①

本处批遂安县禀复饬查删除各董并非经理积谷仓董及向无他项资格仍请删除由（宣统元年三月十六日）

本处批湖州府申送乌程归安补入更正剔除各册并确定选举人数由（宣统元年三月十七日）

本处批庆元县禀查照选举各员由（宣统元年三月十七日）

本处批海盐县禀复查附郭区朱宗端漏未填入南一区张华清误缮作陈华清准予分别补入更正由（宣统元年三月十七日）

本处批石门县禀会同司选员延请管理监察各员在所研究其中尚有疑难二端请示遵行由（宣统元年三月十七日）

本处批新昌县详报确定选举人名并戒烟印甘各结由（宣统元年三月十八日）

本处批海宁州禀请更正吕承咸由（宣统元年三月十八日）

本处批杭州府申请昌化县续补选举人名由（宣统元年三月十九日）

本处批安吉附生潘含英禀名字误填致遭剥夺由（宣统元年三月十九日）

本处批杭州府转饬余杭县申复确定选举人数及清折并查明李卿禄被控缘由剔除由（宣统元年三月十九日）

本处批天台县详复声请取销更正并报确实由（宣统元年三月十九日）

本处批温州府申送乐清县补造选举人名正册由（宣统元年三月二十日）

本处批温州府申送乐清县更正剔除人名清折由（宣统元年三月二十日）

本处批松阳县详复选举人名册更正剔除由（宣统元年三月二十一日）

本处批湖州府申报长德武安四县初选举确定人数由（宣统元年三月二十一日）

本处批台州府临安县申复剔除人名符合毋庸更正由（宣统元年三月二十二日）

本处批临海县申送续补及撤销人名清册由（宣统元年三月二十四日）

本处批金华府禀奉抚宪电开金属议员及初选当选人额数业已转饬榜示由（宣统元年三月二十六日）

① （宣统元年三月十六日）

本处批富阳县申报确定选举人名实数由（宣统元年三月二十六日）
本处批台州府转饬黄岩县据该县禀送黄邑初选举补遗人名正册并剔除清折由（宣统元年四月初一日）
本处批杭州府转饬于潜县禀选举人严毅因案扣除由（宣统元年四月初八日）
本处批杭州府详请核示驻防复选举办法由（宣统元年四月初九日）
本处批丽水县禀奉饬查填补初选举册列之营业种类及他项资格册及续报名册由（宣统元年四月十三日）
本处批临海县详复查明选举人确数由（宣统元年四月十五日）
本处批处州府申送青田县复查初选人名补送正册由（宣统元年四月十五日）
本处批石门县禀重行选举请示遵由（宣统元年四月二十日）
本处批钱塘县详请驻防当选人名应否由县榜示执照等件是否照复选办法由（宣统元年四月二十九日）
本处批临海县详复查明漏列剔除人名册由（宣统元年五月初一日）
本处札发各厅州县本处报告甲编文

文牍四：函电类

本处函件四十四件[①]
致十一府参议请将调查情形复告函[②]
复富阳县选举调查事务所函（光绪三十四年十一月二十二日）
复金华嵩守电询四府公学毕业生有无选举权函（光绪三十四年十一月二十一日）
复富阳县函询各节函（宣统元年正月初七日）
复衢州府商家股东不在本店不得请人代理投票函（宣统元年正月初八日）
复嘉兴县函询云骑尉有就文就武可否概予入册等函（宣统元年正月二十日）
复安吉县询不动产与营业资本两项是否合算函（宣统元年正月二十五日）
复嘉兴县初选举事务所凡圩长不能比照办理公益有选举权函（宣统元年正

① 原目录并无各函的具体目录，此为笔者据正文所加，以方便读者了解函件的全貌。另，原文标题后日期仅为月日，年份由编者所加。
②（光绪三十四年十一月十九日）

月二十八日）

致西安县初选举事务所奉祀生不得比照荫生以生员论函（宣统元年正月二十八日）

致提学司请查复义乌县函询测绘等学堂能否以中学论函（宣统元年正月二十九日）

复义乌县函询测绘等学堂毕业生可否比照中学堂毕业有选举权函（宣统元年二月初一日）

复萧山县询各项资格可否取得选举权并附申饬函（宣统元年二月初三日）

复秀水县询学堂会计文牍等可否取得选举权函（宣统元年二月初三日）

复湖州府复选事务所询甲区与乙区可否彼此互选函（宣统元年二月初四日）

复桐乡县电询本籍人在他省实官可否入册函（宣统元年二月初九日）

复富阳县事务所年龄未及格不得有选举权函（光绪三十四年十二月初三日）

复嘉善县学堂职员善堂董事选举权办法函（光绪三十四年十二月初三日）

复杭乍两防询问武备正则速成毕业生选举权办法函（光绪三十四年十二月初四日）

复金华府参议典当盐栈不得有选举权函（光绪三十四年十二月初六日）

复镇海选举调查事务所函（光绪三十四年十二月初七日）

致武康县本籍人有财产在本省他府厅州县查照前颁资格说明书办理营私武断未被控审实有案者不得谓之昭著函（光绪三十四年十二月初九日）

函询驻防及十一府参议选举调查员是否依限出发并夫马费有无收到函（光绪三十四年十二月十四日）

复金华复选事务所师范简易科毕业苟非二年以上者仍不得有选举权函（光绪三十四年十二月二十日）

复临安县初选举事务所询高等小学毕业奖励之廪增附有选举权等函（光绪三十四年十二月二十三日）

复上虞县询有财产之人犯局章等函（光绪三十四年十二月二十六日）

复平湖县询举贡等在他省候补肄业法政应否作学生论等函（光绪三十四年十二月廿六日）

复衢州府复选监督询复选被选人不限在选举人名册等语函（光绪三十四年

十二月廿六日）

函复西安县询问吹手民壮及奉祀生选举办法由（光绪三十四年十二月十五日）

函复宁波府参议各部额外郎中员外主事小京官自可作为实缺祀产会产未便许其推举代表作为选举人由（光绪三十四年十二月初一日）

复嘉兴秀水两县询欠粮应否照倒账例办法函（光绪三十四年十二月初八日）

复温州府电询承袭世职应否有选举权函（光绪三十四年十二月初十日）

复山会两县考籍乙县住居甲县仍入乙县之册函（光绪三十四年十二月十一日）

复归安县询问各节函（光绪三十四年十二月十一日）

致杭乍两防杭州府参议查照编查馆电杭乍两防初复选监督改为会办管理员名目函（宣统元年正月十四日）

函复驻防事务所将调查原册移送仁钱二县并驻防内他府县人愿寄居仁钱行选举权者饬令自赴具呈函（原文无日期）

复上虞县事务所局章投票管理员人数专指一区而言并不拘官绅均可派充函（宣统元年正月十九日）

复上虞县询被控有案及办冬防九年可否准其选举函（宣统元年二月初二日）

复山会司选员函询办理公益已移奖其子而其父能否以办理公益论等函（宣统元年二月十三日）

复湖州府各县管理员慎选不合选举资格士绅派充函（宣统元年二月廿四日）

致十一府选举人名册随到随送函（宣统元年二月二十日）

致七十八厅州县司选员预商投票监察员兼任本区演说函（宣统元年闰二月初八日）

复嘉善县询饥民局及登瀛会等可否入册函（宣统元年闰二月初一日）

致十一府七十八厅州县申明确定人名正册之期函（宣统元年闰二月二十二日）

函致杭乍两防初复选监督复选后议员执照由杭州府署衔移送复选监督给发函（原文无日期）

本处电件二十八件[①]

① 原目录并无各电的具体目录，此为笔者据正文所加，以方便读者了解函件的全貌。

致各府电
复绍兴府电（附来电）
附本处通告

《浙江谘议局筹办处报告》补遗目录

各厅州县初选司选员姓名职衔单
各府复选司选员姓名职衔单

文牍一：禀详类

本处禀抚宪拟将本处节省项下作为谘议局设备一切之用请示文
又禀请抚宪可否将本处节省余款移解谘议局自行设备乞示遵文
又详抚宪报明复选当选人及候补当选人姓名职衔文
又禀抚宪议员招待所行将裁撤请知照谘议局并请核示议长等公费及书记长以下薪金文
又详请抚宪核定复选监督初选监督功过文
又禀抚宪本处二月以后筹办情形仍请察核奏咨文
又禀抚宪本处四月以后兼理地方自治事宜详细情形请察核奏咨文
又禀抚宪本处遵章裁撤并拟以后工程领款一切办法请示文
又申送抚宪本处自上年十月起所有各种案卷文

文牍二：咨移类

本处照会全浙师范商借礼堂为本年谘议局会议之所文
又照会谘议局奉院札准馆电议员免停差俸其常驻者仍停差文
又照会谘议局奉院札知谘议局如以吸食鸦片之人滥行与选钦遵谕旨分别惩罚文

又移复藩司收到谘议局工程第二期银八千两文

又移解谘议局设备之款及已购置器具清折文

又移交自治筹办处关防案卷经费并本处用具文

又移自治筹办处移请代为分别转发本处报告补遗并手工纸价洋代为给发造报文

又移藩司奉院批本处禀遵章裁撤并拟以后工程领款一切办法文

文牍三：批饬类

本处分饬宁绍府奉院札准农工商部咨华侨举定谘议局参议员文

又批绍兴府禀报复选事务所经费造册核销由

又批嘉善县禀沈宝忠虚报年岁获登名册遵饬办理由

又转饬金华府奉院批核明该府详销复选经费文

又札知绍兴府转饬新昌县奉院批该县选举违法记过凛遵文

又批绍兴府禀汤京卿议员执照应如何办理之处请示遵行文

又批湖州府详据议员潘澄鑑禀称丁母忧应否销去职任由

又通饬各府复选额外候补当选人俟额内候补当选人补竣后挨次递补文

又札发各府厅州县本处报告乙编及投票区域图文

又札知各府厅州县本处裁撤日期文

又札知监造所科员胡宪章饬令九月以后薪水按月向藩司衙门具领文

文牍四：函电类

本处致藩司请速刻谘议局关防移交本处以便转送函

本处复清理财政局嘱转致各议员调查各节函

(二)《浙江谘议局议事录》目录

《浙江谘议局第一届常年会议事录》[①]

第一册目录

选举部

选举正副议长、常驻议员、审查长、各股审查员、各部部长、各股审查会主员、理事、资政院议员记事

议事部

甲、巡抚交议案

一、筹办浙江全省厅州县简易识字学塾议案

二、浙江完漕试办规则法律案

三、医生营业暂行规则法律案

四、浙江农田水利会规则法律案

五、浙江矿务警察试办规则法律案

六、清理田亩议案

七、筹办浙江巡警经费议案

八、浙江讼费法律案

九、浙江疏浚杭嘉河道议案

① 此书由浙江谘议局编印，分第一册和第二册。

十、浙江禁止停柩法律案

十一、浙江全省森林规则法律案

第二册目录

议事部

乙、议员提出案

十二、褚辅成浙江清查灾歉规则章程

十三、詹熙完纳钱粮通省照市作价草案

十四、杨山立南漕改折草案

十五、周斌整顿书吏草案

十六、朱其镇维持国币草案

十七、王渡改良风俗案

十八、邵羲禁革地方差徭规则法案

十九、沈钧儒称房捐及裁撤绿营饷项改充巡警经费议案

二十、张传保公布本省各种规则章程规则

二十一、陶保霖本省行政命令公布法草案

二十二、顾清廉筹办习艺所议案

二十三、黄炎废止驿站改设邮局草案

二十四、陈训正厘捐改征银圆草案

二十五、陶保霖清查地方公款公产章程草案

二十六、黄炎整顿税契草案

二十七、沈椿年收回庄册改设官册局议案

二十八、余敏时整顿学务议案

二十九、杜子楙统筹全省师范教育议案

三十、盛如彭浙江改良私塾暂行规则草案

三十一、褚辅成裁撤民壮捕役护勇队移转工食饷项改充巡警费议案

三十二、张善裕实和刊布各厅州县钱粮征信册草案

三十三、王家襄裁撤官纸局议案

三十四、邵羲停止无关本省行政之经费支出法案

三十五、陶保霖禁革州县衙门供应草案

三十六、褚辅成革除漕粮积弊暂行规则草案

三十七、邵羲公用土地收用规则法律案

三十八、熊文、裕祥拟就旗营空地兴辟市场草案

三十九、高金培厘捐革弊草案

四十、梁有立推广蚕业议案

四十一、王应奎均摊平粜草案

四十二、沈钧儒收回宝石山、莫干山地亩以保内地主权议案

《浙江谘议局第二届常年会议事录》①

上卷下：议事部

乙、巡抚咨询事件

一、浙省移民实边办法

丙、议员提出案

一、褚辅成：浙江办量灾歉规则法案

二、吴赓廷：请拨钱粮平余充地方自治经费草案

三、刘耀东：改定本省暂行契尾捐法案

四、阮性存：清理各厅州县亏挪钱粮议案

五、沈钧儒：师范生任用方法议案

六、王家襄：裁汰巡警冗员议案

七、蔡汝霖：修理道路议案

八、褚辅成：修改公布本省各种现行章程规则草案

① 此书由浙江谘议局编印，分上、下两卷，未见上卷上，上卷上应为选举部和议事部中的巡抚提出案。

九、王泽灏：初等小学堂附设简易识字学塾夜课议案
十、潘澄鑑：裁撤厘捐卡改为各业认捐以节浮费议案
十一、姚祖范：裁撤各属禁烟分所并入巡警局办理议案
十二、沈钧儒：关于谘议局议决权内之本省行政命令施行法案
十三、罗赓良：动用新章加收契税推广简易识字学塾议案
十四、孙树礼：牙税季钞革弊案
十五、梁有立：改良征收钱粮方法案
十六、韩泽：修正厘捐革弊案
十七、吴恩元：核实本省盐价以敌私销而裕正课议案
十八、唐凤翔：提前办理厅州县地方自治议案
十九、王世裕：官有财产管理规则法案
丁、议员条议案
一、蔡汝霖：变通赈恤灾歉条议案
二、王渡：速裁各库凡收支款项概归国家银行经理条议案
三、盛炳纬：破产律未颁布以前商号倒闭暂行补救方法条议案
四、陈时夏：裁撤各省提法使条议案
五、王序宾：请减出口税则条议案
六、刘耀东：裁撤杭州苏州两织造局条议案
七、吴赓廷：革除钱粮平粜条议案
戊、人民建议案
一、义桥商务分会韩藩：浙路问题建议案
二、孙秉彝：浙路建议案
三、韩清泉：陈请建设浙江全省医事机关建议案
四、稽伟：设立农务总会建议案
五、许培基：裁撤胥吏建议案
六、傅以潜：仿办息讼公所建议案
七、戴其仁：浙洋弭盗建议案
八、谢惠宝：天台征粮舞弊建议案
九、方炜：陈请书

十、方成璧：陈请书

十一、叶桐知：请饬官吏划定洋价革除浮收建议案

附刊：

议员到会人数

巡抚及代理委员姓名表

谘议局议员姓名表

（三）《浙江谘议局文牍》目录[①]

《浙江谘议局文牍》第二编目录

抚部院札据杭嘉两府详复补入议员孙树礼、吴恩元、吴赓廷业给执照文（宣统二年正月十一日）

藩司移会奉院行知事奏谘议局经费请动正杂各款抄折文（宣统二年正月十一日）

抚部院札知具奏谘议局开会始末情形及议案大略恭奉谕旨文（宣统二年正月十五日）

抚部院札知片奏互选资政院议员恭奉谕旨文（宣统二年正月十九日）

抚部院札知准宪政编查馆咨开废弃及缓议五案照章应开局复议文（宣统二年正月廿一日）

本局呈复抚部院筹办浙江巡警经费案三种议案缮写错舛业经查明更正文（宣统二年正月廿三日）

① 此书由浙江谘议局编印，共分三编，未见第一编，第三编分上、下两卷。

藩司移知奉院札开具奏浙江遵设会议厅情形业奉谕旨文（宣统二年二月初一日）

藩司移知奉院札开专奏谘议局经费请动正杂各款折业奉朱批文（宣统二年二月十三日）

本局呈请抚部院更正提学司拟详全省师范教育办法文（宣统二年二月十四日）

本局呈请抚部院札饬各属禁止洋商在内地营业文（宣统二年二月二十日）

本局呈请抚部院咨送议员柳在洲建议条文（宣统二年二月二十日）

本局致清理财政局所议米价妨害民生请再集议函（宣统二年二月二十一日）

本局致各属同体调查地方官遵行议案情形并岁出岁入总数函（宣统二年二月二十五日）

抚部院札复本局呈请禁止洋商在内地营业已札洋务局查复并咨外务部查照文（宣统二年二月廿六日）

本局移请藩司挪拨设备银圆五千元并札催杭府变卖贡院余屋归垫文（宣统二年三月初四日）

抚部院札据提学使详复师范教育议案办法遵饬更正文（宣统二年三月十二日）

本局呈请抚部院札饬藩司迅即刊印征信册并抄折说明办法文（宣统二年三月十二日）

本局呈请抚部院实行禁止彩票规则文（宣统二年三月十二日）

本局呈请抚部院咨馆将复议各案迅即核复文（宣统二年三月十二日）

抚部院札准江督咨开保送陶保廉为硕学通儒议员之被选人文（宣统二年三月十四日）

本局呈催抚部院实行禁止洋商在内地营业文（宣统二年三月十五日）

藩司照会解送设备费银圆五千元文（宣统二年三月十六日）

抚部院札复本局呈催实行禁止洋商在内地营业已札洋务局巡警总局查办文（宣统二年三月十七日）

本局呈请抚部院各州县违法征收各府是否据实禀办请复示文（宣统二年三月十七日）

本局呈请抚部院查办衢属征粮抑勒洋价文（宣统二年三月十七日）

本局呈请抚部院札饬图书馆照单移送书籍以资参考文（宣统二年三月十七日）

本局呈请抚部院查办仙居防营焚杀乡民文（宣统二年三月二十二日）

本局呈请抚部院札饬按察司将定海厅禀请撤退议员案弔卷提讯以顺舆情文（宣统二年三月二十七日）

抚部院札知准宪政编查馆咨开核复议案逐件抄录文（宣统二年四月初一日）

抚部院札知准江督咨开请弛宁温台三府钓船长江上游通商禁例建议案有无窒碍须确切调查文（宣统二年四月初一日）

本局呈请抚部院查办平阳卡勒短收捐洋价并饬查各属有无前项情弊文（宣统二年四月初二日）

本局呈请抚部院札饬厘饷局查办长兴卡托名巡船常泊画溪桥截路起捐文（宣统二年四月初三日）

抚部院札知准农工商部咨开通益公纱厂欠缴官款一案仍照前定办法文（宣统二年四月初五日）

抚部院札知准出使大臣咨送神户华侨参议员履历文（宣统二年四月初八日）

本局呈请抚部院札催实行浙西水利议案并批示禁止彩票规则文（宣统二年四月十二日）

本局复广东谘议局粤杭路事请先议定赐示函（宣统二年四月十二日）

抚部院札知熊文请假已满一月以上应即认为辞职以候补议员递补文（宣统二年四月十三日）

本局复乌程县潘钟英提出清查地方公款公产陈请书协议会不能修正函（宣统二年四月十五日）

抚部院札知据横滨领事申送华侨参议员姓名职衔文（宣统二年四月十七日）

本局致江苏谘议局请集议沈仰高建议案文（宣统二年四月十八日）

本局呈请抚部院查明滥用刑讯官吏立予严参文（宣统二年四月十九日）

本局呈请抚部院札饬藩司查照前次通饬洋价分别撰示札饬各属分贴各城镇乡一体遵照文（宣统二年四月廿日）

本局呈复抚部院熊文请假满续假日期未逾一个月以上文（宣统二年四月廿

日）

本局呈请抚部院仿照江鄂办法通饬各属酌办平粜耗款援案奏请作正开销文（宣统二年四月廿一日）

抚部院札知具奏谘议局禁止浙省发行彩票文（宣统二年四月廿三日）

抚部院札准学部咨复议案内有先办二年简易科应停止文（宣统二年四月廿三日）

本局呈请抚部院缴还前次札发资政院议员执照七纸文（宣统二年四月廿四日）

本局代呈抚部院兰溪茶商蒋德泰笃等建议案文（宣统二年四月廿四日）

本局呈请抚部院查办革库蔡之邦违法舞弊案文（宣统二年四月廿五日）

抚部院札知准资政院电开钦奉上谕八月二十日为召集之期传知各议员届期齐集文（宣统二年四月廿六日）

抚部院札知准宪政编查馆咨复督抚对于谘议局文书程式俟酌核规定通咨照办文（宣统二年四月廿七日）

抚部院札知准馆部咨复地方官对于城镇乡自治会文书程式由部另案更正奏明办理文（宣统二年四月廿七日）

藩司照会部咨谘议局经费一经动款随时专案报部查核文（宣统二年四月廿七日）

本局呈请抚部院札饬藩司依限刊布钱粮征信册文（宣统二年四月廿七日）

抚部院札知准宪政编查馆咨开申明督抚与谘议局范围限制文（宣统二年四月廿八日）

抚部院札知准宪政编查馆咨复彩票可照局议赶行严禁文（宣统二年四月廿八日）

本局呈请抚部院派员查办上虞摧毁学堂等案并饬护持文（宣统二年四月廿九日）

本局呈请抚部院韩焌煌等钱江义渡局改良办法建议案文（宣统二年四月廿九日）

本局呈请抚部院查照馆咨议定办法各案分别公布以重立法文（宣统二年五月初一日）

本局复福建谘议局说明协议会议决预算办法函（宣统二年五月初二日）
本局呈请抚部院查办违法官吏文（宣统二年五月初四日）
抚部院札复通判方倅滥押毙命案核明奏参并札饬委员赴查各属有无违章枷责文（宣统二年五月初七日）
抚部院札知具奏禁止浙江省发行彩票业奉朱批文（宣统二年五月初七日）
抚部院札知据藩司详估实行征信册经费并拟式样式迅即核复文（宣统二年五月初九日）
藩司照会奉院札准江督咨复本局建议浙宁米商在七豪口采米无可出运文（宣统二年五月初九日）
抚部院札知据嘉兴何沼枢等电禀漕米加价及抗用龙圆已行司查办文（宣统二年五月十二日）
抚部院札知准杭州将军副都统咨开熊文革去文生已无议员资格应将本营候补议员接充文（宣统二年五月十二日）
本局呈送毛文纯等陈请书文（宣统二年五月廿日）
本局呈复抚部院征信册经费并式样业经协议会核议文（宣统二年五月廿日）
本局呈报抚部院熊文续假期满又逾一月以上不到局已将候补常驻议员狄翚补入文（宣统二年五月廿日）
本局呈抚部院本年常会提出议案须于七月二十日以前交局文（宣统二年五月廿一日）
本局复江苏谘议局调查盐务俟查实再行汇报函（宣统二年五月廿一日）
抚部院札知据按察司详称夏韵等控革书蔡之邦舞弊案纯然诉讼事件文（宣统二年五月廿一日）
本局致狄翚通知补入常驻议员函（宣统二年五月廿三日）
本局呈请抚部院电饬各属对于清查事务所一律遵照办法文（宣统二年五月廿四日）
本局呈请抚部院速废沪杭甬存款章程不认缴解亏耗文（宣统二年五月廿四日）
本局呈请抚部院查办乍浦厘局抽收厘捐不用龙圆一面饬查各属有无阳奉阴违文（宣统二年五月廿五日）

本局呈请抚部院委查宁波北门卡违法加捐并查各局卡自革除洋水后有无巧立名目文（宣统二年五月廿六日）

抚部院札知准资政院咨开议员旅费到院照章发给毋庸先垫文（宣统二年五月廿七日）

本局呈请抚部院乐清余令系指明违法确据之员请札饬藩司另行核办文（宣统二年五月廿七日）

本局致各属议员请提早预备议案函（宣统二年五月廿七日）

本局呈送黄德谦、徐士焘二种陈请书文（宣统二年五月廿九日）

本局呈请抚部院核示历次呈请查办案件及议员质问书文（宣统二年五月三十日）

抚部院札议速记生津贴是否作为无关本省行政经费文（宣统二年六月初二日）

本局第二次呈请抚部院查办仙居防营焚杀乡民文（宣统二年六月初二日）

本局复藩司解释修浚浙西水利经费函（宣统二年六月初二日）

本局致抚部院呈送北门卡各项联单项（宣统二年六月初二日）

本局致各省谘议局分送意见书函（宣统二年六月初三日）

本局呈复抚部院速记生津贴应请仍饬财政局议详电复文（宣统二年六月初五日）

本局呈复抚部院革书蔡之邦舞弊一案请饬臬司仍照前呈办理文（宣统二年六月初五日）

抚部院札复本局函送联单应发司并案函办函（宣统二年六月初五日）

抚部院札知据布政使详复茶商蒋德泰建议案已批饬江干、兰溪两卡遵照办理文（宣统二年六月初七日）

本局呈抚部院秀水县征收钱粮仍有贴水情弊及船埠并未裁撤请查明惩戒文（宣统二年六月初七日）

本局呈请抚部院详核宝石山交涉案饬司提归专案慎议收回方法以重主权文（宣统二年六月初八日）

本局呈请抚部院先将谘议局办公室验收以便迁移一面严催樊委员督匠赶筑文（宣统二年六月十四日）

本局呈报抚部院议员俞宗濂因耳疾辞职应以陆积昌补入请饬复选监督知会文（宣统二年六月十八日）
本局呈送景宁李瑞阳等陈请书文（宣统二年六月廿日）
抚部院札知据杭州道会同海塘工程局详复塘工事宜黏抄原折文（宣统二年六月廿二日）
抚部院札知准度支部电开预算总册内仍有可量为裁节之款黏抄原电文（宣统二年六月廿六日）
抚部院札知准资政院电开暂借京师法律学堂为开会议场传知各议员文（宣统二年六月廿七日）
抚部院札知准民政部咨开前送议员名册未经填写年岁查明呈候咨复文（宣统二年六月廿六日）
本局呈请抚部院各厅州县对于洋价通饬及撰发告示抗匿不遵应否照处分则例惩罚请示宣布文（宣统二年六月廿七日）
附补遗
抚部院札准宪政编查馆咨奏复吴士鑑奏请申明议案权折并片奏均奉谕旨文（宣统二年二月十七日）

《浙江谘议局文牍》第三编上卷目录

本局呈送王天录等陈请书文（宣统二年七月初一日）
本局致抚院本届提出议案每种多印二百份函（宣统二年七月初一日）
抚院札行据藩司详请偏僻水卡酌量移设车站核复饬遵文（宣统二年七月初四日）
本局呈明抚院宁海县电询粮价照临海数目征收未便直接札复文（宣统二年七月初四日）
抚院复本局本届提出议案当饬令每种加印二百份发交函（宣统二年七月初

抚院札知本年常会将馆咨不得缓议及废弃之议案发交复议文（宣统二年七月廿日）

抚院复本局新建谘议局已询据胡科员称月内完工禀请验收函（宣统二年七月廿日）

抚院札知浙省预算核减各款已饬由主管署局切实筹议电复度支部核办文（宣统二年七月廿一日）

本局呈报抚院议员蔡蒙业经辞职请饬湖属复选监督知会林钟秀补入文（宣统二年七月廿二日）

本局致浙路公司报告审查苏宝仁建议案情形函（宣统二年七月廿三日）

本局呈请抚院浙路公司江干设关事不可行应由税务司派员验货文（宣统二年七月廿五日）

本局致抚院新建谘议局议场内监督席及代理委员席颇难安设验收时谕令设法更改函（宣统二年七月廿五日）

藩司照会钱粮征信册业奉抚院批准改用石印并查照本局核复式样刊刻通饬各属造送文（宣统二年七月廿七日）

藩司照会钱粮征信册经费奉部电饬减十五万两能否足数工用应再确加调查复估察办文（宣统二年七月廿七日）

藩司照会各属征粮洋价奉经撰示通饬文（宣统二年七月廿七日）

藩司移知据委员查复平阳卡收捐洋价并无抑勒情形文（宣统二年七月廿七日）

抚院札准部咨新建谘议局内部设备款项核实估计声复核办文（宣统二年七月廿八日）

抚院札据藩司详复宁属濠河卡历年抽收贝母捐情形抄详知照文（宣统二年七月廿八日）

本局议长陈黻宸副议长陈时夏沈钧儒议员叶诰书等援章呈请抚院开临时会文（宣统二年七月廿九日）

本局呈送长兴人民窦阿限等陈请书文（宣统二年八月初二日）

本局呈抚院嘉秀办差船所勒索经过船费应请查办文（宣统二年八月初三日）

本局呈请抚院将历次呈请案件并议员质问书人民陈请书分别核示文（宣统

二年八月初四日）

本局致抚院议员张时星病故请电饬金属复选监督知会蒋儆补入函（宣统二年八月初六日）

抚院札知据提学司详复裁撤官纸局分销处办法系奉馆文办理文（宣统二年八月初八日）

本局呈报抚院议员丁中立辞职请饬严属复选监督知会唐凤翔补入文（宣统二年八月初八日）

抚院札据湖州府详报补入正额议员陆积昌业准呈明应补文（宣统二年八月初九日）

抚院札复据平湖县禀请登瀛局宾兴每年酌量提拨办学已批准如禀办理文（宣统二年八月十一日）

本局呈报抚院议员章毓才病故以方镇补入张善裕现入法政照章辞退以沈毓麟补入并以高金培补为常驻议员（宣统二年八月十二日）

本局致高金培补为常驻议员函（宣统二年八月十二日）

本局议长陈黻宸副议长陈时夏沈钧儒议员叶诰书等为浙路事第二次呈请抚院开临时会文（宣统二年八月十三日）

藩司照会乐清余令抑勒洋价案奉经饬委查复文（宣统二年八月十三日）

本局致韩泽通知补入常驻议员函（宣统二年八月十三日）

劝业道移知奉院札准粤督咨开谘议局呈报提议粤杭铁路文（宣统二年八月十四日）

抚院札知新建谘议局已据劝业道详准验收文（宣统二年八月十六日）

本局议长陈黻宸副议长陈时夏沈钧儒议员叶诰书等为浙路事呈催抚院迅即酌定临时会日期文（宣统二年八月十八日）

本局报抚院高金培辞常驻议员已通知韩泽补入文（宣统二年八月十八日）

抚院札知议员熊文员缺已行杭州府照会递补议员文（宣统二年八月十九日）

本局呈抚院此次札发医生营业规则等五案馆咨交局复议应请补具说明文（宣统二年八月十九日）

本局呈抚院会议厅审查员业经举定金泯澜等八人请复加选派文（宣统二年八月十九日）

本局呈请抚院札委林祝黄接充会计课书记（宣统二年八月廿日）

本局呈复抚院新建谘议局内部设备款项刻正动用应俟完备后另册详细报明文（宣统二年八月廿一日）

抚院札知接准馆咨常年会甚迩临时会毋庸召集文（宣统二年八月廿三日）

抚院札知据清理财政局详复提解规费案文（宣统二年八月廿三日）

本局呈明抚院熊文系认为辞常驻议员职非认为辞正额议员文（宣统二年八月廿四日）

抚院札知照章加倍公推会议厅审查员呈请复选派充文（宣统二年八月廿五日）

抚院札知据藩司详复枫泾旱卡已批饬嘉善卡立予撤销文（宣统二年八月廿五日）

本局呈请抚院筹拨第二届常年会议员旅费文（宣统二年八月廿五日）

抚院札知劝业道详复建造谘议局工程逾限日期已札饬藩司查照合同扣罚文（宣统二年八月廿六日）

本局呈报抚院杨晨不愿应补请电饬台属复选监督知会吴气充补入文（宣统二年八月廿六日）

本局呈送程邑人民邵兰波等陈请书文（宣统二年八月廿六日）

本局致锡章请从缓到会函（宣统二年八月廿八日）

抚院札知据湖州府详报沈毓麟赴京供职不克应召已批饬知会蒋玉麟补入文（宣统二年八月廿九日）

抚院札知据杭州府详报锡章递补熊文员缺已照会补入文（宣统二年八月廿九日）

抚院札据提学司详案景宁县沙溪学堂被毁案俟委员查复再行会核议详文（宣统二年八月廿九日）

抚院札知准资政院咨开速记毕业生朱义康等三人派回原省谘议局任用文（宣统二年八月廿九日）

本局呈报抚院会议厅审查员业经照章公推汤在容等二十四人请复选派充文（宣统二年八月廿九日）

本局呈复抚院札交浙江医生营业暂行规则等五案应认为重行提出文（宣统

二年八月廿九日)
本局呈抚院撤销熊文议员是否误会请假规则应批示文(宣统二年八月廿九日)
抚院札知选定金泯澜等十二人承充会议厅审查员文(宣统二年八月廿九日)
巡警道照会本局委派区官王睿为议场外警察长并饬派巡警随往保卫文(宣统二年八月廿九日)
抚院致本局定九月初三日开会议厅成立会请分别转致选定各绅函(宣统二年八月廿九日)
抚院札据藩司详复查办各州县隐匿蠲免分数追缴已免旧欠等六案文(宣统二年九月初二日)
本局呈报抚院第二届常年会选举审议长暨各股审查员文(宣统二年九月初二日)
本局复抚院选定会议厅审查员已分别知照函(宣统二年九月初二日)
本局为浙路事呈请抚院代奏文(宣统二年九月初三日)
抚院对于本局为浙路事呈请代奏交令复议批答(宣统二年九月初四日)
抚院札询初四日议事日议事日程因何未送文(宣统二年九月初四日)
本局呈报抚院议员王理孚选充会议厅审查员遗缺请饬温属复选监督知会吕渭英补入文(宣统二年九月初四日)
抚院札准部电地方行政经费底册并核定增减各款抄案经送已饬财政局遵办文(宣统二年九月初五日)
抚院致本局询报载停议电文是否错误函(宣统二年九月初五日)
本局复抚院停议电文报载尚无错误函(宣统二年九月初五日)
抚院札发地方行政经费预算表文(宣统二年九月初六日)
本局呈明抚院停议情形并交令复议事件无从付议文(宣统二年九月初六日)
抚院札行呈请代奏案已经明白批札即速开议文(宣统二年九月初六日)
本局移请藩司拨解第二届常年会议员旅费文(宣统二年九月初八日)
抚院札催交令复议事件迅速议复文(宣统二年九月初十日)
本局呈报资政院提议浙路事件及呈请巡抚代奏清折文(宣统二年九月初十日)

抚院札据提学司详复旧有孝廉诂经敷文三书院经费拨抵省城两级师校之用文（宣统二年九月十一日）

抚院札催查照迭次批札迅即开议文（宣统二年九月十五日）

抚院札知撤销熊文议员已据杭州府知会递补议员吴锡章应即赴局与议文（宣统二年九月十五日）

抚院据提学司详复金郡已辟校场拨归金华一邑劝学所案应再鉴催查复核文（宣统二年九月十五日）

抚院复永康崔令违背公布施行各案已据司详查核示惩办文（宣统二年九月十六日）

本局致抚院会议厅审查员盛炳纬辞职函（宣统二年九月十六日）

抚院札劝查照迭次札催克日开议文（宣统二年九月十七日）

抚院札据湖州府详报林钟秀呈明应补文（宣统二年九月十七日）

抚院札据杭州府专复照会熊文赴会系在请补锡章之前文（宣统二年九月廿日）

抚院致本局浙路事即行拟电入告迅速开议函（宣统二年九月廿日）

抚院札据景宁县李瑞阳等禀称沙溪学堂被毁案系属捏名陈请迅速查复核办文（宣统二年九月廿一日）

抚院札据藩司详复秀水县违背议案已批饬嘉兴府核议详夺文（宣统二年九月廿一日）

抚院札据藩司详复义桥船捐通年收数无多已批饬停止文（宣统二年九月廿一日）

抚院札复据奉化县所筹警费系于民间置产抽捐案已据藩司核详文（宣统二年九月廿二日）

抚院札行饬令停会三日文（宣统二年九月廿三日）

藩司移知解送第二届常年会议员旅费文（宣统二年九月廿四日）

抚院札知停会期满查照迭次劝告具文呈报文（宣统二年九月廿六日）

抚院札据盐运使详复黄岩场官哨弁擒押民妇案文（宣统二年九月廿六日）

抚院札据藩司详复嘉秀石桐四县春收漕价案已批饬嘉兴府核议详夺文（宣统二年九月廿七日）

《浙江谘议局文牍》第三编下卷目录

抚院札据湖州府详报候补议员蒋玉麟呈明愿补文（宣统二年十月初五日）

本局呈请抚院正式提出岁入表文（宣统二年十月初五日）

本局呈请抚院札发增删修改之单行章程规则文（宣统二年十月初六日）

本局致抚院报告议员潘秉文王予衮病故分别电饬杭宁两府知会祝震盛炳纬补入函（宣统二年十月初六日）

抚院札发修正及追加预算表文（宣统二年十月初七日）

本局呈抚院熊文有事远出不能指为犯罪确据斥退议员文（宣统二年十月初七日）

本局致资政院询官厅提出案不根据法律无从呈请更正者如何办理电（宣统二年十月初七日）

本局呈报抚院本届议案多未议决公决遵章延会十日文（宣统二年十月初八日）

本局呈抚院札交预算案尚未详细说明议决返还仍请正式提出文（宣统二年十月初九日）

抚院札知委派速记生陈兆瀛孙焘到局任事文（宣统二年十月初十日）

本局呈请抚院复核更正附加契税推广简易识字学塾议案文（宣统二年十月初十日）

本局呈请抚院复核更正筹办全省厅州县简易工艺厂等四种议案文（宣统二年十月十一日）

本局呈请抚院复核公布浙江办理灾歉规则法案文（宣统二年十月十一日）

抚院札行咨询移民实边办法文（宣统二年十月十二日）

本局为浙路事呈请资政院代奏文（宣统二年十月十二日）

本局呈请抚院复核更正浙江专卖樟脑总局试办章程法律案文（宣统二年十月十三日）

抚院札准部电所请提出正式岁入表碍难照办文（宣统二年十月十四日）

抚院札知附加契税推广简易识字学塾案经会议厅审查科议决作废文（宣统二年十月十四日）

抚院札据藩司详复查办宁海县张正芬征粮洋价抑勒浮收情形文（宣统二年十月十四日）

本局呈请抚院复核公布修订浙江讼费暂行规则法律案文（宣统二年十月十四日）
本局呈请抚院复核更正整理积谷规则等二种议案文（宣统二年十月十四日）
抚院札发地方行政经费预算表查照部复办理文（宣统二年十月十五日）
抚院札知将修浚浙西水利议案交局复议文（宣统二年十月十五日）
抚院札据杭州府详议员潘振麟因病辞职交局审查并知会祝震补入潘秉文员缺文（宣统二年十月十五日）
抚院对于本局呈报议决浙江办理灾歉规则法案应行交令复议批（宣统二年十月十五日）
抚院对于本局呈报议决修订讼费暂行规则法律案应行交令复议批（宣统二年十月十五日）
抚院对于本局呈报清理田亩议案认为不可行批（宣统二年十月十五日）
抚院对于本局呈报筹办全省厅州县简易工艺厂等三种议案子认为不可行批（宣统二年十月十五日）
本局呈请抚院复核公布关于谘议局议决权内之本省行政命令施行法文（宣统二年十月十五日）
本局呈请资政院查核裁撤各省提法司等二种条议案文（宣统二年十月十五日）
本局呈复抚院咨询移民实边办法应请编定正式议案交议文（宣统二年十月十五日）
资政院致本局预算案以督抚现交之数为准电（宣统二年十月十六日）
抚院对于本局呈报浙省小学堂订定教员合同条例法案认为不可行批（宣统二年十月十六日）
抚院对于本局呈报整理积谷规则法律案认为不可行批（宣统二年十月十六日）
抚院对于关于谘议局议决权内之本省行政命令施行法交令复议批（宣统二年十月十六日）
抚院札发议员楼守光辞职书照章审查文（宣统二年十月十六日）
本局呈请抚院复核公布城镇乡地方自治施行细则文（宣统二年十月十六日）

本局呈请抚院复核更正禁止住室停柩试办规则法律案文（宣统二年十月十六日）

资政院复本局督抚交议案不据法律无从呈请更正应将事实详复文（宣统二年十月十七日）

本局呈请资政院查核裁撤杭州苏州两织造局条议案文（宣统二年十月十七日）

本局呈请资政院核办抚院贻误预算案文（宣统二年十月十七日）

本局呈抚院各官吏对于公布议案故意延宕应如何处分请宣示饬遵文（宣统二年十月十七日）

本局呈请抚院复核公布浙江征收漕粮暂行规则文（宣统二年十月十七日）

本局呈请抚院复核更正浙江全省森林规则法律案文（宣统二年十月十七日）

本局呈请抚院复核公布本省现行法令公布规则文（宣统二年十月十七日）

本局呈抚院提法司任用属官不依法律规定请据情奏参文（宣统二年十月十七日）

抚院札交行商执照等二种章程照章议决文（宣统二年十月十八日）

抚院对于本局呈报禁止住室停柩试办规则法律案认为不可行应行交令复议文（宣统二年十月十八日）

抚院对于本局呈报浙江专卖樟脑总局试办章程法律案认为不可行批（宣统二年十月十八日）

本局呈请抚院复核公布师范生任用方法等二种议案文（宣统二年十月十八日）

本局呈请抚院筹拨常年会延会期间各议员日当文（宣统二年十月十八日）

本局呈复抚院交令复议修订浙江讼费规则案业经详加复议缮折呈核文（宣统二年十月十九日）

本局呈请抚院复核更正浙江医生营业暂行规则文（宣统二年十月十九日）

本局呈请抚院复核公布动用新章加收契税推广简易识字学塾等三种议案文（宣统二年十月十九日）

抚院札知师范生任用方法等三种议案应行交令复议文（宣统二年十月十九日）

抚院对于本局呈报浙江全省森林规则法律案认为不可行批（宣统二年十月十九日）
抚院札知城镇乡地方自治施行细则及修订浙江讼费规则二案应准公布施行文（宣统二年十月十九日）
抚院札知据宁波府电禀议员盛炳纬不愿应补已札饬依次递补文（宣统二年十月十九日）
本局呈请抚院复核公布整顿税契办法等三种议案文（宣统二年十月十九日）
本局呈请抚院代奏速开国会文（宣统二年十月十九日）
本局呈请抚院更正提法司详准提用讼费五成免与规则抵触文（宣统二年十月十九日）
本局呈请资政院查核破产律未颁布以前商号倒闭暂行补救方法等二种条议案文（宣统二年十月廿日）
本局复抚院交令复议浙江办理灾歉规则等三案业经详加复议缮折呈核文（宣统二年十月廿日）
本局呈请抚院复核公布改定本省暂行契尾捐等三种议案文（宣统二年十月廿日）
本局呈复抚院地方行政经费预算案决议请开临时会仍将原表册返还另行正式提出文（宣统二年十月廿日）
本局呈复抚院修浚浙西水利议案系上届常年会批准公布之件无从复议文（宣统二年十月廿日）
本局呈请抚院查办劝业道暨杭州商务总会违背通用龙圆议案文（宣统二年十月廿日）
本局呈报抚院第二届常驻议员及候补常驻议员均已照章举定文（宣统二年十月廿日）
抚院札准部咨铁路存款亏耗银两遵照奏案迅速拨解已分行司道会商办法文（宣统二年十月廿二日）
抚院札复会议厅审查员盛炳纬辞职以刘耀东充任文（宣统二年十月廿三日）
本局呈复抚院札交复议浙江征收漕粮暂行规则业经详加复议缮折呈核文（宣统二年十月廿四日）

本局呈复抚院札交复议裁撤厘捐局卡改为各业认捐以节浮费案公决详事调查再行修正提出文（宣统二年十月廿四日）

本局呈复抚院札交复议师范生任用方法案公决仍照前议文（宣统二年十月廿四日）

本局呈复抚院前送改定本省暂行契尾捐法案第二条说明误未删去应请更正文（宣统二年十月廿四日）

本局移知巡警道守衙销差文（宣统二年十月廿四日）

抚院札知裁汰巡警冗员议案应准公布施行文（宣统二年十月廿五日）

抚院札据藩司详复宁波北门卡抽收货捐加足觔两案已批饬遵照定章文（宣统二年十月廿五日）

抚院札知据宁海绅学界电禀征粮洋价情词互异已札饬遵照前饬办理文（宣统二年十月廿五日）

本局呈请抚院核定特别经费预算表暨宣统三年全年经费预算表文（宣统二年十月廿五日）

抚院札据提学司详复鄞县箭金公学先后禀控大略情形文（宣统二年十月廿六日）

本局呈请抚院核准修正议事细则文（宣统二年十月廿六日）

本局呈请抚院提营委员张派岱山厂户盐引定海厅擅押商民应请查办文（宣统二年十月廿六日）

抚院札知提前办理厅州县地方自治等三案应行交令复议文（宣统二年十月廿七日）

抚院札据提学司详复办理留东师范毕业生服务章程及全省师范教育议案情形文（宣统二年十月廿七日）

本局呈复抚院议员潘振麟因病辞职业经审查实情应即照章递补文（宣统二年十月廿七日）

抚院札据藩司会详长兴县乡民毁学案系由文令畏葸酿成立即撤任文（宣统二年十月廿八日）

本局呈报抚院第二届常年会开会次数及议决提议修正建议各案目次文（宣统二年十月廿八日）

本局呈请抚院核拨余姚嵊县上虞等县增加议员川资文（宣统二年十月廿八日）

抚院札知呈送医生营业案认为不可行经批札并将改定暂行契尾捐等三案一并交令复议文（宣统二年十月廿九日）

抚院札据藩司详陆家坞分卡移设艮山门车站与议案是否相符议复饬遵文（宣统二年十月廿九日）

本局呈明抚院前送改良征收钱粮方法案第一条第二项理由误未删去应请更正文（宣统二年十月廿九日）

本局呈报抚院议员刘耀东选充会议厅审查员遗缺请饬处属复选监督知会谭献补入文（宣统二年十月廿九日）

本局呈请抚院查办宁海县张令正芬私派加征文（宣统二年十一月初一日）

抚院札知浙江办理灾歉规则法律案应准公布施行文（宣统二年十一月初二日）

抚院对于本局呈报禁止住室停柩试办规则复议仍执前议批（宣统二年十一月初二日）

抚院对于本局呈报土商本省出省购土执照二种章程应准公布施行批（宣统二年十一月初二日）

抚院对于本局呈报整顿税契办法议案应行交令复议批（宣统二年十一月初二日）

资政院致本局预算案如因期促不及审查应开临时会办理电（宣统二年十一月初二日）

抚院札知关于谘议局议决权内之本省行政命令施行法咨送资政院核议文（宣统二年十一月初四日）

抚院札准部咨议奏浙省拟办各厅州县钱粮征信册折业奉谕旨文（宣统二年十一月初六日）

抚院札知浙江征收漕粮规则案咨送资政院核议文（宣统二年十一月初六日）

抚院札据盐运司详复盐价商人自行悬牌不由官限定文（宣统二年十一月初六日）

抚院札知金郡开辟校场拨归金华一邑劝学所案业据提学使查明详复文（宣

统二年十一月初八日）

抚院札复修浚浙西水利案俟指定有款再行修正交议文（宣统二年十一月初八日）

抚院札据藩司详复吴委员并无指派埠役承办差徭文（宣统二年十一月初九日）

本局为预算事呈请抚院酌定临时会日期于一月前札局文（宣统二年十一月十一日）

本局呈复抚院发交预算原表应再缴还仍请编定正式提出俾早分配研究文（宣统二年十一月十一日）

本局呈复抚院陆家坞分卡未便移设艮山门车站文（宣统二年十一月十一日）

抚院札知师范生任用方法议案应准公布施行文（宣统二年十一月十二日）

抚院札据盐运司详定温处两属盐厘洋价文（宣统二年十一月十五日）

本局致资政院声明粤赌案议员渎职应照局章办理电（宣统二年十一月十五日）

本局呈报抚院议员楼守光辞职业经正式会表决请饬绍属复选监督知会沈镜蓉补入文（宣统二年十一月十六日）

抚院札准馆咨陈敬弟郑际平系资政院议员未便兼充会议厅审查科员业经另选陶元镛冯丙然补充文（宣统二年十一月十七日）

藩司移请将设备经费核实估计造送汇报文（宣统二年十一月廿日）

本局呈请抚院查办昌化县李令抑勒洋价违背议案文（宣统二年十一月廿一日）

抚院札准部电预算案准由清理财政局另编说明册送备参考文（宣统二年十一月廿二日）

潘司移送会议厅规则文（宣统二年十一月廿三日）

抚院札准东督咨开移民殖边章程俟拟定再行咨送文（宣统二年十一月廿四日）

本局呈抚院山阴柯桥巡检擅受词讼应请查办文（宣统二年十一月廿五日）

抚院札知冯议员丙然现已选充会议厅审查科员应饬宁波府再行依次递补文（宣统二年十一月廿七日）

本局呈复抚院鄞县筹办水巡经费仍假手埠头应请澈查文（宣统二年十一月廿九日）

抚院札据金华府详兰溪埠捐系认捐学费已批饬循案收缴文（宣统二年十二月初二日）

抚院札知各厅州县因利局章程先饬劝业道试办俟下届开会时再行交议文（宣统二年十二月初二日）

抚院札据杭州府详议员潘振麟缺以章镂递补并声明奉准更名文（宣统二年十二月初三日）

抚院札发续行公布馆复第一届常年会议决各案文（宣统二年十二月初三日）

抚院札准部咨地方行政经费预算表应饬由清理财政局逐款逐项详加说明另册送供参考文（宣统二年十二月初五日）

本局呈请抚院札饬司道停解铁路存款亏耗银两文（宣统二年十二月初八日）

抚院札据司道会详铁路存款亏耗银两应仍前批解已批饬照办文（宣统二年十二月初九日）

抚院札知更正各厅州县因利局章程文（宣统二年十二月初十日）

本局呈请抚院查办程安两县违背通用龙圆议案文（宣统二年十二月初十日）

抚院札知具奏谘议局第二届开会情形文（宣统二年十二月初十日）

本局致藩司催解特别预算杂费预备费暨延会日当增加川资三项银圆函（宣统二年十二月十一日）

本局呈请抚院迅饬清理财政局将地方行政经费逐款逐项详细说明编成完全预算案交局分配文（宣统二年十二月十二日）

本局致抚院金华芙蓉乡议员徐载樟系因亲属牵累非自身犯罪请饬金华府核办函（宣统二年十二月十三日）

本局致各厅州县劝学所保送速记生函（宣统二年十二月十三日）

本局第二次呈请抚院查办宁海县张令正芬私派加征文（宣统二年十二月十四日）

抚院札知据日本农科大学毕业生陈树棠呈送浙江海塘说抄折咨询文（宣统二年十二月十六日）

抚院札据提学使详复景宁李瑞阳等陈请沙溪学堂被毁案系何人捏名检举无从

查究文（宣统二年十二月十九日）

抚院札准吉林督抚咨开移民实边办法俟商明妥善再行咨会文（宣统二年十二月廿日）

抚院札准东三省总督黑龙江巡抚咨开移民实边俟议定切实办法再行咨复文（宣统二年十二月廿日）

藩司移知奉院札知具奏条陈财政事宜文（宣统二年十二月廿四日）

藩司照知解送特别预算杂费预备费速记薪金并延会日当文（宣统二年十二月廿四日）

藩司移知奉院札知具奏条陈财政事宜业奉朱批文（宣统二年十二月廿四日）

藩司照知解送增加川资文（宣统二年十二月廿四日）

本局呈报抚院筹办速记传习所文（宣统二年十二月廿四日）

抚院札据宁波府详冯丙然员缺应以陈鼎年补入文（宣统二年十二月廿五日）

抚院札据杭防道会详塘工议会议复陈树棠条陈海塘事宜文（宣统二年十二月廿六日）

抚院札知具奏谘议局开会情形业奉朱批文（宣统二年十二月廿六日）

《浙江谘议局文牍》第三编补遗目录

本局呈报资政院关于浙路事件之人民建议案文（附孙秉彝建议案、韩藩等陈请书）

（四）《浙江谘议局议员质问书》目录

《浙江谘议局议员质问书》（第一届）目录[①]

乙编下

① 此书由浙江谘议局编印，分甲、乙两编，未见甲编、乙编上。

张传保质问书

蔡汝霖质问书

沈钧儒质问书

王序宾质问书

刘耀东质问书

褚辅成质问书

褚辅成质问书

顾荣弟质问书

蔡汝霖质问书

沈钧儒质问书

王理孚质问书

褚辅成质问书

沈钧儒质问书

沈钧儒质问书

沈钧儒质问书

王渡质问书

张传保质问书

管穰质问书

蔡汝霖质问书

陈翼亮质问书

《浙江谘议局议员质问书》(第二届)[①] 甲编目录

张传保质问书

① 此书由浙江谘议局编印，仅见甲编。

蔡裔麟质问书
张纲质问书
陈时夏质问书
沈钧儒质问书
沈钧儒质问书
阮性存质问书
王渡质问书
周斌质问书
潘澄鑑质问书
顾荣弟质问书
黄赞义质问书
詹熙质问书
杜子楙质问书
王世钊质问书
王序宾质问书
张棣质问书
杨山立质问书
高金培质问书
沈钧儒质问书
沈钧儒质问书
沈钧儒质问书
陈时夏质问书
陈时夏质问书
沈钧儒质问书
褚辅成质问书
沈钧儒质问书
陈时夏质问书
褚辅成质问书
阮性存质问书

阮性存质问书

阮性存质问书

陈时夏质问书

王家襄质问书

褚辅成质问书

褚辅成质问书

周斌质问书

徐象岩质问书

褚辅成质问书

阮性存质问书

阮性存质问书

阮性存质问书

沈钧儒质问书

沈钧儒质问书

沈钧儒质问书

沈钧儒质问书

沈钧儒质问书

陈翼亮质问书

刘耀东质问书

郑永禧质问书

王序宾质问书

（五）《浙江巡抚审订谘议局议案录》目录[①]

甲编上[②]目录

① 此书由浙江官报印刷局编印，分甲、乙、丙、丁、戊、己、庚、辛七编，其中甲—丁编为“宣统二年十二月编”，戊—辛编为“辛亥年六月刊”。

② 此编所载系由巡抚提出交议之原案。

甲编下[①]目录

清理田亩案

浙江全省森林规则法律案

浙江完漕试办规则法律案

浙江住室停柩试办规则

浙江医药营业暂行规则（附注册考验所规则）

乙编[②]目录

城镇乡地方自治施行细则

浙江土商本省购土执照章程

浙江土商出省购土执照章程

修订讼费规则法案

浙江办理灾歉规则法律案

师范生任用方法案

裁汰巡警冗员案

① 此编所载系准宪政编查馆咨行再交谘议局复议之原案。

② 此编所载系谘议局呈经批准公布施行之案。

乙编附[①]目录

丙编[②]目录

---

① 此编所载系巡抚对于公布施行案之说明书札行及批答。
② 此编所载系谘议局第一届会议议决各案经批准公布施行者。

疏浚浙西水利议案
实行禁革地方差徭规则法案
清查地方公款公产规则案
禁革厅州县衙门供应案
停止无关本省行政之经费支出案
裁撤民壮护勇卫队代防弓兵提拨工食饷项并移缉捕经费充办巡警案
收回宝石山莫干山地亩以保内地主权议案
统筹全省师范教育议案
实行刊布各厅州县钱粮征信册议案
厘捐革弊议案
公用土地收用规则法律案
推广全省蚕桑议案
通用龙圆议案

丁编①目录

对于谘议局呈送建议案之批答一（附建议案，宣统元年十一月十一日）

请弛禁私设学堂专习政治法律之建议案
请削除结社集会人数限制之建议案
枉法赃罪不宜减轻建议案

① 此编所载系巡抚对于谘议局呈送建议案及陈请书之批答。

对于谘议局呈送建议案之批答二（附建议案，宣统元年十二月十五日）

请废沪杭甬存款章程建议案

商改学制请愿书

私立学堂规程建议案

宁波民食问题建议案

水产学堂意趣书

浙东修筑北海西江两塘建议案

请弛宁台温三府钓船长江上游通商禁例建议案

嘉秀水巡改革建议案

禁止差徭浮收建议案

待质所苛虐禁止建议案

对于谘议局呈送建议案之批答三（附建议案，宣统二年二月二十二日）

督抚对于谘议局之文书程式建议案

请更正地方官对于城镇乡自治会文书程式建议案

对于咨议呈送建议案之批答四（附建议案，宣统二年四月二十八日）

兰溪茶商建议案

对于咨议呈送建议案之批答五（附建议案，宣统二年五月初三日）

钱江义渡局改良办法建议案

对于咨议呈送建议案之批答六（附建议案，宣统二年五月二十三日）

江山自治研究所长毛汝玠资格不合陈请书

对于咨议呈送建议案之批答七（附建议案，宣统二年六月初三日）

宝兴款项应仍充简易学塾经费陈请书

对于咨议呈送建议案之批答八（附建议案，宣统二年六月初三日）

嘉兴枫泾镇添设旱卡应饬取消建议书

对于咨议呈送建议案之批答九（附建议案，宣统二年六月二十五日）

景宁毁警毁学陈请书

对于咨议呈送建议案之批答十（附建议案，宣统二年七月初三日）

永康县违反禁革差徭各议案陈请书

对于咨议呈送建议案之批答十一（附建议案，宣统二年八月初六日）

长兴追吁豁免钱粮案陈请书

对于咨议呈送建议案之批答十二（附建议案，宣统二年八月二十九日）

程、安两县船埠航长名目尚未革除陈请书

戊编[①]目录（辛亥年六月刊）

嵊县人民郭庆嵩陈请查办刘汝嘉被刑秋根砍死一案之批答

鄞县人民戴其仁建议浙洋弭盗案之批答

宁海县人民邬廷熙陈请核办宁海和令抑勒洋价违法案之批答

慈溪县人民韩清泉建议设立浙江全省医事机关案之批答

嘉善县人民王大锦陈请查办嘉善县袁令加派兵差之批答

① 此编所载系关于谘议局代呈陈请书及建议案之批答。

己编[①]目录

① 此编所载系关于谘议局呈文之批答。

谘议局呈请更正道路里数之批答
谘议局呈请代奏缩短国会期间之批答
谘议局呈请酌定临时会日期于一月前札行到局之批答
谘议局呈请将预算案详加说明早日送局之批答
谘议局呈请另行提出正式预算表之批答
谘议局呈请陆家坞分卡未便移设艮山门车站之批答
谘议局呈请陆家坞与艮山门车站一案仍照前呈核办之批答
谘议局呈请查办昌化李令违法病民之批答
谘议局呈请查办山阴柯桥镇巡检出票传人案之批答
谘议局呈请禁革鄞县埠头之批答
谘议局呈请查办程安二县完漕龙圆贴水之批答
谘议局呈请停解浙路亏耗银两之批答
谘议局呈请查例核办宁海张令之批答
谘议局呈请查办宁海县张令抑勒洋价之批答
谘议局呈请陈树堂呈浙江海塘说经局协议情形之批答
谘议局呈请查办前署宣平县李令抑勒洋价之批答
谘议局呈请查办武义等县抑勒洋价之批答
谘议局呈请饬县严禁慈溪金川乡赛会之批答
谘议局呈请札饬宁波府查明鄞县僧众捣毁城区自治公所文之批答
谘议局再请札饬宁波府查明鄞县僧众捣毁城区自治公所文之批答
谘议局呈请交议租用寺院章程之批答
谘议局返还租用寺院章程之批答
谘议局呈请交议移民实边办法之批答
谘议局呈请官厅批解浙路亏耗银两未便承认之批答
谘议局呈请查办交涉司罔利营私媚外辱国之批答
谘议局呈请核定地方官答复自治会呈报事件时期之批答
谘议局呈请饬山阴县将倪成英控诉陈大纶原卷送局以凭核议之批答
谘议局呈请查办钱塘县抽收船捐以充水巡经费迹近扰民之批答
谘议局呈请据约核办严州富教士海门李教士违约置产之批答

庚编[①]目录

① 此编所载系关于谘议局议员质问书之批答。

阮议员性存质问抚院抄详札复之批答

徐议员象岩质问松阳县刘令完粮仍用光洋巧立贴水名目之批答

褚议员辅成质问嘉属越境贩酱之批答

阮议员性存质问盐场灶地契税情弊并肚饱税名目之批答

沈议员钧儒质问学务公所是否另行设有会议室之批答

沈议员钧儒质问旧案归府县理结监狱归府县管理之批答

沈议员钧儒质问司法莫替丁经费之批答

沈议员钧儒质问仙居盐案有何认为必要秘密理由之批答

郑议员永禧质问讼费白话告示十里外每里加收五分之批答

沈议员钧儒质问西湖劝业会简章已否批准之批答

张议员传保质问慈溪县藉赔偿毁学名义抑勒洋价之批答

沈议员钧儒质问清理绿营营产事务所札饬及办法各节之批答

陈议员时夏质问巡警道考试属官之批答

阮议员性存质问自来水公司招摇一案之批答

周议员斌质问宁绍台道素有烟瘾并未饬调查验之批答

章议员錂质问余杭县上届选举议员事务所动用育婴堂存典生息项下经费至今未见拨还之批答

沈议员钧儒质问各署局是否绝无新订章程规则或将旧有章程规则增删修改之事又公布本省现行章程规则各署局处已否将详准施行年月日期签注详报之批答

张议员若骝质问浦江李令违背讼费规则差徭仍未禁革之批答

阮议员性存质问松阳县变贴水为附加捐一案之批答

沈议员钧儒质问学务公所会议办法之批答

陈议员士干质问台州初级师范学堂之批答

沈议员钧儒质问学务公所议事细则之批答

沈议员钧儒质问学务公所议事细则仍有疑义之批答

阮议员性存质问路校存款分拨情形之批答

沈议员钧儒质问西湖劝业会之批答

沈议员钧儒质问人力车捐及清道路灯事项之批答

沈议员钧儒质问农事试验场电位及度量权衡局经费有无错误之答复
王议员渡质问巡警道考试属官既分二次考试何以不先电部请示之批答
谢议员钟瑞质问天台征粮舞弊之批答
陈议员士干质问仁钱初级审判厅贴用印纸之批答
沈议员钧儒质问钱塘告示催审旧案之批答
周议员斌质问提法司札地方审判厅将吴惟聪原案卷宗呈送高等审判厅核办之批答
周议员斌质问吴惟聪案提法司札文之批答
张议员纲质问盐价悬牌不能由官限定有何理由之批答
王议员秉融质问严东关厘卡抑勒银价另索陋规之批答
杜议员子楙质问全浙师范之批答
王议员渡质问余杭待质所看役桂生卯名商容勒索各犯并擅用种种私刑之批答
黄议员式苏质问温州地方审判厅地基一案之批答
黄议员式苏质问温州地方审判厅一案仍有疑义之批答
杨议员山立质问湖属分卡巡船一案何以五月之久仍置之不理之批答
聂议员日培质问清查地方公款公产各厅州县已逾期限仍未清查应否勒限严催及处以相当惩罚之批答
金议员保稚质问上虞匪痞猖獗行政官应如何保护之批答
张议员传保质问征收岱山厂户引课究应若干之批答
张议员传保质问渔蜇课税之批答
张议员传保质问前批岱山鱼盐引课案内仍有疑义之批答
潘议员澄鑑质问法政讲义费之批答
沈议员椿年质问宁属丁祭牲牢及迎神赛会之批答
宋议员吉成质问英人违约在兰溪县南城贩卖香烟之批答
周议员炳文质问东阳县征粮洋价之批答
章议员鑀质问各县未刊易知由单之批答
赵议员镜年质问承发吏考试任用章程之批答
周议员炳文质问钱粮耗羡之批答
周议员斌质问钱塘高令谕知自治会正副议长传谕各花户将里书规费照向例输

缴之批答

顾议员清廉质问浙东征收钱粮柜价之批答

周议员炳文质问义乌县显违讼费规则之批答

徐议员象岩质问省巡警罚金之批答

涂议员山质问常山县仍给执照采买祭祀牲品勒索钱文之批答

詹议员熙质问西安肉业除猪只过卡纳过正捐外另缴纳特别捐之批答

陆议员积昌质问公布议案未能实行之批答

唐议员凤翔质问桑道已于望前抵省既定十五日赴验临时改期赴沪先入医院速戒之批答

金议员保稚质问高议员金培质问百官卡罗委员擅添巡船之批答

唐议员凤翔质问定海莫司狱委办酒捐一案之批答

沈议员椿年质问定海厅陈丞勒索贿洋之批答

沈议员椿年质问定海厅营汛仍收规费之批答

顾议员清廉质问鄞县征粮比较表之批答

朱议员其镇质问浙西水利经费之批答

聂议员日培质问西安牙户禀请饬发民价采买祭牲之批答

孙议员树礼质问厘金二成善后经费之批答

王议员家襄质问浙路公司与全闽会馆购地纠葛之批答

赵议员镜年质问绍兴府查看顾烟苗差传埠夫承办船只之批答

沈议员钧儒质问浙江官报载清查荒山设法招垦章程之批答

高议员金培质问嵊县汤令征粮之批答

蔡议员裔麟质问宁海考试经费之批答

沈议员钧儒质问游勇方新海就地正法一案之批答

沈议员钧儒质问宣统三年预算案未列调查选举经费之批答

褚议员辅成质问丁漕平余作为中学经费之批答

黄议员式苏质问汪委员被戕实为金令所给何不先行撤任之批答

周议员斌质问嘉兴府谕知两县议事会将解府茶捐充作自治经费之批答

沈议员钧儒质问湖属武康县衙署索费礼书革捐之批答

辛编[①]目录

（一）奏　稿

（二）咨　文

（三）咨询事件

（四）札　文

① 此编所载系奏稿咨札等件。

札行谘议局据度支部电称官报兼印刷局经费三年预算未便更动文
札行谘议局预算案浙西水利经费仍列六千八百八十二两文
札行谘议局据财政局详称西湖工巡局经费漏列预算应即补入文
札行谘议局租用寺院章程实属本省单行章程规则应交局议文
札行谘议局据运司详称预算案内举经费有误应即更正文
札行谘议局交令预算案复议并声明财政艰窘情形及竭力责成财政衙门筹款文
札行谘议局议决预算本越范围惟逐款逐项连类而及尚非特别新增并咨部时随案声明文
札行谘议局重行组织教育总会事宜文
札行谘议局公布预算案文
札行谘议局停止省城优级师范学堂膳杂费议案应俟本年下学期施行文
札行谘议局据呈修正议事细则认为可行文
札复谘议局实和裁汰巡警冗员议案并无误会之处文

（六）杂　录

抚院莅谘议局开会演说词
抚院莅谘议局闭会演说词
附抚院代理委员名单
附浙江会议厅人员名单

（七）《浙江谘议局议决案》目录

《浙江谘议局议决案》[①]（第一届常年会）

① 此书由浙江谘议局编印，为第一届常年会议决案。

十四、实行禁革地方差徭规则议案（十月十六日抚部院札准公布施行）
十五、禁革厅州县衙门供应案（十月十八日抚部院札准公布施行）
十六、革除收粮积弊暂行规则案（十一月十二日抚部院咨送宪政编查馆核复）
十七、停止无关本省行政经费支出法案（十月十八日抚部院札准公布施行）
十八、议定浙省厘捐收用银圆折中定价案（十一月十二日抚部院咨送宪政编查馆核复）
十九、收回宝石山、莫干山地亩以保内地主权议案（十月十九日抚部院札准公布施行）
二十、裁撤官纸局议案（十一月十二日抚部院咨送宪政编查馆核复）
二十一、裁撤民壮护勇卫队代防弓兵提拨工食饷项并移缉捕经费充办巡警案（十月十九日抚部院札准公布施行）
二十二、统筹全省师范教育议案（十月十九日抚部院札准公布施行）
二十三、实行刊布各厅州县钱粮征信册案（十月二十日抚部院札准公布施行）
二十四、推广全省蚕桑议案（十月二十四日抚部院札准公布施行）
二十五、厘捐革弊案（十月二十四日抚部院札准公布施行）
二十六、公用土地收用规则法案（十月二十四日抚部院札准公布施行）
二十七、禁止彩票规则法案（十月二十四日抚部院札候奏咨核办）
以上议案二十七件，其次序以谘议局议决送院日期之先后为定。

《浙江谘议局第二届常年会议决案》[①]

一、浙江办理灾歉规则法案（宣统二年十一月初四日抚部院札准公布施行）

① 此书由浙江谘议局编印。

二、修订浙江讼费暂行规则法律案（十月十九日抚部院札准公布施行）
三、关于谘议局议决权内之本省行政命令施行法（十一月初四日抚部院咨送资政院核复）
四、城镇乡地方自治章程施行细则（十月十九日抚部院札准公布施行）
五、浙江征收漕粮暂行规则法律案（十月初六日抚部院咨送资政院核复）
六、本省现行法令公布规则（十月二十七日抚部院札交复议）
七、师范生任用方法议案（十一月十二日抚部院札准公布施行）
八、裁撤厘捐局卡改为各业认捐以节浮费议案（十月十九日抚部院札交复议）
九、整顿契税办法议案（十月二十五日抚部院札准公布施行）
十、裁汰巡警冗员议案（十月二十五日抚部院札准公布施行）
十一、动用新章加收契税推广简易识字学塾案（十月二十九日抚部院札交复议）
十二、改良征收钱粮方法案（十月二十九日抚部院札交复议）
十三、官有财产管理规则法案（十月二十七日抚部院札交复议）
十四、提前办理厅州县地方自治案（十月二十七日抚部院札交复议）
十五、改定本省暂行契尾捐法案（十月二十九日抚部院札交复议）
十六、修正厘捐革弊案（十一月初二日抚部院札准公布施行）
十七、土商本省购土执照章程（十一月初二日抚部院札准公布施行）
十八、土商出省购土章程（十一月初二日抚部院札准公布施行）
条议案：
一、请减出口税务条议案（十月十五日呈送资政院查核）
二、裁撤各省提法使条议案（十月十五日呈送资政院查核）
三、裁撤苏州、杭州两织造局条议案（十月十八日呈送资政院查核）
四、革除钱粮平余条议案（十月二十八日呈送资政院查核）
五、破产率未颁布以前商号倒闭暂行补救方法条议案（十月二十八日呈送资政院查核）
以上议案十八件、条议案五件，其次序以议决呈院日期之先后为定。

《浙江谘议局第二届第一次临时会议决案》

一、试办宣统三年地方行政经费岁出预算案（宣统三年四月二十六日抚部院公布施行，附《抚院札谘议局公布预算文》）

二、提前办理厅州县地方自治案（五月二十一日抚部院咨送资政院核复）

三、改定本省暂行契尾捐法案（五月二十一日呈送资政院核复）

四、修正厘捐革弊案（五月十二日抚部院札准公布施行）

五、改良钱江义渡局议案（五月十四日抚部院札行交令复议）

六、清查地方公款公产由自治职办理法案（五月十二日抚部院札准公布施行）

七、本省地方行政经费支出规则（四月十九日抚部院札行交令复议）

八、浙江全省官荒拨充城镇乡地方自治财产办法案（四月二十八日抚部院札行俟奏准后公布施行）

九、筹备禁绝鸦片法案（五月十三日抚部院札知俟奏准后公布施行）

十、停止各属认解省城优级师范学堂膳食杂费议案（五月初七日抚部院札准公布施行）

十一、各厅州县官立戒烟局简章（五月十二日抚部院札知俟奏准后公布施行）

十二、统一全省民团办法案（五月初五日抚部院札行交令复议）

十三、官有财产管理规则法案（五月十二日抚部院札准公布施行）

十四、修正浙省筹办简易识字学塾议案（五月初一日抚部院札准公布施行）

十五、整顿契税办法议案（五月十二日抚部院咨送资政院核复）

十六、本省现行法令公布规则（五月二十一日抚部院咨送资政院核复）

十七、修正城镇乡地方自治施行细则（五月初五日抚部院札行交令复议）

十八、筹办全省民食议案（四月二十九日抚部院札行交令复议）

十九、修改关于禁烟之各种单行章程规则（五月十三日抚部院札行俟奏准后公布施行）

二十、改良征收钱粮方法案（五月二十一日抚部院咨送资政院核复）

附编：《试办宣统三年预算地方行政经费岁出交议及议决各次总数比较表》

以上二十件，其次序以谘议局议决呈院日期之先后为定。

图书在版编目（CIP）数据

浙江谘议局／沈晓敏编．— 太原：山西人民出版社，2020.6
（清末立宪运动史料丛刊／胡绳武主编）
ISBN 978-7-203-10386-8

Ⅰ．①浙…　Ⅱ．①沈…　Ⅲ．①谘议局－史料－浙江－清后期　Ⅳ．①D691.2

中国版本图书馆 CIP 数据核字（2018）第 093747 号

清末立宪运动史料丛刊·浙江谘议局

主　　编：胡绳武
副 主 编：牛贯杰　戴鞍钢
编　　者：沈晓敏
责任编辑：刘小玲
复　　审：吕绘元
终　　审：蒙莉莉
装帧设计：谢　成

出 版 者：山西出版传媒集团·山西人民出版社
地　　址：太原市建设南路 21 号
发行营销：0351-4922220　4955996　4956039　4922127（传真）
天猫官网：https：//sxrmcbs.tmall.com　电话：0351-4922159
E - mail：sxskcb@163.com　发行部
sxskcb@126.com　总编室
网　　址：www.sxskcb.com

经 销 者：山西出版传媒集团·山西人民出版社
承 印 厂：山西出版传媒集团·山西人民印刷有限责任公司

开　　本：787mm×1092mm　1/16
印　　张：47.75
字　　数：780 千字
版　　次：2020 年 6 月　第 1 版
印　　次：2020 年 6 月　第 1 次印刷
书　　号：ISBN 978-7-203-10386-8
定　　价：295.00 元

如有印装质量问题请与本社联系调换